Il Codice dei contratti pubblici

D.Lgs. 31 marzo 2023, n. 36

▶ **QR code per la consultazione immediata di documenti**

Prefazione di Alessandro Massari

MAGGIOLI EDITORE

Maggioli Editore è un marchio di Maggioli S.p.A.
Azienda con sistema di gestione qualità certificato ISO 9001:2015

47822 Santarcangelo di Romagna (RN) • Via del Carpino, 8
Tel. 0541/628111 • Fax 0541/622595

www.maggiolieditore.it
e-mail: clienti.editore@maggioli.it

Finito di stampare nel mese di febbraio 2024
nello stabilimento Maggioli S.p.A.
Santarcangelo di Romagna

INDICE

Prefazione – L'applicazione del nuovo Codice dal 1° gennaio 2024 e la digitalizzazione "integrale" del ciclo di vita dell'appalto, di ALESSANDRO MASSARI .... Pag. 19

CODICE DEI CONTRATTI PUBBLICI

D.Lgs. 31 marzo 2023, n. 36

Decreto legislativo 31 marzo 2023, n. 36 – Codice dei contratti pubblici in attuazione dell'articolo 1 della legge 21 giugno 2022, n. 78, recante delega al Governo in materia di contratti pubblici .... » 33

LIBRO I
DEI PRINCIPI, DELLA DIGITALIZZAZIONE, DELLA PROGRAMMAZIONE, DELLA PROGETTAZIONE

Parte I
DEI PRINCIPI

Titolo I
I PRINCIPI GENERALI

Art. 1 – Principio del risultato .... » 35
Art. 2 – Principio della fiducia .... » 35
Art. 3 – Principio dell'accesso al mercato .... » 36
Art. 4 – Criterio interpretativo e applicativo .... » 36
Art. 5 – Principi di buona fede e di tutela dell'affidamento .... » 36
Art. 6 – Principi di solidarietà e di sussidiarietà orizzontale. Rapporti con gli enti del Terzo settore .... » 37
Art. 7 – Principio di auto-organizzazione amministrativa ... » 37
Art. 8 – Principio di autonomia contrattuale. Divieto di prestazioni d'opera intellettuale a titolo gratuito ... » 39

Art. 9 – Principio di conservazione dell'equilibrio contrattuale .... Pag. 39
Art. 10 – Principi di tassatività delle cause di esclusione e di massima partecipazione .... » 40
Art. 11 – Principio di applicazione dei contratti collettivi nazionali di settore. Inadempienze contributive e ritardo nei pagamenti .... » 40
Art. 12 – Rinvio esterno .... » 42

Titolo II
L'AMBITO DI APPLICAZIONE, IL RESPONSABILE UNICO E LE FASI DELL'AFFIDAMENTO

Art. 13 – Ambito di applicazione .... » 42
Art. 14 – Soglie di rilevanza europea e metodi di calcolo dell'importo stimato degli appalti. Disciplina dei contratti misti .... » 43
Art. 15 – Responsabile unico del progetto (RUP) .... » 49
Art. 16 – Conflitto di interessi .... » 50
Art. 17 – Fasi delle procedure di affidamento .... » 51
Art. 18 – Il contratto e la sua stipulazione .... » 53

Parte II
DELLA DIGITALIZZAZIONE DEL CICLO DI VITA DEI CONTRATTI

Art. 19 – Principi e diritti digitali .... » 55
Art. 20 – Principi in materia di trasparenza .... » 56
Art. 21 – Ciclo di vita digitale dei contratti pubblici .... » 57
Art. 22 – Ecosistema nazionale di approvvigionamento digitale (*e-procurement*) .... » 57
Art. 23 – Banca dati nazionale dei contratti pubblici .... » 58
Art. 24 – Fascicolo virtuale dell'operatore economico .... » 60
Art. 25 – Piattaforme di approvvigionamento digitale .... » 61
Art. 26 – Regole tecniche .... » 62
Art. 27 – Pubblicità legale degli atti .... » 62
Art. 28 – Trasparenza dei contratti pubblici .... » 63
Art. 29 – Regole applicabili alle comunicazioni .... » 64
Art. 30 – Uso di procedure automatizzate nel ciclo di vita dei contratti pubblici .... » 65
Art. 31 – Anagrafe degli operatori economici partecipanti agli appalti .... » 66

Art. 32 – Sistemi dinamici di acquisizione........................ Pag. 66
Art. 33 – Aste elettroniche .... » 70
Art. 34 – Cataloghi elettronici.. » 73
Art. 35 – Accesso agli atti e riservatezza .... » 75
Art. 36 – Norme procedimentali e processuali in tema di accesso .... » 76

Parte III
DELLA PROGRAMMAZIONE

Art. 37 – Programmazione dei lavori e degli acquisti di beni e servizi .... » 78
Art. 38 – Localizzazione e approvazione del progetto delle opere.. » 79
Art. 39 – Programmazione e progettazione delle infrastrutture strategiche e di preminente interesse nazionale .... » 83
Art. 40 – Dibattito pubblico .... » 85

Parte IV
DELLA PROGETTAZIONE

Art. 41 – Livelli e contenuti della progettazione............... » 86
Art. 42 – Verifica della progettazione.............................. » 91
Art. 43 – Metodi e strumenti di gestione informativa digitale delle costruzioni .... » 92
Art. 44 – Appalto integrato.. » 93
Art. 45 – Incentivi alle funzioni tecniche.......................... » 94
Art. 46 – Concorsi di progettazione .... » 96
Art. 47 – Consiglio superiore dei lavori pubblici.............. » 97

LIBRO II
DELL'APPALTO

Parte I
DEI CONTRATTI DI IMPORTO INFERIORE ALLE SOGLIE EUROPEE

Art. 48 – Disciplina comune applicabile ai contratti di lavori, servizi e forniture di importo inferiore alle soglie di rilevanza europea........................ » 99
Art. 49 – Principio di rotazione degli affidamenti............. » 99
Art. 50 – Procedure per l'affidamento.............................. » 100

Art. 51 – Commissione giudicatrice.................................. Pag. 102
Art. 52 – Controllo sul possesso dei requisiti.................. » 102
Art. 53 – Garanzie a corredo dell'offerta e garanzie definitive.. » 103
Art. 54 – Esclusione automatica delle offerte anomale...... » 103
Art. 55 – Termini dilatori.. » 104

Parte II
DEGLI ISTITUTI E DELLE CLAUSOLE COMUNI

Art. 56 – Appalti esclusi nei settori ordinari .... » 104
Art. 57 – Clausole sociali del bando di gara e degli avvisi e criteri di sostenibilità energetica e ambientale...... » 107
Art. 58 – Suddivisione in lotti .... » 108
Art. 59 – Accordi quadro.. » 109
Art. 60 – Revisione prezzi.. » 111
Art. 61 – Contratti riservati .... » 112

Parte III
DEI SOGGETTI

Titolo I
LE STAZIONI APPALTANTI

Art. 62 – Aggregazioni e centralizzazione delle committenze .... » 113
Art. 63 – Qualificazione delle stazioni appaltanti e delle centrali di committenza.. » 118
Art. 64 – Appalti che coinvolgono stazioni appaltanti di Stati membri diversi.. » 121

Titolo II
GLI OPERATORI ECONOMICI

Art. 65 – Operatori economici.. » 122
Art. 66 – Operatori economici per l'affidamento dei servizi di architettura e di ingegneria........................... » 123
Art. 67 – Consorzi non necessari....................................... » 125
Art. 68 – Raggruppamenti temporanei e consorzi ordinari di operatori economici .... » 127
Art. 69 – Accordo sugli Appalti Pubblici (AAP) e altri accordi internazionali .... » 130

Parte IV
DELLE PROCEDURE DI SCELTA DEL CONTRAENTE

Art. 70 – Procedure di scelta e relativi presupposti........... Pag. 130
Art. 71 – Procedura aperta........... » 133
Art. 72 – Procedura ristretta........... » 134
Art. 73 – Procedura competitiva con negoziazione........... » 135
Art. 74 – Dialogo competitivo........... » 136
Art. 75 – Partenariato per l'innovazione........... » 137
Art. 76 – Procedura negoziata senza pubblicazione di un bando........... » 139

Parte V
DELLO SVOLGIMENTO DELLE PROCEDURE

Titolo I
Gli atti preparatori

Art. 77 – Consultazioni preliminari di mercato........... » 142
Art. 78 – Partecipazione alle consultazioni preliminari di candidati o offerenti........... » 142
Art. 79 – Specifiche tecniche........... » 143
Art. 80 – Etichettature........... » 143
Art. 81 – Avvisi di pre-informazione........... » 143
Art. 82 – Documenti di gara........... » 144

Titolo II
I bandi, gli avvisi e gli inviti

Art. 83 – Bandi e avvisi: contenuti e modalità di redazione... » 144
Art. 84 – Pubblicazione a livello europeo........... » 145
Art. 85 – Pubblicazione a livello nazionale........... » 145
Art. 86 – Avviso volontario per la trasparenza preventiva... » 146
Art. 87 – Disciplinare di gara e capitolato speciale........... » 147
Art. 88 – Disponibilità digitale dei documenti di gara....... » 147
Art. 89 – Inviti ai candidati........... » 148
Art. 90 – Informazione ai candidati e agli offerenti........... » 148

Titolo III
La documentazione dell'offerente e i termini per la presentazione delle domande e delle offerte

Art. 91 – Domande, documento di gara unico europeo, offerte........... » 149

Art. 92 – Fissazione dei termini per la presentazione delle domande e delle offerte .... Pag. 150

Titolo IV
I REQUISITI DI PARTECIPAZIONE E LA SELEZIONE DEI PARTECIPANTI

CAPO I
La commissione giudicatrice

Art. 93 – Commissione giudicatrice .... » 151

CAPO II
I requisiti di ordine generale

Art. 94 – Cause di esclusione automatica .... » 153
Art. 95 – Cause di esclusione non automatica .... » 156
Art. 96 – Disciplina dell'esclusione .... » 158
Art. 97 – Cause di esclusione di partecipanti a raggruppamenti .... » 161
Art. 98 – Illecito professionale grave .... » 162

CAPO III
Gli altri requisiti di partecipazione alla gara

Art. 99 – Verifica del possesso dei requisiti .... » 165
Art. 100 – Requisiti di ordine speciale .... » 165
Art. 101 – Soccorso istruttorio .... » 169
Art. 102 – Impegni dell'operatore economico .... » 170
Art. 103 – Requisiti di partecipazione a procedure di lavori di rilevante importo .... » 170
Art. 104 – Avvalimento .... » 171
Art. 105 – Rapporti di prova, certificazioni delle qualità, mezzi di prova, registro on line dei certificati e costi del ciclo vita .... » 174
Art. 106 – Garanzie per la partecipazione alla procedura .... » 174

Titolo V
LA SELEZIONE DELLE OFFERTE

Art. 107 – Principi generali in materia di selezione .... » 177
Art. 108 – Criteri di aggiudicazione degli appalti di lavori, servizi e forniture .... » 178
Art. 109 – Reputazione dell'impresa .... » 181
Art. 110 – Offerte anormalmente basse .... » 181

Art. 111 – Avvisi relativi agli appalti aggiudicati .... Pag. 183
Art. 112 – Relazioni uniche sulle procedure di aggiudicazione degli appalti .... » 184

Parte VI
DELL'ESECUZIONE

Art. 113 – Requisiti per l'esecuzione dell'appalto .... » 185
Art. 114 – Direzione dei lavori e dell'esecuzione dei contratti .... » 186
Art. 115 – Controllo tecnico contabile e amministrativo ..... » 188
Art. 116 – Collaudo e verifica di conformità .... » 188
Art. 117 – Garanzie definitive .... » 191
Art. 118 – Garanzie per l'esecuzione di lavori di particolare valore .... » 195
Art. 119 – Subappalto .... » 197
Art. 120 – Modifica dei contratti in corso di esecuzione ..... » 203
Art. 121 – Sospensione dell'esecuzione .... » 207
Art. 122 – Risoluzione .... » 209
Art. 123 – Recesso .... » 211
Art. 124 – Esecuzione o completamento dei lavori, servizi o forniture nel caso di procedura di insolvenza o di impedimento alla prosecuzione dell'affidamento con l'esecutore designato .... » 211
Art. 125 – Anticipazione, modalità e termini di pagamento del corrispettivo .... » 212
Art. 126 – Penali e premi di accelerazione .... » 215

Parte VII
DISPOSIZIONI PARTICOLARI PER ALCUNI CONTRATTI DEI SETTORI ORDINARI

Titolo I
I SERVIZI SOCIALI E I SERVIZI ASSIMILATI

Art. 127 – Norme applicabili ai servizi sociali e assimilati.. » 216
Art. 128 – Servizi alla persona .... » 217

Titolo II
GLI APPALTI DI SERVIZI SOCIALI E DI ALTRI SERVIZI NEI SETTORI ORDINARI

Art. 129 – Appalti riservati .... » 218
Art. 130 – Servizi di ristorazione .... » 218

Art. 131 – Servizi sostitutivi di mensa .... Pag. 219

Titolo III
I CONTRATTI NEL SETTORE DEI BENI CULTURALI

Art. 132 – Disciplina comune applicabile ai contratti nel settore dei beni culturali .... » 221
Art. 133 – Requisiti di qualificazione .... » 221
Art. 134 – Contratti gratuiti e forme speciali di partenariato... » 222

Titolo IV
I SERVIZI DI RICERCA E SVILUPPO

Art. 135 – Servizi di ricerca e sviluppo.............................. » 223

Titolo V
I CONTRATTI NEL SETTORE DELLA DIFESA E SICUREZZA.
I CONTRATTI SECRETATI

Art. 136 – Difesa e sicurezza.............................. » 224
Art. 137 – Contratti misti concernenti aspetti di difesa e sicurezza .... » 225
Art. 138 – Contratti e concorsi di progettazione aggiudicati o organizzati in base a norme internazionali...... » 226
Art. 139 – Contratti secretati .... » 227

Titolo VI
LE PROCEDURE IN CASO DI SOMMA URGENZA E DI PROTEZIONE CIVILE

Art. 140 – Procedure in caso di somma urgenza e di protezione civile .... » 228

LIBRO III
DELL'APPALTO NEI SETTORI SPECIALI

Parte I
DISPOSIZIONI GENERALI

Art. 141 – Ambito e norme applicabili.............................. » 232
Art. 142 – *Joint venture* e affidamenti a imprese collegate.... » 233
Art. 143 – Attività esposte direttamente alla concorrenza ... » 235
Art. 144 – Appalti aggiudicati a scopo di rivendita o di locazione a terzi.............................. » 237
Art. 145 – Attività svolte in Paesi terzi .... » 237

Art. 146 – Gas ed energia termica .... Pag. 238
Art. 147 – Elettricità .... » 238
Art. 148 – Acqua .... » 239
Art. 149 – Servizi di trasporto .... » 240
Art. 150 – Settore dei porti e degli aeroporti .... » 241
Art. 151 – Settore dei servizi postali .... » 241
Art. 152 – Estrazione di gas e prospezione o estrazione di carbone o di altri combustibili solidi .... » 242

Parte II
DELLE PROCEDURE DI SCELTA DEL CONTRAENTE

Art. 153 – Norme applicabili .... » 242
Art. 154 – Accordi quadro .... » 243
Art. 155 – Tipi di procedure .... » 243
Art. 156 – Procedura ristretta .... » 244
Art. 157 – Procedura negoziata con pubblicazione di un bando .... » 244
Art. 158 – Procedura negoziata senza pubblicazione di un bando .... » 245

Parte III
DEI BANDI, DEGLI AVVISI E DEGLI INVITI

Art. 159 – Disponibilità digitale dei documenti di gara .... » 247
Art. 160 – Comunicazione delle specifiche tecniche .... » 248
Art. 161 – Pubblicità e avviso periodico indicativo .... » 249
Art. 162 – Avvisi sull'esistenza di un sistema di qualificazione .... » 250
Art. 163 – Bandi di gara e avvisi relativi agli appalti aggiudicati .... » 250
Art. 164 – Redazione e modalità di pubblicazione dei bandi e degli avvisi .... » 251
Art. 165 – Inviti ai candidati .... » 252
Art. 166 – Informazioni a coloro che hanno chiesto una qualificazione, ai candidati e agli offerenti .... » 253

Parte IV
DELLA SELEZIONE DEI PARTECIPANTI
E DELLE OFFERTE

Art. 167 – Ulteriori disposizioni applicabili nella scelta del contraente .... » 253

Art. 168 – Procedure di gara con sistemi di qualificazione.... Pag. 254
Art. 169 – Procedure di gara regolamentate........................ » 255
Art. 170 – Offerte contenenti prodotti originari di Paesi terzi.. » 256
Art. 171 – Relazioni con Paesi terzi in materia di lavori, servizi e forniture .... » 257
Art. 172 – Relazioni uniche sulle procedure di aggiudicazione degli appalti .... » 257
Art. 173 – Servizi sociali e altri servizi assimilati............... » 258

LIBRO IV
DEL PARTENARIATO PUBBLICO-PRIVATO E DELLE CONCESSIONI

Parte I
DISPOSIZIONI GENERALI

Art. 174 – Nozione .... » 259
Art. 175 – Programmazione, valutazione preliminare, controllo e monitoraggio.. » 260

Parte II
DEI CONTRATTI DI CONCESSIONE

Titolo I
L'ambito di applicazione e i principi generali

Art. 176 – Oggetto e ambito di applicazione....................... » 262
Art. 177 – Contratto di concessione e traslazione del rischio operativo.. » 262
Art. 178 – Durata della concessione..................................... » 264
Art. 179 – Soglia e metodi di calcolo del valore stimato delle concessioni .... » 265
Art. 180 – Contratti misti di concessione............................. » 266
Art. 181 – Contratti esclusi.. » 267

Titolo II
L'aggiudicazione delle concessioni: principi generali e garanzie procedurali

Art. 182 – Bando .... » 267
Art. 183 – Procedimento .... » 269
Art. 184 – Termini e comunicazioni.................................... » 271

Art. 185 – Criteri di aggiudicazione .... Pag. 272
Art. 186 – Affidamenti dei concessionari .... » 273
Art. 187 – Contratti di concessione di importo inferiore alla soglia europea .... » 274

Titolo III
L'ESECUZIONE DELLE CONCESSIONI

Art. 188 – Subappalto .... » 275
Art. 189 – Modifica di contratti durante il periodo di efficacia .... » 275
Art. 190 – Risoluzione e recesso .... » 277
Art. 191 – Subentro .... » 279
Art. 192 – Revisione del contratto di concessione .... » 280

Titolo IV
LA FINANZA DI PROGETTO

Art. 193 – Procedura di affidamento .... » 281
Art. 194 – Società di scopo .... » 283
Art. 195 – Obbligazioni delle società di scopo .... » 284

PARTE III
DELLA LOCAZIONE FINANZIARIA

Art. 196 – Definizione e disciplina .... » 286

Parte IV
DEL CONTRATTO DI DISPONIBILITÀ

Art. 197 – Definizione e disciplina .... » 287

Parte V
ALTRE DISPOSIZIONI IN MATERIA DI PARTENARIATO PUBBLICO-PRIVATO

Art. 198 – Altre disposizioni in materia di gara .... » 289
Art. 199 – Privilegio sui crediti e ulteriori garanzie .... » 290
Art. 200 – Contratti di rendimento energetico o di prestazione energetica .... » 291
Art. 201 – Partenariato sociale .... » 291
Art. 202 – Cessione di immobili in cambio di opere .... » 292

Parte VI
DEI SERVIZI GLOBALI

Art. 203 – Affidamento di servizi globali .... Pag. 293
Art. 204 – Contraente generale.......... » 293
Art. 205 – Procedure di aggiudicazione del contraente generale.......... » 296
Art. 206 – Controlli sull'esecuzione e collaudo.......... » 298
Art. 207 – Sistema di qualificazione del contraente generale .. » 298
Art. 208 – Servizi globali su beni immobili.......... » 299

LIBRO V
DEL CONTENZIOSO E DELL'AUTORITÀ NAZIONALE ANTICORRUZIONE. DISPOSIZIONI FINALI E TRANSITORIE

Parte I
DEL CONTENZIOSO

Titolo I
I RICORSI GIURISDIZIONALI

Art. 209 – Modifiche al codice del processo amministrativo di cui all'allegato 1 al decreto legislativo 2 luglio 2010, n. 104 .... » 300

Titolo II
I RIMEDI ALTERNATIVI ALLA TUTELA GIURISDIZIONALE

Art. 210 – Accordo bonario per i lavori.......... » 305
Art. 211 – Accordo bonario per i servizi e le forniture.......... » 307
Art. 212 – Transazione.......... » 307
Art. 213 – Arbitrato.......... » 307
Art. 214 – Camera arbitrale, albo degli arbitri ed elenco dei segretari.......... » 311
Art. 215 – Collegio consultivo tecnico.......... » 312
Art. 216 – Pareri obbligatori.......... » 313
Art. 217 – Determinazioni.......... » 314
Art. 218 – Costituzione facoltativa del collegio consultivo tecnico .... » 314
Art. 219 – Scioglimento del collegio consultivo tecnico ..... » 315
Art. 220 – Pareri di precontenzioso e legittimazione ad agire dell'ANAC.......... » 315

PARTE II
DELLA *GOVERNANCE*

Art. 221 – Indirizzo, coordinamento e monitoraggio presso la Cabina di regia. *Governance* dei servizi .... Pag. 316
Art. 222 – Autorità nazionale anticorruzione (ANAC)........ » 318
Art. 223 – Ministero delle infrastrutture e dei trasporti e struttura tecnica di missione........................ » 323

Parte III
DISPOSIZIONI TRANSITORIE, DI COORDINAMENTO E ABROGAZIONI

Art. 224 – Disposizioni ulteriori.. » 327
Art. 225 – Disposizioni transitorie e di coordinamento .... » 328
Art. 226 – Abrogazioni e disposizioni finali........................ » 332
Art. 227 – Aggiornamenti .... » 334
Art. 228 – Clausola di invarianza finanziaria........................ » 334
Art. 229 – Entrata in vigore.. » 334

ALLEGATI

Allegato I.1 – Definizioni dei soggetti, dei contratti, delle procedure e degli strumenti.................. » 335
Allegato I.2 – Attività del RUP.. » 345
Allegato I.3 – Termini delle procedure di appalto e di concessione .... » 354
Allegato I.4 – Imposta di bollo relativa alla stipulazione del contratto .... » 355
Allegato I.5 – Elementi per la programmazione dei lavori e dei servizi. Schemi tipo .... » 356
Allegato I.6 – Dibattito pubblico obbligatorio.............. » 370
Allegato I.7 – Contenuti minimi del quadro esigenziale, del documento di fattibilità delle alternative progettuali, del documento di indirizzo della progettazione, del progetto di fattibilità tecnica ed economica e del progetto esecutivo.. » 377
Allegato I.8 – Verifica preventiva dell'interesse archeologico .... » 436
Allegato I.9 – Metodi e strumenti di gestione informativa digitale delle costruzioni .... » 440

Allegato I.10 – Attività tecniche a carico degli stanziamenti previsti per le singole procedure.... Pag. 447
Allegato I.11 – Disposizioni relative all'organizzazione, alle competenze, alle regole di funzionamento, nonché alle ulteriori attribuzioni del Consiglio superiore dei lavori pubblici .... » 448
Allegato I.12 – Opere di urbanizzazione a scomputo del contributo di costruzione .... » 460
Allegato I.13 – Determinazione dei parametri per la progettazione .... » 462
Allegato I.14 – Criteri di formazione ed aggiornamento dei prezzari regionali .... » 467
Allegato II.1 – Elenchi degli operatori economici e indagini di mercato per gli affidamenti di contratti di importo inferiore alle soglie di rilevanza europea .... » 483
Allegato II.2 – Metodi di calcolo della soglia di anomalia per l'esclusione automatica delle offerte .... » 487
Allegato II.3 – Soggetti con disabilità o svantaggiati cui può essere riservata la partecipazione ad appalti .... » 496
Allegato II.4 – Qualificazione delle stazioni appaltanti e delle centrali di committenza........ » 500
Allegato II.5 – Specifiche tecniche ed etichettature........ » 512
Allegato II.6 – Informazioni in avvisi e bandi .... » 517
Allegato II.7 – Caratteristiche relative alla pubblicazione » 544
Allegato II.8 – Rapporti di prova, certificazioni delle qualità, mezzi di prova, registro *on line* dei certificati e costi del ciclo vita........ » 546
Allegato II.9 – Informazioni contenute negli inviti ai candidati........ » 549
Allegato II.10 – Violazioni gravi degli obblighi relativi al pagamento delle imposte e tasse o dei contributi previdenziali........ » 552
Allegato II.11 – Registri professionali o commerciali per operatori economici di altri Stati membri (allegato XI direttiva 2014/24/UE)........ » 554

Allegato II.12 – Sistema di qualificazione e requisiti per gli esecutori di lavori. Requisiti per la partecipazione alle procedure di affidamento dei servizi di ingegneria e architettura .... Pag. 557
Allegato II.13 – Certificazioni e marchi rilevanti ai fini della riduzione della garanzia .... » 624
Allegato II.14 – Direzione dei lavori e direzione dell'esecuzione dei contratti. Modalità di svolgimento delle attività della fase esecutiva. Collaudo e verifica di conformità .... » 629
Allegato II.15 – Criteri per la determinazione dei costi per gli accertamenti di laboratorio e le verifiche tecniche .... » 678
Allegato II.16 – Informazioni a livello europeo relative alla modifica di contratti in corso di esecuzione .... » 683
Allegato II.17 – Servizi sostitutivi di mensa .... » 684
Allegato II.18 – Qualificazione dei soggetti, progettazione e collaudo nel settore dei beni culturali .... » 690
Allegato II.19 – Servizi di ricerca e sviluppo .... » 709
Allegato II.20 – Appalti e procedure nel settore difesa e sicurezza .... » 710
Allegato IV.1 – Informazioni da inserire nei bandi di concessione di cui all'articolo 182 .... » 719
Allegato V.1 – Compensi degli arbitri .... » 721
Allegato V.2 – Modalità di costituzione del Collegio consultivo tecnico .... » 723
Allegato V.3 – Modalità di formazione della Cabina di regia .... » 727

PREFAZIONE

L'applicazione del nuovo Codice dal 1° gennaio 2024 e la digitalizzazione "integrale" del ciclo di vita dell'appalto

La presente edizione tascabile del nuovo Codice dei contratti pubblici viene pubblicata in una nuova importante fase applicativa del d.lgs. 31 marzo 2023, n. 36, e precisamente quella che comporta l'integrale digitalizzazione del ciclo di vita dell'appalto.

Dal 1° gennaio 2024, infatti, hanno acquistato piena efficacia le norme sulle piattaforme digitali di approvvigionamento, sulla trasparenza, sull'accesso e sulla pubblicità legale dei bandi. Si tratta, come noto, di una scadenza prevista dal PNRR, rispetto alla quale il Governo non ha inteso disporre proroghe.

Come osservato nella Relazione illustrativa al nuovo Codice, la strada della digitalizzazione dei contratti pubblici individuata dal PNRR conduce: alla disponibilità, da parte di ogni stazione appaltante, di una *e-platform* come requisito di base per partecipare alla valutazione nazionale della *procurement capacity*; alla semplificazione e alla digitalizzazione delle procedure delle centrali di committenza; alla definizione delle modalità per digitalizzare le procedure per tutti gli appalti pubblici e concessioni e dei requisiti di interoperabilità e interconnettività (M1C1-70).

Va, infine, considerato che la digitalizzazione costituisce anche una efficace misura di prevenzione della corruzione in quanto consente trasparenza, tracciabilità, partecipazione, controllo di tutte le attività, in modo da assicurare il rispetto della legalità. Il settore delle commesse pubbliche rappresenta, infatti, un'attività fortemente esposta a condotte corruttive, in ragione del potenziale economico che esprime e, quindi, occorrono presidi efficaci e qualificati per fare in modo che le risorse stanziate non vengano distolte dal perseguimento degli interessi pubblici. La digitalizzazione potrebbe, perciò, in definitiva assicurare efficacia, efficienza e rispetto delle regole.

In aderenza agli obiettivi del PNRR la legge delega 21 giugno 2022, n. 78 ha delineato i principi che innervano le disposizioni in tema di digitalizzazione:

– "*gli obiettivi di riduzione e di certezza dei tempi relativi alle procedure di gara, alla stipula dei contratti e all'esecuzione degli appalti, dovranno essere raggiunti anche utilizzando la digitalizzazione e l'informatizzazione delle procedure, la piena attuazione della Banca dati nazionale dei contratti pubblici e del fascicolo virtuale dell'operatore economico*" (lett. m));
– "*le stazioni appaltanti potranno ricorrere anche ad automatismi nella valutazione delle offerte*" (lett. t)).

L'applicazione della disciplina riferita alla digitalizzazione richiede alle stazioni appaltanti e agli enti concedenti la necessità di cambiare le modalità di svolgimento delle procedure di gara, imponendo loro, in primo luogo, l'utilizzo di piattaforme di approvvigionamento digitale certificate e interoperabili.

Infatti, in ossequio agli articoli 25 e 26 del Codice, per tutti gli affidamenti sopra e sotto soglia, a partire dal 1° gennaio 2024, dovranno essere utilizzate le piattaforme di approvvigionamento digitale che hanno compiuto il processo di certificazione delineato dalle Regole tecniche di AgID (provvedimento AgID n. 137/2023) e dallo Schema operativo (pubblicato sul sito di AgID il 25 settembre 2023, come modificato in data 14 novembre 2023). Le amministrazioni dovranno assicurarsi che la piattaforma o le piattaforme in uso abbiano avviato e concluso il processo di certificazione secondo lo schema operativo pubblicato sul sito di AgID, al fine di svolgere le attività di cui all'articolo 22, comma 2 del Codice. In caso negativo, entro il medesimo termine, dovranno procurarsi la disponibilità di una o più piattaforme di approvvigionamento digitale certificate, tra quelle iscritte nell'elenco di cui dall'articolo 26, comma 3 del Codice, gestito da ANAC. Nell'ambito di detto elenco sono presenti sia i soggetti titolari di piattaforme, pubblici e privati, sia i gestori delle stesse. In alternativa, le stazioni appaltanti e gli enti concedenti non dotati di una propria piattaforma di approvvigionamento digitale potranno avvalersi delle piattaforme messe a disposizione da altre stazioni appaltanti o enti concedenti, da centrali di committenza o da soggetti aggregatori, da Regioni o Province autonome (art. 25, comma 3).

Dal 1° gennaio 2024, tali piattaforme devono essere utilizzate anche per la redazione o acquisizione degli atti relativi alle procedure di programmazione, progettazione, pubblicazione, affidamento ed esecuzione dei contratti; la trasmissione dei dati e documenti alla Banca dati ANAC; l'accesso alla documentazione di gara; la presentazione del Documento di gara unico europeo; la presentazione delle offerte; l'apertura, gestione e conservazione del fascicolo di gara; il controllo tecnico, contabile e amministrativo dei contratti in fase di esecuzione e la gestione delle garanzie.

Con l'entrata in vigore delle nuove norme all'inizio del 2024, come osservato dall'ANAC, si registra anche un'altra novità rilevante: sarà pienamente operativo il Fascicolo virtuale dell'operatore economico predisposto da ANAC, strumento per l'accesso alle informazioni riguardanti un operatore economico per la verifica del possesso dei requisiti per la partecipazione agli appalti pubblici e l'assenza di cause di esclusione (casellario giudiziale, certificati antimafia, regolarità fiscale e contributiva, ecc.). I dati e i documenti contenuti nel fascicolo, che l'operatore economico può inserire attraverso apposite funzionalità, verranno aggiornati automaticamente dagli enti certificatori (Ministero della giustizia, Ministero dell'interno, INPS, INAIL, Agenzia delle entrate, ecc.) attraverso l'interoperabilità, potranno essere consultati dalle stazioni appaltanti e riutilizzati in tutte le procedure di affidamento a cui uno stesso operatore economico partecipa.

Sempre a partire dal 1° gennaio 2024, nell'ambito del sistema di digitalizzazione, la Banca dati nazionale dei contratti pubblici renderà disponibili, mediante interoperabilità, i servizi e le informazioni necessari allo svolgimento delle fasi dell'intero ciclo di vita dei contratti pubblici, anche per garantire l'assolvimento degli obblighi di trasparenza di cui all'articolo 28 del Codice.

A garantire la pubblicità degli atti di gara sarà ANAC, con la sua Banca dati, mediante la trasmissione delle informazioni all'Ufficio delle pubblicazioni dell'Unione europea. Gli effetti giuridici degli atti pubblicati decorreranno dalla data di pubblicazione nella Banca dati nazionale dei contratti pubblici. La documentazione di gara sarà resa costantemente disponibile attraverso le piattaforme digitali e i siti istituzionali delle stazioni appaltanti e rimarrà costantemente accessibile attraverso il collegamento con la Banca dati nazionale dei contratti pubblici.

Pare utile riepilogare nei successivi punti il quadro normativo e i regimi transitori previsti per il 2024.

Il quadro normativo dal 1° gennaio 2024

L'articolo 225, comma 1, ultimo periodo, del Codice, prevede: "*Dal 1° gennaio 2024, acquistano efficacia gli articoli 27, 81, 83, 84 e 85*".

Si tratta, in particolare, dei seguenti articoli:

- art. 27 (Pubblicità legale degli atti)
- art. 81 (Avvisi di pre-informazione)
- art. 83 (Bandi e avvisi: contenuti e modalità di redazione)
- art. 84 (Pubblicazione a livello europeo)
- art. 85 (Pubblicazione a livello nazionale).

L'articolo 225, comma 2, primo periodo del Codice prevede: "*Le disposizioni di cui agli articoli 19, 20, 21, 22, 23, 24, 25, 26, 28, 29, 30, 31, 35, 36, 37, comma 4, 99, 106, comma 3, ultimo periodo, 115, comma 5, 119, comma 5, e 224, comma 6 acquistano efficacia a decorrere dal 1° gennaio 2024*".

Si tratta, in particolare, dei seguenti articoli, che nella maggior parte dei casi implicano la piena operatività della Banca dati nazionale dei contratti pubblici e delle piattaforme di approvvigionamento digitale:

- art. 19 (Principi e diritti digitali)
- art. 20 (Principi in materia di trasparenza)
- art. 21 (Ciclo di vita digitale dei contratti pubblici)
- art. 22 (Ecosistema nazionale di approvvigionamento digitale (*e-procurement*))
- art. 23 (Banca dati nazionale dei contratti pubblici)

- art. 24 (Fascicolo virtuale dell'operatore economico)
- art. 25 (Piattaforme di approvvigionamento digitale)
- art. 26 (Regole tecniche)
- art. 28 (Trasparenza dei contratti pubblici)
- art. 29 (Regole applicabili alle comunicazioni)
- art. 30 (Uso di procedure automatizzate nel ciclo di vita dei contratti pubblici)
- art. 31 (Anagrafe degli operatori economici partecipanti agli appalti)
- art. 35 (Accesso agli atti e riservatezza: accesso immediato tramite piattaforme digitale)
- art. 36 (Norme procedimentali e processuali in tema di accesso)
- art. 37, comma 4 (Programmazione dei lavori e degli acquisti di beni e servizi: pubblicazione programmi sulla Banca dati nazionale dei contratti pubblici)
- art. 99 (Verifica del possesso dei requisiti)
- art. 106, comma 3 (Garanzie per la partecipazione alla procedura: obbligo emissione della "garanzia nativa digitale")
- art. 115, comma 5 (Controllo tecnico contabile e amministrativo)
- art. 119, comma 5 (Subappalto: la verifica della dichiarazione relativa al possesso dei requisiti del subappaltatore avviene tramite la Banca dati nazionale dei contratti pubblici)
- art. 224, comma 6 (Disposizioni ulteriori).

L'articolo 225, comma 3, del Codice, infine, prevede: "*Il requisito di qualificazione di cui all'articolo 4, comma 1, lettera c) e all'articolo 6, comma 1, lettera c) dell'allegato II-4 del Codice è richiesto a decorrere dal 1° gennaio 2024*". Si tratta della disponibilità di piattaforme di approvvigionamento digitale di cui agli articoli 25 e 26 del Codice.

Si segnalano inoltre i seguenti provvedimenti attuativi ANAC, efficaci anch'essi dal 1° gennaio 2024:

- Delibera n. 261 del 20 giugno 2023: "Adozione del provvedimento di cui all'articolo 23, comma 5, del decreto legislativo 31 marzo 2023, n. 36 recante «Individuazione delle informazioni che le stazioni appaltanti sono tenute a trasmettere alla Banca dati nazionale dei contratti pubblici attraverso le piattaforme telematiche e i tempi entro i quali i titolari delle piattaforme e delle banche dati di cui agli articoli 22 e 23, comma 3, del Codice garantiscono l'integrazione con i servizi abilitanti l'ecosistema di approvvigionamento digitale»".

- Delibera n. 262 del 20 giugno 2023: "Adozione del provvedimento di cui all'articolo 24, comma 4, del decreto legislativo 31 marzo 2023, n. 36 d'intesa con il Ministero delle infrastrutture e dei trasporti e con l'Agenzia per l'Italia Digitale" (FVOE).
- Delibera n. 263 del 20 giugno 2023: "Adozione del provvedimento di cui all'articolo 27 del decreto legislativo 31 marzo 2023, n. 36 d'intesa con il Ministero delle infrastrutture e dei trasporti recante «Modalità di attuazione della pubblicità legale degli atti tramite la Banca dati nazionale dei contratti pubblici»".
- Delibera n. 264 del 20 giugno 2023: "Adozione del provvedimento di cui all'articolo 28, comma 4, del decreto legislativo 31 marzo 2023, n. 36 recante individuazione delle informazioni e dei dati relativi alla programmazione di lavori, servizi e forniture, nonché alle procedure del ciclo di vita dei contratti pubblici che rilevano ai fini dell'assolvimento degli obblighi di pubblicazione di cui al decreto legislativo 14 marzo 2013, n. 33".

I regimi transitori

- ***Fino al 30 settembre 2024***

1) *Affidamenti* infra *5.000 euro, e ricorso all'interfaccia web messa a disposizione dalla piattaforma contratti pubblici*

In forza del **comunicato del Presidente ANAC del 10 gennaio 2024** ("Indicazioni di carattere transitorio sull'applicazione delle disposizioni del codice dei contratti pubblici in materia di digitalizzazione degli affidamenti di importo inferiore a 5.000 euro"), per gli affidamenti *infra* 5.000 euro, vale il regime "transitorio", fino al 30 settembre 2024, che sospende l'obbligo di ricorso alle piattaforme di approvvigionamento digitale e consente il ricorso alla piattaforma dei contratti pubblici per l'acquisizione del CIG.

"L'Autorità, al fine di favorire le Amministrazioni nell'adeguarsi ai nuovi sistemi che prevedono l'utilizzo delle piattaforme elettroniche e garantire così un migliore passaggio verso l'amministrazione digitale, sentito il Ministero delle infrastrutture e dei trasporti, ritiene in ogni caso necessario chiarire che allo scopo di consentire lo svolgimento delle ordinarie attività di approvvigionamento in coerenza con gli obiettivi della digitalizzazione, l'utilizzo dell'interfaccia web messa a disposizione dalla piattaforma contratti pubblici – PCP dell'Autorità, raggiungibile al link www.anticorruzione.it/-/piattaforma-contratti-pubblici, sarà disponibile anche per gli affidamenti diretti di importo inferiore a 5.000 euro fino al 30 settembre 2024.

Tale strumento rappresenta una modalità suppletiva che può essere utilizzata **in caso di impossibilità o difficoltà di ricorso alle PAD**, per il primo periodo di operatività della digitalizzazione.

Si evidenzia che anche in questo caso la stazione appaltante deve comunque garantire la tempestiva trasmissione delle informazioni alla BDNCP, attraverso la compilazione dell'apposita scheda (AD5), al fine di consentire l'assolvimento delle funzioni ad essa demandate, ivi compresi gli obblighi in materia di trasparenza. Per gli affidamenti di importo pari o superiore a 5.000 euro restano ferme le indicazioni già fornite in merito all'obbligo di svolgere le procedure di affidamento mediante PAD.

A decorrere dal 1° ottobre 2024 anche per gli affidamenti diretti di importo inferiore a 5.000 euro sarà obbligatorio il ricorso alle piattaforme certificate. Pertanto, si invitano tutti i soggetti interessati a porre in essere le attività necessarie a garantire la corretta operatività dell'ecosistema di approvvigionamento digitale".

• ***Fino al 30 giugno 2024***

1) *Acquisizione del CIG*

Secondo il **comunicato congiunto ANAC-MIT del 19 dicembre 2023**:

"Nei soli casi di seguito indicati, fino al 30 giugno 2024, anche al fine dell'assolvimento degli obblighi di comunicazione nei confronti della BDNCP, le stazioni appaltanti e gli enti concedenti hanno facoltà di utilizzare l'interfaccia web messa a disposizione mediante la PCP per l'acquisizione del CIG:

– acquisizione del CIG ai soli fini della tracciabilità, per le ipotesi individuate nell'aggiornamento alla determina n. 4/2011 sulla tracciabilità dei flussi finanziari, per le quali era prevista l'acquisizione dello SmartCIG senza limiti di importo;
– fattispecie previste dalla delibera n. 214/2022 e successivi aggiornamenti;
– adesione ad accordi quadro e convenzioni i cui bandi siano stati pubblicati entro il 31 dicembre 2023 con o senza successivo confronto competitivo;
– ripetizione di lavori o servizi analoghi ai sensi dell'articolo 76, comma 6, del Codice previste dalla documentazione di gara originaria relativa a procedure pubblicate prima del 31 dicembre 2023".

2) *La verifica di autenticità della garanzia fideiussoria tramite PEC*

Fino al 30 giugno 2024 sarà possibile verificare anche via PEC – e non soltanto sul sito internet del soggetto emittente – l'autenticità della polizza presentata in gara a garanzia dell'offerta. Lo ha stabilito l'ANAC con la **delibera n. 606 del 19 dicembre 2023**.

Come noto, tra le disposizioni efficaci dal 1° gennaio 2024 è compresa anche quella di cui all'art. 106, comma 3, ultimo periodo, del Codice, a tenore della quale: "*La garanzia fideiussoria deve essere emessa e firmata digitalmente; essa deve essere altresì verificabile telematicamente presso l'emittente ovvero gestita mediante ricorso a piattaforme operanti con tecnologie basate su registri distribuiti* *ai sensi dell'articolo 8-*ter*, comma 1, del decreto-legge 14 dicembre 2018, n. 135, convertito, con modificazioni, dalla legge 11 febbraio 2019, n. 12, conformi alle caratteristiche stabilite dall'AgID con il provvedimento di cui all'articolo 26, comma 1*". Si tratta della c.d. "garanzia fideiussoria nativa digitale".

Nel bando tipo n. 1/2023 adottato dall'Autorità è precisato che, a decorrere dal 1° gennaio 2024, nel caso in cui la stazione appaltante sia abilitata ad effettuare le verifiche di veridicità sulle garanzie fideiussorie gestite tramite ricorso a piattaforme operanti con tecnologie basate su registri distribuiti, l'operatore economico può, alternativamente:

a) presentare una garanzia fideiussoria gestita mediante ricorso alla piattaforma cui la stazione appaltante è abilitata;
b) presentare una garanzia fideiussoria verificabile telematicamente presso l'emittente, indicando nella domanda il sito internet presso il quale è possibile verificare la garanzia.

Nel caso in cui, invece, la stazione appaltante non sia abilitata ad effettuare verifiche di veridicità sulle garanzie fideiussorie gestite tramite piattaforme telematiche, è indicato che l'operatore economico presenti una garanzia fideiussoria verificabile telematicamente presso l'emittente, indicando nella domanda il sito internet presso il quale è possibile verificare la garanzia.

Tuttavia, come attestato anche dall'ANAC, "*allo stato, non risultano operanti piattaforme in grado di consentire l'emissione e la gestione delle polizze fideiussorie*".

Da qui la soluzione transitoria introdotta dall'ANAC con la delibera n. 606 del 19 dicembre 2023: fino al 30 giugno 2024 sarà possibile verificare anche via PEC – e non soltanto sul sito internet del soggetto emittente – l'autenticità della polizza presentata in gara a garanzia dell'offerta.

"Preso atto delle difficoltà emerse nelle verifiche delle garanzie fideiussorie utilizzate per la partecipazione alle procedure di evidenzia pubblica, fino al 30 giugno 2024, si applicano le indicazioni di seguito riportate.

L'operatore economico che intenda partecipare ad una procedura di affidamento pubblica, prima di procedere alla sottoscrizione della

garanzia fideiussoria, è tenuto a verificare che il soggetto garante sia in possesso dell'autorizzazione al rilascio di garanzie mediante accesso ai seguenti siti internet:
www.bancaditalia.it/compiti/vigilanza/intermediari/index.html
www.bancaditalia.it/compiti/vigilanza/avvisi-pub/garanzie-finanziarie
www.ivass.it/ivass/imprese_jsp/HomePage.jsp

Le stazioni appaltanti e gli enti concedenti accedono ai medesimi siti per le verifiche di competenza.

Inoltre, al fine di consentire la verifica di veridicità e autenticità della polizza, l'operatore economico, all'atto della sottoscrizione della garanzia acquisisce dal garante l'indirizzo internet cui è possibile accedere per effettuare la verifica telematica della garanzia in tempo reale. Il sito internet messo a disposizione dal garante assicura il rispetto della normativa vigente, anche in materia di privacy, e consente l'accesso esclusivamente alla stazione appaltante procedente, in relazione alla garanzia presentata nella specifica gara. A tal fine richiede idonea identificazione a mezzo SPID e subordina l'accesso all'inserimento di informazioni qualificanti (es. CIG riferito alla procedura di gara, importo della garanzia, nominativo del concorrente).

Nel caso in cui il garante non disponga di un sito internet con le caratteristiche suindicate, fornisce un indirizzo PEC dedicato cui le stazioni appaltanti e gli enti concedenti inviano la polizza presentata in gara, in formato pdf, per il riscontro di autenticità e veridicità.

Le imprese di assicurazione comunitarie operanti in Italia in regime di libera prestazione di servizi che non dispongano di un sito internet per la verifica delle garanzie rilasciate, nelle more della disponibilità della PEC europea, si dotano di un indirizzo PEC italiano.

L'indirizzo internet o l'eventuale indirizzo PEC da utilizzare ai fini delle verifiche sono indicati dal garante nella documentazione contrattuale o, in mancanza, riportati dall'operatore economico nella domanda di partecipazione. La mancata indicazione è sanabile con la procedura di soccorso istruttorio, purché la garanzia sia stata emessa prima della scadenza del termine per la presentazione delle offerte.

Le competenti Autorità di vigilanza potranno mettere a disposizione delle stazioni appaltanti e degli enti concedenti, per le rispettive verifiche di competenza, un elenco degli indirizzi internet dei siti ovvero gli indirizzi PEC delle imprese di assicurazioni e degli intermediari finanziari autorizzati al rilascio di garanzie fideiussorie.

Nel caso di utilizzo della verifica a mezzo PEC, l'operatore economico acquisisce l'impegno del garante a riscontrare le richieste pervenute dalla stazione appaltante nel termine massimo di cinque giorni lavorativi.

Le stazioni appaltanti e gli enti concedenti segnalano all'IVASS i casi di perduranti ritardi/mancate risposte da parte delle imprese di assicurazione alle richieste di verifica".

3) *Appalti PNRR-PNC*

L'art. 8, comma 5, del Decreto "Milleproroghe 2024" (**d.l. 30 dicembre 2023, n. 215**, recante "Disposizioni urgenti in materia di termini normativi") proroga al 30 giugno 2024 il regime speciale introdotto dal Decreto "PNRR-*ter*" (d.l. 13/2023, conv. l. 41/2023) relativo alla realizzazione mediante procedure di affidamento semplificate, degli interventi finanziati con risorse del Piano nazionale di ripresa e resilienza e dal Piano nazionale complementare, in forza del quale:

"4. (...) limitatamente agli interventi finanziati, in tutto o in parte, con le risorse previste dal PNRR e dal PNC, si applicano fino al 30 giugno 2024, salvo che sia previsto un termine più lungo, le disposizioni di cui agli articoli 1, 2, ad esclusione del comma 4, 5, 6 e 8 del decreto-legge 16 luglio 2020, n. 76, convertito, con modificazioni, dalla legge 11 settembre 2020, n. 120, nonché le disposizioni di cui all'articolo 1, commi 1 e 3, del decreto-legge 18 aprile 2019, n. 32, convertito, con modificazioni, dalla legge 14 giugno 2019, n. 55. La disciplina di cui all'articolo 8, comma 1, lettera a), del citato decreto-legge n. 76 del 2020 si applica anche alle procedure espletate dalla Consip S.p.A. e dai soggetti aggregatori, ivi comprese quelle in corso, afferenti agli investimenti pubblici finanziati, in tutto o in parte, con le risorse previste dal PNRR e dal PNC con riferimento alle acquisizioni delle amministrazioni per la realizzazione di progettualità finanziate con le dette risorse".

4) *Proroga del c.d. "scudo erariale"*

Il **d.l. 22 aprile 2023, n. 44**, recante "Disposizioni urgenti per il rafforzamento della capacità amministrativa delle Amministrazioni Pubbliche", convertito dalla **legge 21 giugno 2023, n. 74**, ha previsto all'articolo 1, comma 12-*quinquies*, nelle more di una complessiva revisione della disciplina sulla responsabilità amministrativo-contabile, la proroga al 30 giugno 2024 del c.d. "scudo erariale", inizialmente introdotto dall'articolo 21, comma 2, del d.l. 76/2020, conv. l. 120/2020 (c.d. Decreto "Semplificazioni 1").

L'articolo 21 del d.l. 76/2020 recita ora: "*Limitatamente ai fatti commessi dalla data di entrata in vigore del presente decreto e fino al 30 giugno 2024, la responsabilità dei soggetti sottoposti alla giurisdizione della Corte dei conti in materia di contabilità pubblica per l'azione di responsabilità di cui all'art. 1 della legge 14 gennaio 1994, n. 20, è limitata ai casi in cui la produzione del danno conseguente alla condotta del soggetto agente è da lui dolosamente voluta. La limitazione di responsabilità prevista dal primo periodo non si applica per i danni cagionati da omissione o inerzia del soggetto agente*".

* * *

Le stazioni appaltanti e gli operatori economici sono chiamati a un enorme impegno per consentire un'evoluzione – non solo tecnologica, ma soprattutto culturale – nella gestione dei contratti pubblici, sia nel quadro dei nuovi principi del risultato, della fiducia e dell'accesso al mercato introdotti dal nuovo Codice, sia in relazione alla concreta digitalizzazione del ciclo di vita dei contratti pubblici.

Il Codice tascabile costituisce un supporto di estrema utilità e di rapida e agevole fruizione nella ricerca e nell'applicazione delle nuove norme.

ALESSANDRO MASSARI

CODICE DEI CONTRATTI PUBBLICI
D.Lgs. 31 marzo 2023, n. 36

DECRETO LEGISLATIVO 31 MARZO 2023, N. 36
Codice dei contratti pubblici in attuazione dell'articolo 1 della legge 21 giugno 2022, n. 78, recante delega al Governo in materia di contratti pubblici
(G.U. n. 77 del 31 marzo 2023, s.o. n. 12/L)

IL PRESIDENTE DELLA REPUBBLICA

VISTI gli articoli 76 e 87 della Costituzione;

VISTO l'articolo 14 della legge 23 agosto 1988, n. 400;

VISTA la direttiva 2014/23/UE del Parlamento europeo e del Consiglio, del 26 febbraio 2014, sull'aggiudicazione dei contratti di concessione;

VISTA la direttiva 2014/24/UE del Parlamento europeo e del Consiglio, del 26 febbraio 2014, sugli appalti pubblici e che abroga la direttiva 2004/18/CE;

VISTA la direttiva 2014/25/UE del Parlamento europeo e del Consiglio, del 26 febbraio 2014, sulle procedure d'appalto degli enti erogatori nei settori dell'acqua, dell'energia, dei trasporti e dei servizi postali e che abroga la direttiva 2004/17/CE;

VISTA la legge 24 dicembre 2012, n. 234, recante «Norme generali sulla partecipazione dell'Italia alla formazione e all'attuazione della normativa e delle politiche dell'Unione europea»;

VISTO il decreto legislativo 18 aprile 2016, n. 50, recante «Codice dei contratti pubblici»;

VISTA la legge 21 giugno 2022, n. 78, recante «Delega al Governo in materia di contratti pubblici»;

VISTO, in particolare, l'articolo 1, comma 4, della citata legge 21 giugno 2022, n. 78, il quale prevede che il Governo può avvalersi della facoltà di cui all'articolo 14, numero 2°, del testo unico delle leggi sul Consiglio di Stato, di cui al regio decreto 26 giugno 1924, n. 1054;

VISTA la nota in data 28 giugno 2022 con la quale il Presidente del Consiglio dei ministri ha affidato la formulazione del progetto di decreto legislativo recante la disciplina dei contratti pubblici al

Consiglio di Stato, ai sensi dell'articolo 1, comma 4, della legge 21 giugno 2022, n. 78;

VISTO il decreto del Presidente del Consiglio di Stato in data 4 luglio 2022, con il quale la formulazione di detto progetto è stata deferita ad una commissione speciale e ne è stata stabilita la composizione;

VISTO lo schema di "Codice dei contratti pubblici in attuazione dell'articolo 1 della legge 21 giugno 2022, n. 78, recante «Delega al Governo in materia di contratti pubblici»", redatto da detta commissione speciale e trasmesso al Governo dal Consiglio di Stato in data 27 ottobre 2022 - 7 dicembre 2022;

VISTA la preliminare deliberazione del Consiglio dei ministri, adottata nella riunione del 16 dicembre 2022;

ACQUISITO il parere della Conferenza unificata di cui all'articolo 8 del decreto legislativo 28 agosto 1997, n. 281, reso in data 26 gennaio 2023;

ACQUISITI i pareri delle competenti commissioni della Camera dei deputati e del Senato della Repubblica;

VISTA la deliberazione del Consiglio dei ministri, adottata nella riunione del 28 marzo 2023;

SULLA PROPOSTA del Presidente del Consiglio dei ministri e del Ministro delle infrastrutture e dei trasporti, di concerto con i Ministri per gli affari europei, il Sud, le politiche di coesione e il PNRR, per le riforme istituzionali e la semplificazione normativa, per le disabilità, degli affari esteri e della cooperazione internazionale, dell'interno, della giustizia, della difesa, dell'economia e delle finanze, delle imprese e del made in Italy, dell'ambiente e della sicurezza energetica, del lavoro e delle politiche sociali, e della cultura;

EMANA

il seguente decreto legislativo:

LIBRO I
DEI PRINCIPI, DELLA DIGITALIZZAZIONE, DELLA PROGRAMMAZIONE, DELLA PROGETTAZIONE

Parte I
DEI PRINCIPI

Titolo I
I PRINCIPI GENERALI

Art. 1. Principio del risultato – 1. Le stazioni appaltanti e gli enti concedenti perseguono il risultato dell'affidamento del contratto e della sua esecuzione con la massima tempestività e il migliore rapporto possibile tra qualità e prezzo, nel rispetto dei principi di legalità, trasparenza e concorrenza.

2. La concorrenza tra gli operatori economici è funzionale a conseguire il miglior risultato possibile nell'affidare ed eseguire i contratti. La trasparenza è funzionale alla massima semplicità e celerità nella corretta applicazione delle regole del presente decreto, di seguito denominato «codice» e ne assicura la piena verificabilità.

3. Il principio del risultato costituisce attuazione, nel settore dei contratti pubblici, del principio del buon andamento e dei correlati principi di efficienza, efficacia ed economicità. Esso è perseguito nell'interesse della comunità e per il raggiungimento degli obiettivi dell'Unione europea.

4. Il principio del risultato costituisce criterio prioritario per l'esercizio del potere discrezionale e per l'individuazione della regola del caso concreto, nonché per:

a) valutare la responsabilità del personale che svolge funzioni amministrative o tecniche nelle fasi di programmazione, progettazione, affidamento ed esecuzione dei contratti;

b) attribuire gli incentivi secondo le modalità previste dalla contrattazione collettiva.

Art. 2. Principio della fiducia – 1. L'attribuzione e l'esercizio del potere nel settore dei contratti pubblici si fonda sul principio della reciproca fiducia nell'azione legittima, trasparente e corretta dell'amministrazione, dei suoi funzionari e degli operatori economici.

2. Il principio della fiducia favorisce e valorizza l'iniziativa e l'autonomia decisionale dei funzionari pubblici, con particolare riferimento alle valutazioni e alle scelte per l'acquisizione e l'esecuzione delle prestazioni secondo il principio del risultato.

3. Nell'ambito delle attività svolte nelle fasi di programmazione, progettazione, affidamento ed esecuzione dei contratti, ai fini della responsabilità amministrativa costituisce colpa grave la violazione di norme di diritto e degli auto-vincoli amministrativi, nonché la palese violazione di regole di prudenza, perizia e diligenza e l'omissione delle cautele, verifiche ed informazioni preventive normalmente richieste nell'attività amministrativa, in quanto esigibili nei confronti dell'agente pubblico in base alle specifiche competenze e in relazione al caso concreto. Non costituisce colpa grave la violazione o l'omissione determinata dal riferimento a indirizzi giurisprudenziali prevalenti o a pareri delle autorità competenti.

4. Per promuovere la fiducia nell'azione legittima, trasparente e corretta dell'amministrazione, le stazioni appaltanti e gli enti concedenti adottano azioni per la copertura assicurativa dei rischi per il personale, nonché per riqualificare le stazioni appaltanti e per rafforzare e dare valore alle capacità professionali dei dipendenti, compresi i piani di formazione di cui all'articolo 15, comma 7.

Art. 3. Principio dell'accesso al mercato – 1. Le stazioni appaltanti e gli enti concedenti favoriscono, secondo le modalità indicate dal codice, l'accesso al mercato degli operatori economici nel rispetto dei principi di concorrenza, di imparzialità, di non discriminazione, di pubblicità e trasparenza, di proporzionalità.

Art. 4. Criterio interpretativo e applicativo – 1. Le disposizioni del codice si interpretano e si applicano in base ai principi di cui agli articoli 1, 2 e 3.

Art. 5. Principi di buona fede e di tutela dell'affidamento – 1. Nella procedura di gara le stazioni appaltanti, gli enti concedenti e gli operatori economici si comportano reciprocamente nel rispetto dei principi di buona fede e di tutela dell'affidamento.

2. Nell'ambito del procedimento di gara, anche prima dell'aggiudicazione, sussiste un affidamento dell'operatore economico sul legittimo esercizio del potere e sulla conformità del comportamento amministrativo al principio di buona fede.

3. In caso di aggiudicazione annullata su ricorso di terzi o in autotutela, l'affidamento non si considera incolpevole se l'illegittimità è agevolmente rilevabile in base alla diligenza professionale richiesta ai concorrenti. Nei casi in cui non spetta l'aggiudicazione, il danno da lesione dell'affidamento è limitato ai pregiudizi economici effettivamente subiti e provati, derivanti dall'interferenza del comportamento scorretto sulle scelte contrattuali dell'operatore economico.

4. Ai fini dell'azione di rivalsa della stazione appaltante o dell'ente concedente condannati al risarcimento del danno a favore del terzo pretermesso, resta ferma la concorrente responsabilità dell'operatore economico che ha conseguito l'aggiudicazione illegittima con un comportamento illecito.

Art. 6. Principi di solidarietà e di sussidiarietà orizzontale. Rapporti con gli enti del Terzo settore – 1. In attuazione dei principi di solidarietà sociale e di sussidiarietà orizzontale, la pubblica amministrazione può apprestare, in relazione ad attività a spiccata valenza sociale, modelli organizzativi di amministrazione condivisa, privi di rapporti sinallagmatici, fondati sulla condivisione della funzione amministrativa con gli enti del Terzo settore di cui al codice del Terzo settore di cui al decreto legislativo 3 luglio 2017, n. 117, sempre che gli stessi contribuiscano al perseguimento delle finalità sociali in condizioni di pari trattamento, in modo effettivo e trasparente e in base al principio del risultato. Non rientrano nel campo di applicazione del presente codice gli istituti disciplinati dal Titolo VII del codice del Terzo settore, di cui al decreto legislativo n. 117 del 2017.

Art. 7. Principio di auto-organizzazione amministrativa – 1. Le pubbliche amministrazioni organizzano autonomamente l'esecuzione di lavori o la prestazione di beni e servizi attraverso l'auto-produzione, l'esternalizzazione e la cooperazione nel rispetto della disciplina del codice e del diritto dell'Unione europea.

2. Le stazioni appaltanti e gli enti concedenti possono affidare direttamente a società *in house* lavori, servizi o forniture, nel rispetto dei principi di cui agli articoli 1, 2 e 3. Le stazioni appaltanti e gli enti concedenti adottano per ciascun affidamento un provvedimento motivato in cui danno conto dei vantaggi per la collettività, delle connesse esternalità e della congruità economica della prestazione, anche in relazione al perseguimento di obiettivi di universalità, socialità, efficienza, economicità, qualità della prestazione, celerità del procedimento e razionale impiego di risorse pubbliche. In caso di prestazioni strumentali, il provvedimento si intende sufficientemente motivato qualora dia conto dei vantaggi in termini di economicità, di celerità o di perseguimento di interessi strategici. I vantaggi di economicità possono emergere anche mediante la comparazione con gli standard di riferimento della società Consip S.p.a. e delle altre centrali di committenza, con i parametri ufficiali elaborati da altri enti regionali nazionali o esteri oppure, in mancanza, con gli standard di mercato.

3. L'affidamento *in house* di servizi di interesse economico generale di livello locale è disciplinato dal decreto legislativo 23 dicembre 2022, n. 201.

4. La cooperazione tra stazioni appaltanti o enti concedenti volta al perseguimento di obiettivi di interesse comune non rientra nell'ambito di applicazione del codice quando concorrono tutte le seguenti condizioni:

a) interviene esclusivamente tra due o più stazioni appaltanti o enti concedenti, anche con competenze diverse;

b) garantisce la effettiva partecipazione di tutte le parti allo svolgimento di compiti funzionali all'attività di interesse comune, in un'ottica esclusivamente collaborativa e senza alcun rapporto sinallagmatico tra prestazioni;

c) determina una convergenza sinergica su attività di interesse comune, pur nella eventuale diversità del fine perseguito da ciascuna amministrazione, purché l'accordo non tenda a realizzare la missione istituzionale di una sola delle amministrazioni aderenti;

d) le stazioni appaltanti o gli enti concedenti partecipanti svolgono sul mercato aperto meno del 20 per cento delle attività interessate dalla cooperazione.

Art. 8. Principio di autonomia contrattuale. Divieto di prestazioni d'opera intellettuale a titolo gratuito – 1. Nel perseguire le proprie finalità istituzionali le pubbliche amministrazioni sono dotate di autonomia contrattuale e possono concludere qualsiasi contratto, anche gratuito, salvi i divieti espressamente previsti dal codice e da altre disposizioni di legge.

2. Le prestazioni d'opera intellettuale non possono essere rese dai professionisti gratuitamente, salvo che in casi eccezionali e previa adeguata motivazione. Salvo i predetti casi eccezionali, la pubblica amministrazione garantisce comunque l'applicazione del principio dell'equo compenso.

3. Le pubbliche amministrazioni possono ricevere per donazione beni o prestazioni rispondenti all'interesse pubblico senza obbligo di gara. Restano ferme le disposizioni del codice civile in materia di forma, revocazione e azione di riduzione delle donazioni.

Art. 9. Principio di conservazione dell'equilibrio contrattuale – 1. Se sopravvengono circostanze straordinarie e imprevedibili, estranee alla normale alea, all'ordinaria fluttuazione economica e al rischio di mercato e tali da alterare in maniera rilevante l'equilibrio originario del contratto, la parte svantaggiata, che non abbia volontariamente assunto il relativo rischio, ha diritto alla rinegoziazione secondo buona fede delle condizioni contrattuali. Gli oneri per la rinegoziazione sono riconosciuti all'esecutore a valere sulle somme a disposizione indicate nel quadro economico dell'intervento, alle voci imprevisti e accantonamenti e, se necessario, anche utilizzando le economie da ribasso d'asta.

2. Nell'ambito delle risorse individuate al comma 1, la rinegoziazione si limita al ripristino dell'originario equilibrio del contratto oggetto dell'affidamento, quale risultante dal bando e dal provvedimento di aggiudicazione, senza alterarne la sostanza economica.

3. Se le circostanze sopravvenute di cui al comma 1 rendono la prestazione, in parte o temporaneamente, inutile o inutilizzabile per uno dei contraenti, questi ha diritto a una riduzione proporzionale del corrispettivo, secondo le regole dell'impossibilità parziale.

4. Le stazioni appaltanti e gli enti concedenti favoriscono l'inserimento nel contratto di clausole di rinegoziazione, dandone pubblicità nel bando o nell'avviso di indizione della gara, specie quando il

contratto risulta particolarmente esposto per la sua durata, per il contesto economico di riferimento o per altre circostanze, al rischio delle interferenze da sopravvenienze.

5. In applicazione del principio di conservazione dell'equilibrio contrattuale si applicano le disposizioni di cui agli articoli 60 e 120.

Art. 10. Principi di tassatività delle cause di esclusione e di massima partecipazione – 1. I contratti pubblici non sono affidati agli operatori economici nei confronti dei quali sia stata accertata la sussistenza di cause di esclusione espressamente definite dal codice.

2. Le cause di esclusione di cui agli articoli 94 e 95 sono tassative e integrano di diritto i bandi e le lettere di invito; le clausole che prevedono cause ulteriori di esclusione sono nulle e si considerano non apposte.

3. Fermi i necessari requisiti di abilitazione all'esercizio dell'attività professionale, le stazioni appaltanti e gli enti concedenti possono introdurre requisiti speciali, di carattere economico-finanziario e tecnico-professionale, attinenti e proporzionati all'oggetto del contratto, tenendo presente l'interesse pubblico al più ampio numero di potenziali concorrenti e favorendo, purché sia compatibile con le prestazioni da acquisire e con l'esigenza di realizzare economie di scala funzionali alla riduzione della spesa pubblica, l'accesso al mercato e la possibilità di crescita delle micro, piccole e medie imprese.

Art. 11. Principio di applicazione dei contratti collettivi nazionali di settore. Inadempienze contributive e ritardo nei pagamenti – 1. Al personale impiegato nei lavori, servizi e forniture oggetto di appalti pubblici e concessioni è applicato il contratto collettivo nazionale e territoriale in vigore per il settore e per la zona nella quale si eseguono le prestazioni di lavoro, stipulato dalle associazioni dei datori e dei prestatori di lavoro comparativamente più rappresentative sul piano nazionale e quello il cui ambito di applicazione sia strettamente connesso con l'attività oggetto dell'appalto o della concessione svolta dall'impresa anche in maniera prevalente.

2. Nei bandi e negli inviti le stazioni appaltanti e gli enti concedenti indicano il contratto collettivo applicabile al personale dipendente impiegato nell'appalto o nella concessione, in conformità al comma 1.

3. Gli operatori economici possono indicare nella propria offerta il differente contratto collettivo da essi applicato, purché garantisca ai dipendenti le stesse tutele di quello indicato dalla stazione appaltante o dall'ente concedente.

4. Nei casi di cui al comma 3, prima di procedere all'affidamento o all'aggiudicazione le stazioni appaltanti e gli enti concedenti acquisiscono la dichiarazione con la quale l'operatore economico individuato si impegna ad applicare il contratto collettivo nazionale e territoriale indicato nell'esecuzione delle prestazioni oggetto del contratto per tutta la sua durata, ovvero la dichiarazione di equivalenza delle tutele. In quest'ultimo caso, la dichiarazione è anche verificata con le modalità di cui all'articolo 110.

5. Le stazioni appaltanti e gli enti concedenti assicurano, in tutti i casi, che le medesime tutele normative ed economiche siano garantite ai lavoratori in subappalto.

6. In caso di inadempienza contributiva risultante dal documento unico di regolarità contributiva relativo a personale dipendente dell'affidatario o del subappaltatore o dei soggetti titolari di subappalti e cottimi, impiegato nell'esecuzione del contratto, la stazione appaltante trattiene dal certificato di pagamento l'importo corrispondente all'inadempienza per il successivo versamento diretto agli enti previdenziali e assicurativi, compresa, nei lavori, la cassa edile. In ogni caso sull'importo netto progressivo delle prestazioni è operata una ritenuta dello 0,50 per cento; le ritenute possono essere svincolate soltanto in sede di liquidazione finale, dopo l'approvazione da parte della stazione appaltante del certificato di collaudo o di verifica di conformità, previo rilascio del documento unico di regolarità contributiva. In caso di ritardo nel pagamento delle retribuzioni dovute al personale di cui al primo periodo, il responsabile unico del progetto invita per iscritto il soggetto inadempiente, ed in ogni caso l'affidatario, a provvedervi entro i successivi quindici giorni. Ove non sia stata contestata formalmente e motivatamente la fondatezza della richiesta entro il termine di cui al terzo periodo, la stazione appaltante paga anche in corso d'opera direttamente ai lavoratori le retribuzioni arretrate, detraendo il relativo importo dalle somme dovute all'affidatario del contratto ovvero dalle somme dovute al subappaltatore inadempiente nel caso in cui sia previsto il pagamento diretto.

Art. 12. Rinvio esterno – 1. Per quanto non espressamente previsto nel codice:

a) alle procedure di affidamento e alle altre attività amministrative in materia di contratti si applicano le disposizioni di cui alla legge 7 agosto 1990, n. 241;

b) alla stipula del contratto e alla fase di esecuzione si applicano le disposizioni del codice civile.

Titolo II
L'ambito di applicazione, il responsabile unico e le fasi dell'affidamento

Art. 13. Ambito di applicazione – 1. Le disposizioni del codice si applicano ai contratti di appalto e di concessione.

2. Le disposizioni del codice non si applicano ai contratti esclusi, ai contratti attivi e ai contratti a titolo gratuito, anche qualora essi offrano opportunità di guadagno economico, anche indiretto.

3. Le disposizioni del codice non si applicano ai contratti di società e alle operazioni straordinarie che non comportino nuovi affidamenti di lavori, servizi e forniture. Restano ferme le disposizioni del testo unico in materia di società a partecipazione pubblica, di cui al decreto legislativo 19 agosto 2016, n. 175, in materia di scelta del socio privato e di cessione di quote o di azioni.

4. Con regolamento del Ministro degli affari esteri e della cooperazione internazionale, adottato ai sensi dell'articolo 17, comma 3, della legge 23 agosto 1988, n. 400, sentita l'Autorità nazionale anticorruzione (ANAC), sono disciplinate, le procedure di scelta del contraente e l'esecuzione del contratto da svolgersi all'estero, tenuto conto dei principi fondamentali del presente codice e delle procedure applicate dall'Unione europea e dalle organizzazioni internazionali di cui l'Italia è parte. Resta ferma l'applicazione del presente codice alle procedure di affidamento svolte in Italia.

5. L'affidamento dei contratti di cui al comma 2 che offrono opportunità di guadagno economico, anche indiretto, avviene tenendo conto dei principi di cui agli articoli 1, 2 e 3.

6. Le definizioni del codice sono contenute nell'allegato I.1.

7. Le disposizioni del codice si applicano, altresì, all'aggiudicazione dei lavori pubblici da realizzarsi da parte di soggetti privati, ti-

tolari di permesso di costruire o di un altro titolo abilitativo, che assumono in via diretta l'esecuzione delle opere di urbanizzazione a scomputo totale o parziale del contributo previsto per il rilascio del permesso, ai sensi dell'articolo 16, comma 2, del testo unico delle disposizioni legislative e regolamentari in materia di edilizia, di cui al decreto del Presidente della Repubblica 6 giugno 2001, n. 380, e dell'articolo 28, comma 5, della legge 17 agosto 1942, n. 1150, ovvero eseguono le relative opere in regime di convenzione. L'allegato I.12 individua le modalità di affidamento delle opere di urbanizzazione a scomputo del contributo di costruzione.

Art. 14. Soglie di rilevanza europea e metodi di calcolo dell'importo stimato degli appalti. Disciplina dei contratti misti – 1. Per l'applicazione del codice le soglie di rilevanza europea sono:

a) euro 5.538.000 ([1]) per gli appalti pubblici di lavori e per le concessioni;

b) euro 143.000 ([2]) per gli appalti pubblici di forniture, di servizi e per i concorsi pubblici di progettazione aggiudicati dalle stazioni appaltanti che sono autorità governative centrali indicate nell'allegato I alla direttiva 2014/24/UE del Parlamento europeo e del Consiglio, del 26 febbraio 2014; se gli appalti pubblici di forniture sono aggiudicati da stazioni appaltanti operanti nel settore della difesa, questa soglia si applica solo agli appalti concernenti i prodotti menzionati nell'allegato III alla direttiva 2014/24/UE;

c) euro 221.000 ([3]) per gli appalti pubblici di forniture, di servizi e per i concorsi pubblici di progettazione aggiudicati da stazioni appaltanti sub-centrali; questa soglia si applica anche agli appalti pubblici di forniture aggiudicati dalle autorità governative centrali che operano nel settore della difesa, quando gli appalti concernono prodotti non menzionati nell'allegato III alla direttiva 2014/24/UE;

d) euro 750.000 per gli appalti di servizi sociali e assimilati elencati all'allegato XIV alla direttiva 2014/24/UE.

2. Nei settori speciali le soglie di rilevanza europea sono:

a) euro 5.538.000 ([4]) per gli appalti di lavori;

b) euro 443.000 ([5]) per gli appalti di forniture, di servizi e per i concorsi pubblici di progettazione;

c) euro 1.000.000 per i contratti di servizi, per i servizi sociali e assimilati elencati nell'allegato XIV alla direttiva 2014/24/UE.

3. Le soglie di cui al presente articolo sono periodicamente rideterminate con provvedimento della Commissione europea, pubblicato nella Gazzetta ufficiale dell'Unione europea.

4. Il calcolo dell'importo stimato di un appalto pubblico di lavori, servizi e forniture è basato sull'importo totale pagabile, al netto dell'imposta sul valore aggiunto (IVA), valutato dalla stazione appaltante. Il calcolo tiene conto dell'importo massimo stimato, ivi compresa qualsiasi forma di eventuali opzioni o rinnovi del contratto esplicitamente stabiliti nei documenti di gara. Quando la stazione appaltante prevede premi o pagamenti per i candidati o gli offerenti, ne tiene conto nel calcolo dell'importo stimato dell'appalto.

5. Se una stazione appaltante o un ente concedente sono composti da unità operative distinte, il calcolo dell'importo stimato di un appalto o di una concessione tiene conto dell'importo totale stimato per tutte le singole unità operative. Se un'unità operativa distinta è responsabile in modo indipendente del proprio appalto o della propria concessione o di determinate categorie di essi, il relativo importo può essere stimato con riferimento all'importo attribuito dall'unità operativa distinta.

6. La scelta del metodo per il calcolo dell'importo stimato di un appalto o concessione non può essere fatta per evitare l'applicazione delle disposizioni del codice relative alle soglie europee. Un appalto non può essere frazionato per evitare l'applicazione delle norme del codice, tranne nel caso in cui ragioni oggettive lo giustifichino.

7. L'importo stimato dell'appalto o concessione è quantificato al momento dell'invio dell'avviso di indizione di gara o del bando di gara o, nei casi in cui non sia prevista un'indizione di gara, al momento in cui la stazione appaltante o l'ente concedente avvia la procedura di affidamento del contratto.

8. Per gli appalti pubblici di lavori il calcolo dell'importo stimato tiene conto dell'importo dei lavori stessi nonché dell'importo complessivo stimato di tutte le forniture e servizi messi a disposizione dell'aggiudicatario dalla stazione appaltante, a condizione che siano necessari all'esecuzione dei lavori. L'importo delle forniture o dei servizi non necessari all'esecuzione di uno specifico appalto di lavori non può essere aggiunto all'importo dell'appalto di lavori in modo da sottrarre l'acquisto di tali forniture o servizi dall'applicazione delle disposizioni del codice.

9. Per i contratti relativi a lavori e servizi:

a) quando un'opera prevista o una prestazione di servizi può dare luogo ad appalti aggiudicati per lotti distinti, è computato l'importo complessivo stimato della totalità di tali lotti;

b) quando l'importo cumulato dei lotti è pari o superiore alle soglie di cui ai commi 1 e 2, le disposizioni del codice si applicano all'aggiudicazione di ciascun lotto.

10. Per gli appalti di forniture:

a) quando un progetto volto ad ottenere forniture omogenee può dare luogo ad appalti aggiudicati per lotti distinti, nell'applicazione delle soglie di cui ai commi 1 e 2 è computato l'importo complessivo stimato della totalità di tali lotti;

b) quando l'importo cumulato dei lotti è pari o superiore alle soglie di cui ai commi 1 e 2, le disposizioni del codice si applicano all'aggiudicazione di ciascun lotto.

11. In deroga a quanto previsto dai commi 9 e 10, le stazioni appaltanti possono aggiudicare l'appalto per singoli lotti senza applicare le disposizioni del codice quando l'importo stimato al netto dell'IVA del lotto sia inferiore a euro 80.000 per le forniture o i servizi, oppure a euro 1.000.000 per i lavori, purché l'importo cumulato dei lotti aggiudicati non superi il 20 per cento dell'importo complessivo di tutti i lotti in cui sono stati frazionati l'opera prevista, il progetto di acquisizione delle forniture omogenee o il progetto di prestazione servizi.

12. Se gli appalti pubblici di forniture o di servizi presentano caratteri di regolarità o sono destinati ad essere rinnovati entro un determinato periodo, è posto come base per il calcolo dell'importo stimato dell'appalto:

a) l'importo reale complessivo dei contratti analoghi conclusi nel corso dei dodici mesi precedenti o dell'esercizio precedente, rettificato, ove possibile, al fine di tenere conto dei cambiamenti in termini di quantità o di importo che potrebbero sopravvenire nei dodici mesi successivi al contratto iniziale;

b) l'importo stimato complessivo dei contratti aggiudicati nel corso dei dodici mesi successivi alla prima consegna o nel corso dell'esercizio, se questo è superiore ai dodici mesi.

13. Per gli appalti pubblici di forniture aventi per oggetto la locazione finanziaria, la locazione o l'acquisto a riscatto di prodotti, l'importo da assumere come base per il calcolo dell'importo stimato dell'appalto è il seguente:

a) per gli appalti pubblici di durata determinata pari o inferiore a dodici mesi, l'importo stimato complessivo per la durata dell'appalto o, se la durata supera i dodici mesi, l'importo complessivo, ivi compreso l'importo stimato di quello residuo;

b) per gli appalti pubblici di durata indeterminata o che non può essere definita, l'importo mensile moltiplicato per quarantotto.

14. Per gli appalti pubblici di servizi, l'importo da porre come base per il calcolo dell'importo stimato dell'appalto, a seconda del tipo di servizio, è il seguente:

a) per i servizi assicurativi il premio da pagare e altre forme di remunerazione;

b) per i servizi bancari e altri servizi finanziari gli onorari, le commissioni da pagare, gli interessi e altre forme di remunerazione;

c) per gli appalti riguardanti la progettazione gli onorari, le commissioni da pagare e altre forme di remunerazione;

d) per gli appalti pubblici di servizi che non fissano un prezzo complessivo:

1) in caso di appalti di durata determinata pari o inferiore a quarantotto mesi, l'importo complessivo stimato per l'intera loro durata;

2) in caso di appalti di durata indeterminata o superiore a quarantotto mesi, l'importo mensile moltiplicato per 48.

15. Il calcolo dell'importo stimato di un appalto misto di servizi e forniture si fonda sull'importo totale dei servizi e delle forniture, prescindendo dalle rispettive quote. Tale calcolo comprende l'importo delle operazioni di posa e di installazione.

16. Per gli accordi quadro e per i sistemi dinamici di acquisizione, l'importo da prendere in considerazione è l'importo massimo stimato al netto dell'IVA del complesso dei contratti previsti durante l'intera durata degli accordi quadro o del sistema dinamico di acquisizione.

17. Nel caso di partenariati per l'innovazione, l'importo da prendere in considerazione è l'importo massimo stimato, al netto dell'IVA, delle attività di ricerca e sviluppo che si svolgeranno per tutte le fasi del previsto partenariato, nonché delle forniture, dei servizi o dei lavori da mettere a punto e fornire alla fine del partenariato.

18. I contratti che hanno per oggetto due o più tipi di prestazioni sono aggiudicati secondo le disposizioni applicabili al tipo di appalto che ne costituisce l'oggetto principale. L'oggetto principale è determinato in base all'importo stimato più elevato tra quelli delle

prestazioni oggetto dell'appalto. L'operatore economico che concorre alla procedura di affidamento di un contratto misto deve possedere i requisiti di qualificazione e capacità prescritti dal codice per ciascuna prestazione di lavori, servizi e forniture prevista dal contratto.

19. Se le diverse parti di un contratto sono oggettivamente separabili, si applicano i commi 20 e 21. Se le diverse parti di un contratto sono oggettivamente non separabili, si applica il comma 23.

20. Nel caso di appalti che per il loro oggetto rientrano solo in parte nel campo di applicazione del codice, le stazioni appaltanti possono scegliere di aggiudicare appalti distinti o di aggiudicare un appalto unico. Se le stazioni appaltanti scelgono di aggiudicare appalti distinti, il regime giuridico applicabile a ciascuno di tali appalti è determinato in base al suo oggetto.

21. I contratti misti che contengono elementi sia di appalti di forniture, lavori e servizi nei settori ordinari sia di concessioni sono aggiudicati in conformità alle disposizioni del codice che disciplinano gli appalti nei settori ordinari, purché l'importo stimato della parte del contratto che costituisce un appalto, calcolato secondo il presente articolo, sia pari o superiore alla soglia pertinente.

22. Nel caso di appalti il cui oggetto rientra in parte nei settori ordinari e in parte nei settori speciali, le disposizioni applicabili sono determinate dai commi seguenti, fatta salva la facoltà di cui al comma 20.

23. Se le diverse parti di un determinato contratto sono oggettivamente non separabili, il regime giuridico applicabile è determinato in base all'oggetto principale del contratto in questione.

24. Nei settori speciali, nel caso di contratti aventi ad oggetto prestazioni strumentali a più attività, le stazioni appaltanti possono scegliere di aggiudicare appalti distinti per ogni attività o di aggiudicare un appalto unico. Se le stazioni appaltanti scelgono di aggiudicare appalti distinti, il regime giuridico applicabile a ciascuno di essi è determinato in base all'attività cui è strumentale. Se le stazioni appaltanti decidono di aggiudicare un appalto unico, si applicano i commi 25 e 26. La decisione di aggiudicare un unico appalto o più appalti distinti non può essere adottata allo scopo di escludere l'appalto o gli appalti dall'ambito di applicazione del codice.

25. A un appalto avente ad oggetto prestazioni strumentali all'esercizio di più attività si applicano le disposizioni relative alla principale attività cui la prestazione è destinata.

26. Nel caso di appalti aventi ad oggetto prestazioni per cui è oggettivamente impossibile stabilire a quale attività esse siano principalmente strumentali, le disposizioni applicabili sono determinate come segue:

a) l'appalto è aggiudicato secondo le disposizioni del codice che disciplinano gli appalti nei settori ordinari se una delle attività è disciplinata dalle disposizioni relative all'aggiudicazione degli appalti nei settori ordinari e l'altra dalle disposizioni relative all'aggiudicazione degli appalti nei settori speciali;

b) l'appalto è aggiudicato secondo le disposizioni del codice che disciplinano gli appalti nei settori speciali se una delle attività è disciplinata dalle disposizioni relative all'aggiudicazione degli appalti nei settori speciali e l'altra dalle disposizioni relative all'aggiudicazione delle concessioni;

c) l'appalto è aggiudicato secondo le disposizioni del codice che disciplinano gli appalti nei settori speciali se una delle attività è disciplinata dalle disposizioni relative all'aggiudicazione degli appalti nei settori speciali e l'altra non è soggetta a tali disposizioni, né a quelle relative all'aggiudicazione degli appalti nei settori ordinari o alle disposizioni relative all'aggiudicazione delle concessioni.

27. Nel caso di contratti misti che contengono elementi di appalti di forniture, lavori e servizi nei settori speciali e di concessioni, il contratto misto è aggiudicato in conformità alle disposizioni del codice che disciplinano gli appalti nei settori speciali, purché l'importo stimato della parte del contratto che costituisce un appalto disciplinato da tali disposizioni, calcolato secondo il presente articolo, sia pari o superiore alla soglia pertinente.

28. Per i contratti misti concernenti aspetti di difesa e sicurezza si applica l'articolo 137.

29. Per i contratti misti di concessione si applica l'articolo 180.

---

(1) Soglia modificata ai sensi di quanto disposto dai regolamenti (UE) 2023/2495 e 2023/2497, che modificano, rispettivamente, le direttive 2014/24/UE e 2014/23/UE.

(2) Soglia modificata ai sensi di quanto disposto dal regolamento (UE) 2023/2495, che modifica la direttiva 2014/24/UE.

(3) Soglia modificata ai sensi di quanto disposto dal regolamento (UE) 2023/2495, che modifica la direttiva 2014/24/UE.

(4) Soglia modificata ai sensi di quanto disposto dal regolamento (UE) 2023/2496, che modifica la direttiva 2014/25/UE.

(5) Soglia modificata ai sensi di quanto disposto dal regolamento (UE) 2023/2496, che modifica la direttiva 2014/25/UE.

Art. 15. Responsabile unico del progetto (RUP) – 1. Nel primo atto di avvio dell'intervento pubblico da realizzare mediante un contratto le stazioni appaltanti e gli enti concedenti nominano nell'interesse proprio o di altre amministrazioni un responsabile unico del progetto (RUP) per le fasi di programmazione, progettazione, affidamento e per l'esecuzione di ciascuna procedura soggetta al codice.

2. Le stazioni appaltanti e gli enti concedenti nominano il RUP tra i dipendenti assunti anche a tempo determinato della stazione appaltante o dell'ente concedente, preferibilmente in servizio presso l'unità organizzativa titolare del potere di spesa, in possesso dei requisiti di cui all'allegato I.2 e di competenze professionali adeguate in relazione ai compiti al medesimo affidati, nel rispetto dell'inquadramento contrattuale e delle relative mansioni. Le stazioni appaltanti e gli enti concedenti che non sono pubbliche amministrazioni o enti pubblici individuano, secondo i propri ordinamenti, uno o più soggetti cui affidare i compiti del RUP, limitatamente al rispetto delle norme del codice alla cui osservanza sono tenute. L'ufficio di RUP è obbligatorio e non può essere rifiutato. In caso di mancata nomina del RUP nell'atto di avvio dell'intervento pubblico, l'incarico è svolto dal responsabile dell'unità organizzativa competente per l'intervento.

3. Il nominativo del RUP è indicato nel bando o nell'avviso di indizione della gara, o, in mancanza, nell'invito a presentare un'offerta o nel provvedimento di affidamento diretto.

4. Ferma restando l'unicità del RUP, le stazioni appaltanti e gli enti concedenti possono individuare modelli organizzativi, i quali prevedano la nomina di un responsabile di procedimento per le fasi di programmazione, progettazione ed esecuzione e un responsabile di procedimento per la fase di affidamento. Le relative responsabilità sono ripartite in base ai compiti svolti in ciascuna fase, ferme restando le funzioni di supervisione, indirizzo e coordinamento del RUP.

5. Il RUP assicura il completamento dell'intervento pubblico nei termini previsti e nel rispetto degli obiettivi connessi al suo incari-

co, svolgendo tutte le attività indicate nell'allegato I.2, o che siano comunque necessarie, ove non di competenza di altri organi. In sede di prima applicazione del codice, l'allegato I.2 è abrogato a decorrere dalla data di entrata in vigore di un corrispondente regolamento adottato ai sensi dell'articolo 17, comma 3, della legge 23 agosto 1988, n. 400, con decreto del Ministro delle infrastrutture e dei trasporti, che lo sostituisce integralmente anche in qualità di allegato al codice.

6. Le stazioni appaltanti e gli enti concedenti possono istituire una struttura di supporto al RUP, e possono destinare risorse finanziarie non superiori all'1 per cento dell'importo posto a base di gara per l'affidamento diretto da parte del RUP di incarichi di assistenza al medesimo.

7. Le stazioni appaltanti e gli enti concedenti, in coerenza con il programma degli acquisti di beni e servizi e del programma dei lavori pubblici di cui all'articolo 37, adottano un piano di formazione per il personale che svolge funzioni relative alle procedure in materia di acquisiti di lavori, servizi e forniture.

8. Negli appalti pubblici di lavori aggiudicati con la formula del contraente generale e nelle altre formule di partenariato pubblico-privato, è vietata l'attribuzione dei compiti di RUP, responsabile dei lavori, direttore dei lavori o collaudatore allo stesso contraente generale, al soggetto aggiudicatario dei contratti di partenariato pubblico-privato e ai soggetti a essi collegati.

9. Le centrali di committenza e le aggregazioni di stazioni appaltanti designano un RUP per le attività di propria competenza con i compiti e le funzioni determinate dalla specificità e complessità dei processi di acquisizione gestiti direttamente.

Art. 16. Conflitto di interessi – 1. Si ha conflitto di interessi quando un soggetto che, a qualsiasi titolo, interviene con compiti funzionali nella procedura di aggiudicazione o nella fase di esecuzione degli appalti o delle concessioni e ne può influenzare, in qualsiasi modo, il risultato, gli esiti e la gestione, ha direttamente o indirettamente un interesse finanziario, economico o altro interesse personale che può essere percepito come una minaccia alla sua imparzialità e indipendenza nel contesto della procedura di aggiudicazione o nella fase di esecuzione ([1]).

2. In coerenza con il principio della fiducia e per preservare la funzionalità dell'azione amministrativa, la percepita minaccia all'imparzialità e indipendenza deve essere provata da chi invoca il conflitto sulla base di presupposti specifici e documentati e deve riferirsi a interessi effettivi, la cui soddisfazione sia conseguibile solo subordinando un interesse all'altro.

3. Il personale che versa nelle ipotesi di cui al comma 1 ne dà comunicazione alla stazione appaltante o all'ente concedente e si astiene dal partecipare alla procedura di aggiudicazione e all'esecuzione.

4. Le stazioni appaltanti adottano misure adeguate per individuare, prevenire e risolvere in modo efficace ogni ipotesi di conflitto di interesse nello svolgimento delle procedure di aggiudicazione ed esecuzione degli appalti e delle concessioni e vigilano affinché gli adempimenti di cui al comma 3 siano rispettati.

---

(1) Comma così modificato dall'art. 15-*quater*, comma 1, lettera a) del d.l. 29 settembre 2023, n. 132, convertito, con modificazioni, dalla l. 27 novembre 2023, n. 170; la novella ha soppresso le parole «concreta ed effettiva» riferite alla minaccia all'imparzialità e indipendenza.

Art. 17. Fasi delle procedure di affidamento – 1. Prima dell'avvio delle procedure di affidamento dei contratti pubblici le stazioni appaltanti e gli enti concedenti, con apposito atto, adottano la decisione di contrarre individuando gli elementi essenziali del contratto e i criteri di selezione degli operatori economici e delle offerte.

2. In caso di affidamento diretto, l'atto di cui al comma 1 individua l'oggetto, l'importo e il contraente, unitamente alle ragioni della sua scelta, ai requisiti di carattere generale e, se necessari, a quelli inerenti alla capacità economico-finanziaria e tecnico-professionale.

3. Le stazioni appaltanti e gli enti concedenti concludono le procedure di selezione nei termini indicati nell'allegato I.3. Il superamento dei termini costituisce silenzio inadempimento e rileva anche al fine della verifica del rispetto del dovere di buona fede, anche in pendenza di contenzioso. In sede di prima applicazione del codice, l'allegato I.3 è abrogato a decorrere dalla data di entrata in vigore di un corrispondente regolamento emanato ai sensi dell'articolo 17,

comma 1, della legge 23 agosto 1988, n. 400, su proposta del Ministro delle infrastrutture e dei trasporti, sentito il Ministro per la pubblica amministrazione, che lo sostituisce integralmente anche in qualità di allegato al codice.

4. Ogni concorrente può presentare una sola offerta, che è vincolante per il periodo indicato nel bando o nell'invito e, in caso di mancata indicazione, per centottanta giorni dalla scadenza del termine per la sua presentazione. La stazione appaltante e l'ente concedente, con atto motivato, possono chiedere agli offerenti il differimento del termine.

5. L'organo preposto alla valutazione delle offerte predispone la proposta di aggiudicazione alla migliore offerta non anomala. L'organo competente a disporre l'aggiudicazione esamina la proposta, e, se la ritiene legittima e conforme all'interesse pubblico, dopo aver verificato il possesso dei requisiti in capo all'offerente, dispone l'aggiudicazione, che è immediatamente efficace.

6. L'aggiudicazione non equivale ad accettazione dell'offerta. L'offerta dell'aggiudicatario è irrevocabile fino al termine stabilito per la stipulazione del contratto.

7. Una volta disposta l'aggiudicazione, il contratto è stipulato secondo quanto previsto dall'articolo 18.

8. Fermo quanto previsto dall'articolo 50, comma 6, l'esecuzione del contratto può essere iniziata, anche prima della stipula, per motivate ragioni. L'esecuzione è sempre iniziata prima della stipula se sussistono le ragioni d'urgenza di cui al comma 9.

9. L'esecuzione d'urgenza è effettuata quando ricorrono eventi oggettivamente imprevedibili, per evitare situazioni di pericolo per persone, animali, cose, per l'igiene e la salute pubblica, per il patrimonio storico, artistico, culturale, ovvero nei casi in cui la mancata esecuzione immediata della prestazione dedotta nella gara determinerebbe un grave danno all'interesse pubblico che è destinata a soddisfare, ivi compresa la perdita di finanziamenti dell'Unione europea.

10. La pendenza di un contenzioso non può mai giustificare la sospensione della procedura o dell'aggiudicazione, salvi i poteri cautelari del giudice amministrativo e quelli di autotutela della stazione appaltante o dell'ente concedente, da esercitarsi da parte del dirigente competente.

Art. 18. Il contratto e la sua stipulazione – 1. Il contratto è stipulato, a pena di nullità, in forma scritta ai sensi dell'allegato I.1, articolo 3, comma 1, lettera b), in modalità elettronica nel rispetto delle pertinenti disposizioni del codice dell'amministrazione digitale, di cui al decreto legislativo 7 marzo 2005, n. 82, in forma pubblica amministrativa a cura dell'ufficiale rogante della stazione appaltante, con atto pubblico notarile informatico oppure mediante scrittura privata. In caso di procedura negoziata oppure per gli affidamenti diretti, mediante corrispondenza secondo l'uso commerciale, consistente in un apposito scambio di lettere, anche tramite posta elettronica certificata o sistemi elettronici di recapito certificato qualificato ai sensi del regolamento UE n. 910/2014 del Parlamento europeo e del Consiglio del 23 luglio 2014. I capitolati e il computo metrico estimativo, richiamati nel bando o nell'invito, fanno parte integrante del contratto.

2. Divenuta efficace l'aggiudicazione ai sensi dell'articolo 17, comma 5 e fatto salvo l'esercizio dei poteri di autotutela, la stipula del contratto ha luogo entro i successivi sessanta giorni anche in pendenza di contenzioso. È fatta eccezione:

a) per le ipotesi previste dal comma 4 del presente articolo e dall'articolo 55, comma 2;

b) nel caso di un diverso termine previsto nel bando o nell'invito a offrire;

c) nell'ipotesi di differimento concordato con l'aggiudicatario e motivato in base all'interesse della stazione appaltante o dell'ente concedente, compatibilmente con quello generale alla sollecita esecuzione del contratto.

3. Il contratto non può essere stipulato prima di trentacinque giorni dall'invio dell'ultima delle comunicazioni del provvedimento di aggiudicazione. Tale termine dilatorio non si applica nei casi:

a) di procedura in cui è stata presentata o ammessa una sola offerta e non sono state tempestivamente proposte impugnazioni del bando o della lettera di invito, o le impugnazioni sono già state respinte con decisione definitiva;

b) di appalti basati su un accordo quadro;

c) di appalti specifici basati su un sistema dinamico di acquisizione;

d) di contratti di importo inferiore alle soglie europee, ai sensi dell'articolo 55, comma 2.

4. Se è proposto ricorso avverso l'aggiudicazione con contestuale domanda cautelare, il contratto non può essere stipulato dal momento della notificazione dell'istanza cautelare alla stazione appaltante o all'ente concedente fino alla pubblicazione del provvedimento cautelare di primo grado o del dispositivo o della sentenza di primo grado, in caso di decisione del merito all'udienza cautelare. L'effetto sospensivo cessa quando, in sede di esame della domanda cautelare, il giudice si dichiara incompetente ai sensi dell'articolo 15, comma 4, del codice del processo amministrativo, di cui all'allegato I al decreto legislativo 2 luglio 2010, n. 104, o fissa con ordinanza la data di discussione del merito senza pronunciarsi sulle misure cautelari con il consenso delle parti, valevole quale implicita rinuncia all'immediato esame della domanda cautelare.

5. Se la stipula del contratto non avviene nel termine per fatto della stazione appaltante o dell'ente concedente, l'aggiudicatario può farne constatare il silenzio inadempimento o, in alternativa, può sciogliersi da ogni vincolo mediante atto notificato. All'aggiudicatario non spetta alcun indennizzo, salvo il rimborso delle spese contrattuali.

6. La mancata stipula del contratto nel termine fissato per fatto dell'aggiudicatario può costituire motivo di revoca dell'aggiudicazione.

7. La mancata o tardiva stipula del contratto al di fuori delle ipotesi di cui ai commi 5 e 6 costituisce violazione del dovere di buona fede, anche in pendenza di contenzioso.

8. Il contratto è sottoposto alla condizione risolutiva dell'esito negativo della sua approvazione, laddove prevista, da effettuarsi entro trenta giorni dalla stipula. Decorso tale termine, il contratto si intende approvato.

9. Le stazioni appaltanti e gli enti concedenti hanno facoltà di stipulare contratti di assicurazione per la responsabilità civile derivante dalla conclusione del contratto e dalla prosecuzione o sospensione della sua esecuzione.

10. Con la tabella di cui all'allegato I.4 al codice è individuato il valore dell'imposta di bollo che l'appaltatore assolve *una tantum* al momento della stipula del contratto e in proporzione al valore dello stesso. Con la medesima tabella sono sostituite le modalità di calcolo e versamento dell'imposta di bollo di cui al decreto del Presidente della Repubblica 26 ottobre 1972, n. 642, in materia di con-

tratti pubblici disciplinati dal codice. In sede di prima applicazione del codice, l'allegato I.4 è abrogato a decorrere dalla data di entrata in vigore di un corrispondente decreto del Ministro dell'economia e delle finanze, che lo sostituisce integralmente anche in qualità di allegato al codice.

Parte II
DELLA DIGITALIZZAZIONE DEL CICLO DI VITA DEI CONTRATTI

Art. 19. Principi e diritti digitali – 1. Le stazioni appaltanti e gli enti concedenti assicurano la digitalizzazione del ciclo di vita dei contratti nel rispetto dei principi e delle disposizioni del codice dell'amministrazione digitale, di cui al decreto legislativo 7 marzo 2005, n. 82, garantiscono l'esercizio dei diritti di cittadinanza digitale e operano secondo i principi di neutralità tecnologica, di trasparenza, nonché di protezione dei dati personali e di sicurezza informatica.

2. In attuazione del principio dell'unicità dell'invio, ciascun dato è fornito una sola volta a un solo sistema informativo, non può essere richiesto da altri sistemi o banche dati, ma è reso disponibile dal sistema informativo ricevente. Tale principio si applica ai dati relativi a programmazione di lavori, opere, servizi e forniture, nonché a tutte le procedure di affidamento e di realizzazione di contratti pubblici soggette al presente codice e a quelle da esso escluse, in tutto o in parte, ogni qualvolta siano imposti obblighi di comunicazione a una banca dati o a un sistema informativo.

3. Le attività e i procedimenti amministrativi connessi al ciclo di vita dei contratti pubblici sono svolti digitalmente, secondo le previsioni del presente codice e del codice di cui al decreto legislativo n. 82 del 2005, mediante le piattaforme e i servizi digitali infrastrutturali delle stazioni appaltanti e degli enti concedenti; i dati e le informazioni a essi relativi sono gestiti e resi fruibili in formato aperto, secondo le previsioni del codice di cui al decreto legislativo n. 82 del 2005.

4. I soggetti titolari di banche dati adottano le necessarie misure organizzative e di revisione dei processi e dei regolamenti interni per abilitare automaticamente l'accesso digitale alle informa-

zioni disponibili presso le banche dati di cui sono titolari, mediante le tecnologie di interoperabilità dei sistemi informativi secondo le previsioni e le modalità del codice di cui al decreto legislativo n. 82 del 2005.

5. Le stazioni appaltanti e gli enti concedenti, nonché gli operatori economici che partecipano alle attività e ai procedimenti di cui al comma 3, adottano misure tecniche e organizzative a presidio della sicurezza informatica e della protezione dei dati personali. Le stazioni appaltanti e gli enti concedenti assicurano la formazione del personale addetto, garantendone il costante aggiornamento.

6. Le stazioni appaltanti e gli enti concedenti assicurano la tracciabilità e la trasparenza delle attività svolte, l'accessibilità ai dati e alle informazioni, la conoscibilità dei processi decisionali automatizzati e rendono le piattaforme utilizzate accessibili nei limiti di cui all'articolo 35. I gestori delle piattaforme assicurano la conformità delle medesime alle regole tecniche di cui all'articolo 26.

7. Ove possibile e in relazione al tipo di procedura di affidamento, le stazioni appaltanti e gli enti concedenti ricorrono a procedure automatizzate nella valutazione delle offerte ai sensi dell'articolo 30.

8. Le regioni e le province autonome assicurano il rispetto delle disposizioni di cui alla presente Parte e il supporto alle stazioni appaltanti e agli enti concedenti.

9. Le disposizioni della presente Parte costituiscono esercizio della funzione di coordinamento informativo, statistico e informatico dei dati dell'amministrazione statale, regionale e locale, di cui all'articolo 117, secondo comma, lettera r), della Costituzione.

Art. 20. Principi in materia di trasparenza – 1. Fermi restando gli obblighi di pubblicità legale, a fini di trasparenza i dati, le informazioni e gli atti relativi ai contratti pubblici sono indicati nell'articolo 28 e sono pubblicati secondo quanto stabilito dal decreto legislativo 14 marzo 2013, n. 33.

2. Le comunicazioni e l'interscambio di dati per le finalità di conoscenza e di trasparenza avvengono nel rispetto del principio di unicità del luogo di pubblicazione e dell'invio delle informazioni.

3. Le regioni e le province autonome assicurano la trasparenza nel settore dei contratti pubblici.

Art. 21. Ciclo di vita digitale dei contratti pubblici – 1. Il ciclo di vita digitale dei contratti pubblici, di norma, si articola in programmazione, progettazione, pubblicazione, affidamento ed esecuzione.

2. Le attività inerenti al ciclo di vita di cui al comma 1 sono gestite, nel rispetto delle disposizioni del codice dell'amministrazione digitale, di cui al decreto legislativo 7 marzo 2005, n. 82, attraverso piattaforme e servizi digitali fra loro interoperabili, come indicati all'articolo 22.

3. I soggetti che intervengono nel ciclo di vita digitale dei contratti pubblici operano secondo le disposizioni della presente Parte e procedono all'atto dell'avvio della procedura secondo le disposizioni del codice di cui al decreto legislativo n. 82 del 2005 e dell'articolo 3 della legge 13 agosto 2010, n. 136.

Art. 22. Ecosistema nazionale di approvvigionamento digitale (*e-procurement*) – 1. L'ecosistema nazionale di approvvigionamento digitale (*e-procurement*) è costituito dalle piattaforme e dai servizi digitali infrastrutturali abilitanti la gestione del ciclo di vita dei contratti pubblici, di cui all'articolo 23 e dalle piattaforme di approvvigionamento digitale utilizzate dalle stazioni appaltanti di cui all'articolo 25.

2. Le piattaforme e i servizi digitali di cui al comma 1 consentono, in particolare:

a) la redazione o l'acquisizione degli atti in formato nativo digitale;

b) la pubblicazione e la trasmissione dei dati e documenti alla Banca dati nazionale dei contratti pubblici;

c) l'accesso elettronico alla documentazione di gara;

d) la presentazione del documento di gara unico europeo in formato digitale e l'interoperabilità con il fascicolo virtuale dell'operatore economico;

e) la presentazione delle offerte

f) l'apertura, la gestione e la conservazione del fascicolo di gara in modalità digitale;

g) il controllo tecnico, contabile e amministrativo dei contratti anche in fase di esecuzione e la gestione delle garanzie.

3. Le basi di dati di interesse nazionale alimentano l'ecosistema nazionale di approvvigionamento digitale, ai sensi dell'articolo

60 del codice dell'amministrazione digitale, di cui al decreto legislativo 7 marzo 2005, n. 82.

Art. 23. Banca dati nazionale dei contratti pubblici – 1. L'ANAC è titolare in via esclusiva della Banca dati nazionale dei contratti pubblici di cui all'articolo 62-*bis* del codice dell'amministrazione digitale, di cui al decreto legislativo 7 marzo 2005, n. 82, abilitante l'ecosistema nazionale di *e-procurement*, e ne sviluppa e gestisce i servizi.

2. L'ANAC individua con propri provvedimenti le sezioni in cui si articola la banca dati di cui al comma 1 e i servizi ad essa collegati.

3. La Banca dati nazionale dei contratti pubblici è interoperabile con le piattaforme di approvvigionamento digitale utilizzate dalle stazioni appaltanti e dagli enti concedenti e con il portale dei soggetti aggregatori di cui al decreto-legge 24 aprile 2014, n. 66, convertito, con modificazioni, dalla legge 23 giugno 2014, n. 89, per la digitalizzazione di tutte le fasi del ciclo di vita dei contratti pubblici, nonché con la piattaforma digitale nazionale dati di cui all'articolo 50-*ter* del codice di cui al decreto legislativo n. 82 del 2005, con le basi di dati di interesse nazionale di cui all'articolo 60 del codice di cui al decreto legislativo n. 82 del 2005 e con tutte le altre piattaforme e banche dati dei soggetti di cui all'articolo 2, comma 2, del codice di cui al decreto legislativo n. 82 del 2005, coinvolti nell'attività relativa al ciclo di vita dei contratti pubblici. I soggetti di cui all'articolo 2, comma 2, del codice di cui al decreto legislativo n. 82 del 2005, coinvolti nell'attività relativa al ciclo di vita dei contratti, ove non già accreditati alla piattaforma di cui all'articolo 50-*ter* del predetto codice decreto legislativo n. 82 del 2005, sono tenuti ad accreditarsi alla predetta piattaforma di cui all'articolo 50-*ter* del decreto legislativo n. 82 del 2005, nonché alla Banca dati nazionale dei contratti pubblici, a sviluppare le interfacce applicative e a rendere disponibili le proprie basi dati, senza nuovi o maggiori oneri per la finanza pubblica e nel rispetto delle linee guida dell'Agenzia per l'Italia digitale (AGID) in materia di interoperabilità.

4. La Banca dati nazionale dei contratti pubblici rende disponibili mediante interoperabilità i servizi e le informazioni necessari allo svolgimento delle fasi dell'intero ciclo di vita dei contratti pub-

blici, anche ai fini del rispetto di quanto previsto dal decreto legislativo 14 marzo 2013, n. 33. La stessa Banca dati si integra con la piattaforma unica della trasparenza istituita presso l'ANAC.

5. Con proprio provvedimento l'ANAC individua le informazioni che le stazioni appaltanti e gli enti concedenti sono tenuti a trasmettere alla Banca dati nazionale dei contratti pubblici attraverso le piattaforme telematiche di cui all'articolo 25. Gli obblighi informativi di cui al primo periodo riguardano anche gli affidamenti diretti a società *in house* di cui all'articolo 7, comma 2. Con proprio provvedimento l'ANAC individua i tempi entro i quali i titolari delle piattaforme e delle banche dati di cui al comma 3 e all'articolo 22, garantiscono l'integrazione con i servizi abilitanti l'ecosistema di approvvigionamento digitale. L'integrazione è realizzata attraverso i servizi digitali resi disponibili da ANAC sulla piattaforma digitale nazionale dati, di cui all'articolo 50-*ter* del codice di cui al decreto legislativo n. 82 del 2005, nel rispetto delle relative regole tecniche ([1]).

6. L'ANAC rende disponibili ai sistemi informativi regionali competenti per territorio, nonché alle pubbliche amministrazioni, le informazioni necessarie allo svolgimento dei compiti istituzionali, ai sensi degli articoli 50 e 50-*ter* del codice di cui al decreto legislativo n. 82 del 2005.

7. Nei casi in cui si omettano informazioni o attività necessarie a garantire l'interoperabilità dei dati, l'ANAC effettua una segnalazione all'AGID per l'esercizio dei poteri sanzionatori di cui all'articolo 18-*bis* del codice di cui al decreto legislativo n. 82 del 2005.

8. L'omissione di informazioni richieste, il rifiuto o l'omissione di attività necessarie a garantire l'interoperabilità delle banche dati coinvolte nel ciclo di vita dei contratti pubblici costituisce violazione di obblighi di transizione digitale punibili ai sensi dell'articolo 18-*bis* del codice di cui al decreto legislativo n. 82 del 2005.

9. Al fine di ridurre gli oneri amministrativi dei soggetti attuatori i dati di cui al presente articolo possono essere utilizzati nell'ambito delle procedure concernenti i finanziamenti degli investimenti pubblici come strumento di verifica dell'effettivo utilizzo delle risorse e di avanzamento procedurale nei tempi previsti dalle leggi di spesa.

([1]) L'ANAC ha adottato il provvedimento attuativo con propria delibera n. 261 del 20 giugno 2023: "Adozione del provvedimento di cui all'articolo 23, comma 5, del decreto legislativo 31 marzo 2023, n. 36 recante «Individuazione delle informazioni che le stazioni appaltanti sono tenute a trasmettere alla Banca dati nazionale dei contratti pubblici attraverso le piattaforme telematiche e i tempi entro i quali i titolari delle piattaforme e delle banche dati di cui agli articoli 22 e 23, comma 3, del codice garantiscono l'integrazione con i servizi abilitanti l'ecosistema di approvvigionamento digitale»", consultabile scansionando il seguente QR-code:

Art. 24. Fascicolo virtuale dell'operatore economico – 1. Presso la Banca dati nazionale dei contratti pubblici opera il fascicolo virtuale dell'operatore economico che consente la verifica dell'assenza delle cause di esclusione di cui agli articoli 94 e 95 e dei requisiti di cui all'articolo 103 per i soggetti esecutori di lavori pubblici, nonché dei dati e dei documenti relativi ai requisiti di cui all'articolo 100 che l'operatore economico inserisce.

2. Il fascicolo virtuale dell'operatore economico è utilizzato per la partecipazione alle procedure di affidamento disciplinate dal codice. I dati e i documenti contenuti nel fascicolo virtuale dell'operatore economico, nei termini di efficacia di ciascuno di essi, sono aggiornati automaticamente mediante interoperabilità e sono utilizzati in tutte le procedure di affidamento cui l'operatore partecipa.

3. Le amministrazioni competenti al rilascio delle certificazioni o delle informazioni di cui agli articoli 94 e 95 garantiscono alla Banca dati nazionale dei contratti pubblici, attraverso la piattaforma di cui all'articolo 50-*ter* del codice dell'amministrazione digitale, di cui al decreto legislativo 7 marzo 2005, n. 82 e l'accesso per interoperabilità alle proprie banche dati, ai sensi dell'articolo 23, comma 3, del presente codice, la disponibilità in tempo reale delle informazioni e delle certificazioni digitali necessarie ad assicurare l'intero ciclo di vita digitale di contratti pubblici. La violazione dell'obbligo di cui al primo periodo è punita ai sensi dell'articolo 23, comma 8. L'ANAC garantisce l'accessibilità al fascicolo virtuale dell'operatore economico alle stazioni appaltanti e agli enti concedenti, agli operatori economici e agli organismi di attestazione di cui all'arti-

colo 100, comma 4, limitatamente ai dati di rispettiva competenza. L'ANAC può predisporre elenchi aggiornati di operatori economici già accertati secondo quanto previsto dal comma 1 e le modalità per l'utilizzo degli accertamenti per procedure di affidamento diverse.

4. Per le finalità di cui al comma 1, l'ANAC individua, con proprio provvedimento, adottato d'intesa con il Ministero delle infrastrutture e dei trasporti e con l'AGID entro sessanta giorni dalla data di entrata in vigore del codice le tipologie di dati da inserire nel fascicolo virtuale dell'operatore economico, concernenti la partecipazione alle procedure di affidamento e il loro esito, in relazione ai quali è obbligatoria la verifica attraverso la Banca dati nazionale dei contratti pubblici ([1]).

([1]) L'ANAC ha adottato il provvedimento attuativo con propria delibera n. 262 del 20 giugno 2023: "Adozione del provvedimento di cui all'articolo 24, comma 4, del decreto legislativo 31 marzo 2023, n. 36 d'intesa con il Ministero delle infrastrutture e dei trasporti e con l'Agenzia per l'Italia Digitale" (FVOE), consultabile scansionando il seguente QR-code:

Art. 25. Piattaforme di approvvigionamento digitale – 1. Le piattaforme di approvvigionamento digitale sono costituite dall'insieme dei servizi e dei sistemi informatici, interconnessi e interoperanti, utilizzati dalle stazioni appaltanti e dagli enti concedenti per svolgere una o più attività di cui all'articolo 21, comma 1, e per assicurare la piena digitalizzazione dell'intero ciclo di vita dei contratti pubblici. A tal fine, le piattaforme di approvvigionamento digitale interagiscono con i servizi della Banca dati nazionale dei contratti pubblici di cui all'articolo 23 nonché con i servizi della piattaforma digitale nazionale dati di cui all'articolo 50-*ter* del codice dell'amministrazione digitale, di cui al decreto legislativo 7 marzo 2005, n. 82.

2. Le stazioni appaltanti e gli enti concedenti utilizzano le piattaforme di approvvigionamento digitale per svolgere le procedure di affidamento e di esecuzione dei contratti pubblici, secondo le rego-

le tecniche di cui all'articolo 26. Le piattaforme di approvvigionamento digitale non possono alterare la parità di accesso degli operatori, né impedire o limitare la partecipazione alla procedura di gara degli stessi ovvero distorcere la concorrenza, né modificare l'oggetto dell'appalto, come definito dai documenti di gara. Le stazioni appaltanti e gli enti concedenti assicurano la partecipazione alla gara anche in caso di comprovato malfunzionamento, pur se temporaneo, delle piattaforme, anche eventualmente disponendo la sospensione del termine per la ricezione delle offerte per il periodo di tempo necessario a ripristinare il normale funzionamento e la proroga dello stesso per una durata proporzionale alla gravità del malfunzionamento.

3. Le stazioni appaltanti e gli enti concedenti non dotati di una propria piattaforma di approvvigionamento digitale si avvalgono delle piattaforme messe a disposizione da altre stazioni appaltanti o enti concedenti, da centrali di committenza o da soggetti aggregatori, da regioni o province autonome, che a loro volta possono ricorrere a un gestore del sistema che garantisce il funzionamento e la sicurezza della piattaforma.

4. È fatto divieto di porre a carico dei concorrenti o dell'aggiudicatario eventuali costi connessi alla gestione delle piattaforme.

Art. 26. Regole tecniche – 1. I requisiti tecnici delle piattaforme di approvvigionamento digitale, nonché la conformità di dette piattaforme a quanto disposto dall'articolo 22, comma 2, sono stabilite dall'AGID di intesa con l'ANAC e la Presidenza del Consiglio dei ministri, Dipartimento per la trasformazione digitale, entro sessanta giorni dalla data di entrata in vigore del codice.

2. Con il medesimo provvedimento di cui al comma 1 sono stabilite le modalità per la certificazione delle piattaforme di approvvigionamento digitale.

3. La certificazione delle piattaforme di approvvigionamento digitale, rilasciata dall'AGID, consente l'integrazione con i servizi della Banca dati nazionale dei contratti pubblici. L'ANAC cura e gestisce il registro delle piattaforme certificate.

Art. 27. Pubblicità legale degli atti – 1. La pubblicità degli atti è garantita dalla Banca dati nazionale dei contratti pubblici, mediante la trasmissione dei dati all'Ufficio delle pubblicazioni dell'Unione europea e la loro pubblicazione ai sensi degli articoli 84 e 85, secondo quanto definito dal provvedimento di cui al comma 4 del presente articolo.

2. Gli effetti giuridici degli atti oggetto di pubblicazione ai sensi del comma 1 decorrono dalla data di pubblicazione nella Banca dati nazionale dei contratti pubblici.

3. La documentazione di gara è resa costantemente disponibile attraverso le piattaforme digitali di cui all'articolo 25 e attraverso i siti istituzionali delle stazioni appaltanti e degli enti concedenti. Essa è costantemente accessibile attraverso il collegamento con la Banca dati nazionale dei contratti pubblici.

4. L'ANAC, con proprio provvedimento da adottare entro sessanta giorni dalla data di entrata in vigore del codice, d'intesa con il Ministero delle infrastrutture e dei trasporti, stabilisce le modalità di attuazione del presente articolo ([1]).

5. L'ANAC svolge l'attività di cui al comma 1 con le risorse finanziarie previste a legislazione vigente.

([1]) L'ANAC ha adottato il provvedimento attuativo con propria delibera n. 263 del 20 giugno 2023: "Adozione del provvedimento di cui all'articolo 27 del decreto legislativo 31 marzo 2023, n. 36 d'intesa con il Ministero delle infrastrutture e dei trasporti recante «Modalità di attuazione della pubblicità legale degli atti tramite la Banca dati nazionale dei contratti pubblici»", consultabile scansionando il seguente QR-code:

Art. 28. Trasparenza dei contratti pubblici – 1. Le informazioni e i dati relativi alla programmazione di lavori, servizi e forniture, nonché alle procedure del ciclo di vita dei contratti pubblici, ove non considerati riservati ai sensi dell'articolo 35 ovvero secretati ai sensi dell'articolo 139, sono trasmessi tempestivamente alla Banca dati nazionale dei contratti pubblici attraverso le piattaforme digitali di cui all'articolo 25.

2. Le stazioni appaltanti e gli enti concedenti assicurano il collegamento tra la sezione «Amministrazione trasparente» del sito istituzionale e la Banca dati nazionale dei contratti pubblici, secondo le disposizioni di cui al decreto legislativo 14 marzo 2013, n. 33. Sono pubblicati nella sezione di cui al primo periodo la composizione della commissione giudicatrice e i *curricula* dei suoi componenti, nonché i resoconti della gestione finanziaria dei contratti al termine della loro esecuzione.

3. Per la trasparenza dei contratti pubblici fanno fede i dati trasmessi alla Banca dati nazionale dei contratti pubblici presso l'ANAC, la quale assicura la tempestiva pubblicazione sul proprio portale dei dati ricevuti, anche attraverso la piattaforma unica della trasparenza, e la periodica pubblicazione degli stessi in formato aperto. In particolare, sono pubblicati la struttura proponente, l'oggetto del bando, l'elenco degli operatori invitati a presentare offerte, l'aggiudicatario, l'importo di aggiudicazione, i tempi di completamento dei lavori, servizi o forniture e l'importo delle somme liquidate.

4. L'ANAC, entro sessanta giorni dalla data di entrata in vigore del codice, individua con proprio provvedimento le informazioni, i dati e le relative modalità di trasmissione per l'attuazione del presente articolo ([1]).

([1]) L'ANAC ha adottato il provvedimento attuativo con propria delibera n. 264 del 20 giugno 2023: "Adozione del provvedimento di cui all'articolo 28, comma 4, del decreto legislativo n. 31 marzo 2023, n. 36 recante individuazione delle informazioni e dei dati relativi alla programmazione di lavori, servizi e forniture, nonché alle procedure del ciclo di vita dei contratti pubblici che rilevano ai fini dell'assolvimento degli obblighi di pubblicazione di cui al decreto legislativo 14 marzo 2013, n. 33", consultabile scansionando il seguente QR-code:

Art. 29. Regole applicabili alle comunicazioni – 1. Tutte le comunicazioni e gli scambi di informazioni di cui al codice sono eseguiti, in conformità con quanto disposto dal codice dell'amministrazione digitale di cui al decreto legislativo 7 marzo 2005, n. 82, tramite le piattaforme dell'ecosistema nazionale di cui all'articolo 22 del presente codice e, per quanto non previsto dalle predette piattaforme, mediante l'utilizzo del domicilio digitale ovvero, per le comunicazioni tra pubbliche amministrazioni, ai sensi dell'articolo 47 del codice dell'amministrazione digitale, di cui al decreto legislativo n. 82 del 2005.

Art. 30. Uso di procedure automatizzate nel ciclo di vita dei contratti pubblici – 1. Per migliorare l'efficienza le stazioni appaltanti e gli enti concedenti provvedono, ove possibile, ad automatizzare le proprie attività ricorrendo a soluzioni tecnologiche, ivi incluse l'intelligenza artificiale e le tecnologie di registri distribuiti, nel rispetto delle specifiche disposizioni in materia.

2. Nell'acquisto o sviluppo delle soluzioni di cui al comma 1 le stazioni appaltanti e gli enti concedenti:

a) assicurano la disponibilità del codice sorgente, della relativa documentazione, nonché di ogni altro elemento utile a comprenderne le logiche di funzionamento;

b) introducono negli atti di indizione delle gare clausole volte ad assicurare le prestazioni di assistenza e manutenzione necessarie alla correzione degli errori e degli effetti indesiderati derivanti dall'automazione.

3. Le decisioni assunte mediante automazione rispettano i principi di:

a) conoscibilità e comprensibilità, per cui ogni operatore economico ha diritto a conoscere l'esistenza di processi decisionali automatizzati che lo riguardino e, in tal caso, a ricevere informazioni significative sulla logica utilizzata;

b) non esclusività della decisione algoritmica, per cui comunque esiste nel processo decisionale un contributo umano capace di controllare, validare ovvero smentire la decisione automatizzata;

c) non discriminazione algoritmica, per cui il titolare mette in atto misure tecniche e organizzative adeguate al fine di impedire effetti discriminatori nei confronti degli operatori economici.

4. Le stazioni appaltanti e gli enti concedenti adottano ogni misura tecnica e organizzativa atta a garantire che siano rettificati i fattori che comportano inesattezze dei dati e sia minimizzato il rischio di errori, nonché a impedire effetti discriminatori nei confron-

ti di persone fisiche sulla base della nazionalità, dell'origine etnica, delle opinioni politiche, della religione, delle convinzioni personali, dell'appartenenza sindacale, dei caratteri somatici, dello *status* genetico, dello stato di salute, del genere o dell'orientamento sessuale.

5. Le pubbliche amministrazioni pubblicano sul sito istituzionale, nella sezione «Amministrazione trasparente», l'elenco delle soluzioni tecnologiche di cui al comma 1 utilizzate ai fini dello svolgimento della propria attività.

Art. 31. Anagrafe degli operatori economici partecipanti agli appalti – 1. È istituita presso l'ANAC l'Anagrafe degli operatori economici a qualunque titolo coinvolti nei contratti pubblici, che si avvale del registro delle imprese.

2. L'Anagrafe censisce gli operatori economici di cui al comma 1, nonché i soggetti, le persone fisiche e i titolari di cariche ad essi riferibili.

3. Per le persone fisiche di cui al comma 2 l'Anagrafe assume valore certificativo per i ruoli e le cariche rivestiti non risultanti dal registro delle imprese.

4. I dati dell'Anagrafe sono resi disponibili a tutti i soggetti operanti nell'ambito dell'ecosistema nazionale di approvvigionamento digitale, attraverso le piattaforme di cui agli articoli 23, 24 e 25, per i trattamenti e le finalità legati alla gestione del ciclo di vita dei contratti pubblici.

Art. 32. Sistemi dinamici di acquisizione – 1. Per acquisti di uso corrente, le cui caratteristiche, così come generalmente disponibili sul mercato, soddisfano le esigenze delle stazioni appaltanti e degli enti concedenti, è possibile avvalersi di un sistema dinamico di acquisizione. Il sistema dinamico di acquisizione è un procedimento interamente elettronico ed è aperto per tutto il periodo di efficacia a qualsiasi operatore economico che soddisfi i criteri di selezione. Può essere diviso in categorie definite di prodotti, lavori o servizi sulla base delle caratteristiche dell'appalto da eseguire. Tali caratteristiche possono comprendere un riferimento al quantitativo massimo ammissibile degli appalti specifici successivi o a un'area geografica specifica in cui gli appalti saranno eseguiti.

2. Per l'aggiudicazione nell'ambito di un sistema dinamico di acquisizione, le stazioni appaltanti e gli enti concedenti osservano le

norme previste per la procedura ristretta di cui all'articolo 72. Tutti i candidati che soddisfano i criteri di selezione sono ammessi al sistema e il numero dei candidati ammessi non può essere limitato. Le stazioni appaltanti e gli enti concedenti che hanno diviso il sistema in categorie di prodotti, lavori o servizi conformemente al comma 1, precisano i criteri di selezione applicabili per ciascuna categoria.

3. Nei settori ordinari, fermo restando quanto previsto dall'articolo 72, si applicano i seguenti termini:

a) il termine minimo per la ricezione delle domande di partecipazione è di trenta giorni dalla data di trasmissione del bando di gara o, se un avviso di pre-informazione è utilizzato come mezzo di indizione di una gara, dalla data d'invio dell'invito a confermare interesse. Non sono applicabili ulteriori termini per la ricezione delle domande di partecipazione una volta che l'invito a presentare offerte per il primo appalto specifico nel sistema dinamico di acquisizione è stato inviato;

b) il termine minimo per la ricezione delle offerte è di almeno dieci giorni dalla data di trasmissione dell'invito a presentare offerte. Si applica l'articolo 72, comma 5.

4. Nei settori speciali si applicano i seguenti termini:

a) il termine minimo per la ricezione delle domande di partecipazione è fissato in non meno di trenta giorni dalla data di trasmissione del bando di gara o, se come mezzo di indizione di gara è usato un avviso periodico indicativo, dell'invito a confermare interesse. Non sono applicabili ulteriori termini per la ricezione delle domande di partecipazione dopo l'invio dell'invito a presentare offerte per il primo appalto specifico;

b) il termine minimo per la ricezione delle offerte è di almeno dieci giorni dalla data di trasmissione dell'invito a presentare offerte. Si applica l'articolo 72, comma 5.

5. Tutte le comunicazioni nel quadro di un sistema dinamico di acquisizione sono effettuate esclusivamente con mezzi elettronici conformemente all'articolo 29.

6. Per aggiudicare appalti nel quadro di un sistema dinamico di acquisizione, le stazioni appaltanti e gli enti concedenti:

a) pubblicano un avviso di indizione di gara precisando che si tratta di un sistema dinamico di acquisizione;

b) nei documenti di gara precisano almeno la natura e la quantità stimata degli acquisti previsti, nonché tutte le informazioni necessarie riguardanti il sistema dinamico di acquisizione, comprese le modalità di funzionamento del sistema, il dispositivo elettronico utilizzato nonché le modalità e le specifiche tecniche di collegamento;

c) indicano un'eventuale divisione in categorie di prodotti, lavori o servizi e le caratteristiche che definiscono le categorie;

d) offrono accesso libero, diretto e completo ai documenti di gara a norma dell'articolo 88.

7. Le stazioni appaltanti e gli enti concedenti assicurano a tutti gli operatori economici, per il periodo di validità del sistema dinamico di acquisizione, la possibilità di chiedere di essere ammessi al sistema alle condizioni di cui ai commi da 2 a 4. Le stazioni appaltanti e gli enti concedenti valutano tali domande in base ai criteri di selezione entro dieci giorni lavorativi dal loro ricevimento. Il termine può essere prorogato fino a quindici giorni lavorativi in singoli casi motivati, in particolare per la necessità di esaminare documentazione aggiuntiva o di verificare in altro modo se i criteri di selezione siano stati soddisfatti. In deroga al primo, secondo e terzo periodo, a condizione che l'invito a presentare offerte per il primo appalto specifico nel sistema dinamico di acquisizione non sia stato inviato, le stazioni appaltanti e gli enti concedenti possono prorogare il periodo di valutazione, purché durante il periodo di valutazione prorogato non sia emesso alcun invito a presentare offerte.

Le stazioni appaltanti e gli enti concedenti indicano nei documenti di gara la durata massima del periodo prorogato che intendono applicare. Le stazioni appaltanti comunicano al più presto all'operatore economico interessato se è stato ammesso o meno al sistema dinamico di acquisizione.

8. Le stazioni appaltanti e gli enti concedenti invitano tutti i partecipanti ammessi a presentare un'offerta per ogni specifico appalto nell'ambito del sistema dinamico di acquisizione, conformemente all'articolo 89 e all'articolo 165. Se il sistema dinamico di acquisizione è stato suddiviso in categorie di prodotti, lavori o servizi, le stazioni appaltanti e gli enti concedenti invitano tutti i partecipanti ammessi alla categoria che corrisponde allo specifico appalto a presentare un'offerta. Essi aggiudicano l'appalto:

a) nei settori ordinari, all'offerente che ha presentato la migliore offerta sulla base dei criteri di aggiudicazione enunciati nel bando di gara per l'istituzione del sistema dinamico di acquisizione o, se un avviso di pre-informazione è utilizzato come mezzo di indizione di una gara, nell'invito a confermare interesse;

b) nei settori speciali, all'offerente che ha presentato la migliore offerta sulla base dei criteri di aggiudicazione enunciati nel bando di gara per l'istituzione del sistema dinamico di acquisizione, nell'invito a confermare interesse, o, quando come mezzo di indizione di gara si usa un avviso sull'esistenza di un sistema di qualificazione, nell'invito a presentare un'offerta.

9. I criteri di cui al comma 8 possono, all'occorrenza, essere precisati nell'invito a presentare offerte.

10. Nei settori ordinari, le stazioni appaltanti e gli enti concedenti possono esigere, in qualsiasi momento nel periodo di validità del sistema dinamico di acquisizione, che i partecipanti ammessi innovino o aggiornino il documento di gara unico europeo di cui all'articolo 91, entro cinque giorni lavorativi dalla data in cui è trasmessa tale richiesta.

11. Nei settori speciali, le stazioni appaltanti e gli enti concedenti che applicano i motivi di esclusione e criteri di selezione previsti dagli articoli 94, 95 e 99, possono esigere, in qualsiasi momento nel periodo di validità del sistema dinamico di acquisizione, che i partecipanti ammessi innovino o aggiornino il documento di gara unico europeo di cui all'articolo 91, entro cinque giorni lavorativi dalla data in cui è trasmessa tale richiesta.

12. Le stazioni appaltanti e gli enti concedenti indicano nell'avviso di indizione di gara il periodo di validità del sistema dinamico di acquisizione. Essi informano la Commissione europea di qualsiasi variazione di tale periodo di validità utilizzando i seguenti modelli di formulari:

a) se il periodo di validità è modificato senza porre fine al sistema, il modello utilizzato inizialmente per l'avviso di indizione di gara per il sistema dinamico di acquisizione;

b) se è posto termine al sistema, l'avviso di aggiudicazione di cui agli articoli 111 e 163, comma 2.

13. Non possono essere posti a carico degli operatori economici interessati o partecipanti al sistema dinamico di acquisizione i contributi di carattere amministrativo prima o nel corso del periodo di validità del sistema dinamico di acquisizione.

14. Il Ministero dell'economia e delle finanze, anche avvalendosi di Consip S.p.a., può provvedere alla realizzazione e gestione di un sistema dinamico di acquisizione per conto delle stazioni appaltanti, predisponendo gli strumenti organizzativi e amministrativi,

elettronici e telematici e curando l'esecuzione di tutti i servizi informatici, telematici e di consulenza necessari.

15. Gli accordi quadro di cui all'articolo 59 e le convenzioni di cui all'articolo 26 della legge 23 dicembre 1999, n. 488, possono essere stipulati in sede di aggiudicazione di appalti specifici basati su un sistema dinamico di acquisizione. A essi si applica il termine dilatorio di cui all'articolo 18, comma 3, se di importo pari o superiore alle soglie di rilevanza europea.

Art. 33. Aste elettroniche – 1. Le stazioni appaltanti e gli enti concedenti possono ricorrere ad aste elettroniche nelle quali sono presentati nuovi prezzi, modificati al ribasso, o nuovi valori riguardanti taluni elementi delle offerte. A tal fine, le stazioni appaltanti e gli enti concedenti strutturano l'asta come un processo elettronico per fasi successive, che interviene dopo una prima valutazione completa delle offerte e consente di classificarle sulla base di un trattamento automatico. Gli appalti di servizi e di lavori che hanno per oggetto prestazioni intellettuali, come la progettazione di lavori, che non possono essere classificati in base ad un trattamento automatico, non sono oggetto di aste elettroniche.

2. Nelle procedure aperte, ristrette o competitive con negoziazione o nelle procedure negoziate precedute da un'indizione di gara, le stazioni appaltanti e gli enti concedenti possono stabilire che l'aggiudicazione di un appalto sia preceduta da un'asta elettronica quando il contenuto dei documenti di gara, in particolare le specifiche tecniche, può essere fissato in maniera precisa. Alle stesse condizioni, essi possono ricorrere all'asta elettronica in occasione della riapertura del confronto competitivo fra le parti di un accordo quadro di cui all'articolo 59, comma 4, lettere b) e c), e dell'indizione di gare per appalti da aggiudicare nell'ambito del sistema dinamico di acquisizione di cui all'articolo 32.

3. L'asta elettronica è aggiudicata sulla base di uno dei seguenti elementi contenuti nell'offerta:

a) esclusivamente i prezzi, quando l'appalto è aggiudicato sulla sola base del prezzo;

b) il prezzo o i nuovi valori degli elementi dell'offerta indicati nei documenti di gara, quando l'appalto è aggiudicato sulla base del miglior rapporto qualità/prezzo o costo/efficacia.

4. Le stazioni appaltanti e gli enti concedenti indicano il ricorso a un'asta elettronica nel bando di gara o nell'invito a confermare l'interesse, nonché, per i settori speciali, nell'invito a presentare offerte quando per l'indizione di gara si usa un avviso sull'esistenza di un sistema di qualificazione. I documenti di gara comprendono almeno i seguenti elementi:

a) gli elementi i cui valori saranno oggetto dell'asta elettronica, purché tali elementi siano quantificabili in modo da essere espressi in cifre o in percentuali;

b) i limiti eventuali dei valori che potranno essere presentati, quali risultano dal capitolato d'oneri relativo all'oggetto dell'appalto;

c) le informazioni che saranno messe a disposizione degli offerenti nel corso dell'asta elettronica e, se del caso, il momento in cui saranno messe a loro disposizione;

d) le informazioni pertinenti sullo svolgimento dell'asta elettronica;

e) le condizioni alle quali gli offerenti potranno rilanciare, in particolare gli scarti minimi eventualmente richiesti per il rilancio;

f) le informazioni pertinenti sul dispositivo elettronico utilizzato e sulle modalità e specifiche tecniche di collegamento.

5. Prima di procedere all'asta elettronica, le stazioni appaltanti e gli enti concedenti effettuano una valutazione completa delle offerte conformemente al criterio o ai criteri di aggiudicazione stabiliti e alla relativa ponderazione.

6. Nei settori ordinari, un'offerta è considerata ammissibile se è stata presentata da un offerente che non è stato escluso ai sensi degli articoli 94 e 95, che soddisfa i criteri di selezione di cui all'articolo 99 e la cui offerta è conforme alle specifiche tecniche senza essere irregolare o inaccettabile ovvero inadeguata, ai sensi dei commi 8, 9 e 10 del presente articolo.

7. Nei settori speciali, un'offerta è considerata ammissibile se è stata presentata da un offerente che non è stato escluso ai sensi dell'articolo 167, comma 1, lettera c), che soddisfa i criteri di selezione di cui al medesimo articolo 167, comma 1, lettera d), e la cui offerta è conforme alle specifiche tecniche senza essere irregolare o inaccettabile ovvero inadeguata, ai sensi dei commi 8, 9 e 10 del presente articolo.

8. Sono considerate irregolari le offerte che non rispettano i documenti di gara, che sono state ricevute in ritardo, in relazione alle

quali vi sono prove di corruzione, concussione o abuso di ufficio o accordo tra operatori economici finalizzato a turbare l'asta, o che la stazione appaltante ha giudicato anormalmente basse.

9. Sono considerate inaccettabili le offerte presentate da offerenti che non possiedono la qualificazione necessaria e le offerte il cui prezzo supera l'importo posto dalle stazioni appaltanti e dagli enti concedenti a base di gara stabilito e documentato prima dell'avvio della procedura di appalto.

10. Un'offerta è ritenuta inadeguata se non presenta alcuna pertinenza con l'appalto ed è quindi manifestamente incongruente, fatte salve le modifiche sostanziali idonee a rispondere alle esigenze della stazione appaltante o dell'ente concedente e ai requisiti specificati nei documenti di gara. Una domanda di partecipazione non è ritenuta adeguata se l'operatore economico interessato deve o può essere escluso ai sensi degli articoli 94 e 95 o dell'articolo 167, comma 1, lettera c), o non soddisfa i criteri di selezione stabiliti dalla stazione appaltante ai sensi dell'articolo 99.

11. Tutti gli offerenti che hanno presentato offerte ammissibili sono invitati simultaneamente, per via elettronica, a partecipare all'asta elettronica utilizzando, a decorrere dalla data e dall'ora previste, le modalità di connessione conformi alle istruzioni contenute nell'invito. L'asta elettronica può svolgersi in più fasi successive e non ha inizio prima di due giorni lavorativi successivi alla data di invio degli inviti.

12. L'invito è corredato del risultato della valutazione completa dell'offerta, effettuata conformemente alla ponderazione di cui all'articolo 108, commi 7 e 8. L'invito precisa, altresì, la formula matematica che determina, durante l'asta elettronica, le riclassificazioni automatiche in funzione dei nuovi prezzi e/o dei nuovi valori presentati. Salvo il caso in cui l'offerta economicamente più vantaggiosa sia individuata sulla base del solo prezzo, tale formula integra la ponderazione di tutti i criteri stabiliti per determinare l'offerta economicamente più vantaggiosa, quale indicata nel bando di gara o in altri documenti di gara. A tal fine, le eventuali forcelle devono essere precedentemente espresse con un valore determinato. Qualora siano autorizzate varianti, per ciascuna variante deve essere fornita una formula separata.

13. Nel corso di ogni fase dell'asta elettronica, le stazioni appaltanti comunicano in tempo reale a tutti gli offerenti almeno le infor-

mazioni che consentono loro di conoscere in ogni momento la rispettiva classificazione. Le stazioni appaltanti e gli enti concedenti possono, purché previsto nei documenti di gara, comunicare altre informazioni riguardanti altri prezzi o valori presentati. Possono, inoltre, rendere noto in qualsiasi momento il numero di partecipanti alla fase specifica dell'asta. In nessun caso, possono rendere nota l'identità degli offerenti durante lo svolgimento delle fasi dell'asta elettronica.

14. Le stazioni appaltanti e gli enti concedenti dichiarano conclusa l'asta elettronica secondo una o più delle seguenti modalità:

a) alla data e all'ora preventivamente indicate;

b) quando non ricevono più nuovi prezzi o nuovi valori che rispondono alle esigenze degli scarti minimi, a condizione che abbiano preventivamente indicato il termine che rispetteranno a partire dalla ricezione dell'ultima presentazione prima di dichiarare conclusa l'asta elettronica;

c) quando il numero di fasi dell'asta preventivamente indicato è stato raggiunto.

15. Se le stazioni appaltanti e gli enti concedenti intendono dichiarare conclusa l'asta elettronica ai sensi del comma 14, lettera c), eventualmente in combinazione con le modalità di cui alla lettera b) del medesimo comma, l'invito a partecipare all'asta indica il calendario di ogni fase dell'asta.

16. Dopo aver dichiarata conclusa l'asta elettronica, le stazioni appaltanti e gli enti concedenti aggiudicano l'appalto in funzione dei suoi risultati.

Art. 34. Cataloghi elettronici – 1. Le stazioni appaltanti e gli enti concedenti possono chiedere che le offerte siano presentate sotto forma di catalogo elettronico o che includano un catalogo elettronico. Le offerte presentate sotto forma di catalogo elettronico possono essere corredate di altri documenti, a completamento dell'offerta.

2. I cataloghi elettronici sono predisposti dai candidati o dagli offerenti per la partecipazione a una determinata procedura di appalto in conformità alle specifiche tecniche e al formato stabiliti dalle stazioni appaltanti.

3. Quando la presentazione delle offerte sotto forma di cataloghi elettronici è accettata o richiesta, le stazioni appaltanti e gli enti concedenti:

a) nei settori ordinari, lo indicano nel bando di gara o nell'invito a confermare interesse, quando il mezzo di indizione di gara è un avviso di pre-informazione; nei settori speciali, lo indicano nel bando di gara, nell'invito a confermare interesse, o, quando il mezzo di indizione di gara è un avviso sull'esistenza di un sistema di qualificazione, nell'invito a presentare offerte o a negoziare;

b) indicano nei documenti di gara tutte le informazioni relative al formato, al dispositivo elettronico utilizzato nonché alle modalità e alle specifiche tecniche per il catalogo.

4. Quando un accordo quadro è concluso con più operatori economici dopo la presentazione delle offerte sotto forma di cataloghi elettronici, le stazioni appaltanti e gli enti concedenti possono prevedere che la riapertura del confronto competitivo per i contratti specifici avvenga sulla base di cataloghi aggiornati. In tal caso, le stazioni appaltanti e gli enti concedenti utilizzano, alternativamente, uno dei seguenti metodi:

a) invitano gli offerenti a ripresentare i loro cataloghi elettronici, adattati alle esigenze del contratto in questione;

b) comunicano agli offerenti che intendono avvalersi delle informazioni raccolte dai cataloghi elettronici già presentati per costituire offerte adeguate ai requisiti del contratto in questione, a condizione che il ricorso a questa possibilità sia stato previsto nei documenti di gara relativi all'accordo quadro.

5. Le stazioni appaltanti e gli enti concedenti, in caso di riapertura del confronto competitivo per i contratti specifici in conformità al comma 4, lettera b), indicano agli offerenti la data e l'ora in cui intendono procedere alla raccolta delle informazioni necessarie per costituire offerte adattate ai requisiti del contratto specifico e danno agli offerenti la possibilità di rifiutare tale raccolta di informazioni. Le stazioni appaltanti e gli enti concedenti prevedono un adeguato periodo di tempo tra la notifica e l'effettiva raccolta di informazioni. Prima dell'aggiudicazione dell'appalto, le stazioni appaltanti e gli enti concedenti presentano le informazioni raccolte all'offerente interessato, in modo da offrire la possibilità di contestare o confermare che l'offerta così costituita non contiene errori materiali.

6. Le stazioni appaltanti e gli enti concedenti possono aggiudicare appalti basati su un sistema dinamico di acquisizione richiedendo che le offerte per un appalto specifico siano presentate sotto

forma di catalogo elettronico. Le stazioni appaltanti e gli enti concedenti possono, inoltre, aggiudicare appalti basati su un sistema dinamico di acquisizione conformemente al comma 4, lettera b), e al comma 5, a condizione che la domanda di partecipazione al sistema dinamico di acquisizione sia accompagnata da un catalogo elettronico in conformità con le specifiche tecniche e il formato stabilito dalla stazione appaltante o dall'ente concedente. Tale catalogo è completato dai candidati, qualora sia stata comunicata l'intenzione della stazione appaltante o dell'ente concedente di costituire offerte attraverso la procedura di cui al comma 4, lettera b).

Art. 35. Accesso agli atti e riservatezza – 1. Le stazioni appaltanti e gli enti concedenti assicurano in modalità digitale l'accesso agli atti delle procedure di affidamento e di esecuzione dei contratti pubblici, mediante acquisizione diretta dei dati e delle informazioni inseriti nelle piattaforme, ai sensi degli articoli 3-*bis* e 22 e seguenti della legge 7 agosto 1990, n. 241 e degli articoli 5 e 5-*bis* del decreto legislativo 14 marzo 2013, n. 33.

2. Fatta salva la disciplina prevista dal codice per i contratti secretati o la cui esecuzione richiede speciali misure di sicurezza, l'esercizio del diritto di accesso è differito:

a) nelle procedure aperte, in relazione all'elenco dei soggetti che hanno presentato offerte, fino alla scadenza del termine per la presentazione delle medesime;

b) nelle procedure ristrette e negoziate e nelle gare informali, in relazione all'elenco dei soggetti che hanno fatto richiesta di invito o che hanno manifestato il loro interesse, e in relazione all'elenco dei soggetti che sono stati invitati a presentare offerte e all'elenco dei soggetti che hanno presentato offerte, fino alla scadenza del termine per la presentazione delle offerte medesime; ai soggetti la cui richiesta di invito sia stata respinta, è consentito l'accesso all'elenco dei soggetti che hanno fatto richiesta di invito o che hanno manifestato il loro interesse, dopo la comunicazione ufficiale, da parte delle stazioni appaltanti o degli enti concedenti, dei nominativi dei candidati da invitare;

c) in relazione alle domande di partecipazione e agli atti, dati e informazioni relativi ai requisiti di partecipazione di cui agli articoli 94, 95 e 98 e ai verbali relativi alla fase di ammissione dei candidati e offerenti, fino all'aggiudicazione;

d) in relazione alle offerte e ai verbali relativi alla valutazione delle stesse e agli atti, dati e informazioni a questa presupposti, fino all'aggiudicazione;

e) in relazione alla verifica della anomalia dell'offerta e ai verbali riferiti alla detta fase, fino all'aggiudicazione.

3. Fino alla conclusione delle fasi o alla scadenza dei termini di cui al comma 2 gli atti, i dati e le informazioni non possono essere resi accessibili o conoscibili. Per i pubblici ufficiali o per gli incaricati di pubblico servizio la violazione della presente disposizione rileva ai fini dell'articolo 326 del codice penale.

4. Fatta salva la disciplina prevista per i contratti secretati o la cui esecuzione richiede speciali misure di sicurezza, e salvo quanto disposto dal comma 5, il diritto di accesso e ogni forma di divulgazione:

a) possono essere esclusi in relazione alle informazioni fornite nell'ambito dell'offerta o a giustificazione della medesima che costituiscano, secondo motivata e comprovata dichiarazione dell'offerente, segreti tecnici o commerciali;

b) sono esclusi in relazione:

1) ai pareri legali acquisiti dai soggetti tenuti all'applicazione del codice, per la soluzione di liti, potenziali o in atto, relative ai contratti pubblici;

2) alle relazioni riservate del direttore dei lavori, del direttore dell'esecuzione e dell'organo di collaudo sulle domande e sulle riserve del soggetto esecutore del contratto;

3) alle piattaforme digitali e alle infrastrutture informatiche utilizzate dalla stazione appaltante o dall'ente concedente, ove coperte da diritti di privativa intellettuale.

5. In relazione all'ipotesi di cui al comma 4, lettere a) e b), numero 3), è consentito l'accesso al concorrente, se indispensabile ai fini della difesa in giudizio dei propri interessi giuridici rappresentati in relazione alla procedura di gara.

Art. 36. Norme procedimentali e processuali in tema di accesso – 1. L'offerta dell'operatore economico risultato aggiudicatario, i verbali di gara e gli atti, i dati e le informazioni presupposti all'aggiudicazione sono resi disponibili, attraverso la piattaforma di approvvigionamento digitale di cui all'articolo 25 utilizzata dalla stazione appaltante o dall'ente concedente, a tutti i candidati e offerenti non definitivamente esclusi contestualmente alla comunicazione digitale dell'aggiudicazione ai sensi dell'articolo 90.

2. Agli operatori economici collocatisi nei primi cinque posti in graduatoria sono resi reciprocamente disponibili, attraverso la stessa piattaforma, gli atti di cui al comma 1, nonché le offerte dagli stessi presentate.

3. Nella comunicazione dell'aggiudicazione di cui al comma 1, la stazione appaltante o l'ente concedente dà anche atto delle decisioni assunte sulle eventuali richieste di oscuramento di parti delle offerte di cui ai commi 1 e 2, indicate dagli operatori ai sensi dell'articolo 35, comma 4, lettera a).

4. Le decisioni di cui al comma 3 sono impugnabili ai sensi dell'articolo 116 del codice del processo amministrativo, di cui all'allegato I al decreto legislativo 2 luglio 2010, n. 104, con ricorso notificato e depositato entro dieci giorni dalla comunicazione digitale della aggiudicazione. Le parti intimate possono costituirsi entro dieci giorni dal perfezionamento nei propri confronti della notifica del ricorso.

5. Nel caso in cui la stazione appaltante o l'ente concedente ritenga insussistenti le ragioni di segretezza indicate dall'offerente ai sensi dell'articolo 35, comma 4, lettera a), l'ostensione delle parti dell'offerta di cui è stato richiesto l'oscuramento non è consentita prima del decorso del termine di impugnazione delle decisioni di cui al comma 4.

6. Nel caso di cui al comma 4 la stazione appaltante o l'ente concedente può inoltrare segnalazione all'ANAC la quale può irrogare una sanzione pecuniaria nella misura stabilita dall'articolo 222, comma 9, ridotta alla metà nel caso di pagamento entro trenta giorni dalla contestazione, qualora vi siano reiterati rigetti di istanze di oscuramento.

7. Il ricorso di cui al comma 4 è fissato d'ufficio in udienza in camera di consiglio nel rispetto di termini pari alla metà di quelli di cui all'articolo 55 del codice di cui all'allegato I al decreto legislativo n. 104 del 2010 ed è deciso alla medesima udienza con sentenza in forma semplificata, da pubblicarsi entro cinque giorni dall'udienza di discussione, e la cui motivazione può consistere anche in un mero richiamo delle argomentazioni contenute negli scritti delle parti che il giudice ha inteso accogliere e fare proprie.

8. Il rito e i termini di cui ai commi 4 e 7 si applicano anche nei giudizi di impugnazione.

9. Il termine di impugnazione dell'aggiudicazione e dell'ammissione e valutazione delle offerte diverse da quella aggiudicataria decorre comunque dalla comunicazione di cui all'articolo 90.

Parte III
DELLA PROGRAMMAZIONE

Art. 37. Programmazione dei lavori e degli acquisti di beni e servizi – 1. Le stazioni appaltanti e gli enti concedenti:

a) adottano il programma triennale dei lavori pubblici e il programma triennale degli acquisti di beni e servizi. I programmi sono approvati nel rispetto dei documenti programmatori e in coerenza con il bilancio e, per gli enti locali, secondo le norme della programmazione economico-finanziaria e i principi contabili;

b) approvano l'elenco annuale che indica i lavori da avviare nella prima annualità e specifica per ogni opera la fonte di finanziamento, stanziata nello stato di previsione o nel bilancio o comunque disponibile.

2. Il programma triennale dei lavori pubblici e i relativi aggiornamenti annuali contengono i lavori, compresi quelli complessi e da realizzare tramite concessione o partenariato pubblico-privato, il cui importo si stima pari o superiore alla soglia di cui all'articolo 50, comma 1, lettera a). I lavori di importo pari o superiore alla soglia di rilevanza europea di cui all'articolo 14, comma 1, lettera a), sono inseriti nell'elenco triennale dopo l'approvazione del documento di fattibilità delle alternative progettuali e nell'elenco annuale dopo l'approvazione del documento di indirizzo della progettazione. I lavori di manutenzione ordinaria superiori alla soglia indicata nel secondo periodo sono inseriti nell'elenco triennale anche in assenza del documento di fattibilità delle alternative progettuali. I lavori, servizi e forniture da realizzare in amministrazione diretta non sono inseriti nella programmazione.

3. Il programma triennale di acquisti di beni e servizi e i relativi aggiornamenti annuali indicano gli acquisti di importo stimato pari o superiore alla soglia di cui all'articolo 50, comma 1, lettera b).

4. Il programma triennale e i relativi aggiornamenti annuali sono pubblicati sul sito istituzionale e nella Banca dati nazionale dei contratti pubblici.

5. Il presente articolo non si applica alla pianificazione delle attività dei soggetti aggregatori e delle centrali di committenza.

6. Con l'allegato I.5 sono definiti:

a) gli schemi tipo, gli ordini di priorità degli interventi, comprensivi del completamento delle opere incompiute e dell'effettuazione dei lavori programmati e non avviati, e la specificazione delle fonti di finanziamento;

b) le condizioni che consentono di modificare la programmazione e di realizzare un intervento o procedere a un acquisto non previsto nell'elenco annuale;

c) le modalità di raccordo con la pianificazione dell'attività dei soggetti aggregatori e delle centrali di committenza ai quali le stazioni appaltanti e gli enti concedenti possono delegare le attività.

7. In sede di prima applicazione del codice, l'allegato I.5 è abrogato a decorrere dalla data di entrata in vigore di un corrispondente regolamento adottato ai sensi dell'articolo 17, comma 3, della legge 23 agosto 1988, n. 400, con decreto del Ministro delle infrastrutture e dei trasporti di concerto con il Ministro dell'economia e delle finanze, previo parere del Comitato interministeriale per la programmazione economica e lo sviluppo sostenibile (CIPESS), d'intesa con la Conferenza unificata, che lo sostituisce integralmente anche in qualità di allegato al codice.

Art. 38. Localizzazione e approvazione del progetto delle opere – 1. L'approvazione dei progetti da parte delle amministrazioni è effettuata in conformità alla legge 7 agosto 1990, n. 241, e alle disposizioni statali e regionali che regolano la materia. La procedura di cui al presente articolo si applica anche alle opere di interesse pubblico, ivi comprese quelle di cui al decreto legislativo 3 aprile 2006, n. 152, se concernenti la concessione e la gestione di opere pubbliche, oppure la concessione di servizi pubblici con opere da realizzare da parte del concessionario.

2. La procedura di cui al presente articolo non si applica se è stata già accertata la conformità del progetto di fattibilità tecnica ed economica alla pianificazione urbanistica e alla regolamentazione edilizia:

a) per le opere pubbliche di interesse statale, escluse quelle destinate alla difesa militare, dal Ministero delle infrastrutture e dei trasporti, sentiti gli enti territoriali interessati;

b) per le opere pubbliche di interesse locale, dal comune, oppure dalla regione o dalla provincia autonoma interessata in caso di opere interessanti il territorio di almeno due comuni.

3. La stazione appaltante o l'ente concedente convoca, ai fini dell'approvazione del progetto di fattibilità tecnica ed economica nonché della localizzazione dell'opera, una conferenza di servizi semplificata ai sensi dell'articolo 14-*bis* della legge 7 agosto 1990, n. 241 a cui partecipano tutte le amministrazioni interessate, ivi comprese le regioni, le province autonome, i comuni incisi dall'opera e le amministrazioni preposte alla tutela ambientale, del patrimonio culturale, del paesaggio e della salute.

4. Per le opere pubbliche di interesse statale, contestualmente alla convocazione della conferenza di servizi di cui al comma 3, la stazione appaltante o l'ente concedente trasmette il progetto di fattibilità tecnica ed economica al Consiglio superiore dei lavori pubblici, o al competente Provveditorato interregionale per le opere pubbliche, ai fini dell'espressione del parere, ove previsto. Il progetto di fattibilità tecnica ed economica contiene sempre l'alternativa di progetto a consumo zero del suolo ai fini della rigenerazione urbana.

5. Il Consiglio superiore dei lavori pubblici o il Provveditorato interregionale per le opere pubbliche, se ravvisa carenze ostative al rilascio del parere favorevole, ivi comprese quelle relative agli aspetti di rigenerazione urbana, restituisce il progetto entro quindici giorni dalla sua ricezione con l'indicazione delle integrazioni o modifiche necessarie. La stazione appaltante o l'ente concedente procede alle modifiche e alle integrazioni richieste entro il termine perentorio di quindici giorni dalla data di restituzione del progetto. Il Consiglio superiore o il Provveditorato interregionale esprime il parere entro il termine massimo di quarantacinque giorni dalla ricezione del progetto di fattibilità tecnica ed economica oppure entro il termine massimo di venti giorni dalla ricezione del progetto modificato o integrato. Decorsi tali termini, il parere si intende reso in senso favorevole.

6. Decorsi quindici giorni dalla trasmissione del progetto al Consiglio superiore dei lavori pubblici o al Provveditorato interregionale per le opere pubbliche o, nel caso in cui sia stato restituito a norma del comma 5, contestualmente alla trasmissione al Consiglio o al Provveditorato del progetto modificato, la stazione appaltante o l'ente concedente trasmette il progetto alle autorità competenti per i provvedimenti di cui al comma 8.

7. Nel caso di opere pubbliche di interesse locale o di interesse statale per le quali non è richiesto il parere del Consiglio superiore dei lavori pubblici o del Provveditorato interregionale per le opere pubbliche, la stazione appaltante o l'ente concedente trasmette il progetto alle autorità competenti per i provvedimenti di cui al comma 8.

8. Nel corso della conferenza di servizi sono acquisiti e valutati l'assoggettabilità alla verifica preventiva dell'interesse archeologico e della VIA valutazione di impatto ambientale, tenuto conto delle preminenti esigenze di appaltabilità dell'opera e di certezza dei tempi di realizzazione, l'esito dell'eventuale dibattito pubblico, nonché, per le opere pubbliche di interesse statale, il parere di cui ai commi 4 e 5. Le risultanze della valutazione di assoggettabilità alla verifica preventiva dell'interesse archeologico sono acquisite nel corso della conferenza dei servizi di cui al comma 3 e sono corredate, qualora non emerga la sussistenza di un interesse archeologico, delle eventuali prescrizioni relative alle attività di assistenza archeologica in corso d'opera. Qualora dalla valutazione di assoggettabilità alla verifica preventiva dell'interesse archeologico emerga l'esistenza di un interesse archeologico, il soprintendente procede ai sensi dell'allegato I.8, tenuto conto del cronoprogramma dell'opera. Gli esiti della valutazione di impatto ambientale sono comunicati dall'autorità competente alle altre amministrazioni che partecipano alla conferenza di servizi. Qualora si sia svolto il dibattito pubblico, è escluso il ricorso all'inchiesta pubblica o ad altra forma di consultazione del pubblico.

9. La conferenza di servizi si conclude nel termine di sessanta giorni dalla sua convocazione, prorogabile, su richiesta motivata delle amministrazioni preposte alla tutela degli interessi di cui all'articolo 14-*quinquies*, comma 1, della legge n. 241 del 1990, una sola volta per non più di dieci giorni. Si considera acquisito l'assenso delle amministrazioni che non si sono espresse nel termine di conclusione della conferenza di servizi, di quelle assenti o che abbiano espresso un dissenso non motivato o riferito a questioni che non costituiscono oggetto della conferenza medesima.

10. La determinazione conclusiva della conferenza di servizi, da adottarsi nei cinque giorni successivi alla scadenza del termine di cui al comma 9, approva il progetto e perfeziona ad ogni fine urbanistico ed edilizio l'intesa tra gli enti territoriali interessati anche ai fini

della localizzazione dell'opera, della conformità urbanistica e paesaggistica dell'intervento, della risoluzione delle interferenze e delle relative opere mitigatrici e compensatrici. L'intesa tra gli enti interessati, in ordine alla localizzazione dell'opera, ha effetto di variante agli strumenti urbanistici vigenti. Essa comprende il provvedimento di valutazione di impatto ambientale, la valutazione di assoggettabilità alla verifica preventiva dell'interesse archeologico, i titoli abilitativi necessari, la dichiarazione di pubblica utilità e indifferibilità delle opere nonché il vincolo preordinato all'esproprio e consente la realizzazione di tutte le opere e attività previste nel progetto approvato. A tal fine, le comunicazioni agli interessati di cui all'articolo 14, comma 5, della legge n. 241 del 1990 tengono luogo della fase partecipativa di cui all'articolo 11 del testo unico delle disposizioni legislative e regolamentari in materia di espropriazione per pubblica utilità di cui al decreto del Presidente della Repubblica n. 327 del 2001. Gli enti locali provvedono alle necessarie misure di salvaguardia delle aree interessate e delle relative fasce di rispetto e non possono autorizzare interventi edilizi incompatibili con la localizzazione dell'opera.

11. Nella procedura di cui al presente articolo, le determinazioni delle amministrazioni diverse dalla stazione appaltante o dall'ente concedente e comunque coinvolte ai sensi dell'articolo 14-*bis*, comma 3, della legge n. 241 del 1990, in qualsiasi caso di dissenso o non completo assenso, non possono limitarsi a esprimere contrarietà alla realizzazione delle opere o degli impianti, ma devono, tenuto conto delle circostanze del caso concreto, indicare le prescrizioni e le misure mitigatrici che rendano compatibile l'opera e possibile l'assenso, valutandone altresì i profili finanziari. Tali prescrizioni sono determinate conformemente ai principi di proporzionalità, efficacia e sostenibilità finanziaria dell'intervento risultante dal progetto originariamente presentato. Le disposizioni di cui al primo e secondo periodo si applicano, senza deroghe, a tutte le amministrazioni comunque partecipanti alla conferenza di servizi, incluse quelle titolari delle competenze in materia urbanistica, paesaggistica, archeologica e del patrimonio culturale.

12. Le disposizioni di cui al comma 11 si applicano anche ai procedimenti pendenti alla data di entrata in vigore del codice, per i quali non sia ancora intervenuta la determinazione conclusiva della conferenza di servizi.

13. Per gli appalti conseguenti al ritiro, alla revoca o all'annullamento di un precedente appalto sono validi i pareri, le autorizzazioni e le intese già acquisite, purché il RUP attesti l'assenza di variazioni nel progetto e nella regolamentazione ambientale, paesaggistica e urbanistica sulla cui base i pareri, le autorizzazioni e le intese erano stati adottati. La disposizione di cui al primo periodo non si applica ai casi di ritiro, revoca o annullamento del precedente appalto per vizi o circostanze inerenti ai pareri, alle autorizzazioni o alle intese.

14. Restano ferme le disposizioni speciali vigenti per determinate tipologie di opere pubbliche di interesse nazionale, comprese quelle relative agli interventi del Piano nazionale di ripresa e resilienza (PNRR), di cui al regolamento (UE) 2021/241 del Parlamento europeo e del Consiglio, del 12 febbraio 2021.

Art. 39. Programmazione e progettazione delle infrastrutture strategiche e di preminente interesse nazionale – 1. Le disposizioni del presente articolo disciplinano le procedure di pianificazione, programmazione e progettazione delle infrastrutture strategiche la cui realizzazione riveste carattere di urgenza e di preminente interesse nazionale ai fini della modernizzazione e dello sviluppo della Nazione.

2. Il Governo qualifica una infrastruttura come strategica e di preminente interesse nazionale con delibera del Consiglio dei ministri, in considerazione del rendimento infrastrutturale, dei costi, degli obiettivi e dei tempi di realizzazione dell'opera. La qualificazione è operata su proposta dei Ministri competenti, sentite le regioni interessate, ovvero su proposta delle regioni al Governo, sentiti i Ministri competenti.

3. L'elenco delle infrastrutture di cui al presente articolo è inserito nel documento di economia e finanza, con l'indicazione:

a) dei criteri di rendimento attesi in termini di sviluppo infrastrutturale, riequilibrio socio-economico fra le aree del territorio nazionale, sostenibilità ambientale, garanzia della sicurezza strategica, contenimento dei costi dell'approvvigionamento energetico del Paese, adeguamento della strategia nazionale a quella della rete europea delle infrastrutture;

b) degli esiti della valutazione delle alternative progettuali;

c) dei costi stimati e dei relativi stanziamenti;

d) del cronoprogramma di realizzazione.

4. Gli interventi di cui al comma 3 sono automaticamente inseriti nelle intese istituzionali di programma e negli accordi di programma quadro ai fini della individuazione delle priorità e ai fini dell'armonizzazione con le iniziative già incluse nelle intese e negli accordi stessi.

5. Per l'approvazione dei progetti relativi agli interventi di cui al comma 3 si applicano le disposizioni di cui all'articolo 38. A tal fine, i termini di cui al terzo periodo del comma 5 dell'articolo 38 sono ridotti a trenta giorni e quelli di cui al comma 9, primo periodo, del medesimo articolo 38 a quarantacinque giorni e non sono prorogabili.

6. Il Consiglio superiore dei lavori pubblici, senza nuovi o maggiori oneri a carico della finanza pubblica, istituisce un comitato speciale per l'esame dei progetti relativi agli interventi di cui al presente articolo.

7. Ai fini della verifica preventiva dell'interesse archeologico di cui all'articolo 38, comma 8, il progetto di fattibilità tecnico ed economico relativo agli interventi di cui al comma 1 del presente articolo, è trasmesso dalla stazione appaltante alla competente soprintendenza decorsi quindici giorni dalla trasmissione al Consiglio superiore dei lavori pubblici del progetto di fattibilità tecnico-economico medesimo. Le risultanze della valutazione di assoggettabilità preventiva dell'interesse archeologico sono acquisite nel corso della conferenza dei servizi di cui all'articolo 38, comma 3.

8. In presenza di dissensi qualificati ai sensi dell'articolo 14-*quinquies*, comma 1, della legge 7 agosto 1990, n. 241, la procedura di cui ai commi 4, 5 e 6 del medesimo articolo può essere sostituita dall'adozione di un decreto del Presidente del Consiglio dei ministri, su proposta del Ministro delle infrastrutture e trasporti, previa deliberazione del CIPESS, integrato dai presidenti delle regioni o delle province autonome interessate, sentita la Conferenza unificata di cui all'articolo 8 del decreto legislativo 28 agosto 1997, n. 281. Il predetto decreto approva il progetto di fattibilità tecnico-economica delle infrastrutture di cui al presente articolo e produce i medesimi effetti di cui all'articolo 38, comma 10.

9. Il monitoraggio delle infrastrutture e degli insediamenti prioritari per la prevenzione e la repressione di tentativi di infiltrazione mafiosa è attuato da un Comitato di coordinamento istituito

presso il Ministero dell'interno, secondo procedure approvate con delibera CIPESS, su proposta del medesimo Comitato di coordinamento. Si applicano, altresì, le modalità e le procedure di monitoraggio finanziario di cui all'articolo 36 del decreto-legge 24 giugno 2014, n. 90, convertito, con modificazioni, dalla legge 11 agosto 2014, n. 114.

Art. 40. Dibattito pubblico – 1. Salvi i casi di dibattito pubblico obbligatorio indicati nell'allegato I.6, la stazione appaltante o l'ente concedente può indire il dibattito pubblico, ove ne ravvisi l'opportunità in ragione della particolare rilevanza sociale dell'intervento e del suo impatto sull'ambiente e sul territorio, garantendone in ogni caso la celerità.

2. In sede di prima applicazione del codice, l'allegato I.6 è abrogato a decorrere dalla data di entrata in vigore di un corrispondente regolamento adottato ai sensi dell'articolo 17, comma 3, della legge 23 agosto 1988, n. 400, con decreto del Presidente del Consiglio dei ministri su proposta del Ministro delle infrastrutture e dei trasporti, sentiti il Ministro dell'ambiente e della sicurezza energetica e il Ministro della cultura, che lo sostituisce integralmente anche in qualità di allegato al codice.

3. Il dibattito pubblico si apre con la pubblicazione sul sito istituzionale della stazione appaltante o dell'ente concedente di una relazione contenente il progetto dell'opera e l'analisi di fattibilità delle eventuali alternative progettuali.

4. Le amministrazioni statali interessate alla realizzazione dell'intervento, le regioni e gli altri enti territoriali interessati dall'opera, nonché i portatori di interessi diffusi costituiti in associazioni o comitati, che, in ragione degli scopi statutari, sono interessati dall'intervento, possono presentare osservazioni e proposte entro il termine di sessanta giorni dalla pubblicazione di cui al comma 3.

5. Il dibattito pubblico si conclude, entro un termine compatibile con le esigenze di celerità, comunque non superiore a centoventi giorni dalla pubblicazione di cui al comma 3, con una relazione, redatta dal responsabile del dibattito pubblico e contenente una sintetica descrizione delle proposte e delle osservazioni pervenute, con l'eventuale indicazione di quelle ritenute meritevoli di accoglimento. La relazione conclusiva è pubblicata sul sito istituzionale della stazione appaltante o dell'ente concedente.

6. Gli esiti del dibattito, ivi comprese eventuali proposte di variazione dell'intervento, sono valutati dalla stazione appaltante o dall'ente concedente ai fini dell'elaborazione del successivo livello di progettazione.

7. Resta ferma la disciplina prevista da specifiche disposizioni di legge per il dibattito pubblico afferente agli interventi finanziati con le risorse del PNRR e del Piano nazionale per gli investimenti complementari al PNRR (PNC), di cui al decreto-legge 6 maggio 2021, n. 59, convertito, con modificazioni, dalla legge 1° luglio 2021.

8. L'allegato I.6 disciplina:

a) i casi in cui il dibattito pubblico è obbligatorio;

b) le modalità di partecipazione e di svolgimento del dibattito pubblico;

c) le modalità di individuazione e i compiti del responsabile del dibattito pubblico;

d) gli eventuali contenuti ulteriori della relazione iniziale e di quella conclusiva del procedimento di dibattito pubblico.

Parte IV
DELLA PROGETTAZIONE

Art. 41. Livelli e contenuti della progettazione – 1. La progettazione in materia di lavori pubblici, si articola in due livelli di successivi approfondimenti tecnici: il progetto di fattibilità tecnico-economica e il progetto esecutivo. Essa è volta ad assicurare:

a) il soddisfacimento dei fabbisogni della collettività;

b) la conformità alle norme ambientali, urbanistiche e di tutela dei beni culturali e paesaggistici, nonché il rispetto di quanto previsto dalla normativa in materia di tutela della salute e della sicurezza delle costruzioni;

c) la rispondenza ai requisiti di qualità architettonica e tecnico-funzionale, nonché il rispetto dei tempi e dei costi previsti;

d) il rispetto di tutti i vincoli esistenti, con particolare riguardo a quelli idrogeologici, sismici, archeologici e forestali;

e) l'efficientamento energetico e la minimizzazione dell'impiego di risorse materiali non rinnovabili nell'intero ciclo di vita delle opere;

f) il rispetto dei principi della sostenibilità economica, territoriale, ambientale e sociale dell'intervento, anche per contrastare il consumo del suolo, incentivando il recupero, il riuso e la valorizzazione del patrimonio edilizio esistente e dei tessuti urbani;

g) la razionalizzazione delle attività di progettazione e delle connesse verifiche attraverso il progressivo uso di metodi e strumenti di gestione informativa digitale delle costruzioni di cui all'articolo 43;

h) l'accessibilità e l'adattabilità secondo quanto previsto dalle disposizioni vigenti in materia di barriere architettoniche;

i) la compatibilità geologica e geomorfologica dell'opera.

2. L'allegato I.7 definisce i contenuti dei due livelli di progettazione e stabilisce il contenuto minimo del quadro delle necessità e del documento di indirizzo della progettazione che le stazioni appaltanti e gli enti concedenti devono predisporre. In sede di prima applicazione del codice, l'allegato I.7 è abrogato a decorrere dalla data di entrata in vigore di un corrispondente regolamento adottato ai sensi dell'articolo 17, comma 3, della legge 23 agosto 1988, n. 400, con decreto del Ministro delle infrastrutture e dei trasporti, sentito il Consiglio superiore dei lavori pubblici, che lo sostituisce integralmente anche in qualità di allegato al codice.

3. L'allegato I.7 stabilisce altresì le prescrizioni per la redazione del documento di indirizzo della progettazione da parte del RUP della stazione appaltante o dell'ente concedente. L'allegato I.7 indica anche i requisiti delle prestazioni che devono essere contenuti nel progetto di fattibilità tecnico-economica. In caso di adozione di metodi e strumenti di gestione informativa digitale delle costruzioni, il documento di indirizzo della progettazione contiene anche il capitolato informativo.

4. La verifica preventiva dell'interesse archeologico nei casi di cui all'articolo 28, comma 4, del codice dei beni culturali e del paesaggio, di cui al decreto legislativo 22 gennaio 2004, n. 42 e ai sensi della Convenzione europea per la protezione del patrimonio archeologico, firmata alla Valletta il 16 gennaio 1992 e ratificata ai sensi della legge 29 aprile 2015, n. 57, si svolge con le modalità procedurali di cui all'allegato I.8. In sede di prima applicazione del codice, l'allegato I.8 è abrogato a decorrere dalla data di entrata in vigore di un corrispondente regolamento adottato ai sensi dell'articolo 17, comma 3, della legge 23 agosto 1988, n. 400, con decreto del Ministro delle infrastrutture e dei trasporti, di concerto con il Ministro della cultura, sentito il Consiglio superiore dei lavori pubblici, che lo sostituisce integralmente anche in qualità di allegato al codice. Le

regioni a statuto speciale e le province autonome di Trento e di Bolzano disciplinano la procedura di verifica preventiva dell'interesse archeologico per le opere di loro competenza sulla base di quanto disposto dal predetto allegato.

5. La stazione appaltante o l'ente concedente, in funzione della specifica tipologia e dimensione dell'intervento, indica le caratteristiche, i requisiti e gli elaborati progettuali necessari per la definizione di ogni fase della relativa progettazione. Per gli interventi di manutenzione ordinaria o straordinaria può essere omesso il primo livello di progettazione a condizione che il progetto esecutivo contenga tutti gli elementi previsti per il livello omesso.

6. Il progetto di fattibilità tecnico-economica:

a) individua, tra più soluzioni possibili, quella che esprime il rapporto migliore tra costi e benefici per la collettività in relazione alle specifiche esigenze da soddisfare e alle prestazioni da fornire;

b) contiene i necessari richiami all'eventuale uso di metodi e strumenti di gestione informativa digitale delle costruzioni;

c) sviluppa, nel rispetto del quadro delle necessità, tutte le indagini e gli studi necessari per la definizione degli aspetti di cui al comma;

d) individua le caratteristiche dimensionali, tipologiche, funzionali e tecnologiche dei lavori da realizzare, compresa la scelta in merito alla possibile suddivisione in lotti funzionali;

e) consente, ove necessario, l'avvio della procedura espropriativa;

f) contiene tutti gli elementi necessari per il rilascio delle autorizzazioni e approvazioni prescritte;

g) contiene il piano preliminare di manutenzione dell'opera e delle sue parti.

7. Per le opere proposte in variante urbanistica di cui all'articolo 19 del testo unico delle disposizioni legislative e regolamentari in materia di espropriazione per pubblica utilità, di cui al decreto del Presidente della Repubblica 8 giugno 2001, n. 327, il progetto di fattibilità tecnico-economica sostituisce il progetto preliminare e quello definitivo.

8. Il progetto esecutivo, in coerenza con il progetto di fattibilità tecnico-economica:

a) sviluppa un livello di definizione degli elementi tale da individuarne compiutamente la funzione, i requisiti, la qualità e il prezzo di elenco;

b) è corredato del piano di manutenzione dell'opera per l'intero ciclo di vita e determina in dettaglio i lavori da realizzare, il loro costo e i loro tempi di realizzazione;

c) se sono utilizzati metodi e strumenti di gestione informativa digitale delle costruzioni, sviluppa un livello di definizione degli oggetti rispondente a quanto specificato nel capitolato informativo a corredo del progetto;

d) di regola, è redatto dallo stesso soggetto che ha predisposto il progetto di fattibilità tecnico-economica. Nel caso in cui motivate ragioni giustifichino l'affidamento disgiunto, il nuovo progettista accetta senza riserve l'attività progettuale svolta in precedenza.

9. In caso di affidamento esterno di entrambi i livelli di progettazione, l'avvio della progettazione esecutiva è condizionato alla determinazione delle stazioni appaltanti e degli enti concedenti sul progetto di fattibilità tecnico-economica. In sede di verifica della coerenza tra le varie fasi della progettazione, si applica quanto previsto dall'articolo 42, comma 1.

10. Gli oneri della progettazione, delle indagini, delle ricerche e degli studi connessi, compresi quelli relativi al dibattito pubblico, nonché della direzione dei lavori, della vigilanza, dei collaudi, delle prove e dei controlli sui prodotti e materiali, della redazione dei piani di sicurezza e di coordinamento, delle prestazioni professionali e specialistiche, necessari per la redazione del progetto, gravano sulle disponibilità finanziarie della stazione appaltante o dell'ente concedente e sono inclusi nel quadro economico dell'intervento.

11. Le spese strumentali, dovute anche a sopralluoghi, riguardanti le attività di predisposizione del piano generale degli interventi del sistema accentrato delle manutenzioni, di cui all'articolo 12 del decreto-legge 6 luglio 2011, n. 98, convertito, con modificazioni, dalla legge 15 luglio 2011, n. 111, sono a carico delle risorse iscritte sui pertinenti capitoli dello stato di previsione del Ministero dell'economia e delle finanze, trasferite all'Agenzia del demanio.

12. La progettazione di servizi e forniture è articolata in un unico livello ed è predisposta dalle stazioni appaltanti e dagli enti concedenti mediante propri dipendenti in servizio. L'allegato I.7 definisce i contenuti minimi del progetto.

13. Per i contratti relativi a lavori, servizi e forniture, il costo del lavoro è determinato annualmente, in apposite tabelle, dal Ministero del lavoro e delle politiche sociali sulla base dei valori economici

definiti dalla contrattazione collettiva nazionale tra le organizzazioni sindacali e le organizzazioni dei datori di lavoro comparativamente più rappresentative, delle norme in materia previdenziale ed assistenziale, dei diversi settori merceologici e delle differenti aree territoriali. In mancanza di contratto collettivo applicabile, il costo del lavoro è determinato in relazione al contratto collettivo del settore merceologico più affine a quello preso in considerazione. Per i contratti relativi a lavori, il costo dei prodotti, delle attrezzature e delle lavorazioni è determinato facendo riferimento ai prezzi correnti alla data dell'approvazione del progetto riportati nei prezzari predisposti dalle regioni e dalle province autonome o adottati dalle stazioni appaltanti e dagli enti concedenti che, in base alla natura e all'oggetto dell'appalto, sono autorizzati a non applicare quelli regionali. I criteri di formazione ed aggiornamento dei prezzari regionali sono definiti nell'allegato I.14. In sede di prima applicazione del presente codice, l'allegato I.14 è abrogato a decorrere dalla data di entrata in vigore di un corrispondente regolamento adottato ai sensi dell'articolo 17, comma 3, della legge 23 agosto 1988, n. 400, con decreto del Ministro delle infrastrutture e dei trasporti, previo parere del Consiglio superiore dei lavori pubblici e dell'Istituto nazionale di statistica (ISTAT), nonché previa intesa in sede di Conferenza permanente per i rapporti fra lo Stato, le regioni e le province autonome di Trento e di Bolzano, che lo sostituisce integralmente anche in qualità di allegato al codice. In mancanza di prezzari aggiornati, il costo è determinato facendo riferimento ai listini ufficiali o ai listini delle locali camere di commercio, industria, artigianato e agricoltura oppure, in difetto, ai prezzi correnti di mercato in base al luogo di effettuazione degli interventi.

14. Nei contratti di lavori e servizi, per determinare l'importo posto a base di gara, la stazione appaltante o l'ente concedente individua nei documenti di gara i costi della manodopera secondo quanto previsto dal comma 13. I costi della manodopera e della sicurezza sono scorporati dall'importo assoggettato al ribasso. Resta ferma la possibilità per l'operatore economico di dimostrare che il ribasso complessivo dell'importo deriva da una più efficiente organizzazione aziendale.

15. Nell'allegato I.13 sono stabilite le modalità di determinazione dei corrispettivi per le fasi progettuali da porre a base degli affidamenti dei servizi di ingegneria e architettura, commisurati al livello

qualitativo delle prestazioni e delle attività relative alla progettazione di fattibilità tecnica ed economica ed esecutiva di lavori, al coordinamento della sicurezza in fase di progettazione, alla direzione dei lavori, alla direzione di esecuzione, al coordinamento della sicurezza in fase di esecuzione, al collaudo, agli incarichi di supporto tecnico-amministrativo alle attività del responsabile del procedimento e del dirigente competente alla programmazione dei lavori pubblici. I predetti corrispettivi sono utilizzati dalle stazioni appaltanti e dagli enti concedenti ai fini dell'individuazione dell'importo da porre a base di gara dell'affidamento. In sede di prima applicazione del presente codice, l'allegato I.13 è abrogato a decorrere dalla data di entrata in vigore di un corrispondente regolamento adottato ai sensi dell'articolo 17, comma 3, della legge 23 agosto 1988, n. 400, con decreto del Ministro della giustizia, di concerto con il Ministro delle infrastrutture e dei trasporti, che lo sostituisce integralmente anche in qualità di allegato al codice.

Art. 42. Verifica della progettazione – 1. Nei contratti relativi ai lavori la stazione appaltante e l'ente concedente verificano la rispondenza del progetto alle esigenze espresse nel documento d'indirizzo e la sua conformità alla normativa vigente. La verifica ha luogo durante lo sviluppo della progettazione in relazione allo specifico livello previsto per l'appalto. In caso di affidamento congiunto di progettazione ed esecuzione, nonché nei contratti di partenariato pubblico-privato, la verifica del progetto di fattibilità tecnico-economica è completata prima dell'avvio della procedura di affidamento e la verifica del progetto esecutivo redatto dall'aggiudicatario è effettuata prima dell'inizio dei lavori.

2. Per accertare la coerenza del progetto nelle sue diverse fasi con il documento di indirizzo della progettazione, il RUP, se non effettua personalmente la verifica, ne segue lo sviluppo parallelamente alla progettazione, garantendo il contraddittorio tra il soggetto che esegue la verifica e il progettista. L'attività di verifica è incompatibile, per uno stesso progetto, con le attività di progettazione, di coordinamento della relativa sicurezza, di direzione dei lavori e di collaudo.

3. La verifica accerta la conformità del progetto alle prescrizioni eventualmente impartite dalle amministrazioni competenti prima

dell'avvio della fase di affidamento e, se ha esito positivo, assolve a tutti gli obblighi di deposito e di autorizzazione per le costruzioni in zone sismiche, nonché di denuncia dei lavori all'ufficio del genio civile. I progetti, corredati della attestazione dell'avvenuta positiva verifica, sono depositati con modalità telematica interoperabile presso l'Archivio informatico nazionale delle opere pubbliche del Ministero delle infrastrutture e dei trasporti.

4. La validazione del progetto posto a base di gara è l'atto formale che riporta gli esiti della verifica. La validazione è sottoscritta dal responsabile del relativo procedimento e fa preciso riferimento al rapporto conclusivo del soggetto preposto alla verifica e alle eventuali controdeduzioni del progettista. Il bando e la lettera di invito per l'affidamento dei lavori devono contenere gli estremi dell'avvenuta validazione del progetto posto a base di gara.

5. L'allegato I.7 indica i contenuti e le modalità delle attività di verifica, nonché i soggetti che vi provvedono. Gli oneri conseguenti all'accertamento della rispondenza agli elaborati progettuali sono ricompresi nelle risorse stanziate per la realizzazione delle opere.

Art. 43. Metodi e strumenti di gestione informativa digitale delle costruzioni – 1. A decorrere dal 1° gennaio 2025, le stazioni appaltanti e gli enti concedenti adottano metodi e strumenti di gestione informativa digitale delle costruzioni per la progettazione e la realizzazione di opere di nuova costruzione e per gli interventi su costruzioni esistenti per importo a base di gara superiore a 1 milione di euro. La disposizione di cui al primo periodo non si applica agli interventi di ordinaria e straordinaria manutenzione, a meno che essi non riguardino opere precedentemente eseguite con l'uso dei suddetti metodi e strumenti di gestione informativa digitale.

2. Anche al di fuori dei casi di cui al comma 1 e in conformità con i principi di cui all'articolo 19, le stazioni appaltanti e gli enti concedenti possono adottare metodi e strumenti di gestione informativa digitale delle costruzioni, eventualmente prevedendo nella documentazione di gara un punteggio premiale relativo alle modalità d'uso di tali metodi e strumenti. Tale facoltà è subordinata all'adozione delle misure stabilite nell'allegato I.9.

3. Gli strumenti indicati ai commi 1 e 2 utilizzano piattaforme interoperabili a mezzo di formati aperti non proprietari al fine di non limitare la concorrenza tra i fornitori di tecnologie e il coinvolgimen-

to di specifiche progettualità tra i progettisti, nonché di consentire il trasferimento dei dati tra pubbliche amministrazioni e operatori economici partecipanti alla procedura aggiudicatari o incaricati dell'esecuzione del contratto.

4. Nell'allegato I.9 sono definiti:

a) le misure relative alla formazione del personale, agli strumenti e alla organizzazione necessaria;

b) i criteri per garantire uniformità di utilizzazione dei metodi e strumenti digitali per la gestione dell'informazione;

c) le misure necessarie per l'attuazione dei processi di gestione dell'informazione supportata dalla modellazione informativa, ivi compresa la previsione dell'interoperabilità dell'anagrafe patrimoniale di ciascuna stazione appaltante o ente concedente con l'archivio informatico nazionale delle opere pubbliche;

d) le modalità di scambio e interoperabilità dei dati e delle informazioni;

e) le specifiche tecniche nazionali ed internazionali applicabili;

f) il contenuto minimo del capitolato informativo per l'uso dei metodi e degli strumenti di gestione informativa digitale.

5. In sede di prima applicazione del codice, l'allegato I.9 è abrogato a decorrere dalla data di entrata in vigore di un corrispondente regolamento adottato ai sensi dell'articolo 17, comma 3, della legge 23 agosto 1988, n. 400, con decreto del Ministro delle infrastrutture e dei trasporti, che lo sostituisce integralmente anche in qualità di allegato al codice.

Art. 44. Appalto integrato – 1. Negli appalti di lavori, con la decisione di contrarre, la stazione appaltante o l'ente concedente, se qualificati, può stabilire che il contratto abbia per oggetto la progettazione esecutiva e l'esecuzione dei lavori sulla base di un progetto di fattibilità tecnico-economica approvato. Tale facoltà non può essere esercitata per gli appalti di opere di manutenzione ordinaria.

2. La stazione appaltante o l'ente concedente motiva la scelta di cui al comma 1 con riferimento alle esigenze tecniche, tenendo sempre conto del rischio di eventuali scostamenti di costo nella fase esecutiva rispetto a quanto contrattualmente previsto.

3. Quando il contratto è affidato ai sensi del comma 1, gli operatori economici devono possedere i requisiti prescritti per i progettisti, oppure avvalersi di progettisti qualificati, da indicare nell'of-

ferta, o partecipare in raggruppamento con soggetti qualificati per la progettazione. La qualificazione per la progettazione comprende anche l'uso di metodi e strumenti digitali per la gestione informativa mediante modellazione.

4. L'offerta è valutata con il criterio dell'offerta economicamente più vantaggiosa, individuata sulla base del miglior rapporto qualità/prezzo. L'offerta indica distintamente il corrispettivo richiesto per la progettazione e per l'esecuzione dei lavori.

5. L'esecuzione dei lavori può iniziare solo dopo l'approvazione, da parte della stazione appaltante, del progetto esecutivo, il cui esame è condotto ai sensi dell'articolo 42.

6. Nei casi in cui l'operatore economico si avvalga di uno o più soggetti qualificati alla redazione del progetto, la stazione appaltante indica nei documenti di gara le modalità per la corresponsione diretta al progettista degli oneri relativi alla progettazione esecutiva indicati in sede di offerta, al netto del ribasso d'asta, previa approvazione del progetto e previa presentazione dei documenti fiscali del progettista.

Art. 45. Incentivi alle funzioni tecniche – 1. Gli oneri relativi alle attività tecniche indicate nell'allegato I.10 sono a carico degli stanziamenti previsti per le singole procedure di affidamento di lavori, servizi e forniture negli stati di previsione della spesa o nei bilanci delle stazioni appaltanti e degli enti concedenti. In sede di prima applicazione del codice, l'allegato I.10 è abrogato a decorrere dalla data di entrata in vigore di un corrispondente regolamento adottato ai sensi dell'articolo 17, comma 3, della legge 23 agosto 1988, n. 400, con decreto del Ministero delle infrastrutture e dei trasporti, sentito il Consiglio superiore dei lavori pubblici, che lo sostituisce integralmente anche in qualità di allegato al codice.

2. Le stazioni appaltanti e gli enti concedenti destinano risorse finanziarie per le funzioni tecniche svolte dai dipendenti specificate nell'allegato I.10 e per le finalità indicate al comma 5, a valere sugli stanziamenti di cui al comma 1, in misura non superiore al 2 per cento dell'importo dei lavori, dei servizi e delle forniture, posto a base delle procedure di affidamento. Il presente comma si applica anche agli appalti relativi a servizi o forniture nel caso in cui è nominato il direttore dell'esecuzione. È fatta salva, ai fini dell'esclusione

dall'obbligo di destinazione delle risorse di cui al presente comma, la facoltà delle stazioni appaltanti e degli enti concedenti di prevedere una modalità diversa di retribuzione delle funzioni tecniche svolte dai propri dipendenti.

3. L'80 per cento delle risorse di cui al comma 2, è ripartito, per ogni opera, lavoro, servizio e fornitura, tra il RUP e i soggetti che svolgono le funzioni tecniche indicate al comma 2, nonché tra i loro collaboratori. Gli importi sono comprensivi anche degli oneri previdenziali e assistenziali a carico dell'amministrazione. I criteri del relativo riparto, nonché quelli di corrispondente riduzione delle risorse finanziarie connesse alla singola opera o lavoro, a fronte di eventuali incrementi ingiustificati dei tempi o dei costi previsti dal quadro economico del progetto esecutivo, sono stabiliti dalle stazioni appaltanti e dagli enti concedenti, secondo i rispettivi ordinamenti, entro trenta giorni dalla data di entrata in vigore del codice.

4. L'incentivo di cui al comma 3 è corrisposto dal dirigente, dal responsabile di servizio preposto alla struttura competente o da altro dirigente incaricato dalla singola amministrazione, sentito il RUP, che accerta e attesta le specifiche funzioni tecniche svolte dal dipendente. L'incentivo complessivamente maturato dal dipendente nel corso dell'anno di competenza, anche per attività svolte per conto di altre amministrazioni, non può superare il trattamento economico complessivo annuo lordo percepito dal dipendente. L'incentivo eccedente, non corrisposto, incrementa le risorse di cui al comma 5. Per le amministrazioni che adottano i metodi e gli strumenti digitali per la gestione informativa dell'appalto il limite di cui al secondo periodo è aumentato del 15 per cento. Incrementa altresì le risorse di cui al comma 5 la parte di incentivo che corrisponde a prestazioni non svolte dai dipendenti, perché affidate a personale esterno all'amministrazione medesima oppure perché prive dell'attestazione del dirigente. Le disposizioni del comma 3 e del presente comma non si applicano al personale con qualifica dirigenziale.

5. Il 20 per cento delle risorse finanziarie di cui al comma 2, escluse le risorse che derivano da finanziamenti europei o da altri finanziamenti a destinazione vincolata, incrementato delle quote parti dell'incentivo corrispondenti a prestazioni non svolte o prive dell'attestazione del dirigente, oppure non corrisposto per le ragioni di cui al comma 4, secondo periodo, è destinato ai fini di cui ai commi 6 e 7.

6. Con le risorse di cui al comma 5 l'ente acquista beni e tecnologie funzionali a progetti di innovazione, anche per incentivare:

a) la modellazione elettronica informativa per l'edilizia e le infrastrutture;

b) l'implementazione delle banche dati per il controllo e il miglioramento della capacità di spesa;

c) l'efficientamento informatico, con particolare riferimento alle metodologie e strumentazioni elettroniche per i controlli.

7. Una parte delle risorse di cui al comma 5 è in ogni caso utilizzata:

a) per attività di formazione per l'incremento delle competenze digitali dei dipendenti nella realizzazione degli interventi;

b) per la specializzazione del personale che svolge funzioni tecniche;

c) per la copertura degli oneri di assicurazione obbligatoria del personale.

8. Le amministrazioni e gli enti che costituiscono o si avvalgono di una centrale di committenza possono destinare, anche su richiesta di quest'ultima, le risorse finanziarie di cui al comma 2 o parte di esse ai dipendenti di tale centrale in relazione alle funzioni tecniche svolte. Le somme così destinate non possono comunque eccedere il 25 per cento dell'incentivo di cui al comma 2.

Art. 46. Concorsi di progettazione – 1. Ai concorsi di progettazione si applica la disciplina del Capo II della direttiva 2014/24/UE del Parlamento europeo e del Consiglio, del 26 febbraio 2014 e, per i settori speciali, la disciplina del Capo II della direttiva 2014/25/UE del Parlamento europeo e del Consiglio, del 26 febbraio 2014.

2. Il concorso di progettazione relativo al settore dei lavori pubblici si svolge di regola in una sola fase e ha ad oggetto progetti o piani con livello di approfondimento corrispondente al progetto di fattibilità tecnica ed economica. Con adeguata motivazione, le stazioni appaltanti e gli enti concedenti possono bandire un concorso in due fasi. Nella prima fase sono selezionate le proposte ideative. Nella seconda fase è elaborato un progetto di fattibilità tecnica ed economica delle proposte selezionate. Qualora il concorso di progettazione riguardi un intervento da affidare in concessione, la proposta

ideativa contiene anche la redazione di uno studio economico finanziario per la sua costruzione e gestione.

3. Con il pagamento del premio le stazioni appaltanti e gli enti concedenti acquistano la proprietà del progetto vincitore. Il bando del concorso può prevedere che il progetto esecutivo sia affidato con procedura negoziata senza previa pubblicazione del bando o, nei settori speciali, senza indizione di gara al vincitore o ai vincitori del concorso di progettazione, se in possesso dei requisiti previsti dal bando. In tali casi, nel computo della soglia di rilevanza europea, è calcolato il valore complessivo dei premi e pagamenti, compreso il valore stimato al netto dell'IVA dell'appalto pubblico di servizi che potrebbe essere successivamente aggiudicato con la procedura di cui al comma 2.

4. Le disposizioni del presente articolo si applicano anche ai concorsi di idee finalizzati all'acquisizione di una proposta ideativa da remunerare con il riconoscimento di un congruo premio. A tali concorsi possono partecipare, oltre ai soggetti ammessi ai concorsi di progettazione, anche i lavoratori subordinati abilitati all'esercizio della professione e iscritti all'ordine professionale secondo l'ordinamento nazionale di appartenenza, con esclusione dei dipendenti della stazione appaltante o dell'ente concedente che bandisce il concorso. L'idea o le idee premiate sono acquisite in proprietà dalla stazione appaltante o ente concedente, previa eventuale definizione degli assetti tecnici, e possono essere poste a base di un concorso di progettazione o di un appalto di servizi di progettazione, a cui possono partecipare i premiati qualora in possesso dei relativi requisiti soggettivi.

Art. 47. Consiglio superiore dei lavori pubblici – 1. Il Consiglio superiore dei lavori pubblici è il massimo organo tecnico consultivo dello Stato; opera con indipendenza di giudizio e di valutazione ed è dotato di piena autonomia funzionale e organizzativa.

2. Il Consiglio superiore dei lavori pubblici è presieduto dal Presidente ed è costituito dall'Assemblea generale, da quattro Sezioni, dalla Segreteria generale, dal Servizio tecnico centrale e dall'Osservatorio del collegio consultivo tecnico.

3. Il Consiglio superiore dei lavori pubblici, nell'ambito dei compiti attribuiti allo Stato e nel rispetto delle prerogative delle re-

gioni, delle province autonome, delle province, delle città metropolitane e dei comuni, esercita funzioni consultive ed esprime pareri obbligatori esclusivamente sui progetti di fattibilità tecnica ed economica di competenza statale, dei concessionari statali e sulle altre opere finanziate per almeno il 50 per cento dallo Stato e pareri facoltativi sui documenti di fattibilità delle alternative progettuali inseriti nei documenti pluriennali di programmazione dei ministeri competenti. I pareri di cui al primo periodo sono resi se il costo complessivo dell'opera, come derivante dal quadro economico, è superiore a 200 milioni di euro, nel caso di infrastrutture lineari, o a 50 milioni di euro, negli altri casi. I Comitati tecnici amministrativi presso i Provveditorati interregionali per le opere pubbliche esprimono parere obbligatorio esclusivamente sui progetti di fattibilità tecnico-economica di opere di competenza statale, dei concessionari statali e delle altre opere finanziate per almeno il 50 per cento dallo Stato se il costo complessivo dell'opera, come derivante dal quadro economico, è superiore a 25 milioni di euro e inferiore a 200 milioni di euro, nel caso di infrastrutture lineari, oppure è superiore a 25 milioni di euro e inferiore a 50 milioni di euro, negli altri casi. Non è obbligatorio il parere sui progetti di fattibilità tecnico-economica di opere di competenza statale, dei concessionari statali e delle altre opere finanziate per almeno il 50per cento dallo Stato se il costo complessivo dell'opera, come derivante dal quadro economico, è inferiore a 25 milioni di euro.

4. Le ulteriori competenze, l'organizzazione del Consiglio superiore dei lavori pubblici, le regole di funzionamento, nonché le ulteriori attribuzioni sono stabilite e disciplinate nell'allegato I.11. In sede di prima applicazione del codice, l'allegato I.11 è abrogato a decorrere dalla data di entrata in vigore di un corrispondente regolamento adottato ai sensi dell'articolo 17, comma 3, della legge 23 agosto 1988, n. 400, con decreto del Ministro delle infrastrutture e dei trasporti, sentito il Consiglio superiore dei lavori pubblici, che lo sostituisce integralmente anche in qualità di allegato al codice.

5. Il Consiglio superiore dei lavori pubblici esprime il parere entro quarantacinque giorni dalla trasmissione del progetto. Decorso tale termine, il parere si intende reso in senso favorevole.

LIBRO II
DELL'APPALTO

Parte I
DEI CONTRATTI DI IMPORTO INFERIORE ALLE SOGLIE EUROPEE

Art. 48. Disciplina comune applicabile ai contratti di lavori, servizi e forniture di importo inferiore alle soglie di rilevanza europea – 1. L'affidamento e l'esecuzione dei contratti aventi per oggetto lavori, servizi e forniture di importo inferiore alle soglie di rilevanza europea si svolgono nel rispetto dei principi di cui al Libro I, Parti I e II.

2. Quando per uno dei contratti di cui al comma 1 la stazione appaltante accerta l'esistenza di un interesse transfrontaliero certo, segue le procedure ordinarie di cui alle Parti seguenti del presente Libro.

3. Restano fermi gli obblighi di utilizzo degli strumenti di acquisto e di negoziazione previsti dalle vigenti disposizioni in materia di contenimento della spesa.

4. Ai contratti di importo inferiore alle soglie di rilevanza europea si applicano, se non derogate dalla presente Parte, le disposizioni del codice.

Art. 49. Principio di rotazione degli affidamenti – 1. Gli affidamenti di cui alla presente Parte avvengono nel rispetto del principio di rotazione.

2. In applicazione del principio di rotazione è vietato l'affidamento o l'aggiudicazione di un appalto al contraente uscente nei casi in cui due consecutivi affidamenti abbiano a oggetto una commessa rientrante nello stesso settore merceologico, oppure nella stessa categoria di opere, oppure nello stesso settore di servizi.

3. La stazione appaltante può ripartire gli affidamenti in fasce in base al valore economico. In tale caso il divieto di affidamento o di aggiudicazione si applica con riferimento a ciascuna fascia, fatto salvo quanto previsto dai commi 4, 5 e 6.

4. In casi motivati con riferimento alla struttura del mercato e alla effettiva assenza di alternative, nonché di accurata esecuzione

del precedente contratto, il contraente uscente può essere reinvitato o essere individuato quale affidatario diretto.

5. Per i contratti affidati con le procedure di cui all'articolo 50, comma 1, lettere c), d) ed e), le stazioni appaltanti non applicano il principio di rotazione quando l'indagine di mercato sia stata effettuata senza porre limiti al numero di operatori economici in possesso dei requisiti richiesti da invitare alla successiva procedura negoziata.

6. È comunque consentito derogare all'applicazione del principio di rotazione per gli affidamenti diretti di importo inferiore a 5.000 euro.

Art. 50. Procedure per l'affidamento – 1. Salvo quanto previsto dagli articoli 62 e 63, le stazioni appaltanti procedono all'affidamento dei contratti di lavori, servizi e forniture di importo inferiore alle soglie di cui all'articolo 14 con le seguenti modalità:

a) affidamento diretto per lavori di importo inferiore a 150.000 euro, anche senza consultazione di più operatori economici, assicurando che siano scelti soggetti in possesso di documentate esperienze pregresse idonee all'esecuzione delle prestazioni contrattuali anche individuati tra gli iscritti in elenchi o albi istituiti dalla stazione appaltante;

b) affidamento diretto dei servizi e forniture, ivi compresi i servizi di ingegneria e architettura e l'attività di progettazione, di importo inferiore a 140.000 euro, anche senza consultazione di più operatori economici, assicurando che siano scelti soggetti in possesso di documentate esperienze pregresse idonee all'esecuzione delle prestazioni contrattuali, anche individuati tra gli iscritti in elenchi o albi istituiti dalla stazione appaltante;

c) procedura negoziata senza bando, previa consultazione di almeno cinque operatori economici, ove esistenti, individuati in base a indagini di mercato o tramite elenchi di operatori economici, per i lavori di importo pari o superiore a 150.000 euro e inferiore a 1 milione di euro;

d) procedura negoziata senza bando, previa consultazione di almeno dieci operatori economici, ove esistenti, individuati in base a indagini di mercato o tramite elenchi di operatori economici, per lavori di importo pari o superiore a 1 milione di euro e fino alle soglie di cui all'articolo 14, salva la possibilità di ricorrere alle procedure di scelta del contraente di cui alla Parte IV del presente Libro;

e) procedura negoziata senza bando, previa consultazione di almeno cinque operatori economici, ove esistenti, individuati in base ad indagini di mercato o tramite elenchi di operatori economici, per l'affidamento di servizi e forniture, ivi compresi i servizi di ingegneria e architettura e l'attività di progettazione, di importo pari o superiore a 140.000 euro e fino alle soglie di cui all'articolo 14.

2. Gli elenchi e le indagini di mercato sono gestiti con le modalità previste nell'allegato II.1. Per la selezione degli operatori da invitare alle procedure negoziate, le stazioni appaltanti non possono utilizzare il sorteggio o altro metodo di estrazione casuale dei nominativi, se non in presenza di situazioni particolari e specificamente motivate, nei casi in cui non risulti praticabile nessun altro metodo di selezione degli operatori. Le stazioni appaltanti pubblicano sul proprio sito istituzionale i nominativi degli operatori consultati nell'ambito delle procedure di cui al comma 1.

3. In sede di prima applicazione del codice, l'allegato II.1 è abrogato a decorrere dalla data di entrata in vigore di un corrispondente regolamento adottato ai sensi dell'articolo 17, comma 3, della legge 23 agosto 1988, n. 400, con decreto del Ministro delle infrastrutture e dei trasporti, previo parere dell'ANAC, che lo sostituisce integralmente anche in qualità di allegato al codice.

4. Per gli affidamenti di cui al comma 1, lettere c), d) ed e), le stazioni appaltanti procedono all'aggiudicazione dei relativi appalti sulla base del criterio dell'offerta economicamente più vantaggiosa oppure del prezzo più basso ad eccezione delle ipotesi di cui all'articolo 108, comma 2.

5. Le imprese pubbliche, per i contratti di lavori, forniture e servizi di importo inferiore alle soglie europee di cui all'articolo 14, rientranti nell'ambito definito dagli articoli da 146 a 152, applicano la disciplina stabilita nei rispettivi regolamenti, la quale, se i contratti presentano un interesse transfrontaliero certo, deve essere conforme ai principi del Trattato sull'Unione europea a tutela della concorrenza. Gli altri soggetti di cui all'articolo 141, comma 1, secondo periodo, applicano la disciplina stabilita nei rispettivi regolamenti, la quale deve essere conforme ai predetti principi del Trattato sull'Unione europea.

6. Dopo la verifica dei requisiti dell'aggiudicatario la stazione appaltante può procedere all'esecuzione anticipata del contratto; nel caso di mancata stipulazione l'aggiudicatario ha diritto al rimborso

delle spese sostenute per l'esecuzione dei lavori ordinati dal direttore dei lavori e, nel caso di servizi e forniture, per le prestazioni eseguite su ordine del direttore dell'esecuzione.

7. Per i contratti di cui alla presente Parte la stazione appaltante può sostituire il certificato di collaudo o il certificato di verifica di conformità con il certificato di regolare esecuzione, rilasciato per i lavori dal direttore dei lavori e per le forniture e i servizi dal RUP o dal direttore dell'esecuzione, se nominato. Il certificato di regolare esecuzione è emesso non oltre tre mesi dalla data di ultimazione delle prestazioni oggetto del contratto.

8. I bandi e gli avvisi di pre-informazione relativi ai contratti di cui alla presente Parte sono pubblicati a livello nazionale con le modalità di cui all'articolo 85, con esclusione della trasmissione del bando di gara all'Ufficio delle pubblicazioni dell'Unione europea.

9. Con le stesse modalità di cui al comma 8 è pubblicato l'avviso sui risultati delle procedure di affidamento di cui al presente articolo. Nei casi di cui alle lettere c), d) ed e) del comma 1, tale avviso contiene anche l'indicazione dei soggetti invitati.

Art. 51. Commissione giudicatrice – 1. Nel caso di aggiudicazione dei contratti di cui alla presente Parte con il criterio dell'offerta economicamente più vantaggiosa, alla commissione giudicatrice può partecipare il RUP, anche in qualità di presidente.

Art. 52. Controllo sul possesso dei requisiti – 1. Nelle procedure di affidamento di cui all'articolo 50, comma 1, lettere a) e b), di importo inferiore a 40.000 euro, gli operatori economici attestano con dichiarazione sostitutiva di atto di notorietà il possesso dei requisiti di partecipazione e di qualificazione richiesti. La stazione appaltante verifica le dichiarazioni, anche previo sorteggio di un campione individuato con modalità predeterminate ogni anno.

2. Quando in conseguenza della verifica non sia confermato il possesso dei requisiti generali o speciali dichiarati, la stazione appaltante procede alla risoluzione del contratto, all'escussione della eventuale garanzia definitiva, alla comunicazione all'ANAC e alla sospensione dell'operatore economico dalla partecipazione alle procedure di affidamento indette dalla medesima stazione appaltante per un periodo da uno a dodici mesi decorrenti dall'adozione del provvedimento.

Art. 53. Garanzie a corredo dell'offerta e garanzie definitive – 1. Nelle procedure di affidamento di cui all'articolo 50, comma 1, la stazione appaltante non richiede le garanzie provvisorie di cui all'articolo 106 salvo che, nelle procedure di cui alle lettere c), d) ed e) dello stesso comma 1 dell'articolo 50, in considerazione della tipologia e specificità della singola procedura, ricorrano particolari esigenze che ne giustifichino la richiesta. Le esigenze particolari sono indicate nella decisione di contrarre oppure nell'avviso di indizione della procedura o in altro atto equivalente.

2. Quando è richiesta la garanzia provvisoria, il relativo ammontare non può superare l'uno per cento dell'importo previsto nell'avviso o nell'invito per il contratto oggetto di affidamento.

3. La garanzia provvisoria può essere costituita sotto forma di cauzione oppure di fideiussione con le modalità di cui all'articolo 106.

4. In casi debitamente motivati è facoltà della stazione appaltante non richiedere la garanzia definitiva per l'esecuzione dei contratti di cui alla presente Parte oppure per i contratti di pari importo a valere su un accordo quadro. Quando richiesta, la garanzia definitiva è pari al 5 per cento dell'importo contrattuale.

Art. 54. Esclusione automatica delle offerte anomale – 1. Nel caso di aggiudicazione, con il criterio del prezzo più basso, di contratti di appalto di lavori o servizi di importo inferiore alle soglie di rilevanza europea che non presentano un interesse transfrontaliero certo, le stazioni appaltanti, in deroga a quanto previsto dall'articolo 110, prevedono negli atti di gara l'esclusione automatica delle offerte che risultano anomale, qualora il numero delle offerte ammesse sia pari o superiore a cinque. Il primo periodo non si applica agli affidamenti di cui all'articolo 50, comma 1, lettere a) e b). In ogni caso le stazioni appaltanti possono valutare la congruità di ogni altra offerta che, in base ad elementi specifici, appaia anormalmente bassa.

2. Nei casi di cui al comma 1, primo periodo, le stazioni appaltanti indicano negli atti di gara il metodo per l'individuazione delle offerte anomale, scelto fra quelli descritti nell'allegato II.2, ovvero lo selezionano in sede di valutazione delle offerte tramite sorteggio tra i metodi compatibili dell'allegato II.2.

3. In sede di prima applicazione del codice, l'allegato II.2 è abrogato a decorrere dalla data di entrata in vigore di un corrispondente regolamento adottato ai sensi dell'articolo 17, comma 3, della legge 23 agosto 1988, n. 400, con decreto del Ministro delle infrastrutture e dei trasporti, previo parere dell'ANAC, che lo sostituisce integralmente anche in qualità di allegato al codice.

Art. 55. Termini dilatori – 1. La stipulazione del contratto avviene entro trenta giorni dall'aggiudicazione.

2. I termini dilatori previsti dall'articolo 18, commi 3 e 4, non si applicano agli affidamenti dei contratti di importo inferiore alle soglie di rilevanza europea.

Parte II
DEGLI ISTITUTI E DELLE CLAUSOLE COMUNI

Art. 56. Appalti esclusi nei settori ordinari – 1. Le disposizioni del codice relative ai settori ordinari non si applicano agli appalti pubblici:

a) di servizi aggiudicati da una stazione appaltante a un ente che sia una stazione appaltante o a un'associazione di stazioni appaltanti in base a un diritto esclusivo di cui esse beneficiano in virtù di disposizioni legislative o regolamentari o di disposizioni amministrative pubblicate che siano compatibili con il Trattato sul funzionamento dell'Unione europea;

b) finalizzati a permettere alle stazioni appaltanti la messa a disposizione o la gestione di reti di telecomunicazioni o la prestazione al pubblico di uno o più servizi di comunicazioni elettroniche. Ai fini del presente articolo si applicano le definizioni di «rete di comunicazioni» e «servizio di comunicazione elettronica» contenute nell'articolo 2 del codice delle comunicazioni elettroniche, di cui al decreto legislativo 1° agosto 2003, n. 259;

c) che le stazioni appaltanti sono tenute ad aggiudicare o ad organizzare nel rispetto di procedure diverse da quelle previste dal codice e stabilite da:

1) uno strumento giuridico che crea obblighi internazionali, quali un accordo internazionale, concluso in conformità dei trattati dell'Unione europea, tra lo Stato e uno o più Paesi terzi o relative ar-

ticolazioni e riguardanti lavori, forniture o servizi destinati alla realizzazione congiunta o alla gestione congiunta di un progetto da parte dei soggetti firmatari;

2) un'organizzazione internazionale;

d) che le stazioni appaltanti aggiudicano in base a norme previste da un'organizzazione internazionale o da un'istituzione finanziaria internazionale, quando gli appalti sono interamente finanziati dalla stessa organizzazione o istituzione. Nel caso di appalti pubblici finanziati prevalentemente da un'organizzazione internazionale o da un'istituzione finanziaria internazionale, le parti si accordano sulle procedure di aggiudicazione applicabili;

e) aventi ad oggetto l'acquisto o la locazione, quali che siano le relative modalità finanziarie, di terreni, fabbricati esistenti o altri beni immobili o riguardanti diritti su tali beni;

f) aventi ad oggetto l'acquisto, lo sviluppo, la produzione o coproduzione di programmi o materiali associati ai programmi destinati ai servizi di media audiovisivi o radiofonici che sono aggiudicati da fornitori di servizi di media audiovisivi o radiofonici, ovvero gli appalti concernenti il tempo di trasmissione o la fornitura di programmi aggiudicati ai fornitori di servizi di media audiovisivi o radiofonici;

g) concernenti i servizi d'arbitrato e di conciliazione;

h) concernenti uno qualsiasi dei seguenti servizi legali:

1) rappresentanza legale di un cliente da parte di un avvocato ai sensi dell'articolo 1 della legge 9 febbraio 1982, n. 31:

1.1) in un arbitrato o in una conciliazione tenuti in uno Stato membro dell'Unione europea, un Paese terzo o dinanzi a un'istanza arbitrale o conciliativa internazionale;

1.2) in procedimenti giudiziari dinanzi a organi giurisdizionali o autorità pubbliche di uno Stato membro dell'Unione europea o un Paese terzo o dinanzi a organi giurisdizionali o istituzioni internazionali;

2) consulenza legale fornita in preparazione di uno dei procedimenti di cui al punto 1), o qualora vi sia un indizio concreto e una probabilità elevata che la questione su cui verte la consulenza divenga oggetto del procedimento, sempre che la consulenza sia fornita da un avvocato ai sensi dell'articolo 1 della legge 9 febbraio 1982, n. 31;

3) servizi di certificazione e autenticazione di documenti che devono essere prestati da notai;

4) servizi legali prestati da fiduciari o tutori designati o altri servizi legali i cui fornitori sono designati da un organo giurisdizionale dello Stato o sono designati per legge per svolgere specifici compiti sotto la vigilanza di detti organi giurisdizionali;

5) altri servizi legali che sono connessi, anche occasionalmente, all'esercizio dei pubblici poteri;

i) concernenti servizi finanziari relativi all'emissione, all'acquisto, alla vendita e al trasferimento di titoli o di altri strumenti finanziari come riportati nell'allegato I al testo unico delle disposizioni in materia di intermediazione finanziaria, di cui al decreto legislativo 24 febbraio 1998, n. 58, servizi forniti da banche centrali e operazioni concluse con il Fondo europeo di stabilità finanziaria e il meccanismo europeo di stabilità;

l) concernenti i prestiti, a prescindere dal fatto che siano correlati all'emissione, alla vendita, all'acquisto o al trasferimento di titoli o di altri strumenti finanziari;

m) concernenti i contratti di lavoro;

n) concernenti servizi di difesa civile, di protezione civile e di prevenzione contro i pericoli forniti da organizzazioni e associazioni senza scopo di lucro identificati con i codici CPV 75250000-3, 75251000-0, 75251100-1, 75251110-4, 75251120-7, 75252000-7, 75222000-8; 98113100-9 e 85143000-3 ad eccezione dei servizi di trasporto dei pazienti in ambulanza;

o) concernenti i servizi di trasporto pubblico di passeggeri per ferrovia o metropolitana;

p) concernenti servizi connessi a campagne politiche, identificati con i codici CPV 79341400-0, 92111230-3 e 92111240-6, se aggiudicati da un partito politico nel contesto di una campagna elettorale per gli appalti relativi ai settori ordinari e alle concessioni;

q) aventi ad oggetto l'acquisto di prodotti agricoli e alimentari per un valore non superiore a 20.000 euro annui per ciascuna impresa, da imprese agricole singole o associate situate in comuni classificati totalmente montani di cui all'elenco dei comuni italiani predisposto dall'ISTAT, ovvero ricompresi nella circolare del Ministero delle finanze n. 9 del 14 giugno 1993, pubblicata nel supplemento ordinario n. 53 alla Gazzetta Ufficiale della Repubblica italiana n. 141 del 18 giugno 1993, nonché nei comuni delle isole minori di cui all'allegato A annesso alla legge 28 dicembre 2001, n. 448.

2. Le disposizioni del codice relative ai settori ordinari non si applicano anche al caso in cui un'amministrazione pubblica stipuli una convenzione con la quale un soggetto pubblico o privato si impegni alla realizzazione, a sua totale cura e spesa e previo ottenimento di tutte le necessarie autorizzazioni, di un'opera pubblica o di un suo lotto funzionale o di parte dell'opera prevista nell'ambito di strumenti o programmi urbanistici, fermo restando il rispetto degli articoli 94, 95 e 98.

Art. 57. Clausole sociali del bando di gara e degli avvisi e criteri di sostenibilità energetica e ambientale – 1. Per gli affidamenti dei contratti di appalto di lavori e servizi diversi da quelli aventi natura intellettuale e per i contratti di concessione i bandi di gara, gli avvisi e gli inviti, tenuto conto della tipologia di intervento, in particolare ove riguardi il settore dei beni culturali e del paesaggio, e nel rispetto dei principi dell'Unione europea, devono contenere specifiche clausole sociali con le quali sono richieste, come requisiti necessari dell'offerta, misure orientate tra l'altro a garantire le pari opportunità generazionali, di genere e di inclusione lavorativa per le persone con disabilità o svantaggiate, la stabilità occupazionale del personale impiegato, nonché l'applicazione dei contratti collettivi nazionali e territoriali di settore, tenendo conto, in relazione all'oggetto dell'appalto o della concessione e alle prestazioni da eseguire anche in maniera prevalente, di quelli stipulati dalle associazioni dei datori e dei prestatori di lavoro comparativamente più rappresentative sul piano nazionale e di quelli il cui ambito di applicazione sia strettamente connesso con l'attività oggetto dell'appalto o della concessione svolta dall'impresa anche in maniera prevalente, nonché a garantire le stesse tutele economiche e normative per i lavoratori in subappalto rispetto ai dipendenti dell'appaltatore e contro il lavoro irregolare.

2. Le stazioni appaltanti e gli enti concedenti contribuiscono al conseguimento degli obiettivi ambientali previsti dal Piano d'azione per la sostenibilità ambientale dei consumi nel settore della pubblica amministrazione attraverso l'inserimento, nella documentazione progettuale e di gara, almeno delle specifiche tecniche e delle clausole contrattuali contenute nei criteri ambientali minimi, definiti per specifiche categorie di appalti e concessioni, differenziati, ove tecni-

camente opportuno, anche in base al valore dell'appalto o della concessione, con decreto del Ministero dell'ambiente e della sicurezza energetica e conformemente, in riferimento all'acquisto di prodotti e servizi nei settori della ristorazione collettiva e fornitura di derrate alimentari, anche a quanto specificamente previsto dall'articolo 130. Tali criteri, in particolare quelli premianti, sono tenuti in considerazione anche ai fini della stesura dei documenti di gara per l'applicazione del criterio dell'offerta economicamente più vantaggiosa, ai sensi dell'articolo 108, commi 4 e 5. Le stazioni appaltanti valorizzano economicamente le procedure di affidamento di appalti e concessioni conformi ai criteri ambientali minimi. Nel caso di contratti relativi alle categorie di appalto riferite agli interventi di ristrutturazione, inclusi quelli comportanti demolizione e ricostruzione, i criteri ambientali minimi sono tenuti in considerazione, per quanto possibile, in funzione della tipologia di intervento e della localizzazione delle opere da realizzare, sulla base di adeguati criteri definiti dal Ministero dell'ambiente e della sicurezza energetica.

Art. 58. Suddivisione in lotti – 1. Per garantire la effettiva partecipazione delle micro, delle piccole e delle medie imprese, anche di prossimità, gli appalti sono suddivisi in lotti funzionali, prestazionali o quantitativi in conformità alle categorie o specializzazioni nel settore dei lavori, servizi e forniture.

2. Nel bando o nell'avviso di indizione della gara le stazioni appaltanti motivano la mancata suddivisione dell'appalto in lotti tenendo conto dei princìpi europei sulla promozione di condizioni di concorrenza paritarie per le piccole e medie imprese. Nel caso di suddivisione in lotti, il relativo valore deve essere adeguato in modo da garantire l'effettiva possibilità di partecipazione da parte delle microimprese, piccole e medie imprese.

3. Nel medesimo atto le stazioni appaltanti indicano i criteri di natura qualitativa o quantitativa concretamente seguiti nella suddivisione in lotti, avuto riguardo ai parametri indicati al comma 2. È in ogni caso vietato l'artificioso accorpamento dei lotti.

4. La stazione appaltante può limitare il numero massimo di lotti per i quali è consentita l'aggiudicazione al medesimo concorrente per ragioni connesse alle caratteristiche della gara e all'efficienza della prestazione, oppure per ragioni inerenti al relativo mercato, an-

che a più concorrenti che versino in situazioni di controllo o collegamento ai sensi dell'articolo 2359 del codice civile. Al ricorrere delle medesime condizioni e ove necessario in ragione dell'elevato numero atteso di concorrenti può essere limitato anche il numero di lotti per i quali è possibile partecipare. In ogni caso il bando o l'avviso di indizione della gara contengono l'indicazione della ragione specifica della scelta e prevedono il criterio non discriminatorio di selezione del lotto o dei lotti da aggiudicare al concorrente utilmente collocato per un numero eccedente tale limite.

5. Il bando di gara o la lettera di invito possono anche riservare alla stazione appaltante la possibilità di aggiudicare alcuni o tutti i lotti associati al medesimo offerente, indicando le modalità mediante le quali effettuare la valutazione comparativa tra le offerte sui singoli lotti e le offerte sulle associazioni di lotti.

Art. 59. Accordi quadro – 1. Le stazioni appaltanti possono concludere accordi quadro di durata non superiore a quattro anni, salvo casi eccezionali debitamente motivati, in particolare con riferimento all'oggetto dell'accordo quadro. L'accordo quadro indica il valore stimato dell'intera operazione contrattuale. In ogni caso la stazione appaltante non può ricorrere agli accordi quadro in modo da eludere l'applicazione del codice o in modo da ostacolare, limitare o distorcere la concorrenza. In particolare, e salvo quanto previsto dai commi 4, lettera b), e 5 ai fini dell'ottenimento di offerte migliorative, il ricorso all'accordo quadro non è ammissibile ove l'appalto consequenziale comporti modifiche sostanziali alla tipologia delle prestazioni previste nell'accordo.

2. Gli appalti basati su un accordo quadro sono aggiudicati secondo le procedure previste dal presente articolo, applicabili tra le stazioni appaltanti, individuate nell'indizione della procedura per la conclusione dell'accordo quadro, e gli operatori economici selezionati in esito alla stessa. Non possono in sede di appalto apportarsi modifiche sostanziali alle condizioni fissate nell'accordo quadro.

3. Quando l'accordo quadro sia concluso con un solo operatore economico, gli appalti sono aggiudicati entro i limiti delle condizioni fissate nell'accordo quadro stesso. La stazione appaltante può consultare per iscritto l'operatore economico chiedendogli di completare la sua offerta, se necessario.

4. L'accordo quadro concluso con più operatori economici è eseguito secondo una delle seguenti modalità:

a) secondo i termini e le condizioni dell'accordo quadro, senza riaprire il confronto competitivo, quando l'accordo quadro contenga tutti i termini che disciplinano la prestazione dei lavori, dei servizi e delle forniture, nonché le condizioni oggettive, stabilite nei documenti di gara dell'accordo quadro, per determinare quale degli operatori economici parti dell'accordo effettuerà la prestazione; l'individuazione dell'operatore economico che effettuerà la prestazione avviene con decisione motivata in relazione alle specifiche esigenze dell'amministrazione;

b) riaprendo il confronto competitivo tra gli operatori economici parti dell'accordo quadro, se l'accordo quadro non contiene tutti i termini che disciplinano la prestazione dei lavori, dei servizi e delle forniture;

c) sussistendo le condizioni di cui alla lettera a), in parte senza la riapertura del confronto competitivo conformemente a quanto ivi previsto e, in parte, con la riapertura del confronto competitivo conformemente a quanto previsto dalla lettera b), se questa possibilità è stata stabilita dalla stazione appaltante nei documenti di gara per l'accordo quadro. La scelta tra le due procedure avviene in base a criteri oggettivi che sono indicati nei documenti di gara per l'accordo quadro e che stabiliscono anche quali condizioni possono essere soggette alla riapertura del confronto competitivo. Le possibilità previste alla presente lettera si applicano anche a ogni lotto di un accordo quadro per il quale tutti i termini che disciplinano la prestazione dei lavori, dei servizi e delle forniture in questione sono definiti nell'accordo quadro, indipendentemente dal fatto che siano stati stabiliti tutti i termini che disciplinano la prestazione dei lavori, dei servizi e delle forniture in questione per altri lotti.

5. Gli eventuali confronti competitivi di cui al comma 4 si basano sulle stesse condizioni applicate all'aggiudicazione dell'accordo quadro, se necessario precisandole, e su altre condizioni indicate nei documenti di gara per l'accordo quadro, secondo la seguente procedura:

a) per ogni appalto da aggiudicare la stazione appaltante consulta per iscritto gli operatori economici che sono in grado di eseguire l'oggetto dell'appalto;

b) la stazione appaltante fissa un termine sufficiente per presentare le offerte relative a ciascun appalto specifico, tenendo conto della complessità dell'oggetto dell'appalto e del tempo necessario per la trasmissione delle offerte;

c) le offerte sono presentate per iscritto e il loro contenuto non è reso pubblico fino alla scadenza del termine previsto per la loro presentazione;

d) la stazione appaltante aggiudica l'appalto all'offerente che ha presentato l'offerta migliore sulla base dei criteri di aggiudicazione fissati nei documenti di gara per l'accordo quadro.

Art. 60. Revisione prezzi – 1. Nei documenti di gara iniziali delle procedure di affidamento è obbligatorio l'inserimento delle clausole di revisione prezzi.

2. Queste clausole non apportano modifiche che alterino la natura generale del contratto o dell'accordo quadro; si attivano al verificarsi di particolari condizioni di natura oggettiva che determinano una variazione del costo dell'opera, della fornitura o del servizio, in aumento o in diminuzione, superiore al 5 per cento dell'importo complessivo e operano nella misura dell'80 per cento della variazione stessa, in relazione alle prestazioni da eseguire.

3. Ai fini della determinazione della variazione dei costi e dei prezzi di cui al comma 1, si utilizzano i seguenti indici sintetici elaborati dall'ISTAT:

a) con riguardo ai contratti di lavori, gli indici sintetici di costo di costruzione;

b) con riguardo ai contratti di servizi e forniture, gli indici dei prezzi al consumo, dei prezzi alla produzione dell'industria e dei servizi e gli indici delle retribuzioni contrattuali orarie.

4. Gli indici di costo e di prezzo di cui al comma 3 sono pubblicati, unitamente alla relativa metodologia di calcolo, sul portale istituzionale dell'ISTAT in conformità alle pertinenti disposizioni normative europee e nazionali in materia di comunicazione e diffusione dell'informazione statistica ufficiale. Con provvedimento adottato dal Ministero dell'infrastrutture e dei trasporti, sentito l'ISTAT, sono individuate eventuali ulteriori categorie di indici ovvero ulteriori specificazioni tipologiche o merceologiche delle categorie di indici individuate dal comma 3 nell'ambito degli indici già prodotti dall'ISTAT.

5. Per far fronte ai maggiori oneri derivanti dalla revisione prezzi di cui al presente articolo le stazioni appaltanti utilizzano:

a) nel limite del 50 per cento, le risorse appositamente accantonate per imprevisti nel quadro economico di ogni intervento, fatte salve le somme relative agli impegni contrattuali già assunti, e le eventuali ulteriori somme a disposizione della medesima stazione appaltante e stanziate annualmente relativamente allo stesso intervento;

b) le somme derivanti da ribassi d'asta, se non ne è prevista una diversa destinazione dalle norme vigenti;

c) le somme disponibili relative ad altri interventi ultimati di competenza della medesima stazione appaltante e per i quali siano stati eseguiti i relativi collaudi o emessi i certificati di regolare esecuzione, nel rispetto delle procedure contabili della spesa e nei limiti della residua spesa autorizzata disponibile.

Art. 61. Contratti riservati – 1. Le stazioni appaltanti e gli enti concedenti possono riservare il diritto di partecipazione alle procedure di appalto e quelle di concessione o possono riservarne l'esecuzione a operatori economici e a cooperative sociali e loro consorzi il cui scopo principale sia l'integrazione sociale e professionale delle persone con disabilità o svantaggiate, o possono riservarne l'esecuzione nel contesto di programmi di lavoro protetti quando almeno il 30 per cento dei lavoratori dei suddetti operatori economici sia composto da lavoratori con disabilità o da lavoratori svantaggiati.

2. Le stazioni appaltanti e gli enti concedenti prevedono nei bandi di gara, negli avvisi e negli inviti, come requisiti necessari o come ulteriori requisiti premiali dell'offerta, meccanismi e strumenti idonei a realizzare le pari opportunità generazionali, di genere e di inclusione lavorativa per le persone con disabilità o svantaggiate.

3. Il bando di gara o l'avviso di pre-informazione danno espressamente atto che si tratta di appalto o concessione riservati.

4. In sede di prima applicazione del codice, l'allegato II.3 prevede meccanismi e strumenti premiali per realizzare le pari opportunità generazionali e di genere e per promuovere l'inclusione lavorativa delle persone disabili. Si considerano soggetti con disabilità quelli di cui all'articolo 1 della legge 12 marzo 1999, n. 68, le persone svantaggiate, quelle previste dall'articolo 4 della legge 8 novembre 1991, n. 381, gli ex degenti di ospedali psichiatrici, anche giu-

diziari, i soggetti in trattamento psichiatrico, i tossicodipendenti, gli alcolisti, i minori in età lavorativa in situazioni di difficoltà familiare, le persone detenute o internate negli istituti penitenziari, i condannati e gli internati ammessi alle misure alternative alla detenzione e al lavoro all'esterno ai sensi dell'articolo 21 della legge 26 luglio 1975, n. 354.

5. L'allegato II.3 è abrogato a decorrere dalla data di entrata in vigore di un corrispondente regolamento adottato ai sensi dell'articolo 17, comma 3, della legge 23 agosto 1988, n. 400, con decreto del Presidente del Consiglio dei ministri, su proposta delle Autorità delegate per le pari opportunità e per le disabilità, di concerto con il Ministro delle infrastrutture e dei trasporti, il Ministro del lavoro e delle politiche sociali, che lo sostituisce integralmente anche in qualità di allegato al codice.

Parte III
DEI SOGGETTI

Titolo I
LE STAZIONI APPALTANTI

Art. 62. Aggregazioni e centralizzazione delle committenze – 1. Tutte le stazioni appaltanti, fermi restando gli obblighi di utilizzo di strumenti di acquisto e di negoziazione previsti dalle vigenti disposizioni in materia di contenimento della spesa, possono procedere direttamente e autonomamente all'acquisizione di forniture e servizi di importo non superiore alle soglie previste per gli affidamenti diretti, e all'affidamento di lavori d'importo pari o inferiore a 500.000 euro, nonché attraverso l'effettuazione di ordini a valere su strumenti di acquisto messi a disposizione dalle centrali di committenza qualificate e dai soggetti aggregatori.

2. Per effettuare le procedure di importo superiore alle soglie indicate dal comma 1, le stazioni appaltanti devono essere qualificate ai sensi dell'articolo 63 e dell'allegato II.4. Per le procedure di cui al primo periodo, l'ANAC non rilascia il codice identificativo di gara (CIG) alle stazioni appaltanti non qualificate.

3. L'allegato di cui al comma 2 indica i requisiti necessari per ottenere la qualificazione e disciplina i requisiti premianti. In sede

di prima applicazione del codice, l'allegato II.4 è abrogato a decorrere dalla data di entrata in vigore di un corrispondente regolamento adottato ai sensi dell'articolo 17, comma 3, della legge 23 agosto 1988, n. 400, con decreto del Presidente del Consiglio dei ministri, su proposta del Ministro delle infrastrutture e dei trasporti sentita l'ANAC, previa intesa in sede di Conferenza unificata, che lo sostituisce integralmente anche in qualità di allegato al codice.

4. L'allegato di cui al comma 2 può essere integrato con la disciplina di ulteriori misure organizzative per la efficace attuazione del presente articolo, dell'articolo 63 e del relativo regime sanzionatorio, nonché per il coordinamento, in capo all'ANAC, dei soggetti aggregatori.

5. Le stazioni appaltanti qualificate, fatto salvo quanto previsto al comma 1 del presente articolo e al comma 8 dell'articolo 63, possono:

a) effettuare, in funzione dei livelli di qualificazione posseduti, gare di importo superiore alle soglie indicate al comma 1 del presente articolo;

b) acquisire lavori, servizi e forniture avvalendosi di una centrale di committenza qualificata;

c) svolgere attività di committenza ausiliaria ai sensi del comma 11;

d) procedere mediante appalto congiunto ai sensi del comma 14;

e) procedere mediante utilizzo autonomo degli strumenti telematici di negoziazione messi a disposizione secondo la normativa vigente dalle centrali di committenza qualificate;

f) procedere all'effettuazione di ordini su strumenti di acquisto messi a disposizione dalle centrali di committenza anche per importi superiori ai livelli di qualificazione posseduti, con preliminare preferenza per il territorio regionale di riferimento. Se il bene o il servizio non è disponibile o idoneo al soddisfacimento dello specifico fabbisogno della stazione appaltante, oppure per ragioni di convenienza economica, la stazione appaltante può agire, previa motivazione, senza limiti territoriali;

g) eseguono i contratti per conto delle stazioni appaltanti non qualificate nelle ipotesi di cui al comma 6, lettera g).

6. Le stazioni appaltanti non qualificate ai sensi del comma 2 dell'articolo 63, fatto salvo quanto previsto dal comma 1 del presente articolo:

a) procedono all'acquisizione di forniture, servizi e lavori ricorrendo a una centrale di committenza qualificata;

b) ricorrono per attività di committenza ausiliaria di cui all'articolo 3, comma 1, lettera z), dell'allegato I.1 a centrali di committenza qualificate e a stazioni appaltanti qualificate;

c) procedono ad affidamenti per servizi e forniture di importo inferiore alla soglia europea di cui ai commi 1 e 2 dell'articolo 14 nonché ad affidamenti di lavori di manutenzione ordinaria d'importo inferiore a 1 milione di euro mediante utilizzo autonomo degli strumenti telematici di negoziazione messi a disposizione dalle centrali di committenza qualificate secondo la normativa vigente;

d) effettuano ordini su strumenti di acquisto messi a disposizione dalle centrali di committenza qualificate e dai soggetti aggregatori, con preliminare preferenza per il territorio regionale di riferimento. Se il bene o il servizio non è disponibile o idoneo al soddisfacimento dello specifico fabbisogno della stazione appaltante, oppure per ragioni di convenienza economica, la stazione appaltante può agire, previa motivazione, senza limiti territoriali;

e) eseguono i contratti per i quali sono qualificate per l'esecuzione;

f) eseguono i contratti affidati ai sensi delle lettere b) e c);

g) qualora non siano qualificate per l'esecuzione, ricorrono a una stazione appaltante qualificata, a una centrale di committenza qualificata o a soggetti aggregatori; in tal caso possono provvedere alla nomina di un supporto al RUP della centrale di committenza affidante.

7. Le centrali di committenza sono indicate nella specifica sezione di cui all'articolo 63, comma 1. In relazione ai requisiti di qualificazione posseduti esse:

a) progettano, aggiudicano e stipulano contratti o accordi quadro per conto delle stazioni appaltanti non qualificate;

b) progettano, aggiudicano e stipulano contratti o accordi quadro per conto delle stazioni appaltanti qualificate;

c) progettano, aggiudicano e stipulano convenzioni e accordi quadro ai quali le stazioni appaltanti qualificate e non qualificate possono aderire per l'aggiudicazione di propri appalti specifici;

d) istituiscono e gestiscono sistemi dinamici di acquisizione e mercati elettronici di negoziazione;

e) eseguono i contratti per conto delle stazioni appaltanti non qualificate nelle ipotesi di cui al comma 6, lettera g).

8. L'allegato II.4 può essere integrato con una disciplina specifica sul funzionamento e sugli ambiti di riferimento delle centrali di committenza, in applicazione dei principi di sussidiarietà, differenziazione e adeguatezza.

9. Il ricorso alla stazione appaltante qualificata o alla centrale di committenza qualificata è formalizzato mediante un accordo ai sensi dell'articolo 30 del testo unico delle leggi sull'ordinamento degli enti locali, di cui al decreto legislativo 18 agosto 2000, n. 267, o ai sensi dell'articolo 15 della legge 7 agosto 1990, n. 241, o mediante altra modalità disciplinante i rapporti in funzione della natura giuridica della centrale di committenza. Fermi restando gli obblighi per le amministrazioni tenute all'utilizzo degli strumenti di acquisto e negoziazione messi a disposizione dai soggetti aggregatori, le stazioni appaltanti qualificate e le centrali di committenza qualificate possono attivare convenzioni cui possono aderire le restanti amministrazioni di cui all'articolo 1 del decreto legislativo 30 marzo 2001, n. 165, indipendentemente dall'ambito territoriale di collocazione della stazione appaltante o centrale di committenza qualificata.

10. Le stazioni appaltanti non qualificate consultano sul sito istituzionale dell'ANAC l'elenco delle stazioni appaltanti qualificate e delle centrali di committenza qualificate. La domanda di svolgere la procedura di gara, rivolta dalla stazione appaltante non qualificata a una stazione appaltante qualificata o a una centrale di committenza qualificata, si intende accolta se non riceve risposta negativa nel termine di dieci giorni dalla sua ricezione. In caso di risposta negativa, la stazione appaltante non qualificata si rivolge all'ANAC, che provvede entro quindici giorni all'assegnazione d'ufficio della richiesta a una stazione appaltante qualificata o a una centrale di committenza qualificata, individuata sulla base delle fasce di qualificazione di cui all'articolo 63, comma 2. Eventuali inadempienze rispetto all'assegnazione d'ufficio di cui al terzo periodo possono essere sanzionate ai sensi dell'articolo 63, comma 11, secondo periodo.

11. Le centrali di committenza qualificate e le stazioni appaltanti qualificate per i livelli di cui all'articolo 63, comma 2, lettere b) e c) possono svolgere, in relazione ai requisiti di qualificazione posseduti, attività di committenza ausiliarie in favore di altre centrali di committenza o per una o più stazioni appaltanti senza vincolo territoriale con le modalità di cui al comma 9, primo periodo. Resta fer-

mo quanto previsto dall'articolo 9 del decreto-legge 24 aprile 2014, n. 66 convertito, con modificazioni, dalla legge 23 giugno 2014, n. 89. Al di fuori dei casi di cui al primo periodo, le stazioni appaltanti possono ricorrere, per le attività di committenza ausiliarie, ad esclusione delle attività di cui all'articolo 3, comma 1, lettera z), punto 4, dell'allegato I.1, a prestatori di servizi individuati attraverso le procedure di cui al codice.

12. La stazione appaltante, nell'ambito delle procedure di committenza, è responsabile del rispetto del codice per le attività a essa direttamente imputabili, quali:

a) l'aggiudicazione di un appalto nel quadro di un sistema dinamico di acquisizione gestito da una centrale di committenza;

b) lo svolgimento della riapertura del confronto competitivo nell'ambito di un accordo quadro concluso da una centrale di committenza;

c) ai sensi dell'articolo 59, comma 4, lettere a) e c), la determinazione di quale tra gli operatori economici parte dell'accordo quadro svolgerà un determinato compito nell'ambito di un accordo quadro concluso da una centrale di committenza.

13. Le centrali di committenza e le stazioni appaltanti che svolgono attività di committenza anche ausiliaria sono direttamente responsabili per le attività di centralizzazione della committenza svolte per conto di altre stazioni appaltanti o enti concedenti. Esse nominano un RUP, che cura i necessari raccordi con la stazione appaltante beneficiaria dell'intervento, la quale a sua volta nomina un responsabile del procedimento per le attività di propria pertinenza.

14. Due o più stazioni appaltanti possono decidere di svolgere congiuntamente, ai sensi dell'articolo 15 della legge 7 agosto 1990, n. 241, una o più fasi della procedura di affidamento o di esecuzione di un appalto o di un accordo quadro di lavori, servizi e forniture, purché almeno una di esse sia qualificata allo svolgimento delle fasi stesse in rapporto al valore del contratto. Le stazioni appaltanti sono responsabili in solido dell'adempimento degli obblighi derivanti dal codice. Esse nominano un unico RUP in comune tra le stesse in capo alla stazione appaltante delegata. Si applicano le disposizioni di cui all'articolo 15. Se la procedura di aggiudicazione è effettuata congiuntamente solo in parte, le stazioni appaltanti interessate sono congiuntamente responsabili solo per quella parte. Ciascuna stazione appaltante è responsabile dell'adempimento degli obblighi

derivanti dal codice unicamente per quanto riguarda le parti da essa svolte a proprio nome e per proprio conto.

15. Fermi restando gli obblighi di utilizzo degli strumenti di acquisto e di negoziazione previsti dalle vigenti disposizioni in materia di contenimento della spesa, nell'individuazione della stazione appaltante o centrale di committenza qualificata, anche ubicata in altro Stato membro dell'Unione europea, le stazioni appaltanti procedono sulla base del principio di buon andamento dell'azione amministrativa, dandone adeguata motivazione.

16. Le stazioni appaltanti possono ricorrere a una centrale di committenza ubicata in altro Stato membro dell'Unione europea per le attività di centralizzazione delle committenze svolte nella forma di acquisizione centralizzata di forniture o servizi a stazioni appaltanti oppure nella forma di aggiudicazione di appalti o conclusione di accordi quadro per lavori, forniture o servizi destinati a stazioni appaltanti. La fornitura di attività di centralizzazione delle committenze da parte di una centrale di committenza ubicata in altro Stato membro è effettuata conformemente alle disposizioni nazionali dello Stato membro in cui è ubicata la centrale di committenza.

17. Dall'applicazione del presente articolo e dell'articolo 63 sono esclusi le imprese pubbliche e i soggetti privati titolari di diritti speciali o esclusivi quando svolgono una delle attività previste dagli articoli da 146 a 152. Con modifiche e integrazioni all'allegato II.4 possono essere disciplinati i criteri di qualificazione per gli enti e i soggetti di cui al primo periodo e le regole di iscrizione nell'elenco ANAC, oltre che le regole di funzionamento e gli ambiti di riferimento delle relative centrali di committenza.

18. La progettazione, l'affidamento e l'esecuzione di contratti di partenariato pubblico-privato possono essere svolti da soggetti qualificati per i livelli di cui all'articolo 63, comma 2, lettere b) e c).

Art. 63. Qualificazione delle stazioni appaltanti e delle centrali di committenza – 1. Fermo restando quanto stabilito dall'articolo 62, è istituito presso l'ANAC, che ne assicura la gestione e la pubblicità, un elenco delle stazioni appaltanti qualificate di cui fanno parte, in una specifica sezione, anche le centrali di committenza, ivi compresi i soggetti aggregatori. Ciascuna stazione appaltante o centrale di committenza che soddisfi i requisiti di cui all'allegato II.4 consegue la qualificazione ed è iscritta nell'elenco di cui al primo periodo.

2. La qualificazione per la progettazione e l'affidamento si articola in tre fasce di importo:

a) qualificazione base o di primo livello, per servizi e forniture fino alla soglia di 750.000 euro e per lavori fino a 1 milione di euro;

b) qualificazione intermedia o di secondo livello, per servizi e forniture fino a 5 milioni di euro e per lavori fino alla soglia di cui all'articolo 14;

c) qualificazione avanzata o di terzo livello, senza limiti di importo.

3. Ogni stazione appaltante o centrale di committenza può effettuare le procedure corrispondenti al livello di qualificazione posseduto e a quelli inferiori. Per i livelli superiori si applica il comma 6 dell'articolo 62.

4. Sono iscritti di diritto nell'elenco di cui al comma 1 il Ministero delle infrastrutture e dei trasporti, compresi i Provveditorati interregionali per le opere pubbliche, Consip S.p.a., Invitalia - Agenzia nazionale per l'attrazione degli investimenti e lo sviluppo d'impresa S.p.a., Difesa servizi S.p.A., l'Agenzia del demanio, i soggetti aggregatori di cui all'articolo 9 del decreto-legge 24 aprile 2014, n. 66, convertito, con modificazioni, dalla legge 23 giugno 2014, n. 89, Sport e salute S.p.a. In sede di prima applicazione le stazioni appaltanti delle unioni di comuni, costituite nelle forme prevista dall'ordinamento, delle provincie e delle città metropolitane, dei comuni capoluogo di provincia e delle regioni sono iscritte con riserva nell'elenco di cui all'articolo 63, comma 1, primo periodo. Eventuali ulteriori iscrizioni di diritto possono essere disposte con decreto del Presidente del Consiglio dei ministri, sentita l'ANAC, previa intesa in sede della Conferenza unificata.

5. La qualificazione ha ad oggetto le attività che caratterizzano il processo di acquisizione di un bene, servizio o lavoro in relazione ai seguenti ambiti e riguarda:

a) la capacità di progettazione tecnico-amministrativa delle procedure;

b) la capacità di affidamento e controllo dell'intera procedura;

c) la capacità di verifica sull'esecuzione contrattuale, ivi incluso il collaudo e la messa in opera.

6. Le stazioni appaltanti e le centrali di committenza possono essere qualificate anche solo per l'acquisizione di lavori oppure di servizi e forniture. Le stazioni appaltanti e le centrali di committenza per svolgere attività di progettazione e affidamento devono essere qualificate almeno nella seconda fascia. Esse programmano la loro attività coordinandosi nel rispetto del principio di leale collaborazione.

7. I requisiti di qualificazione per la progettazione e l'affidamento sono disciplinati dall'allegato II.4 e attengono:

a) all'organizzazione della funzione di spesa e ai processi;

b) alla consistenza, esperienza e competenza delle risorse umane, ivi incluso il sistema di reclutamento e la adeguata formazione del personale;

c) all'esperienza maturata nell'attività di progettazione, affidamento ed esecuzione di contratti, ivi compreso l'eventuale utilizzo di metodi e strumenti di gestione informativa delle costruzioni.

8. I requisiti di qualificazione per l'esecuzione sono indicati separatamente nell'allegato II.4, che dispone altresì una disciplina transitoria specifica relativa a tale fase. Con modifiche e integrazioni all'allegato II.4. possono essere disciplinati dall'ANAC specifici requisiti di qualificazione per i contratti di partenariato pubblico-privato.

9. Le amministrazioni la cui organizzazione prevede articolazioni, anche territoriali, verificano la sussistenza dei requisiti di cui al comma 7 in capo alle medesime strutture e ne danno comunicazione all'ANAC per la qualificazione.

10. In relazione al parametro di cui alla lettera b) del comma 7, la Scuola Nazionale dell'Amministrazione definisce i requisiti per l'accreditamento delle istituzioni pubbliche o private, senza finalità di lucro, che svolgono attività formative, procedendo alla verifica, anche a campione, della sussistenza dei requisiti stessi e provvede alle conseguenti attività di accreditamento nonché alla revoca dello stesso nei casi di accertata carenza dei requisiti.

11. In nessun caso i soggetti interessati possono comprovare il possesso dei requisiti di qualificazione ricorrendo ad artifizi tali da eluderne la funzione. L'ANAC, per accertati casi di gravi violazioni delle disposizioni di cui al presente articolo, può irrogare una sanzione entro il limite minimo di euro 500 euro e il limite massimo di euro 1 milione e, nei casi più gravi, disporre la sospensione della qualifi-

cazione precedentemente ottenuta. Costituiscono gravi violazioni le dichiarazioni dolosamente tese a dimostrare il possesso di requisiti di qualificazione non sussistenti, ivi comprese, in particolare:

a) per le centrali di committenza, la dichiarata presenza di un'organizzazione stabile nella quale il personale continui di fatto a operare per l'amministrazione di provenienza;

b) per le stazioni appaltanti e le centrali di committenza, la dichiarata presenza di personale addetto alla struttura organizzativa stabile, che sia di fatto impegnato in altre attività;

c) la mancata comunicazione all'ANAC della perdita dei requisiti.

12. Se la qualificazione viene meno o è sospesa, le procedure in corso sono comunque portate a compimento.

13. L'ANAC stabilisce i requisiti e le modalità attuative del sistema di qualificazione di cui all'allegato II.4, rilasciando la qualificazione medesima. L'ANAC può stabilire ulteriori casi in cui può essere disposta la qualificazione con riserva, finalizzata a consentire alla stazione appaltante e alla centrale di committenza, anche per le attività ausiliarie, di acquisire la capacità tecnica ed organizzativa richiesta.

Art. 64. Appalti che coinvolgono stazioni appaltanti di Stati membri diversi – 1. Le stazioni appaltanti possono rivolgersi a centrali di committenza ubicate in un altro Stato membro dell'Unione europea che svolgono la propria attività in conformità alle disposizioni nazionali dello Stato membro in cui sono ubicate.

2. Amministrazioni ed enti di diversi Stati membri possono congiuntamente aggiudicare un appalto pubblico, concludere un accordo quadro o gestire un sistema dinamico di acquisizione tramite accordi che determinino:

a) la disciplina nazionale applicabile;

b) le responsabilità delle parti;

c) le modalità di gestione della procedura e i termini di stipulazione dei contratti e di esecuzione dei lavori, delle forniture o dei servizi.

3. Se più amministrazioni di diversi Stati membri hanno istituito un soggetto congiunto comprendendo i gruppi europei di cooperazione territoriale di cui al regolamento (CE) n. 1082/2006 del Par-

lamento europeo e del Consiglio, del 5 luglio 2006 o altri soggetti istituiti in base al diritto dell'Unione europea, stabiliscono con apposito accordo che alle relative procedure di appalto si applichino, in alternativa:

a) le disposizioni nazionali dello Stato membro nel quale il soggetto congiunto ha la sua sede sociale;

b) le disposizioni nazionali dello Stato membro in cui il soggetto congiunto esercita le sue attività.

4. In base a quanto stabilito nell'atto costitutivo del soggetto congiunto, gli accordi del presente articolo possono applicarsi per un periodo indeterminato o a una generalità di appalti, oppure essere limitati a un periodo determinato, ad alcuni tipi di appalti o ad una o più aggiudicazioni di singoli appalti.

Titolo II
Gli operatori economici

Art. 65. Operatori economici – 1. Sono ammessi a partecipare alle procedure di affidamento dei contratti pubblici gli operatori economici di cui all'articolo 1, lettera l), dell'allegato I.1, nonché gli operatori economici stabiliti in altri Stati membri, costituiti conformemente alla legislazione vigente nei rispettivi Paesi.

2. Rientrano nella definizione di operatori economici:

a) gli imprenditori individuali, anche artigiani, e le società, anche cooperative;

b) i consorzi fra società cooperative di produzione e lavoro costituiti a norma della legge 25 giugno 1909, n. 422 e del decreto legislativo del Capo provvisorio dello Stato 14 dicembre 1947, n. 1577;

c) i consorzi tra imprese artigiane di cui alla legge 8 agosto 1985, n. 443;

d) i consorzi stabili, costituiti anche in forma di società consortili ai sensi dell'articolo 2615-*ter* del codice civile, tra imprenditori individuali, anche artigiani, società commerciali, società cooperative di produzione e lavoro; i consorzi stabili sono formati da non meno di tre consorziati che, con decisione assunta dai rispettivi organi deliberativi, abbiano stabilito di operare in modo congiunto nel settore dei contratti pubblici di lavori, servizi e forniture per un periodo di tempo non inferiore a cinque anni, istituendo a tal fine una comune struttura di impresa;

e) i raggruppamenti temporanei di concorrenti, costituiti o costituendi dai soggetti di cui alle lettere a), b), c) e d), i quali, prima della presentazione dell'offerta, abbiano conferito mandato collettivo speciale con rappresentanza ad uno di essi, qualificato mandatario, il quale esprime l'offerta in nome e per conto proprio e dei mandanti;

f) i consorzi ordinari di concorrenti di cui all'articolo 2602 del codice civile, costituiti o costituendi tra i soggetti di cui alle lettere a), b), c) e d) del presente comma, anche in forma di società ai sensi dell'articolo 2615-*ter* del codice civile;

g) le aggregazioni tra le imprese aderenti al contratto di rete ai sensi dell'articolo 3, comma 4-*ter*, del decreto-legge 10 febbraio 2009, n. 5, convertito, con modificazioni, dalla legge 9 aprile 2009, n. 33;

h) i soggetti che abbiano stipulato il contratto di gruppo europeo di interesse economico (GEIE) ai sensi del decreto legislativo 23 luglio 1991, n. 240.

3. Le stazioni appaltanti possono imporre alle persone giuridiche di indicare, nell'offerta o nella domanda di partecipazione a procedure per l'affidamento di appalti che comportino esecuzione di servizi o lavori nonché di forniture che comportano anche servizi o lavori di posa in opera e di installazione, il nome e le qualifiche professionali delle persone fisiche incaricate di fornire la prestazione e possono esigere che taluni compiti essenziali siano direttamente svolti dall'offerente.

Art. 66. Operatori economici per l'affidamento dei servizi di architettura e di ingegneria – 1. Sono ammessi a partecipare alle procedure di affidamento dei servizi attinenti all'architettura e all'ingegneria nel rispetto del principio di non discriminazione fra i diversi soggetti sulla base della forma giuridica assunta:

a) i prestatori di servizi di ingegneria e architettura: i professionisti singoli, associati, le società tra professionisti di cui alla lettera b), le società di ingegneria di cui alla lettera c), i consorzi, i GEIE, i raggruppamenti temporanei fra i predetti soggetti che rendono a committenti pubblici e privati, operando sul mercato, servizi di ingegneria e di architettura, nonché attività tecnico-amministrative e studi di fattibilità economico-finanziaria ad esse connesse, ivi compresi, con riferimento agli interventi inerenti al restauro e alla manutenzione di beni mobili e delle superfici decorate di beni architettonici, i soggetti con qualifica di restauratore di beni culturali ai sensi della vigente normativa, gli archeologi professionisti, singoli e associati, e le società da essi costituite;

b) le società di professionisti: le società costituite esclusivamente tra professionisti iscritti negli appositi albi previsti dai vigenti ordinamenti professionali, nelle forme delle società di persone di cui ai Capi II, III e IV del Titolo V del Libro V del codice civile, oppure nella forma di società cooperativa di cui al Capo I del Titolo VI del Libro V del codice civile, che svolgono per committenti privati e pubblici servizi di ingegneria e architettura quali studi di fattibilità, ricerche, consulenze, progettazioni o direzioni dei lavori, valutazioni di congruità tecnico economica o studi di impatto ambientale;

c) società di ingegneria: le società di capitali di cui ai Capi V, VI e VII del Titolo V del Libro V del codice civile, oppure nella forma di società cooperative di cui al Capo I del Titolo VI del Libro V del codice civile che non abbiano i requisiti delle società tra professionisti, che eseguono studi di fattibilità, ricerche, consulenze, progettazioni o direzioni dei lavori, valutazioni di congruità tecnico-economica o studi di impatto, nonché eventuali attività di produzione di beni connesse allo svolgimento di detti servizi;

d) i prestatori di servizi di ingegneria e architettura identificati con i codici CPV da 74200000-1 a 74276400-8 e da 74310000-5 a 74323100-0 e 74874000-6 stabiliti in altri Stati membri, costituiti conformemente alla legislazione vigente nei rispettivi Paesi;

e) altri soggetti abilitati in forza del diritto nazionale a offrire sul mercato servizi di ingegneria e di architettura, nel rispetto dei princìpi di non discriminazione e par condicio fra i diversi soggetti abilitati;

f) i raggruppamenti temporanei costituiti dai soggetti di cui alle lettere da a) a e);

g) i consorzi stabili di società di professionisti e di società di ingegneria, anche in forma mista, formati da non meno di tre consorziati che abbiano operato nei settori dei servizi di ingegneria e architettura.

2. Per la partecipazione alle procedure di affidamento di cui al comma 1 i soggetti ivi indicati devono possedere i requisiti minimi stabiliti nella Parte V dell'allegato II.12. Le società, per un periodo di cinque anni dalla loro costituzione, possono documentare il possesso dei requisiti economico-finanziari e tecnico-organizzativi ri-

chiesti dal bando di gara anche con riferimento ai requisiti dei soci delle società, qualora costituite nella forma di società di persone o di società cooperativa, e dei direttori tecnici o dei professionisti dipendenti della società con rapporto a tempo indeterminato, qualora costituite nella forma di società di capitali, nonché dei soggetti di cui alla lettera e) del comma 1, i cui requisiti minimi sono stabiliti nel predetto allegato.

Art. 67. Consorzi non necessari – 1. I requisiti di capacità tecnica e finanziaria per l'ammissione alle procedure di affidamento dei soggetti di cui agli articoli 65, comma 2, lettere b), c) e d), e 66, comma 1, lettera g), sono disciplinati dal regolamento di cui all'articolo 100, comma 4.

2. L'allegato II.12 disciplina, nelle more dell'adozione del regolamento di cui all'articolo 100, comma 4, la qualificazione degli operatori economici, fermo restando che per i consorzi di cui all'articolo 65, comma 2, lettera d):

a) per gli appalti di servizi e forniture, i requisiti di capacità tecnica e finanziaria sono computati cumulativamente in capo al consorzio ancorché posseduti dalle singole imprese consorziate;

b) per gli appalti di lavori, i requisiti di capacità tecnica e finanziaria per l'ammissione alle procedure di affidamento sono posseduti e comprovati dagli stessi sulla base delle qualificazioni possedute dalle singole imprese consorziate.

3. Per gli operatori di cui agli articoli 65, comma 2, lettera d) e 66, comma 1, lettera g), i requisiti generali di cui agli articoli 94 e 95 sono posseduti sia dalle consorziate esecutrici che dalle consorziate che prestano i requisiti. Le autorizzazioni e gli altri titoli abilitativi per la partecipazione alla procedura di aggiudicazione ai sensi del comma 3 dell'articolo 100 sono posseduti, in caso di lavori o di servizi, dal consorziato esecutore.

4. I consorzi stabili di cui agli articoli 65, comma 2, lettera d), e 66, comma 1, lettera g), eseguono le prestazioni o con la propria struttura o tramite i consorziati indicati in sede di gara senza che ciò costituisca subappalto, ferma la responsabilità solidale nei confronti della stazione appaltante. L'affidamento delle prestazioni da parte dei soggetti di cui all'articolo 65, comma 2, lettere b) e c), ai propri consorziati non costituisce subappalto. I consorzi, di cui agli articoli 65, comma 2, lettera d) e 66, comma 1, lettera g), indicano in

sede di offerta per quali consorziati il consorzio concorre. La partecipazione alla gara in qualsiasi altra forma da parte del consorziato designato dal consorzio offerente determina l'esclusione del medesimo se sono integrati i presupposti di cui all'articolo 95, comma 1, lettera d), sempre che l'operatore economico non dimostri che la circostanza non ha influito sulla gara, né è idonea a incidere sulla capacità di rispettare gli obblighi contrattuali, fatta salva la facoltà di cui all'articolo 97.

5. I consorzi di cooperative e i consorzi tra imprese artigiane possono partecipare alla procedura di gara, fermo restando il disposto degli articoli 94 e 95, utilizzando requisiti propri e, nel novero di questi, facendo valere i mezzi nella disponibilità delle consorziate che li costituiscono.

6. Per i lavori, ai fini della qualificazione di cui all'articolo 100, nell'allegato II.12 sono stabiliti i criteri per l'imputazione delle prestazioni eseguite al consorzio stabile o ai singoli consorziati che le eseguono. In caso di scioglimento del consorzio stabile per servizi e forniture ai consorziati sono attribuiti pro quota i requisiti economico-finanziari e tecnico-organizzativi maturati a favore del consorzio e non assegnati in esecuzione ai consorziati. Le quote di assegnazione sono proporzionali all'apporto reso dai singoli consorziati nell'esecuzione delle prestazioni nel quinquennio antecedente.

7. Possono essere oggetto di avvalimento solo i requisiti maturati dallo stesso consorzio.

8. Con riguardo ai consorzi di cui all'articolo 65, comma 2, lettera d), ai fini del rilascio o del rinnovo dell'attestazione di qualificazione SOA, i requisiti di capacità tecnica e finanziaria sono posseduti e comprovati dai consorzi sulla base delle qualificazioni possedute dalle singole imprese consorziate. La qualificazione è acquisita con riferimento a una determinata categoria di opere generali o specialistiche per la classifica corrispondente alla somma di quelle possedute dalle imprese consorziate. Per la qualificazione alla classifica di importo illimitato è in ogni caso necessario che almeno una tra le imprese consorziate già possieda tale qualificazione ovvero che tra le imprese consorziate ve ne siano almeno una con qualificazione per classifica VII e almeno due con classifica V o superiore, ovvero che tra le imprese consorziate ve ne siano almeno tre con qualificazione per classifica VI. Per la qualificazione per prestazioni di progettazione e costruzione, nonché per la fruizione dei meccanismi

premiali di cui all'articolo 106, comma 8, è in ogni caso sufficiente che i corrispondenti requisiti siano posseduti da almeno una delle imprese consorziate. Qualora la somma delle classifiche delle imprese consorziate non coincida con una delle classifiche di cui all'allegato II.12, la qualificazione è acquisita nella classifica immediatamente inferiore o in quella immediatamente superiore alla somma delle classifiche possedute dalle imprese consorziate, a seconda che tale somma si collochi rispettivamente al di sotto, ovvero al di sopra o alla pari della metà dell'intervallo tra le due classifiche. Gli atti adottati dall'ANAC restano efficaci fino alla data di entrata in vigore del regolamento di cui al comma 2.

Art. 68. Raggruppamenti temporanei e consorzi ordinari di operatori economici – 1. È consentita la presentazione di offerte da parte dei soggetti di cui all'articolo 65, comma 2, lettera e) e lettera f), anche se non ancora costituiti. In tal caso l'offerta deve essere sottoscritta da tutti gli operatori economici che costituiranno i raggruppamenti temporanei o i consorzi ordinari di concorrenti e deve contenere l'impegno che, in caso di aggiudicazione della gara, gli stessi operatori conferiranno mandato collettivo speciale con rappresentanza ad uno di essi, da indicare in sede di offerta e qualificato come mandatario, il quale stipulerà il contratto in nome e per conto proprio e dei mandanti.

2. Fatto salvo quanto previsto dal comma 4, in sede di offerta sono specificate le categorie di lavori o le parti del servizio o della fornitura che saranno eseguite dai singoli operatori economici riuniti o consorziati, con l'impegno di questi a realizzarle.

3. I raggruppamenti temporanei non possono essere obbligati ad avere una forma giuridica specifica ai fini della presentazione di un'offerta o di una domanda di partecipazione.

4. Le stazioni appaltanti possono:

a) imporre ai raggruppamenti di operatori economici di assumere una forma giuridica specifica dopo l'aggiudicazione del contratto, nel caso in cui tale trasformazione sia necessaria per la buona esecuzione del contratto;

b) specificare nei documenti di gara le modalità con cui i raggruppamenti di operatori economici ottemperano ai requisiti in materia di capacità economica e finanziaria o di capacità tecniche e professionali, purché ciò sia proporzionato e giustificato da motivazioni obiettive.

5. Per la costituzione del raggruppamento temporaneo gli operatori economici devono conferire, con un unico atto, mandato collettivo speciale con rappresentanza ad uno di essi, detto mandatario.

6. Il mandato deve risultare da scrittura privata autenticata. La relativa procura è conferita al legale rappresentante dell'operatore economico mandatario. Il mandato è gratuito e irrevocabile e la sua revoca, anche per giusta causa, non ha effetto nei confronti della stazione appaltante. In caso di inadempimento dell'impresa mandataria è ammessa la revoca del mandato collettivo speciale di cui al comma 5 al fine di consentire alla stazione appaltante il pagamento diretto nei confronti delle altre imprese del raggruppamento.

7. Al mandatario spetta la rappresentanza esclusiva, anche processuale, dei mandanti nei confronti della stazione appaltante per tutte le operazioni e gli atti di qualsiasi natura dipendenti dall'appalto, anche dopo il collaudo, o atto equivalente, fino all'estinzione di ogni rapporto. La stazione appaltante, tuttavia, può far valere direttamente le responsabilità facenti capo ai mandanti.

8. Il rapporto di mandato non determina di per sé organizzazione o associazione degli operatori economici riuniti, ognuno dei quali conserva la propria autonomia ai fini della gestione, degli adempimenti fiscali e degli oneri sociali.

9. L'offerta degli operatori economici raggruppati o dei consorziati determina la loro responsabilità solidale nei confronti della stazione appaltante, nonché nei confronti del subappaltatore e dei fornitori. Nell'ipotesi di cui al comma 4, lettera a), la responsabilità solidale di cui al primo periodo concorre con quella del soggetto giuridico nel quale il raggruppamento temporaneo o il consorzio ordinario si sono trasformati. Nel caso di cui al comma 4, lettera a) e nell'ipotesi in cui i concorrenti riuniti o consorziati indicati dal consorzio come esecutori, anche in parte, dei lavori dopo l'aggiudicazione costituiscono tra loro una società anche consortile, ai sensi del Libro V del Titolo V, Capi III e seguenti del codice civile, per l'esecuzione unitaria, totale o parziale, dei lavori, la responsabilità solidale di cui al primo periodo concorre con quella del soggetto giuridico nel quale il raggruppamento temporaneo o il consorzio ordinario si sono trasformati a far data dalla notificazione dell'atto costitutivo alla stazione appaltante e, subordinatamente, alla iscrizione della società nel registro delle imprese. In tale ipotesi la società subentra, senza che ciò costituisca ad alcun effetto subappalto o cessione di contratto e

senza necessità di autorizzazione o di approvazione, nell'esecuzione totale o parziale del contratto.

10. Le stazioni appaltanti possono richiedere ai raggruppamenti di operatori economici condizioni per l'esecuzione di un appalto diverse da quelle imposte ai singoli partecipanti, purché siano proporzionate e giustificate da ragioni oggettive.

11. I raggruppamenti e i consorzi ordinari di operatori economici sono ammessi alla gara se gli imprenditori o altro raggruppamento che vi partecipano, oppure gli imprenditori consorziati, abbiano complessivamente i requisiti relativi alla capacità economica e finanziaria e alle capacità tecniche e professionali, ferma restando la necessità che l'esecutore sia in possesso dei requisiti prescritti per la prestazione che lo stesso si è impegnato a realizzare ai sensi del comma 2. Si applicano in quanto compatibili le disposizioni contenute nell'allegato II.12.

12. Se il singolo concorrente o i concorrenti che intendano riunirsi in raggruppamento temporaneo hanno i requisiti di cui al presente articolo, possono raggruppare altre imprese qualificate anche per categorie ed importi diversi da quelli richiesti nel bando, a condizione che i lavori eseguiti da queste ultime non superino il 20 per cento dell'importo complessivo dei lavori e che l'ammontare complessivo delle qualificazioni possedute da ciascuna sia almeno pari all'importo dei lavori che saranno ad essa affidati.

13. Tutti i partecipanti al raggruppamento e al consorzio ordinario possiedono i requisiti generali di cui agli articoli 94 e 95.

14. La partecipazione alla gara dei concorrenti in più di un raggruppamento o consorzio ordinario, ovvero in forma individuale qualora abbiano partecipato alla gara medesima in raggruppamento o consorzio ordinario, determina l'esclusione dei medesimi se sono integrati i presupposti di cui all'articolo 95, comma 1, lettera d), sempre che l'operatore economico non dimostri che la circostanza non ha influito sulla gara, né è idonea a incidere sulla capacità di rispettare gli obblighi contrattuali.

15. È vietata l'associazione in partecipazione sia durante la procedura di gara sia successivamente all'aggiudicazione. La modifica dei consorzi e dei raggruppamenti è ammissibile nei termini indicati dall'articolo 97 e dal comma 17 del presente articolo.

16. L'inosservanza di quanto prescritto al comma 15 comporta l'esclusione dei concorrenti riuniti in raggruppamento o consorzio

ordinario di concorrenti, nonché l'annullamento dell'aggiudicazione o la risoluzione del contratto.

17. È ammesso il recesso di una o più imprese raggruppate, sempre che le imprese rimanenti abbiano i requisiti di qualificazione adeguati ai lavori o servizi o forniture ancora da eseguire. Il recesso è ammesso anche se il raggruppamento si riduce a un unico soggetto.

18. Le previsioni di cui al comma 17 trovano applicazione anche con riferimento ai soggetti di cui all'articolo 65, comma 2, lettere b), c), d) e f).

19. In caso di procedure ristrette o negoziate oppure di dialogo competitivo l'operatore economico invitato individualmente o il candidato ammesso individualmente nella procedura di dialogo competitivo può presentare offerta o trattare per sé o quale mandatario di operatori riuniti.

20. Il presente articolo trova applicazione, in quanto compatibile, nella partecipazione alle procedure di affidamento delle aggregazioni tra le imprese aderenti al contratto di rete, di cui all'articolo 65, comma 2, lettera g); queste ultime, nel caso in cui abbiano tutti i requisiti del consorzio stabile di cui all'articolo 65, comma 2, lettera d), sono ad esso equiparate ai fini della qualificazione SOA.

Art. 69. Accordo sugli Appalti Pubblici (AAP) e altri accordi internazionali – 1. Se sono contemplati dagli allegati 1, 2, 4 e 5 e dalle note generali dell'appendice 1 dell'Unione europea dell'Accordo sugli Appalti Pubblici (AAP) e dagli altri accordi internazionali cui l'Unione è vincolata, le stazioni appaltanti applicano ai lavori, alle forniture, ai servizi e agli operatori economici dei Paesi terzi firmatari di tali accordi un trattamento non meno favorevole di quello concesso ai sensi del codice.

Parte IV
DELLE PROCEDURE DI SCELTA DEL CONTRAENTE

Art. 70. Procedure di scelta e relativi presupposti – 1. Per l'aggiudicazione di appalti pubblici le stazioni appaltanti utilizzano la procedura aperta, la procedura ristretta, la procedura competitiva con negoziazione, il dialogo competitivo e il partenariato per l'innovazione.

2. Nei soli casi previsti dall'articolo 76 le stazioni appaltanti possono utilizzare la procedura negoziata senza pubblicazione di un bando di gara.

3. Le stazioni appaltanti utilizzano la procedura competitiva con negoziazione o il dialogo competitivo:

a) per l'aggiudicazione di contratti di lavori, forniture o servizi in presenza di una o più delle seguenti condizioni:

1) quando le esigenze della stazione appaltante perseguite con l'appalto non possono essere soddisfatte con le altre procedure;

2) quando le esigenze della stazione appaltante implicano soluzioni o progetti innovativi;

3) quando l'appalto non può essere aggiudicato senza preventive negoziazioni a causa di circostanze particolari in relazione alla natura, complessità o impostazione finanziaria e giuridica dell'oggetto dell'appalto o a causa dei rischi a esso connessi;

4) quando le specifiche tecniche non possono essere stabilite con sufficiente precisione dalla stazione appaltante con riferimento a una norma, una valutazione tecnica europea, una specifica tecnica comune o un riferimento tecnico ai sensi dei numeri da 2) a 5) della Parte I dell'allegato II.5. In sede di prima applicazione del codice, l'allegato II.5 è abrogato a decorrere dalla data di entrata in vigore di un corrispondente regolamento adottato ai sensi dell'articolo 17, comma 3, della legge 23 agosto 1988, n. 400, con decreto del Ministro delle infrastrutture e dei trasporti, che lo sostituisce integralmente anche in qualità di allegato al codice;

b) per l'aggiudicazione di contratti di lavori, forniture o servizi per i quali, in esito a una procedura aperta o ristretta, sono state presentate soltanto offerte inammissibili ai sensi del comma 4. In tal caso la stazione appaltante non è tenuta a pubblicare un bando di gara, se ammette alla ulteriore procedura tutti, e soltanto, gli offerenti in possesso dei requisiti di cui agli articoli da 94 a 105 che, nella procedura aperta o ristretta precedente, hanno presentato offerte conformi ai requisiti formali della procedura di appalto.

4. Sono inammissibili le offerte:

a) non conformi ai documenti di gara;

b) ricevute oltre i termini indicati nel bando o nell'invito con cui si indice la gara;

c) in relazione alle quali vi sono prove di corruzione o collusione;

d) considerate anormalmente basse;

e) presentate da offerenti che non possiedono la qualificazione necessaria;

f) il cui prezzo supera l'importo posto a base di gara, stabilito e documentato prima dell'avvio della procedura di appalto.

5. Le stazioni appaltanti possono utilizzare il partenariato per l'innovazione quando l'esigenza di sviluppare prodotti, servizi o lavori innovativi e di acquistare successivamente le forniture, i servizi o i lavori che ne risultano non può essere soddisfatta ricorrendo a soluzioni già disponibili sul mercato, a condizione che le forniture, i servizi o i lavori che ne risultano corrispondano ai livelli di prestazioni e ai costi massimi concordati tra le stazioni appaltanti e i partecipanti.

6. Nelle procedure ristrette, nelle procedure competitive con negoziazione, nelle procedure di dialogo competitivo e di partenariato per l'innovazione le stazioni appaltanti, applicando i criteri o le regole obiettive e non discriminatorie indicate nel bando di gara o nell'invito a confermare l'interesse, possono limitare il numero di candidati, che soddisfano i criteri di selezione, da invitare a presentare un'offerta, a negoziare o a partecipare al dialogo, nel rispetto del principio di concorrenza e del numero minimo di candidati da invitare indicato nel bando di gara o nell'invito a confermare l'interesse. In ogni caso, il numero minimo di candidati non può essere inferiore a cinque nelle procedure ristrette e a tre nelle altre procedure. La stazione appaltante non può ammettere alla stessa procedura altri operatori economici che non abbiano chiesto di partecipare o candidati che non abbiano le capacità richieste.

7. Nella procedura competitiva con negoziazione, nel dialogo competitivo e nel partenariato per l'innovazione, nel corso delle negoziazioni e durante il dialogo, le stazioni appaltanti garantiscono la parità di trattamento di tutti i partecipanti; non forniscono in maniera discriminatoria informazioni che possano avvantaggiare determinati partecipanti rispetto ad altri; conformemente all'articolo 35, non rivelano le soluzioni proposte o altre informazioni riservate comunicate da un candidato o da un offerente partecipante alle negoziazioni o al dialogo, salvo espresso consenso di quest'ultimo e in relazione alle sole informazioni specifiche espressamente indicate. Relativamente al partenariato per l'innovazione, le stazioni appaltanti definiscono nei documenti di gara il regime appli-

cabile ai diritti di proprietà intellettuale e, in caso di partenariato con più operatori economici, non rivelano agli altri operatori economici, conformemente all'articolo 35, le soluzioni proposte o altre informazioni riservate comunicate da un operatore economico, nel quadro del partenariato, salvo espresso consenso di quest'ultimo e in relazione alle sole informazioni specifiche espressamente indicate.

Art. 71. Procedura aperta – 1. Nelle procedure aperte qualsiasi operatore economico interessato può presentare un'offerta in risposta a un avviso di indizione di gara.

2. Il termine minimo per la ricezione delle offerte è di trenta giorni dalla data di trasmissione del bando di gara ai sensi dell'articolo 84. Le offerte sono accompagnate dalle informazioni richieste dalla stazione appaltante.

3. Le stazioni appaltanti possono fissare un termine non inferiore a quindici giorni a decorrere dalla data di trasmissione del bando di gara ai sensi dell'articolo 84, se per ragioni di urgenza, specificamente motivate, il termine minimo stabilito dal comma 2 del presente articolo non può essere rispettato.

4. Nel caso in cui le stazioni appaltanti abbiano pubblicato un avviso di pre-informazione di cui all'articolo 81 che non sia stato usato come mezzo di indizione di una gara, il termine minimo di cui al comma 2 del presente articolo può essere ridotto a quindici giorni purché concorrano le seguenti condizioni:

a) l'avviso di pre-informazione contenga tutte le informazioni richieste per il bando di gara di cui all'allegato II.6, Parte I, lettera B, sezione B.1, sempreché queste siano disponibili al momento della pubblicazione dell'avviso di pre-informazione;

b) l'avviso di pre-informazione sia stato inviato alla pubblicazione da non meno di trentacinque giorni e non oltre dodici mesi prima della data di trasmissione del bando di gara.

5. In sede di prima applicazione del codice, l'allegato II.6 è abrogato a decorrere dalla data di entrata in vigore di un corrispondente regolamento adottato ai sensi dell'articolo 17, comma 3, della legge 23 agosto 1988, n. 400, con decreto del Ministro delle infrastrutture e dei trasporti, che lo sostituisce integralmente anche in qualità di allegato al codice.

Art. 72. Procedura ristretta – 1. Nelle procedure ristrette qualsiasi operatore economico può presentare una domanda di partecipazione in risposta a un avviso di indizione di gara contenente i dati di cui all'allegato II.6, Parte I, lettera B o C a seconda del caso, fornendo le informazioni richieste dalla stazione appaltante.

2. Il termine minimo per la ricezione delle domande di partecipazione è di trenta giorni dalla data di trasmissione del bando di gara ai sensi dell'articolo 84 o, se è utilizzato l'avviso di pre-informazione come mezzo di indizione di una gara, dalla data d'invio dell'invito a confermare il proprio interesse.

3. A seguito della valutazione da parte delle stazioni appaltanti delle informazioni fornite, soltanto gli operatori economici invitati possono presentare un'offerta. Il termine minimo per la ricezione delle offerte è di trenta giorni dalla data dell'invito a presentare offerte.

4. Se le stazioni appaltanti hanno pubblicato l'avviso di pre-informazione non utilizzato per l'indizione di una gara, il termine minimo per la presentazione delle offerte può essere ridotto a dieci giorni purché concorrano le seguenti circostanze:

a) l'avviso di pre-informazione contenga tutte le informazioni richieste nell'allegato II.6, Parte I, lettera B, sezione B.1, purché dette informazioni siano disponibili al momento della pubblicazione dell'avviso di pre-informazione;

b) l'avviso di pre-informazione sia stato trasmesso da non meno di trentacinque giorni e non oltre dodici mesi prima della data di trasmissione del bando di gara.

5. Le stazioni appaltanti di cui all'articolo 1, comma 1, lettera d), dell'allegato I.1 possono fissare il termine per la ricezione delle offerte di concerto con i candidati selezionati, purché questi ultimi dispongano di un termine identico per redigere e presentare le loro offerte. In mancanza di accordo, il termine non può essere inferiore a dieci giorni dalla data di invio dell'invito a presentare offerte.

6. Quando per motivate ragioni di urgenza è impossibile rispettare i termini minimi previsti dal presente articolo, la stazione appaltante può fissare:

a) per la ricezione delle domande di partecipazione, un termine non inferiore a quindici giorni dalla data di pubblicazione del bando di gara;

b) per la ricezione delle offerte, un termine non inferiore a dieci giorni a decorrere dalla data di invio dell'invito a presentare offerte.

Art. 73. Procedura competitiva con negoziazione – 1. Nelle procedure competitive con negoziazione qualsiasi operatore economico può presentare una domanda di partecipazione in risposta a un avviso di indizione di gara contenente le informazioni di cui all'allegato II.6, Parte I, lettere B o C, fornendo le informazioni richieste dalla stazione appaltante.

2. Nei documenti di gara le stazioni appaltanti individuano l'oggetto dell'appalto fornendo una descrizione delle loro esigenze, illustrando le caratteristiche richieste per le forniture, i lavori o i servizi da appaltare e specificando i criteri per l'aggiudicazione dell'appalto. Esse precisano altresì quali elementi della descrizione definiscono i requisiti minimi che tutti gli offerenti devono soddisfare.

3. Le informazioni fornite consentono agli operatori economici di individuare la natura e l'ambito dell'appalto e decidere se partecipare alla procedura.

4. Il termine minimo per la ricezione delle domande di partecipazione è di trenta giorni dalla data di trasmissione del bando di gara ai sensi dell'articolo 84 o, se è utilizzato come mezzo di indizione di una gara un avviso di pre-informazione, dalla data d'invio dell'invito a confermare il proprio interesse ([1]).

5. Il termine minimo per la ricezione delle offerte iniziali è di venticinque giorni dalla data di trasmissione dell'invito. I termini di cui al comma 4 e al presente comma sono ridotti nei casi previsti dall'articolo 72, commi 4, 5 e 6.

6. Solo gli operatori economici invitati dalla stazione appaltante, in seguito alla valutazione delle informazioni fornite, possono presentare un'offerta iniziale. Salvo quanto previsto dal comma 9, l'offerta iniziale e quelle successive, esclusa l'offerta finale, possono essere negoziate per migliorarne il contenuto, salvo che per gli aspetti relativi ai requisiti minimi e ai criteri di aggiudicazione.

7. Se previsto nel bando di gara, nell'invito a confermare l'interesse o in altro documento di gara e in applicazione del criterio di aggiudicazione ivi indicato, le procedure competitive con negoziazione possono svolgersi in fasi successive per ridurre il numero di offerte da negoziare. La stazione appaltante informa per iscritto tutti gli offerenti le cui offerte non sono state escluse delle modifiche alle specifiche tecniche o ad altri documenti di gara diversi da quelli che stabiliscono i requisiti minimi, concedendo ad essi un tem-

po sufficiente per modificare e ripresentare, ove opportuno, le offerte modificate.

8. Quando le stazioni appaltanti intendono concludere le negoziazioni, esse informano gli altri offerenti e stabiliscono un termine entro il quale possono essere presentate offerte nuove o modificate. Esse verificano che le offerte finali siano conformi ai requisiti minimi prescritti dall'articolo 107, valutano le offerte finali in base ai criteri di aggiudicazione e aggiudicano l'appalto ai sensi degli articoli 105, con riguardo ai costi del ciclo vita, 108 e 110, tenuto conto dei costi del ciclo vita disciplinati dall'allegato II.8.

9. Le stazioni appaltanti possono aggiudicare appalti sulla base delle offerte iniziali senza negoziazione qualora abbiano indicato, nel bando di gara o nell'invito a confermare l'interesse, che si riservano tale possibilità.

---

(1) Comma così modificato dall'art. 15-*quater*, comma 1, lettera b) del d.l. 29 settembre 2023, n. 132, convertito, con modificazioni, dalla l. 27 novembre 2023, n. 170; la novella ha modificato l'entità del termine da dieci a trenta giorni, al fine di garantire l'allineamento alla direttiva 2014/24/UE.

Art. 74. Dialogo competitivo – 1. Nel dialogo competitivo qualsiasi operatore economico può chiedere di partecipare in risposta a un bando di gara, o a un avviso di indizione di gara, fornendo le informazioni richieste dalla stazione appaltante.

2. Il termine minimo per la ricezione delle domande di partecipazione è di trenta giorni dalla data di trasmissione del bando di gara ai sensi dell'articolo 84.

3. Le stazioni appaltanti indicano nel bando di gara o nell'avviso di indizione di gara o in un documento descrittivo allegato le esigenze che intendono perseguire, i requisiti da soddisfare, il criterio di aggiudicazione, la durata indicativa della procedura nonché eventuali premi o pagamenti per i partecipanti al dialogo. L'appalto è aggiudicato unicamente sulla base del criterio dell'offerta con il miglior rapporto qualità/prezzo conformemente all'articolo 108.

4. Prima dell'avvio del dialogo le stazioni appaltanti possono organizzare una consultazione con gli operatori economici selezionati sulla base della documentazione posta a base di gara e sulle modalità di svolgimento del dialogo. Nei trenta giorni successivi alla con-

clusione della consultazione i partecipanti selezionati possono recedere dal dialogo.

5. Il dialogo competitivo riguarda tutti gli aspetti dell'appalto ed è finalizzato all'individuazione e alla definizione dei mezzi più idonei a soddisfare le necessità della stazione appaltante. Ove previsto nel bando di gara o nel documento descrittivo e in applicazione del criterio di aggiudicazione ivi previsto, il dialogo competitivo può svolgersi in fasi successive per ridurre il numero di soluzioni emerse durante la fase del dialogo. Il dialogo competitivo prosegue finché la stazione appaltante non individua la soluzione o le soluzioni idonee a soddisfare le proprie esigenze. Dichiarato concluso il dialogo e informati i partecipanti rimanenti, la stazione appaltante invita ciascuno di loro a presentare l'offerta finale sulla base della soluzione o delle soluzioni presentate e specificate nella fase del dialogo. L'offerta contiene tutti gli elementi richiesti e necessari per l'esecuzione del progetto. Le offerte presentate possono essere, su richiesta della stazione appaltante, chiarite, precisate e perfezionate. I chiarimenti, le precisazioni e il completamento delle informazioni non possono avere l'effetto di modificare gli aspetti essenziali dell'offerta o dell'appalto, compresi i requisiti e le esigenze indicati nel bando di gara, nell'avviso di indizione di gara o nel documento descrittivo, qualora le variazioni rischino di falsare la concorrenza o di avere un effetto discriminatorio.

6. Le stazioni appaltanti valutano le offerte ricevute sulla base dei criteri di aggiudicazione fissati nel bando di gara, nell'avviso di indizione di gara o nel documento descrittivo.

7. La stazione appaltante può condurre ulteriori negoziazioni con l'operatore economico che risulta aver presentato l'offerta con il miglior rapporto qualità/prezzo per confermare gli impegni finanziari o altri contenuti dell'offerta attraverso il completamento delle clausole del contratto, a condizione che da ciò non consegua la modifica sostanziale di elementi fondamentali dell'offerta o dell'appalto pubblico, comprese le esigenze e i requisiti definiti nel bando di gara o nel documento descrittivo, e che non si rischi di falsare la concorrenza o creare discriminazioni.

Art. 75. Partenariato per l'innovazione – 1. Nei documenti di gara la stazione appaltante identifica l'esigenza di prodotti, servizi o lavori innovativi che non può essere soddisfatta con quelli disponibili sul mercato. Indica altresì gli elementi dei prodotti, servizi o lavori innovativi identificati che definiscono i requisiti minimi che tutti gli offerenti devono soddisfare. Tali informazioni sono sufficientemente precise per permettere agli operatori economici di individuare la natura e l'ambito della soluzione richiesta e decidere se partecipare alla procedura.

2. Nel partenariato per l'innovazione qualsiasi operatore economico può formulare una domanda di partecipazione in risposta a un bando di gara o a un avviso di indizione di gara, fornendo gli elementi richiesti dalla stazione appaltante.

3. La stazione appaltante può decidere di instaurare il partenariato per l'innovazione con uno o più operatori economici che conducono attività di ricerca e sviluppo separate. Il termine minimo per la ricezione delle domande di partecipazione è di trenta giorni dalla data di trasmissione del bando di gara ai sensi dell'articolo 84. Gli appalti sono aggiudicati unicamente sulla base del miglior rapporto qualità/prezzo ai sensi dell'articolo 108.

4. Nel selezionare i candidati le stazioni appaltanti applicano i criteri relativi alle capacità dei candidati nel settore della ricerca e dello sviluppo e nella messa a punto e attuazione di soluzioni innovative. Soltanto gli operatori economici invitati dalle stazioni appaltanti in seguito alla valutazione delle informazioni richieste possono presentare progetti di ricerca e di innovazione.

5. Il partenariato per l'innovazione è strutturato in fasi successive secondo la sequenza del processo di ricerca e di innovazione, che può comprendere la fabbricazione dei prodotti o la prestazione dei servizi o la realizzazione dei lavori, il cui valore stimato non deve essere sproporzionato rispetto all'investimento richiesto per il loro sviluppo. In particolare, la durata e il valore delle varie fasi riflettono il grado di innovazione della soluzione proposta e la sequenza di attività di ricerca e di innovazione necessarie per lo sviluppo di una soluzione innovativa non ancora disponibile sul mercato. Il partenariato per l'innovazione fissa obiettivi intermedi che le parti devono raggiungere e prevede il pagamento della remunerazione mediante rate congrue. Sulla base degli obiettivi intermedi e del loro effettivo conseguimento, la stazione appaltante può decidere, dopo ogni fase, di risolvere il partenariato per l'innovazione o, nel caso di un partenariato con più operatori, di ridurre il numero degli operatori risolven-

do singoli contratti, a condizione che essa abbia indicato nei documenti di gara tali possibilità e le condizioni per avvalersene.

6. L'offerta iniziale e quelle successive, esclusa l'offerta finale, possono essere negoziate per migliorarne il contenuto, salvo che per gli aspetti relativi ai requisiti minimi e ai criteri di aggiudicazione. Ove previsto nel bando di gara, nell'invito a confermare l'interesse o in altro documento di gara e in applicazione del criterio di aggiudicazione ivi previsto, le negoziazioni nel corso della procedura possono svolgersi in fasi successive per ridurre il numero di offerte da negoziare. La stazione appaltante informa per iscritto tutti gli offerenti le cui offerte non sono state escluse delle modifiche alle specifiche tecniche o ad altri documenti di gara diversi da quelli che stabiliscono i requisiti minimi; concede agli offerenti un tempo sufficiente per modificare e ripresentare, ove opportuno, le offerte modificate.

Art. 76. Procedura negoziata senza pubblicazione di un bando – 1. Le stazioni appaltanti possono aggiudicare appalti pubblici mediante una procedura negoziata senza pubblicazione di un bando di gara quando ricorrono i presupposti fissati dai commi seguenti, dandone motivatamente conto nel primo atto della procedura in relazione alla specifica situazione di fatto e alle caratteristiche dei mercati potenzialmente interessati e delle dinamiche che li caratterizzano, e nel rispetto dei principi di cui agli articoli 1, 2 e 3. A tali fini le stazioni appaltanti tengono conto degli esiti delle consultazioni di mercato eventualmente eseguite, rivolte anche ad analizzare i mercati europei oppure, se del caso, extraeuropei.

2. Le stazioni appaltanti possono ricorrere a una procedura negoziata senza pubblicazione di un bando nei seguenti casi:

a) quando non sia stata presentata alcuna offerta o alcuna offerta appropriata, né alcuna domanda di partecipazione o alcuna domanda di partecipazione appropriata, in esito all'esperimento di una procedura aperta o ristretta, purché le condizioni iniziali dell'appalto non siano sostanzialmente modificate e purché sia trasmessa una relazione alla Commissione europea, su richiesta di quest'ultima; un'offerta non è ritenuta appropriata se non presenta alcuna pertinenza con l'appalto ed è, quindi, manifestamente inadeguata a rispondere alle esigenze della stazione appaltante e ai requisiti specificati nei documenti di gara, salvo modifiche sostanziali. Una domanda di partecipazione non è ritenuta appropriata se l'operatore economico interessato è escluso ai sensi degli articoli 94, 95, 96, 97 e 98 o non soddisfa i requisiti stabiliti dalla stazione appaltante ai sensi dell'articolo 100;

b) quando i lavori, le forniture o i servizi possono essere forniti unicamente da un determinato operatore economico per una delle seguenti ragioni:

1) lo scopo dell'appalto consiste nella creazione o nell'acquisizione di un'opera d'arte o rappresentazione artistica unica;

2) la concorrenza è assente per motivi tecnici;

3) la tutela di diritti esclusivi, inclusi i diritti di proprietà intellettuale;

c) nella misura strettamente necessaria quando, per ragioni di estrema urgenza derivante da eventi imprevedibili dalla stazione appaltante, i termini per le procedure aperte o per le procedure ristrette o per le procedure competitive con negoziazione non possono essere rispettati; le circostanze invocate per giustificare l'estrema urgenza non devono essere in alcun caso imputabili alle stazioni appaltanti.

3. Le eccezioni di cui al comma 2, lettera b), numeri 2) e 3), si applicano solo quando non esistono altri operatori economici o soluzioni alternative ragionevoli e l'assenza di concorrenza non è il risultato di una limitazione artificiale dei parametri dell'appalto.

4. Nel caso di appalti pubblici di forniture la procedura di cui al presente articolo è inoltre consentita nei casi seguenti:

a) quando i prodotti oggetto dell'appalto siano fabbricati esclusivamente a scopo di ricerca, di sperimentazione, di studio o di sviluppo, salvo che si tratti di produzione in quantità volta ad accertare la redditività commerciale del prodotto o ad ammortizzare i costi di ricerca e di sviluppo;

b) nel caso di consegne complementari effettuate dal fornitore originario e destinate al rinnovo parziale di forniture o di impianti o all'ampliamento di forniture o impianti esistenti, quando il cambiamento di fornitore obblighi la stazione appaltante ad acquistare forniture con caratteristiche tecniche differenti, il cui impiego o la cui manutenzione comporterebbero incompatibilità o difficoltà tecniche sproporzionate; la durata di tali contratti e dei contratti rinnovabili non può comunque di regola superare i tre anni;

c) per forniture quotate e acquistate sul mercato delle materie prime;

d) per l'acquisto di forniture o servizi a condizioni particolarmente vantaggiose, da un fornitore che cessa definitivamente l'attività commerciale oppure dagli organi delle procedure concorsuali.

5. La procedura prevista dal presente articolo è altresì consentita negli appalti pubblici relativi ai servizi quando l'appalto faccia seguito a un concorso di progettazione e debba, in base alle norme applicabili, essere aggiudicato al vincitore o a uno dei vincitori del concorso. In quest'ultimo caso, tutti i vincitori devono essere invitati a partecipare ai negoziati.

6. La procedura prevista dal presente articolo può essere usata per nuovi lavori o servizi consistenti nella ripetizione di lavori o servizi analoghi, già affidati all'operatore economico aggiudicatario dell'appalto iniziale dalle medesime stazioni appaltanti, a condizione che tali lavori o servizi siano conformi al progetto a base di gara e che tale progetto sia stato oggetto di un primo appalto aggiudicato secondo una procedura di cui all'articolo 70, comma 1. Il progetto a base di gara indica l'entità di eventuali lavori o servizi complementari e le condizioni alle quali essi verranno aggiudicati. La possibilità di avvalersi della procedura prevista dal presente articolo è indicata sin dall'avvio del confronto competitivo nella prima operazione e l'importo totale previsto per la prosecuzione dei lavori o della prestazione dei servizi è computato per la determinazione del valore globale dell'appalto, ai fini dell'applicazione delle soglie di cui all'articolo 14, comma 1. Il ricorso a questa procedura è limitato al triennio successivo alla stipulazione del contratto di appalto iniziale.

7. Ove possibile, le stazioni appaltanti individuano gli operatori economici da consultare sulla base di informazioni riguardanti le caratteristiche di qualificazione economica e finanziaria e tecniche e professionali desunte dal mercato, nel rispetto dei principi di trasparenza e concorrenza, selezionando almeno tre operatori economici, se sussistono in tale numero soggetti idonei. La stazione appaltante sceglie l'operatore economico che ha offerto le condizioni più vantaggiose, ai sensi dell'articolo 108, previa verifica del possesso dei requisiti di partecipazione previsti per l'affidamento di contratti di uguale importo mediante procedura aperta, ristretta o mediante procedura competitiva con negoziazione.

Parte V
DELLO SVOLGIMENTO DELLE PROCEDURE

Titolo I
Gli atti preparatori

Art. 77. Consultazioni preliminari di mercato – 1. Le stazioni appaltanti possono svolgere consultazioni di mercato per predisporre gli atti di gara, ivi compresa la scelta delle procedure di gara, e per informare gli operatori economici degli appalti da esse programmati e dei relativi requisiti richiesti.

2. Per le finalità di cui al comma 1 le stazioni appaltanti possono acquisire informazioni, consulenze, relazioni e ogni altra documentazione idonea, anche di natura tecnica, da parte di esperti, operatori di mercato, autorità indipendenti o altri soggetti idonei. Tale documentazione può essere utilizzata anche nella pianificazione e nello svolgimento della procedura di appalto, a condizione che non abbia l'effetto di falsare la concorrenza e non comporti una violazione dei principi di non discriminazione e di trasparenza.

Art. 78. Partecipazione alle consultazioni preliminari di candidati o offerenti – 1. Qualora un candidato o un offerente o un'impresa collegata a un candidato o a un offerente abbia fornito la documentazione ovvero le informazioni, i dati e le notizie di cui all'articolo 77, comma 2, o abbia altrimenti partecipato alla preparazione della procedura di aggiudicazione dell'appalto, la stazione appaltante adotta misure adeguate per garantire la trasparenza e che la concorrenza non sia falsata dalla partecipazione del candidato o dell'offerente stesso. La comunicazione agli altri candidati e offerenti di informazioni pertinenti scambiate nel corso delle consultazioni preliminari, nonché la fissazione di termini adeguati per la ricezione delle offerte costituiscono la minima misura adeguata.

2. Qualora non sia possibile garantire il rispetto del principio della parità di trattamento, la stazione appaltante invita il candidato o l'offerente interessato a fornire, entro un termine comunque non superiore a dieci giorni, ogni elemento idoneo a provare che la sua partecipazione alla preparazione e alla scelta della procedura di aggiudicazione dell'appalto non costituisce causa di altera-

zione della concorrenza. Se la stazione appaltante non ritiene adeguate le giustificazioni fornite, il candidato o l'offerente interessato è escluso dalla procedura.

3. Le misure adottate dalla stazione appaltante sono indicate nella relazione unica prevista dall'articolo 112.

Art. 79. Specifiche tecniche – 1. Le specifiche tecniche sono definite e disciplinate dall'allegato II.5.

Art. 80. Etichettature – 1. Le etichettature sono definite e disciplinate dall'allegato II.5.

Art. 81. Avvisi di pre-informazione – 1. Le stazioni appaltanti rendono nota entro il 31 dicembre di ogni anno l'intenzione di bandire per l'anno successivo appalti pubblicando sul proprio sito istituzionale un avviso di pre-informazione recante le informazioni di cui all'allegato II.6, Parte I, lettera B, sezione B.1. Per gli appalti di importo pari o superiore alle soglie di cui all'articolo 14, l'avviso di preinformazione è pubblicato dall'Ufficio delle pubblicazioni dell'Unione europea o dalla stazione appaltante sul proprio sito istituzionale. In quest'ultimo caso le stazioni appaltanti comunicano l'avviso di preinformazione all'ANAC che, tramite la Banca dati nazionale dei contratti pubblici, cura l'invio al suddetto Ufficio di un avviso relativo alla pubblicazione sul sito istituzionale della stazione appaltante contenente le informazioni di cui all'allegato II.6, Parte I, lettera A.

2. Per le procedure ristrette e le procedure competitive con negoziazione, le stazioni appaltanti sub-centrali possono utilizzare un avviso di pre-informazione come indizione di gara, purché l'avviso soddisfi tutte le seguenti condizioni:

a) si riferisca specificatamente alle forniture, ai lavori o ai servizi che saranno oggetto dell'appalto da aggiudicare;

b) indichi che l'appalto sarà aggiudicato mediante una procedura ristretta o una procedura competitiva con negoziazione senza ulteriore pubblicazione di un avviso di indizione di gara e inviti gli operatori economici interessati a manifestare il proprio interesse;

c) contenga, oltre alle informazioni di cui all'allegato II.6, Parte I, lettera B, sezione B.1, le informazioni di cui all'allegato II.6, Parte I, lettera B, sezione B.2;

d) sia stato inviato alla pubblicazione non meno di trentacinque giorni e non oltre dodici mesi prima della data di invio dell'invito a confermare l'interesse di cui all'articolo 89, comma 1.

3. L'avviso di cui al comma 2 è pubblicato sul sito istituzionale della stazione appaltante quale pubblicazione supplementare a livello nazionale, a norma dell'articolo 85.

4. Il periodo coperto dall'avviso di pre-informazione non può superare il termine di dodici mesi dalla data di trasmissione dell'avviso per la pubblicazione. Tuttavia, nel caso di appalti pubblici per i servizi di cui all'allegato XIV alla direttiva 2014/24/UE del Parlamento europeo e del Consiglio, del 26 febbraio 2014, l'avviso di pre-informazione può coprire un periodo fino a ventiquattro mesi.

Art. 82. Documenti di gara – 1. Costituiscono documenti di gara, in particolare:

a) il bando, l'avviso di gara o la lettera d'invito;

b) il disciplinare di gara;

c) il capitolato speciale;

d) le condizioni contrattuali proposte.

2. In caso di contrasto o contraddittorietà tra le disposizioni contenute nei documenti di cui al comma 1 prevalgono quelle inserite nel bando o nell'avviso di gara.

Titolo II
I bandi, gli avvisi e gli inviti

Art. 83. Bandi e avvisi: contenuti e modalità di redazione – 1. Tutte le procedure di scelta del contraente sono indette mediante bandi o avvisi di gara, salve le eccezioni di legge. Nei bandi o negli avvisi è indicato il codice identificativo di gara (CIG) acquisito attraverso la Banca dati nazionale dei contratti pubblici.

2. I bandi, gli avvisi di pre-informazione e gli avvisi relativi agli appalti aggiudicati contengono le informazioni rispettivamente indicate nell'allegato II.6. I bandi di gara indicano altresì la durata del procedimento di gara, nel rispetto dei termini massimi di cui all'articolo 17, comma 3, e i criteri ambientali minimi di cui all'articolo 57, comma 2.

3. Successivamente all'adozione da parte dell'ANAC di bandi tipo, i bandi di gara sono redatti in conformità degli stessi. Le stazioni appaltanti, nella delibera a contrarre, motivano espressamente in ordine alle deroghe al bando-tipo.

Art. 84. Pubblicazione a livello europeo – 1. I bandi, gli avvisi di pre-informazione e gli avvisi relativi agli appalti aggiudicati di importo pari o superiore alle soglie di cui all'articolo 14 sono redatti dalle stazioni appaltanti e trasmessi all'Ufficio delle pubblicazioni dell'Unione europea, per il tramite della Banca dati nazionale dei contratti pubblici, secondo modalità conformi all'allegato II.7. La conferma da parte di detto Ufficio della ricezione e dell'avviso della pubblicazione trasmessa, con l'indicazione della data della pubblicazione, vale come prova della pubblicazione. In sede di prima applicazione del codice, l'allegato II.7 è abrogato a decorrere dalla data di entrata in vigore di un corrispondente regolamento adottato ai sensi dell'articolo 17, comma 3, della legge 23 agosto 1988, n. 400, con decreto del Ministro delle infrastrutture e dei trasporti, che lo sostituisce integralmente anche in qualità di allegato al codice.

2. I bandi e gli avvisi sono pubblicati per esteso in lingua italiana, fatte salve le norme vigenti nella provincia autonoma di Bolzano in materia di bilinguismo; il testo pubblicato in tali lingue è l'unico facente fede. Una sintesi degli elementi importanti di ciascun avviso o bando è pubblicata, a cura dell'Ufficio delle pubblicazioni dell'Unione europea, nelle altre lingue ufficiali delle istituzioni dell'Unione europea.

3. Le stazioni appaltanti possono inviare per la pubblicazione avvisi relativi ad appalti pubblici che non sono soggetti all'obbligo di pubblicazione da parte dell'Ufficio delle pubblicazioni dell'Unione europea, a condizione che essi siano trasmessi a tale ufficio secondo il modello e le modalità precisati al comma 1.

Art. 85. Pubblicazione a livello nazionale – 1. I bandi, gli avvisi di pre-informazione e quelli relativi agli appalti aggiudicati sono pubblicati, solo successivamente alla pubblicazione di cui all'articolo 84, sulla Banca dati nazionale dei contratti pubblici dell'ANAC e sul sito istituzionale della stazione appaltante o dell'ente concedente. Tuttavia, la pubblicazione può comunque avere luogo qualora la pubblicazione a livello europeo non sia stata notificata entro quarantotto ore dalla conferma della ricezione dell'avviso conformemente all'articolo 84.

2. Gli avvisi e i bandi pubblicati a livello nazionale sul sito istituzionale della stazione appaltante e sulla Banca dati nazionale dei contratti pubblici dell'ANAC non contengono informazioni diverse da quelle degli avvisi o bandi trasmessi all'Ufficio delle pubblicazioni dell'Unione europea e menzionano la data della trasmissione all'Ufficio delle pubblicazioni dell'Unione europea o della pubblicazione sul sito istituzionale della stazione appaltante.

3. Gli avvisi di pre-informazione di cui all'articolo 81, comma 1, non sono pubblicati sul sito istituzionale della stazione appaltante prima della trasmissione all'Ufficio delle pubblicazioni dell'Unione europea dell'avviso che ne annuncia la pubblicazione sotto tale forma. Gli avvisi indicano la data di tale trasmissione.

4. I bandi, gli avvisi di pre-informazione e quelli relativi agli appalti aggiudicati sono comunicati alla Banca dati nazionale dei contratti pubblici, che li pubblica successivamente al ricevimento della conferma di pubblicazione da parte dell'Ufficio delle pubblicazioni dell'Unione europea o decorso il termine di cui al comma 1. Avvenuta tale pubblicazione, le stazioni appaltanti rendono accessibili i documenti di gara attraverso il collegamento ipertestuale comunicato alla Banca dati stessa, garantendone l'accesso e la disponibilità fino al completamento della procedura di gara e all'esecuzione del contratto. Gli effetti giuridici degli atti oggetto di pubblicazione decorrono dalla data di pubblicazione nella Banca dati nazionale dei contratti pubblici.

5. Le pubblicazioni sulla banca dati ANAC e sul sito istituzionale della stazione appaltante avvengono senza oneri. La pubblicazione di informazioni ulteriori, complementari o aggiuntive rispetto a quelle indicate nel codice avviene esclusivamente in via digitale sul sito istituzionale della stazione appaltante.

Art. 86. Avviso volontario per la trasparenza preventiva – 1. L'avviso volontario per la trasparenza preventiva, il cui formato è stabilito dalla Commissione europea secondo la procedura di consultazione di cui all'articolo 3-*ter*, paragrafo 2, della direttiva 89/665/

CEE del Consiglio, del 21 dicembre 1989 e di cui all'articolo 3-*ter*, paragrafo 2, della direttiva 92/13/CEE del Consiglio, del 25 febbraio 1992, contiene le seguenti informazioni:

a) denominazione e recapito della stazione appaltante;

b) descrizione dell'oggetto del contratto;

c) motivazione della decisione della stazione appaltante di affidare il contratto senza pubblicazione di un bando di gara nella Gazzetta ufficiale dell'Unione europea;

d) denominazione e recapito dell'operatore economico a favore del quale è avvenuta l'aggiudicazione;

e) se del caso, qualunque altra informazione ritenuta utile dalla stazione appaltante.

Art. 87. Disciplinare di gara e capitolato speciale – 1. Il disciplinare di gara fissa le regole per lo svolgimento del procedimento di selezione delle offerte.

2. Il capitolato speciale definisce i contenuti del futuro rapporto contrattuale tra l'aggiudicatario e la stazione appaltante.

3. Il disciplinare di gara e il capitolato speciale indicano, per gli aspetti di rispettiva competenza, le specifiche tecniche, le etichettature, i rapporti di prova, le certificazioni e altri mezzi di prova, nonché il costo del ciclo di vita secondo quanto stabilito all'allegato II.8.

Art. 88. Disponibilità digitale dei documenti di gara – 1. A decorrere dalla data di pubblicazione di un avviso o da quella di invio di un invito a confermare l'interesse, i documenti di gara sono resi disponibili in forma digitale, in modo gratuito, illimitato e diretto. L'avviso e l'invito a confermare l'interesse indicano il collegamento ipertestuale presso il quale i documenti di gara sono accessibili.

2. Nei casi di impossibilità di utilizzare mezzi di comunicazione elettronica previsti dal codice l'avviso o l'invito a confermare l'interesse ne danno conto e indicano le modalità con cui i documenti sono trasmessi. In questi casi il termine per la presentazione delle offerte è prorogato di non oltre cinque giorni.

3. Le ulteriori informazioni richieste sui documenti di gara sono comunicate a tutti gli offerenti oppure rese disponibili sulla piattaforma di approvvigionamento digitale e sul sito istituzionale almeno

sei giorni prima della scadenza del termine stabilito per la ricezione delle offerte e almeno quattro giorni prima quando il termine per la ricezione delle offerte è ridotto.

Art. 89. Inviti ai candidati – 1. Nelle procedure ristrette, nel dialogo competitivo, nei partenariati per l'innovazione, nelle procedure competitive con negoziazione, le stazioni appaltanti invitano simultaneamente e per iscritto, attraverso le piattaforme di approvvigionamento digitale, i candidati selezionati a presentare le rispettive offerte o a negoziare o, nel caso di dialogo competitivo, a partecipare al dialogo. Nel caso di indizione di gara tramite un avviso di preinformazione, le stazioni appaltanti invitano con le stesse modalità gli operatori economici che già hanno espresso interesse a confermare nuovamente il loro interesse.

2. Gli inviti menzionano il collegamento ipertestuale al quale sono stati resi direttamente disponibili per via elettronica i documenti di gara e comprendono le informazioni indicate nell'allegato II.9. Gli inviti sono corredati dei documenti di gara se non sono stati resi disponibili ai sensi dell'articolo 88. In sede di prima applicazione del codice, l'allegato II.9 è abrogato a decorrere dalla data di entrata in vigore di un corrispondente regolamento adottato ai sensi dell'articolo 17, comma 3, della legge 23 agosto 1988, n. 400, con decreto del Ministro delle infrastrutture e dei trasporti, che lo sostituisce integralmente anche in qualità di allegato al codice.

Art. 90. Informazione ai candidati e agli offerenti – 1. Nel rispetto delle modalità previste dal codice, le stazioni appaltanti comunicano entro cinque giorni dall'adozione:

a) la motivata decisione di non aggiudicare un appalto ovvero di non concludere un accordo quadro, o di riavviare la procedura o di non attuare un sistema dinamico di acquisizione, corredata di relativi motivi, a tutti i candidati o offerenti;

b) l'aggiudicazione all'aggiudicatario;

c) l'aggiudicazione e il nome dell'offerente cui è stato aggiudicato l'appalto o parti dell'accordo quadro a tutti i candidati e concorrenti che hanno presentato un'offerta ammessa in gara, a coloro la cui candidatura o offerta non siano state definitivamente escluse, nonché a coloro che hanno impugnato il bando o la lettera di invito, se tali impugnazioni non siano state già respinte con pronuncia giurisdizionale definitiva;

d) l'esclusione ai candidati e agli offerenti esclusi, ivi compresi i motivi di esclusione o della decisione di non equivalenza o conformità dell'offerta;

e) la data di avvenuta stipulazione del contratto con l'aggiudicatario ai soggetti di cui alla lettera c).

2. Le comunicazioni di cui al comma 1, lettere b) e c), indicano la data di scadenza del termine dilatorio per la stipulazione del contratto, fermo restando quanto stabilito dall'articolo 18, comma 1.

3. Fermo quanto disposto dall'articolo 35, le stazioni appaltanti non divulgano le informazioni relative all'aggiudicazione degli appalti, alla conclusione di accordi quadro o all'ammissione ad un sistema dinamico di acquisizione, di cui ai commi 1 e 2, se la loro diffusione ostacola l'applicazione della legge o è contraria all'interesse pubblico, o pregiudica i legittimi interessi commerciali di operatori economici pubblici o privati o dell'operatore economico selezionato, oppure possa recare pregiudizio alla leale concorrenza tra questi.

Titolo III
La documentazione dell'offerente e i termini per la presentazione delle domande e delle offerte

Art. 91. Domande, documento di gara unico europeo, offerte – 1. L'operatore economico che intende partecipare ad una procedura per l'aggiudicazione di un appalto utilizza la piattaforma di approvvigionamento digitale messa a disposizione dalla stazione appaltante per compilare i seguenti atti:

a) la domanda di partecipazione;

b) il documento di gara unico europeo;

c) l'offerta;

d) ogni altro documento richiesto per la partecipazione alla procedura di gara.

2. La domanda di partecipazione contiene gli elementi di identificazione del concorrente e l'indicazione della forma giuridica con la quale si presenta in gara, l'eventuale dichiarazione della volontà di avvalersi di impresa ausiliaria, nonché l'indicazione dei dati e dei documenti relativi ai requisiti speciali di partecipazione di cui agli

articoli 100 e 103 contenuti nel fascicolo virtuale dell'operatore economico di cui all'articolo 24.

3. Con il documento di gara unico europeo, redatto in forma digitale in conformità al modello di formulario approvato con regolamento della Commissione europea, prodotto secondo il comma 1, l'operatore economico e le imprese ausiliarie dichiarano:

a) di essere in possesso dei requisiti di ordine generale di cui al Titolo IV, Capo II, della presente Parte;

b) di essere in possesso dei requisiti di ordine speciale di cui all'articolo 100 e, se richiesto, dei requisiti di cui all'articolo 103.

4. Il documento di gara unico europeo contiene tutte le informazioni richieste dalla stazione appaltante e, nel caso di partecipazione alla procedura di gara nella forma giuridica prevista dagli articoli 65 e 66, la dichiarazione circa la ripartizione della prestazione tra i componenti del raggruppamento o tra le imprese consorziate.

5. Le offerte tecniche ed economiche, redatte secondo le modalità di cui al comma 1, sono corredate dai documenti prescritti dal bando o dall'invito o dal capitolato di oneri. Nelle offerte l'operatore economico dichiara alla stazione appaltante il prezzo, i costi del personale e quelli aziendali per la sicurezza e le caratteristiche della prestazione, ovvero assume l'impegno ad eseguire la stessa alle condizioni indicate dalla stazione appaltante e dalla disciplina applicabile, nonché fornisce ogni altra informazione richiesta dalla stazione appaltante nei documenti di gara.

Art. 92. Fissazione dei termini per la presentazione delle domande e delle offerte – 1. Le stazioni appaltanti, fermi quelli minimi di cui agli articoli 71, 72, 73, 74, 75 e 76, fissano termini per la presentazione delle domande di partecipazione e delle offerte adeguati alla complessità dell'appalto e al tempo necessario alla preparazione delle offerte, tenendo conto del tempo necessario alla visita dei luoghi, ove indispensabile alla formulazione dell'offerta, e di quello per la consultazione sul posto dei documenti di gara e dei relativi allegati.

2. I termini di cui al comma 1 sono prorogati in misura adeguata e proporzionale:

a) se un operatore economico interessato a partecipare alla procedura di aggiudicazione abbia richiesto in tempo utile informazioni supplementari significative ai fini della preparazione dell'offerta e, per qualsiasi motivo, le abbia ricevute meno di sei giorni prima del termine stabilito per la presentazione delle offerte, o, in caso di procedura accelerata ai sensi degli articoli 71, comma 3, e 72, comma 6, meno di quattro giorni prima;

b) se sono apportate modifiche significative ai documenti di gara;

c) nei casi di cui all'articolo 25, comma 2, terzo periodo.

3. In caso di proroga dei termini di presentazione delle offerte è consentito agli operatori economici che hanno già presentato l'offerta di ritirarla ed eventualmente sostituirla.

4. Se nel corso della procedura di aggiudicazione la stazione appaltante richiede a un operatore economico un adempimento per il quale non è previsto un termine, tale termine è di dieci giorni, salvo che sia diversamente disposto dalla stessa stazione appaltante.

Titolo IV
I requisiti di partecipazione e la selezione dei partecipanti

Capo I
La commissione giudicatrice

Art. 93. Commissione giudicatrice – 1. Ai fini della selezione della migliore offerta nelle procedure di aggiudicazione di contratti di appalti con il criterio dell'offerta economicamente più vantaggiosa, dopo la scadenza del termine per la presentazione delle offerte, è nominata una commissione giudicatrice, che, su richiesta del RUP, svolge anche attività di supporto per la verifica dell'anomalia.

2. La commissione è composta da un numero dispari di componenti, in numero massimo di cinque, esperti nello specifico settore cui si riferisce l'oggetto del contratto. Possono essere nominati componenti supplenti.

3. La commissione è presieduta e composta da dipendenti della stazione appaltante o delle amministrazioni beneficiarie dell'intervento, in possesso del necessario inquadramento giuridico e di adeguate competenze professionali. Della commissione giudicatrice può far parte il RUP. In mancanza di adeguate professionalità in organico, la stazione appaltante può scegliere il Presidente e i singoli

componenti della commissione anche tra funzionari di altre amministrazioni e, in caso di documentata indisponibilità, tra professionisti esterni. Le nomine di cui al presente comma sono compiute secondo criteri di trasparenza, competenza e rotazione.

4. La commissione può riunirsi con modalità telematiche che salvaguardino la riservatezza delle comunicazioni. La commissione opera attraverso la piattaforma di approvvigionamento digitale per la valutazione della documentazione di gara e delle offerte dei partecipanti.

5. Non possono essere nominati commissari:

a) coloro che nel biennio precedente all'indizione della procedura di aggiudicazione sono stati componenti di organi di indirizzo politico della stazione appaltante;

b) coloro che sono stati condannati, anche con sentenza non passata in giudicato, per i reati previsti nel Capo I del Titolo II del Libro II del codice penale;

c) coloro che si trovano in una situazione di conflitto di interessi con uno degli operatori economici partecipanti alla procedura; costituiscono situazioni di conflitto di interessi quelle che determinano l'obbligo di astensione previste dall'articolo 7 del regolamento recante il codice di comportamento dei dipendenti pubblici, di cui al decreto del Presidente della Repubblica 16 aprile 2013, n. 62.

6. Salvo diversa motivata determinazione della stazione appaltante, in caso di rinnovo del procedimento di gara per effetto dell'annullamento dell'aggiudicazione o dell'esclusione di taluno dei concorrenti, è riconvocata la medesima commissione, tranne quando l'annullamento sia derivato da un vizio nella composizione della commissione.

7. Nelle procedure di aggiudicazione di contratti di appalto con il criterio del minor prezzo o costo, la valutazione delle offerte è effettuata da un seggio di gara, anche monocratico, composto da personale della stazione appaltante, scelto secondo criteri di trasparenza e competenza, al quale si applicano le cause di incompatibilità di cui alle lettere b) e c) del comma 5.

CAPO II
I requisiti di ordine generale

Art. 94. Cause di esclusione automatica – 1. È causa di esclusione di un operatore economico dalla partecipazione a una procedura d'appalto la condanna con sentenza definitiva o decreto penale di condanna divenuto irrevocabile per uno dei seguenti reati:

a) delitti, consumati o tentati, di cui agli articoli 416, 416-*bis* del codice penale oppure delitti commessi avvalendosi delle condizioni previste dal predetto articolo 416-*bis* oppure al fine di agevolare l'attività delle associazioni previste dallo stesso articolo, nonché per i delitti, consumati o tentati, previsti dall'articolo 74 del testo unico delle leggi in materia di disciplina degli stupefacenti e sostanze psicotrope, prevenzione, cura e riabilitazione dei relativi stati di tossicodipendenza, di cui al decreto del Presidente della Repubblica 9 ottobre 1990, n. 309, dall'articolo 291-*quater* del testo unico delle disposizioni legislative in materia doganale, di cui al decreto del Presidente della Repubblica 23 gennaio 1973, n. 43 e dall'articolo 452-*quaterdieces* del codice penale, in quanto riconducibili alla partecipazione a un'organizzazione criminale, quale definita all'articolo 2 della decisione quadro 2008/841/GAI del Consiglio dell'Unione europea, del 24 ottobre 2008;

b) delitti, consumati o tentati, di cui agli articoli 317, 318, 319, 319-*ter*, 319-*quater*, 320, 321, 322, 322-*bis*, 346-*bis*, 353, 353-*bis*, 354, 355 e 356 del codice penale nonché all'articolo 2635 del codice civile;

c) false comunicazioni sociali di cui agli articoli 2621 e 2622 del codice civile;

d) frode ai sensi dell'articolo 1 della convenzione relativa alla tutela degli interessi finanziari delle Comunità europee, del 26 luglio 1995;

e) delitti, consumati o tentati, commessi con finalità di terrorismo, anche internazionale, e di eversione dell'ordine costituzionale reati terroristici o reati connessi alle attività terroristiche;

f) delitti di cui agli articoli 648-*bis*, 648-*ter* e 648-*ter*.1 del codice penale, riciclaggio di proventi di attività criminose o finanziamento del terrorismo, quali definiti all'articolo 1 del decreto legislativo 22 giugno 2007, n. 109;

g) sfruttamento del lavoro minorile e altre forme di tratta di esseri umani definite con il decreto legislativo 4 marzo 2014, n. 24;

h) ogni altro delitto da cui derivi, quale pena accessoria, l'incapacità di contrattare con la pubblica amministrazione.

2. È altresì causa di esclusione la sussistenza, con riferimento ai soggetti indicati al comma 3, di ragioni di decadenza, di sospensione o di divieto previste dall'articolo 67 del codice delle leggi antimafia e delle misure di prevenzione, di cui al decreto legislativo 6 settembre 2011, n. 159 o di un tentativo di infiltrazione mafiosa di cui all'articolo 84, comma 4, del medesimo codice. Resta fermo quanto previsto dagli articoli 88, comma 4-*bis*, e 92, commi 2 e 3, del codice di cui al decreto legislativo n. 159 del 2011, con riferimento rispettivamente alle comunicazioni antimafia e alle informazioni antimafia. La causa di esclusione di cui all'articolo 84, comma 4, del codice di cui al decreto legislativo n. 159 del 2011 non opera se, entro la data dell'aggiudicazione, l'impresa sia stata ammessa al controllo giudiziario ai sensi dell'articolo 34-*bis* del medesimo codice. In nessun caso l'aggiudicazione può subire dilazioni in ragione della pendenza del procedimento suindicato.

3. L'esclusione di cui ai commi 1 e 2 è disposta se la sentenza o il decreto oppure la misura interdittiva ivi indicati sono stati emessi nei confronti:

a) dell'operatore economico ai sensi e nei termini di cui al decreto legislativo 8 giugno 2001, n. 231;

b) del titolare o del direttore tecnico, se si tratta di impresa individuale;

c) di un socio amministratore o del direttore tecnico, se si tratta di società in nome collettivo;

d) dei soci accomandatari o del direttore tecnico, se si tratta di società in accomandita semplice;

e) dei membri del consiglio di amministrazione cui sia stata conferita la legale rappresentanza, ivi compresi gli institori e i procuratori generali;

f) dei componenti degli organi con poteri di direzione o di vigilanza o dei soggetti muniti di poteri di rappresentanza, di direzione o di controllo;

g) del direttore tecnico o del socio unico;

h) dell'amministratore di fatto nelle ipotesi di cui alle lettere precedenti.

4. Nel caso in cui il socio sia una persona giuridica l'esclusione va disposta se la sentenza o il decreto ovvero la misura interdittiva sono stati emessi nei confronti degli amministratori di quest'ultima.

5. Sono altresì esclusi:

a) l'operatore economico destinatario della sanzione interdittiva di cui all'articolo 9, comma 2, lettera c), del decreto legislativo 8 giugno 2001, n. 231, o di altra sanzione che comporta il divieto di contrarre con la pubblica amministrazione, compresi i provvedimenti interdittivi di cui all'articolo 14 del decreto legislativo 9 aprile 2008, n. 81;

b) l'operatore economico che non abbia presentato la certificazione di cui all'articolo 17 della legge 12 marzo 1999, n. 68, ovvero non abbia presentato dichiarazione sostitutiva della sussistenza del medesimo requisito;

c) in relazione alle procedure afferenti agli investimenti pubblici finanziati, in tutto o in parte, con le risorse previste dal regolamento (UE) n. 240/2021 del Parlamento europeo e del Consiglio, del 10 febbraio 2021 e dal regolamento (UE) n. 241/2021 del Parlamento europeo e del Consiglio, del 12 febbraio 2021, gli operatori economici tenuti alla redazione del rapporto sulla situazione del personale, ai sensi dell'articolo 46 del codice delle pari opportunità tra uomo e donna, di cui al decreto legislativo 11 aprile 2006, n. 198, che non abbiano prodotto, al momento della presentazione della domanda di partecipazione o dell'offerta, copia dell'ultimo rapporto redatto, con attestazione della sua conformità a quello trasmesso alle rappresentanze sindacali aziendali e alla consigliera e al consigliere regionale di parità ai sensi del comma 2 del citato articolo 46, oppure, in caso di inosservanza dei termini previsti dal comma 1 del medesimo articolo 46, con attestazione della sua contestuale trasmissione alle rappresentanze sindacali aziendali e alla consigliera e al consigliere regionale di parità;

d) l'operatore economico che sia stato sottoposto a liquidazione giudiziale o si trovi in stato di liquidazione coatta o di concordato preventivo o nei cui confronti sia in corso un procedimento per l'accesso a una di tali procedure, fermo restando quanto previsto dall'articolo 95 del codice della crisi di impresa e dell'insolvenza, di cui al decreto legislativo 12 gennaio 2019, n. 14, dall'articolo 186-*bis*, comma 5, del regio decreto 16 marzo 1942, n. 267 e dall'articolo 124 del presente codice. L'esclusione non opera se, entro la data dell'aggiudicazione, sono stati adottati i provvedimenti di cui all'articolo 186-*bis*, comma 4, del regio decreto n. 267 del 1942 e all'articolo 95, commi 3 e 4, del codice di cui al decreto legislativo n. 14 del 2019, a meno che non intervengano ulteriori circostanze escludenti relative alle procedure concorsuali;

e) l'operatore economico iscritto nel casellario informatico tenuto dall'ANAC per aver presentato false dichiarazioni o falsa documentazione nelle procedure di gara e negli affidamenti di subappalti; la causa di esclusione perdura fino a quando opera l'iscrizione nel casellario informatico;

f) l'operatore economico iscritto nel casellario informatico tenuto dall'ANAC per aver presentato false dichiarazioni o falsa documentazione ai fini del rilascio dell'attestazione di qualificazione, per il periodo durante il quale perdura l'iscrizione.

6. È inoltre escluso l'operatore economico che ha commesso violazioni gravi, definitivamente accertate, degli obblighi relativi al pagamento delle imposte e tasse o dei contributi previdenziali, secondo la legislazione italiana o quella dello Stato in cui sono stabiliti. Costituiscono gravi violazioni definitivamente accertate quelle indicate nell'allegato II.10. Il presente comma non si applica quando l'operatore economico ha ottemperato ai suoi obblighi pagando o impegnandosi in modo vincolante a pagare le imposte o i contributi previdenziali dovuti, compresi eventuali interessi o sanzioni, oppure quando il debito tributario o previdenziale sia comunque integralmente estinto, purché l'estinzione, il pagamento o l'impegno si siano perfezionati anteriormente alla scadenza del termine di presentazione dell'offerta.

7. L'esclusione non è disposta e il divieto di aggiudicare non si applica quando il reato è stato depenalizzato oppure quando è intervenuta la riabilitazione oppure, nei casi di condanna ad una pena accessoria perpetua, quando questa è stata dichiarata estinta ai sensi dell'articolo 179, settimo comma, del codice penale, oppure quando il reato è stato dichiarato estinto dopo la condanna oppure in caso di revoca della condanna medesima.

Art. 95. Cause di esclusione non automatica – 1. La stazione appaltante esclude dalla partecipazione alla procedura un operatore economico qualora accerti:

a) sussistere gravi infrazioni, debitamente accertate con qualunque mezzo adeguato, alle norme in materia di salute e di sicurezza sul lavoro nonché agli obblighi in materia ambientale, sociale e del lavoro stabiliti dalla normativa europea e nazionale, dai contratti collettivi o dalle disposizioni internazionali elencate nell'allegato X alla direttiva 2014/24/UE del Parlamento europeo e del Consiglio del 26 febbraio 2014;

b) che la partecipazione dell'operatore economico determini una situazione di conflitto di interesse di cui all'articolo 16 non diversamente risolvibile;

c) sussistere una distorsione della concorrenza derivante dal precedente coinvolgimento degli operatori economici nella preparazione della procedura d'appalto che non possa essere risolta con misure meno intrusive;

d) sussistere rilevanti indizi tali da far ritenere che le offerte degli operatori economici siano imputabili ad un unico centro decisionale a cagione di accordi intercorsi con altri operatori economici partecipanti alla stessa gara;

e) che l'offerente abbia commesso un illecito professionale grave, tale da rendere dubbia la sua integrità o affidabilità, dimostrato dalla stazione appaltante con mezzi adeguati. All'articolo 98 sono indicati, in modo tassativo, i gravi illeciti professionali, nonché i mezzi adeguati a dimostrare i medesimi.

2. La stazione appaltante esclude altresì un operatore economico qualora ritenga che lo stesso ha commesso gravi violazioni non definitivamente accertate agli obblighi relativi al pagamento di imposte e tasse o contributi previdenziali. Costituiscono gravi violazioni non definitivamente accertate in materia fiscale quelle indicate nell'allegato II.10. La gravità va in ogni caso valutata anche tenendo conto del valore dell'appalto. Il presente comma non si applica quando l'operatore economico ha ottemperato ai suoi obblighi pagando o impegnandosi in modo vincolante a pagare le imposte o i contributi previdenziali dovuti, compresi eventuali interessi o sanzioni, oppure quando il debito tributario o previdenziale sia comunque integralmente estinto, purché l'estinzione, il pagamento o l'impegno si siano perfezionati anteriormente alla scadenza del termine di presentazione dell'offerta, oppure nel caso in cui l'operatore economico abbia compensato il debito tributario con crediti certificati vantati nei confronti della pubblica amministrazione.

3. Con riferimento alle fattispecie di cui al comma 3, lettera h), dell'articolo 98, l'esclusione non è disposta e il divieto di aggiudicare non si applica quando:

a) il reato è stato depenalizzato;

b) è intervenuta la riabilitazione;

c) nei casi di condanna a una pena accessoria perpetua, questa è stata dichiarata estinta ai sensi dell'articolo 179, settimo comma, del codice penale;

d) il reato è stato dichiarato estinto dopo la condanna;

e) la condanna è stata revocata.

Art. 96. Disciplina dell'esclusione – 1. Salvo quanto previsto dai commi 2, 3, 4, 5 e 6, le stazioni appaltanti escludono un operatore economico in qualunque momento della procedura d'appalto, qualora risulti che questi si trovi, a causa di atti compiuti od omessi prima o nel corso della procedura, in una delle situazioni di cui agli articoli 94 e 95.

2. L'operatore economico che si trovi in una delle situazioni di cui all'articolo 94, a eccezione del comma 6, e all'articolo 95, a eccezione del comma 2, non è escluso se si sono verificate le condizioni di cui al comma 6 del presente articolo e ha adempiuto agli oneri di cui ai commi 3 o 4 del presente articolo.

3. Se la causa di esclusione si è verificata prima della presentazione dell'offerta, l'operatore economico, contestualmente all'offerta, la comunica alla stazione appaltante e, alternativamente:

a) comprova di avere adottato le misure di cui al comma 6;

b) comprova l'impossibilità di adottare tali misure prima della presentazione dell'offerta e successivamente ottempera ai sensi del comma 4.

4. Se la causa di esclusione si è verificata successivamente alla presentazione dell'offerta, l'operatore economico adotta e comunica le misure di cui al comma 6.

5. In nessun caso l'aggiudicazione può subire dilazioni in ragione dell'adozione delle misure di cui al comma 6.

6. Un operatore economico che si trovi in una delle situazioni di cui all'articolo 94, a eccezione del comma 6, e all'articolo 95, a eccezione del comma 2, può fornire prova del fatto che le misure da lui adottate sono sufficienti a dimostrare la sua affidabilità. Se tali mi-

sure sono ritenute sufficienti e tempestivamente adottate, esso non è escluso dalla procedura d'appalto. A tal fine, l'operatore economico dimostra di aver risarcito o di essersi impegnato a risarcire qualunque danno causato dal reato o dall'illecito, di aver chiarito i fatti e le circostanze in modo globale collaborando attivamente con le autorità investigative e di aver adottato provvedimenti concreti di carattere tecnico, organizzativo e relativi al personale idonei a prevenire ulteriori reati o illeciti. Le misure adottate dagli operatori economici sono valutate considerando la gravità e le particolari circostanze del reato o dell'illecito, nonché la tempestività della loro assunzione. Se la stazione appaltante ritiene che le misure siano intempestive o insufficienti, ne comunica le ragioni all'operatore economico.

7. Un operatore economico escluso con sentenza definitiva dalla partecipazione alle procedure di appalto o di concessione non può avvalersi della possibilità prevista dai commi 2, 3, 4, 5 e 6 nel corso del periodo di esclusione derivante da tale sentenza.

8. Se la sentenza penale di condanna definitiva non fissa la durata della pena accessoria della incapacità di contrattare con la pubblica amministrazione, la condanna produce effetto escludente dalle procedure d'appalto:

a) in perpetuo, nei casi in cui alla condanna consegue di diritto la pena accessoria perpetua, ai sensi dell'articolo 317-*bis*, primo comma, primo periodo, del codice penale, salvo che la pena sia dichiarata estinta ai sensi dell'articolo 179, settimo comma, del codice penale;

b) per un periodo pari a sette anni nei casi previsti dall'articolo 317-*bis*, primo comma, secondo periodo, del codice penale, salvo che sia intervenuta riabilitazione;

c) per un periodo pari a cinque anni nei casi diversi da quelli di cui alle lettere a) e b), salvo che sia intervenuta riabilitazione.

9. Nei casi di cui alle lettere b) e c) del comma 8, se la pena principale ha una durata inferiore, rispettivamente, a sette e cinque anni di reclusione, l'effetto escludente che ne deriva si produce per un periodo avente durata pari alla durata della pena principale.

10. Le cause di esclusione di cui all'articolo 95 rilevano:

a) per tre anni decorrenti dalla commissione del fatto, nel caso di cui all'articolo 95, comma 1, lettera a);

b) per la sola gara cui la condotta si riferisce, nei casi di cui all'articolo 95, comma 1, lettere b), c) e d);

c) nel caso di cui all'articolo 95, comma 1, lettera e), salvo che ricorra la condotta di cui al comma 3, lettera b), dell'articolo 98, per tre anni decorrenti rispettivamente:

1) dalla data di emissione di uno degli atti di cui all'articolo 407-*bis*, comma 1, del codice di procedura penale oppure di eventuali provvedimenti cautelari personali o reali del giudice penale, se antecedenti all'esercizio dell'azione penale ove la situazione escludente consista in un illecito penale rientrante tra quelli valutabili ai sensi del comma 1 dell'articolo 94 oppure ai sensi del comma 3, lettera h), dell'articolo 98;

2) dalla data del provvedimento sanzionatorio irrogato dall'Autorità garante della concorrenza e del mercato o da altra autorità di settore nel caso in cui la situazione escludente discenda da tale atto;

3) dalla commissione del fatto in tutti gli altri casi.

11. L'eventuale impugnazione di taluno dei provvedimenti suindicati non rileva ai fini della decorrenza del triennio.

12. L'operatore economico ha l'onere di comunicare immediatamente alla stazione appaltante la sussistenza di taluno dei provvedimenti menzionati ai numeri 1) e 2) della lettera c) del comma 10, ove non menzionati nel proprio fascicolo virtuale. Se contravviene all'onere di comunicazione il triennio inizia a decorrere dalla data in cui la stazione appaltante ha acquisito taluno di detti provvedimenti.

13. Le cause di esclusione previste dagli articoli 94 e 95 non si applicano alle aziende o società sottoposte a sequestro o confisca ai sensi dell'articolo 240-*bis* del codice penale o degli articoli 20 e 24 del codice delle leggi antimafia e delle misure di prevenzione, di cui al decreto legislativo 6 settembre 2011, n. 159, e affidate ad un custode o amministratore giudiziario o finanziario, limitatamente a quelle riferite al periodo precedente al predetto affidamento.

14. L'operatore economico ha l'obbligo di comunicare alla stazione appaltante la sussistenza dei fatti e dei provvedimenti che possono costituire causa di esclusione ai sensi degli articoli 94 e 95, ove non menzionati nel proprio fascicolo virtuale. L'omissione di tale comunicazione o la non veridicità della medesima, pur non costituendo di per sé causa di esclusione, può rilevare ai sensi del comma 4 dell'articolo 98.

15. In caso di presentazione di falsa dichiarazione o falsa documentazione, nelle procedure di gara e negli affidamenti di subappal-

to, la stazione appaltante ne dà segnalazione all'ANAC che, se ritiene che siano state rese con dolo o colpa grave tenuto conto della rilevanza o della gravità dei fatti oggetto della falsa dichiarazione o della presentazione di falsa documentazione, dispone l'iscrizione nel casellario informatico ai fini dell'esclusione dalle procedure di gara e dagli affidamenti di subappalto ai sensi dell'articolo 94, comma 5, lettera e), per un periodo fino a due anni, decorso il quale l'iscrizione è cancellata e perde comunque efficacia.

Art. 97. Cause di esclusione di partecipanti a raggruppamenti – 1. Fermo restando quanto previsto dall'articolo 96, commi 2, 3, 4, 5 e 6, il raggruppamento non è escluso qualora un suo partecipante sia interessato da una causa automatica o non automatica di esclusione o dal venir meno di un requisito di qualificazione, se si sono verificate le condizioni di cui al comma 2 e ha adempiuto ai seguenti oneri:

a) in sede di presentazione dell'offerta:

1) ha comunicato alla stazione appaltante la causa escludente verificatasi prima della presentazione dell'offerta e il venir meno, prima della presentazione dell'offerta, del requisito di qualificazione, nonché il soggetto che ne è interessato;

2) ha comprovato le misure adottate ai sensi del comma 2 o l'impossibilità di adottarle prima di quella data;

b) ha adottato e comunicato le misure di cui al comma 2 prima dell'aggiudicazione, se la causa escludente si è verificata successivamente alla presentazione dell'offerta o il requisito di qualificazione è venuto meno successivamente alla presentazione dell'offerta.

2. Fermo restando l'articolo 96, se un partecipante al raggruppamento si trova in una delle situazioni di cui agli articoli 94 e 95 o non è in possesso di uno dei requisiti di cui all'articolo 100, il raggruppamento può comprovare di averlo estromesso o sostituito con altro soggetto munito dei necessari requisiti, fatta salva l'immodificabilità sostanziale dell'offerta presentata. Se tali misure sono ritenute sufficienti e tempestivamente adottate, il raggruppamento non è escluso dalla procedura d'appalto. Se la stazione appaltante ritiene che le misure siano intempestive o insufficienti, l'operatore economico è escluso con decisione motivata.

3. I commi 1 e 2 si applicano anche ai consorzi ordinari. Si applicano altresì ai consorzi fra imprese artigiane, nonché ai consorzi stabili limitatamente alle consorziate esecutrici e alle consorziate aventi i requisiti di cui i consorzi si avvalgono.

Art. 98. Illecito professionale grave – 1. L'illecito professionale grave rileva solo se compiuto dall'operatore economico offerente, salvo quanto previsto dal comma 3, lettere g) ed h).

2. L'esclusione di un operatore economico ai sensi dell'articolo 95, comma 1, lettera e) è disposta e comunicata dalla stazione appaltante quando ricorrono tutte le seguenti condizioni:

a) elementi sufficienti ad integrare il grave illecito professionale;

b) idoneità del grave illecito professionale ad incidere sull'affidabilità e integrità dell'operatore;

c) adeguati mezzi di prova di cui al comma 6.

3. L'illecito professionale si può desumere al verificarsi di almeno uno dei seguenti elementi:

a) sanzione esecutiva irrogata dall'Autorità garante della concorrenza e del mercato o da altra autorità di settore, rilevante in relazione all'oggetto specifico dell'appalto;

b) condotta dell'operatore economico che abbia tentato di influenzare indebitamente il processo decisionale della stazione appaltante o di ottenere informazioni riservate a proprio vantaggio oppure che abbia fornito, anche per negligenza, informazioni false o fuorvianti suscettibili di influenzare le decisioni sull'esclusione, la selezione o l'aggiudicazione;

c) condotta dell'operatore economico che abbia dimostrato significative o persistenti carenze nell'esecuzione di un precedente contratto di appalto o di concessione che ne hanno causato la risoluzione per inadempimento oppure la condanna al risarcimento del danno o altre sanzioni comparabili, derivanti da inadempienze particolarmente gravi o la cui ripetizione sia indice di una persistente carenza professionale;

d) condotta dell'operatore economico che abbia commesso grave inadempimento nei confronti di uno o più subappaltatori;

e) condotta dell'operatore economico che abbia violato il divieto di intestazione fiduciaria di cui all'articolo 17 della legge 19 marzo 1990, n. 55, laddove la violazione non sia stata rimossa;

f) omessa denuncia all'autorità giudiziaria da parte dell'operatore economico persona offesa dei reati previsti e puniti dagli articoli 317 e 629 del codice penale aggravati ai sensi dell'articolo 416-*bis*.1 del medesimo codice salvo che ricorrano i casi previsti dall'articolo 4, primo comma, della legge 24 novembre 1981, n. 689. Tale circostanza deve emergere dagli indizi a base della richiesta di rinvio a giudizio formulata nei confronti dell'imputato per i reati di cui al primo periodo nell'anno antecedente alla pubblicazione del bando e deve essere comunicata, unitamente alle generalità del soggetto che ha omesso la predetta denuncia, dal procuratore della Repubblica procedente all'ANAC, la quale ne cura la pubblicazione;

g) contestata commissione da parte dell'operatore economico, ovvero dei soggetti di cui al comma 3 dell'articolo 94 di taluno dei reati consumati o tentati di cui al comma 1 del medesimo articolo 94;

h) contestata o accertata commissione, da parte dell'operatore economico oppure dei soggetti di cui al comma 3 dell'articolo 94, di taluno dei seguenti reati consumati:

1) abusivo esercizio di una professione, ai sensi dell'articolo 348 del codice penale;

2) bancarotta semplice, bancarotta fraudolenta, omessa dichiarazione di beni da comprendere nell'inventario fallimentare o ricorso abusivo al credito, di cui agli articoli 216, 217, 218 e 220 del regio decreto 16 marzo 1942, n. 267;

3) i reati tributari ai sensi del decreto legislativo 10 marzo 2000, n. 74, i delitti societari di cui agli articoli 2621 e seguenti del codice civile o i delitti contro l'industria e il commercio di cui agli articoli da 513 a 517 del codice penale;

4) i reati urbanistici di cui all'articolo 44, comma 1, lettere b) e c), del testo unico delle disposizioni legislative e regolamentari in materia di edilizia, di cui al decreto del Presidente della Repubblica 6 giugno 2001, n. 380, con riferimento agli affidamenti aventi ad oggetto lavori o servizi di architettura e ingegneria;

5) i reati previsti dal decreto legislativo 8 giugno 2001, n. 231.

4. La valutazione di gravità tiene conto del bene giuridico e dell'entità della lesione inferta dalla condotta integrante uno degli elementi di cui al comma 3 e del tempo trascorso dalla violazione, anche in relazione a modifiche intervenute nel frattempo nell'organizzazione dell'impresa.

5. Le dichiarazioni omesse o non veritiere rese nella stessa gara e diverse da quelle di cui alla lettera b) del comma 3 possono essere utilizzate a supporto della valutazione di gravità riferita agli elementi di cui al comma 3.

6. Costituiscono mezzi di prova adeguati, in relazione al comma 3:

a) quanto alla lettera a), i provvedimenti sanzionatori esecutivi resi dall'Autorità garante della concorrenza e del mercato o da altra autorità di settore;

b) quanto alla lettera b), la presenza di indizi gravi, precisi e concordanti che rendano evidente il ricorrere della situazione escludente;

c) quanto alla lettera c), l'intervenuta risoluzione per inadempimento o la condanna al risarcimento del danno o ad altre conseguenze comparabili;

d) quanto alla lettera d), la emissione di provvedimenti giurisdizionali anche non definitivi;

e) quanto alla lettera e), l'accertamento definitivo della violazione;

f) quanto alla lettera f), gli elementi ivi indicati;

g) quanto alla lettera g), gli atti di cui all'articolo 407-*bis*, comma 1, del codice di procedura penale, il decreto che dispone il giudizio ai sensi dell'articolo 429 del codice di procedura penale, o eventuali provvedimenti cautelari reali o personali emessi dal giudice penale, la sentenza di condanna non definitiva, il decreto penale di condanna non irrevocabile, la sentenza non irrevocabile di applicazione della pena su richiesta ai sensi dell'articolo 444 del codice di procedura penale;

h) quanto alla lettera h), la sentenza di condanna definitiva, il decreto penale di condanna irrevocabile, la condanna non definitiva, i provvedimenti cautelari reali o personali, ove emessi dal giudice penale;

7. La stazione appaltante valuta i provvedimenti sanzionatori e giurisdizionali di cui al comma 6 motivando sulla ritenuta idoneità dei medesimi a incidere sull'affidabilità e sull'integrità dell'offerente; l'eventuale impugnazione dei medesimi è considerata nell'ambito della valutazione volta a verificare la sussistenza della causa escludente.

8. Il provvedimento di esclusione deve essere motivato in relazione a tutte e tre le condizioni di cui al comma 2.

Capo III
Gli altri requisiti di partecipazione alla gara

Art. 99. Verifica del possesso dei requisiti – 1. La stazione appaltante verifica l'assenza di cause di esclusione automatiche di cui all'articolo 94 attraverso la consultazione del fascicolo virtuale dell'operatore economico di cui all'articolo 24, la consultazione degli altri documenti allegati dall'operatore economico, nonché tramite l'interoperabilità con la piattaforma digitale nazionale dati di cui all'articolo 50-*ter* del codice dell'amministrazione digitale, di cui al decreto legislativo 7 marzo 2005, n. 82 e con le banche dati delle pubbliche amministrazioni.

2. La stazione appaltante, con le medesime modalità di cui al comma 1, verifica l'assenza delle cause di esclusione non automatica di cui all'articolo 95 e il possesso dei requisiti di partecipazione di cui agli articoli 100 e 103.

3. Agli operatori economici non possono essere richiesti documenti che comprovano il possesso dei requisiti di partecipazione o altra documentazione utile ai fini dell'aggiudicazione, se questi sono presenti nel fascicolo virtuale dell'operatore economico, sono già in possesso della stazione appaltante, per effetto di una precedente aggiudicazione o conclusione di un accordo quadro, ovvero possono essere acquisiti tramite interoperabilità con la piattaforma digitale nazionale dati di cui all'articolo 50-*ter* del codice di cui al decreto legislativo n. 82 del 2005 e con le banche dati delle pubbliche amministrazioni.

Art. 100. Requisiti di ordine speciale – 1. Sono requisiti di ordine speciale:

a) l'idoneità professionale;

b) la capacità economica e finanziaria;

c) le capacità tecniche e professionali.

2. Le stazioni appaltanti richiedono requisiti di partecipazione proporzionati e attinenti all'oggetto dell'appalto.

3. Per le procedure di aggiudicazione di appalti di servizi e forniture le stazioni appaltanti richiedono l'iscrizione nel registro della camera di commercio, industria, artigianato e agricoltura o nel registro delle commissioni provinciali per l'artigianato o presso i com-

petenti ordini professionali per un'attività pertinente anche se non coincidente con l'oggetto dell'appalto. All'operatore economico di altro Stato membro non residente in Italia è richiesto di dichiarare ai sensi del testo unico delle disposizioni legislative e regolamentari in materia di documentazione amministrativa, di cui al decreto del Presidente della Repubblica del 28 dicembre 2000, n. 445, di essere iscritto in uno dei registri professionali o commerciali di cui all'allegato II.11. In sede di prima applicazione del codice, l'allegato II.11 è abrogato a decorrere dalla data di entrata in vigore di un corrispondente regolamento adottato ai sensi dell'articolo 17, comma 3, della legge 23 agosto 1988, n. 400, con decreto del Presidente del Consiglio dei ministri su proposta del Ministro per gli affari europei, ove nominato, che lo sostituisce integralmente anche in qualità di allegato al codice.

4. Per le procedure di aggiudicazione di appalti di lavori di importo pari o superiore a 150.000 euro le stazioni appaltanti richiedono che gli operatori economici siano qualificati. L'attestazione di qualificazione è rilasciata da organismi di diritto privato autorizzati dall'ANAC. Il sistema di qualificazione per gli esecutori di lavori pubblici, articolato in rapporto alle categorie di opere ed all'importo delle stesse è disciplinato dall'allegato II.12. Le categorie di opere si distinguono in categorie di opere generali e categorie di opere specializzate. Il possesso di attestazione di qualificazione in categorie e classifiche adeguate ai lavori da appaltare rappresenta condizione necessaria e sufficiente per la dimostrazione dei requisiti di partecipazione di cui al presente articolo nonché per l'esecuzione, a qualsiasi titolo, dell'appalto. In sede di prima applicazione del codice l'allegato II.12 è abrogato a decorrere dalla data di entrata in vigore di un corrispondente regolamento emanato ai sensi dell'articolo 17, comma 1, della legge 23 agosto 1988, n. 400, su proposta del Ministro delle infrastrutture e dei trasporti, sentita l'ANAC, che lo sostituisce integralmente anche in qualità di allegato al codice.

5. Per ottenere o rinnovare l'attestazione di qualificazione gli operatori economici devono:

a) essere iscritti nel registro della camera di commercio, industria, artigianato e agricoltura o nel registro delle commissioni provinciali per l'artigianato o presso i competenti ordini professionali per un'attività, prevista dall'oggetto sociale e compresa nella categoria per la quale è richiesta l'attestazione;

b) non essere incorsi nelle cause di esclusione di cui al Capo II del presente Titolo nel triennio precedente alla data della domanda di rilascio o di rinnovo dell'attestazione di qualificazione;

c) essere in possesso di certificazioni di sistemi di qualità conformi alle norme europee e alla vigente normativa nazionale, rilasciate da soggetti accreditati.

6. L'organismo di attestazione rilascia l'attestazione di qualificazione per la categoria di opere generali o specializzate per l'esecuzione delle quali l'operatore economico risulti essere in possesso di adeguata capacità economica e finanziaria, di adeguata dotazione di attrezzature tecniche e risorse umane, e dispone la classificazione per importi in ragione della documentata pregressa esperienza professionale.

7. Fino alla emanazione del regolamento di cui al sesto periodo del comma 4, il periodo di attività documentabile è quello relativo ai quindici anni antecedenti la data di sottoscrizione del contratto con la società organismo di attestazione (SOA) e la qualificazione ha durata di cinque anni, con verifica entro il terzo anno del mantenimento dei requisiti.

8. Con il regolamento di cui al sesto periodo del comma 4 sono in ogni caso disciplinati:

a) la procedura per ottenere l'attestazione di qualificazione e per il suo rinnovo, prevedendo che l'operatore economico richieda la conferma dell'attestazione nel caso in cui, nel periodo di validità dell'attestazione, intervenga una modifica soggettiva;

b) i requisiti per la dimostrazione dell'adeguata capacità economica e finanziaria e per la dimostrazione del possesso di adeguate attrezzature tecniche e di adeguato organico;

c) le modalità di qualificazione degli operatori economici di cui all'articolo 67, comma 1, sulla base del criterio del cumulo nonché i criteri di imputazione di cui all'articolo 67, comma 6;

d) le modalità di documentazione delle pregresse esperienze professionali, considerando anche i lavori eseguiti a favore di soggetti privati che siano comprovati da idonea documentazione;

e) le modalità di verifica a campione compiute dagli organismi di attestazione;

f) il periodo di durata dell'attestazione di qualificazione e i periodi intermedi di verifica del mantenimento dei requisiti;

g) i casi di sospensione e di decadenza dall'attestazione di qualificazione già rilasciata, prevedendo sanzioni interdittive nel caso di presentazione di falsa documentazione agli organismi di attestazione.

9. Relativamente agli organismi di attestazione, con il regolamento di cui al sesto periodo del comma 4 sono in ogni caso disciplinati:

a) i requisiti soggettivi, organizzativi, finanziari e tecnici per il conseguimento dell'autorizzazione all'esercizio dell'attività di qualificazione degli operatori economici nonché la procedura per ottenere l'autorizzazione;

b) le sanzioni pecuniarie e interdittive, fino alla decadenza dell'autorizzazione, per le violazioni commesse dagli organismi di attestazione, anche alle richieste di informazioni e di atti loro rivolte dall'ANAC nell'esercizio dell'attività di vigilanza, secondo un criterio di proporzionalità e nel rispetto del contraddittorio;

c) le modalità dell'esercizio dell'attività di vigilanza da parte dell'ANAC;

d) gli obblighi di conservazione e di pubblicazione della documentazione in capo agli organismi di attestazione;

e) gli obblighi di comunicazione all'ANAC in capo agli organismi di attestazione.

10. Con il regolamento di cui al sesto periodo del comma 4 è altresì definita la disciplina della qualificazione degli operatori economici per gli appalti di servizi e forniture. Il regolamento contiene, tra l'altro: la definizione delle tipologie per le quali è possibile una classificazione per valore, la competenza a rilasciare la relativa attestazione, la procedura e le condizioni per la relativa richiesta, il regime sanzionatorio.

11. Fino alla data di entrata in vigore del regolamento di cui al sesto periodo del comma 4, per le procedure di aggiudicazione di appalti di servizi e forniture, le stazioni appaltanti possono richiedere agli operatori economici quale requisito di capacità economica e finanziaria un fatturato globale non superiore al doppio del valore stimato dell'appalto, maturato nel triennio precedente a quello di indizione della procedura. In caso di procedure di aggiudicazione suddivise in pluralità di lotti, salvo diversa motivata scelta della stazione appaltante, il fatturato è richiesto per ciascun lotto. Le stazioni appaltanti possono, altresì, richiedere agli operatori econo-

mici quale requisito di capacità tecnica e professionale di aver eseguito nel precedente triennio dalla data di indizione della procedura di gara contratti analoghi a quello in affidamento anche a favore di soggetti privati.

12. Salvo quanto previsto dall'articolo 102 o da leggi speciali, le stazioni appaltanti richiedono esclusivamente i requisiti di partecipazione previsti dal presente articolo.

13. Gli organismi di cui al comma 4 segnalano immediatamente all'ANAC i casi in cui gli operatori economici, ai fini della qualificazione, rendono dichiarazioni false o producono documenti non veritieri.

Art. 101. Soccorso istruttorio – 1. Salvo che al momento della scadenza del termine per la presentazione dell'offerta il documento sia presente nel fascicolo virtuale dell'operatore economico, la stazione appaltante assegna un termine non inferiore a cinque giorni e non superiore a dieci giorni per:

a) integrare di ogni elemento mancante la documentazione trasmessa alla stazione appaltante nel termine per la presentazione delle offerte con la domanda di partecipazione alla procedura di gara o con il documento di gara unico europeo, con esclusione della documentazione che compone l'offerta tecnica e l'offerta economica; la mancata presentazione della garanzia provvisoria, del contratto di avvalimento e dell'impegno a conferire mandato collettivo speciale in caso di raggruppamenti di concorrenti non ancora costituiti è sanabile mediante documenti aventi data certa anteriore al termine fissato per la presentazione delle offerte;

b) sanare ogni omissione, inesattezza o irregolarità della domanda di partecipazione, del documento di gara unico europeo e di ogni altro documento richiesto dalla stazione appaltante per la partecipazione alla procedura di gara, con esclusione della documentazione che compone l'offerta tecnica e l'offerta economica. Non sono sanabili le omissioni, inesattezze e irregolarità che rendono assolutamente incerta l'identità del concorrente.

2. L'operatore economico che non adempie alle richieste della stazione appaltante nel termine stabilito è escluso dalla procedura di gara.

3. La stazione appaltante può sempre richiedere chiarimenti sui contenuti dell'offerta tecnica e dell'offerta economica e su ogni loro allegato. L'operatore economico è tenuto a fornire risposta nel ter-

mine fissato dalla stazione appaltante, che non può essere inferiore a cinque giorni e superiore a dieci giorni. I chiarimenti resi dall'operatore economico non possono modificare il contenuto dell'offerta tecnica e dell'offerta economica.

4. Fino al giorno fissato per la loro apertura, l'operatore economico, con le stesse modalità di presentazione della domanda di partecipazione, può richiedere la rettifica di un errore materiale contenuto nell'offerta tecnica o nell'offerta economica di cui si sia avveduto dopo la scadenza del termine per la loro presentazione a condizione che la rettifica non comporti la presentazione di una nuova offerta, o comunque la sua modifica sostanziale, e che resti comunque assicurato l'anonimato.

Art. 102. Impegni dell'operatore economico – 1. Nei bandi, negli avvisi e negli inviti le stazioni appaltanti, tenuto conto della prestazione oggetto del contratto, richiedono agli operatori economici di assumere i seguenti impegni:

a) garantire la stabilità occupazionale del personale impiegato;

b) garantire l'applicazione dei contratti collettivi nazionali e territoriali di settore, tenendo conto, in relazione all'oggetto dell'appalto e alle prestazioni da eseguire, anche in maniera prevalente, di quelli stipulati dalle associazioni dei datori e dei prestatori di lavoro comparativamente più rappresentative sul piano nazionale e di quelli il cui ambito di applicazione sia strettamente connesso con l'attività oggetto dell'appalto o della concessione svolta dall'impresa anche in maniera prevalente, nonché garantire le stesse tutele economiche e normative per i lavoratori in subappalto rispetto ai dipendenti dell'appaltatore e contro il lavoro irregolare;

c) garantire le pari opportunità generazionali, di genere e di inclusione lavorativa per le persone con disabilità o svantaggiate.

2. Per i fini di cui al comma 1 l'operatore economico indica nell'offerta le modalità con le quali intende adempiere quegli impegni. La stazione appaltante verifica l'attendibilità degli impegni assunti con qualsiasi adeguato mezzo, anche con le modalità di cui all'articolo 110, solo nei confronti dell'offerta dell'aggiudicatario.

Art. 103. Requisiti di partecipazione a procedure di lavori di rilevante importo – 1. Per gli appalti di lavori di importo pari o superiore ai 20 milioni di euro, oltre ai requisiti di cui all'articolo 100, la stazione appaltante può richiedere requisiti aggiuntivi:

a) per verificare la capacità economico-finanziaria dell'operatore economico; in tal caso quest'ultimo fornisce i parametri economico-finanziari significativi richiesti, certificati da società di revisione ovvero da altri soggetti preposti che si affianchino alle valutazioni tecniche proprie dell'organismo di certificazione, da cui emerga in modo inequivoco l'esposizione finanziaria dell'operatore economico al momento in cui partecipa a una gara di appalto; in alternativa, la stazione appaltante può richiedere un volume d'affari in lavori pari a due volte l'importo a base di gara, che l'operatore economico deve aver realizzato nei migliori cinque dei dieci anni antecedenti alla data di pubblicazione del bando;

b) per verificare la capacità professionale per gli appalti per i quali è richiesta la classifica illimitata; in tal caso l'operatore economico fornisce prova di aver eseguito lavori per entità e tipologia compresi nella categoria individuata come prevalente a quelli posti in appalto opportunamente certificati dalle rispettive stazioni appaltanti, tramite presentazione del certificato di esecuzione lavori; tale requisito si applica solo agli appalti di lavori di importo pari o superiore a 100 milioni di euro.

Art. 104. Avvalimento – 1. L'avvalimento è il contratto con il quale una o più imprese ausiliarie si obbligano a mettere a disposizione di un operatore economico che concorre in una procedura di gara dotazioni tecniche e risorse umane e strumentali per tutta la durata dell'appalto. Il contratto di avvalimento è concluso in forma scritta a pena di nullità con indicazione specifica delle risorse messe a disposizione dell'operatore economico. Il contratto di avvalimento è normalmente oneroso, salvo che risponda anche a un interesse dell'impresa ausiliaria, e può essere concluso a prescindere dalla natura giuridica dei legami tra le parti.

2. Qualora il contratto di avvalimento sia concluso per acquisire un requisito necessario alla partecipazione a una procedura di aggiudicazione di un appalto di lavori di importo pari o superiore a euro 150.000, o di un appalto di servizi e forniture, esso ha per oggetto le dotazioni tecniche e le risorse che avrebbero consentito all'operatore economico di ottenere l'attestazione di qualificazione richiesta.

3. Qualora il contratto di avvalimento sia stipulato con impresa ausiliaria in possesso di autorizzazione o altro titolo abilitativo richiesto per la partecipazione alla procedura di aggiudicazione ai sensi dell'articolo 100, comma 3, o con un soggetto in possesso di titoli di studio o professionali necessari all'esecuzione della prestazione oggetto dell'appalto, i lavori o i servizi sono eseguiti direttamente dall'impresa ausiliaria. Si applicano le disposizioni in materia di subappalto.

4. L'operatore economico allega alla domanda di partecipazione il contratto di avvalimento in originale o copia autentica, specificando se intende avvalersi delle risorse altrui per acquisire un requisito di partecipazione o per migliorare la propria offerta, e allega, nel caso di cui al comma 2, la certificazione rilasciata dalla SOA o dall'ANAC. L'impresa ausiliaria è tenuta a dichiarare alla stazione appaltante:

a) di essere in possesso dei requisiti di ordine generale di cui al Capo II del presente Titolo;

b) di essere in possesso dei requisiti di cui all'articolo 100 per i servizi e le forniture;

c) di impegnarsi verso l'operatore economico e verso la stessa stazione appaltante a mettere a disposizione per tutta la durata dell'appalto le risorse oggetto del contratto di avvalimento.

5. L'impresa ausiliaria trasmette la propria attestazione di qualificazione nel caso di avvalimento finalizzato all'acquisizione del requisito di partecipazione a una procedura di aggiudicazione di lavori. In caso di dichiarazioni mendaci, fermo restando l'applicazione dell'articolo 96, comma 15, nei confronti dei sottoscrittori, la stazione appaltante assegna all'operatore economico concorrente un termine, non superiore a dieci giorni, per indicare un'altra impresa ausiliaria idonea, purché la sostituzione dell'impresa ausiliaria non conduca a una modifica sostanziale dell'offerta dell'operatore economico. Nel caso di mancato rispetto del termine assegnato, la stazione appaltante esclude l'operatore economico.

6. La stazione appaltante verifica se l'impresa ausiliaria è in possesso dei requisiti dichiarati con le modalità di cui agli articoli 91 e 105, quest'ultimo con riguardo ai mezzi di prova e al registro *online*, e se sussistono cause di esclusione ai sensi del Capo II del presente Titolo. La stazione appaltante consente all'operatore economico di sostituire i soggetti che non soddisfano un pertinente criterio di selezione o per i quali sussistono motivi di esclusione.

7. L'operatore economico e l'impresa ausiliaria sono responsabili in solido nei confronti della stazione appaltante in relazione alle prestazioni oggetto del contratto. Gli obblighi previsti dalla normativa antimafia a carico dell'operatore economico si applicano anche nei confronti del soggetto ausiliario, in ragione dell'importo dell'appalto posto a base di gara.

8. Il contratto è in ogni caso eseguito dall'impresa che partecipa alla gara, alla quale è rilasciato il certificato di esecuzione, salvo quanto previsto dal comma 3.

9. In relazione a ciascun affidamento la stazione appaltante in corso d'esecuzione effettua le verifiche sostanziali circa l'effettivo possesso dei requisiti e delle risorse oggetto dell'avvalimento da parte dell'impresa ausiliaria, nonché l'effettivo impiego delle risorse medesime nell'esecuzione dell'appalto. A tal fine il RUP accerta in corso d'opera che le prestazioni oggetto di contratto siano svolte direttamente dalle risorse umane e strumentali dell'impresa ausiliaria che il titolare del contratto utilizza in adempimento degli obblighi derivanti dal contratto di avvalimento. Ha, inoltre, l'obbligo di inviare ad entrambe le parti del contratto di avvalimento le comunicazioni ai sensi dell'articolo 29 e quelle inerenti all'esecuzione dei lavori. La stazione appaltante trasmette all'Autorità tutte le dichiarazioni di avvalimento, indicando altresì l'aggiudicatario, per l'esercizio della vigilanza, e per la prescritta pubblicità.

10. L'avvalimento non è ammesso per soddisfare il requisito dell'iscrizione all'Albo nazionale dei gestori ambientali di cui all'articolo 212 del decreto legislativo 3 aprile 2006, n. 152.

11. Nel caso di appalti di lavori, di appalti di servizi e operazioni di posa in opera o installazione nel quadro di un appalto di fornitura, le stazioni appaltanti possono prevedere nei documenti di gara che taluni compiti essenziali, ivi comprese le opere per le quali sono necessari lavori o componenti di notevole contenuto tecnologico o di rilevante complessità tecnica, quali strutture, impianti e opere speciali, siano direttamente svolti dall'offerente o, nel caso di un'offerta presentata da un raggruppamento di operatori economici, da un partecipante al raggruppamento.

12. Nei soli casi in cui l'avvalimento sia finalizzato a migliorare l'offerta, non è consentito che partecipino alla medesima gara l'impresa ausiliaria e quella che si avvale delle risorse da essa messe a disposizione.

Art. 105. Rapporti di prova, certificazioni delle qualità, mezzi di prova, registro on line dei certificati e costi del ciclo vita – 1. I rapporti di prova, le certificazioni e altri mezzi di prova, nonché il costo del ciclo di vita sono disciplinati all'allegato II.8. In sede di prima applicazione del codice, l'allegato II.8 è abrogato a decorrere dalla data di entrata in vigore di un corrispondente regolamento adottato ai sensi dell'articolo 17, comma 3, della legge 23 agosto 1988, n. 400, con decreto del Presidente del Consiglio dei ministri, su proposta del Ministro delle infrastrutture e dei trasporti, che lo sostituisce integralmente anche in qualità di allegato al codice.

Art. 106. Garanzie per la partecipazione alla procedura – 1. L'offerta è corredata da una garanzia provvisoria pari al 2 per cento del valore complessivo della procedura indicato nel bando o nell'invito. Per rendere l'importo della garanzia proporzionato e adeguato alla natura delle prestazioni oggetto dell'affidamento e al grado di rischio a esso connesso, la stazione appaltante può motivatamente ridurre l'importo sino all'1 per cento oppure incrementarlo sino al 4 per cento. Nel caso di procedure di gara realizzate in forma aggregata da centrali di committenza, l'importo della garanzia è fissato nel bando o nell'invito nella misura massima del 2 per cento del valore complessivo della procedura. In caso di partecipazione alla gara di un raggruppamento temporaneo di imprese, anche se non ancora costituito, la garanzia deve coprire le obbligazioni di ciascuna impresa del raggruppamento medesimo. La garanzia provvisoria può essere costituita sotto forma di cauzione oppure di fideiussione.

2. La cauzione è costituita presso l'istituto incaricato del servizio di tesoreria o presso le aziende autorizzate, a titolo di pegno a favore della stazione appaltante, esclusivamente con bonifico o con altri strumenti e canali di pagamento elettronici previsti dall'ordinamento vigente. Si applica, quanto allo svincolo, il comma 10.

3. La garanzia fideiussoria di cui al comma 1 a scelta dell'appaltatore può essere rilasciata da imprese bancarie o assicurative che rispondano ai requisiti di solvibilità previsti dalle leggi che ne disciplinano le rispettive attività, oppure dagli intermediari finanziari iscritti nell'albo di cui all'articolo 106 del testo unico delle leggi in materia bancaria e creditizia, di cui al decreto legislativo 1° settembre 1993, n. 385, che svolgono in via esclusiva o prevalente attività di ri-

lascio di garanzie e che sono sottoposti a revisione contabile da parte di una società di revisione iscritta nell'apposito albo e che abbiano i requisiti minimi di solvibilità richiesti dalla vigente normativa bancaria assicurativa. La garanzia fideiussoria deve essere emessa e firmata digitalmente; essa deve essere altresì verificabile telematicamente presso l'emittente ovvero gestita mediante ricorso a piattaforme operanti con tecnologie basate su registri distribuiti ai sensi dell'articolo 8-*ter*, comma 1, del decreto-legge 14 dicembre 2018, n. 135, convertito, con modificazioni, dalla legge 11 febbraio 2019, n. 12, conformi alle caratteristiche stabilite dall'AGID con il provvedimento di cui all'articolo 26, comma 1 ([1]).

4. La garanzia deve prevedere espressamente la rinuncia al beneficio della preventiva escussione del debitore principale, la rinuncia all'eccezione di cui all'articolo 1957, secondo comma, del codice civile, nonché l'operatività della garanzia medesima entro quindici giorni, a semplice richiesta scritta della stazione appaltante.

5. La garanzia deve avere efficacia per almeno centottanta giorni dalla data di presentazione dell'offerta. Il bando o l'invito possono richiedere una garanzia con termine di validità maggiore o minore, in relazione alla durata presumibile del procedimento, e possono altresì prescrivere che l'offerta sia corredata dell'impegno del garante a rinnovare la garanzia, su richiesta della stazione appaltante nel corso della procedura, per la durata indicata nel bando, nel caso in cui al momento della sua scadenza non sia ancora intervenuta l'aggiudicazione.

6. La garanzia copre la mancata aggiudicazione dopo la proposta di aggiudicazione e la mancata sottoscrizione del contratto imputabili a ogni fatto riconducibile all'affidatario o conseguenti all'adozione di informazione antimafia interdittiva emessa ai sensi degli articoli 84 e 91 del codice delle leggi antimafia e delle misure di prevenzione, di cui al decreto legislativo 6 settembre 2011, n. 159.

7. La garanzia è svincolata automaticamente al momento della sottoscrizione del contratto.

8. L'importo della garanzia e del suo eventuale rinnovo è ridotto del 30 per cento per gli operatori economici ai quali sia rilasciata, da organismi accreditati, ai sensi delle norme europee della serie UNI CEI EN 45000 e della serie UNI CEI EN ISO/IEC 17000, la certificazione del sistema di qualità conforme alle norme europee della serie UNI CEI ISO 9000. Si applica la riduzione del 50 per cento, non

cumulabile con quella di cui al primo periodo, nei confronti delle micro, delle piccole e delle medie imprese e dei raggruppamenti di operatori economici o consorzi ordinari costituiti esclusivamente da micro, piccole e medie imprese. L'importo della garanzia e del suo eventuale rinnovo è ridotto del 10 per cento, cumulabile con la riduzione di cui al primo e secondo periodo, quando l'operatore economico presenti una fideiussione, emessa e firmata digitalmente, che sia gestita mediante ricorso a piattaforme operanti con tecnologie basate su registri distribuiti ai sensi del comma 3. L'importo della garanzia e del suo eventuale rinnovo è ridotto fino ad un importo massimo del 20 per cento, cumulabile con le riduzioni di cui al primo e secondo periodo, quando l'operatore economico possegga uno o più delle certificazioni o marchi individuati, tra quelli previsti dall'allegato II.13, nei documenti di gara iniziali che fissano anche l'importo della riduzione, entro il limite massimo predetto. In caso di cumulo delle riduzioni, la riduzione successiva è calcolata sull'importo che risulta dalla riduzione precedente. Per fruire delle riduzioni di cui al presente comma l'operatore economico segnala, in sede di offerta, il possesso dei relativi requisiti e lo documenta nei modi prescritti dalle norme vigenti. In sede di prima applicazione del codice, l'allegato II.13 è abrogato a decorrere dalla data di entrata in vigore di un corrispondente regolamento adottato ai sensi dell'articolo 17, comma 3, della legge 23 agosto 1988, n. 400, con decreto del Ministro delle infrastrutture e dei trasporti, di concerto con il Ministro dell'ambiente e della sicurezza energetica e il Ministro per gli affari europei, che lo sostituisce integralmente anche in qualità di allegato al codice.

9. Le garanzie fideiussorie devono essere conformi allo schema tipo di cui all'articolo 117, comma 12. Si applicano inoltre i periodi secondo e terzo dello stesso comma.

10. La stazione appaltante, nell'atto con cui comunica l'aggiudicazione ai non aggiudicatari, provvede nei loro confronti allo svincolo della garanzia di cui al comma 1. La garanzia perde comunque efficacia alla scadenza del termine di trenta giorni dall'aggiudicazione.

11. Il presente articolo non si applica agli appalti di servizi aventi ad oggetto la redazione della progettazione e del piano di sicurezza e coordinamento e ai compiti di supporto alle attività del RUP.

---

(1) L'ANAC con propria delibera n. 606 del 19 dicembre 2023 ("Indica-

zioni operative per lo svolgimento della verifica di veridicità e autenticità delle garanzie fideiussorie ai sensi dell'articolo 106, comma 3, del decreto legislativo 31 marzo 2023, n. 36") ha fornito indicazioni operative transitorie per la verifica di autenticità della garanzia provvisoria fino al 30 giugno 2024. Per consultare la delibera:

Titolo V
La selezione delle offerte

Art. 107. Principi generali in materia di selezione – 1. Gli appalti sono aggiudicati sulla base di criteri stabiliti conformemente agli articoli da 108 a 110 previa verifica, in applicazione dell'articolo 91 e dell'allegato II.8, quest'ultimo con riguardo ai mezzi di prova e al registro *online*, della sussistenza dei seguenti presupposti:

a) l'offerta è conforme alle previsioni contenute nel bando di gara o nell'invito a confermare l'interesse nonché nei documenti di gara;

b) l'offerta proviene da un offerente che non è escluso ai sensi del Capo II del Titolo IV della presente Parte e che possiede i requisiti di cui all'articolo 100 e, se del caso, dell'articolo 103.

2. La stazione appaltante può decidere di non aggiudicare l'appalto all'offerente che ha presentato l'offerta economicamente più vantaggiosa se ha accertato che l'offerta non soddisfa gli obblighi in materia ambientale, sociale e del lavoro stabiliti dalla normativa europea e nazionale, dai contratti collettivi o dalle disposizioni internazionali di diritto del lavoro indicate nell'allegato X alla direttiva 2014/24/UE del Parlamento europeo e del Consiglio del 26 febbraio 2014.

3. Nelle procedure aperte, la stazione appaltante può disporre negli atti di gara che le offerte siano esaminate prima della verifica dell'idoneità degli offerenti. Tale facoltà può essere esercitata dopo la scadenza del termine per la presentazione delle offerte. Se si avvale di tale possibilità, la stazione appaltante garantisce che la verifica

dell'assenza dei motivi di esclusione e del rispetto dei criteri di selezione sia effettuata in maniera imparziale e trasparente.

Art. 108. Criteri di aggiudicazione degli appalti di lavori, servizi e forniture – 1. Fatte salve le disposizioni legislative, regolamentari o amministrative relative al prezzo di determinate forniture o alla remunerazione di servizi specifici, le stazioni appaltanti procedono all'aggiudicazione degli appalti di lavori, servizi e forniture e all'affidamento dei concorsi di progettazione e dei concorsi di idee sulla base del criterio dell'offerta economicamente più vantaggiosa, individuata sulla base del miglior rapporto qualità/prezzo o sulla base dell'elemento prezzo o del costo, seguendo un criterio di comparazione costo/efficacia quale il costo del ciclo di vita, conformemente a quanto previsto dall'allegato II.8, con riguardo al costo del ciclo di vita.

2. Sono aggiudicati esclusivamente sulla base del criterio dell'offerta economicamente più vantaggiosa individuata sulla base del miglior rapporto qualità/prezzo:

a) i contratti relativi ai servizi sociali e di ristorazione ospedaliera, assistenziale e scolastica, nonché ai servizi ad alta intensità di manodopera, come definiti dall'articolo 2, comma 1, lettera e), dell'allegato I.1;

b) i contratti relativi all'affidamento dei servizi di ingegneria e architettura e degli altri servizi di natura tecnica e intellettuale di importo pari o superiore a 140.000 euro;

c) i contratti di servizi e le forniture di importo pari o superiore a 140.000 euro caratterizzati da notevole contenuto tecnologico o che hanno un carattere innovativo;

d) gli affidamenti in caso di dialogo competitivo e di partenariato per l'innovazione;

e) gli affidamenti di appalto integrato;

f) i contratti relativi ai lavori caratterizzati da notevole contenuto tecnologico o con carattere innovativo.

3. Può essere utilizzato il criterio del minor prezzo per i servizi e le forniture con caratteristiche standardizzate o le cui condizioni sono definite dal mercato, fatta eccezione per i servizi ad alta intensità di manodopera di cui alla definizione dell'articolo 2, comma 1, lettera e), dell'allegato I.1.

4. I documenti di gara stabiliscono i criteri di aggiudicazione dell'offerta, pertinenti alla natura, all'oggetto e alle caratteristiche del contratto. In particolare, l'offerta economicamente più vantaggiosa, individuata sulla base del miglior rapporto qualità/prezzo, è valutata sulla base di criteri oggettivi, quali gli aspetti qualitativi, ambientali o sociali, connessi all'oggetto dell'appalto. La stazione appaltante, al fine di assicurare l'effettiva individuazione del miglior rapporto qualità/prezzo, valorizza gli elementi qualitativi dell'offerta e individua criteri tali da garantire un confronto concorrenziale effettivo sui profili tecnici. Nelle attività di approvvigionamento di beni e servizi informatici, le stazioni appaltanti, incluse le centrali di committenza, nella valutazione dell'elemento qualitativo ai fini dell'individuazione del miglior rapporto qualità prezzo per l'aggiudicazione, tengono sempre in considerazione gli elementi di cybersicurezza, attribuendovi specifico e peculiare rilievo nei casi in cui il contesto di impiego è connesso alla tutela degli interessi nazionali strategici. Nei casi di cui al quarto periodo, quando i beni e servizi informatici oggetto di appalto sono impiegati in un contesto connesso alla tutela degli interessi nazionali strategici, la stazione appaltante stabilisce un tetto massimo per il punteggio economico entro il limite del 10 per cento. Per i contratti ad alta intensità di manodopera, la stazione appaltante stabilisce un tetto massimo per il punteggio economico entro il limite del 30 per cento.

5. L'elemento relativo al costo, anche nei casi di cui alle disposizioni richiamate al comma 1, può assumere la forma di un prezzo o costo fisso sulla base del quale gli operatori economici competeranno solo in base a criteri qualitativi.

6. I criteri di aggiudicazione sono considerati connessi all'oggetto dell'appalto quando riguardino lavori, forniture o servizi da fornire sotto qualsiasi aspetto e in qualsiasi fase del loro ciclo di vita, compresi i fattori coinvolti nel processo specifico di produzione, fornitura o scambio di questi lavori, forniture o servizi o in un processo specifico per una fase successiva del loro ciclo di vita, anche se questi fattori non sono parte del loro contenuto sostanziale.

7. I documenti di gara oppure, in caso di dialogo competitivo, il bando o il documento descrittivo indicano i singoli criteri di valutazione e la relativa ponderazione, anche prevedendo una forcella in cui lo scarto tra il minimo e il massimo deve essere adeguato. Per ciascun criterio di valutazione prescelto possono essere previsti sub-

criteri e sub-pesi o sub-punteggi. Ai fini della tutela della libera concorrenza e della promozione del pluralismo degli operatori nel mercato, le procedure relative agli affidamenti di cui al Libro II, parte IV, possono prevedere, nel bando di gara, nell'avviso o nell'invito, criteri premiali atti a favorire la partecipazione delle piccole e medie imprese nella valutazione dell'offerta e a promuovere, per le prestazioni dipendenti dal principio di prossimità per la loro efficiente gestione, l'affidamento ad operatori economici con sede operativa nell'ambito territoriale di riferimento. Le disposizioni di cui al terzo periodo si applicano compatibilmente con il diritto dell'Unione europea e con i princìpi di parità di trattamento, non discriminazione, trasparenza e proporzionalità. Al fine di promuovere la parità di genere, le stazioni appaltanti prevedono nei bandi di gara, negli avvisi e negli inviti, il maggior punteggio da attribuire alle imprese per l'adozione di politiche tese al raggiungimento della parità di genere comprovata dal possesso della certificazione della parità di genere di cui all'articolo 46-*bis* del codice delle pari opportunità tra uomo e donna, di cui al decreto legislativo 11 aprile 2006, n. 198 ([1]).

8. Le stazioni appaltanti, quando ritengono la ponderazione di cui al comma 7 non possibile per ragioni oggettive, indicano nel bando di gara e nel capitolato d'oneri o, in caso di dialogo competitivo, nel bando o nel documento descrittivo, l'ordine decrescente di importanza dei criteri. Per attuare la ponderazione o comunque attribuire il punteggio a ciascun elemento dell'offerta, le stazioni appaltanti utilizzano metodologie che individuino con un unico parametro numerico finale l'offerta più vantaggiosa.

9. Nell'offerta economica l'operatore indica, a pena di esclusione, i costi della manodopera e gli oneri aziendali per l'adempimento delle disposizioni in materia di salute e sicurezza sui luoghi di lavoro eccetto che nelle forniture senza posa in opera e nei servizi di natura intellettuale.

10. Le stazioni appaltanti possono decidere di non procedere all'aggiudicazione se nessuna offerta risulti conveniente o idonea in relazione all'oggetto del contratto. Tale facoltà è indicata espressamente nel bando di gara o invito nelle procedure senza bando e può essere esercitata non oltre il termine di trenta giorni dalla conclusione delle valutazioni delle offerte.

11. In caso di appalti di lavori aggiudicati con il criterio dell'offerta economicamente più vantaggiosa, individuata sulla base del

migliore rapporto qualità/prezzo, le stazioni appaltanti non possono attribuire alcun punteggio per l'offerta di opere aggiuntive rispetto a quanto previsto nel progetto esecutivo a base d'asta.

12. Ogni variazione che intervenga, anche in conseguenza di una pronuncia giurisdizionale, successivamente al provvedimento di aggiudicazione, tenendo anche conto dell'eventuale inversione procedimentale, non è rilevante ai fini del calcolo di medie nella procedura, né per l'individuazione della soglia di anomalia delle offerte, eventualmente stabilita nei documenti di gara, e non produce conseguenze sui procedimenti relativi agli altri lotti della medesima gara.

(1) Comma così modificato dall'art. 6, comma 2-*bis*, d.l. 10 maggio 2023, n. 51, convertito, con modificazioni, dalla l. 3 luglio 2023, n. 87.

Art. 109. Reputazione dell'impresa – 1. È istituito presso l'ANAC, che ne cura la gestione, un sistema digitale di monitoraggio delle prestazioni, quale elemento del fascicolo virtuale degli operatori. Il sistema è fondato su requisiti reputazionali valutati sulla base di indici qualitativi e quantitativi, oggettivi e misurabili, nonché sulla base di accertamenti definitivi, che esprimono l'affidabilità dell'impresa in fase esecutiva, il rispetto della legalità e degli obiettivi di sostenibilità e responsabilità sociale.

2. L'ANAC definisce gli elementi del monitoraggio, le modalità di raccolta dei dati e il meccanismo di applicazione del sistema per incentivare gli operatori al rispetto dei principi del risultato di cui all'articolo 1 e di buona fede e affidamento di cui all'articolo 5, bilanciando questi elementi con il mantenimento dell'apertura del mercato, specie con riferimento alla partecipazione di nuovi operatori.

3. Alla presente disposizione è data attuazione entro diciotto mesi dalla data di entrata in vigore del codice, anche tenendo conto dei risultati ottenuti nel periodo iniziale di sperimentazione.

Art. 110. Offerte anormalmente basse – 1. Le stazioni appaltanti valutano la congruità, la serietà, la sostenibilità e la realizzabilità della migliore offerta, che in base a elementi specifici, inclusi i costi dichiarati ai sensi dell'articolo 108, comma 9, appaia anormalmente bassa. Il bando o l'avviso indicano gli elementi specifici ai fini della valutazione.

2. In presenza di un'offerta che appaia anormalmente bassa le stazioni appaltanti richiedono per iscritto all'operatore economico le spiegazioni sul prezzo o sui costi proposti, assegnando a tal fine un termine non superiore a quindici giorni.

3. Le spiegazioni di cui al comma 2 possono riguardare i seguenti elementi:

a) l'economia del processo di fabbricazione dei prodotti, dei servizi prestati o del metodo di costruzione;

b) le soluzioni tecniche prescelte o le condizioni eccezionalmente favorevoli di cui dispone l'offerente per fornire i prodotti, per prestare i servizi o per eseguire i lavori;

c) l'originalità dei lavori, delle forniture o dei servizi proposti dall'offerente.

4. Non sono ammesse giustificazioni:

a) in relazione a trattamenti salariali minimi inderogabili stabiliti dalla legge o da fonti autorizzate dalla legge;

b) in relazione agli oneri di sicurezza di cui alla normativa vigente.

5. La stazione appaltante esclude l'offerta se le spiegazioni fornite non giustificano adeguatamente il livello di prezzi o di costi proposti, tenendo conto degli elementi di cui al comma 3, oppure se l'offerta è anormalmente bassa in quanto:

a) non rispetta gli obblighi in materia ambientale, sociale e del lavoro stabiliti dalla normativa europea e nazionale, dai contratti collettivi o dalle disposizioni internazionali di diritto del lavoro indicate nell'allegato X alla direttiva 2014/24/UE del Parlamento europeo e del Consiglio del 26 febbraio 2014;

b) non rispetta gli obblighi di cui all'articolo 119;

c) sono incongrui gli oneri aziendali della sicurezza di cui all'articolo 108, comma 9, rispetto all'entità e alle caratteristiche dei lavori, dei servizi e delle forniture;

d) il costo del personale è inferiore ai minimi salariali retributivi indicati nelle apposite tabelle di cui all'articolo 41, comma 13.

6. Qualora accerti che un'offerta è anormalmente bassa in quanto l'offerente ha ottenuto un aiuto di Stato, la stazione appaltante può escluderla unicamente per questo motivo, soltanto dopo aver consultato l'offerente e se quest'ultimo non è in grado di dimostrare, entro un termine sufficiente stabilito dalla stazione appaltante, che l'aiuto era compatibile con il mercato interno ai sen-

si dell'articolo 107 del Trattato sul funzionamento dell'Unione europea. In caso di esclusione la stazione appaltante informa la Commissione europea.

Art. 111. Avvisi relativi agli appalti aggiudicati – 1. Le stazioni appaltanti che hanno aggiudicato un contratto pubblico o concluso un accordo quadro inviano un avviso secondo le modalità di pubblicazione di cui all'articolo 84, conforme all'allegato II.6, Parte I, lettera D, relativo ai risultati della procedura di aggiudicazione, entro trenta giorni dalla conclusione del contratto o dalla conclusione dell'accordo quadro.

2. Se la gara è stata indetta mediante un avviso di pre-informazione e se la stazione appaltante ha deciso che non aggiudicherà ulteriori appalti nel periodo coperto dall'avviso di pre-informazione, l'avviso di aggiudicazione contiene un'indicazione specifica al riguardo.

3. Nel caso di accordi quadro conclusi ai sensi dell'articolo 59, le stazioni appaltanti sono esentate dall'obbligo di inviare un avviso sui risultati della procedura di aggiudicazione di ciascun appalto basato su tale accordo e raggruppano gli avvisi sui risultati della procedura d'appalto per gli appalti fondati sull'accordo quadro su base trimestrale. In tal caso, esse inviano gli avvisi raggruppati entro trenta giorni dalla fine di ogni trimestre.

4. Le stazioni appaltanti inviano all'Ufficio delle pubblicazioni dell'Unione europea, conformemente a quanto previsto dall'articolo 84, un avviso di aggiudicazione di appalto entro trenta giorni dall'aggiudicazione di ogni appalto basata su un sistema dinamico di acquisizione. Esse possono tuttavia raggruppare gli avvisi su base trimestrale. In tal caso, inviano gli avvisi raggruppati al più tardi trenta giorni dopo la fine di ogni trimestre.

5. Fermo restando quanto disposto dagli articoli 35 e 36, talune informazioni relative all'aggiudicazione dell'appalto o alla conclusione dell'accordo quadro possono non essere pubblicate qualora la loro divulgazione ostacoli l'applicazione della legge, sia contraria all'interesse pubblico, pregiudichi i legittimi interessi commerciali di un particolare operatore economico, pubblico o privato, oppure possa arrecare pregiudizio alla concorrenza leale tra operatori economici.

Art. 112. Relazioni uniche sulle procedure di aggiudicazione degli appalti – 1. Per ogni appalto od ogni accordo quadro di importo pari o superiore alle soglie di cui all'articolo 14 e ogniqualvolta sia istituito un sistema dinamico di acquisizione, la stazione appaltante redige una relazione contenente almeno le seguenti informazioni:

a) il nome e l'indirizzo della stazione appaltante, l'oggetto e il valore dell'appalto, dell'accordo quadro o del sistema dinamico di acquisizione;

b) se del caso, i risultati della selezione qualitativa e della riduzione dei numeri di candidati altrimenti qualificati da invitare a partecipare o del numero di offerte e soluzioni:

1) i nomi dei candidati o degli offerenti selezionati e i motivi della selezione;

2) i nomi dei candidati o degli offerenti esclusi e i motivi dell'esclusione;

c) i motivi del rigetto delle offerte giudicate anormalmente basse;

d) il nome dell'aggiudicatario e le ragioni della scelta della sua offerta, nonché, se è nota, la parte dell'appalto o dell'accordo quadro che l'aggiudicatario intende subappaltare a terzi; e, se noti al momento della redazione, i nomi degli eventuali subappaltatori del contraente principale;

e) per le procedure competitive con negoziazione e i dialoghi competitivi, le circostanze di cui all'articolo 70 che giustificano l'utilizzazione di tali procedure;

f) per quanto riguarda le procedure negoziate senza pubblicazione di un bando di gara, le circostanze di cui all'articolo 76 che giustificano l'utilizzazione di tali procedure;

g) eventualmente, le ragioni per le quali l'amministrazione aggiudicatrice ha deciso di non aggiudicare un appalto, concludere un accordo quadro o istituire un sistema dinamico di acquisizione;

h) eventualmente, i conflitti di interesse individuati e le misure successivamente adottate.

2. La relazione di cui al comma 1 non è richiesta per gli appalti basati su accordi quadro conclusi con un solo operatore economico e aggiudicati entro i limiti delle condizioni fissate nell'accordo quadro, o se l'accordo quadro contiene tutti i termini che disciplinano la prestazione dei lavori, dei servizi e delle forniture in que-

stione nonché le condizioni oggettive per determinare quale degli operatori economici parti dell'accordo quadro effettuerà tale prestazione.

3. Quando l'avviso di aggiudicazione dell'appalto stilato a norma dell'articolo 111 o dell'articolo 127, comma 3, contiene le informazioni richieste al comma 1, le stazioni appaltanti possono fare riferimento a tale avviso.

4. Le stazioni appaltanti documentano lo svolgimento di tutte le procedure di aggiudicazione. Garantiscono la conservazione di una documentazione sufficiente a giustificare le decisioni adottate in tutte le fasi della procedura di appalto, quali la documentazione relativa alle comunicazioni con gli operatori economici e le deliberazioni interne, la preparazione dei documenti di gara, il dialogo o la negoziazione se previsti, la selezione e l'aggiudicazione dell'appalto. La documentazione è conservata per almeno cinque anni a partire dalla data di aggiudicazione dell'appalto, oppure, in caso di pendenza di una controversia, fino al passaggio in giudicato della relativa sentenza.

5. La relazione o i suoi principali elementi sono comunicati alla Cabina di regia di cui all'articolo 221 per la successiva comunicazione alla Commissione europea, alle autorità, agli organismi o alle strutture competenti, quando tale relazione è richiesta.

Parte VI
DELL'ESECUZIONE

Art. 113. Requisiti per l'esecuzione dell'appalto – 1. Le stazioni appaltanti possono richiedere requisiti particolari per l'esecuzione del contratto, purché siano compatibili con il diritto europeo e con i principi di parità di trattamento, non discriminazione, trasparenza, proporzionalità, innovazione e siano precisati nel bando di gara, o nell'invito in caso di procedure senza bando o nel capitolato d'oneri. Dette condizioni possono attenere, in particolare, a esigenze sociali e ambientali.

2. In sede di offerta gli operatori economici dichiarano di accettare i requisiti particolari nell'ipotesi in cui risulteranno aggiudicatari.

Art. 114. Direzione dei lavori e dell'esecuzione dei contratti – 1. L'esecuzione dei contratti aventi ad oggetto lavori, servizi o forniture è diretta dal RUP, che controlla i livelli di qualità delle prestazioni. Il RUP, nella fase dell'esecuzione, si avvale del direttore dell'esecuzione del contratto o del direttore dei lavori, del coordinatore in materia di salute e di sicurezza durante l'esecuzione previsto dal decreto legislativo 9 aprile 2008, n. 81, nonché del collaudatore oppure della commissione di collaudo o del verificatore della conformità e accerta il corretto ed effettivo svolgimento delle funzioni ad ognuno affidate.

2. Per la direzione e il controllo dell'esecuzione dei contratti relativi a lavori le stazioni appaltanti nominano, prima dell'avvio della procedura per l'affidamento, su proposta del RUP, un direttore dei lavori che può essere coadiuvato, in relazione alla complessità dell'intervento, da un ufficio di direzione dei lavori, costituito da uno o più direttori operativi e da ispettori di cantiere, ed eventualmente dalle figure previste nell'allegato I.9.

3. Il direttore dei lavori, con l'ufficio di direzione dei lavori, ove costituito, è preposto al controllo tecnico, contabile e amministrativo dell'esecuzione dell'intervento anche mediante metodi e strumenti di gestione informativa digitale di cui all'allegato I.9, se previsti, per eseguire i lavori a regola d'arte e in conformità al progetto e al contratto.

4. Nel caso di contratti di importo non superiore a 1 milione di euro e comunque in assenza di lavori complessi e di rischi di interferenze, il direttore dei lavori, se in possesso dei requisiti richiesti dalla normativa vigente sulla sicurezza, svolge anche le funzioni di coordinatore per la sicurezza in fase di esecuzione. Se il direttore dei lavori non può svolgere tali funzioni, la stazione appaltante designa almeno un direttore operativo in possesso dei requisiti, individuato con le modalità previste dal codice. In tal caso il coordinatore per la sicurezza in fase di esecuzione assume la responsabilità per le funzioni ad esso assegnate dalla normativa sulla sicurezza, operando in piena autonomia.

5. L'allegato II.14 stabilisce le attività e i compiti demandati al direttore dei lavori e agli assistenti con funzioni di direttori operativi e di ispettori di cantiere e, se presenti, delle figure di cui all'allegato I.9. In sede di prima applicazione del codice, l'allegato II.14 è abrogato a decorrere dalla data di entrata in vigore di un corrispon-

dente regolamento adottato ai sensi dell'articolo 17, comma 3, della legge 23 agosto 1988, n. 400, con decreto del Ministro delle infrastrutture e dei trasporti, sentito il Consiglio superiore dei lavori pubblici, che lo sostituisce integralmente anche in qualità di allegato al codice.

6. Salvo che non sia diversamente previsto nel bando di gara per la progettazione, le stazioni appaltanti che sono amministrazioni pubbliche affidano l'attività di direzione dei lavori ai propri dipendenti; in mancanza, la affidano ai dipendenti di centrali di committenza o di altre amministrazioni pubbliche, previo accordo ai sensi dell'articolo 15 della legge 7 agosto 1990, n. 241 o intesa o convenzione di cui all'articolo 30 del testo unico delle leggi sull'ordinamento degli enti locali, di cui al decreto legislativo 18 agosto 2000, n. 267. Qualora le amministrazioni di cui al primo periodo non dispongano delle competenze o del personale necessario ovvero nel caso di lavori complessi o che richiedano professionalità specifiche, ovvero qualora la stazione appaltante non sia una amministrazione pubblica, l'incarico è affidato con le modalità previste dal codice.

7. Per i contratti aventi ad oggetto servizi e forniture le funzioni e i compiti del direttore dell'esecuzione sono svolti, di norma, dal RUP, che provvede, anche con l'ausilio di uno o più direttori operativi individuati dalla stazione appaltante in relazione alla complessità dell'appalto, al coordinamento, alla direzione e al controllo tecnico contabile e amministrativo dell'esecuzione del contratto anche, qualora previsto, mediante metodi e strumenti di gestione informativa digitale di cui all'allegato I.9, assicurando la regolare esecuzione da parte dell'esecutore, in conformità ai documenti contrattuali.

8. L'allegato II.14 individua i contratti di servizi e forniture di particolare importanza, per qualità o importo delle prestazioni, per cui il direttore dell'esecuzione deve essere diverso dal RUP.

9. Qualora le stazioni appaltanti non dispongano al loro interno delle competenze o del personale necessario ad espletare l'attività di direzione dell'esecuzione, si applica il comma 6.

10. Per i contratti di servizi e forniture individuati ai sensi del comma 8, la stazione appaltante, su indicazione del direttore dell'esecuzione, sentito il RUP, può nominare uno o più assistenti con funzioni di direttore operativo per svolgere i compiti e coadiuvare il direttore dell'esecuzione secondo quanto previsto dall'allegato II.14.

Art. 115. Controllo tecnico contabile e amministrativo – 1. Con l'allegato II.14 sono individuate le modalità con cui il direttore dei lavori effettua l'attività di direzione, controllo e contabilità dei lavori mediante le piattaforme digitali di cui all'articolo 25, in modo da garantirne trasparenza e semplificazione.

2. L'esecutore dei lavori si uniforma alle disposizioni e agli ordini di servizio del direttore dei lavori senza poterne sospendere o ritardare il regolare sviluppo. Le riserve sono iscritte con le modalità e nei termini previsti dall'allegato II.14, a pena di decadenza dal diritto di fare valere, in qualunque tempo e modo, pretese relative ai fatti e alle contabilizzazioni risultanti dall'atto contabile.

3. Nei contratti di servizi e forniture le modalità dell'attività di direzione, controllo e contabilità demandata al RUP o al direttore dell'esecuzione, se nominato, sono individuate con il capitolato speciale o, in mancanza, con l'allegato II.14, secondo criteri di trasparenza e semplificazione e prevedono l'uso delle piattaforme digitali di cui all'articolo 25.

4. Nei contratti di cui al comma 3 il capitolato speciale contiene anche la disciplina delle contestazioni in corso di esecuzione, fatta salva l'iscrizione delle riserve secondo quanto previsto al comma 2, secondo periodo.

5. Le piattaforme digitali di cui ai commi 1 e 3 garantiscono il collegamento con la Banca dati nazionale dei contratti pubblici di cui all'articolo 23, per l'invio delle informazioni richieste dall'ANAC ai sensi dell'articolo 222, comma 9.

Art. 116. Collaudo e verifica di conformità – 1. I contratti sono soggetti a collaudo per i lavori e a verifica di conformità per i servizi e per le forniture per certificare il rispetto delle caratteristiche tecniche, economiche e qualitative dei lavori e delle prestazioni, nonché degli obiettivi e dei tempi, in conformità delle previsioni e pattuizioni contrattuali.

2. Il collaudo finale o la verifica di conformità deve essere completato non oltre sei mesi dall'ultimazione dei lavori o delle prestazioni, salvi i casi, individuati dall'allegato II.14, di particolare complessità, per i quali il termine può essere elevato sino ad un anno. Nella lettera d'incarico, in presenza di opere o servizi di limitata complessità, i tempi possono essere ridotti. Il certificato di collaudo ha carattere provvisorio e assume carattere definiti-

vo dopo due anni dalla sua emissione. Decorso tale termine, il collaudo si intende tacitamente approvato ancorché l'atto formale di approvazione non sia stato emesso entro due mesi dalla scadenza del medesimo termine.

3. Salvo quanto disposto dall'articolo 1669 del codice civile, l'appaltatore risponde per la difformità e i vizi dell'opera, ancorché riconoscibili, purché denunciati dalla stazione appaltante prima che il certificato di collaudo assuma carattere definitivo.

4. Per effettuare le attività di collaudo dei lavori le stazioni appaltanti che sono amministrazioni pubbliche nominano da uno a tre collaudatori scelti tra i propri dipendenti o tra i dipendenti di altre amministrazioni pubbliche, con qualificazione rapportata alla tipologia e caratteristica del contratto, in possesso dei requisiti di moralità, competenza e professionalità. I collaudatori dipendenti della stessa amministrazione appartengono a strutture funzionalmente indipendenti. Il compenso spettante per l'attività di collaudo è contenuto per i dipendenti della stessa amministrazione nell'ambito dell'incentivo di cui all'articolo 45, mentre per i dipendenti di altre amministrazioni pubbliche è determinato ai sensi della normativa applicabile alle stazioni appaltanti e nel rispetto delle disposizioni di cui all'articolo 61, comma 9, del decreto-legge 25 giugno 2008, n. 112, convertito, con modificazioni, dalla legge 6 agosto 2008, n. 133. Tra i dipendenti della stazione appaltante oppure tra i dipendenti delle altre amministrazioni è individuato anche il collaudatore delle strutture per la redazione del collaudo statico. Per accertata carenza nell'organico della stazione appaltante, oppure di altre amministrazioni pubbliche, o nei casi di particolare complessità tecnica, la stazione appaltante affida l'incarico con le modalità previste dal codice.

5. Per i contratti di servizi e forniture la verifica di conformità è effettuata dal RUP o, se nominato, dal direttore dell'esecuzione. Per servizi e forniture caratterizzati da elevato contenuto tecnologico oppure da elevata complessità o innovazione, le stazioni appaltanti possono prevedere la nomina di uno o più verificatori della conformità diversi dal RUP o dal direttore dell'esecuzione del contratto. Per la nomina e il compenso dei verificatori si applica il comma 4.

6. Non possono essere affidati incarichi di collaudo e di verifica di conformità:

a) ai magistrati ordinari, amministrativi e contabili, e agli avvocati e procuratori dello Stato, in attività di servizio e, per appalti di lavori pubblici di importo pari o superiore alle soglie di rilevanza europea, a quelli in quiescenza nella regione o nelle regioni dove è stata svolta l'attività di servizio;

b) ai dipendenti appartenenti ai ruoli della pubblica amministrazione in servizio oppure in trattamento di quiescenza, per appalti di lavori pubblici di importo pari o superiore alle soglie di rilevanza europea ubicati nella regione o nelle regioni dove è svolta per i dipendenti in servizio oppure è stata svolta per quelli in quiescenza, l'attività di servizio;

c) a coloro che nel triennio antecedente hanno avuto rapporti di lavoro autonomo o subordinato con gli operatori economici a qualsiasi titolo coinvolti nell'esecuzione del contratto;

d) a coloro che hanno comunque svolto o svolgono attività di controllo, verifica, progettazione, approvazione, autorizzazione, vigilanza o direzione sul contratto da collaudare;

e) a coloro che hanno partecipato alla procedura di gara.

7. Le modalità tecniche e i tempi di svolgimento del collaudo, nonché i casi in cui il certificato di collaudo dei lavori e il certificato di verifica di conformità possono essere sostituiti dal certificato di regolare esecuzione, sono disciplinati dall'allegato II.14.

8. Le modalità tecniche e i tempi della verifica di conformità sono stabiliti dalla stazione appaltante nel capitolato. La cadenza delle verifiche può non coincidere con il pagamento periodico delle prestazioni in modo tale da non ostacolare il regolare pagamento in favore degli operatori economici.

9. Salvo motivate esigenze, le attività di verifica di conformità sono svolte durante l'esecuzione dei contratti a prestazioni periodiche o continuative.

10. Al termine del lavoro sono redatti:

a) per i beni del patrimonio culturale, un consuntivo scientifico predisposto dal direttore dei lavori o, nel caso di interventi su beni culturali mobili, superfici decorate di beni architettonici e materiali storicizzati di beni immobili di interesse storico artistico, da restauratori di beni culturali ovvero, nel caso di interventi archeologici, da archeologi qualificati, ai sensi della normativa vigente, quale ultima fase del processo della conoscenza e del restauro e quale premessa per il futuro programma di intervento sul bene; i costi per la elaborazione del consuntivo scientifico sono previsti nel quadro economico dell'intervento;

b) l'aggiornamento del piano di manutenzione e della eventuale modellazione informativa dell'opera realizzata di cui all'articolo 43 per la successiva gestione del ciclo di vita;

c) dai professionisti afferenti alle rispettive competenze, una relazione tecnico-scientifica, con l'esplicitazione dei risultati culturali e scientifici raggiunti.

11. Gli accertamenti di laboratorio e le verifiche tecniche obbligatorie inerenti alle attività di cui al presente articolo e alle attività di cui all'allegato II.14 oppure specificamente previsti dal capitolato speciale d'appalto di lavori, sono disposti dalla direzione dei lavori o dall'organo di collaudo o di verifica di conformità, imputando la spesa a carico delle somme a disposizione accantonate a tale titolo nel quadro economico. Tali spese non sono soggette a ribasso. I criteri per la determinazione dei costi sono individuati dall'allegato II.15. In sede di prima applicazione l'allegato II.15 è abrogato e sostituito da un corrispondente decreto del Ministro delle infrastrutture e dei trasporti, adottato su proposta del Consiglio superiore dei lavori pubblici, che lo sostituisce integralmente anche in qualità di allegato al codice.

Art. 117. Garanzie definitive – 1. Per la sottoscrizione del contratto l'appaltatore costituisce una garanzia, denominata «garanzia definitiva», a sua scelta sotto forma di cauzione o fideiussione con le modalità previste dall'articolo 106, pari al 10 per cento dell'importo contrattuale; tale obbligo è indicato negli atti e documenti di gara. Nel caso di procedure realizzate in forma aggregata da centrali di committenza, l'importo della garanzia è indicato nella misura massima del 10 per cento dell'importo contrattuale. Nel caso di procedure aventi ad oggetto accordi quadro di cui all'articolo 59, l'importo della garanzia per tutti gli operatori economici aggiudicatari è indicato nella misura massima del 2 per cento dell'importo dell'accordo quadro; l'importo della garanzia per i contratti attuativi può essere fissato nella documentazione di gara dell'accordo quadro in misura anche inferiore al 10 per cento del valore dei contratti stessi con l'indicazione delle modalità di calcolo della maggiorazione prevista dal comma 2.

2. Per salvaguardare l'interesse pubblico alla conclusione del contratto nei termini e nei modi programmati in caso di aggiudica-

zione con ribassi superiori al 10 per cento, la garanzia è aumentata di tanti punti percentuali quanti sono quelli eccedenti il 10 per cento. Se il ribasso è superiore al 20 per cento, l'aumento è di due punti percentuali per ogni punto di ribasso superiore al 20 per cento. Nel caso di accordi quadro con più operatori che prevedono una riapertura del rilancio, la maggiorazione di cui al presente periodo è stabilita dalla stazione appaltante nella documentazione di gara dell'accordo quadro.

3. La garanzia è prestata per l'adempimento di tutte le obbligazioni del contratto e per il risarcimento dei danni derivanti dall'eventuale inadempimento delle obbligazioni stesse, nonché per il rimborso delle somme pagate in più all'esecutore rispetto alle risultanze della liquidazione finale, salva comunque la risarcibilità del maggior danno verso l'appaltatore. La garanzia cessa di avere effetto solo alla data di emissione del certificato di collaudo provvisorio o del certificato di regolare esecuzione e secondo le modalità previste dal comma 8. La stazione appaltante può richiedere all'aggiudicatario la reintegrazione della garanzia ove questa sia venuta meno in tutto o in parte; in caso di inottemperanza, la reintegrazione si effettua a valere sui ratei di prezzo da corrispondere. Alla garanzia definitiva si applicano le riduzioni previste dall'articolo 106, comma 8, per la garanzia provvisoria.

4. Negli appalti di lavori l'appaltatore può richiedere prima della stipulazione del contratto di sostituire la garanzia definitiva con l'applicazione di una ritenuta a valere sugli stati di avanzamento pari al 10 per cento degli stessi, ferme restando la garanzia fideiussoria costituita per l'erogazione dell'anticipazione e la garanzia da costituire per il pagamento della rata di saldo, ai sensi del comma 9. Per motivate ragioni di rischio dovute a particolari caratteristiche dell'appalto o a specifiche situazioni soggettive dell'esecutore dei lavori, la stazione appaltante può opporsi alla sostituzione della garanzia. Le ritenute sono svincolate dalla stazione appaltante all'emissione del certificato di collaudo provvisorio o del certificato di regolare esecuzione o comunque non oltre dodici mesi dopo la data di ultimazione dei lavori risultante dal relativo certificato.

5. Le stazioni appaltanti hanno il diritto di valersi della garanzia, nei limiti dell'importo massimo garantito, per l'eventuale maggiore spesa sostenuta per il completamento dei lavori, servizi o forniture nel caso di risoluzione del contratto disposta in danno dell'esecuto-

re. Possono altresì incamerare la garanzia per il pagamento di quanto dovuto dall'esecutore per le inadempienze derivanti dalla inosservanza di norme e prescrizioni dei contratti collettivi, delle leggi e dei regolamenti sulla tutela, protezione, assicurazione, assistenza e sicurezza fisica dei lavoratori addetti all'esecuzione dell'appalto.

6. Fatto salvo quanto previsto dal comma 4, la mancata costituzione della garanzia di cui al comma 1 determina la decadenza dell'affidamento e l'acquisizione della garanzia provvisoria presentata in sede di offerta da parte della stazione appaltante, che aggiudica l'appalto al concorrente che segue nella graduatoria.

7. La garanzia fideiussoria di cui al comma 1 può essere rilasciata dai soggetti di cui all'articolo 106, comma 3, con le modalità previste dal secondo periodo dello stesso comma. La garanzia prevede espressamente la rinuncia al beneficio della preventiva escussione del debitore principale, la rinuncia all'eccezione di cui all'articolo 1957, secondo comma, del codice civile, nonché l'operatività della garanzia medesima entro quindici giorni, a semplice richiesta scritta della stazione appaltante.

8. La garanzia di cui al comma 1 è progressivamente svincolata a misura dell'avanzamento dell'esecuzione, nel limite massimo dell'80 per cento dell'iniziale importo garantito. L'ammontare residuo della garanzia definitiva permane fino alla data di emissione del certificato di collaudo provvisorio o del certificato di regolare esecuzione, o comunque fino a dodici mesi dalla data di ultimazione dei lavori risultante dal relativo certificato. Lo svincolo è automatico, senza necessità di nulla osta del committente, con la sola condizione della preventiva consegna all'istituto garante, da parte dell'appaltatore, degli stati di avanzamento dei lavori o di analogo documento, in originale o in copia autentica, attestanti l'avvenuta esecuzione. Tale automatismo si applica anche agli appalti di forniture e servizi. Sono nulle le pattuizioni contrarie o in deroga. Il mancato svincolo nei quindici giorni dalla consegna degli stati di avanzamento o della documentazione analoga costituisce inadempimento del garante nei confronti dell'impresa per la quale la garanzia è prestata.

9. Il pagamento della rata di saldo è subordinato alla costituzione di una cauzione o di una garanzia fideiussoria bancaria o assicurativa pari all'importo della medesima rata di saldo maggiorato del tasso di interesse legale applicato per il periodo intercorrente tra la data di emissione del certificato di collaudo o della verifica di conformi-

tà nel caso di appalti di servizi o forniture e l'assunzione del carattere di definitività dei medesimi.

10. L'esecutore dei lavori costituisce e consegna alla stazione appaltante almeno dieci giorni prima della consegna dei lavori anche una polizza di assicurazione che copra i danni subiti dalle stazioni appaltanti a causa del danneggiamento o della distruzione totale o parziale di impianti ed opere, anche preesistenti, verificatisi nel corso dell'esecuzione dei lavori. Nei documenti e negli atti a base di gara o di affidamento è stabilito l'importo della somma da assicurare che, di norma, corrisponde all'importo del contratto stesso qualora non sussistano motivate particolari circostanze che impongano un importo da assicurare superiore. La polizza del presente comma assicura la stazione appaltante contro la responsabilità civile per danni causati a terzi nel corso dell'esecuzione dei lavori il cui massimale è pari al 5 per cento della somma assicurata per le opere con un minimo di 500.000 euro ed un massimo di 5.000.000 di euro. La copertura assicurativa decorre dalla data di consegna dei lavori e cessa alla data di emissione del certificato di collaudo provvisorio o del certificato di regolare esecuzione o comunque decorsi dodici mesi dalla data di ultimazione dei lavori risultante dal relativo certificato. Qualora sia previsto un periodo di garanzia, la polizza assicurativa è sostituita da una polizza che tenga indenni le stazioni appaltanti da tutti i rischi connessi all'utilizzo delle lavorazioni in garanzia o agli interventi per la loro eventuale sostituzione o rifacimento. L'omesso o il ritardato pagamento delle somme dovute a titolo di premio o di commissione da parte dell'esecutore non comporta l'inefficacia della garanzia nei confronti della stazione appaltante.

11. Per i lavori di importo superiore al doppio della soglia di cui all'articolo 14, il titolare del contratto per la liquidazione della rata di saldo stipula, con decorrenza dalla data di emissione del certificato di collaudo provvisorio o del certificato di regolare esecuzione o comunque decorsi dodici mesi dalla data di ultimazione dei lavori risultante dal relativo certificato, una polizza indennitaria decennale a copertura dei rischi di rovina totale o parziale dell'opera, ovvero dei rischi derivanti da gravi difetti costruttivi. La polizza contiene la previsione del pagamento dell'indennizzo contrattualmente dovuto in favore del committente non appena questi lo richieda, anche in pendenza dell'accertamento della responsabilità e senza che occorrano consensi ed autorizzazioni di qualunque specie. Il limite

di indennizzo della polizza decennale è non inferiore al 20 per cento del valore dell'opera realizzata e non superiore al 40 per cento, nel rispetto del principio di proporzionalità avuto riguardo alla natura dell'opera. L'esecutore dei lavori stipula altresì per i lavori di cui al presente comma una polizza di assicurazione della responsabilità civile per danni cagionati a terzi, con decorrenza dalla data di emissione del certificato di collaudo provvisorio o del certificato di regolare esecuzione e per la durata di dieci anni e con un indennizzo pari al 5 per cento del valore dell'opera realizzata con un minimo di 500.000 euro ed un massimo di 5.000.000 di euro.

12. Le garanzie fideiussorie e le polizze assicurative previste dal codice sono conformi agli schemi tipo approvati con decreto del Ministro delle imprese e del made in Italy di concerto con il Ministro delle infrastrutture e dei trasporti e con il Ministro dell'economia e delle finanze. Le garanzie fideiussorie prevedono la rivalsa verso il contraente e il diritto di regresso verso la stazione appaltante per l'eventuale indebito arricchimento e possono essere rilasciate congiuntamente da più garanti. I garanti designano un mandatario o un delegatario per i rapporti con la stazione appaltante.

13. In caso di raggruppamenti temporanei le garanzie fideiussorie e le garanzie assicurative sono presentate, su mandato irrevocabile, dalla mandataria in nome e per conto di tutti i concorrenti, ferma restando la responsabilità solidale tra le imprese.

14. Per gli appalti da eseguirsi da operatori economici di comprovata solidità nonché per le forniture di beni che per la loro natura, o per l'uso speciale cui sono destinati, debbano essere acquistati nel luogo di produzione o forniti direttamente dai produttori, o per le forniture di prodotti d'arte, macchinari, strumenti e lavori di precisione l'esecuzione dei quali deve essere affidata a operatori specializzati, l'esonero dalla prestazione della garanzia è possibile previa adeguata motivazione ed è subordinato ad un miglioramento del prezzo di aggiudicazione ovvero delle condizioni di esecuzione.

Art. 118. Garanzie per l'esecuzione di lavori di particolare valore – 1. Per gli affidamenti a contraente generale di qualunque ammontare, e, quando previsto dal bando o dall'avviso di gara, per gli appalti di ammontare superiore a 100 milioni di euro, il soggetto aggiudicatario presenta sotto forma di cauzione o di fideiussione rilasciata dai soggetti di cui all'articolo 106, comma 3, in luogo della garanzia definitiva di cui all'articolo 117, una garanzia dell'adempimento di tutte le obbligazioni del contratto e del risarcimento dei danni derivanti dall'eventuale inadempimento delle obbligazioni stesse, denominata "garanzia di buon adempimento" e una garanzia di conclusione dell'opera nei casi di risoluzione del contratto previsti dal codice civile e dal presente codice, denominata «garanzia per la risoluzione».

2. Nel caso di affidamento dei lavori ad un nuovo soggetto, anche quest'ultimo presenta le garanzie previste al comma 1.

3. La garanzia di buon adempimento è costituita con le modalità di cui all'articolo 117, commi 1 e 2, ed è pari al 5 per cento fisso dell'importo contrattuale come risultante dall'aggiudicazione senza applicazione degli incrementi per ribassi di cui all'articolo 117, comma 1; permane fino alla data di emissione del certificato di collaudo provvisorio o del certificato di regolare esecuzione, o comunque fino a dodici mesi dalla data di ultimazione dei lavori risultante dal relativo certificato.

4. La garanzia fideiussoria "per la risoluzione" opera nei casi di risoluzione del contratto previsti dal codice civile e dal presente codice ed è di importo pari al 10 per cento dell'importo contrattuale, fermo restando che, qualora l'importo in valore assoluto fosse superiore a 100 milioni di euro, essa si intende comunque limitata a 100 milioni di euro.

5. La garanzia "per la risoluzione" copre, nei limiti dei danni effettivamente subiti, i costi per le procedure di riaffidamento da parte della stazione appaltante e l'eventuale maggior costo tra l'importo contrattuale risultante dall'aggiudicazione originaria dei lavori e l'importo contrattuale del riaffidamento dei lavori stessi, a cui sono sommati gli importi dei pagamenti già effettuati o da effettuare in base agli stati d'avanzamento dei lavori.

6. La garanzia "per la risoluzione" è efficace a partire dal perfezionamento del contratto e fino alla data di emissione del certificato di ultimazione dei lavori, allorché cessa automaticamente. La garanzia "per la risoluzione" cessa automaticamente anche decorsi tre mesi dalla data del riaffidamento dei lavori.

7. Le garanzie di cui al presente articolo prevedono espressamente la rinuncia al beneficio della preventiva escussione del debitore principale e la rinuncia all'eccezione di cui all'articolo 1957, secondo comma, del codice civile.

8. Nel caso di escussione il pagamento è effettuato entro trenta giorni, a semplice richiesta scritta della stazione appaltante; la richiesta reca l'indicazione del titolo per cui la stazione appaltante richiede l'escussione.

9. Gli schemi di polizza-tipo concernenti le garanzie fideiussorie del comma 1 sono adottati con le modalità di cui all'articolo 117, comma 12. Si applicano inoltre i periodi secondo e terzo dello stesso comma.

Art. 119. Subappalto – 1. I soggetti affidatari dei contratti eseguono in proprio le opere o i lavori, i servizi e le forniture compresi nel contratto. Fatto salvo quanto previsto dall'articolo 120, comma 1, lettera d), la cessione del contratto è nulla. È altresì nullo l'accordo con cui a terzi sia affidata l'integrale esecuzione delle prestazioni o lavorazioni appaltate, nonché la prevalente esecuzione delle lavorazioni relative alla categoria prevalente e dei contratti ad alta intensità di manodopera. È ammesso il subappalto secondo le disposizioni del presente articolo.

2. Il subappalto è il contratto con il quale l'appaltatore affida a terzi l'esecuzione di parte delle prestazioni o lavorazioni oggetto del contratto di appalto, con organizzazione di mezzi e rischi a carico del subappaltatore. Costituisce, comunque, subappalto di lavori qualsiasi contratto stipulato dall'appaltatore con terzi avente ad oggetto attività ovunque espletate che richiedono l'impiego di manodopera, quali le forniture con posa in opera e i noli a caldo, se singolarmente di importo superiore al 2 per cento dell'importo delle prestazioni affidate o di importo superiore a 100.000 euro e qualora l'incidenza del costo della manodopera e del personale sia superiore al 50 per cento dell'importo del contratto da affidare. Nel rispetto dei principi di cui agli articoli 1, 2 e 3, previa adeguata motivazione nella decisione di contrarre, le stazioni appaltanti, eventualmente avvalendosi del parere delle Prefetture competenti, indicano nei documenti di gara le prestazioni o lavorazioni oggetto del contratto da eseguire a cura dell'aggiudicatario in ragione delle specifiche caratteristiche dell'appalto, ivi comprese quelle di cui all'articolo 104, comma 11, in ragione dell'esigenza di rafforzare, tenuto conto della natura o della complessità delle prestazioni o delle lavorazioni da effettuare, il controllo delle attività di cantiere e più in generale dei luoghi di

lavoro o di garantire una più intensa tutela delle condizioni di lavoro e della salute e sicurezza dei lavoratori ovvero di prevenire il rischio di infiltrazioni criminali. Si prescinde da tale ultima valutazione quando i subappaltatori siano iscritti nell'elenco dei fornitori, prestatori di servizi ed esecutori di lavori di cui al comma 52 dell'articolo 1 della legge 6 novembre 2012, n. 190, oppure nell'anagrafe antimafia degli esecutori istituita dall'articolo 30 del decreto-legge 17 ottobre 2016, n. 189, convertito, con modificazioni, dalla legge 15 dicembre 2016, n. 229. L'affidatario comunica alla stazione appaltante, prima dell'inizio della prestazione, per tutti i sub-contratti che non sono subappalti, stipulati per l'esecuzione dell'appalto, il nome del sub-contraente, l'importo del sub-contratto, l'oggetto del lavoro, servizio o fornitura affidati. Sono, altresì, comunicate alla stazione appaltante eventuali modifiche a tali informazioni avvenute nel corso del sub-contratto. È altresì fatto obbligo di acquisire autorizzazione integrativa qualora l'oggetto del subappalto subisca variazioni e l'importo dello stesso sia incrementato.

3. Non si configurano come attività affidate in subappalto, per la loro specificità, le seguenti categorie di forniture o servizi:

a) l'affidamento di attività secondarie, accessorie o sussidiarie a lavoratori autonomi, per le quali occorre effettuare comunicazione alla stazione appaltante;

b) la subfornitura a catalogo di prodotti informatici;

c) l'affidamento di servizi di importo inferiore a 20.000 euro annui a imprenditori agricoli nei comuni classificati totalmente montani di cui all'elenco dei comuni italiani predisposto dall'ISTAT, oppure ricompresi nella circolare del Ministero delle finanze n. 9 del 14 giugno 1993, pubblicata nel supplemento ordinario n. 53 alla Gazzetta Ufficiale della Repubblica italiana n. 141 del 18 giugno 1993, nonché nei comuni delle isole minori di cui all'allegato A annesso alla legge 28 dicembre 2001, n. 448;

d) le prestazioni secondarie, accessorie o sussidiarie rese in favore dei soggetti affidatari in forza di contratti continuativi di cooperazione, servizio o fornitura sottoscritti in epoca anteriore alla indizione della procedura finalizzata alla aggiudicazione dell'appalto. I relativi contratti sono trasmessi alla stazione appaltante prima o contestualmente alla sottoscrizione del contratto di appalto.

4. I soggetti affidatari dei contratti di cui al codice possono affidare in subappalto le opere o i lavori, i servizi o le forniture com-

presi nel contratto, previa autorizzazione della stazione appaltante a condizione che:

a) il subappaltatore sia qualificato per le lavorazioni o le prestazioni da eseguire;

b) non sussistano a suo carico le cause di esclusione di cui al Capo II del Titolo IV della Parte V del presente Libro;

c) all'atto dell'offerta siano stati indicati i lavori o le parti di opere ovvero i servizi e le forniture o parti di servizi e forniture che si intende subappaltare.

5. L'affidatario trasmette il contratto di subappalto alla stazione appaltante almeno venti giorni prima della data di effettivo inizio dell'esecuzione delle relative prestazioni. Contestualmente trasmette la dichiarazione del subappaltatore attestante l'assenza delle cause di esclusione di cui al Capo II del Titolo IV della Parte V del presente Libro e il possesso dei requisiti di cui agli articoli 100 e 103. La stazione appaltante verifica la dichiarazione tramite la Banca dati nazionale di cui all'articolo 23. Il contratto di subappalto, corredato della documentazione tecnica, amministrativa e grafica direttamente derivata dagli atti del contratto affidato, indica puntualmente l'ambito operativo del subappalto sia in termini prestazionali che economici.

6. Il contraente principale e il subappaltatore sono responsabili in solido nei confronti della stazione appaltante per le prestazioni oggetto del contratto di subappalto. L'aggiudicatario è responsabile in solido con il subappaltatore per gli obblighi retributivi e contributivi, ai sensi dell'articolo 29 del decreto legislativo 10 settembre 2003, n. 276. Nelle ipotesi di cui al comma 11, lettere a) e c), l'appaltatore è liberato dalla responsabilità solidale di cui al secondo periodo del presente comma.

7. L'affidatario è tenuto ad osservare il trattamento economico e normativo stabilito dai contratti collettivi nazionale e territoriale in vigore per il settore e per la zona nella quale si eseguono le prestazioni secondo quanto previsto all'articolo 11. È, altresì. responsabile in solido dell'osservanza delle norme anzidette da parte dei subappaltatori nei confronti dei loro dipendenti per le prestazioni rese nell'ambito del subappalto nel rispetto di quanto previsto dal comma 12. L'affidatario e, per suo tramite, i subappaltatori, trasmettono alla stazione appaltante prima dell'inizio dei lavori la documentazione di avvenuta denunzia agli enti previdenziali, inclusa la Cassa edile, as-

sicurativi e antinfortunistici, nonché copia del piano di cui al comma 15. Per il pagamento delle prestazioni rese nell'ambito dell'appalto o del subappalto, la stazione appaltante acquisisce d'ufficio il documento unico di regolarità contributiva in corso di validità relativo all'affidatario e a tutti i subappaltatori.

8. Per i contratti relativi a lavori, servizi e forniture, in caso di ritardo nel pagamento delle retribuzioni dovute al personale dipendente o del subappaltatore o dei soggetti titolari di subappalti e cottimi, nonché in caso di inadempienza contributiva risultante dal documento unico di regolarità contributiva, si applicano le disposizioni di cui all'articolo 11, comma 5.

9. Nel caso di formale contestazione delle richieste di cui al comma 8, il RUP o il responsabile della fase dell'esecuzione, ove nominato, inoltra le richieste e le contestazioni alla direzione provinciale del lavoro per i necessari accertamenti.

10. L'affidatario sostituisce, previa autorizzazione della stazione appaltante, i subappaltatori relativamente ai quali, all'esito di apposita verifica, sia stata accertata la sussistenza di cause di esclusione di cui al Capo II del Titolo IV della Parte V del presente Libro.

11. La stazione appaltante corrisponde direttamente al subappaltatore ed ai titolari di sub-contratti non costituenti subappalto ai sensi del quinto periodo del comma 2 l'importo dovuto per le prestazioni dagli stessi eseguite nei seguenti casi:

a) quando il subcontraente è una microimpresa o piccola impresa;

b) in caso di inadempimento da parte dell'appaltatore;

c) su richiesta del subcontraente e se la natura del contratto lo consente.

12. Il subappaltatore, per le prestazioni affidate in subappalto, deve garantire gli stessi standard qualitativi e prestazionali previsti nel contratto di appalto e riconoscere ai lavoratori un trattamento economico e normativo non inferiore a quello che avrebbe garantito il contraente principale. Il subappaltatore è tenuto ad applicare i medesimi contratti collettivi nazionali di lavoro del contraente principale, qualora le attività oggetto di subappalto coincidano con quelle caratterizzanti l'oggetto dell'appalto oppure riguardino le lavorazioni relative alle categorie prevalenti e siano incluse nell'oggetto sociale del contraente principale. L'affidatario corrisponde i costi della sicurezza e della manodopera, relati-

vi alle prestazioni affidate in subappalto, alle imprese subappaltatrici senza alcun ribasso; la stazione appaltante, sentito il direttore dei lavori, il coordinatore della sicurezza in fase di esecuzione oppure il direttore dell'esecuzione, provvede alla verifica dell'effettiva applicazione della presente disposizione. L'affidatario è solidalmente responsabile con il subappaltatore degli adempimenti, da parte di quest'ultimo, degli obblighi di sicurezza previsti dalla normativa vigente.

13. Per i lavori, nei cartelli esposti all'esterno del cantiere devono essere indicati anche i nominativi di tutte le imprese subappaltatrici.

14. Per contrastare il fenomeno del lavoro sommerso irregolare il documento unico di regolarità contributiva è comprensivo della verifica della congruità della incidenza della mano d'opera relativa allo specifico contratto affidato. Tale congruità, per i lavori edili, è verificata dalla Cassa edile in base all'accordo assunto a livello nazionale tra le parti sociali firmatarie del contratto collettivo nazionale comparativamente più rappresentative per l'ambito del settore edile ed il Ministero del lavoro e delle politiche sociali; per i lavori non edili è verificata in comparazione con lo specifico contratto collettivo applicato.

15. I piani di sicurezza di cui al decreto legislativo del 9 aprile 2008, n. 81 sono messi a disposizione delle autorità competenti preposte alle verifiche ispettive di controllo dei cantieri. L'affidatario è tenuto a curare il coordinamento di tutti i subappaltatori operanti nel cantiere per rendere gli specifici piani redatti dai singoli subappaltatori compatibili tra loro e coerenti con il piano presentato dall'affidatario. Nell'ipotesi di raggruppamento temporaneo o di consorzio, l'obbligo incombe al mandatario. Il direttore tecnico di cantiere è responsabile del rispetto del piano da parte di tutte le imprese impegnate nell'esecuzione dei lavori.

16. L'affidatario che si avvale del subappalto o del cottimo deve allegare alla copia autentica del contratto la dichiarazione circa la sussistenza o meno di eventuali forme di controllo o di collegamento a norma dell'articolo 2359 del codice civile con il titolare del subappalto o del cottimo. Analoga dichiarazione deve essere effettuata da ciascuno dei soggetti partecipanti nel caso di raggruppamento temporaneo, società o consorzio. La stazione appaltante rilascia l'autorizzazione di cui al comma 4 entro trenta giorni dal-

la relativa richiesta; tale termine può essere prorogato una sola volta, quando ricorrano giustificati motivi. Trascorso tale termine senza che si sia provveduto, l'autorizzazione si intende concessa. Per i subappalti o cottimi di importo inferiore al 2 per cento dell'importo delle prestazioni affidate o di importo inferiore a 100.000 euro, i termini per il rilascio dell'autorizzazione da parte della stazione appaltante sono ridotti della metà.

17. Le stazioni appaltanti indicano nei documenti di gara le prestazioni o lavorazioni oggetto del contratto di appalto che, pur subappaltabili, non possono formare oggetto di ulteriore subappalto, in ragione delle specifiche caratteristiche dell'appalto e dell'esigenza, tenuto conto della natura o della complessità delle prestazioni o delle lavorazioni da effettuare, di rafforzare il controllo delle attività di cantiere e più in generale dei luoghi di lavoro o di garantire una più intensa tutela delle condizioni di lavoro e della salute e sicurezza dei lavoratori oppure di prevenire il rischio di infiltrazioni criminali. Si prescinde da tale ultima valutazione quando i subappaltatori ulteriori siano iscritti nell'elenco dei fornitori, prestatori di servizi ed esecutori di lavori di cui al comma 52 dell'articolo 1 della legge 6 novembre 2012, n. 190, ovvero nell'anagrafe antimafia degli esecutori istituita dall'articolo 30 del decreto-legge 17 ottobre 2016, n. 189, convertito, con modificazioni, dalla legge 15 dicembre 2016, n. 229.

18. Le disposizioni di cui al presente articolo si applicano anche ai raggruppamenti temporanei e alle società anche consortili, quando le imprese riunite o consorziate non intendono eseguire direttamente le prestazioni scorporabili; si applicano altresì agli affidamenti con procedura negoziata. Ai fini dell'applicazione delle disposizioni del presente articolo è consentita, in deroga all'articolo 68, comma 15, la costituzione dell'associazione in partecipazione quando l'associante non intende eseguire direttamente le prestazioni assunte in appalto.

19. È fatta salva la facoltà per le regioni a statuto speciale e per le province autonome di Trento e di Bolzano, sulla base dei rispettivi statuti e delle relative norme di attuazione e nel rispetto della normativa europea vigente e dei principi dell'ordinamento europeo, di disciplinare ulteriori casi di pagamento diretto dei subappaltatori.

20. Le stazioni appaltanti rilasciano i certificati necessari per la partecipazione e la qualificazione all'appaltatore, scomputando dall'intero valore dell'appalto il valore e la categoria di quanto ese-

guito attraverso il subappalto. I subappaltatori possono richiedere alle stazioni appaltanti i certificati relativi alle prestazioni oggetto di appalto eseguite.

Art. 120. Modifica dei contratti in corso di esecuzione – 1. Fermo quanto previsto dall'articolo 60 per le clausole di revisione dei prezzi, i contratti di appalto possono essere modificati senza una nuova procedura di affidamento nei casi seguenti, sempre che, nelle ipotesi previste dalle lettere a) e c), nonostante le modifiche, la struttura del contratto o dell'accordo quadro e l'operazione economica sottesa possano ritenersi inalterate:

a) se le modifiche, a prescindere dal loro valore monetario, sono state previste in clausole chiare, precise e inequivocabili dei documenti di gara iniziali, che possono consistere anche in clausole di opzione; per i contratti relativi a servizi o forniture stipulati dai soggetti aggregatori restano ferme le disposizioni di cui all'articolo 1, comma 511, della legge 28 dicembre 2015, n. 208;

b) per la sopravvenuta necessità di lavori, servizi o forniture supplementari, non previsti nell'appalto iniziale, ove un cambiamento del contraente nel contempo:

1) risulti impraticabile per motivi economici o tecnici;

2) comporti per la stazione appaltante notevoli disagi o un sostanziale incremento dei costi;

c) per le varianti in corso d'opera, da intendersi come modifiche resesi necessarie in corso di esecuzione dell'appalto per effetto di circostanze imprevedibili da parte della stazione appaltante. Rientrano in tali circostanze nuove disposizioni legislative o regolamentari o provvedimenti sopravvenuti di autorità o enti preposti alla tutela di interessi rilevanti;

d) se un nuovo contraente sostituisce l'aggiudicatario a causa di una delle seguenti circostanze:

1) le modifiche soggettive implicanti la sostituzione del contraente originario sono previste in clausole chiare, precise e inequivocabili dei documenti di gara;

2) all'aggiudicatario succede, per causa di morte o insolvenza o a seguito di ristrutturazioni societarie, che comportino successione nei rapporti pendenti, un altro operatore economico che soddisfi gli iniziali criteri di selezione, purché ciò non implichi ulte-

riori modifiche sostanziali al contratto e non sia finalizzato ad eludere l'applicazione del codice, fatto salvo quanto previsto dall'articolo 124;

3) nel caso in cui la stazione appaltante assume gli obblighi del contraente principale nei confronti dei suoi subappaltatori.

2. Nei casi di cui al comma 1, lettere b) e c), il contratto può essere modificato solo se l'eventuale aumento di prezzo non ecceda il 50 per cento del valore del contratto iniziale. In caso di più modifiche successive, la limitazione si applica al valore di ciascuna modifica. Tali modifiche successive non eludono l'applicazione del codice.

3. I contratti possono parimenti essere modificati, oltre a quanto previsto dal comma 1, senza necessità di una nuova procedura, sempre che nonostante le modifiche, la struttura del contratto o dell'accordo quadro e l'operazione economica sottesa possano ritenersi inalterate, se il valore della modifica è al di sotto di entrambi i seguenti valori:

a) le soglie fissate all'articolo 14;

b) il 10 per cento del valore iniziale del contratto per i contratti di servizi e forniture; il 15 per cento del valore iniziale del contratto per i contratti di lavori; in caso di più modifiche successive, il valore è accertato sulla base del valore complessivo del contratto al netto delle successive modifiche.

4. Ai fini del calcolo del prezzo di cui ai commi 1, lettere b) e c), 2 e 3, quando il contratto prevede una clausola di indicizzazione, il valore di riferimento è il prezzo aggiornato.

5. Sono sempre consentite, a prescindere dal loro valore, le modifiche non sostanziali.

6. La modifica è considerata sostanziale quando altera considerevolmente la struttura del contratto o dell'accordo quadro e l'operazione economica sottesa. In ogni caso, fatti salvi i commi 1 e 3, una modifica è considerata sostanziale se si verificano una o più delle seguenti condizioni:

a) la modifica introduce condizioni che, se fossero state contenute nella procedura d'appalto iniziale, avrebbero consentito di ammettere candidati diversi da quelli inizialmente selezionati o di accettare un'offerta diversa da quella inizialmente accettata, oppure avrebbero attirato ulteriori partecipanti alla procedura di aggiudicazione;

b) la modifica cambia l'equilibrio economico del contratto o dell'accordo quadro a favore dell'aggiudicatario in modo non previsto nel contratto iniziale;

c) la modifica estende notevolmente l'ambito di applicazione del contratto;

d) un nuovo contraente sostituisce quello cui la stazione appaltante aveva inizialmente aggiudicato l'appalto in casi diversi da quelli previsti dal comma 1, lettera d).

7. Non sono considerate sostanziali, fermi restando i limiti derivanti dalle somme a disposizione del quadro economico e dalle previsioni di cui alle lettere a) b) e c) del comma 6, le modifiche al progetto proposte dalla stazione appaltante ovvero dall'appaltatore con le quali, nel rispetto della funzionalità dell'opera:

a) si assicurino risparmi, rispetto alle previsioni iniziali, da utilizzare in compensazione per far fronte alle variazioni in aumento dei costi delle lavorazioni;

b) si realizzino soluzioni equivalenti o migliorative in termini economici, tecnici o di tempi di ultimazione dell'opera.

8. Il contratto è sempre modificabile ai sensi dell'articolo 9 e nel rispetto delle clausole di rinegoziazione contenute nel contratto. Nel caso in cui queste non siano previste, la richiesta di rinegoziazione va avanzata senza ritardo e non giustifica, di per sé, la sospensione dell'esecuzione del contratto. Il RUP provvede a formulare la proposta di un nuovo accordo entro un termine non superiore a tre mesi. Nel caso in cui non si pervenga al nuovo accordo entro un termine ragionevole, la parte svantaggiata può agire in giudizio per ottenere l'adeguamento del contratto all'equilibrio originario, salva la responsabilità per la violazione dell'obbligo di rinegoziazione.

9. Nei documenti di gara iniziali può essere stabilito che, qualora in corso di esecuzione si renda necessario un aumento o una diminuzione delle prestazioni fino a concorrenza del quinto dell'importo del contratto, la stazione appaltante possa imporre all'appaltatore l'esecuzione alle condizioni originariamente previste. In tal caso l'appaltatore non può fare valere il diritto alla risoluzione del contratto.

10. Nel caso in cui nel bando e nei documenti di gara iniziali sia prevista un'opzione di proroga il contraente originario è tenuto a eseguire le prestazioni contrattuali ai prezzi, patti e condizioni stabiliti nel contratto o, se previsto nei documenti di gara, alle condizioni di mercato ove più favorevoli per la stazione appaltante.

11. In casi eccezionali nei quali risultino oggettivi e insuperabili ritardi nella conclusione della procedura di affidamento del contratto, è consentito, per il tempo strettamente necessario alla conclusione della procedura, prorogare il contratto con l'appaltatore uscente qualora l'interruzione delle prestazioni possa determinare situazioni di pericolo per persone, animali, cose, oppure per l'igiene pubblica, oppure nei casi in cui l'interruzione della prestazione dedotta nella gara determinerebbe un grave danno all'interesse pubblico che è destinata a soddisfare. In tale ipotesi il contraente originario è tenuto all'esecuzione delle prestazioni contrattuali ai prezzi, patti e condizioni previsti nel contratto.

12. Si applicano per le cessioni di crediti le disposizioni di cui alla legge 21 febbraio 1991, n. 52. L'allegato II.14 disciplina le condizioni per l'opponibilità alle stazioni appaltanti.

13. Fatto salvo quanto previsto dal comma 8 per il caso di rinegoziazione, le modifiche e le varianti devono essere autorizzate dal RUP con le modalità previste dall'ordinamento della stazione appaltante. Le modifiche progettuali consentite ai sensi del comma 7 devono essere approvate dalla stazione appaltante su proposta del RUP, secondo quanto previsto dall'allegato II.14.

14. Un avviso della intervenuta modifica del contratto nelle situazioni di cui al comma 1, lettere b) e c), è pubblicato a cura della stazione appaltante nella Gazzetta ufficiale dell'Unione europea. L'avviso contiene le informazioni di cui all'allegato II.16, ed è pubblicato conformemente all'articolo 84. In sede di prima applicazione del codice, l'allegato II.16 è abrogato a decorrere dalla data di entrata in vigore di un corrispondente regolamento adottato ai sensi dell'articolo 17, comma 3, della legge 23 agosto 1988, n. 400, con decreto del Ministro delle infrastrutture e dei trasporti, di concerto con il Ministro per gli affari europei, che lo sostituisce integralmente anche in qualità di allegato al codice. Per i contratti di importo inferiore alla soglia di cui all'articolo 14 la pubblicità avviene in ambito nazionale.

15. Si osservano, in relazione alle modifiche del contratto, nonché in relazione alle varianti in corso d'opera, gli oneri di comunicazione e di trasmissione all'ANAC, a cura del RUP, individuati dall'allegato II.14. Nel caso in cui l'ANAC accerti l'illegittimità della variante in corso d'opera approvata, esercita i poteri di cui all'articolo 222. In caso di inadempimento agli obblighi di comunicazione

e trasmissione delle modifiche e delle varianti in corso d'opera previsti dall'allegato II.14, si applicano le sanzioni amministrative pecuniarie di cui all'articolo 222, comma 13.

Art. 121. Sospensione dell'esecuzione – 1. Quando ricorrano circostanze speciali, che impediscono in via temporanea che i lavori procedano utilmente a regola d'arte, e che non fossero prevedibili al momento della stipulazione del contratto, il direttore dei lavori può disporre la sospensione dell'esecuzione del contratto, compilando il verbale di sospensione, che è inoltrato, entro cinque giorni, al RUP.

2. La sospensione può, altresì, essere disposta dal RUP per ragioni di necessità o di pubblico interesse.

3. Nelle ipotesi previste dai commi 1 e 2, per i lavori di realizzazione di opere pubbliche di importo pari o superiore alle soglie di cui all'articolo 14, la sospensione è disposta dal RUP dopo aver acquisito il parere del collegio consultivo tecnico ove costituito. Se la sospensione è imposta da gravi ragioni di ordine tecnico, idonee ad incidere sulla realizzazione a regola d'arte dell'opera, in relazione alle modalità di superamento delle quali non vi è accordo tra le parti, si applica l'articolo 216, comma 4.

4. Fatta salva l'ipotesi del secondo periodo del comma 3, la sospensione è disposta per il tempo strettamente necessario. Cessate le relative cause, il RUP dispone la ripresa dell'esecuzione e indica il nuovo termine contrattuale.

5. Qualora la sospensione o le sospensioni, durino per un periodo di tempo superiore a un quarto della durata complessiva prevista per l'esecuzione dei lavori stessi, o comunque quando superino sei mesi complessivi, l'esecutore può chiedere la risoluzione del contratto senza indennità; se la stazione appaltante si oppone, l'esecutore ha diritto alla rifusione dei maggiori oneri derivanti dal prolungamento della sospensione oltre i termini suddetti. Nessun indennizzo è dovuto all'esecutore negli altri casi.

6. Quando successivamente alla consegna dei lavori insorgano, per cause imprevedibili o di forza maggiore, circostanze che impediscano parzialmente il regolare svolgimento dei lavori, l'esecutore prosegue le parti di lavoro eseguibili, mentre si provvede alla sospensione parziale dei lavori non eseguibili, dandone atto in apposito verbale. Nel caso di sospensione parziale, per i lavori di realizza-

zione di opere pubbliche di importo pari o superiore alle soglie di cui all'articolo 14 si applica il comma 3 del presente articolo.

7. Le contestazioni dell'esecutore in merito alle sospensioni dei lavori, nelle ipotesi di cui ai commi 1, 2 e 6, sono iscritte, a pena di decadenza, nei verbali di sospensione e di ripresa dei lavori, salvo che la contestazione riguardi, nelle sospensioni inizialmente legittime, la sola durata, nel qual caso è sufficiente l'iscrizione della stessa nel verbale di ripresa dei lavori; qualora l'esecutore non firmi i verbali deve farne espressa riserva sul registro di contabilità. Quando la sospensione supera il quarto del tempo contrattuale complessivo, il responsabile del procedimento dà avviso all'ANAC. In caso di mancata o tardiva comunicazione l'ANAC irroga una sanzione amministrativa alla stazione appaltante ai sensi dell'articolo 222, comma 13.

8. L'esecutore che per cause a lui non imputabili non sia in grado di ultimare i lavori nel termine fissato può richiederne la proroga, con congruo anticipo rispetto alla scadenza del termine contrattuale. In ogni caso la concessione della proroga non pregiudica i diritti spettanti all'esecutore per l'eventuale imputabilità della maggiore durata a fatto della stazione appaltante. Sull'istanza di proroga decide, entro trenta giorni dal suo ricevimento, il RUP, sentito il direttore dei lavori. Per i lavori diretti alla realizzazione di opere pubbliche di importo pari o superiore alle soglie di cui all'articolo 14 è acquisito il parere del collegio consultivo tecnico, ove costituito.

9. Fatto salvo il caso di proroga previsto dal comma 8, l'esecutore ultima i lavori nel termine stabilito dagli atti contrattuali, decorrente dalla data del verbale di consegna oppure, in caso di consegna parziale, dall'ultimo dei verbali di consegna. L'ultimazione dei lavori, appena avvenuta, è comunicata dall'esecutore per iscritto al direttore dei lavori, il quale procede subito alle necessarie constatazioni in contraddittorio. L'esecutore non ha diritto allo scioglimento del contratto né ad alcuna indennità qualora i lavori, per qualsiasi causa non imputabile alla stazione appaltante, non siano ultimati nel termine contrattuale e qualunque sia il maggior tempo impiegato.

10. Nel caso di sospensioni totali o parziali dei lavori disposte dalla stazione appaltante per cause diverse da quelle di cui ai commi 1, 2 e 6, l'esecutore può chiedere, previa iscrizione, a pena di decadenza, di specifica riserva, ai sensi del comma 7, il risarcimento dei danni subiti, quantificato sulla base di quanto previsto dall'articolo 1382 del codice civile e secondo criteri individuati nell'allegato II.14.

11. Le disposizioni del presente articolo si applicano, in quanto compatibili, ai contratti relativi a servizi e forniture, intendendosi riferite al direttore dell'esecuzione, se nominato, le previsioni riguardanti il direttore dei lavori. Ai contratti di appalto di forniture e servizi di importo pari o superiore a 1 milione di euro si applicano inoltre i commi 3, 6, secondo periodo, e 8, quarto periodo.

Art. 122. Risoluzione – 1. Fatto salvo quanto previsto dall'articolo 121, le stazioni appaltanti possono risolvere un contratto di appalto senza limiti di tempo, se si verificano una o più delle seguenti condizioni:

a) modifica sostanziale del contratto, che richiede una nuova procedura di appalto ai sensi dell'articolo 120;

b) con riferimento alle modificazioni di cui all'articolo 120, comma 1, lettere b) e c), superamento delle soglie di cui al comma 2 del predetto articolo 120 e, con riferimento alle modificazioni di cui all'articolo 120, comma 3, superamento delle soglie di cui al medesimo articolo 120, comma 3, lettere a) e b);

c) l'aggiudicatario si è trovato, al momento dell'aggiudicazione dell'appalto, in una delle situazioni di cui all'articolo 94, comma 1, e avrebbe dovuto pertanto essere escluso dalla procedura di gara;

d) l'appalto non avrebbe dovuto essere aggiudicato in considerazione di una grave violazione degli obblighi derivanti dai trattati, come riconosciuto dalla Corte di giustizia dell'Unione europea in un procedimento ai sensi dell'articolo 258 del Trattato sul funzionamento dell'Unione europea.

2. Le stazioni appaltanti risolvono un contratto di appalto qualora nei confronti dell'appaltatore:

a) sia intervenuta la decadenza dell'attestazione di qualificazione per aver prodotto falsa documentazione o dichiarazioni mendaci;

b) sia intervenuto un provvedimento definitivo che dispone l'applicazione di una o più misure di prevenzione di cui al codice delle leggi antimafia e delle relative misure di prevenzione, di cui al decreto legislativo 6 settembre 2011, n. 159, ovvero sia intervenuta sentenza di condanna passata in giudicato per i reati di cui al Capo II del Titolo IV della Parte V del presente Libro.

3. Il contratto di appalto può inoltre essere risolto per grave inadempimento delle obbligazioni contrattuali da parte dell'appaltatore,

tale da compromettere la buona riuscita delle prestazioni. Il direttore dei lavori o il direttore dell'esecuzione, se nominato, quando accerta un grave inadempimento ai sensi del primo periodo avvia in contraddittorio con l'appaltatore il procedimento disciplinato dall'articolo 10 dell'allegato II.14. All'esito del procedimento, la stazione appaltante, su proposta del RUP, dichiara risolto il contratto con atto scritto comunicato all'appaltatore.

4. Qualora, al di fuori di quanto previsto dal comma 3, l'esecuzione delle prestazioni sia ritardata per negligenza dell'appaltatore rispetto alle previsioni del contratto, il direttore dei lavori o il direttore dell'esecuzione, se nominato, gli assegna un termine che, salvo i casi d'urgenza, non può essere inferiore a dieci giorni, entro i quali deve eseguire le prestazioni. Scaduto il termine, e redatto il processo verbale in contraddittorio, qualora l'inadempimento permanga, la stazione appaltante risolve il contratto, con atto scritto comunicato all'appaltatore, fermo restando il pagamento delle penali.

5. In tutti i casi di risoluzione del contratto l'appaltatore ha diritto soltanto al pagamento delle prestazioni relative ai lavori, servizi o forniture regolarmente eseguiti.

6. Nei casi di risoluzione del contratto di cui ai commi 1, lettere c) e d), 2, 3 e 4, le somme di cui al comma 5 sono decurtate degli oneri aggiuntivi derivanti dallo scioglimento del contratto, e in sede di liquidazione finale dei lavori, servizi o forniture riferita all'appalto risolto, l'onere da porre a carico dell'appaltatore è determinato anche in relazione alla maggiore spesa sostenuta per il nuovo affidamento, se la stazione appaltante non si sia avvalsa della facoltà prevista dall'articolo 124, comma 2, primo periodo.

7. L'allegato II.14 disciplina le attività demandate al direttore dei lavori e all'organo di collaudo o di verifica di conformità in conseguenza della risoluzione del contratto.

8. Nei casi di risoluzione del contratto, l'appaltatore provvede al ripiegamento dei cantieri già allestiti e allo sgombero delle aree di lavoro e relative pertinenze nel termine assegnato dalla stazione appaltante; in caso di mancato rispetto del termine, la stazione appaltante provvede d'ufficio addebitando all'appaltatore i relativi oneri e spese. In alternativa all'esecuzione di eventuali provvedimenti giurisdizionali cautelari, possessori o d'urgenza comunque denominati che inibiscano o ritardino il ripiegamento dei cantieri o lo sgombero delle aree di lavoro e relative pertinenze, la stazione appaltante può depositare

cauzione in conto vincolato a favore dell'appaltatore o prestare fideiussione bancaria o polizza assicurativa con le modalità di cui all'articolo 106, pari all'1 per cento del valore del contratto. Resta fermo il diritto dell'appaltatore di agire per il risarcimento dei danni.

Art. 123. Recesso – 1. Fermo restando quanto previsto dagli articoli 88, comma 4-*ter* e 92, comma 4, del codice delle leggi antimafia e delle misure di prevenzione, di cui al decreto legislativo 6 settembre 2011, n. 159, la stazione appaltante può recedere dal contratto in qualunque momento purché tenga indenne l'appaltatore mediante il pagamento dei lavori eseguiti o delle prestazioni relative ai servizi e alle forniture eseguiti nonché del valore dei materiali utili esistenti in cantiere nel caso di lavori o in magazzino nel caso di servizi o forniture, oltre al decimo dell'importo delle opere, dei servizi o delle forniture non eseguite, calcolato secondo quanto previsto nell'allegato II.14.

2. L'esercizio del diritto di recesso è manifestato dalla stazione appaltante mediante una formale comunicazione all'appaltatore da darsi per iscritto con un preavviso non inferiore a venti giorni, decorsi i quali la stazione appaltante prende in consegna i lavori, servizi o forniture ed effettua il collaudo definitivo o verifica la regolarità dei servizi e delle forniture.

3. L'allegato II.14 disciplina il rimborso dei materiali, la facoltà di ritenzione della stazione appaltante e gli obblighi di rimozione e sgombero dell'appaltatore.

Art. 124. Esecuzione o completamento dei lavori, servizi o forniture nel caso di procedura di insolvenza o di impedimento alla prosecuzione dell'affidamento con l'esecutore designato – 1. Fatto salvo quanto previsto dai commi 4 e 5, in caso di liquidazione giudiziale, di liquidazione coatta e concordato preventivo, oppure di risoluzione del contratto ai sensi dell'articolo 122 o di recesso dal contratto ai sensi dell'articolo 88, comma 4-*ter*, del codice delle leggi antimafia e delle misure di prevenzione, di cui al decreto legislativo 6 settembre 2011, n. 159, oppure in caso di dichiarazione giudiziale di inefficacia del contratto, le stazioni appaltanti interpellano progressivamente i soggetti che hanno partecipato all'originaria procedura di gara, risultanti dalla relativa graduatoria, per stipulare un nuovo contratto per l'affidamento dell'esecuzione o del completamento dei lavori, servizi o forniture, se tecnicamente ed economicamente possibile.

2. L'affidamento avviene alle medesime condizioni già proposte dall'originario aggiudicatario in sede in offerta. Le stazioni appaltanti possono prevedere nei documenti di gara che il nuovo affidamento avvenga alle condizioni proposte dall'operatore economico interpellato.

3. Per gli appalti di lavori di realizzazione di opere pubbliche di importo pari o superiore alle soglie di cui all'articolo 14 e di servizi e forniture di importo pari o superiore a 1 milione di euro si applica, in deroga ai commi 1 e 2, l'articolo 216, commi 2 e 3.

4. Il curatore della procedura di liquidazione giudiziale, autorizzato all'esercizio provvisorio dell'impresa, può, su autorizzazione del giudice delegato, stipulare il contratto qualora l'aggiudicazione sia intervenuta prima della dichiarazione di liquidazione giudiziale ed eseguire i contratti e gli accordi quadro già stipulati dall'impresa assoggettata alla liquidazione giudiziale. L'autorizzazione alla stipulazione del contratto deve intervenire entro il termine di cui all'articolo 18, comma 2; in mancanza il curatore è da intendersi sciolto da ogni vincolo e la stazione appaltante procede ai sensi dei commi 1 e 2.

5. Per i contratti in corso di esecuzione, alle imprese che hanno depositato la domanda di accesso al concordato preventivo, anche ai sensi dell'articolo 44, comma 1, del codice della crisi di impresa e dell'insolvenza, di cui al decreto legislativo 12 gennaio 2019, n. 14, si applicano i commi 1 e 2 dell'articolo 95 dello stesso codice. Nel caso in cui la domanda di cui al primo periodo sia stata depositata dopo l'adozione del provvedimento di aggiudicazione, la stipulazione del contratto deve essere autorizzata nel termine previsto dal comma 4, ai sensi dell'articolo 95, commi 3 e 4, del codice di cui al decreto legislativo n. 14 del 2019.

6. Restano ferme le disposizioni previste dall'articolo 32 del decreto-legge 24 giugno 2014, n. 90, convertito, con modificazioni, dalla legge 11 agosto 2014, n. 114, in materia di misure straordinarie di gestione di imprese nell'ambito della prevenzione della corruzione.

Art. 125. Anticipazione, modalità e termini di pagamento del corrispettivo – 1. Sul valore del contratto di appalto è calcolato l'importo dell'anticipazione del prezzo pari al 20 per cento da corrispondere all'appaltatore entro quindici giorni dall'effettivo inizio della prestazione anche nel caso di consegna dei lavori o di avvio dell'esecuzione in via d'urgenza, ai sensi dell'articolo 17, commi 8 e 9. Con i documenti di gara può essere previsto un incremento dell'anticipazione del prezzo fino al 30 per cento. Tali disposizioni non si applicano ai contratti di forniture e servizi indicati nell'allegato II.14. Per i contratti pluriennali l'importo dell'anticipazione deve essere calcolato sul valore delle prestazioni di ciascuna annualità contabile, stabilita nel cronoprogramma dei pagamenti, ed è corrisposto entro quindici giorni dall'effettivo inizio della prima prestazione utile relativa a ciascuna annualità, secondo il cronoprogramma delle prestazioni. L'erogazione dell'anticipazione è subordinata alla costituzione di garanzia fideiussoria bancaria o assicurativa di importo pari all'anticipazione maggiorato del tasso di interesse legale applicato al periodo necessario al recupero dell'anticipazione stessa secondo il cronoprogramma della prestazione. La garanzia è rilasciata dai soggetti di cui all'articolo 106, comma 3, con le modalità previste dal secondo periodo dello stesso comma. L'importo della garanzia è gradualmente e automaticamente ridotto nel corso della prestazione, in rapporto al progressivo recupero dell'anticipazione da parte delle stazioni appaltanti. Il beneficiario decade dall'anticipazione, con obbligo di restituzione, se l'esecuzione della prestazione non procede, per ritardi a lui imputabili, secondo i tempi contrattuali. Sulle somme restituite sono dovuti gli interessi legali con decorrenza dalla data di erogazione della anticipazione.

2. Nei contratti di lavori i pagamenti relativi agli acconti del corrispettivo sono effettuati nel termine di trenta giorni decorrenti dall'adozione di ogni stato di avanzamento, salvo che sia espressamente concordato nel contratto un diverso termine, comunque non superiore a sessanta giorni e purché ciò sia oggettivamente giustificato dalla natura particolare del contratto o da talune sue caratteristiche.

3. Lo stato di avanzamento dei lavori, ricavato dal registro di contabilità, è adottato con le modalità e nei termini indicati nel contratto. A tal fine, il direttore dei lavori accerta senza indugio il raggiungimento delle condizioni contrattuali. In mancanza, lo comunica l'esecutore dei lavori. Contestualmente all'esito positivo dell'accertamento, oppure contestualmente al ricevimento della comunicazione dell'esecutore, il direttore dei lavori adotta lo stato di avanzamento dei lavori e lo trasmette al RUP, salvo quanto previsto dal comma 4.

4. In caso di difformità tra le valutazioni del direttore dei lavori e quelle dell'esecutore in merito al raggiungimento delle condizioni contrattuali per l'adozione dello stato di avanzamento, il direttore dei lavori, a seguito di tempestivo contraddittorio con l'esecutore, archivia la comunicazione di cui al comma 3 oppure adotta lo stato di avanzamento e lo trasmette immediatamente al RUP.

5. I certificati di pagamento relativi agli acconti del corrispettivo sono emessi dal RUP contestualmente all'adozione di ogni stato di avanzamento e comunque entro un termine non superiore a sette giorni. Il RUP, previa verifica della regolarità contributiva dell'esecutore e dei subappaltatori, invia il certificato di pagamento alla stazione appaltante, la quale procede al pagamento ai sensi del comma 2. L'esecutore emette fattura al momento dell'adozione del certificato di pagamento. L'ingiustificato ritardo nell'emissione dei certificati di pagamento può costituire motivo di valutazione del RUP ai fini della corresponsione dell'incentivo ai sensi dell'articolo 45. L'esecutore può emettere fattura al momento dell'adozione dello stato di avanzamento dei lavori. L'emissione della fattura da parte dell'esecutore non è subordinata al rilascio del certificato di pagamento da parte del RUP.

6. Nei contratti di servizi e forniture con caratteristiche di periodicità o continuità, che prevedono la corresponsione di acconti sul corrispettivo, si applicano le disposizioni di cui ai commi 3, 4 e 5.

7. All'esito positivo del collaudo negli appalti di lavori e della verifica di conformità negli appalti di servizi e forniture, e comunque entro un termine non superiore a sette giorni dall'emissione dei relativi certificati, il RUP rilascia il certificato di pagamento relativo alla rata di saldo; il pagamento è effettuato nel termine di trenta giorni decorrenti dall'esito positivo del collaudo o della verifica di conformità, salvo che sia espressamente concordato nel contratto un diverso termine, comunque non superiore a sessanta giorni e purché ciò sia oggettivamente giustificato dalla natura particolare del contratto o da talune sue caratteristiche. Il certificato di pagamento non costituisce presunzione di accettazione dell'opera, ai sensi dell'articolo 1666, secondo comma, del codice civile. Si applica il comma 5, terzo e quarto periodo.

8. Resta fermo quanto previsto all'articolo 4, comma 6, del decreto legislativo 9 ottobre 2002, n. 231.

9. In caso di ritardo nei pagamenti rispetto ai termini di cui al presente articolo o ai diversi termini stabiliti dal contratto si applica-

no le disposizioni degli articoli 5 e 6 del decreto legislativo 9 ottobre 2002, n. 231, in tema di interessi moratori.

10. Le piattaforme digitali di cui all'articolo 25, assicurano la riconducibilità delle fatture elettroniche agli acconti corrispondenti agli stati di avanzamento e a tutti i pagamenti dei singoli contratti, garantendo l'interoperabilità con i sistemi centrali di contabilità pubblica. Le predette piattaforme sono integrate con la piattaforma tecnologica per l'interconnessione e l'interoperabilità tra le pubbliche amministrazioni e i prestatori di servizi di pagamento abilitati, prevista dall'articolo 5 del codice dell'amministrazione digitale, di cui al decreto legislativo 7 marzo 2005, n. 82.

Art. 126. Penali e premi di accelerazione – 1. I contratti di appalto prevedono penali per il ritardo nell'esecuzione delle prestazioni contrattuali da parte dell'appaltatore commisurate ai giorni di ritardo e proporzionali rispetto all'importo del contratto o delle prestazioni contrattuali. Le penali dovute per il ritardato adempimento sono calcolate in misura giornaliera compresa tra lo 0,3 per mille e l'1 per mille dell'ammontare netto contrattuale, da determinare in relazione all'entità delle conseguenze legate al ritardo, e non possono comunque superare, complessivamente, il 10 per cento di detto ammontare netto contrattuale.

2. Per gli appalti di lavori la stazione appaltante può prevedere nel bando o nell'avviso di indizione della gara che, se l'ultimazione dei lavori avviene in anticipo rispetto al termine fissato contrattualmente, sia riconosciuto un premio di accelerazione per ogni giorno di anticipo. Il premio è determinato sulla base degli stessi criteri stabiliti per il calcolo della penale ed è corrisposto a seguito dell'approvazione da parte della stazione appaltante del certificato di collaudo, mediante utilizzo delle somme indicate nel quadro economico dell'intervento alla voce 'imprevisti', nei limiti delle risorse ivi disponibili, sempre che l'esecuzione dei lavori sia conforme alle obbligazioni assunte. Nei documenti di gara iniziali la stazione appaltante si può riservare la facoltà di riconoscere un premio di accelerazione determinato sulla base dei predetti criteri anche nel caso in cui il termine contrattuale sia legittimamente prorogato, qualora l'ultimazione dei lavori avvenga in anticipo rispetto al termine prorogato. Il termine di cui al terzo periodo si computa dalla data originariamente prevista nel contratto.

Parte VII
DISPOSIZIONI PARTICOLARI PER ALCUNI CONTRATTI DEI SETTORI ORDINARI

Titolo I
I SERVIZI SOCIALI E I SERVIZI ASSIMILATI

Art. 127. Norme applicabili ai servizi sociali e assimilati – 1. Fermo quanto previsto dall'articolo 6 del codice, per l'affidamento dei servizi sociali e degli altri servizi assimilati di cui all'allegato XIV alla direttiva 2014/24/UE del Parlamento europeo e del Consiglio, del 26 febbraio 2014, per valori pari o superiori alla soglia di cui all'articolo 14, comma 1 lettera d), le stazioni appaltanti procedono alternativamente:

a) mediante bando o avviso di gara che comprende le informazioni di cui all'allegato II.6, Parte I, lettera E;

b) mediante avviso di pre-informazione, pubblicato con cadenza continuativa per periodi non superiori a ventiquattro mesi, recante le informazioni di cui allegato II.6, Parte I, lettera F, con l'avvertenza che l'aggiudicazione avverrà senza ulteriore pubblicazione di un avviso di indizione di gara.

2. Le disposizioni del comma 1 non si applicano quando è utilizzata, in presenza dei presupposti previsti dall'articolo 76, una procedura negoziata senza pubblicazione di bando.

3. L'avvenuto affidamento del servizio è reso noto mediante la pubblicazione di avviso di aggiudicazione di cui all'allegato II.6, Parte I, lettera G. È possibile raggruppare gli avvisi su base trimestrale, nel qual caso essi sono inviati cumulativamente al più tardi trenta giorni dopo la fine di ogni trimestre.

4. I bandi e gli avvisi di gara per gli affidamenti nei settori speciali di cui all'articolo 173 contengono le informazioni di cui all'allegato II.6, Parte III, conformemente ai modelli di formulari stabiliti dalla Commissione europea mediante atti di esecuzione.

5. Gli avvisi di cui al presente articolo sono pubblicati conformemente all'articolo 164.

Art. 128. Servizi alla persona – 1. Salvo quanto previsto dall'articolo 127, per l'affidamento dei servizi alla persona si applicano le disposizioni che seguono.

2. Ai fini della presente Parte, sono considerati servizi alla persona i seguenti servizi, come individuati dall'allegato XIV alla direttiva 2014/24/UE del Parlamento europeo e del Consiglio, del 26 febbraio 2014:

a) servizi sanitari, servizi sociali e servizi connessi;

b) servizi di prestazioni sociali;

c) altri servizi pubblici, sociali e personali, inclusi i servizi forniti da associazioni sindacali, da organizzazioni politiche, da associazioni giovanili e altri servizi di organizzazioni associative.

3. L'affidamento deve garantire la qualità, la continuità, l'accessibilità, la disponibilità e la completezza dei servizi, tenendo conto delle esigenze specifiche delle diverse categorie di utenti, compresi i gruppi svantaggiati e promuovendo il coinvolgimento e la responsabilizzazione degli utenti.

4. In applicazione dell'articolo 37 le stazioni appaltanti approvano gli strumenti di programmazione nel rispetto della legislazione statale e regionale di settore.

5. Le finalità di cui agli articoli 62 e 63 sono perseguite anche tramite le forme di aggregazione previste dalla normativa di settore, con particolare riguardo ai distretti sociosanitari e a istituzioni analoghe.

6. Si applicano le procedure di aggiudicazione di cui agli articoli da 32 a 34, all'articolo 59 e agli articoli da 71 a 76.

7. Si applicano, altresì, le disposizioni di cui agli articoli 79, 80, 84, 85, 89, 94, 95, 98, 99, 100, 101 e 110, adottando il criterio di aggiudicazione dell'offerta economicamente più vantaggiosa individuata sulla base del miglior rapporto qualità/prezzo.

8. Per l'affidamento e l'esecuzione di servizi alla persona di importo inferiore alla soglia di cui all'articolo 14, comma 1, lettera d), si applicano i principi e i criteri di cui al comma 3 del presente articolo.

Titolo II
Gli appalti di servizi sociali e di altri servizi nei settori ordinari

Art. 129. Appalti riservati – 1. Le stazioni appaltanti hanno facoltà, con bando predisposto a norma delle disposizioni che seguono, di riservare agli enti di cui al comma 2 il diritto di partecipare alle procedure per l'affidamento dei servizi sanitari, sociali e culturali individuati nell'allegato XIV alla direttiva 2014/24/UE del Parlamento europeo e del Consiglio, del 26 febbraio 2014.

2. Fermo restando quanto previsto dall'articolo 6, devono essere soddisfatte le seguenti condizioni:

a) gli enti riservatari devono avere come obiettivo statutario il perseguimento di una missione di servizio pubblico legata alla prestazione dei servizi di cui al comma 1;

b) deve essere previsto un vincolo di reinvestimento dei profitti, per il conseguimento degli obiettivi statutari o, comunque, una distribuzione o redistribuzione fondata su considerazioni partecipative;

c) le strutture di gestione o proprietà degli enti devono essere basate su principi partecipativi o di azionariato dei dipendenti, ovvero richiedere la partecipazione attiva di dipendenti, utenti o soggetti interessati.

3. È esclusa la riserva a favore di enti che nei tre anni precedenti all'affidamento siano stati già aggiudicatari di un appalto o di una concessione per i servizi di cui al comma 1, disposti a norma del presente articolo.

4. La durata massima del contratto non può superare i tre anni.

Art. 130. Servizi di ristorazione – 1. Fermo restando quanto previsto dall'articolo 127, i servizi di ristorazione indicati nell'allegato XIV alla direttiva 2014/24/UE del Parlamento europeo e del Consiglio, del 26 febbraio 2014 sono aggiudicati esclusivamente sulla base del criterio dell'offerta economicamente più vantaggiosa, individuata sulla base del miglior rapporto qualità/prezzo. La valutazione dell'offerta tecnica tiene conto, in particolare, tramite l'attribuzione di un punteggio premiale:

a) della qualità dei generi alimentari, con particolare riferimento ai prodotti biologici, tipici e tradizionali, ai prodotti a denominazione protetta, nonché ai prodotti provenienti da sistemi di filiera corta e da operatori dell'agricoltura sociale;

b) del rispetto delle disposizioni ambientali in materia di economia sostenibile (*green economy*), nonché dei pertinenti criteri ambientali minimi di cui all'articolo 57;

c) della qualità della formazione degli operatori.

2. Per l'affidamento e la gestione dei servizi di refezione scolastica e di fornitura di alimenti e prodotti agroalimentari agli asili nido, alle scuole dell'infanzia, alle scuole primarie, alle scuole secondarie di primo e di secondo grado e alle altre strutture pubbliche che abbiano come utenti bambini e giovani fino a diciotto anni di età, resta fermo l'obbligo di cui all'articolo 4, comma 5-*quater* del decreto legge 12 settembre 2013, n. 104, convertito, con modificazioni, dalla legge 8 novembre 2013, n. 128.

3. Le istituzioni pubbliche che gestiscono mense scolastiche e ospedaliere possono prevedere, nelle gare concernenti i relativi servizi di fornitura, nel rispetto dell'articolo 6, comma 1, della legge 18 agosto 2015, n. 141, criteri di priorità per l'inserimento di prodotti agroalimentari provenienti da operatori dell'agricoltura sociale.

4. Con decreti del Ministro della salute, di concerto con il Ministro dell'ambiente e della sicurezza energetica e con il Ministro dell'agricoltura, della sovranità alimentare e delle foreste, sono definite e aggiornate le linee di indirizzo nazionale per la ristorazione ospedaliera, assistenziale e scolastica. Fino all'adozione di dette linee di indirizzo, le stazioni appaltanti individuano nei documenti di gara le specifiche tecniche finalizzate a garantire la qualità del servizio richiesto.

Art. 131. Servizi sostitutivi di mensa – 1. L'attività di emissione di buoni pasto ha per scopo l'erogazione del servizio sostitutivo di mensa aziendale per il tramite di esercizi convenzionati, a mezzo di buoni pasto o di altri titoli rappresentativi di servizi.

2. L'affidamento dei servizi sostitutivi di cui al presente articolo è riservato a società di capitali, con capitale versato non inferiore a 750.000 euro e costituite con tale specifico oggetto sociale, il cui bilancio deve essere corredato della relazione redatta da una società di revisione iscritta nel registro istituito presso il Ministero della giustizia ai sensi dell'articolo 2409-*bis* del codice civile.

3. Il possesso dei requisiti di cui al comma 2 deve essere provato mediante preventiva segnalazione certificata di inizio attività, redatta dai rappresentanti legali della società e trasmessa, ai sensi dell'articolo 19 della legge 7 agosto 1990, n. 241, al Ministero delle imprese e del made in Italy.

4. Gli operatori economici attivi nel settore dell'emissione di buoni pasto aventi sede in altri Paesi dell'Unione europea possono esercitare l'attività se a ciò autorizzati in base alle norme del Paese di appartenenza.

5. L'affidamento dei servizi di cui al presente articolo avviene esclusivamente con il criterio dell'offerta economicamente più vantaggiosa individuata sulla base del miglior rapporto qualità/prezzo. Il bando di gara stabilisce i criteri di valutazione dell'offerta pertinenti, tra cui:

a) il ribasso sul valore nominale del buono pasto;

b) la rete degli esercizi da convenzionare, con specifica valorizzazione, in sede di attribuzione dei punti o dei pesi, delle caratteristiche qualitative che connotano il servizio sostitutivo di mensa offerto dalla rete di esercizi selezionata;

c) lo sconto incondizionato verso gli esercenti, in misura non superiore al 5 per cento del valore nominale del buono pasto. Tale sconto incondizionato remunera altresì ogni eventuale servizio aggiuntivo offerto agli esercenti;

d) i termini di pagamento agli esercizi convenzionati;

e) il progetto tecnico.

6. L'allegato II.17 individua gli esercizi presso cui può essere erogato il servizio sostitutivo di mensa, le caratteristiche dei buoni pasto e il contenuto degli accordi stipulati tra le società di emissione dei buoni e i titolari degli esercizi convenzionabili. Nel caso di buoni pasto in forma elettronica è garantito agli esercizi convenzionati un unico terminale di pagamento. In sede di prima applicazione del codice, l'allegato II.17 è abrogato a decorrere dalla data di entrata in vigore di un corrispondente regolamento adottato ai sensi dell'articolo 17, comma 3, della legge 23 agosto 1988, n. 400, con decreto del Ministro delle imprese e del made in Italy, di concerto con il Ministro delle infrastrutture e dei trasporti, che lo sostituisce integralmente anche in qualità di allegato al codice.

7. Ai fini del possesso della rete di esercizi attraverso cui si espleta il servizio sostitutivo di mensa, eventualmente richiesto come cri-

terio di partecipazione o di aggiudicazione, è sufficiente l'assunzione, da parte dell'operatore economico, dell'impegno all'attivazione della rete stessa entro un congruo termine dal momento dell'aggiudicazione, fissato in sede di bando. La mancata attivazione della rete richiesta entro il termine indicato comporta la decadenza dell'aggiudicazione.

8. Le stazioni appaltanti che acquistano i buoni pasto, le società di emissione e gli esercizi convenzionati consentono, ciascuno nell'esercizio della rispettiva attività contrattuale e delle obbligazioni di propria pertinenza, la utilizzabilità del buono pasto per l'intero valore nominale.

Titolo III
I Contratti nel settore dei beni culturali

Art. 132. Disciplina comune applicabile ai contratti nel settore dei beni culturali – 1. Le disposizioni del presente Titolo dettano la disciplina relativa a contratti concernenti i beni culturali tutelati ai sensi del codice dei beni culturali e del paesaggio di cui al decreto legislativo 22 gennaio 2004, n. 42, nonché relativi all'esecuzione di scavi archeologici, anche subacquei. Per quanto non diversamente disposto, trovano applicazione le pertinenti disposizioni del codice.

2. Ai contratti concernenti i beni culturali, in considerazione della specificità del settore ai sensi dell'articolo 36 del Trattato sul funzionamento dell'Unione europea, non si applica l'istituto dell'avvalimento, di cui all'articolo 104.

Art. 133. Requisiti di qualificazione – 1. Per i lavori di cui al presente Titolo, i requisiti di qualificazione dei soggetti esecutori e dei direttori tecnici, nonché i livelli e i contenuti della progettazione e le modalità del collaudo sono individuati nell'allegato II.18. In sede di prima applicazione del codice, l'allegato II.18 è abrogato a decorrere dalla data di entrata in vigore di un corrispondente regolamento adottato ai sensi dell'articolo 17, comma 3, della legge 23 agosto 1988, n. 400, con decreto del Ministro della cultura, di concerto con il Ministro delle infrastrutture e dei trasporti, che lo sostituisce integralmente anche in qualità di allegato al codice.

Art. 134. Contratti gratuiti e forme speciali di partenariato – 1. Per tutte le attività finalizzate alla tutela e alla valorizzazione dei beni culturali, l'amministrazione può stipulare contratti gratuiti, ai sensi dell'articolo 8, comma 1, del codice, ferme restando le prescrizioni dell'amministrazione preposta alla loro tutela in ordine alla progettazione e all'esecuzione delle opere e delle forniture e alla direzione dei lavori e al loro collaudo.

2. Per assicurare la fruizione del patrimonio culturale della nazione e favorire altresì la ricerca scientifica applicata alla sua tutela o alla sua valorizzazione, lo Stato, le regioni e gli enti territoriali possono, con le risorse umane, finanziarie e strumentali disponibili a legislazione vigente, attivare forme speciali di partenariato con enti e organismi pubblici e con soggetti privati, dirette a consentire il recupero, il restauro, la manutenzione programmata, la gestione, l'apertura alla pubblica fruizione e la valorizzazione di beni culturali, attraverso procedure semplificate di individuazione del partner privato analoghe o ulteriori rispetto a quelle previste dall'articolo 8.

3. Resta fermo quanto previsto ai sensi dell'articolo 106, comma 2-*bis*, del codice dei beni culturali e del paesaggio, di cui al decreto legislativo 22 gennaio 2004, n. 42.

4. L'affidamento di contratti di sponsorizzazione di lavori, servizi o forniture per importi superiori a 40.000 euro, mediante dazione di danaro o accollo del debito, o altre modalità di assunzione del pagamento dei corrispettivi dovuti, ivi compresi quelli relativi a beni culturali nonché ai contratti di sponsorizzazione finalizzati al sostegno degli istituti e dei luoghi della cultura, di cui all'articolo 101 del codice dei beni culturali e del paesaggio, di cui al decreto legislativo 22 gennaio 2004, n. 42, delle fondazioni lirico-sinfoniche e dei teatri di tradizione, è soggetto esclusivamente alla previa pubblicazione sul sito internet della stazione appaltante, per almeno trenta giorni, di apposito avviso, con il quale si rende nota la ricerca di sponsor per specifici interventi, ovvero si comunica l'avvenuto ricevimento di una proposta di sponsorizzazione, indicando sinteticamente il contenuto del contratto proposto. Trascorso il periodo di pubblicazione dell'avviso, il contratto può essere liberamente negoziato, purché nel rispetto dei principi di imparzialità e di parità di trattamento fra gli operatori che abbiano manifestato interesse, fermo restando il rispetto degli articoli 66, 94, 95, 97 e 100 in ordine alla verifica dei requi-

siti degli esecutori e della qualificazione degli operatori economici. Nel caso in cui lo sponsor intenda realizzare i lavori, prestare i servizi o le forniture direttamente a sua cura e spese, resta ferma la necessità di verificare il possesso dei requisiti degli esecutori, nel rispetto dei principi e dei limiti europei in materia e non trovano applicazione le disposizioni nazionali e regionali in materia di contratti pubblici di lavori, servizi e forniture, ad eccezione di quelle sulla qualificazione dei progettisti e degli esecutori. La stazione appaltante e l'amministrazione preposta alla tutela dei beni culturali impartiscono opportune prescrizioni in ordine alla progettazione, all'esecuzione delle opere o forniture e alla direzione dei lavori e collaudo degli stessi.

Titolo IV
I servizi di ricerca e sviluppo

Art. 135. Servizi di ricerca e sviluppo – 1. Relativamente ai servizi di ricerca e sviluppo, le disposizioni del codice si applicano esclusivamente ai contratti relativi ai servizi di cui all'allegato II.19, a condizione che:

a) i risultati appartengano esclusivamente alla stazione appaltante, per essere destinati all'esercizio della propria attività;

b) la prestazione del servizio sia interamente retribuita dalla stazione appaltante.

2. Le stazioni appaltanti possono ricorrere, in applicazione dei principi di cui agli articoli 1, 2 e 3, agli appalti pubblici pre-commerciali, che rispettino le condizioni delle lettere a) e b) del comma 1, quando:

a) siano destinati al conseguimento di risultati non appartenenti in via esclusiva alla stazione appaltante, che li usi nell'esercizio della propria attività;

b) la prestazione del servizio non sia interamente retribuita dalla stazione appaltante;

c) l'esigenza non possa essere soddisfatta ricorrendo a soluzioni già disponibili sul mercato.

3. In sede di prima applicazione del codice, l'allegato di cui al comma 1 è abrogato a decorrere dalla data di entrata in vigore di un corrispondente regolamento adottato ai sensi dell'articolo 17, comma 3, della legge 23 agosto 1988, n. 400, con decreto del Ministro

dell'università e della ricerca di concerto con il Ministro delle imprese e del made in Italy, che lo sostituisce integralmente anche in qualità di allegato al codice.

Titolo V
I contratti nel settore della difesa e sicurezza. I contratti secretati

Art. 136. Difesa e sicurezza – 1. Le disposizioni del codice si applicano ai contratti aggiudicati nei settori della difesa e della sicurezza, ad eccezione dei contratti:

a) che rientrano nell'ambito di applicazione del decreto legislativo 15 novembre 2011, n. 208;

b) ai quali non si applica neanche il decreto legislativo n. 208 del 2011, in virtù dell'articolo 6 del medesimo decreto.

2. L'applicazione del codice è in ogni caso esclusa per gli appalti pubblici e per i concorsi di progettazione, quando la tutela degli interessi essenziali di sicurezza dello Stato non possa essere garantita mediante misure idonee e volte anche a proteggere la riservatezza delle informazioni che le amministrazioni aggiudicatrici rendono disponibili in una procedura di aggiudicazione dell'appalto.

3. All'aggiudicazione di concessioni nei settori della difesa e della sicurezza, di cui al decreto legislativo n. 208 del 2011, si applica il Libro IV del codice fatta eccezione per le concessioni relative alle ipotesi alle quali non si applica neanche il decreto legislativo n. 208 del 2011 in virtù dell'articolo 6 del medesimo decreto.

4. Per i contratti di cui al presente articolo nonché per gli interventi da eseguire in Italia e all'estero per effetto di accordi internazionali, multilaterali o bilaterali, e 58anche per i lavori in economia eseguiti a mezzo delle truppe e dei reparti del Genio militare per i quali non si applicano i limiti di importo di cui all'articolo 14, si applica l'allegato II.20. In sede di prima applicazione del codice, l'allegato II.20 è abrogato a decorrere dalla data di entrata in vigore di un corrispondente regolamento adottato ai sensi dell'articolo 17, comma 3, della legge 23 agosto 1988, n. 400, con decreto del Ministro della difesa, adottato di concerto con il Ministro delle infrastrutture e dei trasporti, che lo sostituisce integralmente anche in qualità di allegato al codice.

5. Per gli acquisti eseguiti all'estero dall'amministrazione della difesa, relativi a macchinari, strumenti e oggetti di precisione, che possono essere forniti, con i requisiti tecnici e il grado di perfezione richiesti, soltanto da operatori economici stranieri, possono essere concesse anticipazioni di importo non superiore ad un terzo dell'importo complessivo del prezzo contrattuale, previa costituzione di idonea garanzia.

Art. 137. Contratti misti concernenti aspetti di difesa e sicurezza – 1. Ai contratti misti aventi per oggetto appalti o concessioni rientranti nell'ambito di applicazione del codice nonché appalti disciplinati dall'articolo 346 del Trattato sul funzionamento dell'Unione europea o dal decreto legislativo 15 novembre 2011, n. 208, si applicano le seguenti disposizioni.

2. Se le diverse parti di un determinato appalto o di una concessione sono oggettivamente separabili, si applicano i commi da 3 a 5. Se non sono separabili, si applica il comma 6.

3. Se le stazioni appaltanti scelgono di aggiudicare un appalto o una concessione distinti per le parti separate, il regime giuridico applicabile a ciascuno di tali contratti distinti è determinato in base alle caratteristiche della parte separata.

4. Se le stazioni appaltanti scelgono di aggiudicare un appalto unico o una concessione unica, il relativo regime giuridico si determina sulla base dei seguenti criteri:

a) se una parte dell'appalto o della concessione è disciplinata dall'articolo 346 del Trattato sul funzionamento dell'Unione europea, l'appalto unico o la concessione unica possono essere aggiudicati senza applicare il codice né il decreto legislativo n. 208 del 2011, purché le rispettive aggiudicazioni siano giustificate da ragioni oggettive;

b) se una parte di un appalto o una concessione è disciplinata dal decreto legislativo n. 208 del 2011, l'appalto unico o la concessione unica possono essere aggiudicati conformemente a tale decreto, purché le rispettive aggiudicazioni siano giustificate da ragioni oggettive. Sono fatte salve le soglie e le esclusioni previste dallo stesso decreto legislativo n. 208 del 2011.

5. La decisione di aggiudicare un appalto unico o una concessione unica non può essere adottata allo scopo di escludere l'applicazione del codice o del decreto legislativo n. 208 del 2011.

6. Se le diverse parti di un appalto o di una concessione sono oggettivamente non separabili, l'appalto o la concessione possono essere aggiudicati senza applicare il codice ove includa elementi cui si applica l'articolo 346 del Trattato sul funzionamento dell'Unione europea; altrimenti può essere aggiudicato conformemente al decreto legislativo n. 208 del 2011.

Art. 138. Contratti e concorsi di progettazione aggiudicati o organizzati in base a norme internazionali – 1. Il codice non si applica agli appalti pubblici e ai concorsi di progettazione e alle concessioni in materia di difesa o di sicurezza di cui al decreto legislativo 15 novembre 2011, n. 208, qualora essi siano disciplinati da:

a) norme procedurali specifiche in base a un accordo o un'intesa internazionale conclusi in conformità dei trattati dell'Unione europea, tra lo Stato e uno o più Paesi terzi o relative articolazioni e riguardante lavori, forniture o servizi destinati alla realizzazione comune o alla gestione comune di un progetto;

b) norme procedurali specifiche in base a un accordo o un'intesa internazionale in relazione alla presenza di truppe di stanza e concernente imprese di uno Stato membro o di un Paese terzo;

c) norme procedurali specifiche di un'organizzazione internazionale nel caso di appalti;

d) norme procedurali specifiche di un'organizzazione internazionale che si approvvigiona per le proprie finalità o a concessioni che devono essere aggiudicate da uno Stato membro in conformità di tali norme.

2. Gli accordi o le intese di cui al comma 1, lettera a), relativi ad appalti sono comunicati alla Commissione europea.

3. Il codice non si applica agli appalti pubblici e ai concorsi di progettazione concernenti aspetti di difesa o di sicurezza che la stazione appaltante aggiudica in base a norme sugli appalti previste da un'organizzazione internazionale o da un'istituzione internazionale di finanziamento, quando gli appalti pubblici e i concorsi di progettazione in questione sono interamente finanziati da tale organizzazione o istituzione. Nel caso di appalti pubblici e concorsi di progettazione cofinanziati prevalentemente da un'organizzazione internazionale o da un'istituzione internazionale di finanziamento, le parti si accordano sulle procedure d'appalto applicabili.

Art. 139. Contratti secretati – 1. Le disposizioni del codice relative alle procedure di affidamento possono essere derogate:

a) per i contratti al cui oggetto, atti o modalità di esecuzione è attribuita una classifica di segretezza;

b) per i contratti la cui esecuzione deve essere accompagnata da speciali misure di sicurezza, in conformità a disposizioni legislative, regolamentari o amministrative.

2. Ai fini della deroga di cui al comma 1, lettera a), le stazioni appaltanti attribuiscono, con provvedimento motivato, le classifiche di segretezza ai sensi dell'articolo 42 della legge 3 agosto 2007, n. 124, ovvero di altre norme vigenti, dando conto delle cause specifiche che giustificano la stipulazione di un contratto secretato, con particolare riguardo ai presupposti previsti per ciascuna classifica. Ai fini della deroga di cui al comma 1, lettera b), le stazioni appaltanti dichiarano, con provvedimento motivato, i lavori, i servizi e le forniture eseguibili con speciali misure di sicurezza individuate nel predetto provvedimento, precisando le cause che esigono tali misure.

3. I contratti di cui al comma 1 sono eseguiti da operatori economici in possesso dei requisiti previsti dal codice, nonché del nulla osta di sicurezza, ai sensi e nei limiti di cui all'articolo 42, comma 1-*bis*, della legge 3 agosto 2007, n. 124.

4. L'affidamento dei contratti di cui al presente articolo avviene previo esperimento di gara informale a cui sono invitati almeno cinque operatori economici, se sussistono in tale numero soggetti qualificati in relazione all'oggetto del contratto e sempre che la negoziazione con più di un operatore economico sia compatibile con le esigenze di segretezza e sicurezza.

5. La Corte dei conti, tramite la Sezione centrale per il controllo dei contratti secretati, esercita il controllo preventivo sui provvedimenti motivati di cui al comma 2, il controllo preventivo sulla legittimità e sulla regolarità dei contratti di cui al presente articolo, nonché il controllo sulla regolarità, correttezza ed efficacia della gestione. Dell'attività di cui al presente comma è dato conto entro il 30 giugno di ciascun anno in una relazione al Comitato parlamentare per la sicurezza della Repubblica.

Titolo VI
Le procedure in caso di somma urgenza e di protezione civile

Art. 140. Procedure in caso di somma urgenza e di protezione civile – 1. In circostanze di somma urgenza che non consentono alcun indugio, al verificarsi di eventi di danno o di pericolo imprevisti o imprevedibili idonei a determinare un concreto pregiudizio alla pubblica e privata incolumità, ovvero nella ragionevole previsione dell'imminente verificarsi degli stessi, chi fra il RUP o altro tecnico dell'amministrazione competente si reca prima sul luogo può disporre la immediata esecuzione dei lavori entro il limite di 500.000 euro o di quanto indispensabile per rimuovere lo stato di pregiudizio alla pubblica e privata incolumità. Ricorrendo i medesimi presupposti, il soggetto di cui al precedente periodo può disporre l'immediata acquisizione di servizi o forniture entro il limite di quanto indispensabile per rimuovere lo stato di pregiudizio alla pubblica e privata incolumità e, comunque, nei limiti della soglia europea. Il soggetto che dispone, ai sensi del presente comma, l'immediata esecuzione di lavori o l'immediata acquisizione di servizi o forniture redige, contemporaneamente, un verbale in cui sono indicati la descrizione della circostanza di somma urgenza, le cause che l'hanno provocata e i lavori, i servizi e le forniture da porre in essere per rimuoverla.

2. L'esecuzione dei lavori e l'acquisizione dei servizi e delle forniture di somma urgenza può essere affidata in forma diretta e in deroga alle procedure di cui agli articoli 37 e 41 del codice a uno o più operatori economici individuati dal RUP o da altro tecnico dell'amministrazione competente.

3. Il corrispettivo delle prestazioni ordinate è definito consensualmente con l'affidatario; in difetto di preventivo accordo il RUP può ingiungere all'affidatario l'esecuzione di forniture, servizi o lavorazioni o la somministrazione dei materiali sulla base di prezzi definiti mediante l'utilizzo di prezzari ufficiali di riferimento, ridotti del 20 per cento. I prezzi di cui al primo periodo, se relativi all'esecuzione di lavori, sono comunque ammessi nella contabilità e, se relativi all'acquisizione di forniture e servizi, sono allegati al verbale e sottoscritti dall'operatore economico; ove l'esecutore non iscri-

va riserva negli atti contabili, i prezzi si intendono definitivamente accettati.

4. Il RUP o altro tecnico dell'amministrazione competente compila una perizia giustificativa delle prestazioni richieste entro dieci giorni dall'ordine di esecuzione e la trasmette, unitamente al verbale di somma urgenza, alla stazione appaltante che provvede alla copertura della spesa e alla approvazione della prestazione affidata. Qualora l'amministrazione competente sia un ente locale, la copertura della spesa è assicurata con le modalità previste dagli articoli 191, comma 3, e 194 comma 1, lettera e), del testo unico delle leggi sull'ordinamento degli enti locali, di cui al decreto legislativo 18 agosto 2000, n. 267.

5. Qualora un servizio, una fornitura, un'opera o un lavoro, ordinato per motivi di somma urgenza, non ottenga l'approvazione del competente organo dell'amministrazione, la relativa esecuzione è sospesa immediatamente e si procede, previa messa in sicurezza del cantiere in caso di lavori, alla sospensione della prestazione e alla liquidazione dei corrispettivi dovuti per la parte realizzata.

6. Costituisce circostanza di somma urgenza, ai fini del presente articolo, anche il verificarsi degli eventi di cui all'articolo 7 del codice della protezione civile, di cui al decreto legislativo 2 gennaio 2018, n. 1, ovvero la ragionevole previsione dell'imminente verificarsi degli stessi, che richiede l'adozione di misure indilazionabili, nei limiti dello stretto necessario. La circostanza di somma urgenza, in tali casi, è ritenuta persistente finché non risultino eliminate le situazioni dannose o pericolose per la pubblica o privata incolumità derivanti dall'evento, e comunque per un termine non superiore a quindici giorni dall'insorgere dell'evento, oppure entro il termine stabilito dalla eventuale declaratoria dello stato di emergenza di cui all'articolo 24 del codice di cui al decreto legislativo n. 1 del 2018; in tali circostanze ed entro i medesimi limiti temporali le stazioni appaltanti possono affidare appalti pubblici di lavori, servizi e forniture con le procedure previste dal presente articolo.

7. Qualora si adottino le procedure di affidamento in condizioni di somma urgenza previste dal presente articolo, nonché, limitatamente ad emergenze di protezione civile, le procedure di cui all'articolo 76, comma 2, lettera c), e vi sia l'esigenza impellente di assicurare la tempestiva esecuzione del contratto, gli affidatari dichiarano, mediante autocertificazione, resa ai sensi del testo unico delle dispo-

sizioni legislative e regolamentari in materia di documentazione amministrativa, di cui al decreto del Presidente della Repubblica 28 dicembre 2000, n. 445, il possesso dei requisiti di partecipazione previsti per l'affidamento di contratti di uguale importo mediante procedura ordinaria. La stazione appaltante controlla il possesso dei requisiti in un termine congruo, compatibile con la gestione della situazione di emergenza in atto e comunque non superiore a sessanta giorni dall'affidamento. La stazione appaltante dà conto, con adeguata motivazione, nel primo atto successivo alle verifiche effettuate, della sussistenza dei relativi presupposti; in ogni caso non è possibile procedere al pagamento, anche parziale, in assenza delle relative verifiche con esito positivo. Qualora, a seguito del controllo, sia accertato l'affidamento a un operatore privo dei predetti requisiti, la stazione appaltante recede dal contratto, fatto salvo il pagamento del valore delle prestazioni eseguite e il rimborso delle spese eventualmente sostenute per l'esecuzione della parte rimanente, nei limiti delle utilità conseguite, e procede alle segnalazioni alle competenti autorità.

8. In via eccezionale, nella misura strettamente necessaria, l'affidamento diretto può essere autorizzato anche al di sopra dei limiti di cui al comma 1, per un arco temporale limitato, comunque non superiore a trenta giorni e solo per singole specifiche fattispecie indilazionabili e nei limiti massimi di importo stabiliti nei provvedimenti di cui al comma 2, dell'articolo 24 del codice di cui al decreto legislativo n. 1 del 2018. L'affidamento diretto per i motivi di cui al presente articolo non è comunque ammesso per appalti di lavori di importo pari o superiore alla soglia europea e per appalti di servizi e forniture di importo pari o superiore al triplo della soglia europea.

9. Limitatamente agli appalti pubblici di forniture e servizi di cui ai commi 3 e 6, di importo pari o superiore a 140.000 euro, per i quali non siano disponibili elenchi di prezzi definiti mediante l'utilizzo di prezzari ufficiali di riferimento, quando i tempi resi necessari dalla circostanza di somma urgenza non consentano il ricorso alle procedure ordinarie, gli affidatari si impegnano a fornire i servizi e le forniture richiesti ad un prezzo provvisorio stabilito consensualmente tra le parti e ad accettare la determinazione definitiva del prezzo a seguito di apposita valutazione di congruità.

10. Sul sito istituzionale dell'ente sono pubblicati gli atti relativi agli affidamenti di cui al presente articolo, con specifica indica-

zione dell'affidatario, delle modalità della scelta e delle motivazioni che non hanno consentito il ricorso alle procedure ordinarie. Contestualmente, e comunque in un termine congruo compatibile con la gestione della situazione di emergenza, sono trasmessi all'ANAC per i controlli di competenza, fermi restando i controlli di legittimità sugli atti previsti dalle vigenti normative.

11. In occasione degli eventi per i quali è dichiarato lo stato di emergenza di rilievo nazionale ai sensi dell'articolo 24 del codice di cui al decreto legislativo 2 gennaio 2018, n. 1, ferma restando la facoltà di prevedere ulteriori misure derogatorie consentite nell'ambito dei provvedimenti adottati ai sensi dell'articolo 25 del medesimo codice di cui al decreto legislativo n. 1 del 2018, gli appalti pubblici di lavori, forniture e servizi possono essere affidati in deroga alle seguenti disposizioni del presente codice:

a) articolo 14, comma 12, lettera a), per consentire l'autonoma determinazione del valore stimato degli appalti per l'acquisizione di beni e servizi omogenei e analoghi, caratterizzati da regolarità, da rinnovare periodicamente entro il periodo emergenziale;

b) articolo 15, comma 2, primo periodo, relativamente alla necessaria individuazione del RUP tra i dipendenti della stazione appaltante o dell'ente concedente, per consentire alle stazioni appaltanti, ove strettamente necessario, di individuare il RUP tra soggetti idonei anche estranei alle stazioni appaltanti medesime, purché dipendenti di ruolo di altri soggetti o enti pubblici;

c) articolo 37, relativamente alla necessaria previa programmazione dei lavori e degli acquisiti di beni e servizi, per consentire alle stazioni appaltante di affidare l'appalto anche in assenza della previa programmazione del relativo intervento;

d) articolo 49, per consentire alle stazioni appaltanti la semplificazione della procedura di affidamento e l'adeguamento della sua tempistica alle esigenze del contesto emergenziale, nel rispetto dei principi generali dell'ordinamento giuridico e delle norme dell'Unione europea;

e) articolo 108, commi 1, 2, 3, 4, 6, 7, 8, 11, per consentire l'utilizzo generalizzato del criterio del minor prezzo.

12. Fermo quanto previsto dal presente articolo per gli appalti affidati in somma urgenza, in occasione degli eventi emergenziali di cui all'articolo 7, comma 1, lettere b) e c), del codice di cui al decreto legislativo n. 1 del 2018, per i quali è stato dichiarato lo stato di

emergenza regionale o nazionale ai sensi dell'articolo 24 del predetto codice, ovvero nella ragionevole previsione dell'imminente verificarsi degli stessi, anche in mancanza del provvedimento di cui all'articolo 23 del predetto codice:

a) gli importi di cui all'articolo 50, comma 1, del presente codice sono raddoppiati, nei limiti delle soglie di cui all'articolo 14, per i contratti di lavori, servizi e forniture di cui all'articolo 25, comma 2, lettere a), b) e d), del codice di cui al decreto legislativo n. 1 del 2018;

b) il termine temporale di cui al comma 4 del presente articolo è stabilito in trenta giorni;

c) l'amministrazione competente è identificata nel soggetto attuatore, ove individuato, di cui al comma 6 dell'articolo 25 del codice di cui al decreto legislativo n. 1 del 2018.

LIBRO III
DELL'APPALTO NEI SETTORI SPECIALI

Parte I
DISPOSIZIONI GENERALI

Art. 141. Ambito e norme applicabili – 1. Le disposizioni del presente Libro si applicano alle stazioni appaltanti o agli enti concedenti che svolgono una delle attività previste dagli articoli da 146 a 152. Le disposizioni del presente Libro si applicano, altresì, agli altri soggetti che annoverano tra le loro attività una o più tra quelle previste dagli articoli da 146 a 152 e operano in virtù di diritti speciali o esclusivi.

2. Le imprese pubbliche e i soggetti titolari di diritti speciali o esclusivi applicano le disposizioni del presente Libro solo per i contratti strumentali da un punto di vista funzionale a una delle attività previste dagli articoli da 146 a 152.

3. Ai contratti di cui al presente Libro si applicano, oltre alle sue disposizioni:

a) il Libro I, Parte I, Titolo I, eccetto l'articolo 6;

b) nell'ambito del Libro I, Parte I, Titolo II, gli articoli 13, 14, 16, 17 e 18. L'articolo 15 si applica solo alle stazioni appaltanti e agli enti concedenti che sono amministrazioni aggiudicatrici;

c) il Libro I, Parte II;

d) nell'ambito del Libro I, Parte IV, gli articoli 41, 42, 43, 44, 45 e 46;

e) nell'ambito del Libro II, Parte II, gli articoli 57, 60 e 61;

f) nell'ambito del Libro II, Parte III, Titolo I, l'articolo 64;

g) nell'ambito del Libro II, Parte III, il Titolo II;

h) nell'ambito del Libro II, Parte V, Titolo IV, il Capo II si applica nei limiti di cui agli articoli 167, 168 e 169;

i) nell'ambito del Libro II, Parte VI, gli articoli 113, 119, 120 e 122.

4. Le imprese pubbliche e i soggetti titolari di diritti speciali o esclusivi hanno facoltà di adottare propri atti, con i quali possono in via preventiva:

a) istituire e gestire sistemi di qualificazione degli operatori economici;

b) prevedere una disciplina di adattamento delle funzioni del RUP alla propria organizzazione;

c) specificare la nozione di variante in corso d'opera in funzione delle esigenze proprie del mercato di appartenenza e delle caratteristiche di ciascun settore, nel rispetto dei principi e delle norme di diritto dell'Unione europea.

5. Le stazioni appaltanti o gli enti concedenti possono determinare le dimensioni dell'oggetto dell'appalto e dei lotti in cui eventualmente suddividerlo, senza obbligo di motivazione aggravata e tenendo conto delle esigenze del settore speciale in cui operano. Nel caso di suddivisione in lotti, le stazioni appaltanti o gli enti concedenti indicano nel bando di gara, nell'invito a confermare interesse o, quando il mezzo di indizione di gara è un avviso sull'esistenza di un sistema di qualificazione, nell'invito a presentare offerte o a negoziare, se le offerte possono essere presentate per uno, per più o per l'insieme dei lotti.

Art. 142. *Joint venture* e affidamenti a imprese collegate – 1. Le disposizioni del codice non si applicano, quando ricorrano le condizioni di cui al comma 3, ai contratti aggiudicati:

a) da una *joint venture*, composta esclusivamente da più stazioni appaltanti o enti concedenti per svolgere una o più delle attività di cui agli articoli da 146 a 152 e all'Allegato II alla direttiva 2014/23/

UE del Parlamento europeo e del Consiglio, del 26 febbraio 2014, a una di tali stazioni appaltanti o enti concedenti;

b) da una stazione appaltante o ente concedente alla *joint venture* di cui fa parte.

2. Le disposizioni del codice non si applicano, altresì, se ricorrono le condizioni di cui al comma 4, ai contratti aggiudicati:

a) da una stazione appaltante o ente concedente a un'impresa collegata;

b) da una *joint venture*, composta esclusivamente da più stazioni appaltanti o enti concedenti per svolgere le attività di cui agli articoli da 146 a 152, a un'impresa collegata a una di tali stazioni appaltanti o enti concedenti.

3. La non applicabilità di cui al comma 1 opera a condizione che la *joint venture* sia stata costituita per lo svolgimento delle attività oggetto di affidamento per un periodo di almeno tre anni e che l'atto costitutivo preveda che le stazioni appaltanti o gli enti concedenti che la compongano ne facciano parte per un periodo di pari durata.

4. La non applicabilità di cui al comma 2 opera per gli appalti e concessioni di servizi e di lavori e per gli appalti di forniture, purché almeno l'80 per cento del fatturato totale realizzato in media dall'impresa collegata nell'ultimo triennio, tenendo conto di tutti i lavori, i servizi e le forniture prestate, provenga dalle prestazioni rese alla stazione appaltante o all'ente concedente o alle altre imprese cui è collegata.

5. Se, a causa della data della costituzione o di inizio dell'attività dell'impresa collegata, il fatturato degli ultimi tre anni non è disponibile, è sufficiente che l'impresa dimostri, in base a proiezioni dell'attività, che probabilmente realizzerà il fatturato di cui al comma 4.

6. Se più imprese collegate alla stazione appaltante o all'ente concedente con il quale formano un gruppo economico forniscono gli stessi o simili servizi, forniture o lavori, le percentuali sono calcolate tenendo conto del fatturato totale derivante dalla prestazione dei servizi o dall'esecuzione dei lavori, per ciascuna di tali imprese collegate.

7. Su richiesta della Commissione europea, le stazioni appaltanti e gli enti concedenti comunicano:

a) i nomi delle imprese o delle *joint venture* interessate;

b) la natura e il valore dei contratti considerati;

c) gli elementi che la Commissione europea richiede per provare che le relazioni tra la stazione appaltante o l'ente concedente e l'impresa o la *joint venture* cui i contratti sono aggiudicati soddisfano i requisiti di cui al presente articolo.

Art. 143. Attività esposte direttamente alla concorrenza – 1. Le disposizioni del codice non si applicano ai contratti per svolgere un'attività di cui agli articoli da 146 a 152 se l'attività è direttamente esposta alla concorrenza su mercati liberamente accessibili. L'attività può costituire parte di un settore più ampio o essere esercitata unicamente in determinate parti del territorio nazionale.

2. La valutazione dell'esposizione alla concorrenza ai fini del comma 1 è effettuata dalla Commissione europea, tenendo conto del mercato delle attività in questione e del mercato geografico di riferimento, ai sensi dei commi 3 e 4. Resta impregiudicata l'applicazione della normativa in materia di concorrenza.

3. Ai fini dei commi 1 e 2, per determinare se un'attività è direttamente esposta alla concorrenza si tiene conto di criteri conformi alle disposizioni del Trattato sul funzionamento dell'Unione europea in materia di concorrenza, tra i quali le caratteristiche dei prodotti o servizi interessati, l'esistenza di prodotti o servizi alternativi considerati sostituibili sul versante della domanda o dell'offerta, i prezzi e la presenza, effettiva o potenziale, di più fornitori dei prodotti o servizi in questione.

4. Il mercato geografico di riferimento, sulla cui base viene valutata l'esposizione alla concorrenza, è costituito dal territorio dove le imprese interessate intervengono nell'offerta e nella domanda di prodotti e di servizi, e nel quale le condizioni di concorrenza sono sufficientemente omogenee. Esso può essere distinto dai territori vicini, in particolare per condizioni di concorrenza sensibilmente diverse da quelle che prevalgono in quei territori. La valutazione tiene conto, in particolare, della natura e delle caratteristiche dei prodotti o servizi in questione, dell'esistenza di ostacoli all'entrata o di preferenze dei consumatori, nonché dell'esistenza di differenze notevoli sotto il profilo delle quote di mercato delle imprese o di differenze sostanziali a livello di prezzi.

5. Ai fini del comma 1 sono mercati liberamente accessibili quelli indicati nell'allegato III alla direttiva 2014/25/UE del Par-

lamento europeo e del Consiglio, del 26 febbraio 2014, per i quali sono stati adottati i provvedimenti attuativi. Se non è possibile presumere il libero accesso a un mercato in base al primo periodo, si deve dimostrare che l'accesso al mercato in questione è libero di fatto e di diritto.

6. Quando, sulla base delle condizioni di cui ai commi 3, 4 e 5, si ritiene che una determinata attività sia direttamente esposta alla concorrenza su mercati liberamente accessibili, il Presidente del Consiglio dei ministri, di concerto con il Ministro competente per settore, può richiedere alla Commissione europea di stabilire che le disposizioni del codice non si applichino all'aggiudicazione di appalti o all'organizzazione di concorsi di progettazione per il perseguimento dell'attività in questione, nonché alle concessioni; la Commissione è informata di tutte le circostanze pertinenti, in particolare delle disposizioni legislative, regolamentari o amministrative o degli accordi in relazione al rispetto delle condizioni di cui al comma 1, nonché delle eventuali determinazioni assunte al riguardo dalle Autorità indipendenti competenti. La richiesta può riguardare attività esercitate in un settore più ampio o in determinate parti del territorio nazionale, se del caso allegando la posizione adottata dalla competente Autorità indipendente.

7. Le stazioni appaltanti e gli enti concedenti possono chiedere alla Commissione europea di stabilire l'applicabilità del comma 1 a una determinata attività. Salvo che la richiesta sia corredata da una posizione motivata e giustificata, adottata dalla Autorità indipendente competente, che illustri in modo approfondito le condizioni per l'eventuale applicabilità del comma 1, a seguito dell'informazione data dalla Commissione in ordine alla richiesta, l'Autorità di cui al comma 6 comunica alla Commissione le circostanze indicate nel predetto comma 1.

8. Le disposizioni del codice non si applicano più ai contratti di cui al comma 1 se la Commissione europea:

a) ha adottato un atto di esecuzione che stabilisce l'applicabilità del comma 1 entro il termine previsto dall'allegato IV della direttiva 2014/25/UE;

b) non ha adottato l'atto di esecuzione entro il termine previsto dall'allegato di cui alla lettera a).

9. La richiesta presentata a norma dei commi 6 e 7 può essere modificata, con il consenso della Commissione europea, in partico-

lare per quanto riguarda le attività o l'area geografica interessate. In tal caso, per l'adozione dell'atto di esecuzione di cui al comma 8, si applica un nuovo termine, calcolato ai sensi del paragrafo 1 dell'allegato IV della direttiva 2014/25/UE, salvo che la Commissione europea concordi un termine più breve con l'Autorità o la stazione appaltante o l'ente concedente che ha presentato la richiesta.

10. Se un'attività è già oggetto di una procedura ai sensi dei commi 6, 7 e 9 le ulteriori richieste riguardanti la stessa attività, pervenute alla Commissione europea prima della scadenza del termine previsto per la prima domanda, non sono considerate come nuove procedure e sono esaminate nel quadro della prima richiesta.

Art. 144. Appalti aggiudicati a scopo di rivendita o di locazione a terzi – 1. Le disposizioni del codice non si applicano agli appalti aggiudicati a scopo di rivendita o di locazione a terzi, quando la stazione appaltante o l'ente concedente non gode di alcun diritto speciale o esclusivo per la vendita o la locazione dell'oggetto di tali appalti e quando altri enti possono liberamente venderlo o darlo in locazione alle stesse condizioni della stazione appaltante o dell'ente concedente.

2. Le stazioni appaltanti o gli enti concedenti comunicano alla Commissione europea, su richiesta, tutte le categorie di prodotti o di attività che considerano escluse in virtù del comma 1, nei termini da essa indicati, evidenziando nella comunicazione quali informazioni hanno carattere commerciale sensibile.

3. Le disposizioni del codice non si applicano alle categorie di prodotti o attività oggetto degli appalti di cui al comma 1 considerati esclusi dalla Commissione europea con atto pubblicato nella Gazzetta ufficiale dell'Unione europea.

Art. 145. Attività svolte in Paesi terzi – 1. Le disposizioni del codice non si applicano ai contratti aggiudicati dalle stazioni appaltanti o dagli enti concedenti per l'esercizio delle attività di cui agli articoli da 146 a 152 in un Paese terzo, in circostanze che non comportino lo sfruttamento materiale di una rete o di un'area geografica all'interno dell'Unione europea.

2. Le stazioni appaltanti o gli enti concedenti comunicano alla Commissione europea, su richiesta, tutte le categorie di attività che

considerano escluse in virtù del comma 1, nei termini da essa indicati, evidenziando nella comunicazione quali informazioni hanno carattere commerciale sensibile.

3. Le disposizioni del codice non si applicano comunque alle categorie di attività oggetto dei contratti di cui al comma 1 considerati esclusi dalla Commissione europea in elenchi pubblicati periodicamente nella Gazzetta ufficiale dell'Unione europea.

Art. 146. Gas ed energia termica – 1. L'affidamento di contratti inerenti ai settori del gas e dell'energia termica è soggetto all'applicazione delle disposizioni del codice esclusivamente per le attività:

a) di messa a disposizione o gestione di reti fisse destinate alla fornitura di un servizio al pubblico in connessione con la produzione, il trasporto o la distribuzione di gas o di energia termica;

b) di alimentazione di tali reti con gas o energia termica, ivi compresa la generazione, la produzione e la vendita all'ingrosso o al dettaglio.

2. L'alimentazione, con gas o energia termica, di reti fisse che forniscono un servizio al pubblico, da parte di un'impresa pubblica o di un soggetto titolare di diritti speciali o esclusivi, non è considerata un'attività di cui al comma 1 se concorrono le seguenti condizioni:

a) la produzione di gas o di energia termica è l'inevitabile risultato dell'esercizio di un'attività non prevista dal comma 1 o dagli articoli da 147 a 149;

b) l'alimentazione della rete pubblica mira solo a sfruttare economicamente tale produzione e corrisponde, al massimo, al 20 per cento del fatturato dell'ente, considerando la media dell'ultimo triennio, comprensivo dell'anno in corso.

3. Sono esclusi dalla applicazione delle disposizioni del codice i contratti stipulati per la fornitura di energia e di combustibili destinati alla produzione di energia da stazioni appaltanti o enti concedenti che esercitano le attività di cui al comma 1.

Art. 147. Elettricità – 1. L'affidamento dei contratti inerenti al settore dell'elettricità è soggetto all'applicazione delle disposizioni del codice esclusivamente per le attività:

a) di messa a disposizione o gestione di reti fisse destinate alla fornitura di un servizio al pubblico in connessione con la produzione, il trasporto o la distribuzione di elettricità;

b) di alimentazione di tali reti con l'elettricità, ivi compresa la generazione, la produzione e la vendita all'ingrosso o al dettaglio.

2. L'alimentazione, con elettricità, di reti fisse che forniscono un servizio al pubblico da parte di un'impresa pubblica o un soggetto titolare di diritti speciali o esclusivi, non è considerata un'attività di cui al comma 1 se concorrono le seguenti condizioni:

a) la produzione di elettricità avviene perché il suo consumo è necessario all'esercizio di un'attività non prevista dal comma 1 o dagli articoli 146, 148 e 149;

b) l'alimentazione della rete pubblica dipende solo dal consumo proprio dell'ente e non supera il 30 per cento della sua produzione totale, considerando la media dell'ultimo triennio, comprensivo dell'anno in corso.

Art. 148. Acqua – 1. L'affidamento dei contratti inerenti al settore idrico è soggetto all'applicazione delle disposizioni del codice esclusivamente per le attività:

a) di messa a disposizione o gestione di reti fisse destinate alla fornitura di un servizio al pubblico in connessione con la produzione, il trasporto o la distribuzione di acqua potabile;

b) di alimentazione di tali reti con acqua potabile, ivi compresa la generazione, la produzione e la vendita all'ingrosso o al dettaglio.

2. L'alimentazione, con acqua potabile, di reti fisse che forniscono un servizio al pubblico da parte di un'impresa pubblica o un soggetto titolare di diritti speciali o esclusivi non è considerata un'attività di cui al comma 1 se concorrono le seguenti condizioni:

a) la produzione di acqua potabile avviene perché il suo consumo è necessario all'esercizio di un'attività non prevista dagli articoli da 146 a 149;

b) l'alimentazione della rete pubblica dipende solo dal consumo proprio dell'ente e non supera il 30 per cento della sua produzione totale, considerando la media dell'ultimo triennio, comprensivo dell'anno in corso.

3. Si applicano le disposizioni del codice agli appalti o ai concorsi di progettazione attribuiti od organizzati da stazioni appaltanti

o enti concedenti che esercitano un'attività di cui al comma 1 quando riguardino:

a) progetti di ingegneria idraulica, irrigazione o drenaggio, in cui il volume d'acqua destinato all'alimentazione con acqua potabile rappresenti più del 20 per cento del volume totale d'acqua reso disponibile da tali progetti o impianti;

b) smaltimento o trattamento delle acque reflue.

4. Sono esclusi dall'applicazione delle disposizioni del codice gli appalti per l'acquisto di acqua, se aggiudicati da stazioni appaltanti o enti concedenti che esercitino una o entrambe le attività di cui al comma 1.

5. Sono escluse dall'applicazione delle disposizioni del codice le concessioni aggiudicate per fornire o gestire reti fisse destinate alla fornitura di un servizio pubblico in connessione con la produzione, il trasporto o la distribuzione di acqua potabile oppure per alimentare tali reti con acqua potabile.

6. Sono escluse dall'applicazione del codice le concessioni che siano collegate a una delle attività del comma 5 e riguardino:

a) progetti di ingegneria idraulica, irrigazione, drenaggio, in cui il volume d'acqua destinato all'approvvigionamento di acqua potabile rappresenti più del 20 per cento del volume totale d'acqua reso disponibile da tali progetti o impianti;

b) smaltimento o trattamento delle acque reflue.

Art. 149. Servizi di trasporto – 1. Le disposizioni del codice si applicano alle attività relative alla messa a disposizione o alla gestione di reti destinate a fornire un servizio al pubblico nel campo del trasporto ferroviario, tranviario, filoviario, mediante autobus, sistemi automatici o cavo.

2. Nei servizi di trasporto, si considera esistente una rete se il servizio è fornito secondo le prescrizioni operative stabilite dalle competenti autorità pubbliche, quali quelle relative alle tratte da servire, alla capacità di trasporto disponibile o alla frequenza del servizio.

3. Le disposizioni del codice non si applicano per l'affidamento di contratti concernenti i servizi di trasporto pubblico di passeggeri per ferrovia o metropolitana.

4. Sono escluse dall'applicazione delle disposizioni del codice le concessioni di servizi di trasporto aereo sulla base di una licenza

di gestione a norma del regolamento (CE) n. 1008/2008 del Parlamento europeo e del Consiglio, del 24 settembre 2008 e le concessioni di servizi di trasporto pubblico di passeggeri ai sensi del regolamento (CE) n. 1370/2007 del Parlamento europeo e del Consiglio, del 23 ottobre 2007.

Art. 150. Settore dei porti e degli aeroporti – 1. Le disposizioni del codice si applicano alle attività relative allo sfruttamento di un'area geografica per la messa a disposizione di aeroporti, porti marittimi o interni e di altri terminali di trasporto ai vettori aerei, marittimi e fluviali.

Art. 151. Settore dei servizi postali – 1. Le disposizioni del codice si applicano alle attività relative alla prestazione di:

a) servizi postali;

b) altri servizi, diversi da quelli postali, quando siano prestati da un ente che fornisca anche servizi postali e a condizione che questi ultimi non riguardino attività direttamente esposte alla concorrenza su mercati liberamente accessibili, ai sensi dell'articolo 143.

2. Ai fini del codice e fatto salvo quanto previsto dal decreto legislativo 22 luglio 1999, n. 261 si intende per:

a) «invio postale»: un invio indirizzato nella forma definitiva al momento in cui è preso in consegna, indipendentemente dal suo peso, che abbia per oggetto corrispondenza, libri, cataloghi, giornali, periodici e pacchi postali contenenti merci con o senza valore commerciale;

b) «servizi postali»: servizi consistenti in raccolta, smistamento, trasporto e distribuzione di invii postali, comprensivi sia dei servizi rientranti nell'ambito di applicazione del servizio universale istituito ai sensi della direttiva 97/67/CE del Parlamento europeo e del Consiglio del 15 dicembre 1997, sia di quelli che ne sono esclusi;

c) «altri servizi diversi dai servizi postali»: i servizi di gestione di servizi postali, precedenti l'invio e successivi all'invio, compresi i servizi di smistamento della posta, e i servizi di spedizione diversi da quelli di cui alla lettera a), quali la spedizione di invii pubblicitari, privi di indirizzo.

Art. 152. Estrazione di gas e prospezione o estrazione di carbone o di altri combustibili solidi – 1. Le disposizioni del codice si applicano alle attività relative allo sfruttamento di un'area geografica, ai seguenti fini:

a) estrazione di petrolio, estrazione o produzione di gas;

b) prospezione o estrazione di carbone o di altri combustibili solidi.

2. Rimangono escluse dall'applicazione delle disposizioni del codice le attività relative allo sfruttamento di un'area geografica, ai fini di prospezione di petrolio e di gas naturale, nonché di produzione di petrolio, in quanto attività direttamente esposte alla concorrenza su mercati liberamente accessibili.

Parte II
DELLE PROCEDURE DI SCELTA DEL CONTRAENTE

Art. 153. Norme applicabili – 1. Con riferimento alle procedure di scelta del contraente, le stazioni appaltanti o gli enti concedenti nei settori speciali applicano i seguenti articoli:

a) articolo 71, salvo che la disposizione sull'avviso di pre-informazione si intende riferita all'avviso periodico indicativo di cui all'allegato II.6, Parte II;

b) articolo 74, salvo che, nel dialogo competitivo indetto nell'ambito dei settori speciali, qualsiasi operatore economico può chiedere di partecipare in risposta a un avviso di indizione di gara ai sensi dell'articolo 155, comma 3, lettere b) e c), fornendo le informazioni richieste dalla stazione appaltante o dall'ente concedente; il termine minimo per la ricezione delle domande di partecipazione è fissato, di norma, a non meno di trenta giorni dalla data di trasmissione del bando di gara o, se come mezzo di indizione di gara è usato un avviso periodico indicativo, dell'invito a confermare interesse, e non può in alcun caso essere inferiore a quindici giorni;

c) articoli 70, comma 6, e 75, salvo che, nei partenariati per l'innovazione indetti nell'ambito dei settori speciali, qualsiasi operatore economico può presentare una domanda di partecipazione in risposta a un avviso di indizione di gara, ai sensi dell'articolo 155, comma 3, lettere b) e c), presentando le informazioni richieste dalla stazione appaltante o dall'ente concedente; il termine minimo per la ricezione delle domande di partecipazione è fissato, di norma, a non meno di trenta giorni dalla data di trasmissione del bando di gara e non può in alcun caso essere inferiore a quindici giorni;

d) articoli 77, 78, 79 e 80;

e) articolo 85, salvo che la disposizione sull'avviso di pre-informazione si intende riferita all'avviso periodico indicativo.

Art. 154. Accordi quadro – 1. Negli affidamenti di cui al presente Libro, gli appalti basati su un accordo quadro sono aggiudicati in base a regole e criteri oggettivi che possono prevedere la riapertura del confronto competitivo tra gli operatori economici partecipanti all'accordo. Le regole e i criteri sono indicati nei documenti di gara per l'accordo quadro e garantiscono parità di trattamento tra gli operatori economici parti dell'accordo. Quando è prevista la riapertura del confronto competitivo, la stazione appaltante o l'ente concedente fissa un termine sufficiente per consentire di presentare offerte relative a ciascun appalto specifico e aggiudicano ciascun appalto all'offerente che ha presentato la migliore offerta in base ai criteri di aggiudicazione stabiliti nel capitolato d'oneri dell'accordo quadro. La stazione appaltante o l'ente concedente non può ricorrere agli accordi quadro per eludere l'applicazione del codice o per ostacolare, limitare o distorcere la concorrenza.

Art. 155. Tipi di procedure – 1. Per l'aggiudicazione di appalti pubblici, le stazioni appaltanti e gli enti concedenti utilizzano procedure di affidamento aperte, ristrette o negoziate precedute da indizione di gara, dialoghi competitivi o partenariati per l'innovazione, in conformità alle disposizioni della presente Parte.

2. Nei soli casi previsti dall'articolo 158, le stazioni appaltanti e gli enti concedenti possono utilizzare la procedura negoziata senza pubblicazione del bando.

3. La gara è indetta con una delle seguenti modalità:

a) un avviso periodico indicativo a norma dell'articolo 161, se il contratto è aggiudicato mediante procedura ristretta o negoziata;

b) un avviso sull'esistenza di un sistema di qualificazione a norma dell'articolo 162, se il contratto è aggiudicato mediante procedura ristretta o negoziata o tramite un dialogo competitivo o un partenariato per l'innovazione;

c) mediante un bando di gara a norma dell'articolo 163.

4. Nel caso di cui al comma 3, lettera a), gli operatori economici che hanno manifestato interesse in seguito alla pubblicazione dell'avviso periodico indicativo sono successivamente invitati a confermare il proprio interesse per iscritto, ai sensi dell'articolo 165.

Art. 156. Procedura ristretta – 1. Nelle procedure ristrette qualsiasi operatore economico può presentare una domanda di partecipazione in risposta a un avviso di indizione di gara, fornendo le informazioni richieste dalla stazione appaltante o dall'ente concedente. Il termine minimo per la ricezione delle domande di partecipazione è fissato di norma a non meno di trenta giorni dalla data di trasmissione del bando di gara o dell'invito a confermare interesse e non può in alcun caso essere inferiore a quindici giorni.

2. Soltanto gli operatori economici invitati in tal senso dalla stazione appaltante o dall'ente concedente in seguito alla valutazione delle informazioni fornite presentano un'offerta. Le stazioni appaltanti e gli enti concedenti possono limitare il numero di candidati idonei da invitare a partecipare alla procedura in conformità dell'articolo 70, comma 6. Il termine per la ricezione delle offerte può essere fissato di concerto tra la stazione appaltante o l'ente concedente e tutti i candidati selezionati, purché questi dispongano di un termine identico per presentare le loro offerte. In assenza di un accordo sul termine per la ricezione delle offerte, questo non è inferiore a dieci giorni dalla data di invio dell'invito a presentare offerte.

Art. 157. Procedura negoziata con pubblicazione di un bando – 1. Nelle procedure negoziate con pubblicazione di un bando qualsiasi operatore economico può presentare una domanda di partecipazione in risposta a un avviso di indizione di gara, fornendo le informazioni richieste dalla stazione appaltante o dall'ente concedente.

2. Il termine minimo per la ricezione delle domande di partecipazione è fissato di norma in non meno di trenta giorni dalla data di trasmissione del bando di gara o, se come mezzo di indizione di gara è usato un avviso periodico indicativo, dalla data dell'invito a confermare interesse e non è in alcun caso inferiore a quindici giorni.

3. Soltanto gli operatori economici invitati dalla stazione appaltante o dall'ente concedente in seguito alla valutazione delle infor-

mazioni fornite partecipano alle negoziazioni. Le stazioni appaltanti e gli enti concedenti possono limitare il numero di candidati idonei da invitare a partecipare alla procedura secondo quanto previsto dall'articolo 169, comma 2.

4. Il termine per la ricezione delle offerte può essere fissato d'accordo tra la stazione appaltante o l'ente concedente e tutti i candidati selezionati, purché questi ultimi dispongano di un termine identico per redigere e presentare le loro offerte. In assenza di un accordo sul termine per la ricezione delle offerte, questo non è inferiore a dieci giorni dalla data di invio dell'invito a presentare offerte.

Art. 158. Procedura negoziata senza pubblicazione di un bando – 1. Le stazioni appaltanti o gli enti concedenti possono aggiudicare appalti pubblici mediante una procedura negoziata senza pubblicazione di un bando di gara quando ricorrono i presupposti fissati dal comma 2, dandone motivatamente conto nel primo atto della procedura in relazione alla specifica situazione di fatto e alle caratteristiche dei mercati potenzialmente interessati e delle dinamiche che li caratterizzano, e nel rispetto dei principi di cui agli articoli 1, 2 e 3. A tali fini si tiene conto degli esiti delle consultazioni di mercato eventualmente eseguite, rivolte anche ad analizzare i mercati europei oppure, se del caso, extraeuropei.

2. Le stazioni appaltanti o gli enti concedenti possono ricorrere a una procedura negoziata senza indizione di gara nei seguenti casi:

a) quando, in risposta a una procedura con pubblicazione di un bando, non sia pervenuta alcuna offerta o alcuna offerta appropriata, né alcuna domanda di partecipazione o alcuna domanda di partecipazione appropriata, purché le condizioni iniziali dell'appalto non siano sostanzialmente modificate; un'offerta non è ritenuta appropriata quando non presenta alcuna pertinenza con l'appalto ed è quindi inadeguata, salvo modifiche sostanziali, a rispondere alle esigenze della stazione appaltante o dell'ente concedente e ai requisiti specificati nei documenti di gara; una domanda di partecipazione non è ritenuta appropriata quando l'operatore economico interessato deve o può essere escluso o non soddisfa i criteri di selezione stabiliti dalla stazione appaltante o dall'ente concedente a norma degli articoli 95, 96 e 169, comma 2;

b) quando un appalto è destinato solo a scopi di ricerca, di sperimentazione, di studio o di sviluppo e non per rendere redditizie o recuperare spese di ricerca e di sviluppo, purché l'aggiudicazione dell'appalto non pregiudichi l'indizione di gare per appalti successivi che perseguano, segnatamente, questi scopi;

c) quando i lavori, i servizi o le forniture possono essere forniti unicamente da un determinato operatore economico per una delle seguenti ragioni:

1) lo scopo dell'appalto consiste nella creazione o nell'acquisizione di un'opera d'arte o di una rappresentazione artistica unica;

2) la concorrenza è assente per motivi tecnici. L'eccezione di cui al presente numero si applica solo quando non esistono sostituti o alternative ragionevoli e l'assenza di concorrenza non è il risultato di una limitazione artificiale dei parametri dell'appalto;

3) la tutela di diritti esclusivi, inclusi i diritti di proprietà intellettuale; l'eccezione di cui al presente numero si applica solo quando non esistono sostituti o alternative ragionevoli e l'assenza di concorrenza non è il risultato di una limitazione artificiale dei parametri dell'appalto;

d) nella misura strettamente necessaria quando, per ragioni di estrema urgenza derivanti da eventi imprevedibili dalla stazione appaltante o dall'ente concedente, i termini stabiliti per le procedure aperte, per le procedure ristrette o per le procedure negoziate precedute da indizione di gara non possono essere rispettati; le circostanze invocate per giustificare l'estrema urgenza non devono essere in alcun caso imputabili alla stazione appaltante o all'ente concedente;

e) nel caso di appalti di forniture per consegne complementari effettuate dal fornitore originario e destinate al rinnovo parziale di forniture o di impianti o all'ampliamento di forniture o impianti esistenti, qualora il cambiamento di fornitore obblighi la stazione appaltante o l'ente concedente ad acquistare forniture con caratteristiche tecniche differenti, il cui impiego o la cui manutenzione comporterebbero incompatibilità o difficoltà tecniche sproporzionate;

f) per nuovi lavori o servizi consistenti nella ripetizione di lavori o servizi analoghi assegnati all'operatore al quale le stesse stazioni appaltanti o enti concedenti hanno assegnato un appalto precedente, a condizione che tali lavori o servizi siano conformi a un progetto a base di gara e che tale progetto sia stato oggetto di un primo appalto aggiudicato secondo una procedura di cui all'articolo 155, comma 1; il progetto a base di gara indica l'entità di eventuali lavori o servizi complementari e le condizioni alle quali essi verranno aggiudicati;

la possibilità di ricorrere a tale procedura è indicata già al momento dell'indizione della gara per il primo progetto e le stazioni appaltanti o gli enti concedenti, quando applicano l'articolo 14, tengono conto del costo complessivo stimato per i lavori o i servizi successivi;

g) per forniture quotate e acquistate sul mercato delle materie prime;

h) per gli acquisti d'opportunità, quando è possibile, in presenza di un'occasione particolarmente vantaggiosa ma di breve durata, acquistare forniture il cui prezzo è sensibilmente inferiore ai prezzi normalmente praticati sul mercato;

i) per l'acquisto di forniture o servizi a condizioni particolarmente vantaggiose presso un fornitore che cessi definitivamente l'attività commerciale o presso il liquidatore in caso di procedura di insolvenza, di un accordo con i creditori o di procedure analoghe;

l) quando l'appalto di servizi consegue a un concorso di progettazione organizzato secondo le disposizioni del codice ed è destinato, in base alle norme previste nel concorso di progettazione, a essere aggiudicato al vincitore o a uno dei vincitori di tale concorso; in tal caso, tutti i vincitori del concorso di progettazione sono invitati a partecipare alle negoziazioni.

3. Ove possibile, le stazioni appaltanti individuano gli operatori economici da consultare sulla base di informazioni riguardanti le caratteristiche di qualificazione economica e finanziaria e tecniche e professionali desunte dal mercato, nel rispetto dei principi di trasparenza e concorrenza, selezionando almeno tre operatori economici, se sussistono in tale numero soggetti idonei. La stazione appaltante sceglie l'operatore economico che ha offerto le condizioni più vantaggiose, ai sensi dell'articolo 108, previa verifica del possesso dei requisiti di partecipazione previsti per l'affidamento di contratti di uguale importo mediante procedura aperta, ristretta o mediante procedura competitiva con negoziazione.

Parte III
DEI BANDI, DEGLI AVVISI E DEGLI INVITI

Art. 159. Disponibilità digitale dei documenti di gara – 1. A decorrere dalla data di pubblicazione di un avviso o da quella di invio di un invito a confermare l'interesse, i documenti di gara sono resi disponibili in forma digitale, in modo gratuito, illimitato e diretto. L'avviso e l'invito a confermare interesse indicano il collegamento ipertestuale presso il quale i documenti di gara sono accessibili.

2. Quando il mezzo di indizione di una gara è un avviso sull'esistenza di un sistema di qualificazione, tale accesso è consentito il più rapidamente possibile e comunque non oltre il momento dell'invito a presentare un'offerta o a negoziare.

3. Quando è impossibile l'utilizzo dei mezzi di comunicazione elettronica previsti dal codice, l'avviso o l'invito a confermare interesse ne danno conto e indicano le modalità con cui i documenti sono trasmessi. In questi casi il termine per la presentazione delle offerte è prorogato di non oltre cinque giorni.

4. Quando la deroga all'obbligo di utilizzare mezzi di comunicazione elettronica previsti dal codice è dovuta a esigenze di tutela della riservatezza, l'avviso o l'invito a confermare interesse o, quando il mezzo di indizione di gara è un avviso sull'esistenza di un sistema di qualificazione, i documenti di gara indicano le misure adottate per proteggere la natura riservata delle informazioni e le modalità di accesso ai documenti. In tale caso, il termine per la presentazione delle offerte è prorogato di non oltre cinque giorni, salvo che il nuovo termine sia stato fissato di concerto tra la stazione appaltante o l'ente concedente e tutti i candidati selezionati.

5. Le ulteriori informazioni richieste sui documenti di gara sono comunicate a tutti gli offerenti oppure rese disponibili sulla piattaforma di approvvigionamento digitale e sul sito istituzionale almeno sei giorni prima della scadenza del termine stabilito per la ricezione delle offerte e almeno quattro giorni prima quando il termine per la ricezione delle offerte è ridotto.

Art. 160. Comunicazione delle specifiche tecniche – 1. Su richiesta degli operatori economici interessati all'affidamento di un appalto, le stazioni appaltanti e gli enti concedenti mettono a disposizione le specifiche tecniche previste nei loro appalti di forniture, di lavori o di servizi, o le specifiche tecniche alle quali intendono riferirsi per gli appalti oggetto di avvisi periodici indicativi. Tali specifiche sono rese disponibili in forma digitale in maniera gratuita, illimitata e diretta.

2. Le specifiche tecniche sono trasmesse per via diversa da quella digitale qualora non sia possibile offrire accesso gratuito, illimitato e diretto per via digitale a determinati documenti di gara oppure per tutelare la riservatezza delle informazioni che le stazioni appaltanti o gli enti concedenti trasmettono.

3. Quando le specifiche tecniche sono basate su documenti ai quali gli operatori economici interessati hanno accesso gratuito, illimitato e diretto, in forma digitale, si considera sufficiente l'indicazione del riferimento a tali documenti.

Art. 161. Pubblicità e avviso periodico indicativo – 1. Le stazioni appaltanti o gli enti concedenti possono rendere nota l'intenzione di programmare appalti pubblicando un avviso periodico indicativo possibilmente entro il 31 dicembre di ogni anno. Tali avvisi, che contengono le informazioni di cui all'allegato II.6, Parte II, Sezioni A e C, sono pubblicati dalla stazione appaltante o dall'ente concedente sul proprio sito istituzionale rendendoli accessibili tramite collegamento ipertestuale. Per gli appalti di importo pari o superiore alla soglia di cui all'articolo 14 si applica l'articolo 84.

2. Quando una gara è indetta per mezzo di un avviso periodico indicativo per procedure ristrette e procedure negoziate precedute da indizione di gara, l'avviso soddisfa tutte le seguenti condizioni:

a) si riferisce specificatamente alle forniture, ai lavori o ai servizi che saranno oggetto dell'appalto da aggiudicare;

b) indica che l'appalto è aggiudicato mediante una procedura ristretta o negoziata senza ulteriore pubblicazione di un avviso di indizione di gara e invita gli operatori economici interessati a manifestare il proprio interesse;

c) contiene, oltre alle informazioni di cui all'allegato II.6, Parte II, Sezione A, le informazioni di cui all'allegato II.6, Parte II, Sezione B;

d) è stato inviato alla pubblicazione tra trentacinque giorni e dodici mesi prima della data di invio dell'invito a confermare interesse.

3. Gli avvisi di cui al comma 2 possono essere pubblicati sul sito istituzionale quale pubblicazione supplementare a livello nazionale. Il periodo coperto dall'avviso può durare al massimo dodici mesi dalla data di trasmissione dell'avviso per la pubblicazione. Tuttavia, nel caso di appalti pubblici per servizi sociali e altri servizi specifici

di cui all'allegato II.6, l'avviso di cui all'articolo 127, comma 1, lettera b), può coprire un periodo di due anni.

Art. 162. Avvisi sull'esistenza di un sistema di qualificazione – 1. Ai sensi dell'articolo 141, comma 4, lettera a), le stazioni appaltanti e gli enti concedenti possono istituire e gestire un proprio sistema di qualificazione degli operatori economici. Il sistema è reso pubblico con un avviso di cui all'allegato II.6, Parte II, Sezione H, indicando le finalità e le modalità per conoscere le disposizioni relative al funzionamento.

2. Quando è indetta una gara con un avviso di cui al comma 1, gli offerenti in una procedura ristretta, o i partecipanti in una procedura negoziata, sono selezionati tra i candidati qualificati con tale sistema.

3. Le stazioni appaltanti e gli enti concedenti indicano nell'avviso sull'esistenza del sistema il periodo di efficacia del sistema di qualificazione. Per gli appalti di importo pari o superiore alle soglie di cui all'articolo 14, essi informano l'Ufficio delle pubblicazioni dell'Unione europea secondo le modalità di cui all'articolo 84 di qualsiasi cambiamento di tale periodo di efficacia utilizzando i seguenti modelli di formulari:

a) se il periodo di efficacia è modificato senza porre fine al sistema, il modello utilizzato inizialmente per gli avvisi sull'esistenza dei sistemi di qualificazione;

b) se è posto termine al sistema, un avviso di aggiudicazione di cui all'articolo 163.

Art. 163. Bandi di gara e avvisi relativi agli appalti aggiudicati – 1. I bandi di gara possono essere utilizzati come mezzo di indizione di gara per tutte le procedure. Essi contengono le informazioni di cui alle pertinenti disposizioni dell'allegato II.6, Parte II e sono pubblicati conformemente all'articolo 164.

2. Entro trenta giorni dalla conclusione di un contratto o di un accordo quadro che faccia seguito alla relativa decisione di aggiudicazione o di conclusione, le stazioni appaltanti e gli enti concedenti inviano un avviso di aggiudicazione che riporta i risultati della procedura di appalto. Tale avviso contiene le informazioni di cui all'allegato II.6, Parte II, Sezione G, ed è pubblicato conformemen-

te all'articolo 164. Si applicano altresì le disposizioni di cui all'articolo 111, commi 2, 3, 4 e 5.

3. Nel caso di contratti per servizi di ricerca e sviluppo, di seguito «servizi R&S», le informazioni riguardanti la natura e la quantità dei servizi possono limitarsi:

a) all'indicazione «servizi R&S» se il contratto è stato aggiudicato mediante procedura negoziata senza indizione di gara conformemente all'articolo 158, comma 2, lettera b);

b) a informazioni che siano almeno tanto dettagliate quanto specificato nell'avviso utilizzato come mezzo di indizione della gara.

4. Le informazioni fornite ai sensi dell'allegato II.6, Parte II, Sezione G, e non destinate alla pubblicazione sono pubblicate solo in forma semplificata e per motivi statistici.

Art. 164. Redazione e modalità di pubblicazione dei bandi e degli avvisi – 1. I bandi e gli avvisi di cui agli articoli da 161 a 163 contengono le informazioni indicate nell'allegato II.6, Parte II, Sezioni A, B, C, D, E, F, G e H, nel formato di modelli di formulari, compresi modelli di formulari per le rettifiche, stabiliti dalla Commissione. Tali bandi e avvisi sono trasmessi all'Ufficio delle pubblicazioni dell'Unione europea ai sensi dell'articolo 84, in conformità all'allegato II.7.

2. I bandi e gli avvisi sono pubblicati per esteso in una delle lingue ufficiali dell'Unione europea, scelta dalle stazioni appaltanti o dagli enti concedenti, e il testo è l'unico facente fede. Le stazioni appaltanti o gli enti concedenti italiani scelgono la lingua italiana, fatte salve le norme vigenti nella Provincia autonoma di Bolzano in materia di bilinguismo. Una sintesi degli elementi importanti di ciascun bando, indicati dalle stazioni appaltanti o dagli enti concedenti nel rispetto dei principi di trasparenza e non discriminazione, è pubblicata nelle altre lingue ufficiali.

3. L'Ufficio delle pubblicazioni dell'Unione europea garantisce che il testo integrale e la sintesi degli avvisi periodici indicativi di cui all'articolo 161, degli avvisi di indizione di gara che istituiscono un sistema dinamico di acquisizione di cui all'articolo 32, nonché degli avvisi sull'esistenza di un sistema di qualificazione usati come mezzo di indizione di gara di cui all'articolo 155, comma 3, lettera b), continuino a essere pubblicati:

a) nel caso di avvisi periodici indicativi, per dodici mesi o fino al ricevimento di un avviso di aggiudicazione di cui all'articolo 163, che indichi che nei dodici mesi coperti dall'avviso di indizione di gara non sarà aggiudicato nessun altro appalto; tuttavia, nel caso di appalti per servizi sociali e altri servizi specifici di cui all'allegato XIV alla direttiva 2014/24/UE del Parlamento europeo e del Consiglio, del 26 febbraio 2014, l'avviso periodico indicativo di cui all'articolo 127, comma 1, lettera b), continua a essere pubblicato fino alla scadenza del periodo di validità indicato inizialmente o fino alla ricezione di un avviso di aggiudicazione come previsto all'articolo 163, indicante che non saranno aggiudicati ulteriori appalti nel periodo coperto dall'indizione di gara;

b) nel caso di avvisi di indizione di gara che istituiscono un sistema dinamico di acquisizione, per il periodo di validità del sistema dinamico di acquisizione;

c) nel caso di avvisi sull'esistenza di un sistema di qualificazione, per il periodo di validità.

4. Le stazioni appaltanti o gli enti concedenti possono inviare per la pubblicazione avvisi relativi ad appalti pubblici che non sono soggetti all'obbligo di pubblicazione, a condizione che essi siano trasmessi secondo il modello e le modalità precisati al comma 1.

5. Per la pubblicazione a livello nazionale si applica l'articolo 85.

Art. 165. Inviti ai candidati – 1. Nelle procedure ristrette, nei dialoghi competitivi, nei partenariati per l'innovazione, nelle procedure negoziate con indizione di gara, le stazioni appaltanti o gli enti concedenti invitano, simultaneamente, e per iscritto i candidati selezionati a presentare le rispettive offerte, a partecipare al dialogo o a negoziare. Con le stesse modalità, le stazioni appaltanti o gli enti concedenti invitano, nel caso di indizione di gara tramite un avviso periodico indicativo, gli operatori economici che già hanno espresso interesse a confermarlo.

2. Gli inviti indicano l'indirizzo digitale al quale sono stati resi direttamente disponibili i documenti di gara e le informazioni indicate di cui all'allegato II.9, Parte II. Se tali documenti non sono disponibili in modo gratuito, illimitato e diretto, per i motivi di cui all'articolo 88 e non sono disponibili con altri mezzi, gli inviti sono corredati del collegamento ipertestuale ai documenti di gara.

Art. 166. Informazioni a coloro che hanno chiesto una qualificazione, ai candidati e agli offerenti – 1. Per quanto riguarda le informazioni a coloro che hanno chiesto una qualificazione, ai candidati e agli offerenti, si applicano le disposizioni di cui all'articolo 90 e ai commi 2, 3 e 4 del presente articolo.

2. Le stazioni appaltanti o gli enti concedenti che istituiscono o gestiscono un sistema di qualificazione informano i richiedenti della decisione assunta entro sei mesi dalla presentazione della domanda. Se la decisione richiede più di quattro mesi, entro due mesi dalla presentazione della domanda sono comunicate le ragioni della proroga ed è indicato il nuovo termine. La stazione appaltante o l'ente concedente comunica al richiedente le ragioni della proroga del termine e indica la data entro cui interverrà la decisione.

3. I richiedenti la cui qualificazione è respinta sono informati della decisione e delle relative motivazioni immediatamente e comunque entro quindici giorni dalla data della decisione di diniego. Le motivazioni si fondano sui criteri di qualificazione di cui all'articolo 168.

4. Le stazioni appaltanti o gli enti concedenti possono revocare la qualificazione solo per ragioni fondate sui criteri di qualificazione di cui all'articolo 168, informando per iscritto l'operatore economico delle ragioni a fondamento della stessa, almeno quindici giorni prima della data fissata per la decisione.

Parte IV
DELLA SELEZIONE DEI PARTECIPANTI E DELLE OFFERTE

Art. 167. Ulteriori disposizioni applicabili nella scelta del contraente – 1. Per la selezione dei partecipanti e delle offerte nelle procedure di scelta del contraente nei settori speciali si applicano le seguenti disposizioni:

a) le stazioni appaltanti o gli enti concedenti che sono amministrazioni pubbliche nominano una commissione giudicatrice;

b) sono rispettati i termini per la presentazione delle domande di partecipazione secondo quanto previsto dall'articolo 92, comma 1;

c) salvo quanto stabilito dagli articoli 168 e 169, è accertata l'assenza delle cause di esclusione previste dagli articoli 94, 95, con riferimento agli accordi internazionali elencati nell'allegato XIV alla direttiva 2014/25/UE del Parlamento europeo e del Consiglio del 26 febbraio 2014, 96, 97 e 98 ed è richiesta la documentazione prevista dall'articolo 99;

d) salvo quanto stabilito dagli articoli 168 e 169, è richiesto il possesso dei requisiti di partecipazione previsti dagli articoli 100 e 103;

e) è consentito il soccorso istruttorio con le modalità e nei limiti previsti dall'articolo 101;

f) è stabilito che gli operatori economici presentino la documentazione prevista dagli articoli 91 e 105;

g) è consentito il ricorso all'avvalimento secondo quanto previsto dall'articolo 104;

h) è verificata la conformità delle offerte e aggiudicato l'appalto secondo quanto previsto dagli articoli 107, 108 e 110.

2. Quando selezionano i partecipanti a una procedura ristretta o negoziata, a un dialogo competitivo o per un partenariato per l'innovazione, quando decidono sulla qualificazione ai sensi dell'articolo 168 o quando dispongono l'aggiornamento dei sistemi di qualificazione, le stazioni appaltanti o gli enti concedenti:

a) non impongono condizioni amministrative, tecniche o finanziarie a taluni operatori economici senza imporle ad altri;

b) non esigono prove o giustificativi presenti nella documentazione valida già a disposizione.

Art. 168. Procedure di gara con sistemi di qualificazione – 1. Ai sensi dell'articolo 141, comma 4, lettera a), le stazioni appaltanti o gli enti concedenti possono istituire e gestire un sistema di qualificazione degli operatori economici. Gli operatori economici possono chiedere in qualsiasi momento di essere qualificati.

2. Con propri atti, pubblicati sui propri siti istituzionali e, comunque, trasmessi agli operatori economici interessati che ne facciano richiesta, le stazioni appaltanti o gli enti concedenti stabiliscono norme e criteri oggettivi per il funzionamento del sistema di qualificazione, che può essere articolato in vari stadi di qualificazione, l'eventuale aggiornamento periodico dello stesso e la sua durata. Essi disciplinano i requisiti relativi alle capacità economiche e finanziarie e alle capacità tecniche e professionali necessarie all'iscrizione al sistema; i requisiti possono anche essere quelli previsti dagli articoli

100 e 103 ed in tal caso si applicano gli articoli 91 e 105. Quando i criteri per l'iscrizione comportano il possesso di specifiche tecniche si applicano gli articoli 79, 80 e 105.

3. Le stazioni appaltanti o gli enti concedenti prevedono negli atti di cui al comma 2 che non possono essere iscritti gli operatori economici per i quali sussistano cause di esclusione ai sensi del combinato disposto degli articoli 94, 95, 96, 97, 98 e 169, e consentono in ogni caso di acquisire i requisiti di capacità richiesti per l'iscrizione secondo le modalità previste dall'articolo 104. Le norme e i criteri possono essere sempre aggiornati, dandone comunicazione agli operatori economici iscritti.

4. Gli operatori qualificati sono iscritti in un elenco, che può essere diviso in categorie in base al tipo di appalti per i quali la qualificazione è valida.

5. La stazione appaltante o l'ente concedente che istituisce e gestisce il sistema di qualificazione stabilisce i documenti, i certificati e le dichiarazioni sostitutive che devono corredare la domanda di iscrizione, e non può chiedere certificati o documenti che riproducono documenti validi già nella sua disponibilità. I documenti, i certificati e le dichiarazioni sostitutive, se redatti in una lingua diversa dall'italiano, sono accompagnati da una traduzione in lingua italiana certificata conforme al testo originale dalle autorità diplomatiche o consolari italiane del Paese in cui sono stati redatti, oppure da un traduttore ufficiale.

6. I contratti specifici per i lavori, le forniture e i servizi contemplati dal sistema di qualificazione sono aggiudicati con procedure ristrette o procedure negoziate cui possono partecipare o presentare offerta gli operatori iscritti nel sistema di qualificazione.

Art. 169. Procedure di gara regolamentate – 1. Con propri atti, pubblicati sui propri siti istituzionali e, comunque, accessibili a tutti gli operatori economici interessati, ferme le cause di esclusione automatica di cui all'articolo 94, le imprese pubbliche e i soggetti titolari di diritti speciali esclusivi possono stabilire preventivamente quali condotte costituiscono gravi illeciti professionali agli effetti degli articoli 95, comma 1, lettera e) e 98.

2. Qualora le stazioni appaltanti o gli enti concedenti si trovino nella necessità di garantire un equilibrio adeguato tra le caratteristiche specifiche della procedura di appalto e i mezzi necessari alla

sua realizzazione, nelle procedure ristrette o negoziate, nei dialoghi competitivi oppure nei partenariati per l'innovazione possono definire norme e criteri oggettivi che rispecchino tale necessità e consentano alla stazione appaltante o all'ente concedente di ridurre il numero di candidati che saranno invitati a presentare un'offerta. Il numero dei candidati prescelti tiene conto dell'esigenza di garantire una adeguata concorrenza.

Art. 170. Offerte contenenti prodotti originari di Paesi terzi – 1. Fatti salvi gli obblighi assunti nei confronti dei Paesi terzi, il presente articolo si applica a offerte contenenti prodotti originari di Paesi terzi con i quali l'Unione europea non ha concluso, in un contesto multilaterale o bilaterale, un accordo che garantisca un accesso comparabile ed effettivo delle imprese dell'Unione europea ai mercati di tali Paesi terzi.

2. Qualsiasi offerta presentata per l'aggiudicazione di un appalto di forniture può essere respinta se la parte dei prodotti originari di Paesi terzi, ai sensi del regolamento (UE) n. 952/2013 del Parlamento europeo e del Consiglio, del 9 ottobre 2013, supera il 50 per cento del valore totale dei prodotti che compongono l'offerta. In caso di mancato respingimento dell'offerta a norma del presente comma, la stazione appaltante o l'ente concedente motiva debitamente le ragioni della scelta e trasmette all'Autorità la relativa documentazione. Ai fini del presente articolo, i software impiegati negli impianti delle reti di telecomunicazione sono considerati prodotti.

3. Salvo il disposto del terzo periodo del presente comma, se due o più offerte si equivalgono in base ai criteri di aggiudicazione di cui all'articolo 108, è preferita l'offerta che non può essere respinta a norma del comma 2 del presente articolo. Il valore delle offerte è considerato equivalente, ai fini del presente articolo, se la differenza di prezzo non supera il 3 per cento. Tuttavia, un'offerta non è preferita ad un'altra in virtù del presente comma, se la stazione appaltante o l'ente concedente, accettandola, è tenuto ad acquistare materiale con caratteristiche tecniche diverse da quelle del materiale già esistente, con conseguente incompatibilità o difficoltà tecniche di uso o di manutenzione o costi sproporzionati.

4. Ai fini del presente articolo, per determinare la parte dei prodotti originari dei Paesi terzi di cui al comma 2, sono esclusi i Pae-

si terzi ai quali, con decisione del Consiglio dell'Unione europea ai sensi del comma 1, è stato esteso il beneficio del codice.

5. In coerenza con quanto previsto dal comma 2, tra i criteri di valutazione dell'offerta economicamente più vantaggiosa di cui all'articolo 108, comma 4, può essere considerato dalla stazione appaltante, per ciascuna delle voci merceologiche che compongono l'offerta, il valore percentuale dei prodotti originari di Paesi terzi, ai sensi del regolamento (UE) n. 952/2013 del Parlamento europeo e del Consiglio, del 9 ottobre 2013, rispetto al valore totale dei prodotti che compongono l'offerta. Le stazioni appaltanti garantiscono che il criterio di cui al primo periodo sia applicato nel rispetto dei principi di non discriminazione nei rapporti con i Paesi terzi e proporzionalità.

Art. 171. Relazioni con Paesi terzi in materia di lavori, servizi e forniture – 1. Su segnalazione da parte del Ministero delle imprese e del made in Italy o del Ministero degli affari esteri e della cooperazione internazionale, la Cabina di regia di cui all'articolo 221 informa la Commissione europea di ogni difficoltà d'ordine generale, di fatto o di diritto, incontrata dalle imprese italiane nell'ottenere l'aggiudicazione di appalti di servizi in Paesi terzi e da esse riferita con particolare riferimento all'inosservanza delle disposizioni internazionali di diritto del lavoro elencate nell'allegato XIV alla direttiva 2014/25/UE del Parlamento europeo e del Consiglio, del 26 febbraio 2014.

2. Sono fatti salvi gli impegni assunti nei confronti dei Paesi terzi derivanti da accordi internazionali in materia di appalti pubblici, in particolare nel quadro dell'Organizzazione mondiale del commercio.

Art. 172. Relazioni uniche sulle procedure di aggiudicazione degli appalti – 1. Le stazioni appaltanti o gli enti concedenti conservano le informazioni appropriate relative a ogni appalto o accordo quadro disciplinato dal codice e ogniqualvolta sia istituito un sistema dinamico di acquisizione. Tali informazioni sono sufficienti a consentire loro, in una fase successiva, di giustificare le decisioni riguardanti:

a) la qualificazione e la selezione degli operatori economici e l'aggiudicazione degli appalti;

b) l'utilizzazione di procedure negoziate non precedute da una gara a norma dell'articolo 76;

c) la mancata applicazione delle disposizioni sulle tecniche e strumenti per gli appalti e strumenti digitali e aggregati e delle disposizioni sullo svolgimento delle procedure di scelta del contraente del presente codice, in virtù delle deroghe ivi previste;

d) se del caso, le ragioni per le quali per la trasmissione in via digitale sono stati usati mezzi di comunicazione diversi dai mezzi digitali.

2. Se l'avviso di aggiudicazione dell'appalto stilato a norma dell'articolo 111 o dell'articolo 127, comma 3, contiene le informazioni richieste dal comma 1, le stazioni appaltanti o gli enti concedenti possono fare riferimento a tale avviso.

3. Le stazioni appaltanti o gli enti concedenti documentano lo svolgimento di tutte le procedure di aggiudicazione, indipendentemente dal fatto che esse siano condotte con mezzi digitali o meno. A tale scopo, garantiscono la conservazione di una documentazione sufficiente a giustificare decisioni adottate in tutte le fasi della procedura di appalto, in particolare la documentazione relativa alle comunicazioni con gli operatori economici e le deliberazioni interne, la preparazione dei documenti di gara, il dialogo o la negoziazione se previsti, la selezione e l'aggiudicazione dell'appalto. La documentazione è conservata per almeno cinque anni a partire dalla data di aggiudicazione dell'appalto, oppure, in caso di pendenza di una controversia, fino al passaggio in giudicato della relativa sentenza.

4. Le informazioni o la documentazione o i principali elementi sono comunicati alla Cabina di regia di cui all'articolo 221, per l'eventuale successiva comunicazione alla Commissione europea o alle autorità, agli organismi o alle strutture competenti.

Art. 173. Servizi sociali e altri servizi assimilati – 1. Fermo restando quanto previsto dall'articolo 141, comma 2, per l'aggiudicazione degli appalti di servizi sociali e di altri servizi assimilati di cui all'allegato XIV alla direttiva 2014/24/UE del Parlamento europeo e del Consiglio, del 26 febbraio 2014 nei settori speciali di cui al presente Libro si applicano gli articoli 127, 128, 129, 130 e 131, fermo restando quanto previsto dal Titolo VII del codice del Terzo settore, di cui al decreto legislativo 3 luglio 2017, n. 117.

LIBRO IV
DEL PARTENARIATO PUBBLICO-PRIVATO E DELLE CONCESSIONI

Parte I
DISPOSIZIONI GENERALI

Art. 174. Nozione – 1. Il partenariato pubblico-privato è un'operazione economica in cui ricorrono congiuntamente le seguenti caratteristiche:

a) tra un ente concedente e uno o più operatori economici privati è instaurato un rapporto contrattuale di lungo periodo per raggiungere un risultato di interesse pubblico;

b) la copertura dei fabbisogni finanziari connessi alla realizzazione del progetto proviene in misura significativa da risorse reperite dalla parte privata, anche in ragione del rischio operativo assunto dalla medesima;

c) alla parte privata spetta il compito di realizzare e gestire il progetto, mentre alla parte pubblica quello di definire gli obiettivi e di verificarne l'attuazione;

d) il rischio operativo connesso alla realizzazione dei lavori o alla gestione dei servizi è allocato in capo al soggetto privato.

2. Per ente concedente, ai sensi della lettera a) del comma 1, si intendono le amministrazioni aggiudicatrici e gli enti aggiudicatori di cui all'articolo 1 della direttiva 2014/23/UE del Parlamento europeo e del Consiglio, del 26 febbraio 2014.

3. Il partenariato pubblico-privato di tipo contrattuale comprende le figure della concessione, della locazione finanziaria e del contratto di disponibilità, nonché gli altri contratti stipulati dalla pubblica amministrazione con operatori economici privati che abbiano i contenuti di cui al comma 1 e siano diretti a realizzare interessi meritevoli di tutela. L'affidamento e l'esecuzione dei relativi contratti sono disciplinati dalle disposizioni di cui ai Titoli II, III e IV della Parte II. Le modalità di allocazione del rischio operativo, la durata del contratto di partenariato pubblico-privato, le modalità di determinazione della soglia e i metodi di calcolo del valore stimato sono disciplinate dagli articoli 177, 178 e 179.

4. Il partenariato pubblico-privato di tipo istituzionale si realizza attraverso la creazione di un ente partecipato congiuntamente dalla parte privata e da quella pubblica ed è disciplinato dal testo unico in materia di società a partecipazione pubblica, di cui al decreto legislativo 19 agosto 2016, n. 175, e dalle altre norme speciali di settore.

5. I contratti di partenariato pubblico-privato possono essere stipulati solo da enti concedenti qualificati ai sensi dell'articolo 63.

Art. 175. Programmazione, valutazione preliminare, controllo e monitoraggio – 1. Le pubbliche amministrazioni adottano il programma triennale delle esigenze pubbliche idonee a essere soddisfatte attraverso forme di partenariato pubblico-privato.

2. Il ricorso al partenariato pubblico-privato è preceduto da una valutazione preliminare di convenienza e fattibilità. La valutazione si incentra sull'idoneità del progetto a essere finanziato con risorse private, sulle condizioni necessarie a ottimizzare il rapporto tra costi e benefici, sulla efficiente allocazione del rischio operativo, sulla capacità di generare soluzioni innovative, nonché sulla capacità di indebitamento dell'ente e sulla disponibilità di risorse sul bilancio pluriennale. A tal fine, la valutazione confronta la stima dei costi e dei benefici del progetto di partenariato, nell'arco dell'intera durata del rapporto, con quella del ricorso alternativo al contratto di appalto per un arco temporale equivalente.

3. Nei casi di progetti di interesse statale oppure di progetti finanziati con contributo a carico dello Stato, per i quali non sia già previsto che si esprima il CIPESS, gli enti concedenti interessati a sviluppare i progetti secondo la formula del partenariato pubblico-privato, il cui ammontare dei lavori o dei servizi sia di importo pari o superiore a 250 milioni di euro, richiedono parere, ai fini della valutazione preliminare di cui al comma 2, al CIPESS, sentito il Nucleo di consulenza per l'attuazione delle linee guida per la regolazione dei servizi di pubblica utilità (NARS). Il CIPESS si pronuncia entro quarantacinque giorni dalla richiesta. Nei casi di progetti di interesse statale o finanziati con contributo a carico dello Stato, per i quali non sia prevista l'espressione del CIPESS, gli enti concedenti interessati a sviluppare i progetti secondo la formula del partenariato pubblico-privato, il cui ammontare dei lavori o dei servizi sia di importo pari o superiore a 50 milioni di euro e inferiore a 250

milioni di euro, richiedono un parere preventivo, non vincolante, ai fini della valutazione preliminare di cui al comma 2, al Dipartimento per la programmazione e il coordinamento della politica economica (DIPE) della Presidenza del Consiglio dei ministri; tale parere è emesso di concerto con il Ministero dell'economia e delle finanze - Dipartimento della Ragioneria generale dello Stato entro quarantacinque giorni dalla richiesta; decorso il termine, salvo sospensione per integrazione documentale secondo quanto previsto dall'articolo 2, comma 7, della legge 7 agosto 1990, n. 241, si applica l'articolo 16, comma 2, della legge n. 241 del 1990. I suddetti pareri devono essere chiesti prima della pubblicazione del bando di gara in caso di progetto a iniziativa pubblica ovvero prima della dichiarazione di fattibilità in caso di progetto a iniziativa privata. Il Presidente del Consiglio dei ministri, dopo la valutazione preliminare, può sottoporre lo schema di contratto ai pareri del Consiglio superiore dei lavori pubblici e del Consiglio di Stato, anche per la valutazione di profili diversi da quello della convenienza.

4. Le regioni e gli enti locali possono richiedere il parere del DIPE di cui al comma 3 quando la complessità dell'operazione contrattuale lo richieda.

5. L'ente concedente, sentito l'operatore economico, affida al RUP nominato ai sensi dell'articolo 15 le funzioni di responsabile unico del progetto di partenariato. Il responsabile coordina e controlla, sotto il profilo tecnico e contabile, l'esecuzione del contratto, verificando costantemente il rispetto dei livelli di qualità e quantità delle prestazioni.

6. L'ente concedente esercita il controllo sull'attività dell'operatore economico, verificando in particolare la permanenza in capo all'operatore economico del rischio operativo trasferito. L'operatore economico fornisce tutte le informazioni necessarie allo scopo, con le modalità stabilite nel contratto.

7. Il monitoraggio dei partenariati pubblici privati è affidato alla Presidenza del Consiglio dei ministri - Dipartimento per la programmazione e il coordinamento della politica economica e al Ministero dell'economia e delle finanze - Dipartimento della Ragioneria generale dello Stato, che lo esercitano tramite l'accesso al portale sul monitoraggio dei contratti di partenariato pubblico privato istituito presso la Ragioneria generale dello Stato mediante il quale gli enti concedenti sono tenuti a trasmettere le informazioni sui contratti sti-

pulati. Gli enti concedenti sono tenuti altresì a dare evidenza dei contratti di partenariato pubblico privato stipulati mediante apposito allegato al bilancio d'esercizio con l'indicazione del codice unico di progetto (CUP) e del codice identificativo di gara (CIG), del valore complessivo del contratto, della durata, dell'importo del contributo pubblico e dell'importo dell'investimento a carico del privato.

8. Sul portale di cui al comma 7 sono pubblicati e aggiornati periodicamente le migliori prassi in materia di forme e caratteristiche tecniche di finanziamento di partenariato pubblico-privato più ricorrenti sul mercato.

9. Ai soli fini di contabilità pubblica, si applicano i contenuti delle decisioni Eurostat a cui sono tenute le pubbliche amministrazioni di cui all'articolo 1, commi 2 e 3, della legge 31 dicembre 2009, n. 196.

Parte II
DEI CONTRATTI DI CONCESSIONE

Titolo I
L'ambito di applicazione e i principi generali

Art. 176. Oggetto e ambito di applicazione – 1. La presente Parte disciplina le procedure di aggiudicazione dei contratti di concessione indette da enti concedenti e la relativa esecuzione.

2. Alle concessioni di servizi economici d'interesse generale si applicano le norme della presente Parte, ferme restando le specifiche esclusioni previste dal codice. Per i profili non disciplinati si applica il decreto legislativo 23 dicembre 2022, n. 201, nonché le altre norme speciali di settore.

Art. 177. Contratto di concessione e traslazione del rischio operativo – 1. L'aggiudicazione di una concessione comporta il trasferimento al concessionario di un rischio operativo legato alla realizzazione dei lavori o alla gestione dei servizi e comprende un rischio dal lato della domanda o dal lato dell'offerta o da entrambi. Per rischio dal lato della domanda si intende il rischio associato alla domanda effettiva di lavori o servizi che sono oggetto del contratto. Per rischio dal lato dell'offerta si intende il rischio associato all'offerta dei lavori o servizi che sono oggetto del contratto, in particolare il rischio che la fornitura di servizi non corrisponda al livello qualitativo e quantitativo dedotto in contratto.

2. Si considera che il concessionario abbia assunto il rischio operativo quando, in condizioni operative normali, non sia garantito il recupero degli investimenti effettuati o dei costi sostenuti per la gestione dei lavori o dei servizi oggetto della concessione. La parte del rischio trasferita al concessionario deve comportare una effettiva esposizione alle fluttuazioni del mercato tale per cui ogni potenziale perdita stimata subita dal concessionario non sia puramente nominale o trascurabile. Ai fini della valutazione del rischio operativo deve essere preso in considerazione il valore attuale netto dell'insieme degli investimenti, dei costi e dei ricavi del concessionario.

3. Il rischio operativo, rilevante ai fini della qualificazione dell'operazione economica come concessione, è quello che deriva da fattori eccezionali non prevedibili e non imputabili alle parti. Non rilevano rischi connessi a cattiva gestione, a inadempimenti contrattuali dell'operatore economico o a cause di forza maggiore.

4. I contratti remunerati dall'ente concedente senza alcun corrispettivo in denaro a titolo di prezzo si configurano come concessioni se il recupero degli investimenti effettuati e dei costi sostenuti dall'operatore dipende esclusivamente dalla domanda del servizio o del bene, oppure dalla loro fornitura. Nelle operazioni economiche comprendenti un rischio soltanto sul lato dell'offerta il contratto prevede che il corrispettivo venga erogato solo a fronte della disponibilità dell'opera, nonché un sistema di penali che riduca proporzionalmente o annulli il corrispettivo dovuto all'operatore economico nei periodi di ridotta o mancata disponibilità dell'opera, di ridotta o mancata prestazione dei servizi, oppure in caso di mancato raggiungimento dei livelli qualitativi e quantitativi della prestazione assunta dal concessionario. Le variazioni del corrispettivo devono, in ogni caso, essere in grado di incidere significativamente sul valore attuale netto dell'insieme dell'investimento, dei costi e dei ricavi.

5. L'assetto di interessi dedotto nel contratto di concessione deve garantire la conservazione dell'equilibrio economico-finanziario, intendendosi per tale la contemporanea presenza delle condizioni di convenienza economica e sostenibilità finanziaria. L'equilibrio economico-finanziario sussiste quando i ricavi attesi del progetto sono in grado di coprire i costi operativi e i costi di investimento, di re-

munerare e rimborsare il capitale di debito e di remunerare il capitale di rischio.

6. Se l'operazione economica non può da sola conseguire l'equilibrio economico-finanziario, è ammesso un intervento pubblico di sostegno. L'intervento pubblico può consistere in un contributo finanziario, nella prestazione di garanzie o nella cessione in proprietà di beni immobili o di altri diritti. Non si applicano le disposizioni sulla concessione, ma quelle sugli appalti, se l'ente concedente attraverso clausole contrattuali o altri atti di regolazione settoriale sollevi l'operatore economico da qualsiasi perdita potenziale, garantendogli un ricavo minimo pari o superiore agli investimenti effettuati e ai costi che l'operatore economico deve sostenere in relazione all'esecuzione del contratto. La previsione di un indennizzo in caso di cessazione anticipata della concessione per motivi imputabili all'ente concedente, oppure per cause di forza maggiore, non esclude che il contratto si configuri come concessione.

7. Ai soli fini di contabilità pubblica si applicano i contenuti delle decisioni Eurostat. In ogni caso, l'eventuale riconoscimento di un contributo pubblico, in misura superiore alla percentuale indicata nelle decisioni Eurostat e calcolato secondo le modalità ivi previste, non ne consente la contabilizzazione fuori bilancio.

Art. 178. Durata della concessione – 1. La durata delle concessioni è limitata ed è determinata dall'ente concedente in funzione dei lavori o servizi richiesti al concessionario.

2. Per le concessioni ultraquinquennali, la durata massima della concessione non supera il periodo di tempo in cui si può ragionevolmente prevedere che il concessionario recuperi gli investimenti effettuati nell'esecuzione dei lavori o dei servizi, insieme con un ritorno sul capitale investito, tenuto conto degli investimenti necessari per conseguire gli obiettivi contrattuali specifici assunti dal concessionario per rispondere alle esigenze riguardanti, ad esempio, la qualità o il prezzo per gli utenti ovvero il perseguimento di elevati *standard* di sostenibilità ambientale.

3. Gli investimenti presi in considerazione ai fini del calcolo comprendono sia quelli iniziali sia quelli in corso di concessione.

4. La durata massima della concessione deve essere indicata nei documenti di gara, a meno che essa non sia utilizzata come criterio di aggiudicazione del contratto.

5. La durata dei contratti di concessione non è prorogabile, salvo per la revisione di cui all'articolo 192, comma 1. I contratti aggiudicati senza gara di cui all'articolo 186, comma 2, non sono in nessun caso prorogabili. Al termine della concessione, per il tempo strettamente necessario all'espletamento delle procedure di selezione del concessionario, la gestione delle tratte autostradali è affidata al Ministero delle infrastrutture e dei trasporti che, in relazione alla specificità della tratta autostradale, per garantire adeguati standard di sicurezza e viabilità, valuta il modello più idoneo della gestione transitoria anche in relazione alle condizioni economiche.

Art. 179. Soglia e metodi di calcolo del valore stimato delle concessioni – 1. Il valore di una concessione è costituito dal fatturato totale del concessionario generato per tutta la durata del contratto, al netto dell'IVA, stimato dall'ente concedente, quale corrispettivo dei lavori e dei servizi oggetto della concessione, nonché per le forniture accessorie a tali lavori e servizi.

2. Il valore è stimato al momento dell'invio del bando di concessione o, nei casi in cui non sia previsto detto bando, al momento in cui l'ente concedente avvia la procedura di aggiudicazione della concessione. Se il valore della concessione al momento dell'aggiudicazione è superiore al valore stimato di oltre il 20 per cento, si considera il valore della concessione al momento dell'aggiudicazione.

3. Il valore stimato della concessione è calcolato secondo un metodo oggettivo specificato nei documenti di gara della concessione. Gli enti concedenti tengono conto, se del caso, anche dei seguenti elementi:

a) il valore di eventuali clausole di opzione;

b) gli introiti derivanti dal pagamento, da parte degli utenti dei lavori e dei servizi, di tariffe e multe diverse da quelle riscosse per conto dell'ente concedente;

c) i pagamenti o qualsiasi vantaggio finanziario conferito al concessionario in qualsivoglia forma dall'ente concedente o da altre amministrazioni pubbliche, incluse le compensazioni per l'assolvimento di un obbligo di servizio pubblico e le sovvenzioni pubbliche di investimento;

d) il valore delle sovvenzioni o di qualsiasi altro vantaggio finanziario in qualsivoglia forma conferiti da terzi per l'esecuzione della concessione;

e) le entrate derivanti dalla vendita di elementi dell'attivo facenti parte della concessione;

f) il valore dell'insieme delle forniture e dei servizi messi a disposizione del concessionario dagli enti concedenti, purché siano necessari per l'esecuzione dei lavori o la prestazione dei servizi;

g) ogni premio o pagamento ai candidati o agli offerenti.

4. La scelta del metodo per il calcolo del valore stimato della concessione non può essere effettuata con l'intenzione di escludere tale concessione dall'ambito di applicazione del codice. Una concessione non può essere frazionata allo scopo di evitare che rientri nell'ambito di applicazione del codice, a meno che ragioni oggettive lo giustifichino.

5. Quando un'opera o un servizio proposti possono dar luogo all'aggiudicazione di una concessione per lotti distinti è computato il valore complessivo stimato dei lotti.

6. Quando il valore complessivo dei lotti è pari o superiore alla soglia di cui all'articolo 14 la presente Parte si applica all'aggiudicazione di ciascun lotto.

Art. 180. Contratti misti di concessione – 1. Le concessioni aventi per oggetto sia lavori che servizi sono aggiudicate in conformità alle disposizioni applicabili alla prestazione che caratterizza l'oggetto principale delle concessioni stesse.

2. Nel caso di concessioni miste che consistono in parte in servizi sociali e altri servizi specifici elencati all'allegato IV alla direttiva 2014/23/UE del Parlamento europeo e del Consiglio del 26 febbraio 2014, l'oggetto principale è determinato in base al valore stimato più elevato tra quelli dei rispettivi servizi.

3. I contratti misti che contengono elementi della concessione ed elementi dell'appalto pubblico sono aggiudicati in conformità alla disciplina degli appalti.

4. Se le diverse parti di un determinato contratto sono oggettivamente non separabili, il regime giuridico applicabile è determinato in base all'oggetto principale del contratto in questione. Nel caso in cui tali contratti contengano elementi sia di una concessione di servizi sia di un contratto di forniture, l'oggetto principale è determinato in base al valore stimato più elevato tra quelli dei rispettivi servizi o forniture.

5. I contratti misti che contengono elementi delle concessioni di lavori e servizi, nonché elementi delle concessioni di terreni, fabbricati esistenti o altri beni immobili o riguardanti diritti su tali beni, sono aggiudicati in conformità alla disciplina della presente Parte.

Art. 181. Contratti esclusi – 1. I servizi non economici d'interesse generale non rientrano nell'ambito di applicazione della presente Parte.

2. La presente Parte non si applica altresì alle concessioni di cui agli articoli 10, 11, 12, 13, 14, 16, 17 della direttiva 2014/23/UE del Parlamento europeo e del Consiglio, del 26 febbraio 2014.

3. All'affidamento dei contratti di concessione esclusi dall'ambito di applicazione della presente Parte si applicano i principi dettati dal Titolo I della Parte I del Libro I.

Titolo II
L'aggiudicazione delle concessioni: principi generali e garanzie procedurali

Art. 182. Bando – 1. Gli enti concedenti che intendono aggiudicare una concessione rendono nota tale intenzione per mezzo di un bando di concessione.

2. Il bando di concessione contiene le informazioni indicate nell'allegato IV.1 e, ove opportuno, ogni altra informazione ritenuta utile dall'ente concedente, anche secondo il formato dei modelli uniformi predisposti dall'Autorità di regolazione del settore. In sede di prima applicazione del codice, l'allegato IV.1 è abrogato a decorrere dalla data di entrata in vigore di un corrispondente regolamento adottato ai sensi dell'articolo 17, comma 3, della legge 23 agosto 1988, n. 400, con decreto del Ministro delle infrastrutture e dei trasporti, che lo sostituisce integralmente anche in qualità di allegato al codice.

3. Gli enti concedenti:

a) precisano nel contratto di concessione che i beni pubblici o a destinazione pubblica eventualmente assegnati al concessionario per la gestione del servizio non possono essere utilizzati per lo svolgimento di attività economiche che non siano espressamente oggetto della procedura di affidamento;

b) possono prevedere che, per l'esecuzione di una quota dei servizi accessori affidati con la medesima procedura di gara, il concessionario si avvale di operatori economici terzi.

4. Il bando indica i requisiti tecnici e funzionali che definiscono le caratteristiche richieste per i lavori o i servizi oggetto della concessione.

5. I bandi e i relativi allegati, ivi compresi, a seconda dei casi, lo schema di contratto e il piano economico-finanziario, sono definiti in modo da assicurare adeguati livelli di bancabilità, intendendosi per tali la reperibilità sul mercato finanziario di risorse proporzionate ai fabbisogni, la sostenibilità di tali fonti e la congrua redditività del capitale investito. I bandi possono anche richiedere che le offerte siano corredate da manifestazioni di interesse dell'istituto finanziatore.

6. Gli enti concedenti che intendono aggiudicare una concessione per servizi sociali e altri servizi specifici elencati nell'allegato IV alla direttiva 2014/23/UE del Parlamento europeo e del Consiglio, del 26 febbraio 2014, rendono nota l'intenzione di aggiudicare la prevista concessione mediante la pubblicazione di un avviso di pre-informazione. Tali avvisi contengono le informazioni di cui all'allegato VI alla direttiva 2014/23/UE.

7. In deroga al comma 1, agli enti concedenti non è richiesto di pubblicare un bando di concessione quando i lavori o i servizi possono essere forniti soltanto da un determinato operatore economico per una delle seguenti ragioni:

a) l'oggetto della concessione è la creazione o l'acquisizione di un'opera d'arte o di una rappresentazione artistica unica;

b) l'assenza di concorrenza per motivi tecnici;

c) l'esistenza di un diritto esclusivo;

d) la tutela dei diritti di proprietà intellettuale e di diritti esclusivi diversi da quelli definiti all'articolo 5, punto 10, della direttiva 2014/23/UE.

8. Le eccezioni di cui al comma 7, lettere b), c) e d), si applicano unicamente qualora non esistano alternative ragionevoli e l'assenza di concorrenza non sia il risultato di una limitazione artificiosa dei parametri per l'aggiudicazione della concessione.

9. All'ente concedente non è richiesto di pubblicare un nuovo bando di concessione qualora non sia stata presentata alcuna offerta o alcuna offerta appropriata o non sia stata depositata alcuna candidatura o alcuna candidatura appropriata in risposta a una

precedente procedura di concessione, purché le condizioni iniziali del contratto di concessione non siano sostanzialmente modificate; in tal caso va presentata una relazione all'Autorità di regolazione del settore.

10. Un'offerta è ritenuta non appropriata se non presenta alcuna pertinenza con la concessione ed è quindi manifestamente inadeguata, a meno di modifiche sostanziali, a rispondere alle esigenze e ai requisiti dell'ente concedente specificati nei documenti di gara.

11. I bandi, gli avvisi di pre-informazione e gli avvisi di aggiudicazione relativi alle concessioni di importo pari o superiore alle soglie di rilevanza europea sono redatti dagli enti concedenti e trasmessi all'ufficio delle pubblicazioni dell'Unione europea con le modalità previste dall'articolo 84. Gli avvisi di aggiudicazione delle concessioni contengono le informazioni di cui all'allegato VII alla direttiva 2014/23/UE o, in relazione alle concessioni di cui al comma 6 del presente articolo, le informazioni di cui all'allegato VIII alla stessa direttiva.

12. In ordine alla pubblicazione a livello nazionale di bandi, avvisi di pre-informazione e avvisi di aggiudicazione, si applica l'articolo 85.

Art. 183. Procedimento – 1. Le concessioni sono aggiudicate sulla base dei criteri di aggiudicazione stabiliti dall'ente concedente purché siano soddisfatte tutte le seguenti condizioni:

a) l'offerta risponde ai requisiti minimi eventualmente prescritti dall'ente concedente;

b) l'offerente ottempera alle condizioni di partecipazione relative alle capacità tecniche e professionali e alla capacità finanziaria ed economica richieste nel bando;

c) l'offerente non è escluso dalla partecipazione alla procedura di aggiudicazione ai sensi degli articoli 94, 95, con riferimento agli accordi internazionali elencati nell'allegato X alla direttiva 2014/23/UE del Parlamento europeo e del Consiglio, del 26 febbraio 2014, 96, 97 e 98.

2. I requisiti minimi di cui al comma 1, lettera a), contengono le condizioni e le caratteristiche, in particolare tecniche, fisiche, funzionali e giuridiche, che ogni offerta deve soddisfare o possedere.

3. Gli enti concedenti forniscono, nel bando di concessione, una descrizione della concessione e delle condizioni di partecipazione e,

nell'invito a presentare offerte o negli altri documenti di gara, una descrizione dei criteri di aggiudicazione e, se del caso, dei requisiti minimi da soddisfare.

4. L'ente concedente può limitare il numero di candidati o di offerenti a un livello adeguato, purché ciò avvenga in modo trasparente e sulla base di criteri oggettivi. Il numero di candidati o di offerenti invitati a partecipare deve essere sufficiente a garantire un'effettiva concorrenza.

5. L'ente concedente comunica a tutti i partecipanti la descrizione della prevista organizzazione della procedura e un termine indicativo per il suo completamento. Le eventuali modifiche sono comunicate a tutti i partecipanti e, nella misura in cui riguardino elementi indicati nel bando di concessione, sono rese pubbliche per tutti gli operatori economici.

6. L'ente concedente assicura il ricorso alla digitalizzazione della procedura secondo le norme di cui al Libro I, Parte II. L'utilizzo di supporti e modalità digitali garantisce la trasparenza della procedura e l'imputabilità degli atti.

7. L'ente concedente può condurre liberamente negoziazioni con i candidati e gli offerenti. L'oggetto della concessione, i criteri di aggiudicazione e i requisiti minimi non sono modificati nel corso delle negoziazioni. Tali negoziazioni sono condotte di regola attraverso un dialogo competitivo ai sensi dell'articolo 74.

8. L'ente concedente verifica le condizioni di partecipazione relative alle capacità tecniche e professionali e alla capacità finanziaria ed economica dei candidati o degli offerenti, sulla base di autocertificazioni o referenze che devono essere presentate come prova in base ai requisiti specificati nel bando di concessione; i requisiti sono non discriminatori e proporzionati all'oggetto della concessione. Le condizioni di partecipazione sono correlate e proporzionali alla necessità di garantire la capacità del concessionario di eseguire la concessione, tenendo conto dell'oggetto della concessione e dell'obiettivo di assicurare la concorrenza effettiva.

9. Per soddisfare le condizioni di partecipazione, ove opportuno e nel caso di una particolare concessione, l'operatore economico può affidarsi alle capacità di altri soggetti, indipendentemente dalla natura giuridica dei suoi rapporti con loro. Se un operatore economico vuole fare affidamento sulle capacità di altri soggetti deve dimostrare all'ente concedente che disporrà delle risorse necessarie

per l'intera durata della concessione, per esempio mediante presentazione dell'impegno a tal fine di detti soggetti. Per quanto riguarda la capacità finanziaria, l'ente concedente può richiedere che l'operatore economico e i soggetti in questione siano responsabili in solido dell'esecuzione del contratto.

10. Alle stesse condizioni, un raggruppamento di operatori economici può far valere le capacità dei partecipanti al raggruppamento o di altri soggetti.

11. Si applicano le disposizioni in materia di soccorso istruttorio di cui all'articolo 101.

Art. 184. Termini e comunicazioni – 1. Nel fissare i termini per la ricezione delle domande o delle offerte, gli enti concedenti tengono conto, in particolare, della complessità della concessione e del tempo necessario per preparare le offerte o le domande, fatti salvi i termini minimi stabiliti dal presente articolo.

2. Quando le domande o le offerte possono essere presentate soltanto a seguito di una visita dei luoghi o dopo consultazione *in loco* dei documenti allegati ai documenti di gara, i termini per la ricezione delle domande di partecipazione alla concessione o per la ricezione delle offerte sono stabiliti in modo che tutti gli operatori economici interessati possano prendere conoscenza delle informazioni necessarie per presentare le domande o le offerte e sono comunque superiori ai termini minimi stabiliti ai paragrafi 3 e 4 dell'articolo 39 della direttiva 2014/23/UE del Parlamento europeo e del Consiglio, del 26 febbraio 2014.

3. Il termine minimo per la ricezione delle domande di partecipazione alla concessione, comprese eventualmente le offerte, è di trenta giorni dalla data di trasmissione del bando secondo le indicazioni degli articoli 84 e 85.

4. Se la procedura si svolge in fasi successive, il termine minimo per la ricezione delle offerte iniziali è di ventidue giorni dalla data di trasmissione dell'invito a presentare offerte.

5. L'ente concedente comunica quanto prima, e in ogni caso entro quindici giorni, agli offerenti le decisioni prese riguardo all'aggiudicazione, in particolare il nome dell'offerente cui è stato aggiudicato il contratto, i motivi del rigetto della domanda di partecipazione e dell'offerta, nonché i motivi per i quali ha deciso di non aggiu-

dicare un contratto per il quale sia stato pubblicato un bando di concessione o di riavviare la procedura. Su richiesta della parte interessata, l'ente concedente comunica quanto prima, e in ogni caso entro quindici giorni dalla ricezione di una richiesta scritta, a ogni offerente che abbia presentato un'offerta ammissibile, le caratteristiche e i vantaggi relativi dell'offerta selezionata.

6. L'ente concedente può decidere di non divulgare talune informazioni di cui al comma 5 relative al contratto, qualora la loro diffusione ostacoli l'applicazione della legge, sia contraria all'interesse pubblico, pregiudichi i legittimi interessi commerciali di operatori economici oppure possa recare pregiudizio alla concorrenza leale tra questi operatori.

Art. 185. Criteri di aggiudicazione – 1. Per l'aggiudicazione dei contratti di cui al presente Titolo, l'ente concedente pone a base di gara almeno un progetto di fattibilità. L'aggiudicatario provvede alla predisposizione del successivo livello progettuale. Le concessioni sono aggiudicate sulla base di criteri oggettivi, tali da assicurare una valutazione delle offerte in condizioni di concorrenza effettiva in modo da individuare un vantaggio economico complessivo per l'ente concedente.

2. I criteri di aggiudicazione sono connessi all'oggetto della concessione e non attribuiscono una incondizionata libertà di scelta all'ente concedente. Essi includono, tra l'altro, criteri ambientali, sociali o relativi all'innovazione. Tali criteri sono accompagnati da requisiti che consentono di verificare efficacemente le informazioni fornite dagli offerenti. L'ente concedente verifica la conformità delle offerte ai criteri di aggiudicazione.

3. L'ente concedente elenca i criteri in ordine decrescente di importanza.

4. In deroga al comma 3, l'ente concedente, se riceve un'offerta che propone una soluzione innovativa con un livello straordinario di prestazioni funzionali che non avrebbe potuto essere prevista da un ente concedente diligente, può, in via eccezionale, modificare l'ordine dei criteri di aggiudicazione per tenere conto di tale soluzione. In tal caso l'ente concedente informa tutti gli offerenti in merito alla modifica dell'ordine di importanza ed emette un nuovo invito a presentare offerte.

5. Prima di assegnare il punteggio all'offerta economica la commissione aggiudicatrice verifica l'adeguatezza e la sostenibilità del piano economico-finanziario.

6. I componenti delle commissioni di valutazione devono essere altamente qualificati e competenti. Il bando può prevedere l'oscuramento dei nomi degli operatori economici che hanno presentato l'offerta.

Art. 186. Affidamenti dei concessionari – 1. Agli appalti affidati dai concessionari che siano stazioni appaltanti si applicano le disposizioni del codice in materia di appalti.

2. I titolari di concessioni di lavori e di servizi pubblici, ad esclusione di quelli disciplinati dal Libro III, già in essere alla data di entrata in vigore del codice, di importo pari o superiore alle soglia di rilevanza europea, e non affidate conformemente al diritto dell'Unione europea vigente al momento dell'affidamento o della proroga, affidano mediante procedura ad evidenza pubblica una quota tra il 50 per cento e il 60 per cento dei contratti di lavori, servizi e forniture stabilita convenzionalmente dal concedente e dal concessionario; l'ente concedente tiene conto delle dimensioni economiche e dei caratteri dell'impresa, dell'epoca di assegnazione della concessione, della sua durata residua, del suo oggetto, del suo valore economico e dell'entità degli investimenti effettuati. L'affidamento avviene mediante procedura ad evidenza pubblica, con la previsione di clausole sociali per la stabilità del personale impiegato e per la salvaguardia delle professionalità.

3. In caso di comprovata indivisibilità delle prestazioni di servizi dedotte in concessione, in sostituzione dell'obbligo di esternalizzazione di cui al comma 2, il concessionario corrisponde all'ente concedente un importo compreso tra il minimo del 5 per cento ed il massimo del 10 per cento degli utili previsti dal piano economico-finanziario, tenendo conto dell'epoca di assegnazione della concessione, della sua durata, del suo oggetto, del suo valore economico e dell'entità degli investimenti.

4. Le concessioni di cui ai commi 2 e 3 già in essere sono adeguate alle predette disposizioni entro il termine di sei mesi dall'entrata in vigore del codice.

5. Le modalità di calcolo delle quote di cui comma 2, primo periodo, sono definite dall'ANAC entro il termine di sessanta giorni

dalla data di entrata in vigore del codice. Sull'applicazione del presente articolo vigila l'ANAC anche tenuto conto del valore delle prestazioni eseguite.

6. Per i concessionari autostradali, le quote e i criteri di determinazione di cui al comma 2 sono calcolati sulla base degli importi risultanti dai piani economici finanziari annessi agli atti convenzionali. La verifica del rispetto delle predette soglie è effettata dal concedente con cadenza quinquennale. A tal fine, i concessionari presentano al concedente il piano complessivo dei lavori, servizi e forniture. Ove siano accertate situazioni di squilibrio rispetto alle quote obbligatorie di affidamento indicate dal comma 2, primo periodo, in sede di aggiornamento del rapporto concessorio sono adottate misure di riequilibrio a valere sui relativi piani economici finanziari. Nell'ipotesi di mancato rispetto delle quote di cui al comma 2, l'ente concedente può altresì richiedere al concessionario la presentazione di garanzie fideiussorie. Tali garanzie fideiussorie sono svincolate in sede di aggiornamento del piano economico-finanziario ove sia accertato il rispetto delle quote di cui al comma 2.

7. Le concessioni autostradali relative ad autostrade che interessano una o più regioni possono essere affidate dal Ministero delle infrastrutture e dei trasporti a società *in house* di altre amministrazioni pubbliche anche appositamente costituite. A tal fine il controllo analogo sulla predetta società *in house* può essere esercitato dal Ministero delle infrastrutture e dei trasporti attraverso un comitato disciplinato da apposito accordo ai sensi dell'articolo 15 della legge 7 agosto 1990, n. 241, che eserciti sulla società *in house* i relativi poteri.

Art. 187. Contratti di concessione di importo inferiore alla soglia europea – 1. Per l'affidamento dei contratti di concessione il cui valore sia inferiore alla soglia di cui all'articolo 14, comma 1, lettera a), l'ente concedente può procedere mediante procedura negoziata, senza pubblicazione di un bando di gara, previa consultazione, ove esistenti, di almeno 10 operatori economici, nel rispetto di un criterio di rotazione degli inviti, individuati sulla base di indagini di mercato o tramite elenchi di operatori economici. Resta ferma la facoltà per l'ente concedente di affidare gli stessi contratti di concessione di importo inferiore alla soglia europea mediante le procedure di gara disciplinate dal presente Titolo.

2. Ai contratti di importo inferiore alla soglia europea si applicano le norme sull'esecuzione di cui al Titolo III della presente Parte.

Titolo III
L'esecuzione delle concessioni

Art. 188. Subappalto – 1. Il ricorso al subappalto da parte del concessionario è regolato dalle corrispondenti disposizioni in materia di appalto, di cui all'articolo 119.

Art. 189. Modifica di contratti durante il periodo di efficacia – 1. Le concessioni possono essere modificate senza una nuova procedura di aggiudicazione della concessione nei casi seguenti:

a) se le modifiche, a prescindere dal loro valore monetario, sono state previste nei documenti di gara iniziali in clausole chiare, precise e inequivocabili, che possono comprendere clausole di revisione dei prezzi purché riferite agli indici sintetici di cui all'articolo 60, comma 3; tali clausole fissano la portata e la natura di eventuali modifiche, nonché le condizioni alle quali possono essere impiegate; esse non apportano modifiche che altererebbero la natura generale della concessione;

b) per lavori o servizi supplementari da parte del concessionario originario che si sono resi necessari e non erano inclusi nella concessione iniziale, quando un cambiamento di concessionario:

1) risulti impraticabile per motivi economici o tecnici, quali il rispetto dei requisiti di intercambiabilità o interoperatività tra apparecchiature, servizi o impianti esistenti forniti nell'ambito della concessione iniziale;

2) comporti per l'ente concedente notevoli inconvenienti o una sostanziale duplicazione dei costi;

c) negli ulteriori casi in cui siano soddisfatte tutte le seguenti condizioni:

1) la necessità di modifica è determinata da circostanze che un ente concedente diligente non ha potuto prevedere;

2) la modifica non altera la natura generale della concessione;

3) nel caso di concessioni aggiudicate dall'ente concedente allo scopo di svolgere un'attività diversa da quelle di cui all'allegato II alla direttiva 2014/23/UE del Parlamento europeo e del Consiglio,

del 26 febbraio 2014, l'eventuale aumento di valore non deve eccedere il 50 per cento del valore della concessione iniziale. In caso di più modifiche successive, tale limitazione si applica al valore di ciascuna modifica. Tali modifiche successive non sono intese ad aggirare le disposizioni della presente Parte;

d) se un nuovo concessionario sostituisce quello a cui l'ente concedente aveva inizialmente aggiudicato la concessione a causa di una delle seguenti circostanze:

1) la presenza di una clausola di revisione inequivocabile in conformità della lettera a);

2) al concessionario iniziale succeda, in via universale o parziale, a seguito di ristrutturazioni societarie, comprese rilevazioni, fusioni, acquisizione o insolvenza, un altro operatore economico che soddisfi i criteri di selezione qualitativa stabiliti inizialmente, purché ciò non implichi altre modifiche sostanziali al contratto e non sia finalizzato ad eludere l'applicazione della direttiva 2014/23/UE;

3) nel caso in cui l'ente concedente si assuma gli obblighi del concessionario principale nei confronti dei suoi subappaltatori, ove tale possibilità sia prevista dalla legislazione nazionale;

e) se le modifiche, a prescindere dal loro valore, non sono sostanziali.

2. Le concessioni possono parimenti essere modificate senza necessità di una nuova procedura di aggiudicazione se il valore della modifica è inferiore a entrambi i valori seguenti:

a) la soglia di cui all'articolo 8 della direttiva 2014/23/UE;

b) il 10 per cento del valore della concessione iniziale.

3. Le modifiche di cui al comma 2 non possono alterare la natura generale della concessione. In caso di più modifiche successive, il valore è accertato sulla base del valore complessivo netto delle successive modifiche.

4. La modifica di una concessione durante il periodo della sua validità è considerata sostanziale se la natura della concessione muta nella sua essenza rispetto a quella inizialmente conclusa. In ogni caso, una modifica è considerata sostanziale se una o più delle seguenti condizioni sono soddisfatte:

a) la modifica introduce condizioni che, se fossero state contenute nella procedura iniziale di aggiudicazione della concessione, avrebbero consentito l'ammissione di candidati diversi da quelli inizialmente selezionati o l'accettazione di un'offerta diversa da quella inizialmente accettata, oppure avrebbero attirato ulteriori partecipanti alla procedura di aggiudicazione della concessione;

b) la modifica cambia l'equilibrio economico della concessione a favore del concessionario in modo non previsto dalla concessione iniziale;

c) la modifica estende notevolmente l'ambito di applicazione della concessione;

d) se un nuovo concessionario sostituisce quello cui l'ente concedente aveva inizialmente aggiudicato la concessione in casi diversi da quelli previsti dal comma 1, lettera d).

5. Nelle situazioni di cui al comma 1, lettere b) e c), l'ente concedente pubblica un avviso al riguardo nella Gazzetta ufficiale dell'Unione europea. Tale avviso contiene le informazioni di cui all'allegato XI alla direttiva 2014/23/UE ed è pubblicato conformemente all'articolo 33 della stessa direttiva.

6. Nelle ipotesi di cui al comma 1, lettere a) e b), per le concessioni aggiudicate dall'ente concedente allo scopo di svolgere un'attività diversa da quelle di cui all'allegato II alla direttiva 2014/23/UE, l'eventuale aumento di valore non deve eccedere il 50 per cento del valore della concessione iniziale. In caso di più modifiche successive, tale limitazione si applica al valore di ciascuna modifica. Tali modifiche successive non sono intese ad aggirare le disposizioni della presente Parte.

Art. 190. Risoluzione e recesso – 1. L'ente concedente può dichiarare risolta la concessione in corso di rapporto della stessa se una o più delle seguenti condizioni si verificano:

a) la concessione ha subito una modifica che avrebbe richiesto una nuova procedura di aggiudicazione della concessione;

b) il concessionario si trovava, al momento dell'aggiudicazione della concessione, in una delle situazioni che comportano l'esclusione dalla procedura di aggiudicazione della concessione;

c) la Corte di giustizia dell'Unione europea constata, in un procedimento ai sensi dell'articolo 258 del Trattato sul funzionamento dell'Unione europea, che uno Stato membro ha violato uno degli obblighi su lui incombenti in virtù dei trattati europei per il fatto che un ente concedente appartenente allo Stato membro in questione ha aggiudicato la concessione in oggetto senza adempiere gli obblighi previsti dai trattati europei e dalla direttiva 2014/23/UE del Parlamento europeo e del Consiglio, del 26 febbraio 2014.

2. La risoluzione della concessione per inadempimento dell'ente concedente o del concessionario è disciplinata dagli articoli 1453 e seguenti del codice civile. Il contratto prevede per il caso di inadempimento una clausola penale di predeterminazione del danno e i criteri per il calcolo dell'indennizzo.

3. Nei casi che comporterebbero la risoluzione di una concessione per cause imputabili al concessionario, l'ente concedente comunica per iscritto al concessionario e agli enti finanziatori l'intenzione di risolvere il rapporto. Gli enti finanziatori, ivi inclusi i titolari di obbligazioni e titoli analoghi emessi dal concessionario, entro centoventi giorni dal ricevimento della comunicazione, possono indicare un operatore economico che subentri nella concessione avente caratteristiche tecniche e finanziarie corrispondenti a quelle previste nel bando di gara o negli atti in forza dei quali la concessione è stata affidata, con riguardo allo stato di avanzamento dell'oggetto della concessione alla data del subentro. L'operatore economico subentrante assicura la ripresa dell'esecuzione della concessione e l'esatto adempimento originariamente richiesto al concessionario sostituito entro il termine indicato dall'ente concedente. Il subentro dell'operatore economico ha effetto da quando l'ente concedente presta il consenso.

4. Se l'ente concedente recede dal contratto di concessione per motivi di pubblico interesse spettano al concessionario:

a) il valore delle opere realizzate più gli oneri accessori, al netto degli ammortamenti, oppure, nel caso in cui l'opera non abbia ancora superato la fase di collaudo, i costi effettivamente sostenuti dal concessionario;

b) i costi sostenuti o da sostenere in conseguenza del recesso, ivi inclusi gli oneri derivanti dallo scioglimento anticipato dei contratti di copertura del rischio di fluttuazione del tasso di interesse;

c) un indennizzo a titolo di mancato guadagno compreso tra il minimo del 2 per cento ed il massimo del 5 per cento degli utili previsti dal piano economico-finanziario, in base ad una valutazione che tenga conto delle circostanze, della tipologia di investimenti programmati e delle esigenze di protezione dei crediti dei soggetti finanziatori. In ogni caso i criteri per l'individuazione dell'indennizzo devono essere esplicitati in maniera inequivocabile nell'ambito del bando di gara ed indicati nel contratto, tenuto conto della tipologia e dell'oggetto del rapporto concessorio, con particolare riferimento alla percentuale, al piano economico-finanziario e agli anni da prendere in considerazione nel calcolo.

5. Le somme dovute ai sensi del comma 4 sono destinate prioritariamente al soddisfacimento dei crediti dei finanziatori del concessionario e dei titolari di titoli emessi.

6. Senza pregiudizio per il pagamento delle somme dovute, in tutti i casi di cessazione del rapporto concessorio diversi dalla risoluzione per inadempimento del concessionario questi ha il diritto di proseguire nella gestione ordinaria dell'opera, incassandone i ricavi da essa derivanti, sino all'effettivo pagamento delle suddette somme, fatti salvi gli eventuali investimenti improcrastinabili individuati dal concedente unitamente alle modalità di finanziamento e di ristoro dei correlati costi.

7. L'efficacia del recesso dalla concessione è sottoposta alla condizione del pagamento da parte dell'ente concedente delle somme previste dal comma 4.

Art. 191. Subentro – 1. Alla scadenza del periodo di affidamento e in conseguenza del nuovo affidamento, le reti, gli impianti e le altre dotazioni patrimoniali essenziali per la prosecuzione del servizio, in quanto non duplicabili a costi socialmente sostenibili, sono assegnati al nuovo gestore. Analogamente si procede in caso di cessazione anticipata.

2. Sono altresì ceduti al nuovo gestore i beni strumentali realizzati in attuazione dei piani di investimento concordati con l'ente concedente.

3. Fatte salve le discipline di settore, nel caso di durata dell'affidamento inferiore rispetto al tempo di recupero dell'ammortamento oppure di cessazione anticipata, per causa non attribuibile al concessionario, si prevede, a carico del gestore subentrante, un indennizzo pari al valore contabile non ancora ammortizzato, rivalutato attraverso pertinenti deflatori fissati dall'ISTAT e al netto di eventuali contributi pubblici direttamente riferibili agli investimenti stessi. I criteri di determinazione dell'indennizzo sono indicati nel bando o nella lettera di invito relativi alla gara indetta per il successivo affidamento a seguito della scadenza o della cessazione anticipata della gestione.

4. Restano salvi eventuali diversi accordi tra le parti stipulati prima dell'entrata in vigore del codice.

5. Il subentro per le concessioni di servizi di interesse economico generale prestati a livello locale resta disciplinato dall'articolo 23 del decreto legislativo 23 dicembre 2022, n. 201.

Art. 192. Revisione del contratto di concessione – 1. Al verificarsi di eventi sopravvenuti straordinari e imprevedibili, ivi compreso il mutamento della normativa o della regolazione di riferimento, purché non imputabili al concessionario, che incidano in modo significativo sull'equilibrio economico-finanziario dell'operazione, il concessionario può chiedere la revisione del contratto nella misura strettamente necessaria a ricondurlo ai livelli di equilibrio e di traslazione del rischio pattuiti al momento della conclusione del contratto. L'alterazione dell'equilibrio economico e finanziario dovuto a eventi diversi da quelli di cui al primo periodo e rientranti nei rischi allocati alla parte privata sono a carico della stessa.

2. In sede di revisione ai sensi del comma 1 non è consentito concordare modifiche che alterino la natura della concessione, o modifiche sostanziali che, se fossero state contenute nella procedura iniziale di aggiudicazione della concessione, avrebbero consentito l'ammissione di candidati diversi da quelli inizialmente selezionati o l'accettazione di un'offerta diversa da quella inizialmente accettata, oppure avrebbero attirato ulteriori partecipanti alla procedura di aggiudicazione della concessione.

3. Nei casi di opere di interesse statale ovvero finanziate con contributo a carico dello Stato per le quali non sia già prevista l'espressione del CIPESS la revisione è subordinata alla previa valutazione del Dipartimento per la programmazione e il coordinamento della politica economica (DIPE) della Presidenza del Consiglio dei ministri, sentito il Nucleo di consulenza per l'attuazione delle linee guida per la regolazione dei servizi di pubblica utilità (NARS), che emette un parere di concerto con il Ministero dell'economia e delle finanze - Dipartimento della Ragioneria Generale dello Stato.

4. In caso di mancato accordo sul riequilibrio del piano economico-finanziario le parti possono recedere dal contratto. In tal caso, al concessionario sono rimborsati gli importi di cui all'articolo 190, comma 4, lettere a) e b), a esclusione degli oneri derivanti dallo scioglimento anticipato dei contratti di copertura del rischio di fluttuazione del tasso di interesse.

Titolo IV
La finanza di progetto

Art. 193. Procedura di affidamento – 1. Gli operatori economici possono presentare agli enti concedenti proposte relative alla realizzazione in concessione di lavori o servizi. Ciascuna proposta contiene un progetto di fattibilità, una bozza di convenzione, il piano economico-finanziario asseverato e la specificazione delle caratteristiche del servizio e della gestione. Il piano economico-finanziario comprende l'importo delle spese sostenute per la predisposizione della proposta, comprensivo anche dei diritti sulle opere dell'ingegno. Gli investitori istituzionali di cui all'articolo 32, comma 3, del decreto-legge 31 maggio 2010, n. 78, convertito, con modificazioni, dalla legge 30 luglio 2010, n. 122, nonché i soggetti di cui all'articolo 2, numero 3), del regolamento (UE) 2015/1017 del Parlamento europeo e del Consiglio, del 25 giugno 2015, possono formulare le proposte di cui al primo periodo salva la necessità, nella successiva gara per l'affidamento dei lavori o dei servizi, di associarsi o consorziarsi con operatori economici in possesso dei requisiti richiesti dal bando, qualora gli stessi investitori istituzionali ne siano privi. Gli investitori istituzionali, in sede di gara, possono soddisfare la richiesta dei requisiti di carattere economico, finanziario, tecnico e professionale avvalendosi, anche integralmente, delle capacità di altri soggetti. Gli investitori istituzionali possono altresì impegnarsi a subappaltare, anche integralmente, le prestazioni oggetto del contratto di concessione a imprese in possesso dei requisiti richiesti dal bando, a condizione che il nominativo del subappaltatore sia comunicato, con il suo consenso, all'ente concedente entro la scadenza del termine per la presentazione dell'offerta.

2. L'ente concedente valuta entro novanta giorni dalla presentazione della proposta, la fattibilità della medesima, invitando se necessario il promotore ad apportare al progetto di fattibilità le modifiche necessarie per la sua approvazione. Se il promotore non apporta le modifiche richieste, come eventualmente rimodulate sulla base di soluzioni alternative suggerite dallo stesso promotore per recepire le indicazioni dell'ente concedente, la proposta è respinta. L'ente concedente conclude la procedura di valutazione con provvedimento espresso, pubblicato sul proprio sito istituzionale e oggetto di co-

municazione ai soggetti interessati. Il progetto di fattibilità, una volta approvato, è inserito tra gli strumenti di programmazione dell'ente concedente.

3. Il progetto di fattibilità approvato è posto a base di gara nei tempi previsti dalla programmazione. Il criterio di aggiudicazione è l'offerta economicamente più vantaggiosa individuata sulla base del miglior rapporto tra qualità e prezzo.

4. La configurazione giuridica del soggetto proponente può essere modificata e integrata sino alla data di scadenza della presentazione delle offerte. Nel bando l'ente concedente dispone che il promotore può esercitare il diritto di prelazione.

5. I concorrenti, compreso il promotore, in possesso dei requisiti previsti dal bando, presentano un'offerta contenente il piano economico-finanziario asseverato, la specificazione delle caratteristiche del servizio e della gestione e le varianti migliorative al progetto di fattibilità posto a base di gara, secondo gli indicatori previsti nel bando.

6. Le offerte sono corredate delle garanzie di cui all'articolo 106. Il soggetto aggiudicatario presta la garanzia di cui all'articolo 117. Dalla data di inizio dell'esercizio del servizio da parte del concessionario è dovuta una cauzione a garanzia delle penali relative al mancato o inesatto adempimento di tutti gli obblighi contrattuali relativi alla gestione dell'opera, da prestarsi nella misura del 10 per cento del costo annuo operativo di esercizio e con le modalità di cui all'articolo 117. La mancata presentazione di tale cauzione costituisce grave inadempimento contrattuale.

7. L'ente concedente:

a) prende in esame le offerte che sono pervenute nei termini indicati nel bando;

b) redige una graduatoria e nomina aggiudicatario il soggetto che ha presentato la migliore offerta;

c) pone in approvazione i successivi livelli progettuali elaborati dall'aggiudicatario.

8. Se il promotore non risulta aggiudicatario, può esercitare, entro quindici giorni dalla comunicazione dell'aggiudicazione, il diritto di prelazione e divenire aggiudicatario se dichiara di impegnarsi ad adempiere alle obbligazioni contrattuali alle medesime condizioni offerte dall'aggiudicatario. Se il promotore non risulta aggiudicatario e non esercita la prelazione ha diritto al pagamento, a cari-

co dell'aggiudicatario, dell'importo delle spese per la predisposizione della proposta, comprensive anche dei diritti sulle opere dell'ingegno. L'importo complessivo delle spese rimborsabili non può superare il 2,5 per cento del valore dell'investimento, come desumibile dal progetto di fattibilità posto a base di gara. Se il promotore esercita la prelazione, l'originario aggiudicatario ha diritto al pagamento, a carico del promotore, dell'importo delle spese documentate ed effettivamente sostenute per la predisposizione dell'offerta nei limiti di cui al terzo periodo.

9. In relazione alla specifica tipologia di lavoro o servizio, l'ente concedente tiene conto, tra i criteri di aggiudicazione, della quota di investimenti destinata al progetto in termini di ricerca, sviluppo e innovazione tecnologica.

10. Le camere di commercio, industria, artigianato e agricoltura, nell'ambito degli scopi di utilità sociale e di promozione dello sviluppo economico dagli stessi perseguiti, possono aggregarsi alla presentazione di proposte di realizzazione di lavori pubblici di cui al comma 1, ferma restando la loro autonomia decisionale.

11. L'ente concedente può sollecitare i privati a farsi promotori di iniziative volte a realizzare i progetti inclusi negli strumenti di programmazione del partenariato pubblico-privato, di cui all'articolo 175, comma 1, con le modalità disciplinate nel presente Titolo.

Art. 194. Società di scopo – 1. Per gli affidamenti superiori alla soglia di cui all'articolo 14, comma 1, lettera a), il bando di gara per l'affidamento di una concessione nella forma della finanza di progetto prevede che l'aggiudicatario costituisca una società di scopo in forma di società per azioni o a responsabilità limitata, anche consortile. Il bando di gara indica l'ammontare minimo del capitale sociale della società. In caso di concorrente costituito da più soggetti, nell'offerta è indicata, a pena di esclusione, la quota di partecipazione al capitale sociale di ciascun soggetto.

2. I lavori da eseguire e i servizi da prestare da parte delle società di scopo si intendono realizzati e prestati in proprio anche nel caso in cui siano affidati direttamente dalle suddette società ai propri soci, originari o subentrati, sempre che essi siano in possesso dei requisiti stabiliti dalle vigenti norme legislative e regolamentari.

3. La società di scopo, senza che ciò costituisca cessione di contratto, subentra nel rapporto di concessione senza necessità di appro-

vazione o autorizzazione amministrativa. Essa sostituisce l'aggiudicatario in tutti i rapporti con l'ente concedente. Nel caso di versamento di un prezzo in corso d'opera da parte dell'ente concedente, i soci della società restano solidalmente responsabili con la società di scopo nei confronti dell'amministrazione per l'eventuale rimborso del contributo percepito. In alternativa, la società di scopo può fornire alla pubblica amministrazione garanzie bancarie e assicurative per la restituzione delle somme versate a titolo di prezzo in corso d'opera, liberando in tal modo i soci. Le garanzie cessano alla data di emissione del certificato di collaudo dell'opera. Il contratto di concessione stabilisce le modalità per l'eventuale cessione delle quote della società di scopo, fermo restando che i soci che hanno concorso a formare i requisiti per la qualificazione sono tenuti a partecipare alla società e a garantire, nei limiti di cui sopra, il buon adempimento degli obblighi del concessionario sino alla data di emissione del certificato di collaudo dell'opera. L'ingresso nel capitale sociale della società di scopo e lo smobilizzo delle partecipazioni da parte di banche e altri investitori istituzionali, di cui all'articolo 193, comma 1, quarto periodo, che non abbiano concorso a formare i requisiti per la qualificazione, possono tuttavia avvenire in qualsiasi momento.

4. Il contratto di concessione disciplina altresì le modalità di sostituzione dei soci della società di scopo che, nel corso dell'esecuzione del contratto, perdano i requisiti di qualificazione.

5. Il bando-tipo per l'affidamento di un contratto ai sensi del comma 1 reca anche lo schema della convenzione da allegare agli atti di gara.

Art. 195. Obbligazioni delle società di scopo – 1. Le società di scopo possono emettere obbligazioni e titoli di debito, anche in deroga ai limiti di cui agli articoli 2412 e 2483 del codice civile, purché destinati alla sottoscrizione da parte degli investitori istituzionali e dei clienti professionali indicati nell'articolo 6, commi 2-*quinquies* e 2-*sexies*, del testo unico delle disposizioni in materia di intermediazione finanziaria, di cui al decreto legislativo 24 febbraio 1998, n. 58, e nei regolamenti attuativi o delle loro controllanti e controllate ai sensi dell'articolo 1, commi 6-*bis*.1 e 6-*bis*.2 dello stesso testo unico di cui al decreto legislativo n. 58 del 1998. Le obbligazioni e i titoli di debito di cui al primo periodo possono essere dematerializzati e non possono essere trasferiti a soggetti che non siano investitori istituzionali o clienti professionali. In relazione ai titoli emessi ai sensi del presente articolo non si applicano gli articoli 2413, 2414-*bis*, commi primo e secondo, e da 2415 a 2420 del codice civile.

2. L'emissione di obbligazioni è ammessa esclusivamente per finanziare ovvero rifinanziare il debito precedentemente contratto per la realizzazione dell'infrastruttura o delle opere connesse al servizio di pubblica utilità.

3. La documentazione di offerta contiene in modo chiaro ed evidente l'avvertimento circa il grado di rischio associato all'operazione.

4. Il collocamento delle obbligazioni e altri titoli di debito emessi dalla società di scopo avviene nel termine massimo di diciotto mesi, ovvero in quello inferiore fissato dal contratto di concessione, decorso il quale il contratto è risolto di diritto salvo che, nel frattempo, siano state reperite altre forme di finanziamento.

5. Le obbligazioni e i titoli di debito, sino all'avvio della gestione dell'infrastruttura da parte del concessionario, ovvero fino alla scadenza delle obbligazioni e dei titoli medesimi, possono essere garantiti secondo modalità disciplinate con decreto del Ministro dell'economia e delle finanze, di concerto con il Ministro delle infrastrutture e dei trasporti, da adottare entro sei mesi dalla data di entrata in vigore del codice. Fino all'entrata in vigore di tale decreto, si applica il decreto del Ministro dell'economia e delle finanze 7 agosto 2012, pubblicato nella Gazzetta Ufficiale della Repubblica italiana n. 210 dell'8 settembre 2012.

6. Le disposizioni di cui ai commi 1, 2, 3 e 5 si applicano anche alle società operanti nella gestione dei servizi di cui all'articolo 3-*bis* del decreto-legge 13 agosto 2011, n. 138, convertito, con modificazioni, dalla legge 14 settembre 2011, n. 148, alle società titolari delle autorizzazioni alla costruzione di infrastrutture di trasporto di gas e delle concessioni di stoccaggio di cui agli articoli 9 e 11 del decreto legislativo 23 maggio 2000, n. 164, alle società titolari delle autorizzazioni alla costruzione di infrastrutture facenti parte del Piano di sviluppo della rete di trasmissione nazionale dell'energia elettrica, alle società titolari delle autorizzazioni per la realizzazione di reti di comunicazione elettronica di cui al codice delle comunicazioni elettroniche, di cui al decreto legislativo 1° agosto 2003, n. 259 e alle società titolari delle licenze individuali per l'installazione e la

fornitura di reti di telecomunicazioni pubbliche di cui al predetto codice delle comunicazioni elettroniche, nonché a quelle titolari delle autorizzazioni di cui all'articolo 46 del decreto-legge 1° ottobre 2007, n. 159, convertito, con modificazioni, dalla legge 29 novembre 2007, n. 222. Per le finalità relative all'applicazione del presente comma il decreto di cui al comma 5 è adottato di concerto con il Ministro delle imprese e del made in Italy.

7. Le garanzie reali, personali e di qualunque altra natura, incluse le cessioni di credito a scopo di garanzia che assistono le obbligazioni e i titoli di debito, possono essere costituite in favore dei sottoscrittori o anche di un loro rappresentante che sarà legittimato a esercitare in nome e per conto dei sottoscrittori tutti i diritti, sostanziali e processuali, relativi alle garanzie medesime.

Parte III
DELLA LOCAZIONE FINANZIARIA

Art. 196. Definizione e disciplina – 1. Per finanziare la realizzazione, l'acquisizione e il completamento di opere pubbliche o di pubblica utilità gli enti concedenti possono stipulare contratti di locazione finanziaria (*leasing*).

2. La società di locazione finanziaria acquista da un operatore economico un bene esistente o da realizzare e lo cede in godimento, per un determinato periodo di tempo, alla pubblica amministrazione a fronte del pagamento di un canone periodico fisso e comprensivo di eventuali servizi accessori.

3. Se lo schema di contratto prevede il trasferimento del rischio operativo, ai sensi dell'articolo 177, si applicano, per quanto non previsto dal presente articolo, le norme sulle concessioni e sugli altri contratti di partenariato pubblico-privato. In caso contrario si applicano le disposizioni in materia di appalto pubblico di lavori.

4. Per l'aggiudicazione del contratto di cui al comma 1 l'ente concedente pone a base di gara almeno un progetto di fattibilità, comprensivo del piano finanziario. L'aggiudicatario predispone i successivi livelli progettuali ed esegue l'opera.

5. Se l'offerente è un raggruppamento temporaneo di imprese costituito dal soggetto finanziatore e da uno o più soggetti realizzatori, ciascuno è responsabile in relazione alla specifica obbligazio-

ne assunta nel contratto. Il soggetto finanziatore può presentare l'offerta anche singolarmente, ricorrendo in tal caso all'avvalimento del soggetto realizzatore.

6. Uno o più soggetti costituenti l'associazione temporanea di imprese, in caso di apertura della liquidazione giudiziale, inadempimento o sopravvenienza di qualsiasi causa impeditiva all'adempimento dell'obbligazione, possono essere sostituiti in fase di gara o di esecuzione con altri soggetti aventi medesimi requisiti e caratteristiche. L'ente concedente può negare l'assenso solo nelle ipotesi in cui il soggetto indicato a subentrare non sia in possesso dei necessari requisiti soggettivi e oggettivi.

7. L'adempimento delle obbligazioni dell'ente concedente resta in ogni caso condizionato all'esito positivo del collaudo, ovvero della verifica di conformità in ordine alla gestione funzionale dell'opera secondo le modalità stabilite. Il soggetto aggiudicatario assicura la corretta manutenzione del bene sino al momento del riscatto.

8. L'opera oggetto di locazione finanziaria segue il regime di opera pubblica ai fini urbanistici, edilizi ed espropriativi a condizione che, nel contratto medesimo, sia stabilito che al termine del periodo di locazione il committente è obbligato al riscatto. L'ente concedente può concedere il diritto di superficie sull'area pubblica dove realizzare l'opera.

9. L'opera può essere realizzata anche su un'area nella disponibilità dell'aggiudicatario. Si applica, anche in tal caso, il primo periodo del comma 8.

10. Il contratto prevede la facoltà di riscatto anticipato.

Parte IV
DEL CONTRATTO DI DISPONIBILITÀ

Art. 197. Definizione e disciplina – 1. Le parti determinano il contenuto del contratto di disponibilità nei limiti imposti dalle disposizioni di cui al presente articolo, tenendo conto dei bandi-tipo e dei contratti-tipo redatti dall'Autorità di regolazione del settore.

2. Il corrispettivo del contratto di disponibilità si compone di un canone di disponibilità, commisurato all'effettivo periodo per il quale l'operatore economico ha garantito il godimento dell'opera, sem-

pre che il mancato o ridotto godimento non rientri nel rischio a carico dell'ente concedente ai sensi del comma 4.

3. Quando è convenuto il trasferimento della proprietà dell'opera all'ente concedente il corrispettivo si compone anche:

a) di un eventuale contributo in corso d'opera, non superiore al 50 per cento del costo di costruzione dell'opera;

b) di un prezzo di trasferimento, da pagare al termine del contratto, determinato in relazione al valore di mercato residuo dell'opera e tenendo conto dell'importo già versato a titolo di canone di disponibilità e di eventuale contributo in corso d'opera.

4. Se non è diversamente convenuto tra le parti e salvo quanto disposto dal comma 5, il rischio del mancato o ritardato rilascio di autorizzazioni oppure di ogni altro atto amministrativo incidente sul compimento o sulla gestione tecnica dell'opera è a carico dell'ente concedente.

5. Il rischio del mancato o ritardato rilascio di atti di approvazione o di assenso, da parte di autorità diverse dall'ente concedente, attinenti alla progettazione e alle eventuali varianti in corso d'opera è a carico dell'operatore economico.

6. Le varianti in corso d'opera sono comunicate dall'operatore economico all'ente concedente al fine di consentire a quest'ultimo di opporsi quando alterino le caratteristiche specifiche dell'opera indicate nel capitolato prestazionale.

7. Il contratto determina i modi di attribuzione alle parti degli eventuali oneri sopravvenuti, incidenti sul corrispettivo pattuito per il compimento e la gestione dell'opera, derivanti da disposizioni normative o da provvedimenti dell'autorità.

8. L'ente concedente può attribuire all'operatore economico la qualità di autorità espropriante, come definita all'articolo 3 del testo unico delle disposizioni legislative e regolamentari in materia di espropriazione per pubblica utilità, di cui al decreto del Presidente della Repubblica 8 giugno 2001, n. 327, con il potere di espropriare e di curare il relativo procedimento.

9. L'ente concedente redige, unitamente al bando o all'avviso, avvalendosi anche dei bandi-tipo e dei contratti-tipo dell'ANAC, un capitolato che indica le caratteristiche specifiche dell'opera, i criteri di determinazione e di riduzione del corrispettivo e i modi di prestazione di garanzie e cauzioni, anche funzionali ad assicurare l'esatto adempimento delle obbligazioni contrattuali.

10. Il bando indica i criteri, secondo l'ordine di importanza loro attribuita, in base ai quali si procede alla valutazione comparativa tra le diverse offerte.

11. Il contratto di disponibilità può essere sottoscritto solo dall'operatore economico in possesso dei requisiti generali di qualificazione e di partecipazione alle procedure di affidamento.

12. L'ente concedente, nei modi previsti dal contratto, ha il diritto di controllare lo svolgimento dei lavori e di verificare prima della consegna l'opera compiuta, eventualmente proponendo le necessarie modificazioni e varianti, sempre che queste non alterino caratteristiche specifiche dell'opera indicate nel capitolato prestazionale.

13. Il contratto determina i casi e i modi di modificazione del contratto, anche attraverso la riduzione del canone di disponibilità, idonei a ricondurlo a equità, anche tenendo conto della esigenza di tutelare i creditori indicati all'articolo 199.

Parte V
ALTRE DISPOSIZIONI IN MATERIA DI PARTENARIATO PUBBLICO-PRIVATO

Art. 198. Altre disposizioni in materia di gara – 1. Le proposte di cui all'articolo 193, comma 1, primo periodo, possono riguardare, in alternativa alla concessione, tutti i contratti di partenariato pubblico privato.

2. Gli operatori economici aggiudicatari di contratti di partenariato pubblico-privato possono sempre avvalersi, anche al di fuori della finanza di progetto, della facoltà di costituire una società di scopo ai sensi degli articoli 194 e 195.

3. Gli investitori istituzionali di cui all'articolo 193, comma 1, quarto periodo, anche al di fuori della finanza di progetto, possono partecipare alla gara, associandosi o consorziandosi con operatori economici in possesso dei requisiti per l'esecuzione dei lavori o dei servizi, qualora gli stessi ne siano privi. Gli investitori istituzionali possono soddisfare la richiesta dei requisiti di carattere economico, finanziario, tecnico e professionale avvalendosi, anche integralmente, delle capacità di altri soggetti. Gli investitori istituzionali possono altresì subappaltare, anche interamente, le prestazioni oggetto del contratto di concessione a imprese in possesso dei requisiti richiesti

dal bando, a condizione che il nominativo del subappaltatore venga comunicato, con il suo consenso, all'ente concedente entro la scadenza del termine per la presentazione dell'offerta.

Art. 199. Privilegio sui crediti e ulteriori garanzie – 1. I crediti dei soggetti che finanziano o rifinanziano, in qualunque forma, la realizzazione di lavori pubblici, di opere di interesse pubblico o la gestione di pubblici servizi hanno privilegio generale, ai sensi degli articoli 2745 e seguenti del codice civile, sui beni mobili, ivi inclusi i crediti, del concessionario, delle società di scopo, delle società affidatarie, a qualunque titolo, di contratti di partenariato pubblico-privato, oppure di contraenti generali.

2. Il privilegio, a pena di nullità del contratto di finanziamento, deve risultare da atto scritto. Nell'atto sono esattamente descritti i finanziatori originari dei crediti, il debitore, l'ammontare in linea capitale del finanziamento o della linea di credito, nonché gli elementi che costituiscono il finanziamento.

3. L'opponibilità ai terzi del privilegio sui beni è subordinata alla trascrizione, nel registro indicato dall'articolo 1524, secondo comma, del codice civile, dell'atto dal quale il privilegio risulta. Della costituzione del privilegio è dato avviso mediante pubblicazione nella Gazzetta Ufficiale della Repubblica italiana. Dall'avviso devono risultare gli estremi della avvenuta trascrizione. La trascrizione e la pubblicazione sono effettuate presso i competenti uffici del luogo ove ha sede l'impresa finanziata.

4. Fermo restando quanto previsto dall'articolo 1153 del codice civile, il privilegio può essere esercitato anche nei confronti dei terzi che abbiano acquistato diritti sui beni che sono oggetto dello stesso dopo la trascrizione prevista dal comma 3 del presente articolo. Nell'ipotesi in cui non sia possibile far valere il privilegio nei confronti del terzo acquirente, il privilegio si trasferisce sul corrispettivo.

5. Al fine di agevolare la bancabilità delle iniziative, tutti i crediti della società di scopo, presenti e futuri, ivi inclusi quelli verso il soggetto aggiudicatore e altre pubbliche amministrazioni, possono essere costituiti in pegno o ceduti in garanzia dalla società a banche o altri soggetti finanziatori, senza necessità di consenso del debitore ceduto, anche quando non siano ancora liquidi ed esigibili.

6. I beni sui quali la società di scopo è titolare di diritti reali possono essere ipotecati o dati in pegno solo a garanzia di prestiti contratti per finanziare o rifinanziare gli investimenti e i fabbisogni previsti dal contratto di partenariato pubblico-privato.

Art. 200. Contratti di rendimento energetico o di prestazione energetica – 1. Nel caso di contratti di rendimento energetico o di prestazione energetica (EPC), i ricavi di gestione dell'operatore economico sono determinati e pagati in funzione del livello di miglioramento dell'efficienza energetica o di altri criteri di prestazione energetica stabiliti contrattualmente, purché quantificabili in relazione ai consumi. La misura di miglioramento dell'efficienza energetica, calcolata secondo le norme in materia di attestazione della prestazione energetica degli immobili e delle altre infrastrutture energivore, è resa disponibile all'ente concedente a cura dell'operatore economico e deve essere verificata e monitorata durante l'intera durata del contratto, anche avvalendosi di apposite piattaforme informatiche adibite per la raccolta, l'organizzazione, la gestione, l'elaborazione, la valutazione e il monitoraggio dei consumi energetici.

Art. 201. Partenariato sociale – 1. Gli enti concedenti stabiliscono, con atto generale e tenuto conto dei bandi-tipo e dei contratti-tipo predisposti dall'Autorità di regolazione del settore, i criteri e le condizioni, per la conclusione di contratti di partenariato sociale aventi ad oggetto una o più delle prestazioni seguenti:

a) gestione e manutenzione di aree riservate al verde pubblico urbano e di immobili di origine rurale destinati ad attività sociali e culturali, ceduti al Comune in esecuzione di convenzioni e di strumenti urbanistici attuativi; sussiste, per la conclusione di tale contratto, il diritto di prelazione dei cittadini, aventi residenza o domicilio nei comprensori ove insistono i beni e le aree, costituenti un consorzio del comprensorio che raggiunga almeno i due terzi della proprietà della lottizzazione; i cittadini costituiti in consorzio possono beneficiare, altresì, di incentivi fiscali;

b) gestione, manutenzione e valorizzazione di piazze e strade o interventi di decoro urbano e di recupero di aree e beni immobili inutilizzati, per destinarli a fini di interesse generale, sulla base di progetti presentati da cittadini, singoli o associati che, all'uopo, beneficiano di incentivi fiscali direttamente attinenti alla attività svolta dal singolo o dalla associazione, o comunque utile alla comunità territoriale di riferimento;

c) compimento di opere di interesse locale, da acquisire al patrimonio indisponibile dell'ente concedente, sulla base di progetti presentati da cittadini, singoli o associati, e a spese di questi ultimi; l'esecuzione delle opere è esente da oneri fiscali e amministrativi, salva l'imposta sul valore aggiunto.

2. Le parti determinano il contenuto dei contratti di partenariato sociale nei limiti imposti dalle disposizioni seguenti, tenendo conto dei bandi-tipo e dei contratti-tipo redatti dall'ANAC.

3. Possono concludere i contratti di partenariato sociale microimprese, piccole e medie imprese, come definite dall'articolo 1, comma 1, lettera o) dell'allegato I.1.

4. Con l'atto generale indicato nel comma 1 sono determinati i modi di esercizio del diritto di prelazione dei cittadini costituiti in consorzi e la natura e la misura degli incentivi fiscali previsti per la conclusione dei contratti di partenariato sociale, nei limiti di quanto previsto con rinvio a leggi speciali dal codice dei contratti pubblici, di cui al decreto legislativo 18 aprile 2016, n. 50.

Art. 202. Cessione di immobili in cambio di opere – 1. Il bando di gara, redatto anche tenendo conto dei bandi-tipo e dei contratti-tipo predisposti dall'ANAC, può prevedere:

a) a titolo di corrispettivo, totale o parziale e sulla base del loro valore di mercato, il trasferimento all'operatore economico o, quando questi vi abbia interesse, a terzi da lui indicati, in possesso dei requisiti di partecipazione alla gara, della proprietà di beni immobili dell'ente concedente, già indicati nel programma triennale per i lavori o nell'avviso di pre-informazione per i servizi e le forniture, non più destinati al perseguimento di scopi di interesse generale;

b) il trasferimento della proprietà in un momento anteriore a quello della fine dei lavori, previa garanzia fideiussoria pari al valore dell'immobile, da prestarsi nei modi previsti dal codice per la partecipazione alle procedure di affidamento; la fideiussione è progressivamente svincolata con le modalità previste con riferimento alla cauzione definitiva.

Parte VI
DEI SERVIZI GLOBALI

Art. 203. Affidamento di servizi globali – 1. L'affidamento di servizi globali si realizza mediante la conclusione di contratti, anche diversi da quelli disciplinati dalle disposizioni della presente Parte, con cui l'operatore economico è tenuto a perseguire un risultato amministrativo mediante le prestazioni professionali e specialistiche dedotte in obbligazione in cambio di un corrispettivo determinato in relazione al risultato ottenuto e alla attività normalmente necessaria per ottenerlo.

2. I contratti di affidamento di servizi globali possono essere sottoscritti solo da un operatore economico in possesso della specifica qualificazione prevista dall'articolo 207, oltre che dei requisiti generali per la partecipazione alle procedure di affidamento.

3. Le parti determinano il contenuto dei contratti di affidamento dei servizi globali nei limiti imposti dalle disposizioni della presente Parte, tenendo conto dei bandi-tipo e dei contratti-tipo redatti dall'ANAC.

Art. 204. Contraente generale – 1. L'affidamento dei servizi globali al contraente generale si realizza mediante la conclusione di un contratto che obbliga l'operatore economico a compiere un'opera e a perseguire un determinato risultato amministrativo indicato nel bando e nel contratto, con organizzazione dei mezzi necessari e con gestione a proprio rischio in cambio di un corrispettivo determinato in base al risultato ottenuto e alle prestazioni rese. L'affidamento al contraente generale è deciso dall'ente concedente tenendo conto della complessità e della eterogeneità delle prestazioni richieste e della esigenza di perseguire un risultato amministrativo di elevata qualità ed efficacia, e sempre che l'importo dell'affidamento non sia inferiore a 100 milioni di euro.

2. I rapporti tra soggetto aggiudicatore e contraente generale sono regolati, oltre che dal bando di gara e dal contratto, dalle disposizioni del codice sui contratti di appalto e di concessione.

3. Il contraente generale è tenuto fra l'altro:

a) a redigere il progetto esecutivo, in conformità del progetto di fattibilità tecnico-economica redatto dal soggetto aggiudicatore, e a compiere le attività strumentali alla sua approvazione;

b) ad assicurare il prefinanziamento, in tutto o in parte, dell'opera;

c) a comunicare costantemente al soggetto aggiudicatore le informazioni necessarie a prevenire tentativi di infiltrazione mafiosa.

4. Il contratto può prevedere che:

a) l'operatore economico abbia la qualità di autorità espropriante, come definita dall'articolo 3 del testo unico delle disposizioni legislative e regolamentari in materia di espropriazione per pubblica utilità, di cui al decreto del Presidente della Repubblica 8 giugno 2001, n. 327, con il potere di espropriare e di curare il relativo procedimento;

b) l'operatore economico individui i modi di gestione dell'opera e di selezione dei soggetti cui tale gestione può essere affidata.

5. L'ente concedente redige il progetto di fattibilità tecnico-economica e approva il progetto esecutivo e le sue varianti.

6. Il bando di gara e il contratto stabiliscono:

a) i criteri di determinazione e di riduzione del corrispettivo spettante al contraente generale in base al risultato ottenuto e alle prestazioni rese;

b) i modi e i tempi di pagamento del corrispettivo, che in ogni caso avviene dopo il collaudo per la parte relativa ai lavori realizzati con anticipazione;

c) le risorse proprie del contraente generale ai sensi del comma 14;

d) i modi di attribuzione alle parti degli eventuali oneri sopravvenuti, incidenti sul corrispettivo e derivanti da disposizioni normative o da provvedimenti di altre autorità;

e) le misure idonee a prevenire tentativi di infiltrazione e condizionamento mafiosi e i relativi costi, non sottoposti a ribasso d'asta.

7. Il rischio derivante dalle varianti del progetto richieste dall'ente concedente, o cagionate da forza maggiore o da provvedimenti di altre autorità, è a carico dell'ente concedente.

8. Il rischio derivante da varianti cagionate da omissioni, inesattezze o errori del progetto esecutivo è a carico del contraente generale.

9. Fuori dei casi previsti dai commi 7 e 8, l'operatore economico comunica le varianti del progetto all'ente concedente per consentire a quest'ultimo di opporsi quando queste alterino le caratteristiche specifiche dell'opera, o i modi o i tempi del suo compimento, o in ogni caso modifichino il risultato amministrativo dedotto nel contratto.

10. Alle varianti del progetto non si applicano le disposizioni del codice che consentono l'uso della procedura negoziata senza previa pubblicazione di un bando di gara.

11. Il contraente generale può eseguire le prestazioni dedotte in obbligazione anche costituendo una società di scopo, a cui possono partecipare soggetti dotati di idonei requisiti di professionalità, ivi compresi gli investitori istituzionali di cui all'articolo 193, comma 1, quarto periodo, preventivamente indicati al momento della partecipazione alla gara. La società di scopo è disciplinata dall'articolo 194 oltre che dalle disposizioni seguenti.

12. Se non è diversamente stabilito nel contratto, il contraente generale o i diversi soggetti che lo compongono sono solidalmente responsabili con la società di scopo per l'esatto adempimento delle obbligazioni contrattuali. In alternativa, la società di scopo può fornire all'ente concedente garanzie bancarie e assicurative per la restituzione delle somme percepite in corso d'opera, liberando in tal modo i soci. Le garanzie cessano quando è emesso il certificato di collaudo dell'opera. La cessione di crediti del contraente generale e della società di scopo è regolata dalle disposizioni del codice sulla cessione di crediti da corrispettivo di appalto e concessione.

13. Il contraente generale può eseguire le prestazioni contrattuali anche affidandole a terzi, in possesso dei richiesti requisiti di qualificazione, ai quali non possono essere imposti obblighi e oneri ulteriori rispetto a quelli che gravano sul contraente generale nei rapporti con l'ente concedente. I terzi affidatari possono procedere al sub affidamento, nei modi e nei limiti previsti per gli appalti di lavori pubblici. Si applicano le norme sul subappalto.

14. Il bando e il contratto determinano la quota di valore dell'opera che deve essere realizzata con anticipazione di risorse del contraente generale. Il contraente generale o la società di scopo, per finanziare tale quota, possono emettere obbligazioni, previa autorizzazione degli organi di vigilanza, anche in deroga ai limiti previsti dall'articolo 2412 del codice civile. L'ente concedente garantisce il

pagamento delle obbligazioni emesse, nei limiti del proprio debito verso il contraente generale, nei modi stabiliti con decreto del Ministro dell'economia e delle finanze, di concerto con il Ministro delle infrastrutture e dei trasporti.

15. L'ente aggiudicatore versa il corrispettivo delle prestazioni rese e prefinanziate dal contraente generale con la emissione di un certificato di pagamento esigibile alla scadenza del prefinanziamento secondo le previsioni contrattuali. Il certificato di pagamento costituisce definitivo riconoscimento del credito del finanziatore cessionario per i soli crediti di cui al presente comma ceduti a fronte di finanziamenti senza rivalsa o con rivalsa limitata. Al cessionario non è applicabile alcuna eccezione di pagamento delle quote di prefinanziamento riconosciute, derivante dai rapporti tra debitore e creditore cedente, ivi inclusa la compensazione con crediti derivanti dall'adempimento dello stesso contratto o con qualsiasi diverso credito nei confronti del contraente generale cedente.

16. Il bando e il contratto indicano il termine finale di pagamento dei crediti riconosciuti definitivi ai sensi del comma 15, nei casi di mancato o tardivo raggiungimento del risultato dedotto in contratto.

17. Il riconoscimento definitivo del credito non opera quando le garanzie per l'esecuzione di lavori di particolare valore, come disciplinate dal codice, si sono ridotte o quando la riduzione è espressamente prevista, salvo che sia ripristinata la garanzia o eliminata la previsione di riduzione.

18. L'ente concedente, nei modi previsti dal bando o dal contratto, controlla le prestazioni del contraente generale e lo svolgimento dei lavori e verifica prima della consegna l'opera compiuta e il risultato ottenuto, eventualmente proponendo le necessarie modificazioni e varianti, sempre che queste non alterino caratteristiche specifiche dell'opera e del risultato indicate nel bando e nel progetto di fattibilità tecnico-economica. L'ente concedente nomina il direttore dei lavori e i collaudatori ed effettua il collaudo.

Art. 205. Procedure di aggiudicazione del contraente generale – 1. Il bando individua il progetto di fattibilità tecnico-economica e indica, in relazione alle caratteristiche e alla complessità dell'opera e del risultato da perseguire, il numero minimo e massimo di concorrenti invitati, assicurando in ogni caso una effettiva concorrenza. Quando le domande di partecipazione superano il numero massimo indicato, l'ente concedente seleziona gli operatori economici da invitare, sulla base di criteri pertinenti all'oggetto del contratto, resi noti nel bando.

2. L'aggiudicazione avviene secondo il criterio dell'offerta economicamente più vantaggiosa, individuata, oltre che in base ai criteri ordinari di aggiudicazione degli appalti, tenendo conto in particolare:

a) del valore tecnico ed estetico delle varianti;

b) dell'incremento di valore del prefinanziamento, rispetto a quello indicato nel bando, offerto dal concorrente;

c) di ogni altro elemento idoneo al miglior perseguimento del risultato amministrativo dedotto nel contratto.

3. Il bando di gara può prevedere che l'offerente dimostri:

a) l'assenza dei motivi di esclusione indicati agli articoli 94, 95, 96, 97 e 98, ferma restando la necessità di accertare sempre il possesso dei requisiti generali da parte dell'offerente che risulti poi aggiudicatario;

b) la disponibilità di risorse finanziarie, rivolte al prefinanziamento, proporzionate all'opera da realizzare;

c) il possesso, da parte delle imprese affidatarie designate in sede di gara o dello stesso offerente, di requisiti professionali e finanziari idonei allo svolgimento delle prestazioni richieste.

4. Non possono concorrere alla medesima gara imprese collegate. L'operatore che partecipa alla gara, singolarmente o facendo parte di un raggruppamento temporaneo o consorzio, non può parteciparvi quale membro di altro raggruppamento temporaneo, associazione o consorzio, anche stabile.

5. Il contraente generale in possesso della richiesta classifica di qualificazione può partecipare alla procedura di gara in associazione o consorzio con altre imprese purché queste ultime siano ammesse, per qualunque classifica, al sistema di qualificazione ovvero siano qualificabili, per qualunque classifica. Le imprese associate o consorziate concorrono alla dimostrazione dei requisiti di cui al comma 1.

6. Gli affidamenti degli enti concedenti operanti nei settori speciali sono disciplinati, oltre che dalle disposizioni della presente Parte, dalle relative norme del Libro III.

7. Gli affidamenti degli enti concedenti diversi da quelli indicati nel comma 6 sono disciplinati, oltre che dalle disposizioni della presente Parte, dalle norme del Libro II, Parte IV.

Art. 206. Controlli sull'esecuzione e collaudo – 1. Il collaudo delle infrastrutture è effettuato nei modi e nei termini previsti dalle norme in tema di appalti di lavori.

2. Per le infrastrutture di grande rilevanza o complessità l'ente concedente può autorizzare le commissioni di collaudo ad avvalersi dei servizi di supporto e di indagine di soggetti specializzati nel settore. Gli oneri relativi sono a carico dei fondi a disposizione dell'ente concedente per la realizzazione delle predette infrastrutture con le modalità e i limiti stabiliti con decreto del Ministro delle infrastrutture e dei trasporti, di concerto con il Ministro dell'economia e delle finanze, da adottare entro sei mesi dalla data di entrata in vigore del codice. L'affidatario del supporto al collaudo non può avere rapporti di collegamento con chi ha progettato, diretto, eseguito o controllato in tutto o in parte il compimento della infrastruttura.

Art. 207. Sistema di qualificazione del contraente generale – 1. Il contraente generale è una società avente per oggetto l'esercizio di una attività commerciale o una società cooperativa, o un consorzio di cooperative di produzione e lavoro previsti dalla legge 25 giugno 1909, n. 422 e dal decreto legislativo del Capo provvisorio dello Stato 14 dicembre 1947, n. 1577, oppure un consorzio stabile come definito dal presente codice:

a) in possesso dei requisiti professionali, patrimoniali e finanziari di cui al comma 2;

b) per il quale non ricorrono i motivi di esclusione di cui agli articoli 94, 95, 96, 97 e 98.

2. È istituito, con il regolamento di cui all'articolo 100, comma 4, il sistema di qualificazione del contraente generale, basato su classifiche, effettuate in base all'importo lordo delle procedure di aggiudicazione alle quali il contraente generale può partecipare. Il contraente generale non può partecipare a procedure di importo lordo superiore a quello della classifica di iscrizione, attestata con il sistema di cui al presente articolo, ma può unirsi ad altro contraente ge-

nerale al fine di conseguire congiuntamente la classifica necessaria per partecipare.

3. In via transitoria, fino alla data di entrata in vigore del regolamento di cui al comma 2, la qualità di contraente generale è attestata dal Ministro delle infrastrutture e dei trasporti dietro richiesta dell'interessato, con atto che conserva la sua efficacia per tre anni. Fino alla predetta data, quando il Ministero delle infrastrutture e dei trasporti non provvede al tempestivo rilascio dell'attestazione, il contraente generale può partecipare alla procedura di gara e concludere il contratto esibendo la precedente attestazione di cui sia in possesso, anche se scaduta.

Art. 208. Servizi globali su beni immobili – 1. L'affidamento di servizi globali con oggetto beni immobili si realizza mediante la conclusione di un contratto col quale un operatore economico si obbliga, con organizzazione dei mezzi necessari e con gestione a proprio rischio, a consentire all'ente concedente il miglior godimento dei beni e a perseguire un determinato risultato amministrativo indicato nel bando e nel contratto in cambio di un corrispettivo determinato in relazione al risultato ottenuto e all'attività normalmente necessaria per ottenerlo.

2. Il bando di gara e il contratto stabiliscono:

a) i criteri di determinazione e di riduzione del corrispettivo spettante all'operatore economico in base al risultato ottenuto e alle prestazioni rese;

b) i modi e i tempi di pagamento del corrispettivo;

c) i modi di attribuzione alle parti degli eventuali oneri sopravvenuti, incidenti sul corrispettivo e derivanti da disposizioni normative o da provvedimenti di altre autorità.

3. L'aggiudicazione avviene secondo il criterio dell'offerta economicamente più vantaggiosa, tenendo conto in particolare di ogni elemento idoneo al miglior perseguimento del risultato amministrativo dedotto nel contratto.

4. Si applica l'articolo 204, commi 11, 12, 13, 14 e 18.

LIBRO V
DEL CONTENZIOSO E DELL'AUTORITÀ NAZIONALE ANTICORRUZIONE. DISPOSIZIONI FINALI E TRANSITORIE

Parte I
DEL CONTENZIOSO

Titolo I
I RICORSI GIURISDIZIONALI

Art. 209. Modifiche al codice del processo amministrativo di cui all'allegato 1 al decreto legislativo 2 luglio 2010, n. 104 – 1. Al codice del processo amministrativo, di cui all'allegato 1 al decreto legislativo 2 luglio 2010, n. 104, sono apportate le seguenti modificazioni:

a) l'articolo 120 è sostituito dal seguente:

«Art. 120 - (*Disposizioni specifiche ai giudizi di cui all'articolo 119, comma 1, lettera a)*) - *1.* Gli atti delle procedure di affidamento e di concessione disciplinate dal codice dei contratti pubblici, di cui al decreto legislativo di attuazione della legge 21 giugno 2022, n. 78, comprese le procedure di affidamento di incarichi e concorsi di progettazione e di attività tecnico-amministrative a esse connesse, i quali siano relativi a pubblici lavori, servizi o forniture, nonché i provvedimenti dell'Autorità nazionale anticorruzione in materia di contratti pubblici, sono impugnabili unicamente mediante ricorso al tribunale amministrativo regionale competente. In tutti gli atti di parte e in tutti i provvedimenti del giudice è indicato il codice identificativo di gara (CIG); nel caso di mancata indicazione il giudice procede in ogni caso e anche d'ufficio, su segnalazione della segreteria, ai sensi dell'articolo 86, comma 1.

2. Per l'impugnazione degli atti di cui al presente articolo il ricorso, principale o incidentale, e i motivi aggiunti, anche avverso atti diversi da quelli già impugnati, sono proposti nel termine di trenta giorni. Il termine decorre, per il ricorso principale e per i motivi aggiunti, dalla ricezione della comunicazione di cui all'articolo 90 del codice dei contratti pubblici, di cui al decreto legislativo di attuazione della legge n. 78 del 2022 oppure dal momento in cui gli atti sono messi a disposizione ai sensi dell'articolo 36, commi 1 e 2, del medesimo codice. Per i bandi e gli avvisi con cui si indice una gara che siano autonomamente lesivi, il termine decorre dalla pubblicazione di cui agli articoli 84 e 85 del codice dei contratti pubblici, di cui al decreto legislativo di attuazione della legge n. 78 del 2022. Il ricorso incidentale è disciplinato dall'articolo 42.

3. Nel caso in cui sia mancata la pubblicità del bando, il ricorso è comunque proposto entro trenta giorni dalla data di pubblicazione dell'avviso di aggiudicazione o della determinazione di procedere all'affidamento *in house* al soggetto partecipato o controllato. Per la decorrenza del termine l'avviso deve contenere la motivazione dell'atto di aggiudicazione e della scelta di affidare il contratto senza pubblicazione del bando e l'indicazione del sito dove sono visionabili gli atti e i documenti presupposti. Se sono omessi gli avvisi o le informazioni di cui al presente comma oppure se essi non sono conformi alle prescrizioni ivi indicate, il ricorso può essere proposto non oltre sei mesi dal giorno successivo alla data di stipulazione del contratto comunicata ai sensi del codice dei contratti pubblici, di cui al decreto legislativo di attuazione della legge n. 78 del 2022.

4. Se la stazione appaltante o l'ente concedente è rappresentato dall'Avvocatura dello Stato, il ricorso è notificato anche presso la sede dell'Amministrazione, ai soli fini della operatività della sospensione obbligatoria del termine per la stipulazione del contratto.

5. Se le parti richiedono congiuntamente di limitare la decisione all'esame di un'unica questione, nonché in ogni altro caso compatibilmente con le esigenze di difesa di tutte le parti in relazione alla complessità della causa, il giudizio è di norma definito, anche in deroga al comma 1, primo periodo, dell'articolo 74, in esito all'udienza cautelare ai sensi dell'articolo 60, ove ne ricorrano i presupposti, e, in mancanza, è comunque definito con sentenza in forma semplificata a una udienza fissata d'ufficio, da tenersi entro quarantacinque giorni dalla scadenza del termine per la costituzione delle parti diverse dal ricorrente e nel rispetto dei termini per il deposito dei documenti e delle memorie. Della data di udienza è dato immediato avviso alle parti a cura della segreteria, a mezzo posta elettronica certificata. In caso di esigenze istruttorie o quando è necessario integrare il contraddittorio o assicurare il rispetto di termini a difesa, la definizione del merito è rinviata, con l'ordinanza che dispone gli adempimenti istruttori o l'integrazione del contraddittorio o dispone il rinvio per l'esigenza di rispetto dei termini a difesa, a una udienza da tenersi non oltre trenta giorni.

6. In caso di istanza cautelare, all'esito dell'udienza in camera di consiglio e anche in caso di rigetto dell'istanza, il giudice provvede ai necessari approfondimenti istruttori.

7. I nuovi atti attinenti alla medesima procedura di gara sono impugnati con ricorso per motivi aggiunti, senza pagamento del contributo unificato.

8. Salvo quanto previsto dal presente articolo e dagli articoli da 121 a 125, si applica l'articolo 119.

9. Anche se dalla decisione sulla domanda cautelare non derivino effetti irreversibili, il collegio può subordinare la concessione o il diniego della misura cautelare alla prestazione, anche mediante fideiussione, di una cauzione di importo commisurato al valore dell'appalto e comunque non superiore allo 0,5 per cento di tale valore. La durata della misura subordinata alla cauzione è indicata nell'ordinanza. Resta fermo quanto stabilito dal comma 3 dell'articolo 119.

10. Nella decisione cautelare il giudice tiene conto di quanto previsto dagli articoli 121, comma 1, e 122, e delle esigenze imperative connesse a un interesse generale all'esecuzione del contratto, dandone conto nella motivazione.

11. Il giudice deposita la sentenza con la quale definisce il giudizio entro quindici giorni dall'udienza di discussione. Quando la stesura della motivazione è particolarmente complessa, il giudice pubblica il dispositivo nel termine di cui al primo periodo, indicando anche le domande eventualmente accolte e le misure per darvi attuazione, e comunque deposita la sentenza entro trenta giorni dall'udienza.

12. Le disposizioni dei commi 1, secondo periodo, 5, 6, 8, 9, 10 e 11 si applicano anche innanzi al Consiglio di Stato nel giudizio di appello proposto avverso la sentenza o avverso l'ordinanza cautelare, e nei giudizi di revocazione o opposizione di terzo. La parte può proporre appello avverso il dispositivo per ottenerne la sospensione prima della pubblicazione della sentenza.

13. Nel caso di presentazione di offerte per più lotti l'impugnazione si propone con ricorso cumulativo solo se sono dedotti identici motivi di ricorso avverso lo stesso atto.»;

b) l'articolo 121 è sostituito dal seguente:

«Art. 121 - (*Inefficacia del contratto nei casi di gravi violazioni*) - *1.* Il giudice che annulla l'aggiudicazione o gli affidamenti senza bando di cui al comma 2 dell'articolo 120 dichiara l'inefficacia del contratto nei seguenti casi:

a) se l'aggiudicazione è avvenuta senza pubblicazione del bando o avviso con cui si indice una gara nella Gazzetta ufficiale dell'Unione europea o nella Gazzetta Ufficiale della Repubblica italiana, quando tale pubblicazione è prescritta dal codice dei contratti pubblici, di cui al decreto legislativo di attuazione della legge n. 78 del 2022;

b) se l'aggiudicazione è avvenuta con procedura negoziata senza bando o con affidamento in economia fuori dai casi consentiti e questo abbia determinato l'omissione della pubblicità del bando o avviso con cui si indice una gara nella Gazzetta ufficiale dell'Unione europea o nella Gazzetta Ufficiale della Repubblica italiana, quando tale pubblicazione è prescritta dal codice dei contratti pubblici, di cui al decreto legislativo di attuazione della legge n. 78 del 2022;

c) se il contratto è stato stipulato senza rispettare il termine dilatorio stabilito dall'articolo 18 del codice dei contratti pubblici, di cui al decreto legislativo di attuazione della legge n. 78 del 2022, qualora tale violazione abbia impedito al ricorrente di avvalersi di mezzi di ricorso prima della stipulazione del contratto e sempre che tale violazione, aggiungendosi a vizi propri dell'aggiudicazione, abbia influito sulle possibilità del ricorrente di ottenere l'affidamento;

d) se il contratto è stato stipulato senza rispettare la sospensione obbligatoria del termine per la stipulazione derivante dalla proposizione del ricorso giurisdizionale avverso l'aggiudicazione, ai sensi dell'articolo 18, comma 4, del codice dei contratti pubblici, di cui al decreto legislativo di attuazione della legge n. 78 del 2022, qualora tale violazione, aggiungendosi a vizi propri dell'aggiudicazione, abbia influito sulle possibilità del ricorrente di ottenere l'affidamento.

2. Il giudice precisa, in funzione delle deduzioni delle parti e della valutazione della gravità della condotta della stazione appaltante o dell'ente concedente e della situazione di fatto, se la declaratoria di inefficacia è limitata alle prestazioni ancora da eseguire alla data della pubblicazione del dispositivo o se essa opera in via retroattiva.

3. Il contratto resta efficace, anche in presenza delle violazioni di cui al comma 1, qualora venga accertato che il rispetto di esigenze imperative connesse a un interesse generale imponga che i suoi effetti siano mantenuti. Tra le esigenze imperative rientrano, fra l'altro, quelle imprescindibili di carattere tecnico o di altro tipo, tali da rendere evidente che i residui obblighi contrattuali possono essere rispettati solo dall'esecutore attuale. Gli interessi economici sono presi in considerazione come esigenze imperative solo quando l'inefficacia del contratto condurrebbe a conseguenze sproporzionate, avuto anche riguardo all'eventuale mancata proposizione della domanda di subentro nel contratto nei casi in cui il vizio dell'aggiudicazione non comporta l'obbligo di rinnovare la gara. Non costituiscono esigenze imperative gli interessi economici legati direttamente al contratto, che comprendono fra l'altro i costi derivanti dal ritardo nell'esecuzione del contratto stesso, dalla necessità di indire una nuova procedura di aggiudicazione, dal cambio dell'operatore economico e dagli obblighi di legge risultanti dalla dichiarazione di inefficacia.

4. A cura della segreteria, le sentenze che provvedono in applicazione del comma 3 sono trasmesse alla Presidenza del Consiglio dei ministri - Dipartimento per le politiche europee.

5. Quando, nonostante le violazioni, il contratto è considerato efficace o l'inefficacia è temporalmente limitata, si applicano le sanzioni alternative di cui all'articolo 123.

6. La inefficacia del contratto prevista dal comma 1, lettere a) e b), non si applica quando la stazione appaltante o l'ente concedente ha seguito la seguente procedura:

a) con atto motivato anteriore all'avvio della procedura di affidamento ha dichiarato che la procedura senza pubblicazione del bando o avviso con cui si indice una gara nella Gazzetta ufficiale dell'Unione europea ovvero nella Gazzetta Ufficiale della Repubblica italiana è consentita dal codice dei contratti pubblici, di cui al decreto legislativo di attuazione della legge n. 78 del 2022;

b) rispettivamente per i contratti di rilevanza europea e per quelli sotto soglia, ha pubblicato nella Gazzetta ufficiale dell'Unione europea oppure nella Gazzetta Ufficiale della Repubblica italiana un avviso volontario per la trasparenza preventiva ai sensi dell'articolo 86 del codice dei contratti pubblici, di cui al decreto legislativo di attuazione della legge n. 78 del 2022, in cui manifesta l'intenzione di concludere il contratto;

c) il contratto non è stato concluso prima dello scadere di un termine di almeno dieci giorni decorrenti dal giorno successivo alla data di pubblicazione dell'avviso di cui alla lettera b).»;

c) all'articolo 123, comma 1, alinea, le parole: «di cui all'articolo 121, comma 4» sono sostituite dalle seguenti: «di cui all'articolo 121, comma 5»;

d) l'articolo 124 è sostituito dal seguente:

«Art. 124 - (*Tutela in forma specifica e per equivalente*) - *1.* L'accoglimento della domanda di conseguire l'aggiudicazione e di stipulare il contratto è comunque condizionato alla dichiarazione di inefficacia del contratto ai sensi degli articoli 121, comma 1, e 122. Se non dichiara l'inefficacia del contratto, il giudice dispone il risarcimento per equivalente del danno subìto e provato. Il giudice conosce anche delle azioni risarcitorie e di quelle di rivalsa proposte dalla stazione appaltante nei confronti dell'operatore economico che, con un comportamento illecito, ha concorso a determinare un esito della gara illegittimo.

2. La condotta processuale della parte che, senza giustificato motivo, non ha proposto la domanda di cui al comma 1, o non si è resa disponibile a subentrare nel contratto, è valutata dal giudice ai sensi dell'articolo 1227 del codice civile.

3. Ai sensi dell'articolo 34, comma 4, il giudice individua i criteri di liquidazione del danno e assegna un termine entro il quale la parte danneggiante deve formulare una proposta risarcitoria. La mancata formulazione della proposta nel termine assegnato o la significativa differenza tra l'importo indicato nella proposta e quello liquidato nella sentenza resa sull'eventuale giudizio di ottemperanza costituiscono elementi valutativi ai fini della regolamentazione delle spese di lite in tale giudizio, fatto salvo quanto disposto dall'articolo 91, primo comma, del codice di procedura civile.».

Titolo II
I rimedi alternativi alla tutela giurisdizionale

Art. 210. Accordo bonario per i lavori – 1. Per i lavori pubblici di cui al Libro II, affidati da stazioni appaltanti o enti concedenti oppure dai concessionari, qualora in seguito all'iscrizione di riserve sui documenti contabili l'importo economico dell'opera possa variare tra il 5 per cento e il 15 per cento dell'importo contrattuale, al fine del raggiungimento di un accordo bonario si applicano le disposizioni di cui ai commi da 2 a 6.

2. Il procedimento dell'accordo bonario riguarda tutte le riserve iscritte fino al momento dell'avvio del procedimento stesso e può essere reiterato quando le riserve iscritte, ulteriori e diverse rispetto a quelle già esaminate, raggiungano nuovamente l'importo di cui al comma 1, nell'ambito comunque di un limite massimo complessivo del 15 per cento dell'importo del contratto. Le domande che fanno valere pretese già oggetto di riserva non sono proposte per importi maggiori rispetto a quelli quantificati nelle riserve stesse. Non sono oggetto di riserva gli aspetti progettuali che siano stati oggetto di verifica ai sensi dell'articolo 42. Prima dell'approvazione del certificato di collaudo oppure di verifica di conformità o del certificato di regolare esecuzione, qualunque sia l'importo delle riserve, il RUP attiva l'accordo bonario per la risoluzione delle riserve iscritte.

3. Il direttore dei lavori dà immediata comunicazione al RUP delle riserve di cui al comma 1, trasmettendo nel più breve tempo possibile una propria relazione riservata.

4. Il RUP valuta l'ammissibilità e la non manifesta infondatezza delle riserve ai fini dell'effettivo raggiungimento del limite di importo di cui al comma 1.

5. Entro quindici giorni dalla data di comunicazione di cui al comma 3, acquisita la relazione riservata del direttore dei lavori e, ove costituito, dell'organo di collaudo, il RUP può richiedere alla Camera arbitrale l'indicazione di una lista di cinque esperti aventi competenza specifica in relazione all'oggetto del contratto. Il RUP e il soggetto che ha formulato le riserve scelgono d'intesa, nell'ambito della lista, l'esperto incaricato della formulazione della proposta motivata di accordo bonario. In caso di mancata intesa tra il RUP e il soggetto che ha formulato le riserve, entro quindici giorni dalla trasmissione della lista l'esperto è nominato dalla Camera arbitrale che ne fissa anche il compenso, prendendo come riferimento i limiti stabiliti dall'allegato V.1. La proposta è formulata dall'esperto entro novanta giorni dalla nomina. Qualora il RUP non richieda la nomina dell'esperto, la proposta è formulata dal RUP entro novanta giorni dalla data di comunicazione di cui al comma 3.

6. L'esperto, qualora nominato, ovvero il RUP, verificano le riserve in contraddittorio con il soggetto che le ha formulate, effettuano eventuali ulteriori audizioni, istruiscono la questione anche con la raccolta di dati e informazioni e con l'acquisizione di eventuali altri pareri, e formulano, verificata la disponibilità di idonee risorse eco-

nomiche, una proposta di accordo bonario, che è trasmessa al dirigente competente della stazione appaltante e al soggetto che ha formulato le riserve. Se la proposta è accettata dalle parti entro quarantacinque giorni dal suo ricevimento, l'accordo bonario è concluso ed è redatto verbale sottoscritto dalle parti. L'accordo ha natura di transazione. Sulla somma riconosciuta in sede di accordo bonario sono dovuti gli interessi al tasso legale a decorrere dal sessantesimo giorno successivo alla data di accettazione dell'accordo bonario da parte della stazione appaltante. In caso di rifiuto della proposta da parte del soggetto che ha formulato le riserve ovvero di inutile decorso del termine di cui al secondo periodo, possono essere aditi gli arbitri o il giudice ordinario.

Art. 211. Accordo bonario per i servizi e le forniture – 1. Le disposizioni dell'articolo 210 si applicano, in quanto compatibili, anche ai contratti di servizi e di fornitura continuativa o periodica di beni, quando insorgano controversie circa l'esatta esecuzione delle prestazioni dovute.

Art. 212. Transazione – 1. Le controversie relative a diritti soggettivi derivanti dall'esecuzione dei contratti pubblici di lavori, servizi e forniture possono essere risolte mediante transazione nel rispetto del codice civile solo ed esclusivamente nell'ipotesi in cui non risulti possibile esperire altri rimedi alternativi all'azione giurisdizionale.

2. Ove il valore dell'importo oggetto di concessione o rinuncia sia superiore a 100.000 euro, ovvero a 200.000 euro in caso di lavori pubblici, è acquisito, qualora si tratti di amministrazioni centrali, il parere dell'Avvocatura dello Stato oppure, qualora si tratti di amministrazioni sub centrali, di un legale interno alla struttura o, in mancanza di legale interno, del funzionario più elevato in grado competente per il contenzioso.

3. La proposta di transazione può essere formulata sia dal soggetto aggiudicatario che dal dirigente competente, sentito il RUP.

4. La transazione ha forma scritta a pena di nullità.

Art. 213. Arbitrato – 1. Le controversie su diritti soggettivi, derivanti dall'esecuzione dei contratti relativi a lavori, servizi, forniture, concorsi di progettazione e di idee, comprese quelle conseguenti al mancato raggiungimento dell'accordo bonario di cui agli articoli 210 e 211, possono essere deferite ad arbitri. L'arbitrato si applica anche alle controversie relative a contratti in cui sia parte una società a partecipazione pubblica oppure una società controllata o collegata a una società a partecipazione pubblica, ai sensi dell'articolo 2359 del codice civile, o che comunque abbiano a oggetto opere o forniture finanziate con risorse a carico dei bilanci pubblici.

2. La stazione appaltante o l'ente concedente può direttamente indicare nel bando o nell'avviso con cui indice la gara oppure, per le procedure senza bando, nell'invito, se il contratto conterrà o meno la clausola compromissoria. In questi casi, l'aggiudicatario può rifiutare la clausola compromissoria entro venti giorni dalla conoscenza dell'aggiudicazione. In tal caso la clausola compromissoria non è inserita nel contratto. È nella facoltà delle parti di compromettere la lite in arbitrato nel corso dell'esecuzione del contratto.

3. È nulla la clausola compromissoria inserita senza autorizzazione nel bando o nell'avviso con cui è indetta la gara ovvero, per le procedure senza bando, nell'invito. La clausola è inserita previa autorizzazione motivata dell'organo di governo della amministrazione aggiudicatrice.

4. Il collegio arbitrale è composto da tre membri ed è nominato dalla Camera arbitrale per i contratti pubblici relativi a lavori, servizi, forniture di cui all'articolo 214. Ciascuna delle parti, nella domanda di arbitrato o nell'atto di resistenza alla domanda, designa l'arbitro di propria competenza. Il Presidente del collegio arbitrale è designato dalla Camera arbitrale tra i soggetti iscritti all'Albo di cui al comma 2 dell'articolo 214. Il Presidente e gli arbitri sono scelti tra soggetti di provata indipendenza ed esperienza nella materia oggetto del contratto cui l'arbitrato si riferisce.

5. La nomina degli arbitri per la risoluzione delle controversie nelle quali è parte una pubblica amministrazione avviene nel rispetto dei principi di pubblicità e di rotazione, oltre che delle disposizioni del codice.

6. Fermo restando quanto previsto dall'articolo 815 del codice di procedura civile, non possono essere nominati arbitri:

a) i magistrati ordinari, amministrativi, contabili e militari in servizio, i magistrati e i giudici tributari in servizio nonché gli avvocati e procuratori dello Stato in servizio;

b) coloro che nell'ultimo anno hanno esercitato le funzioni di arbitro di parte, o nell'ultimo biennio quelle di difensore in giudizi arbitrali disciplinati dal presente articolo, salvo che l'esercizio della difesa costituisca adempimento di dovere d'ufficio del dipendente pubblico;

c) coloro che, prima del collocamento a riposo, hanno trattato ricorsi in sede civile, penale, amministrativa, contabile, militare e tributaria proposti dal soggetto che ha richiesto l'arbitrato;

d) coloro che hanno espresso parere, a qualunque titolo, nelle materie oggetto dell'arbitrato;

e) coloro che hanno predisposto il progetto o il capitolato di gara o resi i relativi pareri;

f) coloro che hanno diretto, sorvegliato o collaudato i lavori, i servizi o le forniture a cui si riferiscono le controversie;

g) coloro che hanno partecipato a qualunque titolo alla procedura per la quale è in corso l'arbitrato.

7. La nomina del collegio arbitrale effettuata in violazione delle disposizioni di cui ai commi 4, 5 e 6 determina la nullità del lodo.

8. Per la nomina del collegio arbitrale, la domanda di arbitrato, l'atto di resistenza ed eventuali controdeduzioni sono trasmessi alla Camera arbitrale. Sono altresì trasmesse le designazioni di parte. Contestualmente alla nomina del Presidente, la Camera arbitrale comunica alle parti la misura e le modalità del deposito da effettuarsi in acconto del corrispettivo arbitrale. Il Presidente del collegio arbitrale nomina, se necessario, il segretario, anche scegliendolo tra il personale interno all'ANAC.

9. Le parti determinano la sede del collegio arbitrale; in mancanza di indicazione della sede del collegio arbitrale ovvero di accordo fra le parti, questa deve intendersi stabilita presso la sede della Camera arbitrale.

10. Ai giudizi arbitrali si applicano le disposizioni del codice di procedura civile, salvo quanto disposto dal presente codice. In particolare, sono ammissibili tutti i mezzi di prova previsti dal codice di procedura civile, con esclusione del giuramento in tutte le sue forme.

11. I termini che gli arbitri hanno fissato alle parti per le loro allegazioni e istanze istruttorie sono considerati perentori solo se vi sia una previsione in tal senso nella convenzione di arbitrato o in un atto scritto separato o nel regolamento processuale che gli arbitri stessi si sono dati.

12. Il lodo si ha per pronunciato con l'ultima sottoscrizione e diviene efficace con il suo deposito presso la Camera arbitrale. Entro quindici giorni dalla pronuncia del lodo è corrisposta, a cura degli arbitri e a carico delle parti, una somma pari all'uno per mille del valore della relativa controversia. Detto importo è direttamente versato all'ANAC.

13. Il deposito del lodo presso la Camera arbitrale precede quello da effettuarsi presso la cancelleria del tribunale ai sensi e per gli effetti dell'articolo 825 del codice di procedura civile. Il deposito del lodo presso la Camera arbitrale è effettuato, a cura del collegio arbitrale, in tanti originali quante sono le parti, oltre a uno per il fascicolo d'ufficio, oppure con modalità informatiche e telematiche determinate dall'ANAC. Su richiesta di parte il rispettivo originale è restituito, con attestazione dell'avvenuto deposito, ai fini degli adempimenti di cui all'articolo 825 del codice di procedura civile.

14. Il lodo è impugnabile, oltre che per motivi di nullità, anche per violazione delle regole di diritto relative al merito della controversia. L'impugnazione è proposta nel termine di novanta giorni dalla notificazione del lodo e non è più proponibile dopo il decorso di centottanta giorni dalla data del deposito del lodo presso la Camera arbitrale.

15. Su istanza di parte la Corte d'appello può sospendere, con ordinanza, l'efficacia del lodo, se ricorrono gravi e fondati motivi. Si applica l'articolo 351 del codice di procedura civile. Quando sospende l'efficacia del lodo, o ne conferma la sospensione disposta dal Presidente, il collegio verifica se il giudizio è in condizione di essere definito. In tal caso, fatte precisare le conclusioni, ordina la discussione orale nella stessa udienza o camera di consiglio, ovvero in una udienza da tenersi entro novanta giorni dall'ordinanza di sospensione; all'udienza pronunzia sentenza a norma dell'articolo 281-*sexies* del codice di procedura civile. Se ritiene indispensabili incombenti istruttori, il collegio provvede su di essi con la stessa ordinanza di sospensione e ne ordina l'assunzione in una udienza successiva di non oltre novanta giorni; quindi provvede ai sensi dei periodi precedenti. La disciplina relativa ai compensi degli arbitri è disposta dall'allegato V.1. In sede di prima applicazione del codice, l'allegato V.1 è abrogato a decorrere dalla data di entrata in vigore di un corrispondente regolamento adottato ai sensi dell'articolo 17, comma 3, della legge 23 agosto 1988, n. 400, con decreto

del Ministro delle infrastrutture e dei trasporti, sentito il Consiglio arbitrale di cui al comma 4 dell'articolo 214, che lo sostituisce integralmente anche in qualità di allegato al codice.

Art. 214. Camera arbitrale, albo degli arbitri ed elenco dei segretari – 1. Presso l'ANAC è istituita la Camera arbitrale per i contratti pubblici relativi a lavori, servizi, forniture.

2. La Camera arbitrale cura la formazione e la tenuta dell'Albo degli arbitri per i contratti pubblici, redige il relativo codice deontologico e provvede agli adempimenti necessari alla costituzione e al funzionamento del collegio arbitrale.

3. Sono organi della Camera arbitrale il Presidente e il consiglio arbitrale.

4. Il consiglio arbitrale, composto da cinque membri, è nominato dall'ANAC fra soggetti dotati di particolare competenza nella materia dei contratti pubblici di lavori, servizi e forniture, per garantire l'indipendenza e l'autonomia dell'istituto, nonché dotati dei requisiti di onorabilità stabiliti dalla medesima Autorità. Al suo interno, l'ANAC sceglie il Presidente. L'incarico ha durata quinquennale ed è retribuito nella misura determinata dal provvedimento di nomina nei limiti delle risorse attribuite all'Autorità stessa. Fermo restando quanto previsto dall'articolo 53 del decreto legislativo 30 marzo 2001, n. 165, come modificato dall'articolo 1, comma 42, lettera l), della legge 6 novembre 2012, n. 190, durante il periodo di appartenenza, e nei successivi tre anni, i soggetti iscritti all'Albo non possono espletare incarichi professionali in favore delle parti dei giudizi arbitrali da essi decisi, ivi compreso l'incarico di arbitro di parte.

5. Per l'espletamento delle sue funzioni la Camera arbitrale si avvale di una struttura di segreteria con personale fornito dall'ANAC.

6. La Camera arbitrale cura annualmente la rilevazione dei dati emergenti dal contenzioso in materia di contratti pubblici e li trasmette all'Autorità e alla Cabina di regia di cui all'articolo 221.

7. Fermo restando quanto previsto dall'articolo 1, comma 18, della legge 6 novembre 2012, n. 190, possono essere iscritti all'Albo degli arbitri della Camera arbitrale i soggetti appartenenti alle seguenti categorie:

a) magistrati ordinari, amministrativi, contabili, militari, magistrati e giudici tributari a riposo;

b) avvocati iscritti agli albi ordinari e speciali abilitati al patrocinio davanti alle magistrature superiori e in possesso dei requisiti per la nomina a consigliere di Cassazione;

c) tecnici in possesso del diploma di laurea in ingegneria e architettura abilitati all'esercizio della professione da almeno dieci anni e iscritti ai relativi albi;

d) professori universitari, anche in quiescenza, nelle materie giuridiche e tecniche e dirigenti delle pubbliche amministrazioni, con provata esperienza nella materia dei contratti pubblici di lavori, servizi e forniture.

8. Sul sito dell'ANAC sono pubblicati l'elenco degli arbitrati in corso e definiti, i dati relativi alle vicende dei medesimi, i nominativi e i compensi degli arbitri e dei periti.

9. L'iscrizione all'Albo degli arbitri e all'elenco dei periti ha validità triennale e può essere nuovamente ottenuta decorsi due anni dalla scadenza del triennio. Sono fatti salvi i casi di ricusazione di cui all'articolo 815 del codice di procedura civile. L'ulteriore disciplina relativa all'Albo degli arbitri, all'elenco dei periti e all'elenco dei segretari è disposta dall'allegato V.1.

Art. 215. Collegio consultivo tecnico – 1. Per prevenire le controversie o consentire la rapida risoluzione delle stesse o delle dispute tecniche di ogni natura che possano insorgere nell'esecuzione dei contratti, ciascuna parte può chiedere la costituzione di un collegio consultivo tecnico, formato secondo le modalità di cui all'allegato V.2. Per i lavori diretti alla realizzazione delle opere pubbliche di importo pari o superiore alle soglie di rilevanza europea e di forniture e servizi di importo pari o superiore a 1 milione di euro, la costituzione del collegio è obbligatoria. In sede di prima applicazione del codice, l'allegato V.2 è abrogato a decorrere dalla data di entrata in vigore di un corrispondente regolamento adottato ai sensi dell'articolo 17, comma 3, della legge 23 agosto 1988, n. 400, con decreto del Ministro delle infrastrutture e dei trasporti, sentito il Consiglio superiore dei lavori pubblici, che lo sostituisce integralmente anche in qualità di allegato al codice.

2. Il collegio consultivo tecnico esprime pareri o, in assenza di una espressa volontà contraria, adotta determinazioni aventi natura di lodo contrattuale ai sensi dell'articolo 808-*ter* del codice di procedura civile.

Se la pronuncia assume valore di lodo contrattuale, l'attività di mediazione e conciliazione è comunque finalizzata alla scelta della migliore soluzione per la celere esecuzione dell'opera a regola d'arte.

3. L'inosservanza dei pareri o delle determinazioni del collegio consultivo tecnico è valutata ai fini della responsabilità del soggetto agente per danno erariale e costituisce, salvo prova contraria, grave inadempimento degli obblighi contrattuali. L'osservanza delle determinazioni del collegio consultivo tecnico è causa di esclusione della responsabilità per danno erariale, salva l'ipotesi di condotta dolosa.

Art. 216. Pareri obbligatori – 1. L'acquisizione del parere del collegio consultivo tecnico è obbligatoria nei casi di sospensione, volontaria o coattiva, dell'esecuzione di lavori diretti alla realizzazione delle opere pubbliche di importo pari o superiore alle soglie di rilevanza europea di cui all'articolo 14, nonché nei casi dei contratti relativi a servizi e forniture di cui all'articolo 121, comma 11, secondo periodo.

2. Se, per qualsiasi motivo, i lavori non possono procedere con il soggetto designato, prima di risolvere il contratto la stazione appaltante acquisisce il parere del collegio consultivo tecnico, anche in ordine alla possibilità che gravi motivi tecnici ed economici rendano preferibile la prosecuzione con il medesimo soggetto.

3. Nel parere il collegio consultivo tecnico valuta anche la possibilità di decidere:

a) se procedere all'esecuzione in via diretta dei lavori, anche avvalendosi, nei casi consentiti dalla legge, previa convenzione, di altri enti o società pubbliche nell'ambito del quadro economico dell'opera;

b) se interpellare progressivamente i soggetti che hanno partecipato alla originaria procedura di gara come risultanti dalla relativa graduatoria, per stipulare un nuovo contratto per l'affidamento del completamento dei lavori, se tecnicamente ed economicamente possibile e alle condizioni proposte dall'operatore economico interpellato;

c) se indire una nuova procedura per l'affidamento del completamento dell'opera;

d) se proporre alle autorità governative la nomina di un commissario straordinario per lo svolgimento delle attività necessarie al completamento dell'opera ai sensi dell'articolo 4 del decreto-legge 18 aprile 2019, n. 32, convertito, con modificazioni, dalla legge 14 giugno 2019, n. 55.

4. Quando la sospensione è imposta da gravi ragioni di ordine tecnico, idonee a incidere sulla realizzazione a regola d'arte dell'opera, in relazione alle modalità di superamento delle quali non vi è accordo tra le parti, entro quindici giorni dalla comunicazione della sospensione dei lavori oppure della causa che potrebbe determinarla, il collegio consultivo tecnico accerta l'esistenza di una causa tecnica di legittima sospensione dei lavori e indica le modalità, tra quelle di cui ai commi 2 e 3, con cui proseguire i lavori e le eventuali modifiche necessarie da apportare per la realizzazione dell'opera a regola d'arte. In tal caso la pronuncia assume l'efficacia di lodo contrattuale solo se tale possibilità non sia stata espressamente esclusa ai sensi di quanto disposto dall'articolo 217.

Art. 217. Determinazioni – 1. Quando l'acquisizione del parere non è obbligatoria, le determinazioni del collegio consultivo tecnico assumono natura di lodo contrattuale ai sensi dell'articolo 808-*ter* del codice di procedura civile se le parti, successivamente alla nomina del Presidente e non oltre il momento dell'insediamento del collegio, non abbiano diversamente disposto. La possibilità che la pronuncia del collegio consultivo tecnico assuma natura di lodo contrattuale è esclusa nei casi in cui è richiesto il parere sulla sospensione coattiva e sulle modalità di prosecuzione dei lavori. Il parere obbligatorio può essere sostituito dalla determinazione avente natura di lodo contrattuale nell'ipotesi di sospensione imposta da gravi ragioni di ordine tecnico ai sensi del comma 4 dell'articolo 216.

2. Se le parti, ai sensi di quanto disposto dal comma 1, escludono che la pronuncia possa valere come lodo contrattuale, il parere, anche se facoltativo, produce comunque gli effetti di cui al comma 3 dell'articolo 215.

3. Le determinazioni aventi natura di lodo contrattuale sono impugnabili nei casi e nei modi indicati dall'articolo 808-*ter*, secondo comma, del codice di procedura civile.

Art. 218. Costituzione facoltativa del collegio consultivo tecnico – 1. Le stazioni appaltanti e gli enti concedenti, tramite il RUP, possono costituire, secondo le modalità di cui all'allegato V.2, un collegio consultivo tecnico, formato da tre componenti, per risolvere problemi tecnici o giuridici di ogni natura suscettibili di insorgere anche nella fase antecedente alla esecuzione del contratto, ivi comprese le determinazioni delle caratteristiche delle opere e le altre clausole e condizioni del bando o dell'invito, nonché la verifica del possesso dei requisiti di partecipazione e dei criteri di selezione e di aggiudicazione.

Art. 219. Scioglimento del collegio consultivo tecnico – 1. Il collegio consultivo tecnico è sciolto al termine dell'esecuzione del contratto oppure, nelle ipotesi in cui non ne è obbligatoria la costituzione, anche in un momento anteriore su accordo delle parti.

Art. 220. Pareri di precontenzioso e legittimazione ad agire dell'ANAC – 1. Su iniziativa della stazione appaltante, dell'ente concedente o di una o più delle altre parti, l'ANAC esprime parere, previo contraddittorio, su questioni insorte durante lo svolgimento delle procedure di gara, entro trenta giorni dalla ricezione della richiesta. L'operatore economico che abbia richiesto il parere o vi abbia aderito lo può impugnare esclusivamente per violazione delle regole di diritto relative al merito della controversia. La stazione appaltante o l'ente concedente che non intenda conformarsi al parere comunica, con provvedimento da adottare entro quindici giorni, le relative motivazioni alle parti interessate e all'ANAC, che può proporre il ricorso di cui al comma 3.

2. L'ANAC è legittimata ad agire in giudizio per l'impugnazione dei bandi, degli altri atti generali e dei provvedimenti relativi a contratti di rilevante impatto, emessi da qualsiasi stazione appaltante, qualora ritenga che essi violino le norme in materia di contratti pubblici relativi a lavori, servizi e forniture.

3. Se ritiene che una stazione appaltante abbia adottato un provvedimento viziato da gravi violazioni del codice l'ANAC emette, entro sessanta giorni dalla notizia della violazione, un parere motivato nel quale indica specificamente i vizi di legittimità riscontrati. Con il regolamento di cui al comma 4, l'Autorità individua un termine massimo, che decorre dall'adozione o dalla pubblicazione dell'atto contenente la violazione, entro il quale il parere può essere emes-

so. Il parere è trasmesso alla stazione appaltante. Se la stazione appaltante non vi si conforma entro il termine assegnato dall'ANAC, comunque non superiore a trenta giorni dalla trasmissione, l'Autorità può presentare ricorso, entro i successivi trenta giorni, innanzi al giudice amministrativo, ai sensi dell'articolo 120 del codice del processo amministrativo, di cui all'allegato 1 al decreto legislativo 2 luglio 2010, n. 104.

4. L'ANAC, con proprio regolamento, può individuare i casi o le tipologie di provvedimenti, anche relativi alla fase esecutiva, con riferimento ai quali esercita i poteri di cui ai commi precedenti.

PARTE II
DELLA *GOVERNANCE*

Art. 221. Indirizzo, coordinamento e monitoraggio presso la Cabina di regia. *Governance* dei servizi – 1. La Cabina di regia per il codice dei contratti pubblici è istituita presso la Presidenza del Consiglio dei ministri. La sua composizione e le modalità di funzionamento sono disciplinate dall'allegato V.3. In sede di prima applicazione del codice, l'allegato V.3 è abrogato a decorrere dalla data di entrata in vigore di un corrispondente regolamento adottato ai sensi dell'articolo 17, comma 3, della legge 23 agosto 1988, n. 400, con decreto del Presidente del Consiglio dei ministri, di concerto con il Ministro delle infrastrutture e dei trasporti, sentita l'ANAC e la Conferenza unificata, che lo sostituisce integralmente anche in qualità di allegato al codice.

2. La Cabina di regia è la sede istituzionale per il coordinamento nell'attuazione del codice, per l'analisi delle proposte di modifica legislativa e regolamentare, per l'indirizzo delle stazioni appaltanti, per la condivisione delle informazioni e per la diffusione della conoscenza delle migliori e delle peggiori pratiche.

3. Ciascuna amministrazione coinvolta nell'applicazione del codice trae dall'azione della Cabina di regia indicazioni e spunti per la propria attività. A tal fine, per i primi due semestri a decorrere dalla data in cui il codice acquista efficacia, la Cabina di regia istituisce uno "sportello unico di supporto tecnico" (*help desk*) dedicato presso la sua segreteria, in collaborazione con le strutture del Ministero delle infrastrutture e dei trasporti e dell'ANAC, anche condividendo

i relativi dati e le relative informazioni. L'*help desk* effettua un'attività di monitoraggio dell'attuazione delle misure contenute nel codice, sostenendone l'attuazione e individuandone eventuali criticità. Entro il settimo e il tredicesimo mese a decorrere dalla data in cui il codice acquista efficacia la Cabina di regia presenta al Governo una relazione sulle attività dell'*help desk*, suggerendo se del caso interventi correttivi sul piano normativo e amministrativo e raccomandando le migliori pratiche organizzative e attuative.

4. La Cabina di regia ha tra l'altro il compito di:

a) effettuare una ricognizione sullo stato di attuazione del codice e sulle difficoltà riscontrate dalle stazioni appaltanti nella fase di applicazione, anche al fine di proporre eventuali soluzioni correttive e di miglioramento;

b) curare, se del caso con apposito piano di azione, la fase di attuazione del presente codice coordinando l'adozione, da parte dei soggetti competenti, di regolamenti attuativi e atti di indirizzo, nonché il loro ulteriore riordino in allegato al codice, anche al fine di assicurarne la tempestività e la coerenza reciproca;

c) esaminare le proposte di modifiche normative nella materia disciplinata dal codice per valutarne l'impatto sulla legislazione vigente e garantire omogeneità e certezza giuridica, supportando la competente struttura della Presidenza del Consiglio dei ministri nel coordinamento dei vari interventi regolatori nel settore e contribuendo all'effettuazione delle analisi e verifiche di impatto dei relativi provvedimenti;

d) sovrintendere alla digitalizzazione del sistema dei contratti pubblici, fermo restando l'esercizio delle funzioni, da parte dell'ANAC, di cui all'articolo 23;

e) promuovere accordi, protocolli di intesa, convenzioni, anche con associazioni private per agevolare la bancabilità delle opere pubbliche;

f) in relazione al partenariato pubblico privato, in coordinamento con il Dipartimento per la programmazione e il coordinamento della politica economica, promuovere la conoscenza delle nuove procedure e agevolarne l'utilizzo tra i potenziali partecipanti, ivi comprese imprese, banche e altre società finanziarie; favorire il coordinamento e lo scambio di informazioni tra le parti; individuare e divulgare le soluzioni più appropriate a eventuali problemi applicativi e promuovere la raccolta e la diffusione dei dati che confluiscono nella banca dati sul partenariato pubblico privato ai sensi dell'articolo 175, comma 7.

5. La Cabina di regia segnala, sulla base delle informazioni ricevute, eventuali specifiche violazioni o problemi sistemici all'ANAC per gli interventi di competenza.

6. Ogni anno la Cabina di regia, anche avvalendosi dell'ANAC, presenta alla Commissione una relazione di controllo contenente, se del caso, informazioni sulle cause più frequenti di non corretta applicazione o di incertezza giuridica, compresi possibili problemi strutturali o ricorrenti nell'applicazione delle norme, sul livello di partecipazione delle microimprese e delle piccole e medie imprese agli appalti pubblici e sulla prevenzione, l'accertamento e l'adeguata segnalazione di casi di frode, corruzione, conflitto di interessi e altre irregolarità gravi in materia di appalti e di concessioni.

7. La Cabina di regia è la struttura nazionale di riferimento per la cooperazione con la Commissione europea per l'applicazione della normativa in materia di appalti pubblici e di concessioni e per l'adempimento degli obblighi di assistenza e cooperazione reciproca tra gli Stati membri, onde assicurare lo scambio di informazioni sull'applicazione delle norme contenute nel presente codice e sulla gestione delle relative procedure.

8. Il CIPESS elabora specifiche politiche in materia di servizi e forniture, predisponendo un piano nazionale dei servizi strategici per il Paese, ad alto contenuto di innovazione e di investimento in tecnologia, anche attraverso consultazioni periodiche degli operatori economici.

9. Il piano nazionale dei servizi deve indicare anche le modalità di attuazione delle previsioni ivi contenute, e include l'attuazione di progetti specifici, anche attraverso affidamento degli stessi a centrali di committenza.

Art. 222. Autorità nazionale anticorruzione (ANAC) – 1. La vigilanza e il controllo sui contratti pubblici sono attribuiti, nei limiti di quanto stabilito dal codice, all'Autorità nazionale anticorruzione (ANAC), che agisce anche al fine di prevenire e contrastare illegalità e corruzione.

2. L'ANAC, attraverso bandi-tipo, capitolati-tipo, contratti-tipo e altri atti amministrativi generali, garantisce la promozione dell'ef-

ficienza, della qualità dell'attività delle stazioni appaltanti, cui fornisce supporto anche facilitando lo scambio di informazioni e la omogeneità dei procedimenti amministrativi e favorisce lo sviluppo delle migliori pratiche. Trasmette alle Camere, immediatamente dopo la loro adozione, gli atti di cui al primo periodo ritenuti maggiormente rilevanti in termini di impatto, per numero di operatori potenzialmente coinvolti, riconducibilità a fattispecie criminose, situazioni anomale o comunque sintomatiche di condotte illecite da parte delle stazioni appaltanti. Resta ferma l'impugnabilità delle decisioni e degli atti assunti dall'ANAC innanzi ai competenti organi di giustizia amministrativa. L'ANAC, per l'adozione dei bandi-tipo, dei capitolati-tipo, dei contratti-tipo e degli atti amministrativi generali, si dota, nei modi previsti dal proprio ordinamento, di forme e metodi di consultazione, di analisi e di verifica dell'impatto della regolazione, di adeguata pubblicità, anche sulla Gazzetta Ufficiale della Repubblica italiana, in modo che siano rispettati la qualità della regolazione e il divieto di introduzione o di mantenimento di livelli di regolazione superiori a quelli minimi richiesti dalle direttive europee e dal codice. I bandi-tipo, i capitolati-tipo e i contratti-tipo sono, altresì, pubblicati sul sito istituzionale dell'ANAC e dallo stesso scaricabili con modalità tale da garantirne l'autenticità.

3. Nell'ambito dei poteri ad essa attribuiti, l'ANAC:

a) vigila sui contratti pubblici, anche di interesse regionale, di lavori, servizi e forniture nei settori ordinari e nei settori speciali e sui contratti secretati o che esigono particolari misure di sicurezza, nonché sui contratti esclusi dall'ambito di applicazione del codice; nell'ambito dell'attività di vigilanza nei settori di cui alle lettere b), f), l), m) e in tutti gli altri casi previsti dal codice può irrogare per le violazioni accertate, nel rispetto dei principi di cui alla legge 24 novembre 1981, n. 689 e secondo il proprio regolamento, sanzioni amministrative pecuniarie entro il limite minimo di euro 500 e il limite massimo di euro 5.000. La sottoposizione a sanzioni pecuniarie e l'eventuale recidiva sono valutate ai fini della qualificazione delle stazioni appaltanti ai sensi dell'articolo 63;

b) vigila sulla corretta esecuzione dei contratti pubblici;

c) segnala al Governo e al Parlamento, con apposito atto, fenomeni particolarmente gravi di inosservanza o di applicazione distorta della normativa di settore;

d) formula al Governo proposte in ordine a modifiche occorrenti in relazione alla normativa vigente di settore;

e) predispone e invia al Governo e al Parlamento la relazione annuale sull'attività svolta, prevista dall'articolo 1, comma 2, della legge 6 novembre 2012, n. 190, evidenziando le disfunzioni riscontrate nell'esercizio delle proprie funzioni;

f) vigila sul sistema di qualificazione degli esecutori dei contratti pubblici di lavori ed esercita i correlati poteri sanzionatori;

g) vigila sul divieto di affidamento dei contratti attraverso procedure diverse rispetto a quelle ordinarie e opera un controllo sulla corretta applicazione della specifica disciplina derogatoria prevista per i casi di somma urgenza e di protezione civile di cui all'articolo 140;

h) per affidamenti di particolare interesse, svolge attività di vigilanza collaborativa attuata previa stipula di protocolli di intesa con le stazioni appaltanti richiedenti, finalizzata a sostenere le medesime nella predisposizione degli atti, nell'attività di gestione dell'intera procedura di gara e nella fase di esecuzione del contratto; il persistente mancato rispetto, da parte delle stazioni appaltanti firmatarie dei protocolli di intesa, delle indicazioni dell'ANAC, qualora non adeguatamente motivato, è valutato ai fini della qualificazione delle medesime stazioni appaltanti ai sensi dell'articolo 63;

i) per favorire l'economicità dei contratti pubblici e la trasparenza delle condizioni di acquisto, elabora con appositi atti di indirizzo, fatte salve le normative di settore, costi standard dei lavori e prezzi di riferimento di beni e servizi, tra quelli di maggiore impatto in termini di costo a carico della pubblica amministrazione; si avvale a tal fine, sulla base di apposite convenzioni, del supporto dell'ISTAT e degli altri enti del Sistema statistico nazionale, secondo le condizioni di maggiore efficienza, ed eventualmente anche delle informazioni contenute nelle banche dati esistenti presso altre amministrazioni pubbliche e altri soggetti operanti nel settore dei contratti pubblici;

l) esercita le funzioni di cui all'articolo 63 in relazione alla qualificazione delle stazioni appaltanti;

m) esercita le funzioni di cui all'articolo 23 e contribuisce al coordinamento della digitalizzazione del sistema dei contratti pubblici da parte della Cabina di regia.

4. L'ANAC gestisce il sistema di qualificazione delle stazioni appaltanti e delle centrali di committenza.

5. Nell'ambito dello svolgimento della propria attività, l'ANAC può disporre ispezioni, anche su richiesta motivata di chiunque ne abbia interesse, avvalendosi eventualmente della collaborazione di altri organi dello Stato nonché dell'ausilio del Corpo della Guardia di finanza, che esegue le verifiche e gli accertamenti richiesti agendo con i poteri di indagine a esso attribuiti ai fini degli accertamenti relativi all'imposta sul valore aggiunto e alle imposte sui redditi.

6. Qualora accerti l'esistenza di irregolarità, l'ANAC trasmette gli atti e i propri rilievi agli organi di controllo e, se le irregolarità hanno rilevanza penale, alle competenti Procure della Repubblica. Qualora accerti che dalla esecuzione dei contratti pubblici derivi pregiudizio per il pubblico erario, gli atti e i rilievi sono trasmessi anche ai soggetti interessati e alla Procura generale della Corte dei conti.

7. L'ANAC collabora con l'Autorità garante della concorrenza e del mercato per la rilevazione di comportamenti aziendali meritevoli di valutazione al fine dell'attribuzione del rating di legalità delle imprese di cui all'articolo 5-*ter* del decreto-legge 24 gennaio 2012, n. 1, convertito, con modificazioni, dalla legge 24 marzo 2012, n. 27. Il rating di legalità concorre anche alla determinazione della reputazione dell'impresa di cui all'articolo 109.

8. Per le finalità di cui al comma 2, l'ANAC utilizza la Banca dati nazionale dei contratti pubblici di cui all'articolo 23.

9. Al fine di consentire l'adempimento degli obblighi di trasmissione previsti dagli articoli 23, comma 5, e 28, comma 1, la stazione appaltante o l'ente concedente invia senza indugio i dati, secondo le indicazioni fornite dall'ANAC con proprio provvedimento. L'inadempimento dell'obbligo è sanzionato ai sensi del comma 13. Per un periodo transitorio pari a un anno, decorrente dalla data in cui il codice acquista efficacia, il RUP non è soggetto alle sanzioni irrogabili per la violazione degli obblighi informativi previsti nei confronti della Banca nazionale dei contratti pubblici nell'ipotesi in cui, entro sessanta giorni dalla comunicazione all'amministrazione di appartenenza, adempia a tutti gli oneri informativi con contestuale autocertificazione, ai sensi degli articoli 46 e 47 del testo unico delle disposizioni legislative e regolamentari in materia di documentazione amministrativa, di cui al decreto del Presidente della Repubblica 28 dicembre 2000, n. 445, relativa all'adempimento degli stessi.

10. È istituito presso la Banca dati nazionale dei contratti pubblici il casellario informatico dei contratti pubblici di lavori, servizi

e forniture. Nel casellario sono annotate, secondo le modalità individuate dall'ANAC, con proprio provvedimento, le notizie, le informazioni e i dati relativi agli operatori economici con riferimento alle iscrizioni previste dall'articolo 94. L'ANAC, nel medesimo provvedimento, individua le ulteriori informazioni da iscrivere nel casellario, ivi comprese quelle rilevanti per l'attribuzione della reputazione dell'impresa di cui all'articolo 109, o per il conseguimento dell'attestazione di qualificazione di cui all'articolo 103, nonché la durata delle iscrizioni e la modalità di archiviazione delle stesse. Nel casellario l'ANAC iscrive direttamente i provvedimenti interdittivi adottati ai sensi dell'articolo 94, comma 5, lettere e) e f).

11. Presso l'ANAC opera la Camera arbitrale per i contratti pubblici relativi a lavori, servizi, forniture di cui all'articolo 214.

12. Resta fermo quanto previsto dall'articolo 1, comma 67, della legge 23 dicembre 2005, n. 266.

13. Nel rispetto dei principi di cui alla legge 24 novembre 1981, n. 689, l'ANAC ha il potere di irrogare sanzioni amministrative pecuniarie nei confronti dei soggetti che rifiutano od omettono, senza giustificato motivo, di fornire le informazioni o di esibire i documenti richiesti dalla stessa, e nei confronti degli operatori economici che non ottemperano alla richiesta della stazione appaltante o dell'ente aggiudicatore di comprovare il possesso dei requisiti di partecipazione alla procedura di affidamento, entro il limite minimo di euro 500 e il limite massimo di euro 5.000. Nei confronti dei soggetti che, a fronte della richiesta di informazioni o di esibizione di documenti da parte dell'ANAC, forniscono informazioni o esibiscono documenti non veritieri o che forniscono alle stazioni appaltanti o agli enti aggiudicatori o agli organismi di attestazione dati o documenti non veritieri circa il possesso dei requisiti di qualificazione, l'ANAC ha il potere di irrogare sanzioni amministrative pecuniarie entro il limite minimo di euro 500 e il limite massimo di euro 10.000, fatta salva l'eventuale sanzione penale. Con propri atti l'ANAC disciplina i procedimenti sanzionatori di sua competenza.

14. Le somme derivanti dal pagamento delle sanzioni di cui al presente articolo restano nella disponibilità dell'ANAC nei limiti del 50 per cento e sono utilizzabili per le proprie attività istituzionali. Le restanti somme sono versate all'entrata del bilancio dello Stato. Le sanzioni sono pubblicate nel sito istituzionale dell'ANAC specificando l'importo e i destinatari.

15. Presso l'ANAC, nell'ambito dell'Anagrafe unica delle stazioni appaltanti, è istituito l'elenco dei soggetti aggregatori.

16. Per garantire la consultazione immediata e suddivisa per materia degli strumenti di regolazione flessibile adottati dall'ANAC comunque denominati, l'ANAC pubblica i suddetti provvedimenti con modalità tali da rendere immediatamente accessibile alle stazioni appaltanti e agli operatori economici la disciplina applicabile a ciascun procedimento.

Art. 223. Ministero delle infrastrutture e dei trasporti e struttura tecnica di missione – 1. Nell'ambito delle funzioni di cui al decreto legislativo 30 luglio 1999, n. 300, il Ministero delle infrastrutture e dei trasporti promuove le attività tecniche e amministrative occorrenti per l'adeguata e sollecita progettazione e approvazione delle infrastrutture ed effettua, con la collaborazione delle regioni o province autonome interessate, le attività di supporto necessarie per la vigilanza, da parte dell'autorità competente, sulla realizzazione delle infrastrutture.

2. Nello svolgimento delle funzioni di cui al comma 1, il Ministero delle infrastrutture e dei trasporti impronta la propria attività al principio di leale collaborazione con le regioni e le province autonome e con gli enti locali interessati e acquisisce, nei casi indicati dalla legge, la previa intesa delle regioni o province autonome interessate. Ai fini di cui al comma 1, il Ministero delle infrastrutture e dei trasporti, in particolare:

a) promuove e riceve le proposte delle regioni o province autonome e degli altri enti aggiudicatori;

b) promuove e propone intese quadro tra Governo e singole regioni o province autonome, al fine del congiunto coordinamento e realizzazione delle infrastrutture;

c) promuove la redazione dei progetti di fattibilità delle infrastrutture da parte dei soggetti aggiudicatori, anche attraverso eventuali intese o accordi procedimentali tra i soggetti comunque interessati;

d) provvede, eventualmente in collaborazione con le regioni, le province autonome e gli altri enti interessati con oneri a proprio carico, alle attività di supporto al CIPESS per la vigilanza sulle attività di affidamento da parte dei soggetti aggiudicatori e della successiva realizzazione delle infrastrutture e degli insediamenti prioritari per lo sviluppo del Paese di cui all'articolo 39;

e) ove necessario, collabora alle attività delle stazioni appaltanti e degli enti concedenti o degli enti interessati alle attività istruttorie con azioni di indirizzo e supporto;

f) cura l'istruttoria sui progetti di fattibilità e definitivi, anche ai fini della loro sottoposizione alle deliberazioni del CIPESS in caso di infrastrutture e di insediamenti prioritari per lo sviluppo del Paese di cui all'articolo 39, proponendo allo stesso le eventuali prescrizioni per l'approvazione del progetto; per le opere di competenza dello Stato, il parere del Consiglio superiore dei lavori pubblici, o di altri organi o commissioni consultive, ove richiesto dalle norme vigenti, è acquisito sul progetto di fattibilità tecnico-economica;

g) assegna ai soggetti aggiudicatori, a carico dei fondi di cui all'articolo 39, le risorse finanziarie integrative necessarie alle attività progettuali; in caso di infrastrutture e di insediamenti prioritari per lo sviluppo del Paese di cui all'articolo 39, propone, d'intesa con il Ministero dell'economia e delle finanze, al CIPESS l'assegnazione ai soggetti aggiudicatori, a carico dei fondi, delle risorse finanziarie integrative necessarie alla realizzazione delle infrastrutture, contestualmente all'approvazione del progetto di fattibilità tecnico-economica e nei limiti delle risorse disponibili, dando priorità al completamento delle opere incompiute;

h) verifica l'avanzamento dei lavori anche attraverso sopralluoghi tecnico-amministrativi presso i cantieri interessati, previo accesso agli stessi; a tal fine può avvalersi, ove necessario, del Corpo della Guardia di finanza, mediante la sottoscrizione di appositi protocolli di intesa e del Servizio per l'Alta sorveglianza sulle grandi opere istituito con decreto del Ministro delle infrastrutture e dei trasporti 15 aprile 2002, pubblicato nella Gazzetta Ufficiale della Repubblica italiana n. 54 del 5 marzo 2004.

3. Per le attività di indirizzo e pianificazione strategica, ricerca, supporto e alta consulenza, valutazione, revisione della progettazione, monitoraggio e alta sorveglianza delle infrastrutture, il Ministero delle infrastrutture e dei trasporti può avvalersi di una struttura tecnica di missione composta da dipendenti nei limiti dell'organico approvato e dirigenti delle pubbliche amministrazioni, da tecnici individuati dalle regioni o province autonome territorialmente coinvolte, nonché, sulla base di specifici incarichi pro-

fessionali o rapporti di collaborazione coordinata e continuativa, da progettisti ed esperti nella gestione di lavori pubblici e privati e di procedure amministrative. La struttura tecnica di missione è istituita con decreto del Ministro delle infrastrutture e dei trasporti. La struttura può, altresì, avvalersi di personale di alta specializzazione e professionalità, previa selezione, con contratti a tempo determinato di durata non superiore al quinquennio rinnovabile per una sola volta, nonché quali *advisor*, di università statali e non statali legalmente riconosciute, di enti di ricerca e di società specializzate nella progettazione e gestione di lavori pubblici e privati. La struttura svolge, altresì, le funzioni del Nucleo di valutazione e verifica degli investimenti pubblici, previste dall'articolo 1 della legge 17 maggio 1999, n. 144 e dall'articolo 7 del decreto legislativo 29 dicembre 2011, n. 228.

4. Per agevolare, sin dall'inizio della fase istruttoria, la realizzazione di infrastrutture e insediamenti prioritari, il Ministro delle infrastrutture e dei trasporti, sentiti i Ministri competenti, nonché i Presidenti delle regioni o province autonome interessate, propone al Presidente del Consiglio dei ministri la nomina di commissari straordinari, i quali seguono l'andamento delle opere e provvedono alle opportune azioni di indirizzo e supporto promuovendo anche attività di prevenzione dell'insorgenza dei conflitti e dei contenziosi, anche con riferimento alle esigenze delle comunità locali, nonché le occorrenti intese tra i soggetti pubblici e privati interessati. Nell'espletamento delle suddette attività, e nel caso di particolare complessità delle stesse, il commissario straordinario può essere affiancato da un sub-commissario, nominato dal Presidente del Consiglio dei ministri, su proposta dei Presidenti delle regioni o province autonome territorialmente coinvolte, con oneri a carico delle regioni o province autonome proponenti ovvero a valere sulle risorse di cui al comma 8. Per le opere non aventi carattere interregionale o internazionale, la proposta di nomina del commissario straordinario è formulata d'intesa con la regione o la provincia autonoma o l'ente territoriale interessati.

5. Gli oneri per il funzionamento della struttura tecnica di missione di cui al comma 3 trovano copertura sui fondi di cui all'articolo 1, comma 238, della legge 30 dicembre 2004, n. 311, nonché sulle risorse assegnate annualmente al Ministero delle infrastrutture e dei trasporti ai sensi della legge n. 144 del 1999.

6. Il Presidente del Consiglio dei ministri, su proposta del Ministro delle infrastrutture e dei trasporti, sentiti i Ministri competenti nonché, per le infrastrutture di competenza dei soggetti aggiudicatori regionali, i presidenti delle regioni o province autonome interessate, abilita eventualmente i commissari straordinari ad adottare, con le modalità e i poteri di cui all'articolo 13 del decreto-legge 25 marzo 1997, n. 67, convertito, con modificazioni, dalla legge 23 maggio 1997, n. 135, in sostituzione dei soggetti competenti, i provvedimenti e gli atti di qualsiasi natura necessari alla sollecita progettazione, istruttoria, affidamento e realizzazione delle infrastrutture e degli insediamenti produttivi.

7. I commissari straordinari agiscono in autonomia e con l'obiettivo di garantire l'interesse pubblico e riferiscono al Presidente del Consiglio, al Ministro delle infrastrutture e dei trasporti e al CIPESS in ordine alle problematiche riscontrate e alle iniziative assunte e operano secondo le direttive dai medesimi impartite e con il supporto del Ministero delle infrastrutture e dei trasporti, e, ove esistenti, della struttura tecnica di missione e degli *advisor*, acquisendo, per il tramite degli stessi, ogni occorrente studio e parere. Nei limiti dei costi autorizzati a norma del comma 8, i commissari straordinari e i sub-commissari si avvalgono della struttura di cui al comma 3, nonché delle competenti strutture regionali e possono avvalersi del supporto e della collaborazione dei soggetti terzi.

8. Il decreto del Presidente del Consiglio dei ministri di nomina del commissario straordinario individua il compenso e i costi pertinenti alle attività da svolgere dallo stesso, nonché le modalità di corresponsione degli stessi a valere sulle risorse del quadro economico di ciascun intervento, nei limiti delle somme stanziate per tale finalità.

9. Ai commissari nominati ai sensi dell'articolo 20 del decreto-legge 29 novembre 2008, n. 185, convertito, con modificazioni, dalla legge 28 gennaio 2009, n. 2, per le opere di cui al presente articolo si applicano le disposizioni di cui ai commi da 4 a 8.

10. Il Ministero delle infrastrutture e dei trasporti assicura, anche attraverso la piattaforma del Servizio Contratti Pubblici, il supporto e l'assistenza necessari alle stazioni appaltanti per l'applicazione della disciplina di settore, in collaborazione con le regioni e le province autonome di Trento e di Bolzano nell'ambito delle attività che queste esercitano ai sensi del codice.

Parte III
DISPOSIZIONI TRANSITORIE, DI COORDINAMENTO E ABROGAZIONI

Art. 224. Disposizioni ulteriori – 1. Le disposizioni di cui agli articoli da 215 a 219 si applicano anche ai collegi già costituiti ed operanti alla data di entrata in vigore del codice.

2. Dalla data in cui il codice acquista efficacia al decreto-legge 16 luglio 2020, n. 76, convertito, con modificazioni, dalla legge 11 settembre 2020, n. 120, sono apportate le seguenti modificazioni:

a) all'articolo 1, il comma 5 è sostituito dal seguente:

«*5.* Alle procedure per l'affidamento dei servizi di organizzazione, gestione e svolgimento delle prove dei concorsi pubblici di cui agli articoli 247 e 249 del decreto-legge 19 maggio 2020, n. 34, convertito, con modificazioni, dalla legge 17 luglio 2020, n. 77, si applicano le disposizioni del Libro II, Parte I, del codice dei contratti pubblici, di cui al decreto legislativo di attuazione della legge 21 giugno 2022, n. 78.»;

b) l'articolo 2-*bis* è abrogato;

c) all'articolo 8, comma 1, alinea, le parole: "«e fino alla data del 30 giugno 2023»" sono soppresse.

3. All'articolo 107, comma 3, lettera a), del testo unico delle leggi sull'ordinamento degli enti locali, di cui al decreto legislativo 18 agosto 2000, n. 267, sono aggiunte, in fine, le seguenti parole: «la commissione giudicatrice, nel caso di aggiudicazione dei contratti di importo inferiore alle soglie europee con il criterio dell'offerta economicamente più vantaggiosa, può essere presieduta dal responsabile unico del procedimento;».

4. L'articolo 37 del decreto legislativo 14 marzo 2013, n. 33, è sostituito dal seguente:

«Art. 37 - (*Obblighi di pubblicazione concernenti i contratti pubblici di lavori, servizi e forniture*) - *1.* Fermo restando quanto previsto dall'articolo 9-*bis* e fermi restando gli obblighi di pubblicità legale, le pubbliche amministrazioni e le stazioni appaltanti pubblicano i dati, gli atti e le informazioni secondo quanto previsto dall'articolo 28 del codice dei contratti pubblici, di cui al decreto legislativo di attuazione della legge 21 giugno 2022, n. 78.

2. Ai sensi dell'articolo 9-*bis*, gli obblighi di pubblicazione di cui al comma 1 si intendono assolti attraverso l'invio dei medesimi dati alla Banca dati nazionale dei contratti pubblici presso l'ANAC e alla banca dati delle amministrazioni pubbliche ai sensi dell'articolo 2 del decreto legislativo 29 dicembre 2011, n. 229, limitatamente alla parte lavori.».

5. All'articolo 38, comma 2, del decreto legislativo 14 marzo 2013, n. 33, le parole: «all'articolo 21 del decreto legislativo 18 aprile 2016, n. 50» sono sostituite dalle seguenti: «all'articolo 37 del codice dei contratti pubblici, di cui al decreto legislativo di attuazione della legge 21 giugno 2022, n. 78».

6. All'articolo 95, comma 5, del codice della crisi di impresa e dell'insolvenza, di cui al decreto legislativo 12 gennaio 2019, n. 14, le parole: «purché non rivesta la qualità di mandataria e» sono soppresse.

7. Gli organi costituzionali adeguano i propri ordinamenti ai principi e criteri di cui al presente codice nell'ambito della propria autonomia organizzativa e delle prerogative ad essi costituzionalmente riconosciute.

8. Le Regioni a statuto speciale e le province autonome di Trento e di Bolzano adeguano la propria legislazione secondo le disposizioni contenute nei rispettivi statuti e nelle relative norme di attuazione.

Art. 225. Disposizioni transitorie e di coordinamento – 1. Fino al 31 dicembre 2023 gli avvisi e i bandi sono pubblicati, ai fini della decorrenza degli effetti di legge, nella Gazzetta Ufficiale della Repubblica italiana, serie speciale relativa ai contratti pubblici, entro il sesto giorno feriale successivo a quello del ricevimento della documentazione da parte dell'Ufficio inserzioni dell'Istituto poligrafico e zecca dello Stato. Fino al 31 dicembre 2023 trovano applicazione le disposizioni di cui agli articoli 70, 72, 73, 127, comma 2, 129, comma 4 del codice dei contratti pubblici, di cui al decreto legislativo 18 aprile 2016, n. 50 e del decreto del Ministero delle infrastrutture e dei trasporti adottato in attuazione dell'articolo 73, comma 4 del medesimo codice di cui al decreto legislativo 18 aprile 2016, n. 50 del 2016. Le spese per la pubblicazione obbligatoria degli avvisi e dei bandi di gara sono rimborsate alla stazione appaltante dall'aggiudicatario entro il termine di sessanta giorni dall'aggiudicazione. La pubblicazione di informazioni ulteriori, complementari o aggiuntive avviene esclusivamente in via telematica e non può comportare oneri finanziari a carico della stazione appaltante. Fino al 31 dicembre 2023 continuano le pubblicazioni sulla piattaforma del Servizio contratti pubblici del Ministero delle infrastrutture e dei trasporti di cui all'Allegato B al decreto legislativo 14 marzo 2013, n. 33. Dal 1° gennaio 2024, acquistano efficacia gli articoli 27, 81, 83, 84 e 85.

2. Le disposizioni di cui agli articoli 19, 20, 21, 22, 23, 24, 25, 26, 28, 29, 30, 31, 35, 36, 37, comma 4, 99, 106, comma 3, ultimo periodo, 115, comma 5, 119, comma 5, e 224, comma 6 acquistano efficacia a decorrere dal 1° gennaio 2024. In via transitoria, le disposizioni di cui agli articoli 21, comma 7, 29, 40, 41 comma 2-*bis*, 44, 52, 53, 58, 74, 81, 85, 105, comma 7, 111, comma 2-*bis*, 213 commi 8, 9 e 10, 214, comma 6 del codice dei contratti pubblici, di cui al decreto legislativo 18 aprile 2016, n. 50 continuano ad applicarsi fino al 31 dicembre 2023 per lo svolgimento delle attività relative:

a) alla redazione o acquisizione degli atti relativi alle procedure di programmazione, progettazione, pubblicazione, affidamento ed esecuzione dei contratti;

b) alla trasmissione dei dati e documenti relativi alle procedure di cui alla lettera a);

c) all'accesso alla documentazione di gara;

d) alla presentazione del documento di gara unico europeo;

e) alla presentazione delle offerte;

f) all'apertura e la conservazione del fascicolo di gara;

g) al controllo tecnico, contabile e amministrativo dei contratti anche in fase di esecuzione e la gestione delle garanzie.

3. Il requisito di qualificazione di cui all'articolo 4, comma 1, lettera c) e all'articolo 6, comma 1, lettera c), dell'allegato II 4 è richiesto a decorrere dal 1° gennaio 2024.

4. In sede di prima applicazione dell'articolo 47 e fino all'attuazione delle disposizioni di cui all'allegato I.11, la composizione del Consiglio superiore dei lavori pubblici e le competenze delle sezioni restano quelle vigenti alla data di entrata in vigore del codice, ivi compreso quanto disposto dall'articolo 45 del decreto-legge 31 maggio 2021 n. 77, convertito, con modificazioni, dalla legge 29 luglio 2021 n. 108.

5. Fino all'adozione del regolamento di cui all'articolo 13, comma 4, continua ad applicarsi il regolamento di cui al decreto del Mi-

nistro degli affari esteri e della cooperazione internazionale 2 novembre 2017, n. 192.

6. Fino all'adozione del regolamento di cui all'articolo 136, comma 4, continua ad applicarsi il regolamento recante la disciplina delle attività del Ministero della difesa in materia di lavori, servizi e forniture di cui al decreto del Presidente della Repubblica 15 novembre 2012, n. 236, in quanto compatibile con le disposizioni di cui all'allegato II.20.

7. Per le garanzie previste all'articolo 117, comma 12, nelle more dell'adozione del decreto ivi previsto, si applicano le disposizioni del decreto del Ministro dello sviluppo economico 19 gennaio 2018, n. 31.

8. In relazione alle procedure di affidamento e ai contratti riguardanti investimenti pubblici, anche suddivisi in lotti, finanziati in tutto o in parte con le risorse previste dal PNRR e dal PNC, nonché dai programmi cofinanziati dai fondi strutturali dell'Unione europea, ivi comprese le infrastrutture di supporto ad essi connesse, anche se non finanziate con dette risorse, si applicano, anche dopo il 1° luglio 2023, le disposizioni di cui al decreto-legge n. 77 del 2021, convertito, con modificazioni, dalla legge n. 108 del 2021, al decreto-legge 24 febbraio 2023, n. 13, nonché le specifiche disposizioni legislative finalizzate a semplificare e agevolare la realizzazione degli obiettivi stabiliti dal PNRR, dal PNC nonché dal Piano nazionale integrato per l'energia e il clima 2030 di cui al regolamento (UE) 2018/1999 del Parlamento europeo e del Consiglio, dell'11 dicembre 2018.

9. A decorrere dalla data in cui il codice acquista efficacia ai sensi dell'articolo 229, comma 2, le disposizioni di cui all'articolo 23 del codice dei contratti pubblici, di cui al decreto legislativo 18 aprile 2016, n. 50, continuano ad applicarsi ai procedimenti in corso. A tal fine, per procedimenti in corso si intendono le procedure per le quali è stato formalizzato l'incarico di progettazione alla data in cui il codice acquista efficacia. Nel caso in cui l'incarico di redazione del progetto di fattibilità tecnico economica sia stato formalizzato prima della data in cui il codice acquista efficacia, la stazione appaltante può procedere all'affidamento congiunto di progettazione ed esecuzione dei lavori sulla base del progetto di fattibilità tecnica ed economica oppure sulla base di un progetto definitivo redatto ai sensi dell'articolo 23 del codice dei contratti pubblici, di cui decreto legislativo n. 50 del 2016.

10. Per gli interventi ricompresi tra le infrastrutture strategiche di cui alla disciplina prevista dall'articolo 163 e seguenti del codice dei contratti pubblici relativi a lavori, servizi e forniture, di cui al decreto legislativo 12 aprile 2006, n. 163, già inseriti negli strumenti di programmazione approvati e per i quali la procedura di valutazione di impatto ambientale sia già stata avviata alla data di entrata in vigore del codice dei contratti pubblici, di cui al decreto legislativo n. 50 del 2016, i relativi progetti sono approvati secondo la disciplina prevista dall'articolo 163 e seguenti del codice dei contratti pubblici relativi a lavori, servizi e forniture, di cui al decreto legislativo n. 163 del 2006.

11. Le procedure per la valutazione di impatto ambientale delle grandi opere avviate alla data di entrata in vigore del codice dei contratti pubblici, di cui al decreto legislativo n. 50 del 2016, secondo la disciplina già prevista dagli articoli 182, 183, 184 e 185 del codice dei contratti pubblici relativi a lavori, servizi e forniture, di cui al decreto legislativo n. 163 del 2006, sono concluse in conformità alle disposizioni e alle attribuzioni di competenza vigenti all'epoca del predetto avvio. Le medesime procedure trovano applicazione anche per le varianti.

12. Le proroghe della dichiarazione di pubblica utilità e del vincolo preordinato all'esproprio in scadenza su progetti già approvati dal CIPESS in base al previgente codice dei contratti pubblici relativi a lavori, servizi e forniture di cui al decreto legislativo n. 163 del 2006, sono approvate direttamente dal soggetto aggiudicatore. Il Ministero delle infrastrutture e dei trasporti entro il 31 dicembre di ciascun anno rende una informativa al CIPESS in merito alle proroghe disposte nel corso dell'anno e ai termini in scadenza nell'anno successivo.

13. Gli articoli 47, comma 1, 83, comma 2, e 216, comma 14, del codice dei contratti pubblici, di cui al decreto legislativo n. 50 del 2016, si interpretano nel senso che, in via transitoria, relativamente ai consorzi di cui all'articolo 45, comma 2, lettera c), del medesimo codice, ai fini della partecipazione alle gare e dell'esecuzione si applica il regime di qualificazione previsto dall'articolo 36, comma 7, del codice dei contratti pubblici relativi a lavori, servizi e forniture di cui al decreto legislativo n. 163 del 2006 e dagli articoli 81 e 94 del regolamento di esecuzione ed attuazione di cui al decreto del Presidente della Repubblica 5 ottobre 2010, n. 207. L'articolo 47, comma 2-*bis*,

del codice dei contratti pubblici, di cui al decreto legislativo n. 50 del 2016, si interpreta nel senso che, negli appalti di servizi e forniture, la sussistenza in capo ai consorzi stabili dei requisiti richiesti nel bando di gara per l'affidamento di servizi e forniture è valutata a seguito della verifica della effettiva esistenza dei predetti requisiti in capo ai singoli consorziati, anche se diversi da quelli designati in gara.

14. Qualora, entro novanta giorni dalla data in cui il codice acquista efficacia ai sensi dell'articolo 229, comma 2, siano emanati regolamenti governativi o adottati regolamenti ministeriali sostitutivi di allegati al codice, il cui contenuto sia identico a quello dell'allegato stesso, sugli schemi dei regolamenti non è acquisito il parere del Consiglio di Stato e delle Commissioni parlamentari.

15. Salvo quanto previsto dal comma 14, gli schemi dei regolamenti di cui agli articoli 17, comma 3, 40, comma 2, 41, commi 2 e 4, 45, comma 1, 47, comma 4, 54, comma 3, 61, comma 5, 70, comma 3, 71, comma 5, 84, comma 1, 89, comma 2, 100, comma 3, 105, comma 1, 106, comma 8, 114, comma 5, 120, comma 14, 135, comma 3, 182, comma 2 e 213, comma 15, sono trasmessi alle Camere ai fini dell'acquisizione dei pareri delle competenti Commissioni parlamentari che si esprimono entro trenta giorni, decorsi i quali i regolamenti possono essere comunque emanati o adottati.

16. A decorrere dalla data in cui il codice acquista efficacia ai sensi dell'articolo 229, comma 2, in luogo dei regolamenti e delle linee guida dell'ANAC adottati in attuazione del codice dei contratti pubblici, di cui al decreto legislativo n. 50 del 2016, laddove non diversamente previsto dal presente codice, si applicano le corrispondenti disposizioni del presente codice e dei suoi allegati.

Art. 226. Abrogazioni e disposizioni finali – 1. Il decreto legislativo 18 aprile 2016, n. 50, è abrogato dal 1° luglio 2023.

2. A decorrere dalla data in cui il codice acquista efficacia ai sensi dell'articolo 229, comma 2, le disposizioni di cui al decreto legislativo n. 50 del 2016 continuano ad applicarsi esclusivamente ai procedimenti in corso. A tal fine, per procedimenti in corso si intendono:

a) le procedure e i contratti per i quali i bandi o avvisi con cui si indice la procedura di scelta del contraente siano stati pubblicati prima della data in cui il codice acquista efficacia;

b) in caso di contratti senza pubblicazione di bandi o avvisi, le procedure e i contratti in relazione ai quali, alla data in cui il codice acquista efficacia, siano stati già inviati gli avvisi a presentare le offerte;

c) per le opere di urbanizzazione a scomputo del contributo di costruzione, oggetto di convenzioni urbanistiche o atti assimilati comunque denominati, i procedimenti in cui le predette convenzioni o atti siano stati stipulati prima della data in cui il codice acquista efficacia;

d) per le procedure di accordo bonario di cui agli articoli 210 e 211, di transazione e di arbitrato, le procedure relative a controversie aventi a oggetto contratti pubblici, per i quali i bandi o gli avvisi siano stati pubblicati prima della data in cui il codice acquista efficacia, ovvero, in caso di mancanza di pubblicazione di bandi o avvisi, gli avvisi a presentare le offerte siano stati inviati prima della suddetta data.

3. Fermo restando quanto previsto dall'articolo 225, sono abrogati dal 1° luglio 2023:

a) il regio decreto 3 maggio 1923, n. 1612;

b) l'articolo 11, comma 5, lettere d) e f), della legge 23 dicembre 1992, n. 498;

c) il decreto del Presidente della Repubblica 27 aprile 2006, n. 204;

d) l'articolo 1, comma 32, della legge 6 novembre 2012, n. 190;

e) il decreto del Ministro dello sviluppo economico 7 giugno 2017, n. 122;

f) il decreto del Ministro dei beni e delle attività culturali e del turismo 22 agosto 2017, n. 154;

g) il decreto del Ministro dell'economia e delle finanze 28 settembre 2022, pubblicato nella Gazzetta Ufficiale della Repubblica italiana n. 239 del 12 ottobre 2022.

4. Fermo restando quanto previsto dall'articolo 225, è abrogato dal 1° gennaio 2024 il decreto del Ministro delle infrastrutture e dei trasporti 2 dicembre 2016, pubblicato nella Gazzetta Ufficiale della Repubblica italiana n. 20 del 25 gennaio 2017.

5. Ogni richiamo in disposizioni legislative, regolamentari o amministrative vigenti al decreto legislativo 18 aprile 2016, n. 50, o al codice dei contratti pubblici vigente alla data di entrata in vigore del

codice, si intende riferito alle corrispondenti disposizioni del codice o, in mancanza, ai principi desumibili dal codice stesso.

Art. 227. Aggiornamenti – 1. Ogni intervento normativo incidente sulle disposizioni del codice e dei suoi allegati, o sulle materie dagli stessi disciplinate, è attuato mediante esplicita modifica, integrazione, deroga o sospensione delle specifiche disposizioni in essi contenute.

Art. 228. Clausola di invarianza finanziaria – 1. Dall'attuazione del presente codice e dei suoi allegati non devono derivare nuovi o maggiori oneri a carico della finanza pubblica.

2. Le amministrazioni interessate provvedono agli adempimenti previsti dal presente codice e dai suoi allegati con le risorse umane, strumentali e finanziarie disponibili a legislazione vigente.

Art. 229. Entrata in vigore – 1. Il codice entra in vigore, con i relativi allegati, il 1° aprile 2023.

2. Le disposizioni del codice, con i relativi allegati acquistano efficacia il 1° luglio 2023.

ALLEGATI

ALLEGATO I.1
Definizioni dei soggetti, dei contratti, delle procedure e degli strumenti
(Articolo 13, comma 6)

Art. 1. Definizioni dei soggetti – 1. Nel codice si intende per:

a) «stazione appaltante», qualsiasi soggetto, pubblico o privato, che affida contratti di appalto di lavori, servizi e forniture e che è comunque tenuto, nella scelta del contraente, al rispetto del codice;

b) «ente concedente», qualsiasi amministrazione aggiudicatrice o ente aggiudicatore, ovvero altro soggetto pubblico o privato, che affida contratti di concessione di lavori o di servizi e che è comunque tenuto, nella scelta del contraente, al rispetto del codice;

c) «amministrazioni centrali», Presidenza del Consiglio dei ministri, Ministero degli affari esteri e cooperazione internazionale, Ministero dell'interno (incluse le Prefetture-Uffici Territoriali del Governo e le direzioni regionali e interregionali dei vigili del fuoco), Ministero della giustizia e uffici giudiziari (esclusi i giudici di pace), Ministero della difesa, Ministero dell'economia e delle finanze, Ministero delle imprese e del made in Italy, Ministero dell'agricoltura, della sovranità alimentare e delle foreste, Ministero dell'Ambiente e della sicurezza energetica, Ministero delle infrastrutture e dei trasporti, Ministero del lavoro e delle politiche sociali (incluse le sue articolazioni periferiche), Ministero della salute, Ministero dell'istruzione e merito, Ministero dell'università e della ricerca, Ministero della cultura (comprensivo delle sue articolazioni periferiche), Ministero del turismo, CONSIP S.p.A. (solo quando CONSIP agisce come centrale di committenza per le amministrazioni centrali), Agenzia nazionale dei beni sequestrati e confiscati alla criminalità organizzata e i soggetti giuridici che sono loro succeduti;

d) «amministrazioni sub-centrali», tutte le pubbliche amministrazioni diverse dalle amministrazioni centrali di cui alla lettera c);

e) «organismo di diritto pubblico», qualsiasi soggetto, anche avente forma societaria:

1) dotato di capacità giuridica;

2) istituito per soddisfare specificatamente esigenze di interesse generale, attraverso lo svolgimento di un'attività priva di carattere industriale o commerciale;

3) la cui attività sia finanziata in modo maggioritario dallo Stato, dagli enti pubblici territoriali o da altri organismi di diritto pubblico, oppure la cui gestione sia soggetta al controllo di questi ultimi, oppure il cui organo d'amministrazione, di direzione o di vigilanza sia costituito da membri dei quali più della metà è designata dallo Stato, dagli enti pubblici territoriali o da altri organismi di diritto pubblico;

f) «impresa pubblica», l'impresa sulla quale le stazioni appaltanti possono esercitare, direttamente o indirettamente, un'influenza dominante o perché ne sono proprietarie, o perché vi hanno una partecipazione finanziaria, o in virtù delle norme che disciplinano detta impresa. L'influenza dominante è presunta quando le stazioni appaltanti, direttamente o indirettamente, riguardo all'impresa, alternativamente o cumulativamente:

1) detengono la maggioranza del capitale sottoscritto;

2) controllano la maggioranza dei voti cui danno diritto le azioni emesse dall'impresa;

3) possono designare più della metà dei membri del consiglio di amministrazione, di direzione o di vigilanza dell'impresa;

g) «soggetti titolari di diritti esclusivi o speciali», i titolari di diritti concessi dallo Stato o dagli enti locali ovvero da altre amministrazioni pubbliche attraverso atti di carattere legislativo, regolamentare o amministrativo, adeguatamente pubblicati, aventi l'effetto di riservare, rispettivamente, a uno o più operatori economici l'esercizio delle attività previste dagli articoli da 146 a 152 del codice e di incidere sostanzialmente sulla capacità di altri enti di esercitare tale attività. Non costituiscono diritti esclusivi o speciali i diritti concessi in virtù di un procedimento a evidenza pubblica basato su criteri oggettivi e idoneo a garantire un'adeguata trasparenza;

h) «*joint venture*», l'associazione tra stazioni appaltanti o enti concedenti, finalizzata all'attuazione di un progetto o di una serie di progetti o di determinate intese di natura commerciale o finanziaria;

i) «centrale di committenza», una stazione appaltante o un ente concedente che fornisce attività di centralizzazione delle committenze in favore di altre stazioni appaltanti o enti concedenti e, se del caso, attività di supporto all'attività di committenza;

l) «operatore economico», qualsiasi persona o ente, anche senza scopo di lucro, che, a prescindere dalla forma giuridica e dalla natura pubblica o privata, può offrire sul mercato, in forza del diritto nazionale, prestazioni di lavori, servizi o forniture corrispondenti a quelli oggetto della procedura di evidenza pubblica;

m) «raggruppamento temporaneo», un insieme di imprenditori, o fornitori, o prestatori di servizi, costituito o costituendo, anche mediante scrittura privata, allo scopo di partecipare alla procedura di affidamento di uno specifico contratto pubblico mediante presentazione di una unica offerta;

n) «aggiudicatario», un operatore economico cui è affidato un appalto o una concessione;

o) «micro, piccole e medie imprese», le imprese come definite nella raccomandazione n. 2003/361/CE della Commissione europea, del 6 maggio 2003;

p) «soggetti aggregatori», i soggetti di cui all'articolo 9 del decreto-legge 24 aprile 2014, n. 66, convertito, con modificazioni, dalla legge 23 giugno 2014, n. 89, iscritti di diritto nell'elenco ANAC ai sensi dell'articolo 63, comma 4, del codice;

q) «amministrazioni aggiudicatrici», le amministrazioni dello Stato, gli enti pubblici territoriali, gli altri enti pubblici non economici, gli organismi di diritto pubblico, le associazioni, unioni, consorzi, comunque denominati, costituiti da detti soggetti;

r) «enti aggiudicatori», i soggetti indicati all'articolo 7 della direttiva 2014/23/UE del Parlamento europeo e del Consiglio, del 26 febbraio 2014;

s) «candidato», un operatore economico che ha sollecitato un invito o è stato invitato a partecipare a una procedura ristretta, a una procedura competitiva con negoziazione, a una procedura negoziata senza previa pubblicazione di un bando di gara, a un dialogo competitivo o a un partenariato per l'innovazione o ad una procedura per l'aggiudicazione di una concessione;

t) «stazione appaltante qualificata», qualsiasi soggetto, pubblico o privato qualificato ai sensi dell'allegato II.4 al codice per gli affidamenti di lavori di importo pari o superiore a 500 mila euro e per l'acquisizione di servizi e forniture d'importo pari o superiore alle soglie previste per gli affidamenti diretti.

Art. 2. Definizioni dei contratti – 1. Nel codice si intende per:

a) «contratti» o «contratti pubblici», i contratti, anche diversi da appalti e concessioni, conclusi da una stazione appaltante o da un ente concedente;

b) «contratti di appalto» o «appalti pubblici», i contratti a titolo oneroso stipulati per iscritto tra uno o più operatori economici e una o più stazioni appaltanti e aventi per oggetto l'esecuzione di lavori, la fornitura di beni o la prestazione di servizi;

c) «contratti di concessione» o «concessioni», i contratti a titolo oneroso stipulati per iscritto a pena di nullità in virtù dei quali una o più amministrazioni aggiudicatrici o uno o più enti aggiudicatori affidano l'esecuzione di lavori o la fornitura e la gestione di servizi a uno o più operatori economici, ove il corrispettivo consista unicamente nel diritto di gestire i lavori o i servizi oggetto dei contratti o in tale diritto accompagnato da un prezzo;

d) «appalti di lavori complessi», gli appalti aventi a oggetto lavori caratterizzati da particolare complessità in relazione alla tipologia delle opere, all'utilizzo di materiali e componenti innovativi, alla necessità di coordinare discipline eterogenee o alla esecuzione in luoghi che presentano difficoltà logistiche o particolari problematiche geotecniche, idrauliche, geologiche e ambientali. In ogni caso sono complessi tutti quei lavori per i quali si richieda un elevato livello di conoscenza per mitigare il rischio di allungamento dei tempi contrattuali o il superamento dei costi previsti, o per tutelare la salute e la sicurezza dei lavoratori coinvolti;

e) «contratti ad alta intensità di manodopera», i contratti nei quali il costo della manodopera è pari o superiore al 50 per cento dell'importo complessivo dei corrispettivi;

f) «contratti a titolo oneroso», i contratti a prestazioni corrispettive o che, comunque, prevedono direttamente reciproci vantaggi e sacrifici economici in capo a tutte le parti contraenti;

g) «contratti a titolo gratuito», i contratti in cui l'obbligo di prestazione o i sacrifici economici direttamente previsti nel contratto gravano solo su una o alcune delle parti contraenti;

h) «contratti attivi», i contratti che non producono spesa e da cui deriva un'entrata per la pubblica amministrazione;

i) «contratto di disponibilità», il contratto col quale un operatore economico si obbliga, verso un corrispettivo e con organizzazione dei mezzi necessari e con gestione a proprio rischio, a compiere e a far godere all'amministrazione aggiudicatrice un'opera, destinata all'esercizio di un pubblico servizio. L'operatore economico garantisce il miglior godimento dell'opera, mantenendola in stato da servire all'uso convenuto ed eliminandone a proprie spese i vizi, anche sopravvenuti. Il contratto può prevedere il trasferimento in proprietà all'amministrazione dell'opera, verso il pagamento di un corrispettivo ulteriore;

l) «donazioni», i contratti con i quali, per spirito di liberalità, una parte arricchisce l'altra, disponendo a favore di questa un suo diritto o assumendo verso la stessa un'obbligazione;

m) «contratti esclusi», i contratti previsti dalla Sezione II del Capo I del Titolo I della direttiva n. 2014/23/UE, del Parlamento europeo e del Consiglio, del 26 febbraio 2014, dalla Sezione 3 del Capo I del Titolo I della direttiva 2014/24/UE, dalla Sezione 2 del Capo I del Titolo I della direttiva 2014/25/UE, del Parlamento europeo e del Consiglio, del 26 febbraio 2014, che non rientrano nel campo di applicazione del codice;

n) «accordo quadro», l'accordo concluso tra una o più stazioni appaltanti e uno o più operatori economici, il cui scopo è quello di stabilire le clausole relative agli appalti da aggiudicare durante un dato periodo, in particolare per quanto riguarda i prezzi e, se del caso, le quantità previste;

o) «clausole sociali», disposizioni che impongono a un datore di lavoro il rispetto di determinati standard di protezione sociale e del lavoro come condizione per svolgere attività economiche in appalto o in concessione o per accedere a benefici di legge e agevolazioni finanziarie.

Art. 3. Definizioni delle procedure e degli strumenti – 1. Nel codice si intende per:

a) «affidamento del contratto», l'atto o la procedura attraverso i quali il contratto è aggiudicato all'operatore economico selezionato o scelto dalla stazione appaltante o dall'ente concedente;

b) «scritto» o «per iscritto», un insieme di parole o cifre che può essere letto, riprodotto e poi comunicato, comprese le informazioni generate, trasmesse e archiviate con mezzi elettronici e con piattaforme di *e-procurement*;

c) «procedura di evidenza pubblica», la procedura selettiva tramite gara fra operatori economici che, nel rispetto del diritto dell'Unione europea e della disciplina dettata dal codice, è finalizzata, attraverso la valutazione comparativa delle offerte e la selezione del contraente, all'affidamento del contratto;

d) «affidamento diretto», l'affidamento del contratto senza una procedura di gara, nel quale, anche nel caso di previo interpello di più operatori economici, la scelta è operata discrezionalmente dalla stazione appaltante o dall'ente concedente, nel rispetto dei criteri qualitativi e quantitativi di cui all'articolo 50, comma 1 lettere a) e b), del codice e dei requisiti generali o speciali previsti dal medesimo codice;

e) «affidamento *in house*», l'affidamento di un contratto di appalto o di concessione effettuato direttamente a una persona giuridica di diritto pubblico o di diritto privato definita dall'articolo 2, comma 1, lettera o), del testo unico in materia di società a partecipazione pubblica, di cui al decreto legislativo 19 agosto 2016, n. 175 e alle condizioni rispettivamente indicate dall'articolo 12, paragrafi 1, 2 e 3, della direttiva 24/2014/UE e dall'articolo 17, paragrafi 1, 2 e 3 della direttiva 23/2014/UE, nonché, per i settori speciali, dall'articolo 28, paragrafi 1, 2 e 3, della direttiva 24/2014/UE;

f) «procedure aperte», le procedure di affidamento in cui ogni operatore economico interessato può presentare un'offerta;

g) «procedure ristrette», le procedure di affidamento alle quali ogni operatore economico può chiedere di partecipare e in cui possono presentare un'offerta soltanto gli operatori economici invitati dalle stazioni appaltanti e dagli enti concedenti, con le modalità stabilite dal codice;

h) «procedure negoziate», le procedure di affidamento in cui le stazioni appaltanti e gli enti concedenti consultano gli operatori economici da loro scelti e negoziano con uno o più di essi le condizioni del contratto;

i) «dialogo competitivo», una procedura di affidamento nella quale la stazione appaltante avvia un dialogo con i candidati ammessi a tale procedura, al fine di elaborare una o più soluzioni atte a soddisfare le sue necessità e sulla base della quale o delle quali i candidati selezionati sono invitati a presentare le offerte. Qualsiasi operatore economico può chiedere di partecipare a tale procedura;

l) «concorsi di progettazione», le procedure intese a fornire alle stazioni appaltanti, nel settore dell'architettura, dell'ingegneria, del restauro e della tutela dei beni culturali e archeologici, della pianificazione urbanistica e territoriale, paesaggistica, naturalistica, geologica, del verde urbano e del paesaggio forestale agronomico, dei sistemi di elaborazione dati, nonché nel settore della messa in sicurezza e della mitigazione degli impatti idrogeologici e idraulici, un piano o un progetto, selezionato da una commissione giudicatrice in base a una gara, con o senza assegnazione di premi;

m) «localizzazione di opere pubbliche», il procedimento attraverso il quale è individuata l'area su cui realizzare un'opera pubblica di interesse statale e ne è accertata la compatibilità urbanistica;

n) «opere pubbliche di interesse statale», le opere eseguite dalle amministrazioni statali o comunque le opere insistenti su aree statali, nonché le opere da realizzarsi da ogni altro ente istituzionalmente competente, destinate a servire interessi pubblici non limitati al territorio di una singola regione;

o) «interventi di rigenerazione urbana», interventi che hanno il fine di contrastare il consumo del suolo, incentivando il recupero, il riuso e la valorizzazione del patrimonio edilizio esistente e dei tessuti urbani, favorendo usi compatibili degli edifici e degli spazi pubblici e privati, nonché promuovendo la qualità urbana e architettonica;

p) «ciclo di vita del contratto pubblico», l'insieme delle attività, anche di natura amministrativa e non contrattuale, che ineriscono alla programmazione, progettazione, pubblicazione, affidamento ed esecuzione del contratto;

q) «metodi e strumenti di gestione informativa digitale delle costruzioni», metodologie, processi e tecnologie abilitati dalla formulazione dei requisiti informativi e dalla modellazione dei dati, che permettono la collaborazione e lo scambio di dati strutturati fra i soggetti interessati durante tutte le fasi del ciclo di vita, in particolare finalizzati a mitigare e gestire i rischi, a migliorare lo studio della fattibilità e a incrementare l'efficacia di un investimento pubblico, nelle fasi di progettazione, realizzazione e gestione nel ciclo di vita dei cespiti fisici quali edifici, infrastrutture e reti;

r) «errore od omissione di progettazione», l'inadeguata valutazione dello stato di fatto, la mancata o erronea identificazione della normativa tecnica vincolante per la progettazione, il mancato rispetto dei requisiti funzionali ed economici prestabiliti e risultanti da prova scritta, la violazione delle regole di diligenza nella predisposizione degli elaborati, errori, inesattezze o omissioni progettuali;

s) «lotto funzionale», uno specifico oggetto di appalto o concessione da aggiudicare anche con separata e autonoma procedura, ovvero parti di un lavoro o servizio generale la cui progettazione e realizzazione sia tale da assicurarne funzionalità, fruibilità e fattibilità indipendentemente dalla realizzazione delle altre parti;

t) «lotto prestazionale», uno specifico oggetto di appalto o concessione da aggiudicare anche con separata e autonoma procedura, definito su base qualitativa, in conformità alle varie categorie e specializzazioni presenti o in conformità alle diverse fasi successive del progetto;

u) «lotto quantitativo», uno specifico oggetto di appalto o concessione funzionalmente autonomo da aggiudicare anche con separata e autonoma procedura, definito su base meramente quantitativa, in conformità alle varie categorie e specializzazioni presenti o in conformità alle diverse fasi successive del progetto adeguato alla capacità economico-finanziaria delle medie e piccole imprese;

v) «sito istituzionale», il sito web delle stazioni appaltanti e degli enti concedenti, contenente la sezione "Bandi di gara e contratti", nella quale sono pubblicati gli atti, i dati e le informazioni previsti dal codice e dall'allegato II.6. Per i soggetti tenuti all'applicazione del decreto legislativo 14 marzo 2013, n. 33, la sottosezione "Bandi di gara e contratti" è collocata nella sezione "Amministrazione trasparente";

z) «attività di committenza ausiliaria», le attività che consistono nella prestazione di supporto alle attività di committenza, in particolare nelle forme seguenti:

1) infrastrutture tecniche che consentano alle stazioni appaltanti di aggiudicare appalti pubblici o di concludere accordi quadro per lavori, forniture o servizi;

2) consulenza sullo svolgimento o sulla progettazione delle procedure di appalto;

3) preparazione delle procedure di appalto in nome e per conto della stazione appaltante interessata;

4) gestione delle procedure di appalto in nome e per conto della stazione appaltante interessata;

aa) «servizi globali», il complesso delle prestazioni eterogenee, necessarie per il compimento, la gestione, la manutenzione, il finanziamento di un'opera o di un servizio, e funzionali al miglior perseguimento del risultato amministrativo, anche in termini di efficienza e qualità, di cui è garante l'operatore economico;

bb) «opera», il risultato di un insieme di lavori, che di per sé esplichi una funzione economica o tecnica. Le opere comprendono sia quelle che sono il risultato di un insieme di lavori edilizi o di genio civile, sia quelle di difesa e di presidio ambientale, di presidio agronomico e forestale, paesaggistica e di ingegneria naturalistica;

cc) «strumenti di acquisto», strumenti di acquisizione che non richiedono apertura del confronto competitivo. Rientrano tra gli strumenti di acquisto:

1) le convenzioni quadro di cui all'articolo 26 della legge 23 dicembre 1999, n. 488, stipulate, ai sensi della normativa vigente, da CONSIP S.p.A. e dai soggetti aggregatori;

2) gli accordi quadro stipulati da centrali di committenza quando gli appalti specifici sono aggiudicati senza riapertura del confronto competitivo;

3) il mercato elettronico realizzato da centrale di committenza nel caso di acquisti effettuati a catalogo;

dd) «strumenti di negoziazione», strumenti di acquisizione che richiedono apertura del confronto competitivo. Rientrano tra gli strumenti di negoziazione:

1) gli accordi quadro stipulati da centrali di committenza nel caso in cui gli appalti specifici vengono aggiudicati con riapertura del confronto competitivo;

2) il sistema dinamico di acquisizione realizzato da centrali di committenza;

3) il mercato elettronico realizzato da centrali di committenza nel caso di acquisti effettuati attraverso confronto concorrenziale;

4) i sistemi realizzati da centrali di committenza che comunque consentono lo svolgimento delle procedure ai sensi del presente codice;

ee) «cottimo», l'affidamento della sola lavorazione subappaltabile ad impresa subappaltatrice in possesso dell'attestazione dei requisiti di qualificazione necessari in relazione all'importo totale dei lavori affidati e non all'importo del contratto, che può risultare inferiore per effetto della eventuale fornitura diretta, in tutto o in parte, di materiali, apparecchiature e mezzi d'opera da parte dell'esecutore.

ALLEGATO I.2
Attività del RUP
(Articolo 15)

Art. 1. Ambito di applicazione – 1. Il presente allegato disciplina i requisiti e i compiti del responsabile unico del progetto (RUP) per l'affidamento di appalti e concessioni, ai sensi dell'articolo 15 del codice.

Art. 2. Modalità di individuazione del RUP – 1. Il RUP è individuato, nel rispetto di quanto previsto dall'articolo 15, comma 2, del codice, e dagli articoli 4 e 5 del presente allegato, tra i dipendenti di ruolo anche non aventi qualifica dirigenziale. Il RUP svolge i propri compiti con il supporto dei dipendenti della stazione appaltante.

2. Le funzioni di RUP non possono essere assunte dai soggetti che sono stati condannati, anche con sentenza non passata in giudicato, per i reati previsti nel Capo I del Titolo II del Libro secondo del codice penale, ai sensi dell'articolo 35-*bis* del decreto legislativo 30 marzo 2001, n. 165.

3. Il RUP deve essere dotato di competenze professionali adeguate all'incarico da svolgere. Per i lavori e i servizi attinenti all'ingegneria e all'architettura il RUP deve essere un tecnico. Ove non sia presente tale figura professionale, le competenze sono attribuite al dirigente o al responsabile del servizio nel cui ambito di competenza rientra l'intervento da realizzare. Negli altri casi, la stazione appaltante può individuare quale RUP un dipendente anche non in possesso dei requisiti richiesti. Nel caso in cui sia individuato un RUP carente dei requisiti richiesti, la stazione appaltante affida lo svolgimento delle attività di supporto al RUP ad altri dipendenti in possesso dei requisiti carenti in capo al RUP o, in mancanza, a soggetti esterni aventi le specifiche competenze richieste dal codice e dal presente allegato. Gli affidatari delle attività di supporto devono essere muniti di assicurazione di responsabilità civile professionale per i rischi derivanti dallo svolgimento delle attività di propria competenza.

Art. 3. Struttura di supporto – 1. Ai sensi dell'articolo 15, comma 6, del codice, la stazione appaltante può istituire una struttura stabile a supporto del RUP e può conferire, su proposta di quest'ultimo, incarichi per la migliore realizzazione dell'intervento pubblico, nel caso di appalti di particolare complessità che richiedano valutazioni e competenze altamente specialistiche. La struttura di supporto al RUP può essere istituita anche in comune fra più stazioni appaltanti, previa sottoscrizione di accordi ai sensi dell'articolo 15 della legge 7 agosto 1990, n. 241.

Art. 4. Requisiti di professionalità del RUP per appalti, concessioni di lavori e per servizi attinenti all'ingegneria e all'architettura – 1. Il RUP deve essere un tecnico abilitato all'esercizio della professione, o, quando l'abilitazione non sia prevista dalle norme vigenti, un tecnico anche di qualifica non dirigenziale che deve essere in possesso di titolo di studio e di esperienza e formazione professionale specifiche. La formazione professionale è soggetta a costante aggiornamento ai sensi dell'articolo 15, comma 7, del codice. Il RUP deve aver maturato un'adeguata esperienza nello svolgimento di attività analoghe a quelle da realizzare in termini di natura, complessità e/o importo dell'intervento:

a) di almeno un anno per i contratti di importo inferiore a 1.000.000 di euro;

b) di almeno tre anni per i contratti di importo pari o superiore a 1.000.000 di euro e inferiore alla soglia di cui all'articolo 14 del codice;

c) di almeno cinque anni per i contratti di importo pari o superiore alla soglia di cui all'articolo 14 del codice.

2. In mancanza di abilitazione all'esercizio della professione, il RUP è un tecnico in possesso di esperienza nel settore dei contratti di cui al comma 1, di almeno cinque anni, attestata anche dall'anzianità di servizio maturata.

3. Il RUP può svolgere, per uno o più interventi e nei limiti delle proprie competenze professionali, anche le funzioni di progettista o di direttore dei lavori. Le funzioni di RUP, progettista e direttore dei lavori non possono coincidere nel caso di lavori complessi o di particolare rilevanza sotto il profilo architettonico, ambientale, storico-artistico e conservativo, oltre che tecnologico, nonché nel caso di progetti integrali ovvero di interventi di importo pari o superiore alla soglia di cui all'articolo 14 del codice.

4. Nelle procedure di affidamento di lavori particolarmente complessi, il RUP possiede, oltre a un'esperienza professionale di almeno cinque anni nell'ambito delle attività di programmazione, progettazione, affidamento o esecuzione di appalti e concessioni di lavori, una laurea magistrale o specialistica nelle materie oggetto dell'intervento da affidare nonché adeguata competenza quale *Project Manager*, acquisita anche mediante la frequenza, con profitto, di corsi di formazione in materia di *Project Management*.

Art. 5. Requisiti di professionalità del RUP nei contratti di servizi e forniture – 1. Il RUP deve essere in possesso di titolo di studio di livello adeguato e di esperienza professionale soggetta a costante aggiornamento ai sensi dell'articolo 15, comma 7, del codice, maturata nello svolgimento di attività analoghe a quelle da realizzare in termini di natura, complessità e importo dell'intervento, in relazione alla tipologia e all'entità dei servizi e delle forniture da affidare.

2. Nello specifico, il RUP deve essere in possesso di esperienza nel settore dei contratti di servizi e forniture, attestata anche dall'anzianità di servizio maturata:

a) di almeno un anno per gli importi inferiori alla soglia di cui all'articolo 14 del codice;

b) di almeno tre anni per gli importi pari o superiori alla soglia di cui all'articolo 14 del codice.

3. Per le forniture o i servizi connotati da particolari caratteristiche tecniche, quali: dispositivi medici, dispositivi antincendio, sistemi informatici e telematici, la stazione appaltante può richiedere, oltre ai requisiti di esperienza di cui al comma 2, il possesso della laurea magistrale nonché di specifiche comprovate competenze.

Art. 6. Compiti del RUP comuni a tutti i contratti e le fasi – 1. Il RUP, anche avvalendosi dei responsabili di fase nominati ai sensi dell'articolo 15, comma 4, del codice, coordina il processo realizzativo dell'intervento pubblico nel rispetto dei tempi, dei costi preventivati, della qualità richiesta, della manutenzione programmata. Per la fase dell'esecuzione vigila, in particolare, sul rispetto delle norme poste a presidio della sicurezza e della salute dei lavoratori.

2. Il RUP ha i seguenti compiti specifici:

a) formula proposte e fornisce dati e informazioni al fine della predisposizione del programma triennale dei lavori pubblici e del programma triennale degli acquisti di beni e servizi da adottare ai sensi dell'articolo 37, comma 1, lettera a), del codice. Predispone altresì l'elenco annuale da approvare ai sensi dell'articolo 37, comma 1, lettera b), del codice;

b) accerta la libera disponibilità di aree e immobili necessari e, in caso di lavori, la regolarità urbanistica dell'intervento pubblico o promuove l'avvio delle procedure di variante urbanistica;

c) propone alla stazione appaltante la conclusione di un accordo di programma quando si rende necessaria l'azione integrata e coordinata di diverse amministrazioni;

d) propone l'indizione o, ove competente, indice la conferenza di servizi, quando sia necessario o utile per l'acquisizione di intese, pareri, concessioni, autorizzazioni, permessi, licenze, nulla osta, assensi, comunque denominati;

e) svolge l'attività di verifica dei progetti per lavori di importo inferiore a un milione di euro e assicura il rispetto del procedimento di verifica della progettazione ai sensi dell'articolo 42 del codice; sottoscrive la validazione del progetto posto a base di gara unitamente al responsabile della fase della progettazione, ove nominato ai sensi dell'articolo 15, comma 4, del codice, facendo riferimento al rapporto conclusivo redatto dal soggetto preposto alla verifica, e alle eventuali controdeduzioni del progettista. In caso di dissenso sugli esiti della verifica, il RUP fornisce adeguata motivazione;

f) accerta e attesta le condizioni che richiedono di non suddividere l'appalto in lotti ai sensi dell'articolo 58, comma 2, del codice;

g) decide i sistemi di affidamento dei lavori, servizi e forniture, la tipologia di contratto da stipulare, il criterio di aggiudicazione da adottare;

h) richiede alla stazione appaltante la nomina della commissione giudicatrice nel caso di affidamento con il criterio dell'offerta economicamente più vantaggiosa ai sensi dell'articolo 93 del codice;

i) promuove l'istituzione dell'ufficio di direzione dei lavori;

l) provvede all'acquisizione del CIG nel caso in cui non sia nominato un responsabile per la fase di affidamento;

m) è responsabile degli adempimenti prescritti dall'articolo 1, comma 32, della legge 6 novembre 2012, n. 190.

3. Il RUP esercita altresì tutte le competenze che gli sono attribuite da specifiche disposizioni del codice e, in ogni caso, svolge tutti i compiti relativi alla realizzazione dell'intervento pubblico che non siano specificatamente attribuiti ad altri organi o soggetti.

Art. 7. Compiti specifici del RUP per la fase dell'affidamento – 1. Il RUP:

a) effettua la verifica della documentazione amministrativa qualora non sia nominato un responsabile di fase ai sensi dell'articolo 15, comma 4, del codice o non sia costituito un apposito ufficio o servizio a ciò deputato, sulla base delle disposizioni organizzative proprie della stazione appaltante; esercita in ogni caso funzioni di coordinamento e verifica, finalizzate ad assicurare il corretto svolgimento delle procedure e adotta le decisioni conseguenti alle valutazioni effettuate;

b) svolge la verifica di congruità delle offerte in caso di aggiudicazione con il criterio del minor prezzo; in caso di particolare complessità delle valutazioni o della specificità delle competenze richieste, può avvalersi della struttura di supporto istituita ai sensi dell'articolo 15, comma 6, del codice, o di una commissione appositamente nominata;

c) svolge la verifica sulle offerte anormalmente basse con l'eventuale supporto della commissione nominata ai sensi dell'articolo 93 del codice;

d) dispone le esclusioni dalle gare;

e) in caso di procedura che prevede l'affidamento con il criterio dell'offerta economicamente più vantaggiosa, può svolgere tutte le attività che non implicano l'esercizio di poteri valutativi, che spettano alla commissione giudicatrice;

f) quando il criterio di aggiudicazione è quello del minor prezzo, il RUP può procedere direttamente alla valutazione delle offerte economiche;

g) adotta il provvedimento finale della procedura quando, in base all'ordinamento della stazione appaltante, ha il potere di manifestare all'esterno la volontà della stessa.

2. Il RUP esercita altresì tutte le competenze che gli vengono attribuite da specifiche disposizioni del codice e, in ogni caso, svolge tutti i compiti relativi alla fase di affidamento che non siano specificatamente attribuiti ad altri organi o soggetti.

Art. 8. Compiti specifici del RUP per la fase dell'esecuzione – 1. Il RUP:

a) impartisce al direttore dei lavori, con disposizioni di servizio, le istruzioni occorrenti a garantire la regolarità degli stessi;

b) autorizza il direttore dei lavori alla consegna degli stessi;

c) vigila insieme al direttore dei lavori e al coordinatore della sicurezza in fase di esecuzione, sul rispetto degli oneri della sicurezza relativi alle prestazioni affidate in subappalto;

d) adotta gli atti di competenza a seguito delle iniziative e delle segnalazioni del coordinatore per la sicurezza in fase di esecuzione sentito il direttore dei lavori, laddove tali figure non coincidano;

e) svolge, su delega del soggetto di cui all'articolo 26, comma 3, del decreto legislativo 9 aprile 2008, n. 81, i compiti ivi previsti, qualora non sia prevista la predisposizione del piano di sicurezza e di coordinamento;

f) assume il ruolo di responsabile dei lavori, ai fini del rispetto delle norme sulla sicurezza e salute dei lavoratori sui luoghi di lavoro. Il RUP, nello svolgimento dell'incarico di responsabile dei lavori, salvo diversa indicazione e fermi restando i compiti e le responsabilità di cui agli articoli 90, 93, comma 2, 99, comma 1, e 101, comma 1, del decreto legislativo n. 81 del 2008, richiede la nomina del coordinatore per la sicurezza in fase di progettazione e del coordinatore per la sicurezza in fase di esecuzione dei lavori;

g) prima della consegna dei lavori, tiene conto delle eventuali proposte integrative del piano di sicurezza e di coordinamento formulate dagli operatori economici, quando tale piano sia previsto ai sensi del decreto legislativo n. 81 del 2008;

h) trasmette al dirigente o ad altro organo competente della stazione appaltante, sentito il direttore dei lavori, la proposta del coordinatore per l'esecuzione dei lavori relativa alla sospensione, all'allontanamento dell'esecutore o dei subappaltatori o dei lavoratori autonomi dal cantiere o alla risoluzione del contratto;

i) accerta, insieme al direttore dei lavori, che le prestazioni oggetto di contratto di avvalimento siano svolte direttamente dalle risorse umane e strumentali dell'impresa ausiliaria che il titolare del contratto utilizza in adempimento degli obblighi derivanti dal contratto di avvalimento;

l) autorizza le modifiche dei contratti di appalto in corso di esecuzione anche su proposta del direttore dei lavori;

m) approva i prezzi relativi a nuove lavorazioni originariamente non previste, determinati in contraddittorio tra il direttore dei lavori e l'impresa affidataria, rimettendo alla valutazione della stazione appaltante le variazioni di prezzo che comportino maggiori spese rispetto alle somme previste nel quadro economico;

n) irroga le penali per il ritardato adempimento degli obblighi contrattuali in contraddittorio con l'appaltatore, anche sulla base delle indicazioni fornite dal direttore dei lavori;

o) ordina la sospensione dei lavori per ragioni di pubblico interesse o necessità, nei limiti e con gli effetti previsti dall'articolo 121 del codice;

p) dispone la ripresa dei lavori e dell'esecuzione del contratto non appena siano venute a cessare le cause della sospensione e indica il nuovo termine di conclusione del contratto, calcolato tenendo in considerazione la durata della sospensione e gli effetti da questa prodotti;

q) attiva la definizione con accordo bonario, ai sensi dell'articolo 210 del codice, delle controversie che insorgono in ogni fase di realizzazione dell'intervento ed è sentito sulla proposta di transazione ai sensi dell'articolo 212, comma 3, del codice;

r) propone la risoluzione del contratto ogni qualvolta se ne realizzino i presupposti;

s) rilascia il certificato di pagamento, previa verifica della regolarità contributiva dell'affidatario e dei subappaltatori, e lo invia alla stazione appaltante ai fini dell'emissione del mandato di pagamento;

t) all'esito positivo del collaudo o della verifica di conformità rilascia il certificato di pagamento;

u) rilascia all'impresa affidataria copia conforme del certificato di ultimazione dei lavori e il certificato di esecuzione dei lavori;

v) vigila sul rispetto delle prescrizioni contrattuali nelle concessioni.

2. Le competenze del RUP indicate al comma 1, connesse a eventuali controversie o dispute tecniche di ogni natura che possano insorgere nell'esecuzione dei contratti, sono esercitate in conformità agli articoli 215 e 216 del codice.

3. Il RUP svolge, nei limiti delle proprie competenze professionali, anche le funzioni di direttore dell'esecuzione del contratto.

4. Il direttore dell'esecuzione del contratto è soggetto diverso dal RUP nei seguenti casi:

a) prestazioni di importo superiore alle soglie di cui all'articolo 14 del codice;

b) interventi particolarmente complessi sotto il profilo tecnologico;

c) prestazioni che richiedono l'apporto di una pluralità di competenze;

d) interventi caratterizzati dall'utilizzo di componenti o di processi produttivi innovativi o dalla necessità di elevate prestazioni per quanto riguarda la loro funzionalità;

e) per ragioni concernenti l'organizzazione interna alla stazione appaltante, che impongano il coinvolgimento di unità organizzativa diversa da quella cui afferiscono i soggetti che hanno curato l'affidamento.

5. Il RUP esercita altresì tutte le competenze che gli vengono attribuite da specifiche disposizioni del codice e, in ogni caso, svolge tutti i compiti relativi alla fase di esecuzione che non siano specificatamente attribuiti ad altri organi o soggetti.

Art. 9. Il RUP negli acquisti aggregati, negli acquisti centralizzati e in caso di accordi tra amministrazioni – 1. Fermo restando quanto previsto dall'articolo 15 del codice, nei casi di acquisti aggregati, le stazioni appaltanti nominano un RUP per ciascun acquisto.

2. Il RUP, in coordinamento con il direttore dell'esecuzione, ove nominato, assume i compiti di cura, controllo e vigilanza del processo di acquisizione con particolare riferimento alle attività di:

a) programmazione dei fabbisogni;

b) progettazione, relativamente all'individuazione delle caratteristiche essenziali del fabbisogno o degli elementi tecnici per la redazione del capitolato;

c) esecuzione contrattuale;

d) verifica della conformità delle prestazioni.

3. I requisiti del RUP sono fissati ai sensi dell'articolo 5. La stazione appaltante può prevedere deroghe alle disposizioni di cui all'articolo 5, in considerazione delle minori attività assegnate al RUP, fermo restando l'obbligo di garantire professionalità e competenza adeguate allo svolgimento delle specifiche mansioni affidate.

4. Il RUP del modulo aggregativo svolge le attività di:

a) programmazione, relativamente alla raccolta e all'aggregazione dei fabbisogni e alla calendarizzazione delle gare da svolgere;

b) progettazione degli interventi con riferimento alla procedura da svolgere;

c) affidamento;

d) esecuzione per quanto di competenza.

5. Fermo restando quanto previsto dall'articolo 15 del codice, nei casi di acquisti non aggregati da parte di unioni, associazioni o consorzi, i comuni nominano il RUP per le fasi di competenza e lo stesso è, di regola, designato come responsabile della singola gara all'interno del modulo associativo o consortile prescelto, secondo le modalità previste dai rispettivi ordinamenti.

6. Fermo restando quanto previsto dall'articolo 15 del codice, in caso di acquisti gestiti integralmente, in ogni fase, dal modulo associativo o consortile prescelto, il RUP è designato unicamente da questi ultimi.

7. Nel caso di acquisti centralizzati, i compiti e le funzioni del RUP, designato dalla centrale di committenza, riguardano le attività di competenza della centrale in quanto dirette alla realizzazione e messa a disposizione degli strumenti di acquisto e di negoziazione per le stazioni appaltanti. I compiti e le funzioni del responsabile designato dalla stazione appaltante, nel caso di ricorso a strumenti di acquisto e di negoziazione delle centrali di committenza, riguardano le attività di propria competenza in quanto dirette all'effettuazione dello specifico acquisto e all'esecuzione contrattuale. Resta fermo quanto previsto dall'articolo 15, comma 2, del codice.

8. Nel caso di accordi conclusi tra due o più stazioni appaltanti ai sensi della legge 7 agosto 1990, n. 241, si applica l'articolo 62, comma 14, del codice.

ALLEGATO I.3
Termini delle procedure di appalto e di concessione
(Articolo 17, comma 3)

1. A norma dell'articolo 17, comma 3, del codice le gare di appalto e di concessione si concludono nei seguenti termini massimi, ove sia utilizzato il criterio dell'offerta economicamente più vantaggiosa basato sul miglior rapporto tra qualità e prezzo o sul costo del ciclo di vita:

a) procedura aperta: nove mesi;

b) procedura ristretta: dieci mesi;

c) procedura competitiva con negoziazione: sette mesi;

d) procedura negoziata senza previa pubblicazione di un bando di gara: quattro mesi;

e) dialogo competitivo: sette mesi;

f) partenariato per l'innovazione: nove mesi.

2. I termini per la conclusione delle gare condotte secondo il criterio del minor prezzo sono i seguenti:

a) procedura aperta: cinque mesi;

b) procedura ristretta: sei mesi;

c) procedura competitiva con negoziazione: quattro mesi;

d) procedura negoziata senza previa pubblicazione di un bando di gara: tre mesi.

3. I termini decorrono dalla pubblicazione del bando di gara o dall'invio degli inviti a offrire, fino all'aggiudicazione alla miglior offerta, e non possono essere sospesi neanche in pendenza di contenzioso sulla procedura se non a seguito di provvedimento cautelare del giudice amministrativo.

4. Ove la stazione appaltante o l'ente concedente debba effettuare la procedura di verifica dell'anomalia, i termini sopraindicati sono prorogati per il periodo massimo di un mese.

5. In presenza di circostanze eccezionali il RUP, con proprio atto motivato, può prorogare i termini suddetti per un massimo di tre mesi. In presenza di ulteriori situazioni imprevedibili di oggettiva difficoltà che rendono non sostenibili i tempi procedimentali sotto il profilo dell'organizzazione amministrativa e della particolare complessità della procedura, certificate dal RUP, quest'ultimo, con proprio atto motivato, può prorogare i termini suddetti per ulteriori tre mesi.

ALLEGATO I.4
Imposta di bollo relativa alla stipulazione del contratto
(Articolo 18, comma 10)

Art. 1. 1. Il valore dell'imposta di bollo, che l'appaltatore è tenuto a versare al momento della stipula del contratto, è determinato sulla base della Tabella A annessa al presente allegato.

2. L'imposta è determinata sulla base di scaglioni crescenti in relazione all'importo massimo previsto nel contratto, ivi comprese eventuali opzioni o rinnovi esplicitamente stabiliti. Sono esenti dall'imposta gli affidamenti di importo inferiore a 40.000 euro.

Art. 2. 1. Il pagamento dell'imposta di cui all'articolo 1 ha natura sostituiva dell'imposta di bollo dovuta per tutti gli atti e documenti riguardanti la procedura di selezione e l'esecuzione dell'appalto, fatta eccezione per le fatture, note e simili di cui all'articolo 13, punto 1, della Tariffa, Parte I, allegata al decreto del Presidente della Repubblica 26 ottobre 1972, n. 642.

Art. 3. 1. Con provvedimento del direttore dell'Agenzia delle entrate sono individuate le modalità telematiche di versamento, diverse da quelle di cui all'articolo 3, comma 1, lettera a), del decreto del Presidente della Repubblica 26 ottobre 1972, n. 642, coerenti con la piena digitalizzazione del *procurement*, al fine di ridurre gli oneri gestionali e di conservazione documentale.

Tabella A - Valori dell'imposta di bollo

Fascia di importo contratto (valori in euro)	Imposta (valori in euro)
< 40.000	esente
≥ 40.000 < 150.000	40
≥ 150.000 < 1000000	120
≥ 1.000.000 < 5.000.000	250
≥ 5.000.000 < 25.000.000	500
≥ 25.000.000	1.000

ALLEGATO I.5
Elementi per la programmazione dei lavori e dei servizi. Schemi tipo
(Articolo 37, comma 6)

Art. 1. Oggetto – 1. Il presente allegato reca la disciplina di attuazione dell'articolo 37, comma 6, del codice.

Art. 2. Definizioni – 1. Ai fini del presente allegato si intende per:

a) «BDAP», la banca dati delle amministrazioni pubbliche, di cui al decreto legislativo 29 dicembre 2011, n. 229;

b) «CUP», il codice unico di progetto di cui all'articolo 11 della legge 16 gennaio 2003, n. 3, che identifica ogni progetto di investimento pubblico;

c) «CUI», il codice unico di intervento attribuito in occasione del primo inserimento nel programma;

d) «RUP», il responsabile unico del progetto di cui all'articolo 15 del codice;

e) «pianificazione delle attività dei soggetti aggregatori e delle centrali di committenza», il documento di ciascun soggetto aggregatore o ciascuna centrale di committenza contenente indicazioni circa le attività di centralizzazione delle committenze previste nel periodo di riferimento;

f) «AUSA», l'anagrafe unica delle stazioni appaltanti, di cui all'articolo 33-*ter* del decreto-legge 18 ottobre 2012, n. 179, convertito, con modificazioni, dalla legge 17 dicembre 2012, n. 221.

Art. 3. Contenuti, livello di progettazione minimo, ordine di priorità del programma triennale dei lavori pubblici, dei relativi elenchi annuali e aggiornamenti – 1. Le stazioni appaltanti e gli enti concedenti, secondo i propri ordinamenti e fatte salve le competenze legislative e regolamentari delle regioni e delle province autonome in materia, adottano il programma triennale dei lavori pubblici, anche consistenti in lotti funzionali di un lavoro, nonché i relativi elenchi annuali sulla base degli schemi-tipo annessi al presente allegato e parte integrante dello stesso, nel rispetto di quanto previsto dall'articolo 37 del codice, e in coerenza con i documenti pluriennali di pianificazione o di programmazione di cui al decreto legislativo 29 dicembre 2011, n. 228 e ai principi contabili di cui al decreto legislativo 23 giugno 2011, n. 118. A tal fine le stazioni appaltanti e gli enti concedenti consultano altresì, ove disponibili, le pianificazioni delle attività delle centrali di committenza.

2. Gli schemi-tipo per la programmazione triennale dei lavori pubblici di cui all'articolo 37 del codice sono costituiti dalle seguenti schede:

a) A: quadro delle risorse necessarie alla realizzazione dei lavori previsti dal programma, articolate per annualità e fonte di finanziamento;

b) B: elenco delle opere pubbliche incompiute;

c) C: elenco degli immobili disponibili che possono essere oggetto di cessione, ivi compresi quelli resi disponibili per insussistenza dell'interesse pubblico al completamento di un'opera pubblica incompiuta. Sono, altresì, indicati i beni immobili nella disponibilità della stazione appaltante o dell'ente concedente concessi in diritto di godimento, a titolo di contributo, la cui utilizzazione sia strumentale e tecnicamente connessa all'opera da affidare in concessione;

d) D: elenco dei lavori del programma con indicazione degli elementi essenziali per la loro individuazione;

e) E: lavori che compongono l'elenco annuale, con indicazione degli elementi essenziali per la loro individuazione;

f) F: elenco dei lavori presenti nel precedente elenco annuale nei casi previsti dall'articolo 5, comma 3.

3. I soggetti che gestiscono i siti informatici del Ministero delle infrastrutture e dei trasporti e della Banca dati nazionale dei contratti pubblici assicurano la disponibilità del supporto informatico per la compilazione degli schemi-tipo annessi al presente allegato.

4. Ai fini della compilazione delle schede A e C, di cui, rispettivamente, alle lettere a) e c) del comma 2, sono compresi, tra le fonti di finanziamento del programma triennale dei lavori pubblici, il valore complessivo dei beni immobili pubblici che possono essere oggetto di cessione in cambio di opere, i finanziamenti acquisibili ai sensi dell'articolo 3 del decreto-legge 31 ottobre 1990, n. 310, convertito, con modificazioni, dalla legge 22 dicembre 1990, n. 403, i beni immobili concessi in diritto di godimento, a titolo di contributo, la cui utilizzazione sia strumentale e tecnicamente connessa all'opera da affidare in concessione, nonché i beni immobili ricadenti

nel territorio di competenza di regioni ed enti locali, non strumentali all'esercizio delle proprie funzioni istituzionali, suscettibili di valorizzazione ovvero di dismissione, di cui all'articolo 58 del decreto-legge 25 giugno 2008, n. 112, convertito, con modificazioni, dalla legge 6 agosto 2008, n. 133. L'elenco dei beni immobili è indicato nell'apposita scheda C. Il valore degli immobili di cui al presente comma, stabilito sulla base del valore di mercato dagli uffici titolari dei beni immobili, è riportato per ogni singolo lavoro al quale sono associati.

5. Ogni lavoro o lotto funzionale riportato nel programma di cui al comma 1 è individuato univocamente dal CUI. Per ogni lavoro o lotto funzionale di cui al primo periodo è altresì indicato il CUP, tranne i casi di manutenzione ordinaria. Entrambi i codici sono mantenuti nei programmi triennali nei quali il lavoro o lotto funzionale è riproposto, salvo modifiche sostanziali del progetto che ne alterino la possibilità di precisa individuazione.

6. Per ciascun lavoro di cui al comma 1, nel programma triennale è riportato l'importo complessivo stimato necessario per la realizzazione di detto lavoro, comprensivo delle forniture e dei servizi connessi alla realizzazione dello stesso, inseriti nella programmazione triennale di cui all'articolo 6. Nell'elenco annuale per ciascun lavoro è riportato l'importo complessivo del relativo quadro economico.

7. Fermo restando quanto previsto dall'articolo 37, comma 2, del codice, sono compresi nel programma triennale e nei relativi aggiornamenti le opere pubbliche incompiute, di cui all'articolo 4, comma 4, del presente allegato, i lavori realizzabili attraverso contratti di concessione o di partenariato pubblico privato, i lavori realizzabili tramite cessione del diritto di proprietà o altro titolo di godimento di beni immobili. Il programma evidenzia altresì se trattasi di lavoro complesso.

8. I lavori, anche consistenti in lotti funzionali, da avviare nella prima annualità del programma di cui al comma 7, costituiscono l'elenco annuale dei lavori pubblici. Sono inclusi in tale elenco i lavori, compresi quelli di cui all'articolo 4, comma 4, che soddisfano le seguenti condizioni:

a) previsione in bilancio della copertura finanziaria;

b) previsione dell'avvio della procedura di affidamento nel corso della prima annualità del programma;

c) rispetto dei livelli di progettazione minimi di cui all'articolo 37, comma 2, del codice;

d) conformità dei lavori agli strumenti urbanistici vigenti o adottati.

9. Un lavoro può essere inserito nel programma triennale dei lavori pubblici limitatamente a uno o più lotti funzionali, purché con riferimento all'intero lavoro sia stato osservato il livello di progettazione indicato dall'articolo 37, comma 2, del codice, quantificando le risorse finanziarie necessarie alla realizzazione dell'intero lavoro.

10. Il programma triennale dei lavori pubblici riporta la priorità dei lavori valutata su tre livelli come indicato nella scheda D. Nell'ambito della definizione degli ordini di priorità le stazioni appaltanti e gli enti concedenti individuano come prioritari i lavori di ricostruzione, riparazione e ripristino conseguenti a calamità naturali, di prevenzione e mitigazione del rischio sismico e idrogeologico, di completamento delle opere incompiute di cui all'articolo 4, di manutenzione, di recupero del patrimonio esistente, i progetti definitivi o esecutivi già approvati, i lavori cofinanziati con fondi europei, con PNRR e PNC nonché i lavori per i quali ricorra la possibilità di finanziamento con capitale privato maggioritario.

11. Nell'ambito dell'ordine di priorità di cui al comma 10, sono da ritenersi di priorità massima i lavori di ricostruzione, riparazione e ripristino conseguenti a calamità naturali, e, in subordine, gli interventi di prevenzione sismica sugli edifici strategici e gli interventi di previsione e mitigazione del rischio idrogeologico, i lavori di completamento di opere pubbliche incompiute nonché quelli finanziati con PNRR e Piano complementare al PNRR.

12. Ai fini della realizzazione dei lavori previsti nell'elenco annuale dei lavori, le stazioni appaltanti e gli enti concedenti tengono conto delle priorità ivi indicate. Sono fatti salvi i lavori imposti da eventi imprevedibili o calamitosi, nonché le modifiche dipendenti da sopravvenute disposizioni di legge o regolamentari ovvero da atti amministrativi adottati a livello statale o regionale.

13. Le stazioni appaltanti e gli enti concedenti individuano, nell'ambito della propria organizzazione, la struttura e il soggetto referente per la redazione del programma triennale dei lavori pubblici. Al fine di ridurre gli oneri amministrativi, tale referente è, di norma, individuato nel referente unico dell'amministrazione per la BDAP, salvo diversa scelta dell'amministrazione.

14. Il referente riceve le proposte, i dati e le informazioni fornite dai RUP ai fini del coordinamento delle proposte da inserire nella programmazione e provvede ad accreditarsi presso gli appositi siti informatici del Ministero delle infrastrutture e dei trasporti e della Banca dati nazionale dei contratti pubblici.

Art. 4. Criteri di inclusione delle opere pubbliche incompiute nei programmi triennali di lavori pubblici e nei relativi elenchi annuali – 1. Per le finalità di cui all'articolo 3, commi 10 e 11, le stazioni appaltanti e gli enti concedenti, a prescindere dall'importo, inseriscono nella scheda B le opere pubbliche incompiute di propria competenza, secondo l'ordine di classificazione di cui all'articolo 4, comma 2 del decreto del Ministro delle infrastrutture e dei trasporti 13 marzo 2013, n. 42, indicando per ciascuna opera non completata le modalità e le risorse per il loro completamento. Laddove non optino nei sensi di cui al primo periodo, le amministrazioni individuano soluzioni alternative, quali il riutilizzo ridimensionato, il cambio di destinazione d'uso o la cessione a titolo di corrispettivo per la realizzazione di altra opera pubblica mediante cessione di immobili in cambio di opere, la vendita ovvero la demolizione qualora le esigenze di pubblico interesse non consentano l'adozione di soluzioni alternative.

2. Ai fini del completamento e della fruibilità dell'opera pubblica incompiuta, anche in caso di cambio di destinazione d'uso, le stazioni appaltanti e gli enti concedenti adottano le proprie determinazioni sulla base, ove pertinente, degli esiti della valutazione *ex ante*, effettuata secondo le linee guida di cui all'articolo 8 del decreto legislativo 29 dicembre 2011, n. 228, condotta secondo principi di appropriatezza e proporzionalità tenuto conto della complessità, dell'impatto e del costo dell'opera, anche avvalendosi del supporto fornito dalle strutture tecniche del Ministero delle infrastrutture e trasporti e delle regioni e delle province autonome, per i rispettivi ambiti territoriali di competenza. Le medesime strutture svolgono, altresì, attività di supporto tecnico-economico alle amministrazioni nelle fasi attuative delle determinazioni adottate.

3. Qualora, sulla base della valutazione di cui al comma 2, si rilevi che per il completamento e la gestione delle opere pubbliche incompiute sussista la capacità attrattiva di finanziamenti privati, le

stazioni appaltanti e gli enti concedenti promuovono il ricorso a procedure di partenariato pubblico privato ai sensi dell'articolo 174 e seguenti del codice. A tal fine esse pubblicano sul sito istituzionale del committente e sull'apposita sezione del portale web del Ministero delle infrastrutture e dei trasporti, anche tramite i sistemi informatizzati regionali, un avviso finalizzato ad acquisire le manifestazioni di interesse degli operatori economici in ordine ai lavori di possibile completamento, anche ridimensionato o con diversa destinazione d'uso, delle opere incompiute di cui al comma 1 nonché alla gestione delle stesse.

4. Le opere pubbliche incompiute per le quali, a seguito della valutazione di cui al comma 2, le stazioni appaltanti e gli enti concedenti abbiano determinato i lavori da adottare tra quelli menzionati al comma 1 e abbiano individuato la relativa copertura finanziaria, sono inserite nell'elenco dei lavori del programma di cui alla scheda D ovvero nell'elenco annuale di cui alla scheda E se la ripresa dei lavori è prevista nella prima annualità.

5. Nel caso in cui la stazione appaltante o l'ente concedente abbia ritenuto, con atto motivato, l'insussistenza dell'interesse pubblico al completamento e alla fruibilità dell'opera:

a) riporta nell'elenco degli immobili di cui alla scheda C, previa acquisizione al patrimonio a seguito di redazione e approvazione dello stato di consistenza, le opere pubbliche incompiute per le quali intenda cedere la titolarità dell'opera ad altro ente pubblico o a un soggetto esercente una funzione pubblica, ovvero procedere alla vendita dell'opera sul mercato;

b) riporta nell'elenco dei lavori di cui alle schede D ed E le opere pubbliche incompiute per le quali intenda procedere alla demolizione.

6. Qualora ricorra la determinazione di cui al comma 5, lettera b), nell'ambito del programma triennale sono inseriti gli oneri necessari per lo smantellamento dell'opera e per la rinaturalizzazione, riqualificazione ed eventuale bonifica del sito.

Art. 5. Modalità di redazione, approvazione, aggiornamento e modifica del programma triennale dei lavori pubblici e del relativo elenco annuale. Obblighi informativi e di pubblicità – 1. Il programma di cui all'articolo 3 è redatto ogni anno, scorrendo l'annualità pregressa e aggiornando i programmi precedentemente approvati.

2. I lavori per i quali sia stata avviata la procedura di affidamento non sono riproposti nel programma successivo.

3. La scheda F di cui all'articolo 3, comma 2, lettera f), riporta l'elenco dei lavori presenti nel precedente elenco annuale e non riproposti nell'aggiornamento del programma per motivi diversi da quelli di cui al comma 2, ovvero per i quali si è rinunciato all'attuazione.

4. Nel rispetto di quanto previsto all'articolo 37, comma 1, del codice, nonché dei termini di cui ai commi 5 e 6 del presente articolo, sono adottati lo schema del programma triennale dei lavori pubblici e l'elenco annuale dei lavori pubblici proposto dal referente responsabile del programma.

5. Successivamente alla adozione, il programma triennale e l'elenco annuale sono pubblicati sul sito istituzionale del committente e ne è data comunicazione alla Banca dati nazionale dei contratti pubblici. Le stazioni appaltanti e gli enti concedenti possono consentire la presentazione di eventuali osservazioni entro trenta giorni dalla pubblicazione di cui al primo periodo. L'approvazione definitiva del programma triennale, unitamente all'elenco annuale dei lavori, con gli eventuali aggiornamenti, avviene entro i successivi trenta giorni dalla scadenza delle consultazioni, ovvero, comunque, in assenza delle consultazioni, entro sessanta giorni dalla pubblicazione di cui al primo periodo, nel rispetto di quanto previsto dal comma 4, e con pubblicazione in formato *open data* presso i siti informatici della stazione appaltante e dell'ente concedente. Le stazioni appaltanti o gli enti concedenti possono adottare ulteriori forme di pubblicità purché queste siano predisposte in modo da assicurare il rispetto dei termini di cui al presente comma.

6. Entro novanta giorni dalla data di entrata in vigore della legge di bilancio, le stazioni appaltanti e gli enti concedenti che siano amministrazioni dello Stato procedono all'aggiornamento del programma triennale dei lavori pubblici e del relativo elenco annuale. Le altre stazioni appaltanti e gli altri enti concedenti approvano i medesimi documenti entro novanta giorni dalla data di decorrenza degli effetti del proprio bilancio o documento equivalente, secondo l'ordinamento proprio di ciascuna amministrazione. Resta fermo quanto pre-

visto dall'articolo 172 del testo unico delle leggi sull'ordinamento degli enti locali di cui al decreto legislativo 18 agosto 2000, n. 267.

7. Nel caso di regioni o di enti locali, ove risulti avviata la procedura di approvazione dell'aggiornamento annuale del programma triennale e dell'elenco annuale e nelle more della conclusione della medesima, le amministrazioni, secondo i loro ordinamenti, possono, motivatamente, autorizzare l'avvio delle procedure relative a un lavoro previsto dalla seconda annualità di un programma triennale approvato e dall'elenco annuale dello schema di programma triennale adottato.

8. Nei casi in cui le stazioni appaltanti o gli enti concedenti non provvedano alla redazione del programma triennale dei lavori pubblici, per assenza di lavori, ne danno comunicazione sul sito istituzionale del committente nella sezione «Amministrazione trasparente» di cui al decreto legislativo 14 marzo 2013, n. 33 e ne danno comunicazione alla Banca dati nazionale dei contratti pubblici.

9. I programmi triennali di lavori pubblici sono modificabili nel corso dell'anno, previa apposita approvazione dell'organo competente, da individuarsi, per gli enti locali, secondo la tipologia della modifica, nel rispetto di quanto previsto dall'articolo 37, comma 1, del codice, qualora le modifiche riguardino:

a) la cancellazione di uno o più lavori già previsti nell'elenco annuale;

b) l'aggiunta di uno o più lavori in conseguenza di atti amministrativi adottati a livello statale o regionale;

c) l'aggiunta di uno o più lavori per la sopravvenuta disponibilità di finanziamenti all'interno del bilancio non prevedibili al momento della prima approvazione del programma, ivi comprese le ulteriori risorse disponibili anche a seguito di ribassi d'asta o di economie;

d) l'anticipazione della realizzazione, nell'ambito dell'elenco annuale di lavori precedentemente previsti in annualità successive;

e) la modifica del quadro economico dei lavori già contemplati nell'elenco annuale, per la quale si rendano necessarie ulteriori risorse.

10. Le modifiche ai programmi di cui al comma 9 sono pubblicate sul sito istituzionale della stazione appaltante e dell'ente concedente.

11. Un lavoro non inserito nell'elenco annuale può essere realizzato quando sia reso necessario da eventi imprevedibili o calamitosi o da sopravvenute disposizioni di legge o regolamentari. Un lavoro non inserito nell'elenco annuale può essere altresì realizzato sulla base di un autonomo piano finanziario che non utilizzi risorse già previste tra i mezzi finanziari della stazione appaltante o dell'ente concedente al momento della formazione dell'elenco, avviando le procedure di aggiornamento della programmazione.

12. Il CIPESS, al fine di disporre di un quadro programmatico generale di riferimento, può chiedere alle amministrazioni centrali che vigilano su enti tenuti a predisporre i programmi triennali dei lavori pubblici e i relativi aggiornamenti di trasmettere alla Presidenza del Consiglio dei ministri - Dipartimento per la programmazione e il coordinamento della politica economica, una relazione che sintetizzi la distribuzione territoriale e per tipologia dei lavori inseriti nel complesso dei piani triennali degli organismi vigilati riguardanti il triennio di riferimento e i relativi contenuti finanziari.

Art. 6. Contenuti, ordine di priorità del programma triennale degli acquisti di forniture e servizi – 1. Le stazioni appaltanti e gli enti concedenti, secondo i propri ordinamenti e fatte salve le competenze legislative e regolamentari delle regioni e delle province autonome in materia, adottano, nel rispetto di quanto previsto dall'articolo 37 comma 1, del codice, il programma triennale degli acquisti di forniture e servizi nonché i relativi elenchi annuali e aggiornamenti annuali sulla base degli schemi-tipo annessi al presente allegato. Le stazioni appaltanti e gli enti concedenti, ai fini della predisposizione del programma triennale degli acquisti di forniture e servizi e dei relativi elenchi annuali e aggiornamenti annuali, consultano, ove disponibili, le pianificazioni delle attività dei soggetti aggregatori e delle centrali di committenza, anche ai fini del rispetto degli obblighi di utilizzo di strumenti di acquisto e di negoziazione previsti dalle vigenti disposizioni in materia di contenimento della spesa.

2. Gli schemi-tipo per la programmazione triennale degli acquisti di forniture e servizi sono costituiti dalle seguenti schede:

a) G: quadro delle risorse necessarie alle acquisizioni previste dal programma, articolate per annualità e fonte di finanziamento;

b) H: elenco degli acquisti del programma con indicazione degli elementi essenziali per la loro individuazione. Nella scheda sono indicati le forniture e i servizi connessi a un lavoro di cui agli articoli da 3 a 5, riportandone il relativo CUP, ove previsto;

c) I: elenco degli acquisti presenti nella precedente programmazione triennale nei casi previsti dall'articolo 7, comma 3.

3. I soggetti che gestiscono i siti informatici del Ministero delle infrastrutture e dei trasporti e della Banca dati nazionale dei contratti pubblici assicurano la disponibilità del supporto informatico per la compilazione degli schemi-tipo annessi al presente allegato.

4. Ogni acquisto di forniture e servizi riportato nel programma di cui al comma 1 è individuato univocamente dal CUI. Per ogni acquisto per il quale è previsto, è riportato il CUP. Entrambi i codici sono mantenuti nei programmi triennali nei quali l'acquisto è riproposto, salvo modifiche sostanziali del progetto che ne alterino la possibilità di precisa individuazione.

5. Per gli acquisti di cui al comma 1, nel programma triennale sono riportati gli importi degli acquisti di forniture e servizi risultanti dalla stima del valore complessivo, ovvero, per gli acquisti di forniture e servizi ricompresi nell'elenco annuale, gli importi del prospetto economico delle acquisizioni medesime.

6. Il programma triennale contiene altresì i servizi di cui all'articolo 41, comma 10, del codice nonché le ulteriori acquisizioni di forniture e servizi connessi alla realizzazione di lavori previsti nella programmazione triennale dei lavori pubblici o di altre acquisizioni di forniture e servizi previsti nella programmazione triennale. Gli importi relativi a tali acquisizioni, qualora già ricompresi nell'importo complessivo o nel quadro economico del lavoro o acquisizione ai quali sono connessi, non sono computati ai fini della quantificazione delle risorse complessive del programma di cui alla scheda G.

7. Le acquisizioni di forniture e servizi di cui al comma 6 sono individuate da un proprio CUI e sono associate al CUI e al CUP, ove previsto, del lavoro o dell'acquisizione al quale sono connessi.

8. Nei programmi triennali degli acquisti di forniture e servizi, per ogni singolo acquisto, è riportata l'annualità nella quale si intende dare avvio alla procedura di affidamento ovvero si intende ricorrere a una centrale di committenza o a un soggetto aggregatore, al fine di consentire il raccordo con la pianificazione dell'attività degli stessi.

9. Per l'inserimento nel programma triennale degli acquisti di forniture e servizi, le stazioni appaltanti e gli enti concedenti, anche con riferimento all'intera acquisizione nel caso di suddivisione in lotti funzionali, provvedono a fornire adeguate indicazioni in ordine alle caratteristiche tipologiche, funzionali e tecnologiche delle acquisizioni da realizzare e alla relativa quantificazione economica.

10. Il programma triennale degli acquisti di forniture e servizi riporta l'ordine di priorità. Nell'ambito della definizione degli ordini di priorità le stazioni appaltanti e gli enti concedenti individuano come prioritari i servizi e le forniture necessari in conseguenza di calamità naturali, per garantire gli interessi pubblici primari, gli acquisti aggiuntivi per il completamento di forniture o servizi, nonché le forniture e i servizi cofinanziati con fondi europei, e le forniture e i servizi per i quali ricorra la possibilità di finanziamento con capitale privato maggioritario.

11. Le stazioni appaltanti e gli enti concedenti tengono conto di tali priorità, fatte salve le modifiche dipendenti da eventi imprevedibili o calamitosi, o da sopravvenute disposizioni di legge o regolamentari ovvero da atti amministrativi adottati a livello statale o regionale.

12. L'elenco delle acquisizioni di forniture e servizi di importo stimato superiore a 1 milione di euro, che le stazioni appaltanti e gli enti concedenti prevedono di inserire nel programma triennale, è comunicato dalle medesime amministrazioni, entro il mese di ottobre, al Tavolo tecnico dei soggetti aggregatori di cui all'articolo 9, comma 2, del decreto-legge 24 aprile 2014, n. 66, convertito, con modificazioni, dalla legge 23 giugno 2014, n. 89, con le modalità indicate all'articolo 7, comma 5, del presente allegato.

13. Le stazioni appaltanti e gli enti concedenti individuano, nell'ambito della propria organizzazione, la struttura e il soggetto referente per la redazione del programma triennale degli acquisti di forniture e servizi. Il soggetto di cui al presente comma può coincidere con quello di cui all'articolo 3, comma 13. Si applica la procedura di cui all'articolo 3, comma 14.

Art. 7. Modalità di redazione, approvazione, aggiornamento e modifica del programma triennale degli acquisti di forniture e servizi. Obblighi informativi e di pubblicità – 1. Il programma di cui all'articolo 6 è redatto ogni anno, scorrendo l'annualità pregressa e aggiornando i programmi precedentemente approvati.

2. Non è riproposto nel programma successivo un acquisto di una fornitura o di un servizio per il quale sia stata avviata la procedura di affidamento.

3. La scheda I, di cui all'articolo 6, comma 2, lettera c), riporta l'elenco degli acquisti di forniture e servizi presenti nella prima annualità del precedente programma e non riproposti nell'aggiornamento del programma per motivi diversi da quelli di cui al comma 2, ovvero per i quali si è rinunciato all'acquisizione.

4. Nei casi in cui le stazioni appaltanti e gli enti concedenti non provvedano alla redazione del programma triennale degli acquisti di forniture e servizi, per assenza di acquisti di forniture e servizi, ne danno comunicazione sul profilo del committente nella sezione «Amministrazione trasparente» di cui al decreto legislativo 14 marzo 2013, n. 33.

5. La comunicazione al Tavolo tecnico dei soggetti aggregatori di cui all'articolo 6, comma 12, avviene mediante la trasmissione al portale dei soggetti aggregatori nell'ambito del sito acquisti in rete del Ministero dell'economia e delle finanze, anche tramite i sistemi informatizzati regionali.

6. Entro novanta giorni dalla data di entrata in vigore della legge di bilancio, le stazioni appaltanti e gli enti concedenti che siano amministrazioni dello Stato procedono all'aggiornamento del programma triennale degli acquisti di forniture e servizi e del relativo elenco annuale. Le altre stazioni appaltanti e gli enti concedenti approvano i medesimi documenti entro novanta giorni dalla data di decorrenza degli effetti del proprio bilancio o documento equivalente, secondo l'ordinamento proprio di ciascuna amministrazione. Resta fermo quanto previsto dall'articolo 172 del testo unico delle leggi sull'ordinamento degli enti locali di cui al decreto legislativo 18 agosto 2000, n. 267.

7. Nel caso di regioni o di enti locali, ove risulti avviata la procedura di approvazione dell'aggiornamento annuale del programma triennale e nelle more della conclusione della medesima, le amministrazioni, secondo i loro ordinamenti, possono, motivatamente, autorizzare l'avvio delle procedure relative a un acquisto di forniture e servizi previsto in un programma triennale approvato.

8. I programmi triennali degli acquisti di forniture e servizi sono modificabili nel corso dell'anno, previa apposita approvazione dell'organo competente, da individuarsi, per gli enti locali, secondo

la tipologia della modifica, nel rispetto di quanto previsto all'articolo 37, comma 1, del codice, qualora le modifiche riguardino:

a) la cancellazione di uno o più acquisti già previsti nell'elenco annuale delle acquisizioni di forniture e servizi;

b) l'aggiunta di uno o più acquisti in conseguenza di atti amministrativi adottati a livello statale o regionale;

c) l'aggiunta di uno o più acquisti per la sopravvenuta disponibilità di finanziamenti all'interno del bilancio non prevedibili al momento della prima approvazione del programma, ivi comprese le ulteriori risorse disponibili anche a seguito di ribassi d'asta o di economie;

d) l'anticipazione alla prima annualità dell'acquisizione di una fornitura o di un servizio ricompreso nel programma triennale degli acquisti;

e) la modifica del quadro economico degli acquisti già contemplati nell'elenco annuale, per la quale si rendano necessarie ulteriori risorse.

9. Un servizio o una fornitura non inseriti nell'elenco annuale possono essere realizzati quando siano resi necessari da eventi imprevedibili o calamitosi o da sopravvenute disposizioni di legge o regolamentari. Un servizio o una fornitura non inseriti nella prima annualità del programma possono essere altresì realizzati sulla base di un autonomo piano finanziario che non utilizzi risorse già previste tra i mezzi finanziari dell'amministrazione al momento della formazione dell'elenco, avviando le procedure di aggiornamento della programmazione.

10. Le modifiche ai programmi di cui al comma 8 sono pubblicate sul sito istituzionale della stazione appaltante e dell'ente concedente e ne è data comunicazione alla Banca dati nazionale dei contratti pubblici.

Art. 8. Modalità di raccordo con la pianificazione dell'attività dei soggetti aggregatori e delle centrali di committenza ai quali le stazioni appaltanti delegano la procedura di affidamento – 1. Negli elenchi annuali degli acquisti di forniture e servizi e negli elenchi annuali dei lavori, le stazioni appaltanti e gli enti concedenti indicano per ciascun acquisto l'obbligo, qualora sussistente, ovvero l'intenzione di ricorrere a una centrale di committenza o a un soggetto aggregatore per l'espletamento della procedura di affidamento; a tal fine essi consultano, ai sensi di quanto previsto dall'articolo 6, comma 1, secondo periodo, la pianificazione dei soggetti aggregatori e delle centrali di committenza e ne acquisiscono il preventivo assenso o ne verificano la capienza per il soddisfacimento del proprio fabbisogno.

2. Nei casi in cui le stazioni appaltanti e gli enti concedenti, in adempimento di quanto previsto dal comma 1, ricorrano a una centrale di committenza o a un soggetto aggregatore, l'elenco annuale ne indica la denominazione fra quelle registrate nell'AUSA nell'ambito della Banca dati nazionale dei contratti pubblici dell'Autorità nazionale anticorruzione.

Art. 9. Disposizioni transitorie e finali – 1. Il presente allegato si applica per la formazione o l'aggiornamento dei programmi triennali dei lavori pubblici e degli acquisti di forniture e servizi effettuati a decorrere dal periodo di programmazione 2023-2025.

2. Il decreto del Ministro delle infrastrutture e dei trasporti 16 gennaio 2018 n. 14, pubblicato nella Gazzetta Ufficiale della Repubblica italiana n. 57 del 9 marzo 2018, è abrogato a decorrere dalla data in cui il presente allegato acquista efficacia ai sensi dell'articolo 229, comma 2, del codice.

Art. 10. Clausola di invarianza finanziaria – 1. All'attuazione delle disposizioni del presente allegato si provvede mediante l'utilizzo delle risorse umane, strumentali e finanziarie disponibili a legislazione vigente e senza nuovi o maggiori oneri a carico della finanza pubblica.

N.B.: per ragioni di spazio si omettono le "Schede programma amministrazione" (da A a I). Per consultarle, inquadra il QR-code:

ALLEGATO I.6
Dibattito pubblico obbligatorio
(Articolo 40)

Art. 1. Opere soggette a dibattito pubblico obbligatorio – 1. Sono soggette a dibattito pubblico obbligatorio, ai sensi dell'articolo 40, commi 1 e 8, del codice, le opere rientranti nelle tipologie di cui alla Tabella 1.

2. I parametri di riferimento delle soglie dimensionali delle opere inserite nella tabella 1 annessa al presente allegato sono ridotti del 50 per cento se si tratta, con riferimento a particolari esigenze di salvaguardia, di interventi ricadenti, anche in parte:

a) su beni del patrimonio culturale e naturale iscritti nella Lista del Patrimonio Mondiale dell'UNESCO, ai sensi della Conferenza sul Patrimonio Mondiale del 1977;

b) nella zona tampone come definita nelle Linee guida operative emanate dell'UNESCO;

c) nei parchi nazionali e regionali e nelle aree marine protette.

3. Per le opere di cui alla Tabella 1, di importo compreso tra la soglia ivi indicata e due terzi della medesima, la stazione appaltante o l'ente concedente indìce il dibattito pubblico su richiesta:

a) della Presidenza del Consiglio dei ministri o dei Ministeri direttamente interessati alla realizzazione dell'opera;

b) di un Consiglio regionale o di una provincia o di una città metropolitana o di un comune capoluogo di provincia territorialmente interessati dall'intervento;

c) di uno o più consigli comunali o di unioni di comuni territorialmente interessati dall'intervento, se complessivamente rappresentativi di almeno centomila abitanti;

d) di almeno cinquantamila cittadini elettori nei territori in cui è previsto l'intervento;

e) di almeno un terzo dei cittadini elettori per gli interventi che interessano le isole con non più di centomila abitanti e per il territorio di comuni di montagna.

Art. 2. Esclusioni – 1. Il dibattito pubblico è escluso:

a) per le opere previste dai Titoli V e VI della Parte VII del libro II del codice e per quelle di difesa nazionale di cui all'articolo 233 del codice dell'ordinamento militare di cui al decreto legislativo 15 marzo 2010, n. 66;

b) per interventi di manutenzione ordinaria e straordinaria, restauri, adeguamenti tecnologici e completamenti;

c) per le opere già sottoposte a procedure preliminari di consultazione pubblica sulla base di norme europee.

Art. 3. Indizione del dibattito pubblico – 1. Le stazioni appaltanti e gli enti concedenti individuano, ciascuno secondo il proprio ordinamento, il soggetto titolare del potere di indire il dibattito pubblico che si svolge nelle fasi iniziali di elaborazione di un progetto di un'opera o di un intervento, in relazione ai contenuti del progetto di fattibilità ovvero del documento di fattibilità delle eventuali alternative progettuali.

2. Il dibattito pubblico ha avvio con la pubblicazione, ai sensi dell'articolo 40, comma 3, del codice, della relazione di progetto dell'opera di cui all'articolo 5, comma 1, lettera a), del presente allegato.

Art. 4. Responsabile del dibattito pubblico – 1. Il responsabile dell'unità organizzativa titolare del potere di spesa nomina, con immediatezza e, comunque, entro dieci giorni dalla determinazione di indizione di cui all'articolo 3, comma 1, il responsabile del dibattito pubblico tra i dipendenti in possesso di comprovata esperienza e competenza nella gestione di processi partecipativi, ovvero nella gestione ed esecuzione di attività di programmazione e pianificazione in materia infrastrutturale, urbanistica, territoriale e socio-economica. Su richiesta delle stazioni appaltati o degli enti concedenti, il responsabile del dibattito pubblico è individuato dal Ministero competente per materia tra i suoi dirigenti. Se l'amministrazione aggiudicatrice o l'ente aggiudicatore è un Ministero, il responsabile del dibattito pubblico è designato dalla Presidenza del Consiglio dei ministri tra i dirigenti delle pubbliche amministrazioni estranei al ministero interessato. Nel caso di comprovata assenza di dirigenti pubblici in possesso dei requisiti di cui al primo periodo, il responsabile del dibattito pubblico può essere individuato dalle stazioni appaltanti o dagli enti concedenti mediante procedura di cui al codice, configurandosi come appalto di servizi.

2. Non possono assumere l'incarico di responsabile del dibattito pubblico i soggetti residenti o domiciliati nel territorio di una provincia o di una città metropolitana ove la stessa opera è localizzata.

3. Il responsabile del dibattito pubblico:

a) progetta le modalità di svolgimento del dibattito pubblico ed elabora, entro un mese dal conferimento dell'incarico, il documento di progetto del dibattito pubblico, stabilendo i temi di discussione, le modalità di partecipazione e comunicazione al pubblico, esclusivamente con l'utilizzo di strumenti informatici e telematici, salva la sussistenza di specifiche esigenze, motivate sulla base di elementi oggettivi, che rendano necessaria la calendarizzazione di incontri con diverse modalità;

b) valuta, ed eventualmente richiede, per una sola volta ed entro quindici giorni dalla sua ricezione, integrazioni e modifiche alla relazione di progetto di cui all'articolo 5, comma 1, lettera a);

c) favorisce il confronto tra tutti i partecipanti al dibattito;

d) in modo oggettivo e trasparente, definisce e attua le modalità di comunicazione e informazione al pubblico, curando l'organizzazione e gli aggiornamenti della sezione del sito istituzionale di afferenza;

e) redige la relazione conclusiva del dibattito pubblico di cui all'articolo 7, comma 1.

Art. 5. Funzioni e compiti della stazione appaltante e dell'ente concedente – 1. La stazione appaltante o l'ente concedente provvede a:

a) elaborare la relazione di progetto dell'opera, scritta in linguaggio chiaro e comprensibile, in cui è motivata l'opportunità dell'intervento e sono descritte le soluzioni progettuali proposte, comprensive delle valutazioni degli impatti sociali, ambientali ed economici, in coerenza con le linee guida di cui all'articolo 8 del decreto legislativo 29 dicembre 2011, n. 228;

b) pubblicare sul proprio sito istituzionale e richiedere la pubblicazione sui siti istituzionali delle amministrazioni locali interessate dall'intervento della relazione di cui alla lettera a);

c) comunicare al Dipartimento per le opere pubbliche, le politiche abitative e urbane, le infrastrutture idriche e le risorse umane e strumentali del Ministero delle infrastrutture e dei trasporti l'indizione del procedimento del dibattito pubblico e la relativa conclusione;

d) fornire le informazioni sull'intervento e, ove significativo, sulle alternative progettuali esaminate nella prima fase del progetto di fattibilità;

e) partecipare in modo attivo alle attività previste dal dibattito pubblico e fornire il supporto necessario per rispondere ai quesiti emersi nel corso del dibattito pubblico;

f) valutare i risultati e le proposte emersi nel corso del dibattito pubblico e redigere un documento conclusivo in cui si evidenzia la volontà o meno di realizzare l'intervento, le eventuali modifiche da apportare al progetto e le ragioni che hanno condotto a non accogliere eventuali proposte;

g) sostenere i costi relativi allo svolgimento del dibattito pubblico, previsti negli oneri della progettazione dell'intervento di cui all'articolo 41, comma 9, del codice.

Art. 6. Svolgimento del dibattito pubblico – 1. Dalla pubblicazione di cui all'articolo 3, comma 2, decorrono i termini di conclusione di cui all'articolo 40, comma 5, del codice.

2. Il titolare del potere di indire il dibattito pubblico può prorogarne una sola volta e per la durata massima di due mesi il termine di conclusione di cui al comma 1, in caso di comprovata e motivata necessità.

3. Gli enti legittimati ai sensi dell'articolo 40, comma 4, del codice, nel termine ivi stabilito, possono presentare osservazioni e proposte con le modalità stabilite dal responsabile del dibattito pubblico in conformità alle previsioni dell'articolo 4, comma 3, lettera a).

Art. 7. Conclusione del dibattito pubblico – 1. Nel termine di cui all'articolo 40, comma 5, del codice, il responsabile del dibattito pubblico presenta alla stazione appaltante o all'ente concedente la relazione conclusiva sull'andamento dell'intera procedura, oggetto di pubblicazione sul sito istituzionale della stazione appaltante o dell'ente concedente, nonché sui siti istituzionali delle amministrazioni locali interessate dall'intervento, che contiene:

a) la descrizione delle attività svolte nel corso del dibattito pubblico;

b) la sintesi dei temi, in modo imparziale, trasparente e oggettivo, delle posizioni e delle proposte emerse nel corso del dibattito;

c) la descrizione delle questioni aperte e maggiormente problematiche rispetto alle quali si chiede alla stazione appaltante o all'ente concedente di prendere posizione nella relazione conclusiva, di cui all'articolo 4, comma 3, lettera e), con l'eventuale indicazione delle proposte ritenute meritevoli di accoglimento.

2. La stazione appaltante o l'ente concedente, entro due mesi successivi dalla ricezione della relazione di cui al comma 1, adotta il proprio documento conclusivo, di cui all'articolo 5, comma 1, lettera f), del quale viene data comunicazione mediante pubblicazione sul proprio sito istituzionale e sui siti istituzionali delle amministrazioni locali interessate dall'intervento, nonché al Dipartimento di cui all'articolo 5, comma 1, lettera c).

Tabella 1

TIPOLOGIE DI OPERE	SOGLIE DIMENSIONALI
Autostrade e strade extraurbane principali. Strade extraurbane a quattro o più corsie o adeguamento di strade extraurbane esistenti a due corsie per renderle a quattro o più corsie.	Opere che comportano una lunghezza del tracciato superiore a 30 km e comunque con un valore di investimento pari o superiore a 500 milioni di euro al netto di IVA del complesso dei contratti previsti.
Tronchi ferroviari per il traffico a grande distanza.	Opere che comportano una lunghezza del tracciato superiore a 30 km e comunque con un valore di investimento superiore a 500 milioni di euro al netto di IVA del complesso dei contratti previsti.
Aeroporti.	Opere che riguardano nuovi terminali passeggeri o merci, o nuove piste di atterraggio e decollo superiori ai 1.500 metri di lunghezza e comunque con un valore di investimento complessivo superiore a 200 milioni di euro al netto di IVA del complesso dei contratti previsti.

▸▸

TIPOLOGIE DI OPERE	SOGLIE DIMENSIONALI
Porti marittimi commerciali, nonché vie navigabili e porti per la navigazione interna accessibili a navi di stazza superiore a 1.350 tonnellate. Terminali marittimi, da intendersi quali moli, pontili, boe galleggianti, isole a mare per il carico e lo scarico dei prodotti collegati con la terraferma e l'esterno dei porti, che possono accogliere navi di stazza superiore a 1.350 tonnellate, comprese le attrezzature e le opere funzionalmente connesse.	Opere che comportano una superficie interessata dall'intervento superiore a 150 ha e comunque con un valore di investimento complessivo superiore a 200 milioni di euro al netto di IVA del complesso dei contratti previsti.
Interventi per la difesa del mare e delle coste.	Opere che comportano un valore di investimento complessivo superiore ai 50 milioni di euro del complesso dei contratti previsti.
Piattaforme di lavaggio delle acque di zavorra delle navi.	Opere *off-shore* che comportano un valore di investimento complessivo superiore ai 150 milioni di euro del complesso dei contratti previsti.
Interporti finalizzati al trasporto merci e in favore dell'intermodalità di cui alla legge 4 agosto 1990, n. 240 e successive modifiche, comunque comprendenti uno scalo ferroviario idoneo a formare o ricevere treni completi e in collegamento con porti, aeroporti e viabilità di grande comunicazione.	Opere che comportano costi degli stabilimenti e delle infrastrutture superiori ai 300 milioni di euro al netto di IVA del complesso dei contratti previsti.
Elettrodotti aerei.	Linee elettriche aeree di tensione pari o superiore a 380 kV e con tracciato di lunghezza superiore a 40 km.

▸▸

TIPOLOGIE DI OPERE	SOGLIE DIMENSIONALI
Impianti destinati a trattenere, regolare o accumulare le acque in modo durevole.	Impianti con altezza superiore a 30 metri o che determinano un volume di invaso superiore a 40 milioni di metri cubi.
Opere che prevedano o possano prevedere trasferimento d'acqua tra regioni diverse e ciò travalichi i comprensori di riferimento dei bacini idrografici istituiti a norma della legge 18 maggio 1989,	Opere che prevedono trasferimenti di portata uguale o superiore a 4 m³/s.
Infrastrutture a uso sociale, culturale, sportivo, scientifico o turistico.	Opere e infrastrutture che comportano investimenti complessivi superiori a 300 milioni di euro al netto di IVA, del complesso dei contratti previsti.
Impianti insediamenti industriali e infrastrutture energetiche.	Opere che comportano investimenti complessivi superiori ai 300 milioni di euro al netto di IVA del complesso dei contratti previsti.

ALLEGATO I.7
Contenuti minimi del quadro esigenziale, del documento di fattibilità delle alternative progettuali, del documento di indirizzo della progettazione, del progetto di fattibilità tecnica ed economica e del progetto esecutivo
(Articoli da 41 a 44)

Sezione I
QUADRO ESIGENZIALE, DOCUMENTO DI FATTIBILITÀ DELLE ALTERNATIVE PROGETTUALI, DOCUMENTO DI INDIRIZZO ALLA PROGETTAZIONE

Art. 1. Quadro esigenziale – 1. Il quadro esigenziale tiene conto di quanto previsto negli strumenti di programmazione del committente. Esso, per ciascun intervento da realizzare, in relazione alla tipologia dell'intervento stesso, riporta:

a) gli obiettivi generali da perseguire attraverso la realizzazione dell'intervento, con gli associati indicatori chiave di prestazione;

b) i fabbisogni, le esigenze qualitative e quantitative del committente, della collettività o della specifica utenza alla quale l'intervento è destinato, che dovranno essere soddisfatti attraverso la realizzazione dell'intervento stesso;

2. Il quadro esigenziale e il documento di fattibilità delle alternative progettuali, di cui all'articolo 2, possono essere redatti anche con l'ausilio di sistemi informativi geografici (*Geographical Information System*) e di modelli informativi relativi allo stato di fatto delle aree interessate e delle attività insediabili. A questo fine, il quadro esigenziale può essere integrato dalla configurazione di modelli informativi bi- e tri-dimensionali di carattere urbano o territoriale comprensivi dei piani di cantiere e da modelli informativi che riflettano lo stato dei luoghi e dei cespiti immobiliari o infrastrutturali esistenti.

3. La redazione del quadro esigenziale è di esclusiva competenza del committente.

Art. 2. Documento di fattibilità delle alternative progettuali – 1. Il documento di fattibilità delle alternative progettuali, di seguito «DOCFAP», è redatto nel rispetto dei contenuti del quadro esigenziale ed è prodromico alla redazione del Documento di indirizzo alla progettazione di cui all'articolo 3. Il DOCFAP, analogamente al quadro esigenziale, può essere supportato dalla configurazione di modelli informativi bi- e tri-dimensionali di carattere urbano o territoriale e da modelli informativi che riflettano lo stato dei luoghi e dei cespiti immobiliari o infrastrutturali esistenti che permettano di visualizzare analisi di scenario e di identificare alternative progettuali.

2. Il DOCFAP individua e analizza le possibili soluzioni progettuali che possono riguardare: l'ipotesi di non realizzazione dell'intervento, ove applicabile, le scelte modali e le alternative di tracciato per le infrastrutture lineari (oppure relative alla mobilità e al trasporto); per le opere puntuali, l'alternativa tra la realizzazione di una nuova costruzione o il recupero di un edificio esistente, ovvero il riutilizzo di aree dismesse o urbanizzate o degradate, limitando ulteriore consumo di suolo; sempre per le opere puntuali di nuova costruzione la localizzazione dell'intervento. Il DOCFAP, ove pertinente e richiesto dal committente, può analizzare anche le soluzioni tecniche, economiche e finanziarie, anche in relazione agli aspetti manutentivi dell'opera da realizzare. Il DOCFAP, ove pertinente e richiesto dal committente, prende in considerazione e analizza tutte le opzioni possibili, inclusa, ove applicabile, l'ipotesi di non realizzazione dell'intervento, al fine di consentire un effettivo confronto comparato tra le diverse alternative. Il DOCFAP, inoltre, evidenzia le principali incidenze delle alternative analizzate sul contesto territoriale, ambientale, paesaggistico, culturale e archeologico, nonché, per gli interventi sulle opere esistenti, sulle caratteristiche storiche, architettoniche e tecniche. A tal fine è prevista la possibilità di effettuare indagini preliminari.

3. In applicazione del principio di proporzionalità di cui all'articolo 41, comma 5, del codice, il DOCFAP è sviluppato con un livello di approfondimento e con un contenuto differenziato in relazione al tipo e alla dimensione dell'intervento da realizzare.

4. Il DOCFAP, in relazione alla specifica tipologia e alla dimensione dell'intervento da realizzare si compone di una relazione tecnico-illustrativa, così articolata:

a) analisi dello stato di fatto dell'area d'intervento o dell'opera, nel caso di interventi su opere esistenti, integrabili da modelli informativi bi- e tri-dimensionali di carattere urbano o territoriale e da modelli informativi che riflettano lo stato dei luoghi e dei cespiti immobiliari o infrastrutturali esistenti;

b) inquadramento territoriale dell'area d'intervento: corografia, stralcio dello strumento urbanistico comunale, verifica della compatibilità dell'intervento con gli strumenti urbanistici, con la mappa tematica archeologica ove esistente e con i vincoli di settore, ove pertinenti;

c) individuazione, tramite elaborati descrittivi, cartografici e grafici, in relazione al tipo e alla dimensione dell'intervento, delle possibili alternative progettuali come definite al comma 2, e relativo confronto sulla base delle caratteristiche funzionali, tecniche, economico, finanziarie, anche in relazione agli aspetti connessi alla manutenibilità. Tali alternative possono essere illustrate anche mediante modelli informativi;

d) schemi grafici che descrivano e consentano l'individuazione delle caratteristiche essenziali delle alternative progettuali esaminate. Tali schemi possono essere supportati da simulazioni digitali realizzate tramite dedicati strumenti di schematizzazione parametrica;

e) indicazione dei tempi previsti per l'attuazione delle alternative progettuali esaminate;

f) stima sommaria dei costi, mediante l'adozione di prezzi parametrici;

g) confronto comparato delle alternative progettuali, esaminate mediante idoneo strumento a supporto delle decisioni, in relazione al tipo e alla dimensione dell'intervento.

5. In relazione a quanto stabilito all'articolo 37 del codice, la redazione del DOCFAP è sempre necessaria per interventi il cui importo per lavori sia pari o superiore alla soglia di cui all'articolo 14 del codice.

6. Per interventi di importo dei lavori superiore a 150.000 euro e inferiore alla soglia di cui all'articolo 14 del codice, è facoltà del committente richiedere la redazione del DOCFAP, che sarà redatto sulla base delle indicazioni fornite dal responsabile unico del progetto (RUP), tenendo conto del tipo e della dimensione dell'intervento da realizzare.

7. Il DOCFAP, sulla base del confronto comparato tra le alternative prese in considerazione, perviene alla individuazione della soluzione che presenta il miglior rapporto tra costi e benefici per la col-

lettività e per l'ambiente, in relazione alle specifiche esigenze da soddisfare e alle prestazioni da fornire.

8. Per gli interventi da realizzarsi con formule di partenariato pubblico privato il DOCFAP è corredato anche di un'analisi costi ricavi.

9. Il committente, con propria determinazione, approva il DOCFAP.

Art. 3. Documento di indirizzo alla progettazione – 1. Il documento di indirizzo alla progettazione, di seguito «DIP», da redigere in coerenza con il quadro esigenziale e con la soluzione individuata nel DOCFAP, ove redatto, indica, in rapporto alla dimensione, alla specifica tipologia e alla categoria dell'intervento da realizzare, le caratteristiche, i requisiti e gli elaborati progettuali necessari per la definizione di ogni livello della progettazione. Il DIP è redatto e approvato prima dell'affidamento del progetto di fattibilità tecnica ed economica, sia in caso di progettazione interna, che di progettazione esterna alla stazione appaltante; in quest'ultimo caso, il DIP dovrà essere parte della documentazione di gara per l'affidamento del contratto pubblico di servizi, in quanto costituisce parte integrante del "capitolato del servizio di progettazione". In caso di progettazione interna alla stazione appaltante il DIP è allegato alla lettera d'incarico. Il DIP riporta almeno le seguenti indicazioni:

a) lo stato dei luoghi con le relative indicazioni di tipo catastale, eventualmente documentabile tramite modelli informativi che ne riflettano la condizione;

b) gli obiettivi da perseguire attraverso la realizzazione dell'intervento, le funzioni che dovranno essere svolte, i fabbisogni e le esigenze da soddisfare e, ove pertinenti, i livelli di servizio da conseguire e i requisiti prestazionali di progetto da raggiungere;

c) i requisiti tecnici che l'intervento deve soddisfare in relazione alla legislazione tecnica vigente e al soddisfacimento delle esigenze di cui alla lettera b);

d) i livelli della progettazione da sviluppare e i relativi tempi di svolgimento, in rapporto alla specifica tipologia e alla dimensione dell'intervento. Tali livelli di progettazione, quando supportati dai metodi e strumenti di gestione informativa delle costruzioni di cui all'articolo 43 del codice, possono tenere in considerazione i livelli di fabbisogno informativo disciplinati dalle norme tecniche;

e) gli elaborati grafici e descrittivi da redigere;

f) le eventuali raccomandazioni per la progettazione, anche in relazione alla pianificazione urbanistica, territoriale e paesaggistica vigente e alle valutazioni ambientali strategiche (VAS), ove pertinenti, procedure tecniche integrative o specifici standard tecnici che si intendano porre a base della progettazione dell'intervento;

g) i limiti economici da rispettare e l'eventuale indicazione delle coperture finanziarie dell'opera;

h) le indicazioni in ordine al sistema di realizzazione dell'intervento;

i) l'indicazione della procedura di scelta del contraente;

l) l'indicazione del criterio di aggiudicazione;

m) la tipologia di contratto individuata per la realizzazione dell'intervento, e in particolare se il contratto sarà stipulato a corpo o a misura, o parte a corpo e parte a misura;

n) le specifiche tecniche contenute nei criteri ambientali minimi (CAM), adottati con decreto del Ministero dell'ambiente e della sicurezza energetica, per quanto materialmente applicabili; qualora la progettazione sia supportata dalla modellazione informativa tali specifiche, per quanto applicabili, possono essere introdotte all'interno dei modelli informativi;

o) la individuazione, laddove possibile e/o necessario, di lotti funzionali e/o di lotti prestazionali, articolati in strutture analitiche di progetto;

p) gli indirizzi generali per la progettazione del monitoraggio ambientale, geotecnico e strutturale delle opere, ove ritenuto necessario;

q) le specifiche tecniche per l'utilizzo di materiali, elementi e componenti ai fini:

1) del perseguimento dei requisiti di resistenza, durabilità, robustezza e resilienza delle opere;

2) della efficienza energetica e della sicurezza e funzionalità degli impianti;

r) l'indicazione di massima dei tempi necessari per le varie fasi dell'intervento;

s) in caso di affidamenti agli operatori economici di cui all'articolo 66, comma 1, del codice, l'importo di massima stimato da porre a base di gara, calcolato nel rispetto del decreto di cui all'articolo 41, comma 13, del codice, per la prestazione da affidare;

t) la possibilità di utilizzare le economie derivanti dai ribassi d'asta anche per motivate varianti in corso d'opera;

u) nelle ipotesi in cui non sia prevista la redazione del piano di sicurezza e coordinamento ai sensi del Titolo IV, Capo I, del decreto legislativo 9 aprile 2008, n. 81, la previsione dell'elaborato progettuale della sicurezza contenente l'analisi del contesto ambientale con l'individuazione delle potenziali interferenze, la descrizione dei rischi per la sicurezza e la salute dei lavoratori connessi all'area di cantiere, ad esclusione di quelli specifici propri dell'attività dell'impresa, nonché la stima dei costi della sicurezza per tutta la durata delle lavorazioni;

v) per le forniture, i criteri di approvvigionamento di materiali idonei a garantire il rispetto dei criteri ambientali minimi e i diritti dei lavoratori, secondo indirizzi finalizzati a promuovere le forniture di materiali certificati da organismi verificatori accreditati di cui al regolamento di esecuzione (UE) 2018/2067 della Commissione, del 19 dicembre 2018.

2. Nei casi previsi dalla legge o per scelta del committente, della stazione appaltate o dell'ente concedente il DIP include il capitolato informativo (di seguito anche «CI»), in riferimento a quanto previsto dall'articolo 43 del codice e secondo le specifiche del relativo allegato 1.9.

3. Il DIP, oltre ai contenuti stabiliti, può contenere, in materia di digitalizzazione dei processi e di modellazione informativa, ulteriori riferimenti alla fase esecutiva, anche con riferimento alla pianificazione e gestione della realizzazione prevista dalla norma UNI ISO 21502:2021 e dalla norma UNI ISO 31000.

4. Ai fini della redazione del DIP, qualora esso sia supportato da modelli informativi, la stazione appaltante o l'ente concedente può fare utile riferimento alla norma UNI/TR 11337-2: 2021.

5. Nel caso di concorso di progettazione o di concorso di idee, di cui all'articolo 46 del codice, il DIP è integrato con i documenti preparatori del concorso stesso, predisposti a cura della stazione appaltante; tali documenti preparatori definiscono il contenuto del concorso ai fini di garantire la rispondenza della progettazione dell'intervento oggetto del concorso alle esigenze qualitative e quantitative dalla stazione appaltante. I documenti di cui al primo periodo possono essere integrati dalla configurazione di modelli informativi bi- e tri-dimensionali di carattere urbano o territoriale e da modelli infor-

mativi che riflettano lo stato dei luoghi e dei cespiti immobiliari o infrastrutturali esistenti.

6. A seguito della redazione del progetto di fattibilità tecnica ed economica di cui all'articolo 4, il DIP è aggiornato in relazione alla definizione delle scelte funzionali e tecnico-costruttive adottate, anche riguardo ai requisiti prestazionali di progetto. Detto aggiornamento può costituire indirizzo per le successive fasi progettuali e, conseguentemente, può fornire elementi per la redazione del disciplinare di gara nel caso di procedura di affidamento sulla base del progetto di fattibilità tecnica ed economica con l'adozione del criterio dell'offerta economicamente più vantaggiosa.

Art. 4. Livelli della progettazione di lavori pubblici – 1. Ai sensi dell'articolo 41 del codice, la progettazione in materia di lavori pubblici si articola secondo due livelli di successivi approfondimenti tecnici, in:

a) progetto di fattibilità tecnica ed economica;

b) progetto esecutivo.

2. I livelli di cui al comma 1 costituiscono una suddivisione di contenuti progettuali che sono sviluppati progressivamente nell'ambito di un processo unitario senza soluzione di continuità, al fine di assicurare la coerenza della progettazione ai diversi livelli di elaborazione e la rispondenza al quadro esigenziale e al documento di indirizzo alla progettazione di cui all'articolo 3.

Art. 5. Quadro economico dell'opera o del lavoro – 1. Il quadro economico dell'opera o del lavoro è predisposto con progressivo approfondimento in rapporto al livello di progettazione di cui fa parte e presenta le necessarie specificazioni e variazioni in relazione alla specifica tipologia e categoria dell'opera o dell'intervento stesso, nonché alle specifiche modalità di affidamento dei lavori ai sensi del codice. Il quadro economico, con riferimento al costo complessivo dell'opera o dell'intervento, è così articolato:

a) lavori a corpo, a misura;

b) costi della sicurezza non soggetti a ribasso d'asta;

c) importo relativo all'aliquota per l'attuazione di misure volte alla prevenzione e repressione della criminalità e tentativi di infiltrazione mafiosa, di cui all'articolo 204, comma 6, lettera e), del codice, non soggetto a ribasso;

d) opere di mitigazione e di compensazione dell'impatto ambientale e sociale, nel limite di importo del 2 per cento del costo complessivo dell'opera; costi per il monitoraggio ambientale;

e) somme a disposizione della stazione appaltante per:

1) lavori in amministrazione diretta previsti in progetto ed esclusi dall'appalto, ivi inclusi i rimborsi previa fattura;

2) rilievi, accertamenti e indagini da eseguire ai diversi livelli di progettazione a cura della stazione appaltante;

3) rilievi, accertamenti e indagini da eseguire ai diversi livelli di progettazione a cura del progettista;

4) allacciamenti ai pubblici servizi e superamento eventuali interferenze;

5) imprevisti, secondo quanto precisato al comma 2;

6) accantonamenti in relazione alle modifiche di cui agli articoli 60 e 120, comma 1, lettera a), del codice;

7) acquisizione aree o immobili, indennizzi;

8) spese tecniche relative alla progettazione, alle attività preliminari, ivi compreso l'eventuale monitoraggio di parametri necessari ai fini della progettazione ove pertinente, al coordinamento della sicurezza in fase di progettazione, alle conferenze dei servizi, alla direzione lavori e al coordinamento della sicurezza in fase di esecuzione, all'assistenza giornaliera e contabilità, all'incentivo di cui all'articolo 45 del codice, nella misura corrispondente alle prestazioni che dovranno essere svolte dal personale dipendente;

9) spese per attività tecnico-amministrative e strumentali connesse alla progettazione, di supporto al RUP qualora si tratti di personale dipendente, di assicurazione dei progettisti qualora dipendenti dell'amministrazione, ai sensi dell'articolo 2, comma 4, del codice nonché per la verifica preventiva della progettazione ai sensi dell'articolo 42 del codice;

10) spese di cui all'articolo 45, commi 6 e 7, del codice;

11) eventuali spese per commissioni giudicatrici;

12) spese per pubblicità;

13) spese per prove di laboratorio, accertamenti e verifiche tecniche obbligatorie o specificamente previste dal capitolato speciale d'appalto, di cui all'articolo 116 comma 11, del codice, nonché per l'eventuale monitoraggio successivo alla realizzazione dell'opera, ove prescritto;

14) spese per collaudo tecnico-amministrativo, collaudo statico e altri eventuali collaudi specialistici;

15) spese per la verifica preventiva dell'interesse archeologico, di cui all'articolo 41, comma 4, del codice;

16) spese per i rimedi alternativi alla tutela giurisdizionale;

17) nei casi in cui sono previste, spese per le opere artistiche di cui alla legge 20 luglio 1949, n. 717;

18) IVA ed eventuali altre imposte.

2. Le voci del quadro economico relative a imprevisti, di cui al comma 1, lettera e), numero 5), e a eventuali lavori in amministrazione diretta, di cui al comma 1 lettera e), numero 1), sono definite entro una soglia compresa tra il 5 e il 10 per cento dell'importo dei lavori a base di gara, comprensivo dei costi della sicurezza.

Sezione II
PROGETTO DI FATTIBILITÀ TECNICO-ECONOMICA

Art. 6. Progetto di fattibilità tecnico-economica – 1. Il progetto di fattibilità tecnico-economica, di seguito «PFTE», costituisce lo sviluppo progettuale della soluzione che, tra le alternative possibili messe a confronto nel DOCFAP, ove redatto, presenta il miglior rapporto tra costi complessivi da sostenere e benefici attesi per la collettività.

2. Il PFTE è elaborato sulla base della valutazione delle caratteristiche del contesto nel quale andrà inserita la nuova opera, compatibilmente con le preesistenze (anche di natura ambientale, paesaggistica e archeologica). A questo fine ci si può avvalere, nei casi previsti dall'articolo 43 del codice, di modelli informativi digitali dello stato dei luoghi, eventualmente configurato anche in termini geospaziali (*Geographical Information System* - GIS).

3. Durante la fase di progettazione di fattibilità tecnica ed economica sono svolte adeguate indagini e studi conoscitivi (morfologia, geologia, geotecnica, idrologia, idraulica, sismica, unità ecosistemiche, evoluzione storica, uso del suolo, destinazioni urbanistiche, valori paesistici, architettonici, storico-culturali, archeologia preventiva, vincoli normativi, ecc.) anche avvalendosi di tecnologie di rilievo digitale finalizzate alla definizione di modelli informativi dell'esistente.

4. La preventiva diagnostica del terreno, unita alla ricognizione e alla compiuta interpretazione del territorio, consente di pervenire alla determinazione:

a) dell'assetto geometrico-spaziale dell'opera (localizzazione sul territorio);

b) degli aspetti funzionali dell'opera;

c) delle tipologie fondazionali e strutturali (in elevazione) dell'opera medesima;

d) della eventuale interferenza con il patrimonio culturale e archeologico;

e) delle misure di mitigazione e compensazione dell'impatto ambientale e sui contesti archeologici, ai fini della loro valorizzazione e restituzione alla comunità locale tramite opere di conservazione o dislocazione;

f) di una previsione di spesa attendibile.

5. Il PFTE tiene conto, per quanto possibile, delle caratteristiche orografiche e morfologiche del contesto fisico di intervento, limitando le modifiche del naturale andamento del terreno (e conseguentemente il consumo di suolo e i movimenti terra) salvaguardando, altresì, l'officiosità idraulica dei corsi d'acqua (naturali e artificiali) interferiti dall'opera, l'idrogeologia del sottosuolo e la stabilità geotecnica dei circostanti rilievi naturali e dei rilevati artificiali.

6. Nella redazione del PFTE deve aversi particolare riguardo:

a) alla compatibilità ecologica della proposta progettuale, privilegiando l'utilizzo di tecniche e materiali, elementi e componenti a basso impatto ambientale;

b) alla adozione di provvedimenti che, in armonia con la proposta progettuale, favoriscano la tutela e la valorizzazione del patrimonio culturale, concorrendo a preservare la memoria della comunità nazionale e del suo territorio e promuovendo il patrimonio culturale come motore di sviluppo economico;

c) all'adozione di principi di progettazione bioclimatica e di "sistemi passivi" che consentano di migliorare il bilancio energetico dell'edificio, nell'ottica di una sostenibilità complessiva dell'intervento stesso;

d) all'utile reimpiego dei materiali di scavo (nella qualità di sottoprodotti e/o per interventi di ingegneria naturalistica), minimizzando i conferimenti a discarica;

e) alla valutazione dei costi complessivi del ciclo di vita, inclusivi di quelli di "fine vita";

f) alla ispezionabilità e manutenibilità dell'opera, anche avvalendosi dei metodi e strumenti di gestione informativa digitale delle costruzioni di cui all'articolo 43 del codice;

g) all'adozione dei migliori indirizzi per i processi e le modalità di trasporto e stoccaggio delle merci, beni strumentali e personale, funzionali alle fasi di avvio, costruzione e manutenzione dell'opera, privilegiando modelli, processi e organizzazioni certificati.

7. Il PFTE, in relazione alle dimensioni, alla tipologia e alla categoria dell'intervento è, in linea generale, fatta salva diversa disposizione motivata dal RUP in sede di DIP, composto dai seguenti elaborati:

a) relazione generale;

b) relazione tecnica, corredata di rilievi, accertamenti, indagini e studi specialistici;

c) relazione di verifica preventiva dell'interesse archeologico (articolo 28, comma 4, del codice dei beni culturali e del paesaggio di cui al decreto legislativo 22 gennaio 2004, n. 42, ed eventuali indagini dirette sul terreno, anche digitalmente supportate;

d) studio di impatto ambientale, per le opere soggette a valutazione di impatto ambientale, di seguito «VIA»;

e) relazione di sostenibilità dell'opera;

f) rilievi plano-altimetrici e stato di consistenza delle opere esistenti e di quelle interferenti nell'immediato intorno dell'opera da progettare;

g) modelli informativi e relativa relazione specialistica, nei casi previsti dall'articolo 43 del codice;

h) elaborati grafici delle opere, nelle scale adeguate, integrati e coerenti con i contenuti dei modelli informativi, quando presenti;

i) computo estimativo dell'opera;

l) quadro economico di progetto;

m) piano economico e finanziario di massima, per le opere da realizzarsi mediante partenariato pubblico-privato;

n) cronoprogramma;

o) piano di sicurezza e di coordinamento, finalizzato alla tutela della salute e sicurezza dei lavoratori nei cantieri, ai sensi del decreto legislativo 9 aprile 2008, n. 81, nonché in applicazione dei vigenti accordi sindacali in materia. Stima dei costi della sicurezza. Il piano di sicurezza e di coordinamento può essere supportato da modelli informativi;

p) capitolato informativo nei casi previsti dall'articolo 43 del codice. Il capitolato informativo conterrà al proprio interno le specifiche relative alla equivalenza dei contenuti informativi presenti nei documenti nei confronti dei livelli di fabbisogno informativo richiesti per i modelli informativi;

q) piano preliminare di manutenzione dell'opera e delle sue parti. Il piano di manutenzione può essere supportato da modelli informativi;

r) piano preliminare di monitoraggio geotecnico e strutturale;

s) per le opere soggette a VIA, e comunque ove richiesto, piano preliminare di monitoraggio ambientale;

t) piano particellare delle aree espropriande o da acquisire, ove pertinente.

8. Qualora, ai sensi dell'articolo 43 del codice e del relativo allegato I.9, la redazione del progetto di fattibilità tecnica ed economica fosse supportata dai metodi e strumenti informativi delle costruzioni, entro l'ambiente di condivisione dei dati, sono definiti, all'interno del capitolato informativo, in funzione degli obiettivi, i livelli di fabbisogno informativo e l'equivalenza tra i contenitori informativi inerenti ai documenti e quelli corrispondenti ai modelli informativi, specie laddove da questi ultimi non si potessero trarre i documenti indicati dagli articoli da 7 a 19 del presente allegato.

Art. 7. Relazione generale – 1. La relazione generale, in rapporto alla tipologia, alla categoria e alla dimensione dell'intervento si articola in:

a) descrizione delle motivazioni giustificative della necessità dell'intervento, in relazione agli obiettivi generali individuati dal committente nel Quadro esigenziale. Indicazione dei conseguenti livelli di prestazione da raggiungere e, ove pertinenti, dei relativi indicatori di prestazione che consentano di verificare a opere ultimate, in fase di esercizio, il raggiungimento degli obiettivi previsti;

b) individuazione degli obiettivi posti a base della progettazione, in relazione ai contenuti del DIP, nonché degli specifici requisiti prestazionali tecnici di progetto da soddisfare;

c) descrizione dettagliata, tramite elaborati descrittivi e grafici, delle caratteristiche tipologiche, funzionali, tecniche, gestionali ed economico-finanziarie della soluzione progettuale prescelta;

d) riepilogo in forma descrittiva e grafica delle alternative progettuali analizzate nel DOCFAP, ove redatto, che costituisce documento allegato al progetto di fattibilità tecnica ed economica, insieme con la relativa determina di approvazione del DOCFAP ai fini della verifica della coerenza del processo progettuale;

e) elenco delle normative di riferimento, con esplicito richiamo ai parametri prestazionali o prescrittivi adottati per il PFTE, in relazione ai vari ambiti normativi cogenti o comunque presi a riferimento, quali azioni e loro combinazioni, tempi di ritorno, classi di esposizione, scenari di evento;

f) riepilogo degli aspetti economici e finanziari del progetto (costo stimato dei lavori; quadro economico di spesa; eventuale articolazione dell'intervento in stralci funzionali e/o prestazionali, ovvero in tratte funzionali e fruibili per le opere a rete; sintesi delle fonti di finanziamento per la copertura della spesa; piano economico e finanziario, ove previsto; indicazioni di sintesi sull'impatto occupazionale dell'intervento sia in fase di realizzazione che di esercizio, nei casi in cui sia richiesto; indicazioni generali di impatto in termini di coinvolgimento delle micro e piccole imprese, sia nella fase di realizzazione dell'opera, sia nelle fasi di manutenzione programmata e straordinaria);

2. La descrizione della soluzione progettuale si articola in:

a) esplicazione della soluzione progettuale e del percorso che ha condotto a elaborare tale soluzione sulla base degli esiti degli studi specialistici e delle indagini di cui alla lettera c);

b) aspetti funzionali, tecnici e di interrelazione tra i diversi elementi del progetto, architettonici, funzionali, strutturali, impiantistici, anche in riferimento ai contenuti del DIP;

c) considerazioni relative alla fattibilità dell'intervento, documentata anche in base ai risultati dello studio d'impatto ambientale nei casi in cui sia previsto, nonché agli esiti delle indagini di seguito indicate e alle conseguenti valutazioni riguardo alla fattibilità dell'intervento:

1) esiti degli studi e delle indagini geologiche, idrogeologiche, idrologiche, idrauliche, geotecniche, sismiche, ambientali, archeologiche effettuate;

2) esiti degli accertamenti in ordine agli eventuali vincoli di natura ambientale, idraulica, storica, artistica, archeologica, paesaggistica, o di qualsiasi altra natura, interferenti sulle aree o sulle opere interessate;

3) esiti delle valutazioni sullo stato della qualità dell'ambiente interessato dall'intervento e sulla sua possibile evoluzione, in assenza e in presenza dell'intervento stesso, nonché in corso di realizzazione;

4) considerazioni e valutazioni sulla compatibilità dell'intervento rispetto al contesto territoriale e ambientale;

d) accertamento in ordine alle interferenze dell'intervento da realizzare con opere preesistenti o con pubblici servizi presenti lungo il tracciato e proposta di risoluzione delle interferenze stesse e stima dei prevedibili oneri;

e) ricognizione in ordine alla disponibilità delle aree e di eventuali immobili sui quali deve essere eseguito l'intervento, alle relative modalità di acquisizione, ai prevedibili oneri;

f) indicazioni per l'efficientamento dei processi di trasporto e logistica alla luce delle tecnologie e modelli di sostenibilità logistica maggiormente utilizzati a livello internazionale, ove richiesto e applicabile;

g) indicazioni sulla fase di dismissione del cantiere e di ripristino anche ambientale dello stato dei luoghi;

h) indicazioni su accessibilità, utilizzo e livello di manutenzione delle opere, degli impianti e dei servizi esistenti.

3. Nel caso di interventi effettuati su opere esistenti, la relazione ne descrive lo stato di consistenza, il livello di conoscenza, le caratteristiche tipologiche, strutturali e impiantistiche, nonché le motivazioni che hanno condotto alla scelta della soluzione progettuale.

Art. 8. Relazione tecnica – 1. La relazione tecnica del progetto di fattibilità tecnica ed economica è corredata di indagini e studi specialistici (che ne costituiscono allegati e che sono firmati dai rispettivi tecnici abilitati).

2. La relazione tecnica riporta:

a) le esigenze, i requisiti e i livelli di prestazione che devono essere soddisfatti con l'intervento, in relazione alle specifiche esigenze definite nel DIP;

b) le risultanze degli studi, delle indagini e delle analisi effettuate, in funzione della tipologia, delle dimensioni e dell'importanza dell'opera, evidenziando le conseguenti valutazioni in ordine alla fattibilità dell'intervento raggiunte attraverso la caratterizzazione del contesto locale territoriale, storico-archeologico, ambientale e paesaggistico in cui è inserita l'opera;

c) gli esiti della verifica della sussistenza di interferenze dell'intervento con il sedime di edifici o infrastrutture preesistenti;

d) le risultanze dello studio di inserimento urbanistico con relativi elaborati grafici, ove pertinente;

e) la descrizione e motivazione del grado di approfondimento adottato per la pianificazione delle indagini effettuate, in funzione della tipologia, delle dimensioni e dell'importanza dell'opera;

f) la descrizione e la motivazione delle scelte tecniche poste a base del progetto, anche con riferimento alla sicurezza funzionale, all'efficienza energetica e al riuso e riciclo dei materiali;

g) eventuali articolazioni in lotti con le relative WBS (*Work Breakdown Structure*);

h) elementi di dimensionamento preliminare (strutturali, geotecnici, impiantistici, idraulici, viabilistici) di natura concettuale e, ove necessario, anche quantitativa. Ciò al fine di giustificare le scelte progettuali compiute, utili a garantire:

1) il regolare sviluppo del processo autorizzativo;

2) il coerente sviluppo dei successivi livelli di progettazione;

3) la coerenza delle previsioni di stima economica dell'opera.

3. Salvo diversa motivata determinazione della stazione appaltante o dell'ente concedente in relazione alla tipologia e alle caratteristiche dell'opera o dell'intervento da realizzare, la relazione tecnica, corredata di indagini e studi specialistici, è riferita almeno ai seguenti tematismi della progettazione:

a) aspetti geologici, geomorfologici, idrogeologici, idrologici, idraulici, geotecnici e sismici;

b) mobilità e traffico, esclusivamente per le infrastrutture di trasporto e qualora risulti pertinente in relazione alle caratteristiche dell'intervento;

c) sintesi delle analisi e delle valutazioni contenute nello studio d'impatto ambientale, nei casi in cui sia previsto. Misure di monitoraggio ambientale;

d) vincoli che insistono sull'area d'intervento e sull'intorno territoriale e ambientale, qualora risulti pertinente in relazione alle caratteristiche del progetto;

e) aspetti paesaggistici;

f) aspetti archeologici, con descrizione di sviluppi ed esiti della verifica preventiva dell'interesse archeologico, qualora risulti pertinente in relazione alle caratteristiche del progetto;

g) censimento delle interferenze esistenti, con le relative ipotesi di risoluzione, il programma degli spostamenti e attraversamenti e di quant'altro necessario alla risoluzione delle interferenze, nonché il preventivo di costo, qualora risulti pertinente in relazione alle caratteristiche dell'intervento;

h) piano di gestione delle materie, tenuto conto della disponibilità e localizzazione di siti di recupero e discariche, con riferimento alla vigente normativa in materia;

i) bonifica ordigni bellici, ove necessaria;

l) aspetti architettonici e funzionali dell'intervento;

m) aspetti strutturali;

n) aspetti impiantistici, con la definizione della loro costituzione in relazione alla necessità di sicurezza, continuità di servizio, sostenibilità ed efficienza energetica, nel loro funzionamento normale e anomalo e nel loro esercizio;

o) sicurezza antincendio, in relazione ai potenziali rischi e scenari incidentali;

p) misure di sicurezza finalizzate alla tutela della salute e sicurezza dei lavoratori nei cantieri;

q) misure di manutenzione e di monitoraggio geotecnico e strutturale;

r) espropri, ove necessari.

4. Salvo diversa motivata determinazione del RUP, per gli interventi di restauro e risanamento conservativo, di cui all'articolo 3, comma 1, lettera c), del testo unico delle disposizioni legislative e regolamentari in materia di edilizia di cui al decreto del Presidente della Repubblica 6 giugno 2001, n. 380, e di ristrutturazione edilizia, di cui all'articolo 3, comma 1, lettera d), del predetto testo unico che non consistano nella demolizione e ricostruzione dell'opera esistente, la relazione tecnica contiene i seguenti elaborati:

a) relazione sulla conoscenza dello stato attuale di consistenza, di funzionalità e di conservazione dell'opera oggetto dell'intervento, articolata in: conoscenza visiva, documentale, storico-critica, geometrica, materica, funzionale, strutturale estesa anche alle fondazioni, impiantistica, nella quale siano descritte anche eventuali problematiche pregresse e interventi già precedentemente eseguiti;

b) relazione inerente alle indagini e alle prove effettuate, relative sia alle caratteristiche archeologiche, storiche, architettoniche, strutturali e tecnologiche dell'opera sulla quale si interviene, sia al sito su cui essa insiste, individuate dal progettista sulla base della normativa vigente, con relativi certificati di prova allegati. In funzione del tipo d'intervento, le indagini e le prove per la valutazione dello stato di consistenza devono essere estese anche a quelle parti dell'opera che si sviluppano nel sottosuolo;

c) relazione in merito ai caratteri storici, tipologici e costruttivi dell'opera su cui viene effettuato l'intervento, con evidenziazione specifica di eventuali parti o elementi da salvaguardare in relazione al tipo di intervento da eseguire;

d) esiti delle ricerche e indagini finalizzate ad acquisire gli elementi necessari per la scelta dei tipi e metodi d'intervento, nonché per la stima sommaria del costo dell'intervento;

e) descrizione dell'intervento da eseguire, che riporti:

1) la tipologia dell'intervento;

2) la finalità dell'intervento;

3) la specifica tecnica di esecuzione;

4) l'impatto sull'esercizio, qualora pertinente in relazione al tipo di edificio sul quale si interviene e alle sue attuali condizioni di utilizzo;

5) la funzionalità della costruzione qualora pertinente;

6) indicazioni sulle fasi esecutive necessarie per salvaguardare, ove richiesto, l'esercizio durante la realizzazione dell'intervento;

7) indicazioni sulla destinazione finale di eventuali aree o opere dismesse.

Art. 9. Relazione di verifica preventiva dell'interesse archeologico – 1. La relazione illustra gli esiti della procedura relativa alla verifica preventiva dell'interesse archeologico di cui all'articolo 41, comma 4, del codice, eseguita sulla base dell'allegato I.8 al codice e delle linee guida approvate in materia con decreto del Presidente del Consiglio dei ministri.

Art. 10. Studio di impatto ambientale – 1. La redazione dello studio di impatto ambientale (SIA) deve svilupparsi secondo gli indirizzi del documento "*Environmental Impact Assessments of Projects - Guidance on the preparation of the Environmental Impact Assessment Report (Directive 2011/92/EU as amended by 2014/52/EU)*" redatto dalla Commissione europea nel 2017. Esso deve includere anche le fasi di approvvigionamento e stoccaggio di materie prime, beni strumentali e persone, funzionali alla costruzione e manutenzione ordinaria dell'opera.

2. L'articolo 5, paragrafo 1, della direttiva 2011/92/UE del Parlamento europeo e del Consiglio, del 13 dicembre 2011, stabilisce i contenuti minimi che i proponenti devono includere nello studio d'impatto ambientale. L'allegato IV alla direttiva, citato all'articolo 5, paragrafo 1, lettera f), della stessa direttiva amplia tali disposizioni, come di seguito riportato:

a) descrizione del progetto - Presentazione del progetto e include una descrizione della localizzazione del progetto, le caratteristiche delle fasi di realizzazione e di esercizio, così come le stime dei residui previsti, delle emissioni e dei rifiuti prodotti durante le fasi di costruzione e di esercizio (articolo 5, paragrafo 1 lettera a) e allegato IV, punto 1);

b) scenario di base - Descrizione dello stato attuale dell'ambiente e della probabile evoluzione in caso di mancata attuazione del progetto. Questo definisce la base per la successiva VIA e gli Stati membri garantiscono che le informazioni per lo scenario di base detenute da qualsiasi autorità siano rese disponibili al Proponente (allegato IV, punto 3);

c) fattori ambientali interessati - Descrizione dei fattori ambientali interessati dal progetto, con particolare riferimento ai cambiamenti climatici, alla biodiversità, alle risorse naturali, a incidenti e calamità (articolo 3, allegato IV, punti 4 e 8);

d) effetti sull'ambiente - Sezione che affronta il tema degli "effetti significativi" sull'ambiente e dell'importanza degli effetti cumulativi (articolo 5, paragrafo 1, lettera b) e allegato IV, punto 5);

e) valutazione delle alternative - Le alternative al progetto (di cui al DOCFAP) devono essere descritte e confrontate indicando le principali ragioni alla base dell'opzione scelta (articolo 5, paragrafo 1, lettera d) e allegato IV, punto 2);

f) misure di mitigazione e compensazione - Le caratteristiche o le misure previste per evitare, prevenire o ridurre, e compensare gli effetti negativi che dovrebbero altresì essere considerate (articolo 5, paragrafo 1, lettera c) e allegato IV, punto 7);

g) monitoraggio - Le misure di monitoraggio proposte dovrebbero essere incluse nello studio d'impatto ambientale nel caso in cui siano stati identificati effetti significativi negativi. Il monitoraggio dovrebbe essere effettuato durante le fasi di costruzione e di esercizio del Progetto (allegato IV, punto 7);

h) sintesi non tecnica - Riassunto del contenuto dello SIA facilmente accessibile, presentato in un linguaggio non tecnico, quindi comprensibile a chiunque, anche se privo di conoscenze sull'ambiente o sul progetto (articolo 5, paragrafo 1, lettera e) e allegato IV, punto 9).

3. Per quanto non contrastante con il documento della Commissione europea di cui al comma 1, si può inoltre fare utile riferimento anche al documento "Valutazione d'Impatto Ambientale - Norme tecniche per la redazione degli studi di impatto ambientale (ex articolo 22 del decreto legislativo 3 aprile 2006, n.152)", approvato dal Consiglio del Sistema nazionale per la protezione dell'ambiente nella riunione ordinaria del 9 luglio 2019.

4. In particolare, occorre che lo studio di impatto ambientale affronti i seguenti aspetti:

a) l'installazione del cantiere e alla viabilità di accesso, anche provvisoria, finalizzato a evitare il pericolo per le persone e l'ambiente e a contenere l'interferenza con il traffico locale;

b) l'indicazione delle misure e delle azioni necessarie a evitare qualunque forma di inquinamento del suolo, delle acque superficiali e sotterranee, atmosferico, acustico e vibrazionale;

c) la localizzazione delle cave eventualmente necessarie e la valutazione sia del tipo e quantità di materiali da prelevare, sia delle esigenze di eventuale ripristino ambientale finale;

d) l'indicazione delle modalità di gestione delle terre e rocce da scavo;

e) l'individuazione delle misure e delle azioni atte a contenere la produzione di rifiuti, la stima quantitativa dei rifiuti prodotti, l'operazione successiva a cui tali rifiuti saranno sottoposti;

f) le modalità di dismissione del cantiere e del ripristino anche ambientale dello stato dei luoghi;

g) le modalità di trasporto di merci e persone, funzionali al cantiere dell'opera;

h) la stima dei costi per la copertura finanziaria per la realizzazione degli interventi di conservazione, protezione e restauro volti alla tutela e alla salvaguardia del patrimonio di interesse artistico, storico e archeologico, nonché delle opere di sistemazione esterna.

Art. 11. Relazione di sostenibilità dell'opera – 1. La relazione di sostenibilità dell'opera, declinata nei contenuti in ragione della specifica tipologia di intervento infrastrutturale, contiene, in linea generale e salva diversa motivata determinazione del RUP:

a) la descrizione degli obiettivi primari dell'opera in termini di risultati per le comunità e i territori interessati, attraverso la definizione dei benefici a lungo termine, come crescita, sviluppo e produttività, che ne possono realmente scaturire, minimizzando, al contempo, gli impatti negativi; l'individuazione dei principali portatori di interessi e l'indicazione, ove pertinente, dei modelli e degli strumenti di coinvolgimento dei portatori d'interesse da utilizzare nella fase di progettazione, autorizzazione e realizzazione dell'opera, in coerenza con le risultanze del dibattito pubblico;

b) la verifica degli eventuali contributi significativi ad almeno uno o più dei seguenti obiettivi ambientali, come definiti nell'ambito dei regolamenti (UE) 2020/852 del Parlamento europeo e del Consiglio, del 18 giugno 2020 e 2021/241 del Parlamento europeo e del Consiglio, del 12 febbraio 2021, tenendo in conto il ciclo di vita dell'opera:

1) mitigazione dei cambiamenti climatici;

2) adattamento ai cambiamenti climatici;

3) uso sostenibile e protezione delle acque e delle risorse marine;

4) transizione verso un'economia circolare;

5) prevenzione e riduzione dell'inquinamento;

6) protezione e ripristino della biodiversità e degli ecosistemi;

c) una stima della *Carbon Footprint* dell'opera in relazione al ciclo di vita e il contributo al raggiungimento degli obiettivi climatici;

d) una stima della valutazione del ciclo di vita dell'opera in ottica di economia circolare, seguendo le metodologie e gli standard internazionali (*Life Cycle Assessment* - LCA), con particolare riferimento alla definizione e all'utilizzo dei materiali da costruzione ovvero dell'identificazione dei processi che favoriscono il riutilizzo di materia prima e seconda riducendo gli impatti in termini di rifiuti generati;

e) l'analisi del consumo complessivo di energia con l'indicazione delle fonti per il soddisfacimento del bisogno energetico, anche con riferimento a criteri di progettazione bioclimatica;

f) la definizione delle misure per ridurre le quantità degli approvvigionamenti esterni (riutilizzo interno all'opera) e delle opzioni di modalità di trasporto più sostenibili dei materiali verso/dal sito di produzione al cantiere;

g) una stima degli impatti socio-economici dell'opera, con specifico riferimento alla promozione dell'inclusione sociale, alla riduzione delle disuguaglianze e dei divari territoriali nonché al miglioramento della qualità della vita dei cittadini;

h) l'individuazione delle misure di tutela del lavoro dignitoso, in relazione all'intera filiera societaria dell'appalto (subappalto); l'indicazione dei contratti collettivi nazionali e territoriali di settore stipulati dalle associazioni dei datori e dei prestatori di lavoro comparativamente più rappresentative sul piano nazionale di riferimento per le lavorazioni dell'opera;

i) l'utilizzo di soluzioni tecnologiche innovative, ivi incluse applicazioni di sensoristica per l'uso di sistemi predittivi (struttura, geotecnica, idraulica, parametri ambientali).

Art. 12. Elaborati grafici – 1. Gli elaborati grafici del progetto di fattibilità, redatti in scala e debitamente quotati, tenendo conto della necessità di includere le eventuali misure e interventi di mitigazione e di compensazione ambientale con la stima dei relativi costi, salva diversa motivata determinazione dell'amministrazione, sono costituiti come indicato ai commi 3 e 4. Nel caso in cui si utilizzino i metodi e gli strumenti di cui all'articolo 43 del codice e relativo allegato I.9, essi dovranno essere univocamente estratti dai modelli informativi digitali disciplinari e aggregati.

2. La stazione appaltante o l'ente concedente, qualora non ritenga pertinente, in relazione alla dimensione, alla categoria e alla tipologia dell'intervento, la predisposizione di uno o più elaborati grafici tra quelli elencati ai commi 3 e 4, opera motivatamente le necessa-

rie differenziazioni e riduzioni o integrazioni dell'elenco stesso, definendo la composizione specifica degli elaborati del progetto di fattibilità per singolo intervento.

3. Per le opere puntuali gli elaborati sono:

a) stralcio documentale degli strumenti di pianificazione territoriale e di tutela ambientale e paesaggistica, nonché degli strumenti urbanistici generali e attuativi vigenti, sui quali sono indicate la localizzazione dell'intervento da realizzare e le eventuali altre localizzazioni esaminate; tali elementi sono altresì riportati in una corografia in scala adeguata, estesa a un ambito significativo, riferibile ai sistemi cartografici nazionali, con la perimetrazione dell'intervento;

b) planimetrie con le indicazioni delle curve di livello in scala adeguata, sulle quali sono riportati separatamente le opere e i lavori da realizzare e le altre eventuali ipotesi progettuali esaminate;

c) elaborati relativi alle indagini e studi preliminari, in scala adeguata alle dimensioni dell'opera in progettazione:

1) planimetria con ubicazione delle indagini eseguite;

2) carte geologica, geomorfologica e idrogeologica, con la localizzazione dell'intervento, estese a un ambito territoriale significativo;

3) sezioni geologiche, geomorfologiche e idrogeologiche, con localizzazione dell'intervento, illustranti gli assetti litostrutturali, geomorfologici e idrogeologici;

4) carta del reticolo idrografico;

5) carta della potenzialità archeologica;

6) carta dei vincoli ordinati e sovraordinati, in scala adeguata e con la localizzazione dell'intervento;

7) carta di microzonazione sismica, ove disponibile, in scala adeguata, estesa a un ambito significativo;

8) planimetria delle interferenze;

9) planimetrie catastali;

10) planimetria ubicativa dei siti di cave attive, degli impianti di recupero, dei siti di deposito temporaneo e delle discariche autorizzate e in esercizio da utilizzare per il conferimento dei rifiuti derivanti dalla realizzazione dell'intervento;

d) schemi grafici e sezioni-tipo nel numero, nell'articolazione e nelle scale necessarie a permettere l'individuazione di massima di tutte le caratteristiche geometrico-spaziali, tipologiche, funzionali e tecnologiche delle opere da realizzare, integrati da tabelle relative ai parametri da rispettare.

4. Per le opere lineari o a rete gli elaborati sono:

a) corografia generale di inquadramento dell'opera in scala in scala adeguata, estesa a un ambito significativo, riferibile ai sistemi cartografici nazionali;

b) corografia contenente l'indicazione dell'andamento planimetrico dei tracciati esaminati con riferimento all'orografia dell'area, al sistema integrato di mobilità e di trasporto e agli altri servizi esistenti, al reticolo idrografico, in scala adeguata, estesa a un ambito significativo, riferibile ai sistemi cartografici nazionali;

c) stralcio degli strumenti di pianificazione territoriale e di tutela ambientale e paesaggistica, nonché degli strumenti urbanistici generali e attuativi vigenti, sui quali sono indicati i tracciati alternativi esaminati;

d) planimetrie con le indicazioni delle curve di livello e/o dei punti quotati, in scala adeguata, sulle quali sono riportati i tracciati alternativi esaminati;

e) planimetrie su foto mosaico, in scala adeguata, sulle quali sono riportati i tracciati alternativi esaminati;

f) profili longitudinali altimetrici dei tracciati alternativi esaminati in scala adeguata;

g) elaborati relativi alle indagini e studi preliminari, e in particolare:

1) planimetria con ubicazione delle indagini eseguite;

2) carte geologica, geomorfologica e idrogeologica, con localizzazione dell'intervento, estese a un ambito significativo;

3) sezioni geologiche, geomorfologiche e idrogeologiche, con localizzazione dell'intervento, illustranti gli assetti litostrutturali, geomorfologici e idrogeologici;

4) profili litostratigrafico, idrogeologico, geotecnico con caratterizzazione fisico-meccanica dei principali litotipi e con indicazione della posizione delle falde idriche;

5) carta del reticolo idrografico in scala adeguata;

6) carta dei vincoli ordinati e sovraordinati, in scala adeguata e con la localizzazione dell'intervento;

7) carta della potenzialità archeologica in scala adeguata, estesa a un ambito significativo, riferibile ai sistemi cartografici nazionali;

8) carta di microzonazione sismica, ove disponibile, in scala adeguata, estesa a un ambito significativo, riferibile ai sistemi cartografici nazionali;

9) eventuali planimetrie con i risultati delle indagini e delle simulazioni del traffico in scala adeguata, ove pertinenti;

10) planimetria delle interferenze con il sedime di edifici e/o reti infrastrutturali esistenti, in scala adeguata, estesa a un ambito significativo, riferibile ai sistemi cartografici nazionali;

11) corografia in scala in scala adeguata, estesa a un ambito significativo, riferibile ai sistemi cartografici nazionali, con l'ubicazione dei siti di cave attive, degli impianti di recupero, dei siti di deposito temporaneo e delle discariche autorizzate e in esercizio da utilizzare per il conferimento dei rifiuti derivanti dalla realizzazione dell'intervento;

12) sistemazione tipo di aree di deposito o di rinaturalizzazione ambientale;

13) schemi grafici e sezioni schematiche nel numero, nell'articolazione e nelle scale necessarie a permettere l'individuazione di massima della localizzazione e delle caratteristiche spaziali, funzionali e tecnologiche delle aree di cantiere necessarie per la realizzazione delle opere;

h) planimetrie con le indicazioni delle curve di livello, in scala non inferiore a 1:5.000, per il tracciato selezionato; la scala non deve essere inferiore a 1:2.000 per le tratte in area urbana. La planimetria contiene una rappresentazione del corpo stradale o ferroviario e delle opere idrauliche secondo tutti gli assi di progetto, in base alle caratteristiche geometriche assunte. La geometria delle opere è rappresentata in ogni sua parte (scarpate, opere di sostegno, opere d'arte idrauliche, fasce di rispetto e fasce di interesse urbanistico), allo scopo di determinare l'ingombro complessivo dell'infrastruttura e i relativi rapporti con il territorio, nonché le eventuali interferenze con edifici e infrastrutture esistenti. Sono inoltre rappresentate le caratteristiche geometriche del tracciato e le opere d'arte principali;

i) planimetrie su foto mosaico, in scala non inferiore a 1:5.000, del tracciato selezionato;

l) profili longitudinali altimetrici delle opere da realizzare in scala non inferiore a 1:5.000/500, contenenti l'indicazione di tutte le opere d'arte previste, le intersezioni con reti di trasporto, di servizi e/o idrografiche, le caratteristiche geometriche del tracciato; per le tratte in area urbana la scala non è inferiore a 1:2000/200;

m) sezioni tipo delle opere in scala adeguata;

n) sezioni trasversali correnti, in numero adeguato per una corretta valutazione preliminare delle quantità da utilizzare nei computi per la quantificazione dei costi dell'opera;

o) elaborati che consentano, mediante piante, prospetti e sezioni in scala adeguata, la definizione tipologica di tutti i manufatti speciali e di tutte le opere correnti e minori che l'intervento richiede;

p) elaborati che consentano, mediante schemi, piante e sezioni in scala adeguata, la definizione delle componenti impiantistiche presenti nel progetto, ivi compresi gli impianti di protezione antincendio attivi e passivi, con l'indicazione delle caratteristiche tecnico-funzionali.

5. Le planimetrie e gli elaborati grafici riportano altresì le indicazioni relative alla suddivisione dell'intervento in lotti funzionali e fruibili, ove prevista.

6. Sulla base di tutti gli elaborati grafici è predisposta una stima che consenta la quantificazione complessiva dei costi delle opere in progetto, ai fini del calcolo della spesa.

7. Sia per le opere puntuali che per le opere a rete, il progetto di fattibilità tecnica ed economica specifica gli elaborati e le relative scale da adottare in sede di progetto esecutivo, ferme restando le scale minime, laddove previste, che possono essere variate soltanto su indicazione della stazione appaltante o dell'ente concedente.

Art. 13. Relazione specialistica sulla modellazione informativa – 1. Nel caso di utilizzo della modellazione informativa digitale può essere incluso il capitolato informativo (CI) così come previsto dall'articolo 43 del codice, in materia di metodi e di strumenti di gestione digitale delle costruzioni. Tale documento integra e approfondisce il capitolato informativo contenuto nel DIP e regola i processi digitali, la modellazione informativa digitale, le scelte tecnologiche e gestionali anche in materia di Ambiente di Condivisione dei Dati, per le successive fasi del processo, sia in ambito progettuale che realizzativo, in un'ottica di finale gestione digitale degli aspetti manutentivi.

2. Il CI potrà disciplinare, inoltre, la configurazione dell'offerta di gestione informativa formulata dai concorrenti in fase di procedura di affidamento.

3. Nel CI dovranno essere definiti tutti i contenuti richiesti all'appaltatore e alla propria catena di fornitura non solo in funzione

della fase di progettazione, ma anche di quella di attuazione dell'investimento e di realizzazione dei lavori.

4. Il CI introduce la strutturazione dell'ambiente di condivisione dei dati (accompagnati da fonti e metadati di riferimento), così come previsto dall'articolo 43 del codice (tale ambiente, contrattualmente rilevante, può essere funzionale alle attività di monitoraggio e di controllo, nonché di rendicontazione, previste dalla governance del PNRR e del PNC, in maniera interoperabile con il sistema informativo previsto).

Art. 14. Disciplinare descrittivo e prestazionale – 1. Il disciplinare descrittivo e prestazionale contiene:

a) l'indicazione delle necessità funzionali poste a base dell'intervento, dei requisiti e delle specifiche prestazioni che devono essere soddisfatti attraverso la realizzazione dell'intervento, in modo che esso risponda alle esigenze della stazione appaltante o dell'ente concedente e degli utilizzatori, nel rispetto delle risorse finanziarie stanziate;

b) la specificazione delle opere generali e delle eventuali opere specializzate comprese nell'intervento con i relativi importi, ove applicabile;

2. Nel caso in cui i lavori siano affidati sulla base del progetto di fattibilità, secondo quanto previsto dal codice, deve essere redatto il capitolato speciale d'appalto con i contenuti di cui all'articolo 32 del presente allegato.

Art. 15. Piano di sicurezza e coordinamento del PFTE – 1. Il PFTE contiene le prime indicazioni e misure finalizzate alla tutela della salute e sicurezza dei luoghi di lavoro per la stesura dei piani di sicurezza con i seguenti contenuti minimi:

a) identificazione e descrizione dell'opera, esplicitata con:

1) localizzazione del cantiere e descrizione del contesto in cui è prevista l'area di cantiere;

2) descrizione sintetica dell'opera, con riferimento alle scelte progettuali effettuate;

b) relazione sintetica concernente l'individuazione, l'analisi e la valutazione degli effettivi rischi naturali e antropici, con riferimento all'area e all'organizzazione dello specifico cantiere, nonché alle lavorazioni interferenti, ivi compresi i rischi derivanti dal possibile rinvenimento di ordigni bellici inesplosi, nei cantieri interessati da attività di scavo, nonché dall'esecuzione della bonifica degli ordigni bellici ai sensi delle disposizioni vigenti in materia, ove valutata necessaria;

c) scelte progettuali e organizzative, procedure e misure preventive e protettive, in riferimento all'area di cantiere, all'organizzazione del cantiere e alle lavorazioni;

d) stima sommaria dei costi della sicurezza, determinata in relazione all'opera da realizzare, sulla base degli elementi di cui alle lettere da a) a c) del presente comma, e del punto 4 dell'allegato XV al decreto legislativo 9 aprile 2008, n. 81, secondo le modalità del calcolo sommario di cui all'articolo 16 del presente allegato.

Art. 16. Calcolo sommario dei lavori – 1. Il calcolo sommario dei lavori è effettuato, in linea generale e in caso di appalto integrato, redigendo un computo metrico estimativo di massima e utilizzando i prezzari di cui all'articolo 41, comma 13, del codice.

2. Nel caso di opere o lavori di importo inferiore a 1 milione di euro, il costo presunto è effettuato applicando alle quantità delle lavorazioni previste i corrispondenti prezzi parametrici o costi standardizzati, elaborati da soggetti pubblici o desunti da fonti attendibili.

Art. 17. Quadro economico dell'intervento – 1. Il quadro economico, articolato sulla base di quanto indicato all'articolo 5, comprende, oltre all'importo per lavori determinato nel calcolo sommario di cui all'articolo 16, i costi della sicurezza non soggetti a ribasso.

2. Le voci del quadro economico relative a imprevisti e a eventuali lavori in amministrazione diretta non devono superare complessivamente l'aliquota del 10 per cento dell'importo dei lavori a base di gara, comprensivo dei costi della sicurezza non soggetti a ribasso.

Art. 18. Cronoprogramma – 1. In coerenza con quanto previsto nel documento di indirizzo alla progettazione, il cronoprogramma rappresenta, mediante diagramma lineare, lo sviluppo temporale della attività di progettazione, di affidamento e di esecuzione dei lavori (suddivisi per macro-categorie). Per ciascuna di tali attività, il cronoprogramma indica i tempi massimi previsti per lo svolgimento.

2. È facoltà della stazione appaltante richiedere, all'interno dell'eventuale capitolato informativo, la modellazione informativa digitale c.d. "4D" e "5D", che tiene in conto gli aspetti cronologici e quelli relativi alla contabilizzazione dei lavori, in coerenza con quanto previsto dall'allegato II.14 al codice.

Art. 19. Piano preliminare di manutenzione dell'opera e delle sue parti – 1. Il piano preliminare di manutenzione dell'opera e delle sue parti è il documento che prevede, pianifica e programma, tenendo conto degli elaborati progettuali, l'attività di manutenzione dell'opera e delle sue parti, al fine di mantenerne nel tempo la funzionalità, le caratteristiche di qualità, l'efficienza e il valore economico.

2. In allegato al piano preliminare di manutenzione sono riportate le misure volte ad assicurare la conservazione e la protezione dei rinvenimenti archeologici rilevanti connessi all'opera, stabilite dalla soprintendenza competente, nei casi in cui, in relazione al tipo di intervento, tali disposizioni siano state emanate.

3. Il piano preliminare di manutenzione assume contenuto differenziato in relazione all'importanza e alla specificità dell'intervento, ed è costituito dai seguenti documenti operativi preliminari, salvo diversa motivata indicazione dell'amministrazione:

a) il manuale d'uso;
b) il manuale di manutenzione;
c) il programma di manutenzione.

4. I contenuti dei documenti di cui al comma 3 sono declinati in funzione del corrente livello di definizione progettuale.

5. Il manuale d'uso si riferisce all'uso delle parti significative dell'opera, e in particolare degli impianti tecnologici. Il manuale contiene l'insieme delle informazioni atte a permettere all'Amministrazione usuaria di conoscere le modalità per la migliore utilizzazione del bene, nonché tutti gli elementi necessari per limitare quanto più possibile i danni derivanti da un'utilizzazione impropria, per consentire di eseguire tutte le operazioni atte alla sua conservazione che non richiedono conoscenze specialistiche e per riconoscere tem-

pestivamente fenomeni di deterioramento anomalo al fine di sollecitare interventi specialistici.

6. Il manuale d'uso, per quanto possibile dal corrente livello di definizione progettuale, contiene le seguenti informazioni:

a) la collocazione nell'intervento delle parti menzionate;

b) la rappresentazione grafica;

c) la descrizione;

d) le modalità di uso corretto.

7. Il manuale di manutenzione si riferisce alla manutenzione delle parti significative del bene e in particolare degli impianti tecnologici. Esso fornisce, in relazione alle diverse unità tecnologiche, alle caratteristiche dei materiali o dei componenti interessati, le indicazioni necessarie per la corretta manutenzione nonché per il ricorso ai centri di assistenza o di servizio.

8. Il manuale di manutenzione, per quanto possibile dal corrente livello di definizione progettuale, contiene le seguenti informazioni:

a) la collocazione nell'intervento delle parti menzionate;

b) la rappresentazione grafica;

c) la descrizione delle risorse necessarie per l'intervento manutentivo;

d) il livello minimo delle prestazioni;

e) le anomalie riscontrabili;

f) le manutenzioni eseguibili direttamente dall'Amministrazione usuaria;

g) le manutenzioni da eseguire a cura di personale specializzato.

8. Il programma di manutenzione si realizza a cadenze prefissate temporalmente o altrimenti prefissate, al fine di una corretta gestione del bene e delle sue parti nel corso degli anni.

9. Articolato in tre sottoprogrammi, il programma di manutenzione contiene le seguenti informazioni, per quanto possibile dal corrente livello di definizione progettuale:

a) il sottoprogramma delle prestazioni, che prende in considerazione, per classe di requisito, le prestazioni fornite dal bene e dalle sue parti nel corso del suo ciclo di vita;

b) il sottoprogramma dei controlli, che definisce il programma delle verifiche al fine di rilevare il livello prestazionale (qualitativo e quantitativo) nei successivi momenti della vita del bene, individuando la dinamica della caduta delle prestazioni aventi come estremi il valore di collaudo e quello minimo di norma;

c) il sottoprogramma degli interventi di manutenzione, che riporta in ordine temporale i differenti interventi di manutenzione, al fine di fornire le informazioni per una corretta conservazione del bene.

10. È facoltà della stazione appaltante richiedere, all'interno dell'eventuale capitolato informativo, la modellazione informativa digitale a supporto della redazione del piano preliminare di manutenzione.

Art. 20. Avvio delle procedure espropriative – 1. Nel caso in cui si debba procedere ad attività espropriative sulla base del PFTE, il progetto deve essere integrato dei documenti di cui all'articolo 27.

Art. 21. Appalto su progetto di fattibilità tecnica ed economica – 1. Nel caso in cui il PFTE sia posto a base di un appalto di progettazione ed esecuzione, il progetto deve essere sviluppato con un livello di approfondimento tale da individuare prestazionalmente le caratteristiche principali, anche geometriche, formali, tecnico-costruttive e materiche, dell'intervento e segnatamente quelle alle quali il committente attribuisce rilevanza ai fini del conseguimento degli obiettivi e dei risultati desiderati.

2. Il progetto in ogni caso dovrà contenere i seguenti elaborati:
a) piano di sicurezza e di coordinamento;
b) piano di manutenzione dell'opera e delle sue parti;
c) schema di contratto;
d) capitolato speciale d'appalto;
e) piano particellare di esproprio ove necessario;
f) capitolato informativo, se previsto.

Sezione III
PROGETTO ESECUTIVO

Art. 22. Progetto esecutivo – 1. Il progetto esecutivo, redatto in conformità al precedente livello di progettazione di fattibilità tecnico-economica, determina in ogni dettaglio i lavori da realizzare, il relativo costo previsto con l'indicazione delle coperture finanziarie e il cronoprogramma coerente con quello del progetto di fattibilità tecnico-economica. Il progetto esecutivo deve essere sviluppato a un livello di definizione tale che ogni elemento sia identificato in forma, tipologia, qualità, dimensione e prezzo. Il progetto deve essere, altresì, corredato di apposito piano di manutenzione dell'opera e delle sue parti, in relazione al ciclo di vita dell'opera stessa.

2. Qualora, ai sensi dell'articolo 43 del codice e del relativo allegato I.9, la redazione del progetto esecutivo fosse supportata da metodi e strumenti di gestione informativa digitale delle costruzioni, entro l'ambiente di condivisione dei dati, è necessario, all'interno del capitolato informativo, in funzione degli obiettivi, definire i livelli di fabbisogno informativo e l'equivalenza tra i contenitori informativi inerenti ai documenti e quelli corrispondenti ai modelli informativi, specie laddove da questi ultimi non si potessero trarre i documenti elencati al comma 4.

3. Il progetto esecutivo è redatto nel pieno rispetto delle prescrizioni dettate nei titoli abilitativi o in sede di accertamento di conformità urbanistica, o di conferenza dei servizi o di pronuncia di compatibilità ambientale, ove previste.

4. Il progetto esecutivo contiene la definizione finale di tutte le lavorazioni e, pertanto, descrive compiutamente e in ogni particolare architettonico, strutturale e impiantistico, l'intervento da realizzare. Restano esclusi soltanto i piani operativi di cantiere, i piani di approvvigionamento, nonché i calcoli e i grafici relativi alle opere provvisionali. Salva diversa motivata determinazione della stazione appaltante, il progetto esecutivo, in relazione alle dimensioni, alla tipologia e alla categoria dell'intervento, è composto dai seguenti documenti:

a) relazione generale;

b) relazioni specialistiche;

c) elaborati grafici, comprensivi anche di quelli relativi alle strutture e agli impianti, nonché, ove previsti, degli elaborati relativi alla mitigazione ambientale, alla compensazione ambientale, al ripristino e al miglioramento ambientale;

d) calcoli del progetto esecutivo delle strutture e degli impianti;

e) piano di manutenzione dell'opera e delle sue parti;

f) aggiornamento del piano di sicurezza e di coordinamento di cui all'articolo 100 del decreto legislativo 9 aprile 2008, n. 81;

g) quadro di incidenza della manodopera;

h) cronoprogramma;

i) elenco dei prezzi unitari ed eventuali analisi;

l) computo metrico estimativo e quadro economico;

m) schema di contratto e capitolato speciale di appalto;

n) piano particellare di esproprio aggiornato;

o) relazione tecnica ed elaborati di applicazione dei criteri minimi ambientali (CAM) di riferimento, di cui al codice, ove applicabili;

p) fascicolo adattato alle caratteristiche dell'opera, recante i contenuti di cui all'allegato XVI al decreto legislativo 9 aprile 2008, n. 81.

5. Nel caso in cui si ricorra ai metodi e agli strumenti di gestione informativa digitale delle costruzioni, di cui all'articolo 43 del codice, in coerenza con i contenitori informativi e con i modelli informativi configurati e predisposti nel progetto di fattibilità tecnico-economica all'interno dell'ambiente di condivisione dei dati, per quanto possibile, gli elaborati grafici devono essere estratti dai predetti modelli informativi. La natura dei livelli di fabbisogno informativo, di carattere geometrico-dimensionale e alfa-numerico, richiesti per il progetto esecutivo è definita nei requisiti informativi determinati nel CI, in relazione ai requisiti contenutistici previsti nel DIP. La specificazione dei livelli informativi, unitamente alla definizione delle finalità attese per i modelli informativi e delle eventuali regole di controllo di conformità, deve essere utilizzata per la verifica del progetto esecutivo ai fini della validazione e può essere utilizzata nella gestione dei percorsi autorizzativi inerenti. L'accesso dei diversi soggetti interessati all'ambiente di condivisione dei dati nel corso della redazione del progetto esecutivo e dei relativi contenitori e modelli informativi è disciplinato contrattualmente, in riferimento alla struttura dell'ambiente stesso, così come definita dalla serie normativa UNI EN ISO 19650.

6. Per le opere soggette a valutazione d'impatto ambientale (VIA) e comunque ove espressamente richiesto, il progetto esecutivo comprende inoltre il manuale di gestione ambientale del cantiere.

7. Nell'ipotesi di affidamento congiunto di progettazione esecutiva ed esecuzione di lavori sulla base del progetto di fattibilità tecnica ed economica, il progetto esecutivo non può prevedere significative modifiche alla qualità e alle quantità delle lavorazioni previste nel progetto di fattibilità tecnica ed economica. Sono ammesse le modifiche qualitative e quantitative, contenute entro i limiti stabiliti dal codice, che non incidano su eventuali prescrizioni degli enti competenti e che non comportino un aumento dell'importo contrattuale.

Art. 23. Relazione generale – 1. La relazione generale del progetto esecutivo descrive in dettaglio, anche attraverso specifici riferimenti agli elaborati grafici e alle prescrizioni del capitolato speciale d'appalto:

a) i criteri utilizzati per le scelte progettuali esecutive, ivi compresi i particolari costruttivi, nonché per il conseguimento e la verifica dei prescritti livelli di sicurezza e dei livelli prestazionali e qualitativi, in relazione al sistema delle esigenze e dei requisiti definiti nel quadro esigenziale e nel DIP e dei conseguenti livelli prestazionali individuati nel precedente livello progettuale;

b) i criteri adottati e le scelte effettuate per trasferire sul piano contrattuale e sul piano costruttivo le soluzioni spaziali, tipologiche, funzionali, architettoniche e tecnologiche previste dal precedente livello progettuale approvato;

c) i rilievi eseguiti e le indagini effettuate ai diversi livelli di progettazione anche al fine di ridurre in corso di esecuzione la possibilità di imprevisti.

2. La relazione di cui al comma 1 elenca le normative applicate, con esplicito riferimento ai parametri prestazionali o prescrittivi adottati in relazione ai vari ambiti normativi cogenti o comunque presi a riferimento, quali azioni e loro combinazioni, tempi di ritorno, classi di esposizione, scenari di evento, evidenziando eventuali modifiche intervenute rispetto al precedente livello di progettazione.

3. Nel caso in cui il progetto preveda l'impiego di componenti prefabbricati, la relazione di cui al comma 1 precisa le caratteristiche illustrate negli elaborati grafici e le eventuali prescrizioni del capitolato speciale d'appalto riguardanti le modalità di presentazione e di approvazione dei componenti da utilizzare.

4. Nel caso in cui il progetto preveda l'impiego di materiali da trattare con l'uso di additivi o leganti, quali terreni naturali trattati a calce o cemento, nell'ambito del progetto esecutivo deve essere sviluppata la sperimentazione mediante campi prova al fine di definire le corrette proporzioni fra terreno e legante per ottenere un materiale da costruzione con le prestazioni richieste per le opere. La possibilità di utilizzare il terreno naturale trattato deve essere coerente con il piano di utilizzo delle terre e rocce da scavo di cui all'articolo 10, comma 4, lettera d).

5. Nel caso si ricorra all'uso di metodi e strumenti di gestione informativa digitale delle costruzioni di cui all'articolo 43 del codice,

il capitolato informativo e il piano di gestione informativa devono riportare, preferibilmente in forma matriciale o, comunque, in forma analitica, la equivalenza tra i contenuti informativi presenti nella relazione generale del progetto esecutivo e quelli eventualmente presenti nei modelli informativi, oltre alla specifica relativa alle modalità di generazione da questi ultimi degli elaborati predetti, al fine di meglio governare la prevalenza contrattuale.

Art. 24. Relazioni specialistiche – 1. Il progetto esecutivo, secondo le previsioni di cui all'articolo 22, comma 1, in relazione alle dimensioni, alla tipologia e alla categoria dell'intervento, contiene le relazioni specialistiche, che costituiscono lo sviluppo di quelle contenute nel PFTE.

2. Le relazioni, sulla base di quanto definito nel precedente livello progettuale, illustrano puntualmente e nel dettaglio tutti gli aspetti esaminati e le verifiche analitiche effettuate in sede di progettazione esecutiva, le soluzioni progettuali esecutive adottate in coerenza con quanto previsto nella progettazione di fattibilità tecnica ed economica e le eventuali ulteriori indagini eseguite, che devono essere funzionali alle suddette soluzioni progettuali esecutive, specifiche, adeguatamente motivate e che non inducano variazioni delle previsioni economiche di spesa.

3. Per i lavori complessi, di cui all'articolo 2, comma 1, lettera d), dell'allegato I.1 al codice, per i quali si sono rese necessarie, nell'ambito del precedente livello progettuale, particolari relazioni specialistiche, queste sono sviluppate in modo da definire in dettaglio gli aspetti inerenti all'esecuzione e alla manutenzione degli impianti tecnologici e di ogni altro aspetto dell'intervento, compresi quelli relativi alle opere di mitigazione e compensazione ambientale e alle opere a verde.

4. Nel caso si ricorra all'uso di metodi e strumenti di gestione informativa digitale delle costruzioni di cui all'articolo 43 del codice, il capitolato informativo e il piano di gestione informativa devono riportare, preferibilmente in forma matriciale o, comunque, in forma analitica, la equivalenza tra i contenuti informativi presenti nelle relazioni specialistiche del progetto esecutivo e quelli eventualmente presenti nei modelli informativi, oltre alla specifica relativa alle modalità di generazione da questi ultimi degli elaborati predetti, al fine di meglio governare la prevalenza contrattuale.

Art. 25. Elaborati grafici – 1. Gli elaborati grafici del progetto esecutivo definiscono dettagliatamente in ogni particolare architettonico, strutturale e impiantistico le caratteristiche dell'intervento da realizzare. Tali elaborati sono redatti nelle opportune scale, eseguiti con i procedimenti più idonei e debitamente quotati, in relazione al tipo di opera o di intervento, puntuale o a rete, da realizzare. Gli elaborati grafici del progetto esecutivo sono costituiti come di seguito indicato:

a) elaborati che sviluppano, nelle scale ammesse o prescritte, tutti gli elaborati grafici del progetto di fattibilità tecnico-economica;

b) elaborati che risultino necessari all'esecuzione delle opere o dei lavori sulla base degli esiti, degli studi e delle indagini eseguite nei diversi livelli di progettazione nonché, ove necessario, in sede di progettazione esecutiva;

c) elaborati di tutti i particolari costruttivi;

d) elaborati atti a illustrare le modalità esecutive di dettaglio;

e) elaborati di tutte le lavorazioni che risultano necessarie per il rispetto delle prescrizioni disposte dagli organismi competenti in sede di approvazione del progetto di fattibilità tecnica ed economica;

f) elaborati finalizzati a evitare effetti negativi sull'ambiente, sul paesaggio e sul patrimonio culturale in relazione alle attività di cantiere, tra cui uno studio della viabilità di accesso ai cantieri ed eventualmente la progettazione di quella provvisoria, in modo che siano contenuti l'interferenza con il traffico locale e il pericolo per le persone e per l'ambiente, nonché l'indicazione degli accorgimenti atti a evitare inquinamenti del suolo, acustici, idrici e atmosferici;

g) elaborati atti a definire le misure e gli interventi di mitigazione ambientale e di compensazione ambientale, nei relativi limiti di spesa ove stabiliti;

h) elaborati atti a definire le caratteristiche dimensionali, prestazionali e di assemblaggio dei componenti prefabbricati, qualora ne sia prevista l'utilizzazione;

i) elaborati che definiscono le fasi costruttive dell'intervento, con particolare riguardo alle strutture.

2. La stazione appaltante o l'ente concedente, qualora non ritenga pertinente, in relazione alla dimensione, alla categoria e alla tipologia dell'intervento, la predisposizione di uno o più elaborati grafici tra quelli elencati al comma 1, opera motivatamente le necessa-

rie differenziazioni e riduzioni o integrazioni dell'elenco stesso, definendo la composizione specifica degli elaborati del progetto esecutivo per il singolo intervento.

3. Gli elaborati sono redatti in modo tale da consentire all'esecutore una corretta esecuzione dei lavori in ogni loro elemento.

4. Nel caso si ricorra a metodi e strumenti di gestione informativa digitale delle costruzioni di cui all'articolo 43 del codice, il capitolato informativo e il piano di gestione informativa devono riportare, preferibilmente in forma matriciale o, comunque, in forma analitica, la equivalenza tra i contenuti informativi presenti negli elaborati grafici del progetto esecutivo e quelli presenti nei modelli informativi, oltre alla specifica relativa alle modalità di generazione da questi ultimi degli elaborati predetti, al fine di meglio governare la prevalenza contrattuale.

Art. 26. Calcoli delle strutture e degli impianti e relazioni di calcolo – 1. La redazione dei calcoli relativi al progetto esecutivo delle strutture e degli impianti, nell'osservanza delle rispettive normative vigenti, può essere eseguita anche mediante utilizzo di programmi informatici.

2. I calcoli del progetto esecutivo delle strutture devono consentire il dimensionamento e le verifiche delle prestazioni delle stesse, secondo quanto stabilito dalle vigenti regole tecniche, in ogni loro aspetto generale e particolare, in modo da escludere la necessità di variazioni in corso di esecuzione.

3. I calcoli del progetto esecutivo degli impianti sono eseguiti con riferimento alle condizioni di esercizio o alle fasi costruttive, qualora più gravose delle condizioni di esercizio, nonché alla destinazione specifica dell'intervento e devono permettere di stabilire e dimensionare tutte le apparecchiature, condutture, canalizzazioni e qualsiasi altro elemento necessario per la funzionalità dell'impianto stesso, nonché consentire di determinarne il prezzo.

4. La progettazione esecutiva delle strutture e degli impianti è effettuata unitariamente e in forma integrata alla progettazione esecutiva delle opere civili, al fine di dimostrare la piena compatibilità tra progetto architettonico, strutturale e impiantistico, di prevedere esattamente ingombri, passaggi, cavedi, sedi, attraversamenti e simili e di ottimizzare le fasi di realizzazione.

5. I calcoli delle strutture e degli impianti, comunque eseguiti, sono accompagnati da una relazione di calcolo, illustrativa dei criteri e delle modalità di calcolo, che ne consentano una agevole lettura e verificabilità.

6. Il progetto esecutivo delle strutture comprende:

a) gli elaborati grafici di insieme – carpenterie, profili e sezioni – in scala non inferiore a 1:50, e gli elaborati grafici di dettaglio in scala non inferiore a 1:10, contenenti fra l'altro:

1) per le strutture in cemento armato o in cemento armato precompresso, i tracciati dei ferri di armatura con l'indicazione delle sezioni e delle misure parziali e complessive, nonché i tracciati delle armature per la precompressione; resta esclusa soltanto la compilazione delle distinte di ordinazione a carattere organizzativo di cantiere;

2) per le strutture metalliche, lignee o realizzate con altri materiali composti per elementi, tutti i profili e i particolari relativi ai collegamenti, completi nella forma e spessore delle piastre, del numero e posizione di chiodi e bulloni o di altri tipi di connessioni, dello spessore, tipo, posizione e lunghezza delle saldature, ove presenti; resta esclusa soltanto la compilazione dei disegni di officina e delle relative distinte pezzi;

3) per le strutture murarie, tutti gli elementi tipologici e dimensionali atti a consentirne l'esecuzione;

b) la relazione di calcolo contenente:

1) l'indicazione delle norme di riferimento;

2) la specifica della qualità e delle caratteristiche meccaniche dei materiali e delle modalità di esecuzione qualora necessarie;

3) l'analisi dei carichi per i quali le strutture sono state dimensionate;

4) le verifiche statiche.

7. Nelle strutture che si identificano con l'intero intervento, quali ponti, viadotti, pontili di attracco, opere di sostegno delle terre e simili, il progetto esecutivo è completo dei particolari esecutivi di tutte le opere integrative.

8. Il progetto esecutivo degli impianti comprende:

a) gli elaborati grafici di insieme, in scala ammessa o prescritta e comunque non inferiore a 1:50, e gli elaborati grafici di dettaglio, in scala non inferiore a 1:10, con le notazioni metriche necessarie;

b) l'elencazione descrittiva particolareggiata delle parti di ogni impianto con le relative Relazioni di calcolo;

c) la specificazione delle caratteristiche funzionali e qualitative dei materiali, macchinari e apparecchiature.

9. I valori minimi delle scale contenuti nel presente articolo possono essere variati su motivata indicazione del RUP.

10. Nel caso si ricorra a metodi e strumenti di gestione informativa digitale delle costruzioni di cui all'articolo 43 del codice, il capitolato informativo e il piano di gestione informativa devono riportare le condizioni di eventuale interoperabilità tra i contenuti informativi presenti nel progetto esecutivo delle strutture e degli impianti e quelli inclusi nei modelli informativi.

Art. 27. Piano di manutenzione dell'opera e delle sue parti – 1. Il piano di manutenzione dell'opera e delle sue parti è il documento complementare al progetto esecutivo che prevede, pianifica e programma, tenendo conto degli elaborati progettuali esecutivi, l'attività di manutenzione dell'opera e delle sue parti, al fine di mantenerne nel tempo la funzionalità, le caratteristiche di qualità, l'efficienza e il valore economico. In allegato al piano di manutenzione sono riportate le misure volte ad assicurare la conservazione e la protezione dei rinvenimenti archeologici rilevanti connessi all'opera, stabilite dalla soprintendenza competente ai sensi dell'articolo 41, comma 4, del codice, nei casi in cui, in relazione al tipo di intervento, tali disposizioni siano state emanate.

2. Il piano di manutenzione assume contenuto differenziato in relazione all'importanza e alla specificità dell'intervento, ed è costituito dai seguenti documenti operativi, salvo diversa motivata indicazione dell'amministrazione:

a) il manuale d'uso;

b) il manuale di manutenzione;

c) il programma di manutenzione.

3. Il manuale d'uso si riferisce all'uso delle parti significative dell'opera, e in particolare degli impianti tecnologici. Il manuale contiene l'insieme delle informazioni atte a permettere all'utente di conoscere le modalità per la migliore utilizzazione del bene, nonché tutti gli elementi necessari per limitare quanto più possibile i danni derivanti da un'utilizzazione impropria, per consentire di esegui-

re tutte le operazioni atte alla sua conservazione che non richiedono conoscenze specialistiche e per riconoscere tempestivamente fenomeni di deterioramento anomalo al fine di sollecitare interventi specialistici.

4. Il manuale d'uso contiene le seguenti informazioni:

a) la collocazione nell'intervento delle parti menzionate;

b) la rappresentazione grafica;

c) la descrizione;

d) le modalità di uso corretto.

5. Il manuale di manutenzione si riferisce alla manutenzione delle parti significative del bene, e in particolare degli impianti tecnologici. Esso fornisce, in relazione alle diverse unità tecnologiche, alle caratteristiche dei materiali o dei componenti interessati, le indicazioni necessarie per la corretta manutenzione nonché per il ricorso ai centri di assistenza o di servizio.

6. Il manuale di manutenzione contiene le seguenti informazioni:

a) la collocazione nell'intervento delle parti menzionate;

b) la rappresentazione grafica;

c) la descrizione delle risorse necessarie per l'intervento manutentivo;

d) il livello minimo delle prestazioni;

e) le anomalie riscontrabili;

f) le manutenzioni eseguibili direttamente dall'utente;

g) le manutenzioni da eseguire a cura di personale specializzato.

7. Il programma di manutenzione si realizza a cadenze prefissate temporalmente o altrimenti prefissate, al fine di una corretta gestione del bene e delle sue parti nel corso degli anni. Esso si articola in tre sottoprogrammi:

a) il sottoprogramma delle prestazioni, che prende in considerazione, per classe di requisito, le prestazioni fornite dal bene e dalle sue parti nel corso del suo ciclo di vita;

b) il sottoprogramma dei controlli, che definisce il programma delle verifiche comprendenti, ove necessario, anche quelle geodetiche, topografiche, fotogrammetriche, geotecniche, sismiche e ambientali, al fine di rilevare il livello prestazionale (qualitativo e quantitativo) nei successivi momenti della vita del bene, individuando la dinamica della caduta delle prestazioni aventi come estremi il valore di collaudo e quello minimo di norma;

c) il sottoprogramma degli interventi di manutenzione, che riporta in ordine temporale i differenti interventi di manutenzione, al fine di fornire le informazioni per una corretta conservazione del bene.

8. Nel caso di interventi complessi di cui all'articolo 2, comma 1, lettera d), dell'alleato I.1 del codice, nel manuale di manutenzione, oltre a quanto sopra indicato, sono approfonditi e sviluppati in particolare i seguenti aspetti:

a) la descrizione delle risorse necessarie, riprendendo le voci del computo metrico estimativo e definendo le obsolescenze e i rimpiazzi in un tempo programmato e con l'indicazione dei relativi costi; deve quindi essere calcolata la manutenzione costante e il costo di tale manutenzione - rimpiazzo lungo il ciclo di vita del manufatto;

b) il programma delle manutenzioni, mediante la predisposizione di database per la verifica e l'implementazione di quanto indicato alla lettera c);

c) l'attivazione dei controlli sistematici (sottoprogramma dei controlli) al fine di stabilire le modalità di controllo sul permanere del rischio di disponibilità in capo all'operatore economico;

d) la tracciabilità degli interventi di rimpiazzo effettuati (sottoprogramma interventi di manutenzione).

9. Nel caso si ricorra a metodi e strumenti di gestione informativa digitale delle costruzioni di cui all'articolo 43 del codice, il capitolato informativo e il piano di gestione informativa devono riportare la eventuale equivalenza tra i contenuti informativi presenti nel piano di manutenzione e quelli eventualmente presenti nei modelli informativi, oltre alla specifica relativa alle modalità di generazione da questi ultimi degli elaborati predetti, anche ai sensi del decreto del Ministro della transizione ecologica 23 giugno 2022, pubblicato nella Gazzetta Ufficiale della Repubblica italiana n. 183 del 6 agosto 2022.

Art. 28. Piano di sicurezza e di coordinamento – 1. Il piano di sicurezza e di coordinamento è il documento complementare al progetto esecutivo, finalizzato a prevedere l'organizzazione delle lavorazioni più idonea per prevenire o ridurre i rischi per la sicurezza e la salute dei lavoratori, attraverso l'individuazione delle eventuali fasi critiche del processo di costruzione, e la definizione delle relative prescrizioni operative. Il piano contiene misure di concreta fattibilità, è specifico per ogni cantiere temporaneo o mobile ed è redatto secondo quanto previsto nell'allegato XV al decreto legislativo 9 aprile 2008, n. 81. La stima dei costi della sicurezza derivanti dall'attuazione delle misure individuate rappresenta la quota di cui all'articolo 5, comma 1, lettera b).

2. I contenuti del piano di sicurezza e di coordinamento sono il risultato di scelte progettuali e organizzative conformi alle misure generali di tutela di cui all'articolo 15 del decreto legislativo n. 81 del 2008, secondo quanto riportato nell'allegato XV al medesimo decreto legislativo in termini di contenuti minimi. In particolare, la relazione tecnica, corredata da tavole esplicative di progetto, deve prevedere l'individuazione, l'analisi e la valutazione dei rischi in riferimento all'area e all'organizzazione dello specifico cantiere, alle lavorazioni interferenti e ai rischi aggiuntivi rispetto a quelli specifici propri dell'attività delle singole imprese esecutrici o dei lavoratori autonomi.

3. Ove necessario, il piano di sicurezza e di coordinamento contiene altresì indicazioni riguardo agli elementi/dispositivi previsti per il collaudo dell'intervento.

Art. 29. Quadro di incidenza della manodopera – 1. Il quadro di incidenza della manodopera è il documento sintetico che indica, con riferimento allo specifico contratto, il costo del lavoro di cui all'articolo 41, comma 13, del codice. Il quadro stima l'incidenza percentuale della quantità di manodopera per le diverse categorie generali e speciali di cui si compone l'opera o il lavoro.

Art. 30. Cronoprogramma – 1. Il progetto esecutivo è corredato del cronoprogramma, costituito da un diagramma che rappresenta graficamente, in forma chiaramente leggibile, tutte le fasi attuative dell'intervento, ivi comprese le fasi di redazione del progetto esecutivo, di approvazione del progetto, di affidamento dei lavori, di esecuzione dei lavori, nonché di collaudo o di emissione del certificato di regolare esecuzione dei lavori, ove previsti secondo la normativa in materia, e per ciascuna fase indica i relativi tempi di attuazione. Il cronoprogramma, inoltre, riporta, in particolare, la sequenza delle lavorazioni che afferiscono alla fase di esecuzione dei lavori, con la pianificazione delle lavorazioni gestibili autonomamente, e per ciascuna lavorazione rappresenta graficamente i relativi tempi di esecuzione e i relativi costi.

2. Nel calcolo del tempo contrattuale deve tenersi conto della prevedibile incidenza dei giorni di andamento stagionale sfavorevole.

3. Nei casi in cui i lavori siano affidati sulla base del progetto di fattibilità, secondo quanto previsto dal codice, il cronoprogramma è presentato dal concorrente insieme con l'offerta.

4. Per i lavori complessi di cui all'articolo 2, comma 1, lettera d), dell'allegato I.1 al codice, è, inoltre, predisposto, sulla base del computo metrico estimativo di cui all'articolo 31, un modello di controllo e gestione del processo di realizzazione dell'intervento attraverso l'utilizzo della metodologia di cui alla norma UNI ISO 21500 relativa alle strutture analitiche di progetto, secondo la seguente articolazione:

a) sistema delle esigenze e dei requisiti a base del progetto;

b) elementi che compongono il progetto;

c) elenco completo delle attività da svolgere ai fini della realizzazione dell'intervento;

d) definizione delle tempistiche di ciascuna delle attività.

5. A tale modello di controllo e gestione del processo di realizzazione dell'intervento può essere associato l'utilizzo di metodi e strumenti di gestione informativa digitale delle costruzioni di cui all'articolo 43 del codice, nonché di tecniche specifiche di gestione integrata dell'intervento.

Art. 31. Elenco prezzi unitari, computo metrico estimativo e quadro economico – 1. Il computo metrico estimativo è redatto applicando alle quantità delle lavorazioni da contabilizzare a misura i relativi prezzi unitari; tali prezzi unitari sono dedotti dai prezzari ai sensi dell'articolo 41, comma 13, del codice, ove esistenti; le quantità totali delle singole lavorazioni sono ricavate da computi di quantità parziali, con indicazione puntuale dei corrispondenti elaborati grafici. Nel caso di lavorazioni da contabilizzare a corpo, il computo metrico estimativo riporta soltanto il prezzo a corpo; al solo fine di pervenire alla determinazione di ciascun prezzo a corpo, è redatto un distinto elaborato, non facente parte del computo metrico estimativo, redatto con le stesse modalità del computo metrico estimativo, con riferimento alle sotto-lavorazioni che complessivamente concorrono alla formazione del prezzo a corpo. Le singole lavorazioni, risultanti dall'aggregazione delle rispettive voci dedotte dal computo metrico estimativo, sono poi raggruppate, in sede di redazione dello schema di contratto e del bando di gara, ai fini della definizione dei gruppi di categorie ritenute omogenee. Tale aggregazione avviene in forma tabellare con riferimento alle specifiche parti di opere cui le aliquote si riferiscono.

2. Per eventuali voci mancanti il relativo prezzo viene determinato mediante analisi:

a) applicando alle quantità stimate di materiali, manodopera, noli e trasporti, necessari per la realizzazione delle quantità unitarie di ogni voce, i rispettivi prezzi elementari dedotti attraverso l'utilizzo, ove esistenti, dei prezzari predisposti dalle regioni e dalle province autonome territorialmente competenti, ovvero da listini ufficiali o dai listini delle locali camere di commercio, oppure, in difetto, dai prezzi correnti di mercato;

b) aggiungendo una percentuale variabile tra il 13 e il 17 per cento, a seconda della importanza, della natura, della durata e di particolari esigenze dell'intervento, per spese generali;

c) aggiungendo, infine, una percentuale del 10 per cento per utile dell'esecutore.

3. In relazione alle specifiche caratteristiche dell'intervento, il computo metrico estimativo può prevedere le somme da accantonare per eventuali lavorazioni in amministrazione diretta, da prevedere nel contratto d'appalto o da inserire nel quadro economico tra quelle a disposizione della stazione appaltante.

4. Per spese generali comprese nel prezzo dei lavori e perciò a carico dell'appaltatore, si intendono:

a) le spese di contratto e accessorie e l'imposta di registro;

b) gli oneri finanziari generali e particolari, ivi comprese la cauzione definitiva o la garanzia globale di esecuzione, ove prevista, e le polizze assicurative;

c) la quota delle spese di organizzazione e gestione tecnico-amministrativa di sede dell'appaltatore;

d) la gestione amministrativa del personale di cantiere e la direzione tecnica di cantiere;

e) le spese per l'impianto, la manutenzione, l'illuminazione e la dismissione finale del cantiere, ivi inclusi i costi per l'utilizzazione di aree diverse da quelle poste a disposizione dal committente; sono escluse le spese relative alla sicurezza nei cantieri stessi non assoggettate a ribasso;

f) le spese per trasporto di qualsiasi materiale o mezzo d'opera franco cantiere;

g) le spese per attrezzi e opere provvisionali e per quanto altro occorre alla completa e perfetta esecuzione dei lavori;

h) le spese per rilievi, tracciati, verifiche, esplorazioni, capisaldi e simili che possono occorrere, anche su motivata richiesta del direttore dei lavori o del RUP o dell'organo di collaudo, dal giorno in cui viene effettuata la consegna dei lavori fino all'emissione del certificato di collaudo o all'emissione del certificato di regolare esecuzione;

i) le spese per le vie di accesso al cantiere, l'installazione e l'esercizio delle attrezzature e dei mezzi d'opera di cantiere;

l) le spese per idonei locali e per la necessaria attrezzatura da mettere a disposizione per l'ufficio di direzione lavori;

m) le spese per passaggio, per occupazioni temporanee e per risarcimento di danni per abbattimento di piante, per depositi o estrazioni di materiali;

n) le spese per la custodia e la buona conservazione delle opere fino all'emissione del certificato di collaudo o all'emissione del certificato di regolare esecuzione;

o) le spese di adeguamento del cantiere, le misure per la gestione del rischio aziendale, nonché gli ulteriori oneri aziendali in osservanza del decreto legislativo 9 aprile 2008, n. 81, da indicarsi in attuazione delle previsioni di cui all'articolo 108, comma 9 del codice, ai fini di quanto previsto dall'articolo 110 del codice;

p) gli oneri generali e particolari previsti dal capitolato speciale d'appalto.

5. L'elaborazione del computo metrico dell'intervento può essere effettuata anche attraverso programmi di gestione informatizzata, nel rispetto di quanto previsto dal presente articolo; se la progettazione è affidata a progettisti esterni, i programmi devono essere preventivamente accettati dalla stazione appaltante o dall'ente concedente.

6. Il risultato del computo metrico estimativo e delle espropriazioni confluisce in un quadro economico redatto secondo quanto previsto dall'articolo 6.

7. Le varie voci di lavoro del computo metrico estimativo vanno aggregate secondo le rispettive categorie di appartenenza, generali e specializzate, allo scopo di rilevare i rispettivi importi, in relazione ai quali individuare:

a) la categoria prevalente;

b) le categorie scorporabili;

c) nell'ambito delle categorie di cui alla lettera b), le categorie di opere relative a lavori o componenti di notevole contenuto tecnologico o di rilevante complessità tecnica, quali strutture, impianti e opere speciali, individuate ai sensi dell'allegato II.12 al codice.

8. Nel caso si ricorra a metodi e strumenti di gestione informativa digitale delle costruzioni di cui all'articolo 43 del codice, il capitolato informativo e il piano di gestione informativa devono riportare la eventuale equivalenza tra i contenuti informativi presenti nel computo metrico dell'intervento e quelli eventualmente presenti nei modelli informativi, oltre alla specifica relativa alle modalità di generazione da questi ultimi degli elaborati predetti, al fine di meglio governare la prevalenza contrattuale.

Art. 32. Schema di contratto e capitolato speciale d'appalto – 1. Fermo restando quanto previsto dalla normativa vigente, lo schema di contratto contiene, per quanto non disciplinato dal presente allegato, le clausole dirette a regolare il rapporto tra amministrazione e appaltatore, in relazione alle caratteristiche dell'intervento con particolare riferimento a:

a) termini di esecuzione e penali;

b) programma di esecuzione dei lavori;

c) sospensioni o riprese dei lavori;

d) oneri a carico dell'appaltatore;

e) contabilizzazione dei lavori a misura e a corpo;

f) liquidazione dei corrispettivi;

g) controlli;

h) specifiche modalità e termini di collaudo;

i) modalità di soluzione delle controversie.

2. Allo schema di contratto è allegato il capitolato speciale d'appalto, che riguarda le prescrizioni tecniche da applicare all'oggetto del singolo contratto, nonché il computo metrico estimativo.

3. Il capitolato speciale d'appalto è diviso in due parti, l'una contenente la descrizione delle lavorazioni e l'altra la specificazione delle prescrizioni tecniche e delle prestazioni; esso illustra in dettaglio:

a) nella prima parte tutti gli elementi necessari per una compiuta definizione tecnica ed economica dell'oggetto dell'appalto, anche a integrazione degli aspetti non pienamente deducibili dagli elaborati grafici del progetto esecutivo;

b) nella seconda parte le modalità di esecuzione e le norme di misurazione di ogni lavorazione, i requisiti di accettazione di materiali e componenti, le specifiche di prestazione e le modalità di prove nonché, ove necessario, in relazione alle caratteristiche dell'intervento, l'ordine da tenersi nello svolgimento di specifiche lavorazioni; nel caso in cui il progetto prevede l'impiego di componenti prefabbricati, ne sono precisate le caratteristiche principali, descrittive e prestazionali, la documentazione da presentare in ordine all'omologazione e all'esito di prove di laboratorio nonché le modalità di approvazione da parte del direttore dei lavori, sentito il progettista, per assicurarne la rispondenza alle scelte progettuali.

4. Nel caso di interventi complessi di cui all'articolo 2, comma 1, lettera d), dell'allegato I.1 al codice, il capitolato speciale d'appalto prevede, inoltre, un piano per i controlli di cantiere nel corso delle varie fasi dei lavori, al fine di una corretta realizzazione dell'opera e delle sue parti. In particolare, il piano dei controlli di cantiere definisce il programma delle verifiche comprendenti, ove necessario, anche quelle geodetiche, topografiche e fotogrammetriche, al fine di rilevare il livello prestazionale qualitativo e quantitativo dell'intervento.

5. Nel caso di interventi complessi di cui all'articolo 2, comma 1, lettera d), dell'allegato I.1 al codice, il capitolato contiene, altresì, l'obbligo per l'esecutore di redigere il piano di qualità di costruzione e di installazione, da sottoporre all'approvazione della direzione dei lavori, che prevede, pianifica e programma le condizioni, sequenze, modalità, strumentazioni, mezzi d'opera e fasi delle attività di controllo da svolgersi nella fase esecutiva. Il piano definisce i criteri di

valutazione dei materiali e dei prodotti installati e i criteri di valutazione e risoluzione di eventuali non conformità.

6. Per gli interventi il cui corrispettivo è previsto a corpo, ovvero per la parte a corpo di un intervento il cui corrispettivo è previsto a corpo e a misura, lo schema di contratto indica, per ogni gruppo di categorie ritenute omogenee, il relativo importo e la sua aliquota percentuale riferita all'ammontare complessivo dell'intervento. Tali importi e le correlate aliquote sono dedotti in sede di progetto esecutivo dal computo metrico estimativo. Al fine dei pagamenti in corso d'opera, i suddetti importi e aliquote possono essere indicati anche disaggregati nelle loro componenti principali. I pagamenti in corso d'opera sono determinati sulla base delle aliquote percentuali così definite, di ciascuna delle quali viene contabilizzata la quota parte effettivamente eseguita.

7. Per gli interventi il cui corrispettivo è previsto a misura, lo schema di contratto precisa l'importo di ciascuno dei gruppi di categorie ritenute omogenee, desumendolo dal computo metrico estimativo.

8. Per i lavori il cui corrispettivo è in parte a corpo e in parte a misura, la parte liquidabile a misura riguarda le lavorazioni per le quali in sede di progettazione risulta eccessivamente oneroso individuare in maniera certa e definita le rispettive quantità. Tali lavorazioni sono indicate nel provvedimento di approvazione della progettazione esecutiva con puntuale motivazione di carattere tecnico e con l'indicazione dell'importo sommario del loro valore presunto e della relativa incidenza sul valore complessivo assunto a base d'asta.

9. Il capitolato speciale d'appalto prescrive l'obbligo per l'esecutore di presentare, ai fini della sua approvazione da parte della stazione appaltante, prima dell'inizio dei lavori, un programma esecutivo dettagliato, anche indipendente dal cronoprogramma di cui all'articolo 30, nel quale sono riportate, per ogni lavorazione, le previsioni circa il periodo di esecuzione nonché l'ammontare presunto, parziale e progressivo, dell'avanzamento dei lavori alle scadenze contrattualmente stabilite per la liquidazione dei certificati di pagamento. È facoltà prescrivere, in sede di capitolato speciale d'appalto, eventuali scadenze differenziate di varie lavorazioni in relazione a determinate esigenze.

Art. 33. Piano particellare di esproprio – 1. Il piano particellare degli espropri, degli asservimenti e delle interferenze con i servizi è redatto in base alle mappe catastali aggiornate, è accompagnato da apposita relazione esplicativa e comprende anche una specifica indicazione analitica delle espropriazioni e degli asservimenti necessari per gli attraversamenti e le deviazioni di strade e di corsi d'acqua e per le altre interferenze che richiedono espropriazioni. Il piano deve contenere l'indicazione delle coperture di bilancio per far fronte al pagamento delle indennità.

2. Sulle mappe catastali sono altresì indicate le eventuali zone di rispetto o da sottoporre a vincolo in relazione a specifiche normative o a esigenze connesse al tipo di intervento.

3. Il piano è corredato dell'elenco dei soggetti che in catasto risultano proprietari dell'immobile da espropriare o asservire ed è corredato dell'indicazione di tutti i dati catastali nonché delle superfici interessate.

4. Per ogni soggetto proprietario è inoltre indicata l'indennità di espropriazione determinata in base alle leggi e normative vigenti, previo apposito sopralluogo; la relazione di cui al comma 1 dà conto anche di eventuali ricorsi presentati al giudice amministrativo.

5. Se l'incarico di acquisire l'area su cui insiste l'intervento da realizzare è affidato a un soggetto cui sono attribuiti, per legge o per delega, poteri espropriativi ai sensi dell'articolo 6, comma 8, del testo unico delle disposizioni legislative e regolamentari in materia di espropriazione per pubblica utilità di cui al decreto del Presidente della Repubblica 8 giugno 2001, n. 327, questi ha diritto al rimborso di quanto corrisposto a titolo di indennizzo ai proprietari espropriati, nonché al pagamento delle spese legali sostenute se non sussistano ritardi o responsabilità a lui imputabili.

6. Nel caso si ricorra a metodi e strumenti di gestione informativa digitale delle costruzioni di cui all'articolo 43 del codice, il capitolato informativo e il piano di gestione informativa devono riportare la eventuale equivalenza tra i contenuti informativi presenti nel capitolato speciale di appalto e quelli eventualmente presenti nei modelli informativi, oltre alla specifica relativa alle modalità di generazione da questi ultimi degli elaborati predetti, al fine di meglio governare la prevalenza contrattuale.

Sezione IV
VERIFICA DELLA PROGETTAZIONE

Art. 34. Verifica preventiva della progettazione – 1. Ai sensi di quanto disposto dall'articolo 42 del codice, la verifica è finalizzata ad accertare la conformità della soluzione progettuale prescelta alle specifiche disposizioni funzionali, prestazionali, normative e tecniche contenute negli elaborati progettuali dei livelli già approvati.

2. L'attività di verifica è effettuata dai seguenti soggetti:

a) per i lavori di importo pari o superiore a 20 milioni di euro, e, in caso di appalto integrato, per i lavori di importo pari o superiore alla soglia di cui all'articolo 14, comma 1, lettera a), del codice, da organismi di controllo accreditati ai sensi della norma europea UNI CEI EN ISO/IEC 17020;

b) per i lavori di importo inferiore a 20 milioni di euro e fino alla soglia di cui all'articolo 14 del codice, dai soggetti di cui alla lettera a) del presente comma e di cui all'articolo 66 del codice, che dispongano di un sistema interno di controllo della qualità, o dalla stazione appaltante nel caso in cui disponga di un sistema interno di controllo di qualità;

c) per i lavori di importo inferiore alla soglia di cui all'articolo 14 del codice e fino a 1 milione di euro, dagli uffici tecnici delle stazioni appaltanti ove il progetto sia stato redatto da progettisti esterni o le stesse stazioni appaltanti dispongano di un sistema interno di controllo di qualità ove il progetto sia stato redatto da progettisti interni;

d) per i lavori di importo inferiore a 1 milione di euro, dal responsabile unico del progetto, anche avvalendosi della struttura di cui all'articolo 15, comma 6, del codice.

3. Lo svolgimento dell'attività di verifica è incompatibile con lo svolgimento, per il medesimo progetto, dell'attività di progettazione, del coordinamento della sicurezza della stessa, della direzione lavori e del collaudo.

4. La validazione del progetto posto a base di gara è l'atto formale che riporta gli esiti della verifica. La validazione è sottoscritta dal RUP e fa preciso riferimento al rapporto conclusivo del soggetto preposto alla verifica e alle eventuali controdeduzioni del proget-

tista. Il bando e la lettera di invito per l'affidamento dei lavori devono contenere gli estremi dell'avvenuta validazione del progetto posto a base di gara.

5. Nei casi di contratti aventi a oggetto la progettazione e l'esecuzione dei lavori, il progetto esecutivo presentato dall'affidatario è soggetto, prima dell'approvazione, all'attività di verifica.

Art. 35. Accreditamento – 1. Per le attività di verifica sono:

a) Organismi di controllo accreditati ai sensi della norma europea UNI EN ISO/IEC 17020, gli Organismi di ispezione di tipo A, B e C accreditati ai sensi della norma europea UNI CEI EN ISO/IEC 17020;

b) Organi di accreditamento, per gli Organismi di ispezione di tipo A, B e C ai sensi della norma europea UNI CEI EN ISO/IEC 17020, e per gli Organismi di certificazione del sistema di controllo interno di qualità coerente con i requisiti della norma UNI EN ISO 9001, gli enti partecipanti *all'European cooperation for accreditation* (EA), nonché il Servizio tecnico centrale del Consiglio superiore dei lavori pubblici, per le amministrazioni dello Stato nei limiti di quanto previsto all'articolo 36, comma 3.

Art. 36. Verifica attraverso strutture tecniche interne o esterne alla stazione appaltante – 1. La stazione appaltante provvede all'attività di verifica della progettazione attraverso strutture e personale tecnico della propria amministrazione, ovvero attraverso strutture tecniche di altre amministrazioni di cui può avvalersi ai sensi dell'articolo 7, comma 4, del codice.

2. Nei casi di inesistenza delle condizioni di cui al comma 1, nonché nei casi di accertata carenza di organico, la stazione appaltante, per il tramite del responsabile unico del progetto, affida l'appalto di servizi avente a oggetto la verifica della progettazione a soggetti esterni.

3. Per sistema interno di controllo di qualità, ai fini dell'articolo 35, si intende un sistema coerente con i requisiti della norma UNI EN ISO 9001.

Art. 37. Disposizioni generali riguardanti l'attività di verifica – 1. Il responsabile del progetto può utilizzare, come criterio o base di riferimento, per la stima del corrispettivo delle attività di verifica del progetto affidate a strutture tecniche esterne alla stazione appaltante, quanto previsto dalla Tabella B6 del decreto del Ministro della giustizia 4 aprile 2001, pubblicato nella Gazzetta Ufficiale della Repubblica italiana n. 96 del 26 aprile 2001, e suoi aggiornamenti.

2. L'attività di verifica della progettazione, con esclusione dell'attività di verifica relativa ai livelli di progettazione verificati internamente, qualora sia affidata a soggetti esterni alla stazione appaltante, è affidata unitariamente.

3. Il soggetto incaricato dell'attività di verifica è munito di adeguata polizza assicurativa per la copertura dei rischi legati alle attività professionali a norma dell'articolo 43.

4. Nel caso si ricorra a metodi e strumenti di gestione informativa digitale delle costruzioni di cui all'articolo 43 del codice, il capitolato informativo e il piano di gestione informativa devono riportare, anche con riferimento al DIP, i requisiti informativi contrattualmente disciplinati, in relazione agli usi della modellazione informativa e ai livelli di fabbisogno informativo attesi, nonché le regole di controllo della conformità dei contenuti dei modelli informativi ai requisiti informativi e contenutistici.

Art. 38. Requisiti per la partecipazione alle gare – 1. I requisiti economico-finanziari e tecnico-organizzativi di partecipazione alle gare sono definiti dalle stazioni appaltanti con riguardo ai seguenti elementi:

a) fatturato globale per servizi di verifica, di ispezione nei contratti pubblici di lavori ai sensi della norma UNI EN ISO/IEC 1702, di progettazione o di direzione lavori, realizzato negli ultimi cinque anni, per un importo da determinare in una misura non inferiore a due volte l'importo stimato dell'appalto relativo ai predetti servizi;

b) avvenuto svolgimento, negli ultimi cinque anni, di almeno due appalti di servizi di verifica di progetti, di ispezione nei contratti pubblici di lavori ai sensi della norma UNI EN ISO/IEC 17020, di progettazione o di direzione lavori, relativi a lavori di importo ciascuno almeno pari al 50 per cento di quello oggetto dell'appalto da affidare e di natura analoga allo stesso. Per l'individuazione di servizi di verifica analoghi si fa riferimento alla suddivisione in classi e categorie di opere prevista dalla legge 2 marzo 1949, n. 143.

2. Il soggetto che concorre all'affidamento dell'appalto individua, in sede di offerta, un coordinatore del gruppo di lavoro di verifica nella persona di un laureato in ingegneria o architettura, abilitato all'esercizio della professione da almeno dieci anni e iscritto al relativo albo professionale, che sottoscrive tutti i rapporti rilasciati dall'Organismo di ispezione nonché il rapporto conclusivo di cui all'articolo 41, comma 7.

3. Alle procedure di affidamento delle attività di verifica possono partecipare, in forma singola o associata, i soggetti accreditati come Organismi di ispezione di tipo A e di tipo C, nonché, per verifiche di progetti relativi a lavori di importo inferiore a 20 milioni di euro, i soggetti di cui all'articolo 66, comma 1, del codice. Per verifiche di progetti relativi a lavori di importo superiore a 20 milioni di euro, l'accreditamento, ai sensi della norma UNI EN ISO/IEC 17020, come Organismi di ispezione di tipo A e di tipo C, deve essere posseduto da tutti i soggetti concorrenti in forma associata. In caso di associazione temporanea, la mandataria deve possedere una quota in misura almeno pari al 50 per cento dei requisiti economico-finanziari e tecnico-organizzativi stabiliti dalla stazione appaltante e la restante percentuale deve essere posseduta dalle mandanti. La stazione appaltante può richiedere alle mandanti una percentuale minima di possesso dei requisiti da stabilirsi in misura non inferiore al 10 per cento dei requisiti stessi.

4. Il soggetto che intende partecipare alla gara non deve partecipare o aver partecipato direttamente o indirettamente né alla gara per l'affidamento della progettazione né alla redazione della stessa in qualsiasi suo livello.

5. Il mancato rispetto di quanto previsto dal comma 4 comporta l'esclusione per cinque anni dalle attività di verifica e la comunicazione, da parte del RUP, agli Organi di accreditamento.

Art. 39. Criteri generali della verifica – 1. Le verifiche sono condotte sulla documentazione progettuale per ciascuna fase, in relazione al livello di progettazione, con riferimento ai seguenti aspetti del controllo:

a) affidabilità;
b) completezza e adeguatezza;
c) leggibilità, coerenza e ripercorribilità;

d) compatibilità.

2. Ai fini del comma 1 si intende per:

a) affidabilità:

1) la verifica dell'applicazione delle norme specifiche e delle regole tecniche di riferimento adottate per la redazione del progetto;

2) la verifica della coerenza delle ipotesi progettuali poste a base delle elaborazioni tecniche ambientali, cartografiche, architettoniche, strutturali, impiantistiche e di sicurezza;

b) completezza e adeguatezza:

1) la verifica della corrispondenza dei nominativi dei progettisti a quelli titolari dell'affidamento e la verifica della sottoscrizione dei documenti per l'assunzione delle rispettive responsabilità;

2) la verifica documentale mediante controllo dell'esistenza di tutti gli elaborati previsti per il livello del progetto da esaminare;

3) la verifica dell'esaustività del progetto in funzione del quadro esigenziale;

4) la verifica dell'esaustività delle informazioni tecniche e amministrative contenute nei singoli elaborati;

5) la verifica dell'esaustività delle modifiche apportate al progetto a seguito di un suo precedente esame;

6) la verifica dell'adempimento delle obbligazioni previste nel disciplinare di incarico di progettazione;

c) leggibilità, coerenza e ripercorribilità:

1) la verifica della leggibilità degli elaborati con riguardo alla utilizzazione dei linguaggi convenzionali di elaborazione;

2) la verifica della comprensibilità delle informazioni contenute negli elaborati e della ripercorribilità delle calcolazioni effettuate;

3) la verifica della coerenza delle informazioni tra i diversi elaborati;

d) compatibilità:

1) la rispondenza delle soluzioni progettuali ai requisiti espressi nello studio di fattibilità ovvero nel documento preliminare alla progettazione o negli elaborati progettuali prodotti nella fase precedente;

2) la rispondenza della soluzione progettuale alle normative assunte a riferimento e alle eventuali prescrizioni, in relazione agli aspetti di seguito specificati:

2.1) inserimento ambientale;

2.2) impatto ambientale;

2.3) funzionalità e fruibilità;
2.4) stabilità delle strutture;
2.5) topografia e fotogrammetria;
2.6) sicurezza delle persone connessa agli impianti tecnologici;
2.7) igiene, salute e benessere delle persone;
2.8) superamento ed eliminazione delle barriere architettoniche;
2.9) sicurezza antincendio;
2.10) inquinamento;
2.11) durabilità e manutenibilità;
2.12) coerenza dei tempi e dei costi;
2.13) sicurezza e organizzazione del cantiere.

Art. 40. Verifica della documentazione – 1. La verifica da parte del soggetto preposto al controllo è effettuata sui documenti progettuali previsti dal presente allegato, per ciascun livello della progettazione.

2. Con riferimento agli aspetti del controllo di cui al comma 1 si deve:

a) per le relazioni generali, verificare che i contenuti siano coerenti con la loro descrizione capitolare e grafica, nonché con i requisiti definiti nello studio di fattibilità ovvero nel documento preliminare alla progettazione e con i contenuti delle documentazioni di autorizzazione e approvazione facenti riferimento alla fase progettuale precedente;

b) per le relazioni di calcolo:

1) verificare che le ipotesi e i criteri assunti alla base dei calcoli siano coerenti con la destinazione dell'opera e con la corretta applicazione delle disposizioni normative e regolamentari pertinenti al caso in esame;

2) verificare che il dimensionamento dell'opera, con riferimento ai diversi componenti, sia stato svolto completamente, in relazione al livello di progettazione da verificare, e che i metodi di calcolo utilizzati siano esplicitati in maniera tale da risultare leggibili, chiari e interpretabili;

3) verificare la congruenza di tali risultati con il contenuto delle elaborazioni grafiche e delle prescrizioni prestazionali e capitolari;

4) verificare la correttezza del dimensionamento per gli elementi ritenuti più critici, che devono essere desumibili anche dalla descrizione illustrativa della relazione di calcolo stessa;

5) verificare che le scelte progettuali costituiscano una soluzione idonea in relazione alla durabilità dell'opera nelle condizioni d'uso e manutenzione previste;

c) per le relazioni specialistiche, verificare che i contenuti presenti siano coerenti con:

1) le specifiche esplicitate dal committente;

2) le norme cogenti;

3) le norme tecniche applicabili, anche in relazione alla completezza della documentazione progettuale;

4) le regole di progettazione;

d) per gli elaborati grafici, verificare che ogni elemento, identificabile sui grafici, sia descritto in termini geometrici e che, ove non dichiarate le sue caratteristiche, esso sia identificato univocamente attraverso un codice ovvero attraverso altro sistema di identificazione che possa porlo in riferimento alla descrizione di altri elaborati, ivi compresi documenti prestazionali e capitolari;

e) per i capitolati, i documenti prestazionali, e lo schema di contratto, verificare che ogni elemento, identificabile sugli elaborati grafici, sia adeguatamente qualificato all'interno della documentazione prestazionale e capitolare; verificare inoltre il coordinamento tra le prescrizioni del progetto e le clausole dello schema di contratto, del capitolato speciale d'appalto e del piano di manutenzione dell'opera e delle sue parti;

f) per la documentazione di stima economica, verificare che:

1) i costi parametrici assunti alla base del calcolo sommario della spesa siano coerenti con la qualità dell'opera prevista e la complessità delle necessarie lavorazioni;

2) i prezzi unitari assunti come riferimento siano dedotti dai vigenti prezzari della stazione appaltante o dai listini ufficiali vigenti nell'area interessata;

3) siano state sviluppate le analisi per i prezzi di tutte le voci per le quali non sia disponibile un dato nei prezzari;

4) i prezzi unitari assunti a base del computo metrico estimativo siano coerenti con le analisi dei prezzi e con i prezzi unitari assunti come riferimento;

5) gli elementi di computo metrico estimativo comprendano tutte le opere previste nella documentazione prestazionale e capitolare e corrispondano agli elaborati grafici e descrittivi;

6) i metodi di misura delle opere siano usuali o standard;

7) le misure delle opere computate siano corrette, operando anche a campione o per categorie prevalenti;

8) i totali calcolati siano corretti;

9) il computo metrico estimativo e lo schema di contratto individuino la categoria prevalente, le categorie scorporabili e subappaltabili a scelta dell'affidatario, le categorie con obbligo di qualificazione e le categorie per le quali sono necessari lavori o componenti di notevole contenuto tecnologico o di rilevante complessità tecnica, quali strutture, impianti e opere speciali, e qualora una o più di tali opere superi in valore il 15 per cento dell'importo totale dei lavori;

10) le stime economiche relative a piani di gestione e manutenzione siano riferibili a opere similari di cui si ha evidenza dal mercato o che i calcoli siano fondati su metodologie accettabili dalla scienza in uso e raggiungano l'obiettivo richiesto dal committente;

11) i piani economici e finanziari siano tali da assicurare il perseguimento dell'equilibrio economico e finanziario;

g) per il piano di sicurezza e di coordinamento, verificare che sia redatto per tutte le tipologie di lavorazioni da porre in essere durante la realizzazione dell'opera e in conformità dei relativi magisteri; verificare, inoltre, che siano stati esaminati tutti gli aspetti che possono avere un impatto diretto e indiretto sui costi e sull'effettiva cantierabilità dell'opera, coerentemente con quanto previsto nell'allegato XV al decreto legislativo 9 aprile 2008, n. 81;

h) per il quadro economico, verificare che sia stato redatto conformemente a quanto previsto dall'articolo 17;

i) accertare l'acquisizione di tutte le approvazioni e autorizzazioni di legge previste per il livello di progettazione.

3. Nel caso si ricorra a metodi e strumenti di gestione informativa digitale delle costruzioni di cui all'articolo 43 del codice, il capitolato informativo e il piano di gestione informativa per i servizi di verifica della progettazione devono disciplinare le modalità di verifica della conformità tra i contenuti dei modelli informativi e quelli dei documenti e degli elaborati da essi tratti, oltreché indicare quali contenitori informativi e quali documento non siano relazionabili ai modelli informativi.

Art. 41. Estensione del controllo e momenti della verifica – 1. Le verifiche devono essere effettuate contestualmente allo sviluppo del progetto; il responsabile del progetto pianifica l'attività di verifica in funzione del piano di sviluppo della progettazione, degli adempimenti di approvazione, autorizzazione e affidamento. Nel caso si ricorra a metodi e strumenti di gestione informativa digitale delle costruzioni di cui all'articolo 43 del codice, il capitolato informativo e il piano di gestione informativa devono riportare le modalità di interazione tra i soggetti coinvolti all'interno dell'ambiente di condivisione dei dati e la eventuale interoperabilità con eventuali piattaforme digitali preposte alla gestione della conferenza di servizi.

2. Le verifiche, come indicate agli articoli 39 e 40, devono essere adeguate al livello progettuale in esame e costituiscono la base di riferimento; il loro livello può essere comunque semplificato o integrato dalla stazione appaltante in relazione alla natura e alla complessità dell'opera.

3. In presenza di elevata ripetitività di elementi progettuali o di esistenza di casi analoghi già oggetto di verifica, di cui si ha evidenza oggettiva, possono essere adottati, a seconda dei casi, metodi di controllo "a campione" o "a comparazione".

4. Nel caso di verifiche precedentemente espletate, l'attività di controllo successiva può essere svolta sulle parti costituenti modifica o integrazione della documentazione progettuale già esaminata.

5. Le strutture tecniche o gli Organismi di ispezione incaricati della verifica possono supportare il RUP anche nell'attività di verifica delle offerte anomale in sede di gara e delle perizie di variante in corso d'opera.

6. Lo svolgimento dell'attività di verifica deve essere documentato attraverso la redazione di appositi verbali, in contraddittorio con il progettista, e rapporti del soggetto preposto alla verifica.

7. Il rapporto conclusivo del soggetto preposto alla verifica riporta le risultanze dell'attività svolta e accerta l'avvenuto rilascio da parte del direttore lavori, o del RUP qualora il direttore dei lavori non fosse ancora nominato, della attestazione in merito:

a) alla accessibilità delle aree e degli immobili interessati dai lavori secondo le indicazioni risultanti dagli elaborati progettuali;

b) alla assenza di impedimenti sopravvenuti rispetto agli accertamenti effettuati prima dell'approvazione del progetto;

c) alla conseguente realizzabilità del progetto anche in relazione al terreno, al tracciamento, al sottosuolo e a quanto altro occorre per l'esecuzione dei lavori.

Art. 42. Responsabilità – 1. Nei limiti delle attività di verifica di cui agli articoli 39 e 40, il soggetto incaricato della verifica risponde a titolo di inadempimento del mancato rilievo di errori e omissioni del progetto verificato che ne pregiudichino in tutto o in parte la realizzabilità o la sua utilizzazione. Il soggetto incaricato della verifica ha la responsabilità degli accertamenti previsti dagli articoli 39 e 40, ivi compresi quelli relativi all'avvenuta acquisizione dei necessari pareri, autorizzazioni e approvazioni, ferma restando l'autonoma responsabilità del progettista circa le scelte progettuali e i procedimenti di calcolo adottati.

2. Il soggetto incaricato dell'attività di verifica che sia inadempiente agli obblighi posti a suo carico dalla presente sezione e dal contratto di appalto di servizi è tenuto a risarcire i danni derivanti alla stazione appaltante in conseguenza dell'inadempimento ed è escluso per i successivi tre anni dalle attività di verifica. Per i danni non ristorabili, per tipologia o importo, mediante la copertura assicurativa di cui all'articolo 43, resta ferma la responsabilità del soggetto esterno incaricato dell'attività di verifica, la quale opera anche nell'ipotesi di inesigibilità, in tutto o in parte, della prestazione contrattualmente dovuta dall'assicuratore. Nel caso in cui il soggetto incaricato della verifica sia dipendente della stazione appaltante esso risponde nei limiti della copertura assicurativa di cui all'articolo 37, salve la responsabilità disciplinare e per danno erariale secondo le norme vigenti.

3. La validazione del progetto, di cui all'articolo 42, comma 4, del codice, non esime il concorrente che partecipa alla procedura per l'affidamento dell'appalto o della concessione di lavori pubblici dalle responsabilità inerenti a errori od omissioni progettuali.

Art. 43. Garanzie – 1. La polizza richiesta al soggetto incaricato dell'attività di verifica ha le seguenti caratteristiche:

a) nel caso di polizza specifica limitata all'incarico di verifica, la polizza deve avere durata fino alla data di rilascio del certificato di collaudo o di regolare esecuzione e un massimale di importo:

1) non inferiore al 5 per cento del valore dell'opera, con il limite di 500.000 euro, per lavori di importo inferiore alla soglia stabilita dall'articolo 14 del codice;

2) non inferiore al 10 per cento dell'importo dei lavori, con il limite di 1.500.000 euro, nel caso di lavori di importo pari o superiore alla predetta soglia. Per opere di particolare complessità può essere richiesto un massimale superiore a 1.500.000 euro fino al 20 per cento dell'importo dei lavori con il limite di 2.500.000 euro;

b) nel caso in cui il soggetto incaricato dell'attività di verifica sia coperto da una polizza professionale generale per l'intera attività, la polizza deve essere integrata attraverso idonea dichiarazione della compagnia di assicurazione che garantisca le condizioni di cui alla lettera a) per lo specifico progetto.

Art. 44. Acquisizione dei pareri e conclusione delle attività di verifica – 1. Il responsabile unico del progetto, acquisiti i previsti pareri, conclude le attività di verifica relative al livello di progettazione da porre a base di gara con l'atto formale di validazione di cui all'articolo 42, comma 4, del codice.

2. Avvenuta la validazione del progetto posto a base di gara, ciascuna stazione appaltante, secondo le modalità e le procedure stabilite dal proprio ordinamento, avvia la fase dell'affidamento dei lavori.

ALLEGATO I.8
Verifica preventiva dell'interesse archeologico
(Articolo 41, comma 4)

Art. 1. 1. La verifica preventiva dell'interesse archeologico, prevista dall'articolo 41 comma 4, del codice, si svolge secondo la seguente procedura.

2. Ai fini della verifica di assoggettabilità alla procedura di verifica preventiva dell'interesse archeologico, per le opere sottoposte all'applicazione delle disposizioni del codice, le stazioni appaltanti e gli enti concedenti trasmettono al soprintendente territorialmente competente, prima dell'approvazione, copia del progetto di fattibilità dell'intervento o di uno stralcio di esso sufficiente ai fini archeologici, ivi compresi gli esiti delle indagini geologiche e archeologiche preliminari con particolare attenzione ai dati di archivio e bibliografici reperibili, all'esito delle ricognizioni volte all'osservazione dei terreni, alla lettura della geomorfologia del territorio, nonché, per le opere a rete, alle fotointerpretazioni. Le stazioni appaltanti e gli enti concedenti raccolgono ed elaborano tale documentazione mediante i dipartimenti archeologici delle università, ovvero mediante i soggetti in possesso di diploma di laurea e specializzazione in archeologia o di dottorato di ricerca in archeologia. La trasmissione della documentazione suindicata non è richiesta per gli interventi che non comportino nuova edificazione o scavi a quote diverse da quelle già impegnate dai manufatti esistenti.

3. Presso il Ministero della cultura è istituito un apposito elenco, reso accessibile a tutti gli interessati, degli istituti archeologici universitari e dei soggetti in possesso della necessaria qualificazione. Con decreto del Ministro della cultura, sentita una rappresentanza dei dipartimenti archeologici universitari, si provvede a disciplinare i criteri per la tenuta di detto elenco, comunque prevedendo modalità di partecipazione di tutti i soggetti interessati. Fino alla data di entrata in vigore di detto decreto, resta valido l'elenco degli istituti archeologici universitari e dei soggetti in possesso della necessaria qualificazione esistente e continuano ad applicarsi i criteri per la sua tenuta adottati con decreto del Ministro per i beni e le attività culturali 20 marzo 2009, n. 60.

4. Il soprintendente, qualora sulla base degli elementi trasmessi e delle ulteriori informazioni disponibili, ravvisi l'esistenza di un

interesse archeologico nelle aree oggetto di progettazione, può richiedere motivatamente, entro il termine perentorio di trenta giorni dal ricevimento del progetto di fattibilità ovvero dello stralcio di cui al comma 2, la sottoposizione dell'intervento alla procedura prevista dai commi 7 e seguenti. Il soprintendente comunica l'esito della verifica di assoggettabilità in sede di conferenza di servizi. Per i progetti di grandi opere infrastrutturali o a rete il termine perentorio della richiesta per la procedura di verifica preventiva dell'interesse archeologico è stabilito in sessanta giorni. I termini di cui al primo e secondo periodo possono essere prorogati per non più di quindici giorni in caso di necessità di approfondimenti istruttori o integrazioni documentali.

5. Anche nel caso in cui, in ragione di un rischio archeologico basso, molto basso o nullo, l'esito della verifica di assoggettabilità sia quello di non ritenere che sussistano le condizioni per avviare la procedura di verifica preventiva dell'interesse archeologico, il soprintendente comunica l'esito della verifica di assoggettabilità in sede di conferenza di servizi, con la formulazione di eventuali mirate prescrizioni, tra cui l'assistenza archeologica in corso d'opera nel caso di aree con potenziale archeologico presunto ma non agevolmente delimitabile.

6. In ogni caso, la comunicazione relativa all'esito della verifica di assoggettabilità consente di perfezionare la conferenza di servizi per quanto attiene ai profili archeologici, fatte salve le conclusive determinazioni della Soprintendenza conseguenti all'esito finale della verifica preventiva dell'interesse archeologico, qualora disposta ai sensi del comma 4.

7. La procedura di verifica preventiva dell'interesse archeologico, i cui oneri sono a carico della stazione appaltante, consiste nel compimento delle seguenti indagini e nella redazione dei documenti integrativi del progetto di fattibilità:

a) esecuzione di carotaggi;

b) prospezioni geofisiche e geochimiche;

c) saggi archeologici e, ove necessario, esecuzione di sondaggi e di scavi, anche in estensione tali da assicurare una sufficiente campionatura dell'area interessata dai lavori.

8. La procedura di cui al comma 7 si conclude entro il termine perentorio di novanta giorni dalla richiesta di cui al comma 4 con la redazione della relazione archeologica definitiva, approvata dal

soprintendente di settore territorialmente competente. La relazione contiene una descrizione analitica delle indagini eseguite, con i relativi esiti di seguito elencati, e detta le conseguenti prescrizioni:

a) contesti in cui lo scavo stratigrafico esaurisce direttamente l'esigenza di tutela;

b) contesti che non evidenziano reperti leggibili come complesso strutturale unitario, con scarso livello di conservazione per i quali sono possibili interventi di reinterro, smontaggio, rimontaggio e musealizzazione, in altra sede rispetto a quella di rinvenimento;

c) complessi la cui conservazione non può essere altrimenti assicurata che in forma contestualizzata mediante l'integrale mantenimento in sito.

9. Nelle ipotesi di cui al comma 8, lettera a), la procedura di verifica preventiva dell'interesse archeologico si considera chiusa con esito negativo e accertata l'insussistenza dell'interesse archeologico nell'area interessata dai lavori. Nelle ipotesi di cui al comma 8, lettera b), la soprintendenza determina le misure necessarie ad assicurare la conoscenza, la conservazione e la protezione dei rinvenimenti archeologicamente rilevanti, salve le misure di tutela eventualmente da adottare ai sensi del codice dei beni culturali e del paesaggio, di cui al decreto legislativo 22 gennaio 2004, n. 42, relativamente a singoli rinvenimenti o al loro contesto. Nel caso di cui al comma 8, lettera c), le prescrizioni sono incluse nei provvedimenti di assoggettamento a tutela dell'area interessata dai rinvenimenti e il Ministero della cultura avvia il procedimento di dichiarazione di cui agli articoli 12 e 13 del predetto codice dei beni culturali e del paesaggio.

10. Qualora la verifica preventiva dell'interesse archeologico si protragga oltre l'inizio della procedura di affidamento dei lavori, il capitolato speciale del progetto posto a base dell'affidamento dei lavori deve rigorosamente disciplinare, a tutela dell'interesse pubblico sotteso alla realizzazione dell'opera, i possibili scenari contrattuali e tecnici che potrebbero derivare in ragione dell'esito della verifica medesima. In ogni caso, la procedura di verifica preventiva dell'interesse archeologico deve concludersi entro e non oltre la data prevista per l'avvio dei lavori.

11. Con decreto del Presidente del Consiglio dei Ministri, su proposta del Ministro della cultura, di concerto con il Ministro delle infrastrutture e dei trasporti, entro il 31 dicembre 2023, sono adotta-

te linee guida finalizzate ad assicurare speditezza, efficienza ed efficacia alla procedura di cui al presente articolo. Con il medesimo decreto sono individuati procedimenti semplificati, con termini certi, che garantiscano la tutela del patrimonio archeologico tenendo conto dell'interesse pubblico sotteso alla realizzazione dell'opera.

ALLEGATO I.9
Metodi e strumenti di gestione informativa digitale delle costruzioni
(Articolo 43)

Art. 1. 1. Il presente allegato definisce le modalità e i termini di adozione dei metodi e strumenti di gestione informativa digitale delle costruzioni da utilizzare, in relazione a ogni singolo procedimento tecnico-amministrativo all'interno della stazione appaltante, per l'affidamento e l'esecuzione dei contratti pubblici di lavori, servizi e forniture e volti alla manutenzione e alla gestione dell'intero ciclo di vita del cespite immobiliare o infrastrutturale, fino alla sua dismissione. L'utilizzo di questi metodi e strumenti costituisce parametro di valutazione dei requisiti premianti per la qualificazione delle stazioni appaltanti.

2. Le stazioni appaltanti, prima di adottare i processi relativi alla gestione informativa digitale delle costruzioni per i singoli procedimenti, indipendentemente dalla fase progettuale e dal relativo valore delle opere, provvedono necessariamente a:

a) definire e attuare un piano di formazione specifica del personale, secondo i diversi ruoli ricoperti, con particolare riferimento ai metodi e agli strumenti digitali di modellazione, anche per assicurare che quello preposto ad attività amministrative e tecniche consegua adeguata formazione e requisiti di professionalità ed esperienza in riferimento altresì ai profili di responsabili della gestione informativa di cui al comma 3;

b) definire e attuare un piano di acquisizione e di manutenzione degli strumenti hardware e software di gestione digitale dei processi decisionali e informativi;

c) redigere e adottare un atto di organizzazione per la formale e analitica esplicazione delle procedure di controllo e gestione volte a digitalizzare il sistema organizzativo dei processi relativi all'affidamento e alla esecuzione dei contratti pubblici, oltre che per la gestione del ciclo di vita dei beni disponibili e indisponibili. Tale atto di organizzazione è integrato con gli eventuali sistemi di gestione e di qualità della stazione appaltante.

3. Le stazioni appaltanti che adottano i metodi e gli strumenti di cui al comma 1 nominano un gestore dell'ambiente di condivisione dei dati e almeno un gestore dei processi digitali supporta-

ti da modelli informativi. Tali stazioni appaltanti inoltre nominano per ogni intervento un coordinatore dei flussi informativi all'interno della struttura di supporto al responsabile unico di cui all'articolo 15 del codice. Tali gestori e coordinatori devono conseguire adeguata competenza anche mediante la frequenza, con profitto, di appositi corsi di formazione.

4. Le stazioni appaltanti adottano un proprio ambiente di condivisione dati, definendone caratteristiche e prestazioni, la proprietà dei dati e le modalità per la loro elaborazione, condivisione e gestione nel corso dell'affidamento e della esecuzione dei contratti pubblici, nel rispetto della disciplina del diritto d'autore, della proprietà intellettuale e della riservatezza. I dati e le informazioni per i quali non ricorrono specifiche esigenze di riservatezza ovvero di sicurezza sono resi interoperabili con le banche dati della pubblica amministrazione ai fini del monitoraggio, del controllo e della rendicontazione degli investimenti previsti dal programma triennale dei lavori pubblici e dal programma triennale degli acquisti di beni e servizi. I requisiti informativi sono resi espliciti nei documenti di fattibilità delle alternative progettuali e di indirizzo preliminare e devono permettere l'integrazione delle strutture di dati generati nel corso di tutto il processo.

5. Le stazioni appaltanti utilizzano piattaforme interoperabili mediante formati aperti non proprietari. I dati sono elaborati in modelli informativi disciplinari multidimensionali e orientati a oggetti. Le informazioni prodotte sono gestite tramite flussi informativi digitalizzati all'interno di un ambiente di condivisione dei dati e sono condivise tra tutti i partecipanti al progetto, alla costruzione e alla gestione dell'intervento. I dati sono fruibili secondo formati aperti non proprietari e standardizzati da organismi indipendenti, in conformità alle specifiche tecniche di cui al comma 6, in modo da non richiedere l'utilizzo esclusivo di specifiche applicazioni tecnologiche.

6. Per assicurare uniformità di utilizzo dei metodi e degli strumenti di cui al comma 1, le specifiche tecniche contenute nella documentazione di gara, compreso il capitolato informativo, fanno riferimento alle norme tecniche di cui al regolamento (UE) n. 1025/2012 del Parlamento europeo e del Consiglio, del 25 ottobre 2012 nel seguente ordine di rilevanza:

a) norme tecniche europee di recepimento obbligatorio in tutti i Paesi dell'Unione europea, pubblicate in Italia con la codifica UNI EN oppure UNI EN ISO;

b) norme tecniche internazionali di recepimento volontario, pubblicate in Italia con la codifica UNI ISO;

c) norme tecniche nazionali valevoli negli ambiti non coperti dalle UNI EN e UNI ISO, pubblicate in Italia con la codifica UNI.

7. Ai fini del presente articolo rilevano le norme internazionali recepite dall'Unione europea della serie UNI EN ISO 19650, fungendo altresì da utile riferimento le norme della serie UNI 11337. In assenza di norme tecniche di cui alle lettere a), b) e c) del comma 6, si fa riferimento ad altre specifiche tecniche nazionali o internazionali di comprovata validità. Quanto meno nell'ambito della singola stazione appaltante ovvero del singolo ente concedente, l'uniformità può essere ulteriormente incrementata con la predisposizione di documenti e di repertori operativi connessi all'atto di organizzazione di cui al comma 2, lettera c), quali linee guida specifiche o librerie di oggetti informativi da configurare in modo integrato ai preesistenti sistemi di gestione della amministrazione.

8. In caso di affidamento dei servizi attinenti all'architettura e all'ingegneria, le stazioni appaltanti predispongono un capitolato informativo da allegare alla documentazione di gara, coerente con la definizione dei requisiti informativi e con il documento di indirizzo alla progettazione di cui all'articolo 41 del codice e al relativo allegato 1.7, che contiene almeno:

a) i requisiti informativi strategici generali e specifici, compresi i livelli di definizione dei contenuti informativi, tenuto conto della natura dell'opera, della fase di processo e del tipo di appalto;

b) gli elementi utili alla individuazione dei requisiti di produzione, di gestione, di trasmissione e di archiviazione dei contenuti informativi, in stretta connessione con gli obiettivi decisionali e gestionali, oltre eventualmente al modello informativo relativo allo stato attuale;

c) la descrizione delle specifiche relative all'ambiente di condivisione dei dati e alle condizioni di proprietà, di accesso e di validità del medesimo, anche rispetto alla tutela e alla sicurezza dei dati e alla riservatezza, alla disciplina del diritto d'autore e della proprietà intellettuale;

d) le disposizioni relative al mantenimento dei criteri di interoperabilità degli strumenti informativi nel tempo.

9. Per l'avvio di procedure di affidamento di lavori con progetto esecutivo o con appalto integrato, le stazioni appaltanti predispongono un capitolato informativo coerente con il livello di progettazione posto a base di gara. I documenti contrattuali disciplinano gli obblighi dell'appaltatore in materia di gestione informativa digitale delle costruzioni.

10. Per gli affidamenti di cui ai commi 8 e 9 valgono, in particolare, le seguenti regole:

a) la documentazione di gara è resa disponibile tra le parti, tramite l'ambiente di condivisione dei dati, su supporto informatico per mezzo di formati digitali coerenti con la natura del contenuto dei documenti e con quanto previsto dal capitolato informativo;

b) il partecipante alla procedura competitiva con utilizzo del criterio dell'offerta economicamente più vantaggiosa presenta un'offerta di gestione informativa in risposta ai requisiti richiesti nel capitolato informativo;

c) l'affidatario, dopo la stipula del contratto e prima dell'avvio della esecuzione dello stesso, predispone un piano di gestione informativa, da sottoporre all'approvazione della stazione appaltante, soggetto a eventuali aggiornamenti e modifiche nel corso dell'esecuzione del contratto;

d) la consegna di tutti i contenuti informativi richiesti avviene tramite l'ambiente di condivisione dei dati della stazione appaltante;

e) il soggetto affidatario cura il coordinamento della gestione informativa per rendere i dati compatibili tra loro, nel rispetto del capitolato informativo e del piano di gestione informativa presentato;

f) l'attività di verifica della progettazione di cui all'articolo 42 del codice è effettuata avvalendosi dei metodi e degli strumenti di cui al comma 1 del presente articolo;

g) fino all'introduzione obbligatoria dei metodi e degli strumenti di cui al comma 1, la prevalenza contrattuale dei contenuti informativi è definita dalla loro esplicitazione tramite elaborati grafici e documentali in stretta coerenza, possibilmente, con il modello informativo per quanto concerne i contenuti geometrico dimensionali e alfanumerici;

h) la documentazione di gara può essere resa disponibile anche in formato digitale, fermo restando che a tutti gli effetti, in caso di mancata coerenza tra modello informativo e documentazione grafica tradizionale, è considerata valida quella tradizionale;

i) a decorrere dall'introduzione obbligatoria dei metodi e degli strumenti di cui al comma 1, la prevalenza contrattuale dei contenuti informativi è definita dai modelli informativi nei limiti in cui ciò sia praticabile tecnologicamente. I contenuti informativi devono, in ogni caso, essere relazionati al modello informativo all'interno dell'ambiente di condivisione dei dati.

11. Il coordinamento, la direzione e il controllo tecnico-contabile dell'esecuzione dei contratti pubblici, possono essere svolti mediante l'utilizzo dei metodi e degli strumenti di gestione informativa digitale. A questo fine, se il direttore dei lavori non è in possesso delle competenze necessarie, all'interno del suo ufficio è nominato un coordinatore dei flussi informativi. Per il collaudo finale o la verifica di conformità, l'affidatario consegna il modello informativo dell'opera realizzata per la successiva gestione del ciclo di vita del cespite immobiliare o infrastrutturale. La verifica di questo modello rientra fra le attività di collaudo e di verifica di conformità.

12. Nella formulazione dei requisiti informativi da parte delle stazioni appaltanti e degli enti concedenti possono essere definiti, per la loro successiva rigorosa attuazione nel corso dell'esecuzione dei contratti pubblici, usi specifici, metodologie operative, processi organizzativi e soluzioni tecnologiche, quali oggetti di valutazione ai fini della premialità, ove ammissibile, dei contenuti delle offerte dei candidati. In particolare, possono essere definiti requisiti e proposte:

a) per l'integrazione della gestione delle informazioni con la gestione del progetto e con la gestione del rischio;

b) per facilitare la gestione dell'ambiente di condivisione dei dati nell'ambito della *cyber security*;

c) per incrementare il livello di protezione, di riservatezza e di sicurezza dei dati, con particolare riferimento all'ambiente di condivisione dei dati;

d) per utilizzare i metodi e gli strumenti elettronici per raggiungere obiettivi di sostenibilità ambientali anche attraverso i principi del *green public procurement*;

e) per incrementare, in senso computazionale, attraverso il piano di gestione informativa, la produzione e la consegna dei modelli informativi e il loro collegamento con gli altri contenuti informativi presenti nell'ambiente di condivisione dei dati;

f) che consentano alla stazione appaltante di disporre di dati e informazioni utili per l'esercizio delle proprie funzioni ovvero per il mantenimento delle caratteristiche di interoperabilità dei modelli informativi;

g) con riferimento alla fase di progettazione, che consentano di supportare digitalmente i processi autorizzativi;

h) con riferimento alla fase di progettazione, che consentano di supportare digitalmente le attività di verifica e di validazione dei progetti;

i) per supportare la formulazione e la valutazione di varianti migliorative e di mitigazione del rischio;

l) con riferimento alla fase di esecuzione dei lavori, per incrementare la transizione dalla progettazione esecutiva alla progettazione costruttiva, a dispositivi digitali relativi alla modellazione informativa multi-dimensionale attinente al monitoraggio e al controllo dell'avanzamento temporale ed economico dei lavori, al ricorso a soluzioni tecnologiche di realtà aumentata e immersiva;

m) con riferimento alla fase di esecuzione dei lavori, per incrementare digitalmente le condizioni di salute e di sicurezza nei cantieri;

n) con riferimento alla fase di esecuzione dei lavori, per incrementare digitalmente le condizioni relative alla gestione ambientale e circolare nei cantieri;

o) con riferimento alla fase di esecuzione dei lavori, per incrementare le condizioni di comunicazione e di interconnessione tra le entità presenti in cantiere finalizzate a facilitare le relazioni intercorrenti tra le parti in causa;

p) con riferimento alla fase di esecuzione dei lavori, relative a modalità digitali per la tracciabilità dei materiali e delle forniture e per la tracciabilità dei processi di produzione e montaggio, anche ai fini del controllo dei costi del ciclo di vita dell'opera;

q) con riferimento alla fase di esecuzione dei lavori, relative alla dotazione, al termine degli stessi, del corredo informativo utile all'avvio del funzionamento del cespite e delle attività a esso connesse;

r) con riferimento alla fase di gestione delle opere, che permettano di supportare digitalmente il governo delle prestazioni del cespite e i suoi livelli di fruibilità.

13. Con decreto del Ministro delle infrastrutture e dei trasporti è istituita, senza nuovi o maggiori oneri a carico della finanza pubblica, una commissione per il monitoraggio degli esiti, delle difficoltà incontrate dalle stazioni appaltanti in fase di applicazione delle disposizioni del presente allegato, nonché per individuare misure preventive o correttive per il loro superamento, anche al fine di consentire l'aggiornamento di tali disposizioni.

ALLEGATO I.10
Attività tecniche a carico degli stanziamenti previsti per le singole procedure
(Articolo 45, comma 1)

Attività di:
- programmazione della spesa per investimenti;
- responsabile unico del progetto;
- collaborazione all'attività del responsabile unico del progetto (responsabili e addetti alla gestione tecnico-amministrativa dell'intervento)
- redazione del documento di fattibilità delle alternative progettuali;
- redazione del progetto di fattibilità tecnica ed economica;
- redazione del progetto esecutivo;
- coordinamento per la sicurezza in fase di progettazione;
- verifica del progetto ai fini della sua validazione;
- predisposizione dei documenti di gara;
- direzione dei lavori;
- ufficio di direzione dei lavori (direttore/i operativo/i, ispettore/i di cantiere);
- coordinamento per la sicurezza in fase di esecuzione;
- direzione dell'esecuzione;
- collaboratori del direttore dell'esecuzione
- coordinamento della sicurezza in fase di esecuzione;
- collaudo tecnico-amministrativo;
- regolare esecuzione;
- verifica di conformità;
- collaudo statico (ove necessario).

ALLEGATO I.11
Disposizioni relative all'organizzazione, alle competenze, alle regole di funzionamento, nonché alle ulteriori attribuzioni del Consiglio superiore dei lavori pubblici
(Articolo 47, comma 4)

Art. 1. Ulteriori competenze e attribuzioni – 1. Il Consiglio superiore dei lavori pubblici, nell'ambito dei compiti attribuiti allo Stato e nel rispetto delle prerogative delle regioni e delle province autonome, delle province, delle città metropolitane e dei comuni, oltre a quanto previsto dall'articolo 47 del codice, esercita altresì funzioni consultive ed esprime pareri:

a) su ogni questione a esso attribuita, quando previsto dalla legislazione vigente;

b) sui testi delle norme tecniche predisposte in attuazione del testo unico delle disposizioni legislative e regolamentari in materia di edilizia di cui al decreto del Presidente della Repubblica 6 giugno 2001, n. 380, nonché delle leggi 5 novembre 1971, n. 1086, e 2 febbraio 1974, n. 64, per i campi di applicazione originariamente previsti dai relativi testi normativi e non applicabili alla Parte I - Attività edilizia dello stesso testo unico di cui al decreto del Presidente della Repubblica n. 380 del 2001;

c) sui testi delle norme tecniche predisposte in attuazione del nuovo codice della strada di cui al decreto legislativo 30 aprile 1992, n. 285;

d) sulle circolari e linee guida predisposte in attuazione e nei limiti delle leggi di cui alle lettere a), b) e c).

2. Il Consiglio superiore dei lavori pubblici, attraverso il Servizio tecnico centrale:

a) cura la predisposizione delle norme tecniche sulla sicurezza minima strutturale delle costruzioni da osservarsi su tutto il territorio nazionale;

b) cura la predisposizione di linee guida, istruzioni operative, documenti tecnici inerenti alle norme tecniche di cui alla lettera a);

c) esercita il coordinamento tecnico-scientifico dell'attività normativa, nazionale e in ambito europeo, nel settore dell'ingegneria civile e dei materiali e dei prodotti da costruzione per i quali è di prioritaria importanza garantire il rispetto del requisito di base n. 1, "resistenza meccanica e stabilità", di cui all'allegato I al regolamento (UE) n. 305/2011 del Parlamento europeo e del Consiglio, del 9 marzo 2011, che fissa condizioni armonizzate per la commercializzazione dei prodotti da costruzione, e al decreto legislativo 16 giugno 2017, n. 106;

d) esercita, d'intesa con il Consiglio nazionale delle ricerche, la vigilanza sugli enti di cui alla direttiva (UE) 2015/1535 del Parlamento europeo e del Consiglio, del 9 settembre 2015, che svolgono le funzioni di organismo di normalizzazione limitatamente al campo dell'ingegneria civile e strutturale, ai sensi degli articoli 4 e 5 della legge 21 giugno 1986, n. 317.

3. Il Consiglio superiore dei lavori pubblici assicura l'assolvimento dei compiti di rappresentanza presso gli organismi tecnici dell'Unione europea preposti all'attuazione del regolamento (UE) n. 305/2011, e del decreto legislativo n. 106 del 2017, riguardanti la qualificazione e la sicurezza dei materiali e dei prodotti per l'ingegneria civile. Individua, per i fini predetti, i rappresentanti tecnici nazionali.

4. Il Consiglio superiore dei lavori pubblici esprime parere sulle questioni comunque pertinenti alle materie di cui al comma 1, sottoposte al suo esame dagli organi costituzionali, dal Presidente del Consiglio dei ministri, dai singoli ministri, dai presidenti delle regioni e delle province autonome di Trento e di Bolzano, dagli enti locali, da altri enti pubblici e dalle autorità indipendenti e può redigere norme tecniche particolari su richiesta degli stessi soggetti. Su richiesta del Ministro delle infrastrutture e dei trasporti, il Consiglio superiore dei lavori pubblici svolge, inoltre, specifiche missioni tecniche in merito a problematiche di particolare complessità.

5. Il Consiglio superiore dei lavori pubblici esprime, altresì, parere sulle questioni comunque pertinenti alle materie di cui al comma 1, sottoposte al suo esame da associazioni riconosciute a livello nazionale, dal Consiglio Nazionale degli Ingegneri, dal Consiglio Nazionale degli Architetti, Pianificatori, Paesaggisti e Conservatori e dal Consiglio Nazionale dei Geologi.

Art. 2. Composizione – 1. Il Consiglio superiore dei lavori pubblici è composto dal Presidente, dai Presidenti di Sezione, dal Segretario generale, dai dirigenti del Servizio tecnico centrale, dai componenti effettivi di cui al comma 3, dai componenti di diritto di cui al comma 4. La composizione del Consiglio superiore dei lavori pubblici è individuata con decreto del Ministro delle infrastrutture e dei trasporti per la durata di un triennio.

2. Il dirigente di livello generale preposto fino al 31 dicembre 2026 alla struttura di supporto di cui all'articolo 45, comma 4, del decreto-legge 31 maggio 2021, n. 77, convertito, con modificazioni, dalla legge 29 luglio 2021, n. 108, assume la funzione di Presidente della Sezione speciale del Consiglio superiore dei lavori pubblici.

3. Sono componenti effettivi del Consiglio superiore dei lavori pubblici:

a) in numero non inferiore a nove dirigenti di seconda fascia con funzione di consiglieri del Consiglio superiore dei lavori pubblici, scelti per capacità ed esperienza professionale nelle materie di cui ai commi 1, 2 e 3 dell'articolo 1, tra i dirigenti di seconda fascia del ruolo del Ministero delle infrastrutture e dei trasporti e nominati, su proposta del Presidente, con le procedure di cui all'articolo 19, commi 4, 5-*bis* e 6, del decreto legislativo 30 marzo 2001, n. 165. Tra questi è ricompreso, a far data dall'entrata in vigore del codice, il dirigente di livello non generale di cui all'articolo 45, comma 4, del decreto-legge n. 77 del 2021, convertito, con modificazioni, dalla legge n. 108 del 2021, che fino al 31 dicembre 2026 svolge le funzioni di cui al predetto decreto-legge;

b) tre consiglieri di Stato, tre consiglieri della Corte dei conti e tre avvocati dello Stato designati, rispettivamente, dal Presidente del Consiglio di Stato, dal Presidente della Corte dei conti e dall'Avvocato generale dello Stato. Tra questi sono ricompresi anche il magistrato amministrativo, il consigliere della Corte dei conti e l'avvocato dello Stato di cui all'articolo 45, comma 1, lettera e), del decreto-legge n. 77 del 2021, convertito, con modificazioni, dalla legge n. 108 del 2021;

c) sette dirigenti di livello generale in servizio presso le amministrazioni dello Stato, designati dal Presidente del Consiglio dei ministri e dai rispettivi Ministri, dei quali uno appartenente alla Presidenza del Consiglio dei ministri, uno appartenente al Ministero delle infrastrutture e dei trasporti, uno appartenente al Ministero dell'ambiente e della sicurezza energetica, uno appartenente al Ministero della cultura, uno appartenente al Ministero dell'interno, uno appartenente al Ministero dell'economia e delle finanze e uno appartenente al Ministero della difesa. Tra questi sono ricompresi, a far data dall'entrata in vigore del codice, i sette dirigenti di livello generale di cui all'articolo 45, comma 1, lettera a), del decreto-legge n. 77 del 2021, convertito, con modificazioni, dalla legge n. 108 del 2021;

d) tre rappresentanti designati dalla Conferenza unificata di cui all'articolo 8 del decreto legislativo 28 agosto 1997, n. 281, scelti tra soggetti in possesso di adeguate professionalità. Questi, a far data dall'entrata in vigore del codice, sono i tre rappresentanti designati dalla Conferenza unificata di cui all'articolo 45, comma 1, lettera b), del decreto-legge n. 77 del 2021, convertito, con modificazioni, dalla legge n. 108 del 2021;

e) tre rappresentanti degli Ordini professionali designati, rispettivamente, dal Consiglio nazionale degli ingegneri, dal Consiglio nazionale degli architetti pianificatori, paesaggisti e conservatori e dal Consiglio nazionale dei geologi. Questi, a far data dall'entrata in vigore del codice, sono i tre rappresentanti designati dagli Ordini professionali di cui all'articolo 45, comma 1, lettera c), del decreto-legge n. 77 del 2021, convertito, con modificazioni, dalla legge n. 108 del 2021;

f) trenta esperti scelti fra docenti universitari ordinari e associati, di chiara e acclarata competenza nelle materie di cui ai commi 1, 2 e 3 dell'articolo 1, nonché in materie economiche, nominati con decreto del Ministro delle infrastrutture e dei trasporti, su indicazione del Presidente del Consiglio superiore dei lavori pubblici. Tra questi sono ricompresi, a far data dall'entrata in vigore del codice, i tredici esperti di cui all'articolo 45, comma 1, lettera d), del decreto-legge n. 77 del 2021, convertito, con modificazioni, dalla legge n. 108 del 2021.

4. Sono componenti di diritto del Consiglio superiore dei lavori pubblici, in ragione del loro ufficio:

a) i Provveditori interregionali per le opere pubbliche del Ministero delle infrastrutture e dei trasporti;

b) il Capo dipartimento della protezione civile;

c) il Capo dipartimento dei vigili del fuoco, del soccorso pubblico e della difesa civile del Ministero dell'interno;

d) il Direttore generale archeologia, belle arti e paesaggio del Ministero della cultura;

e) il Direttore generale valutazioni ambientali del Ministero dell'ambiente e della sicurezza energetica;

f) il Direttore generale dei lavori e del demanio (Geniodife) del Ministero della difesa;

g) il Direttore dell'Agenzia nazionale per la sicurezza delle ferrovie e delle infrastrutture stradali e autostradali.

5. Per l'esame dei progetti di lavori pubblici di cui all'articolo 39 del codice, sono invitati con diritto di voto a partecipare alle adunanze delle Sezioni I, II e III, di cui all'articolo 4 e dell'Assemblea generale del Consiglio superiore dei lavori pubblici, di cui all'articolo 3, un rappresentante di ogni comune e di ogni provincia o città metropolitana in cui l'opera è localizzata, nonché un rappresentante di ogni regione o provincia autonoma territorialmente competente.

6. I componenti del Consiglio superiore dei lavori pubblici non possono farsi rappresentare.

7. I componenti del Consiglio superiore dei lavori pubblici, anche se estranei alle amministrazioni dello Stato, sono tenuti alla riservatezza in ordine agli affari trattati.

Art. 3. Assemblea generale – 1. L'Assemblea generale del Consiglio superiore dei lavori pubblici è costituita dal Presidente, dai Presidenti di Sezione, dal Segretario generale, dai dirigenti del Servizio tecnico centrale, dai componenti effettivi di cui all'articolo 2, comma 3, dai componenti di diritto di cui all'articolo 2, comma 4, nonché da eventuali esperti scelti dal Presidente, in numero non superiore a quaranta e senza diritto di voto. Agli esperti senza diritto di voto, per la partecipazione alle attività dell'Assemblea generale, non spettano indennità o gettoni di presenza, ma è riconosciuto il solo rimborso delle spese nei limiti delle risorse disponibili a legislazione vigente. L'Assemblea generale si esprime sugli affari posti all'ordine del giorno dal Presidente.

2. Alla data di entrata in vigore del codice le funzioni di comitato speciale di cui all'articolo 45 del decreto-legge 31 maggio 2021, n. 77, convertito, con modificazioni, dalla legge 29 luglio 2021, n. 108, sono svolte dalla Sezione speciale del Consiglio superiore dei lavori pubblici.

3. La struttura di supporto di cui all'articolo 45, comma 4, del decreto-legge n. 77 del 2021, convertito, con modificazioni, dalla legge n. 108 del 2021, opera all'interno della struttura organizzativa

del Consiglio superiore dei lavori pubblici fino al 31 dicembre 2026, mantenendo le funzioni di cui al predetto decreto-legge.

4. Ai componenti della Sezione speciale di cui all'articolo 4 è corrisposta, fino al 31 dicembre 2026, l'indennità prevista dall'articolo 45, comma 3, del decreto-legge n. 77 del 2021, convertito, con modificazioni, dalla legge n. 108 del 2021. Agli altri componenti del Consiglio superiore dei lavori pubblici è corrisposta, anche in deroga alle previsioni di cui all'articolo 24, comma 3, del decreto legislativo 30 marzo 2001, n. 165, fermo il limite di cui all'articolo 23-*ter*, comma 1, del decreto-legge 6 dicembre 2011, n. 201, convertito, con modificazioni, dalla legge 22 dicembre 2011, n. 214, un'indennità pari al 25 per cento dell'ammontare complessivo del trattamento economico percepito presso l'amministrazione di appartenenza e comunque non superiore alla somma di 20.000 euro annui comprensiva degli oneri a carico dell'Amministrazione. L'indennità di cui al primo periodo è determinata in relazione ai criteri stabiliti con apposito regolamento interno.

Art. 4. Sezioni – 1. Il Consiglio superiore dei lavori pubblici si articola in quattro sezioni distinte per materie e compiti, denominate "Sezione I", "Sezione II", "Sezione III" e "Sezione speciale". La ripartizione delle materie è definita con decreto del Presidente del Consiglio superiore dei lavori pubblici, entro tre mesi dalla data di entrata in vigore del presente allegato. Detta ripartizione può essere modificata ogni biennio, con pari procedura. In sede di prima applicazione e fino alla emanazione del nuovo decreto presidenziale, resta valida la ripartizione vigente.

2. Per l'esame di questioni di particolare rilevanza o per motivi di urgenza, con decreto del Presidente del Consiglio superiore dei lavori pubblici è costituito un Comitato ristretto è composto da un Presidente di sezione, che lo presiede, e da non più di sei componenti, scelti nell'ambito dei componenti del Consiglio superiore dei lavori pubblici. Il Presidente del Comitato ristretto può disporre la partecipazione ai lavori di altri componenti e di esperti senza diritto di voto. La partecipazione degli esperti avviene a titolo gratuito. In caso di assenza o impedimento del presidente designato, lo stesso è sostituito da altro presidente di sezione nominato dal Presidente del Consiglio superiore dei lavori pubblici.

Art. 5. Servizio tecnico centrale – 1. Il Servizio tecnico centrale opera alle dipendenze funzionali del Presidente del Consiglio superiore dei lavori pubblici o di un Presidente di sezione da lui delegato e svolge le seguenti funzioni:

a) supporto al Ministero delle infrastrutture e dei trasporti e allo stesso Consiglio superiore;

b) studi e ricerche sui materiali da costruzione, predisposizione delle norme tecniche, delle linee guida e degli studi tecnici di carattere generale e normativo, negli ambiti di competenza;

c) attività istruttorie ed emanazione dei provvedimenti relativi a:

1) certificazione, ispezione e benestare tecnico europeo per prodotti e sistemi destinati alle opere di ingegneria strutturale e geotecnica, in attuazione del regolamento (UE) n. 305/2011, del decreto legislativo 16 giugno 2017, n. 106, e delle altre disposizioni dell'Unione europea o nazionali di settore;

2) qualificazione dei prodotti prefabbricati di serie ai sensi del testo unico delle disposizioni legislative e regolamentari in materia di edilizia, di cui al decreto del Presidente della Repubblica 6 giugno 2001, n. 380, e, per la parte ancora applicabile, della legge 5 novembre 1971, n. 1086, nonché delle norme tecniche di cui agli articoli 52, comma 1, e 60 del medesimo testo unico di cui al decreto del Presidente della Repubblica n. 380 del 2001;

3) qualificazione e vigilanza dei prodotti disciplinati dalle norme tecniche di cui agli articoli 52, comma 1, e 60 del testo unico di cui al decreto del Presidente della Repubblica, n. 380 del 2001;

4) riconoscimento dell'equivalenza di prodotti qualificati in campo europeo per l'utilizzazione degli stessi sul territorio nazionale;

5) rilascio delle autorizzazioni ai laboratori di cui all'articolo 59, comma 2, del testo unico di cui al decreto del Presidente della Repubblica n. 380 del 2001;

6) rilascio delle autorizzazioni agli organismi di cui al Capo VII del regolamento (UE) n. 305/2011 e al Capo III del decreto legislativo n. 106 del 2017;

7) rilascio delle autorizzazioni agli organismi di certificazione del controllo del processo di fabbrica (FPC) del calcestruzzo prodotto con processo industrializzato, ai sensi delle norme tecniche per le costruzioni;

d) vigilanza sul mercato ai sensi del Capo V del decreto legislativo n. 106 del 2017, limitatamente ai materiali e prodotti per uso strutturale di cui all'articolo 2, lettera i), del medesimo decreto legislativo n. 106 del 2017.

2. Per l'espletamento delle proprie attività, nell'ambito delle risorse finanziarie disponibili a legislazione vigente, senza nuovi o maggiori oneri per la finanza pubblica, il Servizio tecnico centrale può affidare incarichi speciali di consulenza e assistenza tecnica a istituti universitari o a singoli docenti universitari o a soggetti indipendenti, pubblici o privati, di comprovata esperienza e competenza, per coadiuvare attività di particolare complessità e che implichino conoscenze di alto grado di specializzazione.

3. Il Servizio tecnico centrale può avvalersi, mediante stipula di apposite convenzioni, dell'Ente unico nazionale di accreditamento nell'esercizio delle proprie funzioni di controllo, verifica e vigilanza sulla sussistenza e permanenza dei requisiti previsti da specifici provvedimenti adottati dal Consiglio superiore dei lavori pubblici, per il rilascio e il rinnovo dei provvedimenti di cui al comma 1.

4. Il Servizio tecnico centrale è articolato in quattro divisioni di livello dirigenziale non generale, cui sono preposti dirigenti di seconda fascia nominati su proposta del Presidente del Consiglio superiore dei lavori pubblici, con le procedure di cui all'articolo 19, commi 4, 5-*bis* e 6, del decreto legislativo 30 marzo 2001, n. 165.

Art. 6. Osservatorio del Collegio consultivo tecnico – 1. L'Osservatorio è presieduto dal Presidente del Consiglio superiore dei lavori pubblici ed è composto da:

a) il Capo dipartimento per le opere pubbliche, le politiche abitative e urbane, le infrastrutture idriche e le risorse umane e strumentali del Ministero delle infrastrutture e dei trasporti;

b) il Direttore generale per la regolazione dei contratti pubblici e la vigilanza sulle grandi opere del Ministero delle infrastrutture e dei trasporti;

c) tre rappresentanti designati dalla Conferenza unificata di cui all'articolo 8 del decreto legislativo 28 agosto 1997, n. 281, scelti tra soggetti in possesso di adeguate professionalità;

d) cinque rappresentanti designati dagli ordini professionali, di cui uno designato dall'Ordine professionale degli ingegneri, uno designato dall'Ordine professionale degli architetti, uno designato dall'Ordine professionale dei geologi, uno designato dall'Ordine professionale dei dottori commercialisti ed esperti contabili e uno designato dall'Ordine professionale degli avvocati;

e) tre esperti scelti fra docenti universitari di chiara e acclarata competenza, su indicazione del presidente del Consiglio superiore dei lavori pubblici;

f) un magistrato amministrativo, con qualifica di consigliere, un consigliere della Corte dei conti e un avvocato dello Stato.

2. I componenti di cui al comma 1, lettere c), d), e) e f), sono nominati con decreto del Ministro delle infrastrutture e dei trasporti, durano in carica tre anni e possono essere confermati per un secondo triennio.

3. I componenti dell'Osservatorio permanente non possono farsi rappresentare e non spettano indennità, gettoni di presenza, rimborsi spese o altri emolumenti comunque denominati.

Art. 7. Regole di funzionamento – 1. Le adunanze dell'Assemblea generale e delle Sezioni del Consiglio superiore dei lavori pubblici sono valide con la presenza di un terzo dei componenti e i pareri sono validi quando siano deliberati con il voto favorevole della maggioranza assoluta dei presenti all'adunanza.

2. Il Presidente del Consiglio dei lavori pubblici:

a) convoca e presiede l'Assemblea generale;

b) convoca e presiede l'adunanza della Sezione speciale;

c) assegna gli affari all'Assemblea generale indicando i relatori e le commissioni relatrici;

d) assegna gli affari alle Sezioni;

e) programma le sedute dell'Assemblea generale;

f) con proprio decreto definisce la composizione delle Sezioni assegnandone i componenti, anche non interni;

g) dispone sull'attuazione del controllo di gestione per l'attività del Consiglio superiore dei lavori pubblici nel rispetto delle relative direttive del Ministro delle infrastrutture e dei trasporti, con verifica almeno annuale della rispondenza alle finalità istituzionali dell'attività svolta sotto i profili dell'efficacia e dell'efficienza, nonché della adeguatezza della struttura;

h) nomina le commissioni per l'elaborazione delle norme tecniche e delle linee guida a carattere normativo, su proposta del coordinatore del Servizio tecnico centrale;

i) dispone l'eventuale acquisizione del parere di una sezione ovvero dell'assemblea sugli atti aventi particolare rilevanza esterna predisposti dal Servizio tecnico centrale nell'ambito delle proprie attribuzioni di cui all'articolo 5;

3. Il Presidente del Consiglio superiore dei lavori pubblici nomina un presidente vicario, scelto tra i quattro presidenti di Sezione che, in caso di sua assenza o impedimento, ne assume le funzioni.

4. Le principali materie oggetto di ripartizione tra le Sezioni del Consiglio superiore dei lavori pubblici sono le seguenti:

a) edilizia, impianti sportivi, strutture, opere strategiche, materiali e prodotti da costruzione;

b) idrogeologia, opere idrauliche, consolidamento e spostamento di abitati, opere idraulico-forestali;

c) infrastrutture marittime e portuali, difesa delle coste, opere per la navigazione interna;

d) dighe, impianti di produzione, trasporto e distribuzione di energia elettrica, tradizionale o derivante da fonti alternative;

e) infrastrutture e reti di trasporto, dispositivi e materiali per la sicurezza stradale e ferroviaria, impianti tecnologici, tecnologie innovative, infrastrutture tecnologiche e informatiche;

f) assetto del territorio, questioni ambientali e di sostenibilità;

g) norme tecniche, classificazione sismica, competenze professionali, legislazione sulle opere pubbliche, programmazione delle opere pubbliche.

5. I Presidenti delle Sezioni I, II e III del Consiglio superiore dei lavori pubblici:

a) convocano e presiedono le sedute delle rispettive sezioni;

b) nominano il relatore e le commissioni relatrici degli affari assegnati alle sezioni;

c) possono invitare alle sedute della sezione esperti che partecipano alla discussione senza diritto di voto, ai quali non spettano indennità o gettoni di presenza, ma è riconosciuto il solo rimborso delle spese nei limiti delle risorse disponibili a legislazione vigente.

6. Il Presidente della Sezione speciale del Consiglio superiore dei lavori pubblici, componente della Sezione speciale, coordina la struttura di supporto di cui all'articolo 45, comma 4, del decreto-legge 31 maggio 2021, n. 77, convertito, con modificazioni, dalla legge 29 luglio 2021, n. 108.

7. Il Presidente del Consiglio superiore dei lavori pubblici, su richiesta del presidente della Sezione incaricata dell'affare o di almeno la metà dei componenti effettivi della Sezione, i quali abbiano partecipato alla deliberazione, può disporre l'esame o il riesame della questione da parte dell'Assemblea generale.

8. Il Segretario generale del Consiglio superiore dei lavori pubblici, le cui funzioni sono attribuite dal Presidente a uno dei dirigenti di seconda fascia del medesimo Consiglio:

a) assiste il presidente nell'esercizio delle sue funzioni;

b) provvede alla gestione degli uffici del Consiglio superiore dei lavori pubblici e del relativo personale;

c) provvede all'attività amministrativa e contabile della struttura;

d) adotta i criteri di gestione e le modalità di tenuta della contabilità e del rendiconto.

Art. 8. Disposizioni finali – 1. La dotazione organica dei dirigenti di prima e seconda fascia, nonché del personale del Consiglio superiore dei lavori pubblici rientra nell'ambito della dotazione organica complessiva del Ministero delle infrastrutture e dei trasporti.

2. Il Consiglio superiore dei lavori pubblici costituisce centro di responsabilità amministrativa secondo quanto disposto dall'articolo 3 del decreto legislativo 7 agosto 1997 n. 279 e ai sensi dell'articolo 7, comma 5, della legge 1° agosto 2002, n. 166.

3. Gli stanziamenti destinati al Consiglio superiore dei lavori pubblici sono iscritti in apposita unità previsionale di base dello Stato di previsione del Ministero delle infrastrutture e dei trasporti.

4. Le risorse assegnate al Consiglio superiore dei lavori pubblici sono costituite:

a) dagli stanziamenti di cui al comma 3;

b) dalle entrate derivanti dai proventi delle attività del Servizio tecnico centrale, ai sensi dell'articolo 7, comma 9, della legge n. 166 del 2002;

c) dalle entrate previste dalle vigenti disposizioni di legge.

5. Al fine di garantire l'indipendenza del Consiglio superiore dei lavori pubblici e la continuità assoluta nello svolgimento delle funzioni, al Presidente del Consiglio superiore dei lavori pubblici non si

applica il disposto di cui all'articolo 19, comma 8, del decreto legislativo 30 marzo 2001, n. 165.

6. Dall'attuazione del presente allegato non devono derivare nuovi o maggiori oneri a carico della finanza pubblica.

ALLEGATO I.12
Opere di urbanizzazione a scomputo del contributo di costruzione
(Articolo 13, comma 7)

Art. 1. Ambito di applicazione – 1. Con il presente allegato sono individuate le modalità di affidamento delle opere di urbanizzazione a scomputo previste dall'articolo 13, comma 7, del codice, per le quali non trovano applicazione gli articoli 37, 45, e 81 del codice. In relazione alla fase di esecuzione del contratto si applicano esclusivamente le norme che disciplinano il collaudo di cui all'articolo 116 del codice.

Art. 2. Progettazione – 1. L'amministrazione che rilascia il permesso di costruire o altro titolo abilitativo può prevedere che, in relazione alla realizzazione delle opere di urbanizzazione, l'avente diritto a richiedere il titolo presenti all'amministrazione stessa, in sede di richiesta del suddetto titolo, un progetto di fattibilità tecnica ed economica delle opere da eseguire, con l'indicazione del tempo massimo in cui devono essere completate, allegando lo schema del relativo contratto di appalto.

Art. 3. Modalità di affidamento – 1. Con riferimento all'affidamento delle opere di cui all'articolo 2, l'amministrazione, sulla base del progetto di fattibilità tecnica ed economica, indice una gara con le modalità previste dagli articoli 71 e 72 del codice.

2. L'amministrazione stabilisce che il contratto ha per oggetto la progettazione esecutiva e l'esecuzione di lavori.

3. L'offerta economica deve indicare distintamente il corrispettivo richiesto per la progettazione esecutiva, per l'esecuzione dei lavori e per i costi della sicurezza.

Art. 4. Urbanizzazione a scomputo – 1. Per l'affidamento dei lavori pubblici di cui all'articolo 13, comma 7, del codice, relativi alle opere di urbanizzazione a scomputo per gli importi inferiori a quelli di cui all'articolo 14 del codice, si applicano le previsioni di cui all'articolo 50, comma 1, del codice.

Art. 5. Urbanizzazione primaria – 1. Nel caso di opere di urbanizzazione primaria di importo inferiore alla soglia di cui all'articolo 14, comma 1, lettera a), del codice, calcolato secondo le disposizioni di cui all'articolo 14, comma 9, del codice, funzionali all'intervento di trasformazione urbanistica del territorio, si applica l'articolo 16, comma 2-*bis*, del testo unico delle disposizioni legislative e regolamentari in materia di edilizia, di cui al decreto del Presidente della Repubblica 6 giugno 2001, n. 380.

ALLEGATO I.13
Determinazione dei parametri per la progettazione
(Articolo 41, comma 15)

Art. 1. Ambito di applicazione – 1. Il presente allegato disciplina le modalità di determinazione dei corrispettivi dovuti per le fasi progettuali da porre a base degli affidamenti dei servizi di ingegneria e architettura, determinati, mediante attualizzazione del quadro tariffario di cui alla tabella Z-2 del decreto del Ministro della giustizia 17 giugno 2016, pubblicato nella Gazzetta Ufficiale della Repubblica italiana n. 174 del 27 luglio 2016 (di seguito «decreto ministeriale 17 giugno 2016»), alle diposizioni di cui all'articolo 41 del codice.

2. Per la determinazione delle ulteriori prestazioni professionali si applica il decreto ministeriale 17 giugno 2016.

Art. 2. Ripartizione delle aliquote del decreto ministeriale 17 giugno 2016 – 1. Fino alla data di adozione del decreto di cui all'articolo 41, comma 15, del codice, le aliquote previste dal decreto ministeriale 17 giugno 2016 sono ripartite in relazione alle fasi progettuali così come disciplinate dal medesimo articolo 41 del codice, secondo la tabella A annessa al presente allegato.

2. Le aliquote relative alla progettazione preliminare come definite nel decreto ministeriale 17 giugno 2016 sono integralmente attribuite al progetto di fattibilità tecnico-economica (PFTE).

3. Le aliquote relative alla progettazione definitiva così come definite dal decreto ministeriale 17 giugno 2016 sono integralmente attribuite al PFTE e aggiunte a quelle di cui al comma 2, secondo i seguenti criteri:

a) l'aliquota QbII.05 deve essere attribuita alla progettazione esecutiva nel caso non ci sia l'affidamento congiunto della progettazione e dell'esecuzione delle opere, e al PFTE in caso di appalto integrato;

b) l'aliquota QbII.08 non si applica in caso di appalto integrato, in quanto la previsione del capitolato speciale e dello schema di contratto sul PFTE è già compensata dall'aliquota QbI.05.

4. Le aliquote relative alla progettazione esecutiva come definite nel decreto ministeriale 17 giugno 2016 sono integralmente attribuite alla nuova progettazione esecutiva, secondo i seguenti criteri:

a) le aliquote QbIII.03, QbIII.04, QbIII.05, QbIII.07, nel caso di appalto integrato, devono essere riconosciute per metà alla progettazione del PFTE e, per la restante metà, al progetto esecutivo al fine di compensare le prestazioni di revisione in fase esecutiva degli elaborati anticipati al PFTE;

b) nei casi ordinari, ovvero di affidamento congiunto delle due fasi progettuali, le aliquote QbIII.03, QbIII.04, QbIII.05, QbIII.07 restano interamente di competenza della progettazione esecutiva.

5. In seguito alla determinazione dell'importo da porre a base di gara, relativamente agli appalti per cui è obbligatoria l'adozione di metodologia *Building Information Modeling* (BIM), dovrà applicarsi un incremento percentuale pari al 10 per cento sul complessivo di calcolo degli onorari e prima dell'applicazione della percentuale relativa alle spese e oneri accessori, che sono calcolate anche sull'incremento percentuale BIM. Tale incremento deve essere applicato a tutti i servizi e a tutte le prestazioni oggetto di affidamento.

Tabella A

	Descrizione singole prestazione	**Aliquote**
Progetto di fattibilità tecnico-economica	Relazioni, planimetrie, elaborati grafici	QbI.01
	Calcolo sommario spesa, quadro economico di progetto	QbI.02
	Piano particellare preliminare delle aree o rilievo di massima degli immobili	QbI.03
	Piano economico e finanziario di massima	QbI.04
	Capitolato speciale descrittivo e prestazionale, schema di contratto	QbI.05
	Relazione geotecnica	QbI.06
	Relazione idrologica	QbI.07
	Relazione idraulica	QbI.08
	Relazione sismica e sulle strutture	QbI.09
	Relazione archeologica	QbI.10
	Relazione geologica	QbI.11
	Progettazione integrale e coordinata – integrazione delle prestazioni specialistiche	QbI.12
	Studio di inserimento urbanistico	QbI.13
	Relazione tecnica sullo stato di consistenza degli immobili da ristrutturare	QbI.14
	Prime indicazioni di progettazione antincendio	QbI.15

▸▸

	Descrizione singole prestazione	Aliquote
Progetto di fattibilità tecnico-economica	Prime indicazioni e prescrizione per la stesura dei Piani di sicurezza	QbI.16
	Studi di prefattibilità ambientale	QbI.17
	Piano di monitoraggio ambientale	QbI.18
	Supporto al RUP: supervisione e coordinamento della progettazione preliminare	QbI.19
	Supporto al RUP: verifica della progettazione preliminare	QbI.20
	Prime indicazioni piano di manutenzione con Q = 0,010	QbI.21
	Relazioni generale e tecniche, elaborati grafici, calcolo delle strutture e degli impianti, eventuali relazioni sulla risoluzione delle interferenze e relazione sulla gestione materie	QbII.01
	Rilievi dei manufatti	QbII.02
	Disciplinare descrittivo e prestazionale	QbII.03
	Piano particellare d'esproprio	QbII.04
	Elenco prezzi unitari ed eventuali analisi, computo metrico estimativo, quadro economico	QbII.05
	Studio di inserimento urbanistico	QbII.06
	Rilievi planoaltimetrici	QbII.07
	Schema di contratto, capitolato speciale d'appalto	QbII.08
	Relazione geotecnica	QbII.09
	Relazione idrologica	QbII.10
	Relazione idraulica	QbII.11
	Relazione sismica e sulle strutture	QbII.12
	Relazione geologica	QbII.13
	Analisi storico-critica e relazione sulle strutture esistenti	QbII.14
	Relazione sulle indagini dei materiali e delle strutture per edifici esistenti	QbII.15
	Verifica sismica delle strutture esistenti ed individuazione delle carenze strutturali	QbII.16
	Progettazione integrale e coordinata – integrazione delle prestazioni specialistiche	QbII.17
	Elaborati di progettazione antincendio	QbII.18
	Relazione paesaggistica	QbII.19
	Elaborati e relazioni per requisiti acustici	QbII.20

▸▸

	Descrizione singole prestazione	Aliquote
Progetto di fattibilità tecnico-economica	Relazione energetica	QbII.21
	Diagnosi energetica degli edifici esistenti, esclusi i rilievi e le indagini	QbII.22
	Aggiornamento delle prime indicazioni e prescrizioni per la redazione del PSC	QbII.23
	Studio di impatto ambientale o di fattibilità ambientale	QbII.24
	Piano di monitoraggio ambientale	QbII.25
	Supporto al RUP: supervisione e coordinamento della progettazione definitiva	QbII.26
	Supporto al RUP: verifica della progettazione definitiva	QbII.27
Progettazione esecutiva	Relazione generale e specialistiche, elaborati grafici, calcoli esecutivi	QbIII.01
	Particolari costruttivi e decorativi	QbIII.02
	Computo metrico estimativo, quadro economico, elenco prezzi ed eventuale analisi, quadro dell'incidenza percentuale della quantità di manodopera	QbIII.03
	Schema di contratto, capitolato speciale d'appalto, cronoprogramma	QbIII.04
	Piano di manutenzione dell'opera	QbIII.05
	Progettazione integrale e coordinata – integrazione delle prestazioni specialistiche	QbIII.06
	Piano di sicurezza e coordinamento	QbIII.07
	Supporto al RUP: supervisione e coordinamento della progettazione esecutiva	QbIII.08
	Supporto al RUP: verifica della progettazione esecutiva	QbIII.09
	Supporto al RUP: per la programmazione e progettazione d'appalto	QbIII.10
	Supporto al RUP: per la validazione del progetto	QbIII.11

Nota di lettura

1) Le aliquote afferenti all'ex progettazione preliminare sono tutte confermate nel nuovo PFTE.

2) Le aliquote afferenti all'ex definitivo sono trasferite al nuovo PFTE, ad eccezione delle seguenti:

2.1) QbII.05: si trasferisce all'esecutivo nel caso non ci sia l'affidamento congiunto della progettazione e dell'esecuzione delle opere oppure al nuovo PFTE in caso di appalto integrato;

2.2) QbII.08: non è più da utilizzare.

Col nuovo Codice, il PFTE deve raggiungere un approfondimento tale da conseguire tutte le autorizzazioni di carattere ambientale, paesaggistico e tecnico, che prima erano riservate alla fase definitiva. Con tali obiettivi il nuovo PFTE di fatto assorbe tutti i contenuti tecnici, relazionali e grafici della superata progettazione definitiva.

3) Le aliquote afferenti all'ex progettazione esecutiva sono tutte confermate nella nuova progettazione esecutiva, con la seguente eccezione:

3.1) QbIII.03, QbIII.04, QbIII.05, QbIII.07: nel caso di appalto integrato, il 50 per cento delle suddette aliquote è ricondotto al nuovo PFTE, mentre il restante 50 per cento è di competenza dell'esecutivo a compensare la revisione esecutiva degli elaborati anticipati al PFTE; nei casi ordinari, senza appalto integrato, restano interamente di competenza della progettazione esecutiva.

Nell'eventualità che il PFTE venga redatto per l'espletamento dell'appalto integrato, la norma richiede l'anticipazione di alcuni elaborati (PSC, PdM, computi di approfondimento spinto con relative analisi, cronoprogramma e capitolati) che dovranno essere compensati in tale fase. Poiché, tuttavia, in fase di progetto esecutivo gli stessi documenti dovranno essere revisionati e adeguati a carico dell'aggiudicatario, l'ipotesi di lavoro ha previsto la ripartizione di dette aliquote in due componenti paritetiche, da ricondurre per metà al nuovo PFTE e per metà al progetto esecutivo, per l'onere di revisione e aggiornamento.

4) Introduzione di una nuova aliquota al PFTE: QbI.21 – Prime indicazioni piano di manutenzione – con Q = 0,010, come per le prime indicazioni e prescrizioni per la stesura dei Piani di sicurezza. Si tratta di un elaborato non precedentemente previsto dalle norme, introdotto dal nuovo Codice, la cui elaborazione è di complessità non banale e che dovrà essere equamente compensato.

5) Introduzione, relativamente agli appalti per cui è obbligatoria la metodologia BIM, di un incremento percentuale del 10 per cento da applicare al complessivo di calcolo degli onorari prima del calcolo delle spese e degli oneri accessori (i quali vanno calcolati anche sull'incremento percentuale BIM).

ALLEGATO I.14
Criteri di formazione ed aggiornamento dei prezzari regionali
(Articolo 41, comma 13)

Art. 1. Indicazioni di carattere generale – 1. I prezzari regionali sono redatti ai sensi dell'articolo 41, comma 13, del codice dalle regioni e dalle province autonome territorialmente competenti, di concerto con le articolazioni territoriali del Ministero delle infrastrutture e dei trasporti. Il presente allegato contiene indicazioni per la determinazione dei prezzari, nel rispetto dell'autonomia organizzativa di ciascuna regione e provincia autonoma, promuovendo l'omogeneità dei relativi criteri di formazione e aggiornamento. Il prezzario opera come strumento posto a supporto dell'intera filiera degli appalti pubblici, al fine di garantire la qualità delle opere pubbliche, la sicurezza nei cantieri e la congruità del costo delle opere, tenendo conto delle specificità dei sistemi produttivi delle singole regioni.

2. Per garantire la massima trasparenza e la funzione pubblica di supporto, i prezzari sono messi a disposizione a titolo gratuito sui siti istituzionali, con particolare riguardo al sito della regione o provincia autonoma competente e del Ministero delle infrastrutture e dei trasporti tramite il Servizio Contratti Pubblici (SCP), insieme, ove possibile, alla descrizione analitica che porta alla definizione del costo dell'opera da realizzare. Ferme restando le competenze del progettista in merito alla corretta definizione della composizione del costo di un'opera, la decisione di rendere pubblico il sistema della formazione di tale costo intende promuovere massima trasparenza rispetto alla metodologia di definizione del prezzo pubblicato. Ai fini di cui al presente comma, i prezzari regionali sono resi disponibili in formato *open data*.

3. Al fine di assicurare l'omogeneità dei criteri di formazione e aggiornamento dei prezzari, il presente allegato contiene indicazioni relative:

a) alla strutturazione e all'articolazione dei prezzari, prevedendo anche l'utilizzo di definizioni comuni per garantire, nel rispetto delle specificità territoriali e merceologiche, una maggiore fruibilità e possibilità di confronto dei prezzari regionali;

b) alla costruzione di un sistema informativo da porre a servizio del settore delle costruzioni in ambito nazionale, che permetta il confronto e la fruibilità dei contenuti dei prezzari in termini di prezzi, risorse e norme tecniche di riferimento;

c) alla metodologia di rilevazione, con riferimenti ai soggetti presso quali rilevare le informazioni e alle modalità di rilevazione;

d) alle tempistiche e alle modalità per l'aggiornamento dei prezzari in attuazione del presente allegato e per la progressiva pubblicazione dell'analisi;

e) ad aspetti organizzativi concernenti il coordinamento tra le regioni e le province autonome e il Ministero delle infrastrutture e dei trasporti al fine di definire istruzioni di dettaglio per l'omogeneizzazione dei prezzari e della messa a sistema delle competenze comuni.

4. La definizione delle istruzioni di dettaglio relative al comma 3, lettere a), b), c) e d) è affidata al Tavolo di coordinamento di cui all'articolo 6 composto da rappresentanti delle regioni, nell'ambito della rete dei prezzari regionali, e del Ministero delle infrastrutture e dei trasporti. Nelle more della conclusione di tale processo, i prezzari vigenti mantengono la loro efficacia e validità e l'aggiornamento straordinario previsto dall'articolo 26 del decreto-legge 17 maggio 2022, n. 50, convertito, con modificazioni, dalla legge 15 luglio 2022, n. 91, può essere effettuato con la metodologia e le procedure previgenti.

Art. 2. Struttura e contenuti del prezzario – 1. Il prezzario di riferimento è codificato in termini di lavorazioni e risorse. Con il termine "lavorazioni" si intende il risultato di un insieme di lavori necessari a realizzare un'opera che di per sé esplichi una funzione economica o tecnica, incluse quelle di presidio e difesa ambientale.

2. Le lavorazioni sono classificate secondo "livelli successivi" e la successione degli elementi che le compongono segue la struttura del processo produttivo. A titolo indicativo, tali livelli possono essere classificati in:

a) *tipologia*: individuazione di lavorazioni in ragione delle proprie funzioni e caratteristiche tecnologiche, prevalentemente utilizzati per la costruzione di determinate opere;

b) *capitolo*: segmento di carattere organizzativo nell'ambito della classificazione delle attività;

c) *voce*: classificazione subordinata al capitolo;
d) *articolo*: classificazione subordinata alla voce.

3. Con il termine "risorsa" si intende un elemento di costo che costituisce un fattore produttivo in un lavoro, una fornitura o un servizio. Le risorse, a loro volta, possono essere articolate in:

a) *famiglia*: individuazione delle risorse umane, del prodotto e attrezzature, in ragione delle opere e delle attività, in particolare:

1) *risorsa umana*: fattore produttivo lavoro, come attività fisica o intellettuale dell'uomo (nella terminologia comune si utilizza il termine manodopera);

2) *attrezzatura*: fattore produttivo capitale che include i beni strumentali, le macchine, i mezzi, i noli, i trasporti, ecc. (nella terminologia comune si utilizzano termini quali noli e trasporti);

3) *prodotto*: risultato di un'attività produttiva dell'uomo, tecnicamente ed economicamente definita; per estensione anche eventuali materie prime impiegate direttamente nell'attività produttiva delle costruzioni;

b) *capitolo*: segmento di carattere organizzativo nell'ambito della classificazione delle attività;

c) *voce*: classificazione subordinata al capitolo;

d) *articolo*: classificazione subordinata alla voce di riferimento.

4. Al fine di applicare correttamente quanto contenuto nei prezzari, le norme generali indicano le norme di misurazione delle lavorazioni, le indicazioni sulle spese generali e i criteri di analisi da applicare, nonché le eventuali maggiorazioni da applicare in specifiche condizioni che potrebbero scaturire da esigenze di particolari territori.

5. A titolo esemplificativo si riporta un possibile schema di organizzazione del prezzario nella Tabella A annessa al presente allegato.

6. Ai fini della realizzazione del sistema informativo di cui all'articolo 1, comma 3, lettera b), i codici di transcodifica che mettono in relazione i contenuti dei prezzari regionali sono costruiti mediante un codice alfanumerico, con funzioni identificative e di ordinamento, articolato su più livelli e contenente un "prefisso", che indica la regione o la provincia autonoma di appartenenza, come riportato nella Tabella B annessa al presente allegato e un numero di due cifre che indica l'anno a cui fanno riferimento i prezzi (22 = 2022; 23 = 2023; 24 = 2024; ecc.). Il prefisso deve anche prevedere la possibilità di identificare il prezzario e il suo eventuale aggiornamento intervenuto in corso d'anno.

7. Nei prezzari, in modo progressivo, le voci di elenco prezzi sono redatte anche secondo metodologie di codifica che consentano una interazione diretta con i metodi e strumenti di modellazione informativa (BIM). La codifica potrà prevedere l'inserimento di una stringa di testo che consenta, tramite una serie di tag, l'utilizzo e il trasferimento, in modo automatico, sia delle voci di prezzo che dei metadati associati a ciascuna lavorazione nei processi di gestione digitale della progettazione. La definizione e la costruzione del metodo e del sistema informativo di transcodifica nonché le indicazioni sul progressivo adeguamento dei prezzari a una interazione diretta con i metodi e strumenti di modellazione informativa (BIM) è demandata al Tavolo di coordinamento di cui all'articolo 6.

Art. 3. Prezzi delle risorse e metodologia di rilevazione – 1. Nella voce relativa alle risorse dei prezziari regionali rientrano le risorse umane, le attrezzature e i prodotti. Nel presente articolo si riportano le procedure e i riferimenti per l'attribuzione del prezzo di tali risorse. Ad eccezione delle risorse umane, per le altre risorse il prezzo è determinato sulla base di una rilevazione dei costi di prodotti e attrezzature operata sul territorio attraverso le metodologie riportate nei commi da 5 a 12.

2. I costi delle risorse umane sono definiti attraverso il costo del lavoro, che viene determinato annualmente, in apposite tabelle, dal Ministero del lavoro e delle politiche sociali sulla base dei valori economici definiti dalla contrattazione collettiva nazionale tra le organizzazioni sindacali e le organizzazioni dei datori di lavoro comparativamente più rappresentativi, delle norme in materia previdenziale ed assistenziale, dei diversi settori merceologici e delle differenti aree territoriali. In assenza del riferimento in tabella, si fa riferimento allo specifico contratto collettivo applicabile. In mancanza di contratto collettivo applicabile, il costo del lavoro è determinato in relazione al contratto collettivo del settore merceologico più vicino a quello preso in considerazione. annualmente dal Ministero del lavoro e delle politiche sociali, e riportato in apposite tabelle. Tale costo è riferito a prestazioni lavorative svolte in orario ordinario e, pertanto, non risultano comprese le percentuali di aumento previste per il lavoro straordinario, notturno o festivo.

3. Il costo delle attrezzature, definito tecnicamente "nolo", viene determinato mediante una rilevazione operata seguendo le meto-

dologie riportate nei commi da 5 a 12. Si distingue in "nolo a freddo" e "nolo a caldo" in funzione dei costi ricompresi in esso, secondo le seguenti definizioni:

a) nolo a freddo: il nolo a freddo del mezzo d'opera o dell'attrezzatura non comprende, se non diversamente specificato, i costi della manodopera necessaria per il suo impiego, le spese per i materiali di consumo (carburanti, lubrificanti, etc.) e della normale manutenzione e le assicurazioni R.C.;

b) nolo a caldo: comprende i costi della manodopera necessaria per il suo impiego, le spese per i materiali di consumo (come i carburanti o i lubrificanti), la normale manutenzione e le assicurazioni R.C. Le eventuali riparazioni e le relative ore di fermo macchina sono a carico dell'operatore economico, quale soggetto contraente con la stazione appaltante.

4. I costi dei prodotti, determinati seguendo le metodologie riportate nei commi da 5 a 12, riguardano la fornitura di prodotti anche da costruzione conformi a quanto richiesto dalla normativa vigente. Nel prezzo di riferimento dei prodotti sono compresi tutti gli oneri derivanti all'appaltatore dalla relativa fornitura franco cantiere, incluso il costo del trasporto.

5. La rilevazione dei costi è l'attività attraverso la quale si acquisiscono le informazioni e i dati relativi ai costi dei singoli prodotti e delle attrezzature. Tali dati sono successivamente elaborati al fine di ottenere un valore rappresentativo del prezzo finale, ottenuto aggiungendo alla somma di tutti i costi il valore delle spese generali e degli utili d'impresa. Le specifiche tecniche dei prodotti e delle attrezzature oggetto di rilevazione e inserimento nel prezzario devono rispettare i requisiti e le limitazioni previste dalla normativa vigente, con particolare riferimento a quanto disposto dall'articolo 79 del codice.

6. La metodologia di rilevazione da utilizzare è, in via prioritaria, quella "diretta", che prevede l'acquisizione dei dati e delle informazioni direttamente dagli attori della filiera delle costruzioni. La rilevazione è effettuata nel rispetto del segreto statistico, attualmente tutelato, in particolare, dall'articolo 9 del decreto legislativo 6 settembre 1989, n. 322, così da garantire la circolazione anonima dei dati tra i soggetti a vario titolo coinvolti nel procedimento di approvazione del prezzario. Nell'ambito delle procedure di rilevazione dei costi, in presenza di dati personali, essi sono acquisiti nel rispet-

to delle norme di tutela dei dati personali come disciplinati dal regolamento (UE) 2016/679 del Parlamento europeo e del Consiglio, del 27 aprile 2016 (GDPR-*General Data Protection Regulation*), anche assicurando il rispetto dei principi di necessità, pertinenza e non eccedenza, al fine di limitare il trattamento a quei dati personali effettivamente indispensabili rispetto agli obiettivi perseguiti. L'attività di rilevazione consente l'acquisizione, in maniera affidabile, dei dati e delle informazioni minime atte a costituire un riferimento rappresentativo del costo di un prodotto o di un'attrezzatura. L'oggetto della rilevazione contiene:

a) una descrizione puntuale del prodotto o dell'attrezzatura oggetto della rilevazione, comprensivo dei richiami a norme tecniche o specifiche di prodotto ove applicabili, e delle informazioni utili ad un'eventuale conversione in unità di misura diverse;

b) il listino prezzi, ove presente, ufficiale e vigente nel periodo di rilevazione, riportante esplicitamente l'articolo relativo al prodotto o all'attrezzatura oggetto di rilevazione con il relativo prezzo;

c) le evidenze riguardanti la scontistica mediamente applicata (rispetto al prezzo di listino vigente) al prodotto o all'attrezzatura considerata nel periodo di rilevazione;

d) una idonea documentazione comprovante la rispondenza del prodotto ai criteri ambientali minimi (CAM).

7. La selezione degli informatori coinvolti nell'attività di rilevazione è operata nel rispetto dei seguenti requisiti:

a) la rilevazione deve essere diretta a operatori economici selezionati (informatori) facenti parte della filiera del settore delle costruzioni, dalla produzione alla filiera della rivendita o del magazzino;

b) gli informatori, distinti in base agli ambiti di operatività merceologica-territoriale e al diverso ruolo nella filiera degli appalti, devono essere preferibilmente collocati e operativi sul territorio regionale;

c) per ogni prodotto o attrezzatura per cui si effettua la rilevazione si deve disporre, ove il mercato lo consenta, di un numero congruo e rappresentativo di operatori.

8. Ogni regione o provincia autonoma può attivare ulteriori azioni di controllo della qualità del dato fornito dagli informatori. La procedura per la rilevazione dei costi, per l'acquisizione dei dati e delle informazioni necessarie si articola nelle seguenti fasi:

a) la selezione degli informatori, individuati secondo i requisiti sopra elencati;

b) la trasmissione della richiesta dei dati e delle informazioni da fornire, nel rispetto del segreto statistico, del regolamento (UE) 2016/679 e del codice dell'amministrazione digitale, di cui al decreto legislativo 7 marzo 2005, n. 82;

c) il trattamento e la verifica dei dati e delle informazioni acquisiti;

d) la rendicontazione dell'attività.

9. Il periodo della rilevazione si svolge assicurando che l'attività di acquisizione dei costi si concluda entro il 31 ottobre al fine di disporre di informazioni il più possibile aggiornate e consentire un aggiornamento puntuale del prezzario entro il 31 dicembre dell'anno precedente a quello di riferimento. Sono in ogni caso fatte salve le tempistiche e le modalità conseguenti ad eventuali aggiornamenti in corso d'anno, all'esito del monitoraggio svolto dalle regioni e dalle province autonome, secondo quanto previsto dall'articolo 6.

10. La Commissione infrastrutture, mobilità e governo del territorio della Conferenza delle regioni e delle province autonome si avvale dell'Istituto per l'innovazione e trasparenza degli appalti e la contabilità ambientale (ITACA) per promuovere il monitoraggio dei costi di uno specifico elenco di prodotti più rilevanti e di maggior impiego.

11. Il monitoraggio dei prodotti più rilevanti è finalizzato a garantire un maggiore scambio informativo tra le regioni, anche al fine di ridurre eventuali difformità nella modalità di rilevazione e nei prezzi pubblicati, nonché a permettere un monitoraggio infra-annuale dell'evoluzione dei costi dei materiali, in contesti caratterizzati da marcate e repentine variazioni dei costi dei prodotti e delle attrezzature. A tal fine, l'attività di monitoraggio si conclude con la pubblicazione di un documento di sintesi, elaborato sotto forma di tabella, che per ciascun prodotto o attrezzatura soggetti a monitoraggio, indica:

a) la descrizione del prodotto o dell'attrezzatura;

b) l'unità di misura;

c) il costo rilevato da ogni regione e provincia autonoma, al netto delle spese generali (variabili dal 13 per cento al 17 per cento), dell'utile di impresa (10 per cento) e dell'IVA;

d) eventuali note.

12. La tabella di cui al comma 11 consente l'analisi dei valori medi, nonché della dispersione a livello territoriale per i prodotti considerati. La comparazione della predetta tabella in diversi periodi consente, inoltre, di evidenziare le variazioni percentuali di ogni singola voce rispetto al periodo precedente.

13. All'esito della fase di controllo dei dati e delle informazioni acquisite, si procede alla determinazione del prezzo di riferimento, che è soggetto ad approvazione ai fini della sua pubblicazione nel prezzario. Il prezzo di riferimento è calcolato a partire dai dati e dalle informazioni acquisite, attraverso metodologie analitiche ripercorribili, ed è parametrato alla media semplice. Quando i dati raccolti sono caratterizzati da una elevata dispersione o dalla presenza di valori anomali, possono essere utilizzati indicatori sintetici alternativi, quali l'utilizzo della mediana, della media pesata (per la dimensione dell'informatore) o l'eliminazione dei dati anomali. Tutti i prezzi pubblicati sono al netto dell'IVA.

Art. 4. Ambito oggettivo di applicazione e validità – 1. I prezzari elaborati dalle regioni e dalle province autonome di concerto con le articolazioni territoriali del Ministero delle infrastrutture e dei trasporti devono essere utilizzati ai fini della quantificazione definitiva del limite di spesa per la realizzazione di un'opera. La concertazione tra ciascuna regione o provincia autonoma e la corrispondente articolazione territoriale del Ministero delle infrastrutture e dei trasporti, avviene in sede di elaborazione del prezzario mediante la partecipazione e l'espressione del parere di rappresentanti del provveditorato interregionale per le opere pubbliche territorialmente competente nell'ambito dei lavori svolti dagli organi o tavoli tecnici o commissioni all'uopo costituiti dalle regioni o province autonome.

2. I prezzari cessano di avere validità al 31 dicembre di ogni anno e possono essere transitoriamente utilizzati fino al 30 giugno dell'anno successivo per i progetti a base di gara la cui approvazione sia intervenuta entro tale data, ovvero:

a) nel caso di un progetto di fattibilità tecnica economica da porre a base di gara, qualora il medesimo progetto sia approvato entro il 30 giugno, è possibile utilizzare il prezzario vigente nell'anno precedente al fine della quantificazione del limite di spesa; dopo il 30 giugno si procede alla revisione del progetto da porre a base di gara utilizzando il prezzario vigente;

b) nel caso di un progetto esecutivo da porre a base di gara, qualora il medesimo sia approvato entro il 30 giugno, si utilizza l'elenco dei prezzi approvato con il livello progettuale precedente; nel caso in cui siano necessari ulteriori prezzi, i medesimi potranno essere dedotti dal prezzario vigente nell'anno precedente.

3. Il termine di approvazione di cui al comma 2, lettere a) e b), è riferito alla data di adozione dell'atto di approvazione del progetto posto a base di gara.

4. I prezzi pubblicati si riferiscono esclusivamente agli interventi così come descritti e attengono a cantieri con normale difficoltà di esecuzione. Se non diversamente indicato, essi non comprendono gli importi relativi a eventuali opere connesse o complementari, indispensabili all'esecuzione delle lavorazioni descritte. Tali ulteriori importi devono essere determinati e computati separatamente.

5. Ferma restando, ove ammessa e autorizzata, la pubblicazione in forme diverse del prezzario, la versione ufficiale è esclusivamente quella pubblicata sul Bollettino Ufficiale Regionale (BUR), sul sito della regione o della provincia autonoma competente e del Ministero delle infrastrutture e dei trasporti tramite il Servizio Contratti Pubblici (SCP).

Art. 5. La determinazione del prezzo a base di gara – 1. Il prezzo a base di gara delle opere da realizzare è calcolato sulla base del computo metrico estimativo che comprende l'indicazione delle lavorazioni, le relative quantificazioni ed i relativi prezzi unitari. Il prezzo unitario di ciascuna lavorazione è ottenuto ricorrendo alla descrizione analitica delle attività da svolgere, e attribuendo alle risorse impiegate i costi determinati con le metodologie descritte nell'articolo 3. Le analisi si riferiscono a lavorazioni effettuate in condizioni di normale difficoltà di esecuzione. La descrizione analitica che porta alla definizione del costo dell'opera da realizzare è resa pubblica e consultabile secondo le istruzioni definite dal tavolo di coordinamento di cui all'articolo 6.

2. L'analisi del prezzo è un procedimento attraverso il quale si ottiene il valore di una lavorazione mediante la definizione dei suoi componenti e delle incidenze necessarie per la realizzazione dell'opera, elaborato sulla base dei seguenti fattori:

a) costo primo diretto o costo tecnico (CT) così ripartito:

1) costo per unità di tempo del lavoro (RU);

2) costo per unità di misura di prodotti da costruzione (PR);
3) costo per unità di tempo delle attrezzature (AT);
b) costo indiretto costituito dalle spese generali (definite tra il 13 per cento e il 17 per cento) (SG);
c) costo figurativo (U):
1) utili d'impresa pari al 10 per cento (U).
3. Il prezzo è determinato mediante le seguenti operazioni di analisi:
a) applicando alle quantità di prodotti, attrezzature e risorse umane necessari per la realizzazione delle quantità unitarie di ogni voce i rispettivi costi elementari;
b) aggiungendo la percentuale per spese generali;
c) aggiungendo una percentuale del 10 per cento per l'utile dell'esecutore.
4. Il prezzo della lavorazione si ottiene considerando la seguente espressione:

$$P_o = C_T + SG + U$$

dove:

$$C_T = (a) + (b) + (c);$$
$$SG = (0{,}13 \div 017) \times C_T;$$
$$U = 0{,}10 \times (C_T + SG).$$

Il prezzo della lavorazione è dato dalla seguente relazione

$$P_o = (1{,}243 \div 1{,}287) \times C_T.$$

5. Nell'ambito del prezzario, per ogni prezzo è indicata o consultabile, ove disponibile, la relativa analisi attraverso un processo di pubblicazione graduale, secondo quanto previsto dall'articolo 1.
4. Durante le fasi di gestione e aggiornamento dei prezzari si procede, ove necessario, alla verifica quali-quantitativa delle risorse impiegate, al fine di adeguare e mantenere aggiornate le analisi alle tecnologie e alle normative più attuali. Nelle analisi è possibile evidenziare l'incidenza percentuale delle risorse, con particolare riferimento alle risorse umane, e l'incidenza degli oneri aziendali della sicurezza. L'incidenza di una risorsa viene calcolata come il rapporto

tra il costo complessivo della medesima risorsa (risorsa umana, prodotti o attrezzature) e il costo di riferimento della lavorazione. Tutti i prezzi pubblicati sono al netto dell'IVA.

5. Ai sensi dell'articolo 31 dell'allegato I.7 al codice, per "spese generali comprese nel prezzo dei lavori", a carico dell'esecutore, si intendono:

a) le spese di contratto e accessorie e l'imposta di registro;

b) gli oneri finanziari generali e particolari, ivi comprese la cauzione definitiva o la garanzia globale di esecuzione, ove prevista, e le polizze assicurative;

c) la quota delle spese di organizzazione e gestione tecnico-amministrativa di sede dell'esecutore;

d) la gestione amministrativa del personale di cantiere e la direzione tecnica di cantiere;

e) le spese per l'impianto, la manutenzione, l'illuminazione e il ripiegamento finale dei cantieri, ivi inclusi i costi per l'utilizzazione di aree diverse da quelle poste a disposizione dal committente; sono escluse le spese relative alla sicurezza nei cantieri stessi non assoggettate a ribasso;

f) le spese per trasporto di qualsiasi materiale o mezzo d'opera;

g) le spese per attrezzi e opere provvisionali e per quanto altro occorre alla esecuzione piena e perfetta dei lavori;

h) le spese per rilievi, tracciati, verifiche, esplorazioni, capisaldi e simili che possono occorrere, anche su motivata richiesta del direttore dei lavori o del RUP o dell'organo di collaudo, dal giorno in cui comincia la consegna fino al compimento del collaudo provvisorio o all'emissione del certificato di regolare esecuzione;

i) le spese per le vie di accesso al cantiere, l'istallazione e l'esercizio delle attrezzature e dei mezzi d'opera di cantiere;

l) le spese per idonei locali e per la necessaria attrezzatura da mettere a disposizione per l'ufficio di direzione lavori;

m) le spese per il passaggio, per le occupazioni temporanee e per il risarcimento di danni per abbattimento di piante, per depositi o estrazioni di materiali;

n) le spese per la custodia e la buona conservazione delle opere fino all'emissione del certificato di collaudo provvisorio o all'emissione del certificato di regolare esecuzione;

o) le spese di adeguamento del cantiere in osservanza del decreto legislativo 9 aprile 2008, n. 81, di cui è indicata la quota di incidenza sul totale delle spese generali, ai fini degli adempimenti previsti dall'articolo 110, comma 5, lettera c), del codice;

p) gli oneri generali e particolari previsti dal capitolato speciale di appalto.

6. Per comporre le nuove analisi sono utilizzate le risorse elementari previste nel prezzario. Resta nella facoltà del progettista la formulazione di prezzi aggiuntivi, previa apposita analisi prezzi, nei casi in cui il prezzario di riferimento non contempli una lavorazione prevista in progetto.

7. Tra le voci che concorrono alla determinazione delle spese generali, ai sensi dell'articolo 31 dell'allegato I.7 al codice, sono ricomprese tutte le eventuali predisposizioni connesse alle singole lavorazioni, in quanto strumentali all'esecuzione dei lavori e concorrenti alla formazione delle singole categorie d'opera. Gli oneri aziendali di sicurezza connessi ai rischi specifici propri dell'attività di impresa, ai sensi del decreto legislativo n. 81 del 2008, sono compresi, in quanto rappresentativi di un obbligo di tutela della sicurezza dei lavoratori da parte del datore di lavoro, nell'ambito delle spese generali riconosciute in ciascun articolo di prezzario e non direttamente riconducibili alle voci di costo contemplate dall'allegato XV, punto 4, al decreto legislativo n. 81 del 2008. Secondo quanto previsto dall'articolo 31, comma 4, dell'allegato I.7 al codice, i predetti oneri sono compresi nel prezzo unitario della singola lavorazione, e quindi nel costo dell'opera, alimentando una quota parte delle spese generali stesse. Il progettista dell'opera e il coordinatore per la sicurezza svolgono in maniera coordinata la progettazione al fine di individuare nel Piano di Sicurezza e Coordinamento (PSC) i costi di sicurezza non compresi nel prezzo unitario della singola lavorazione, di cui al punto 4 dell'allegato XV al decreto legislativo n. 81 del 2008, da non assoggettare a ribasso.

8. Con il termine "costi della sicurezza" si intende il costo della sicurezza indicato nei seguenti documenti di progetto:

a) piano di sicurezza e coordinamento (PSC) di cui all'articolo 100 e punto 4 dell'allegato XV al decreto legislativo n. 81 del 2008;

b) documento unico di valutazione dei rischi da interferenza (DUVRI);

c) stima della stazione appaltante qualora il PSC non sia previsto ai sensi del punto 4.1.2 dell'allegato XV al decreto legislativo n. 81 del 2008.

9. Gli articoli contenuti nella tipologia "Sicurezza" (decreto legislativo n. 81 del 2008), se inseriti nei documenti progettuali sopra elencati, rappresentano la quota di costo di un'opera da non assoggettare a ribasso d'asta nelle offerte delle imprese. Nell'ambito del processo di adeguamento del prezzario regionale al presente allegato, i relativi importi comprendono unicamente la quota relativa alle spese generali (dal 13 per cento al 17 per cento). La quota di utile di impresa (10 per cento) è sempre esclusa in quanto i costi per la sicurezza non sono soggetti, per legge, a ribasso d'asta in sede di presentazione delle offerte. I contenuti di tale tipologia sono indicativi delle possibili misure finalizzate alla sicurezza, ferme restando le ulteriori previsioni progettuali o prescrizioni operative di settore, previste nel documento progettuale specifico della sicurezza e direttamente stimabili attraverso le voci di costo preesistenti nelle altre tipologie del prezzario. Nelle ipotesi di cui al quarto periodo, si procede ad un ricalcolo del prezzo pubblicato, scorporando dallo stesso la quota di utile del 10 per cento, per omogeneità con quanto operato con i prezzi della tipologia "Sicurezza". I costi così stimati non sono sottoposti a ribasso e sono riconosciuti per le quantità eseguite.

10. L'eventuale utilizzo degli articoli contenuti nella tipologia "Sicurezza" per lavorazioni non finalizzate specificatamente alla sicurezza comporta preventivamente l'aumento dei valori di costo fornito della relativa quota di utile, con un coefficiente di moltiplicazione pari a uno virgola dieci, e i valori così stimati sono sottoposti a ribasso d'asta.

Art. 6. Organizzazione e attività di coordinamento – 1. Nel rispetto dell'autonomia organizzativa regionale, al fine di consentire un efficace e organizzato sistema di formazione del prezzario, le regioni si dotano di un modello organizzativo, ispirato a principi di semplificazione e promozione dell'efficienza dell'azione amministrativa, che garantisca il rispetto del principio di imparzialità nell'adozione di atti, quali il prezzario, che coinvolgono interessi pubblici e privati fra loro potenzialmente confliggenti.

2. È costituito presso il Ministero delle infrastrutture e dei trasporti un tavolo di coordinamento composto da cinque rappresentanti delle regioni e delle province autonome, individuati nell'ambito delle attività della rete dei prezzari, di cui un rappresentante di

ITACA, e da cinque rappresentanti del Ministero delle infrastrutture e dei trasporti, con le seguenti funzioni:

a) ricognizione dello stato dei prezzari regionali al fine di programmare l'attuazione progressiva del presente allegato;

b) definizione aggiornata dei prodotti più rilevanti e delle relative unità di misura sui quali condividere l'attività di monitoraggio;

c) condivisione dei risultati dell'attività di monitoraggio sui costi dei prodotti più rilevanti, a seguito di specifica rilevazione su base regionale;

d) definizione di criteri e modalità per la eventuale revisione anticipata dei prezzari, a fronte di variazioni eccezionali di alcuni materiali più rilevanti, e per la pubblicazione delle analisi;

e) condivisione, con riferimento alla strutturazione e all'articolazione del prezzario di cui all'articolo 1, di contenuti e risorse al fine di omogeneizzare e uniformare un significativo set di voci comuni;

f) definizione e realizzazione del metodo e del sistema informativo di transcodifica, classificazione e cooperazione applicativa, che permetta la confrontabilità dei prezzari, nonché le indicazioni sul progressivo adeguamento dei prezzari a una interazione diretta con i metodi e strumenti di modellazione informativa (BIM);

g) condivisione della metodologia di rilevazione, con riferimento sia alle modalità con cui viene individuata la platea dei soggetti presso quali rilevare le informazioni sia alle modalità stesse di rilevazione.

3. Il tavolo di coordinamento è costituito entro sessanta giorni della data di entrata in vigore del codice e opera con modalità condivise tra le parti nel rispetto di un piano di attività che tenga conto di tempi congrui rispetto alle priorità individuate.

4. È costituito presso il Ministero delle infrastrutture e dei trasporti un tavolo tecnico di consultazione composto da due rappresentanti del Ministero, di cui uno con funzioni di coordinatore, quattro rappresentanti designati dalla Conferenza delle regioni e delle province autonome, di cui un rappresentante ITACA, un rappresentante dell'Associazione nazionale comuni d'Italia (ANCI), un rappresentante dei provveditorati interregionali per le opere pubbliche, un rappresentante delle Autorità di sistema portuale, un rappresentante dell'Ente nazionale per l'aviazione civile (ENAC), un rappresentante dell'Istituto nazionale di statistica (ISTAT), un rappresentante dell'Unione ita-

liana delle camere di commercio, industria, artigianato e agricoltura (Unioncamere), un rappresentante di Rete ferroviaria italiana Spa (RFI), un rappresentante di ANAS Spa, un rappresentante della rete delle professioni tecniche, un rappresentante delle categorie sindacali e cinque rappresentanti degli operatori economici.

5. Al tavolo tecnico di cui al comma 4 sono attribuiti i seguenti compiti:

a) promuovere un confronto tra le parti al fine di fornire proposte metodologiche funzionali al miglioramento e all'omogeneizzazione dell'attività di rilevazione dei prezzi e dei costi, del disegno di campionamento dei soggetti informatori, del trattamento dei dati, nonché degli altri elementi funzionali alle attività di rilevazione;

b) proporre modifiche alla lista dei materiali e dei prodotti oggetto di monitoraggio, in funzione dell'evoluzione del processo produttivo e di variazioni della rilevanza di singoli materiali.

6. Il tavolo di coordinamento condivide con il tavolo tecnico di consultazione i risultati dell'attività di monitoraggio.

Tabella A – Schema-tipo di organizzazione del prezziario

Famiglia risorse:	RU – Risorse umane AT – Attrezzature PR – Prodotti
Tipologia opere:	01 – Nuove costruzioni edili 02 – Ristrutturazioni edili 03 – Restauri 04 – Nuove costruzioni stradali 05 – Opere marittime ...

Tabella B – Codici di transcodifica con funzioni identificative e di ordinamento dei prezzari regionali

Territorio di riferimento:	SIGLA	Territorio di riferimento:	SIGLA
Abruzzo	ABR	Piemonte	PIE
Basilicata	BAS	Puglia	PUG
Calabria	CAL	Sardegna	SAR
Campania	CAM	Sicilia	SIC

▸▸

Territorio di riferimento:	SIGLA	Territorio di riferimento:	SIGLA
Emilia-Romagna	EMR	Toscana	TOS
Friuli Venezia-Giulia	FVG	Umbria	UMB
Lazio	LAZ	Valle D'Aosta	VDA
Liguria	LIG	Veneto	VEN
Lombardia	LOM	Provincia di Trento	TRE
Marche	MAR	Provincia di Bolzano	BOL
Molise	MOL		

ALLEGATO II.1
Elenchi degli operatori economici e indagini di mercato per gli affidamenti di contratti di importo inferiore alle soglie di rilevanza europea
(Articolo 50, commi 2 e 3)

Art. 1. Disposizioni generali – 1. Gli operatori economici da invitare alle procedure negoziate per l'affidamento di contratti di lavori di importo pari o superiore a 150.000 e di contratti di servizi e forniture di importo pari o superiore a 140.000 euro e inferiore alle soglie di rilevanza europea di cui all'articolo 14 del codice sono individuati sulla base di indagini di mercato o tramite elenchi di operatori economici, nel rispetto del criterio di rotazione degli affidamenti di cui all'articolo 49 del codice.

2. La procedura prende avvio con la determina a contrarre ovvero con atto equivalente secondo l'ordinamento della singola stazione appaltante che contiene l'indicazione dell'interesse pubblico che si intende soddisfare, le caratteristiche delle opere, dei beni o dei servizi oggetto dell'appalto, l'importo massimo stimato dell'affidamento e la relativa copertura contabile, la procedura che si intende seguire con una sintetica indicazione delle ragioni della scelta, i criteri per l'individuazione degli operatori da invitare alla procedura negoziata a seguito dell'indagine di mercato o della consultazione degli elenchi, i criteri per la selezione degli operatori economici e delle offerte nonché le principali condizioni contrattuali.

3. Le stazioni appaltanti possono dotarsi, nel rispetto del proprio ordinamento, di un regolamento in cui sono disciplinate:

a) le modalità di conduzione delle indagini di mercato, eventualmente distinte per fasce di importo, anche in considerazione della necessità di applicare il principio di rotazione degli affidamenti;

b) le modalità di costituzione e revisione dell'elenco degli operatori economici, distinti per categoria e fascia di importo;

c) i criteri di scelta dei soggetti da invitare a presentare offerta a seguito di indagine di mercato o attingendo dall'elenco degli operatori economici propri o da quelli presenti nel mercato elettronico delle pubbliche amministrazioni o in altri strumenti similari gestiti dalle centrali di committenza di riferimento.

Art. 2. Indagini di mercato – 1. L'indagine di mercato è preordinata a conoscere gli operatori interessati a partecipare alle procedure di selezione per lo specifico affidamento. Tale fase non ingenera negli operatori alcun affidamento sul successivo invito alla procedura. Le indagini di mercato sono svolte secondo le modalità ritenute più convenienti dalla stazione appaltante, differenziate per importo e complessità di affidamento, secondo i principi di adeguatezza e proporzionalità, anche tramite la consultazione dei cataloghi elettronici del mercato elettronico propri o delle altre stazioni appaltanti, nonché di altri fornitori esistenti. I risultati delle indagini sono formalizzati dalla stazione appaltante con esclusione delle informazioni che potrebbero compromettere la posizione degli operatori sul mercato di riferimento e, comunque, nel rispetto delle previsioni di cui all'articolo 35 del codice in riferimento alla tempistica prevista per la conoscibilità di alcuni dati e atti di gara.

2. La stazione appaltante assicura l'opportuna pubblicità dell'attività di esplorazione del mercato, scegliendo gli strumenti più idonei in ragione della rilevanza del contratto per il settore merceologico di riferimento e della sua contendibilità. A tal fine la stazione appaltante pubblica un avviso sul suo sito istituzionale e sulla Banca dati nazionale dei contratti pubblici dell'ANAC. La durata della pubblicazione è stabilita in ragione della rilevanza del contratto, per un periodo minimo identificabile in quindici giorni, salva la riduzione del suddetto termine per motivate ragioni di urgenza a non meno di cinque giorni.

3. L'avviso di avvio dell'indagine di mercato indica il valore dell'affidamento, gli elementi essenziali del contratto, i requisiti di idoneità professionale, i requisiti minimi di capacità economica e finanziaria e le capacità tecniche e professionali richieste ai fini della partecipazione, il numero minimo ed eventualmente massimo di operatori che saranno invitati alla procedura, i criteri di selezione degli operatori economici, le modalità per comunicare con la stazione appaltante. Nel caso in cui sia previsto un numero massimo di operatori da invitare, l'avviso di avvio dell'indagine di mercato indica anche i criteri utilizzati per la scelta degli operatori. Tali criteri devono essere oggettivi, coerenti con l'oggetto e la finalità dell'affidamento e con i principi di concorrenza, non discriminazione, proporzionalità e trasparenza. Il sorteggio o altri metodi di estrazione casuale dei nominativi sono consentiti solo in casi eccezionali in cui il ricorso ai

criteri di cui al terzo periodo è impossibile o comporta per la stazione appaltante oneri assolutamente incompatibili con il celere svolgimento della procedura; tali circostanze devono essere esplicitate nella determina a contrarre (o in atto equivalente) e nell'avviso di avvio dell'indagine di mercato.

Art. 3. Elenchi di operatori economici – 1. In alternativa all'indagine di mercato, la stazione appaltante può individuare gli operatori economici da invitare, selezionandoli da elenchi appositamente costituiti secondo le modalità indicate nelle seguenti disposizioni e nel regolamento di cui all'articolo 1, comma 3. Gli elenchi sono costituiti a seguito di avviso pubblico, nel quale è rappresentata la volontà della stazione appaltante di realizzare un elenco di soggetti da cui possono essere tratti i nomi degli operatori da invitare. L'avviso di costituzione di un elenco di operatori economici è reso conoscibile mediante pubblicazione sul sito istituzionale della stazione appaltante e sulla Banca dati nazionale dei contratti pubblici dell'ANAC. L'avviso indica i requisiti di carattere generale che gli operatori economici devono possedere, la modalità di selezione degli operatori economici da invitare, le categorie e fasce di importo in cui l'amministrazione intende suddividere l'elenco e gli eventuali requisiti minimi richiesti per l'iscrizione, parametrati in ragione di ciascuna categoria o fascia di importo. L'operatore economico può richiedere l'iscrizione limitata a una o più fasce di importo, ovvero a singole categorie. La dichiarazione del possesso dei requisiti può essere facilitata tramite la predisposizione di formulari *standard* da parte dell'amministrazione allegati all'avviso pubblico. L'eventuale possesso dell'attestato di qualificazione SOA per la categoria dei lavori oggetto dell'affidamento è sufficiente per la dimostrazione del possesso dei requisiti di capacità economico-finanziaria e tecnico-professionale richiesti.

2. L'iscrizione agli elenchi degli operatori economici interessati provvisti dei requisiti richiesti è consentita senza limitazioni temporali. L'operatore economico attesta il possesso dei requisiti mediante dichiarazione sostitutiva in conformità alle previsioni del testo unico delle disposizioni legislative e regolamentari in materia di documentazione amministrativa, di cui al decreto del Presidente della Repubblica 28 dicembre 2000, n. 445. L'operatore economico è tenuto

a informare tempestivamente la stazione appaltante delle eventuali variazioni intervenute nel possesso dei requisiti secondo le modalità fissate dalla stessa. La stazione appaltante procede alla valutazione delle istanze di iscrizione nel termine di trenta giorni dalla ricezione dell'istanza, fatta salva la previsione di un maggiore termine, non superiore a novanta giorni, in funzione della numerosità delle istanze pervenute. Il mancato diniego nel termine prescritto equivale ad accoglimento dell'istanza di iscrizione.

3. La stazione appaltante stabilisce le modalità di revisione dell'elenco, con cadenza prefissata – ad esempio semestrale – o al verificarsi di determinati eventi e, comunque, provvede alla cancellazione degli operatori che abbiano perduto i requisiti richiesti o alla loro collocazione in diverse sezioni dell'elenco. La trasmissione della richiesta di conferma dell'iscrizione e dei requisiti può avvenire via PEC e, a sua volta, l'operatore economico può darvi riscontro tramite PEC. Possono essere esclusi dall'elenco quegli operatori economici che non presentano offerte a seguito di tre inviti nel biennio. Gli elenchi, non appena costituiti, sono pubblicati sul sito web della stazione appaltante.

4. La scelta degli operatori da invitare alla procedura negoziata deve essere effettuata secondo criteri oggettivi, coerenti con l'oggetto e la finalità dell'affidamento e con i principi di concorrenza, non discriminazione, proporzionalità e trasparenza. Il sorteggio o altri metodi di estrazione casuale dei nominativi sono consentiti solo in casi eccezionali in cui il ricorso ai criteri di cui al primo periodo è impossibile o comporta per la stazione appaltante oneri assolutamente incompatibili con il celere svolgimento della procedura. I criteri di selezione degli operatori da invitare alla procedura negoziata sono indicati nella determina a contrarre o in altro atto equivalente.

ALLEGATO II.2
Metodi di calcolo della soglia di anomalia per l'esclusione automatica delle offerte
(Articolo 54, comma 2)

Le stazioni appaltanti individuano, ai sensi dell'articolo 54, comma 2, del codice, uno dei metodi, di seguito descritti, per il calcolo della soglia di anomalia, ai fini dell'esclusione automatica delle offerte, nel caso di aggiudicazione con il criterio del prezzo più basso di contratti di appalto di lavori o di servizi.

METODO A

1) Quando il numero delle offerte ammesse è pari o superiore a quindici, la congruità delle offerte è valutata sulle offerte che presentano un ribasso pari o superiore a una soglia di anomalia determinata; al fine di non rendere predeterminabili dagli offerenti i parametri di riferimento per il calcolo della soglia di anomalia, il RUP o la commissione giudicatrice procedono come segue:

a) calcolo della somma e della media aritmetica dei ribassi percentuali di tutte le offerte ammesse, con esclusione del 10 per cento, arrotondato all'unità superiore, rispettivamente delle offerte di maggior ribasso e quelle di minor ribasso; le offerte aventi un uguale valore di ribasso sono prese in considerazione distintamente nei loro singoli valori; qualora, nell'effettuare il calcolo del 10 per cento, siano presenti una o più offerte di eguale valore rispetto alle offerte da accantonare, dette offerte sono altresì da accantonare;

b) calcolo dello scarto medio aritmetico dei ribassi percentuali che superano la media calcolata ai sensi della lettera a), esclusi quelli accantonati di cui alla lettera a);

c) calcolo della soglia come somma della media aritmetica e dello scarto medio aritmetico dei ribassi di cui alla lettera b);

d) la soglia calcolata alla lettera c) viene decrementata di un valore percentuale, pari al prodotto delle prime due cifre dopo la virgola della somma dei ribassi di cui alla lettera a), applicato allo scarto medio aritmetico di cui alla lettera b).

2) Quando il numero delle offerte ammesse è inferiore a quindici, la congruità delle offerte è valutata sulle offerte che presentano un ribasso pari o superiore a una soglia di anomalia determinata; ai fini della determinazione della congruità delle offerte, al fine di non ren-

dere predeterminabili dagli offerenti i parametri di riferimento per il calcolo della soglia di anomalia, il RUP o la commissione giudicatrice procedono come segue:

a) calcolo della media aritmetica dei ribassi percentuali di tutte le offerte ammesse, con esclusione del 10 per cento, arrotondato all'unità superiore, rispettivamente delle offerte di maggior ribasso e quelle di minor ribasso; le offerte aventi un uguale valore di ribasso sono prese in considerazione distintamente nei loro singoli valori; qualora, nell'effettuare il calcolo del 10 per cento, siano presenti una o più offerte di eguale valore rispetto alle offerte da accantonare, dette offerte sono altresì da accantonare;

b) calcolo dello scarto medio aritmetico dei ribassi percentuali che superano la media calcolata ai sensi della lettera a), esclusi quelli accantonati di cui alla lettera a);

c) calcolo del rapporto tra lo scarto medio aritmetico di cui alla lettera b) e la media aritmetica di cui alla lettera a);

d) se il rapporto di cui alla lettera c) è pari o inferiore a zero virgola quindici, la soglia di anomalia è pari al valore della media aritmetica di cui alla lettera a) incrementata del 20 per cento della medesima media aritmetica);

e) se il rapporto di cui alla lettera c) è superiore a zero virgola quindici, la soglia di anomalia è calcolata come somma della media aritmetica di cui alla lettera a) e dello scarto medio aritmetico di cui alla lettera b).

3) Tutti gli sconti superiori alla soglia di anomalia sono automaticamente esclusi. Tra le offerte non escluse, la stazione appaltante individua come vincitrice quella con lo sconto maggiore. Lo sconto di aggiudicazione corrisposto all'impresa aggiudicataria è quello che questa stessa impresa ha presentato. In caso di pareggio tra le offerte di maggior ribasso, il vincitore è deciso con un sorteggio.

METODO B

1) La soglia di anomalia è determinata come segue:

a) calcolo della somma e della media aritmetica dei ribassi percentuali di tutte le offerte ammesse, con esclusione del 10 per cento, arrotondato all'unità superiore, rispettivamente delle offerte di maggior ribasso e quelle di minor ribasso; le offerte aventi un uguale valore di ribasso sono prese in considerazione distintamente nei loro singoli valori; qualora, nell'effettuare il calcolo del 10 per cento, siano presenti una o più offerte di eguale valore rispetto alle offerte da accantonare, dette offerte sono altresì da accantonare;

b) calcolo dello scarto medio aritmetico dei ribassi percentuali che superano la media calcolata ai sensi della lettera a), esclusi quelli accantonati di cui alla lettera a);

c) calcolo della soglia come somma della media aritmetica e dello scarto medio aritmetico dei ribassi di cui alla lettera b);

d) calcolo di un valore percentuale pari al prodotto delle prime due cifre dopo la virgola della somma dei ribassi di cui alla lettera a) applicato allo scarto medio aritmetico di cui alla lettera b);

e) calcolo della somma di tutte le cifre, sia prima che dopo la virgola fino al secondo decimale, della somma dei ribassi di cui alla lettera a);

f) la soglia di anomalia è uguale alla soglia di cui alla lettera c):

1. decrementata del valore di cui alla lettera d), nel caso in cui il valore di cui alla lettera e) sia pari;

2. incrementata del valore di cui alla lettera d), nel caso in cui il valore di cui alla lettera e) sia dispari.

2) Tutti gli sconti pari o inferiori alla soglia di anomalia di cui al punto 1), inclusi quelli accantonati nel calcolo di cui al punto 1), lettera a), sono offerte "non- anomale". Tra tutte le offerte "non-anomale", la stazione appaltante individua come vincitrice l'impresa che abbia offerto lo sconto maggiore. Lo sconto di aggiudicazione corrisposto a questa impresa aggiudicataria è pari allo sconto maggiore tra tutti quelli ammessi ed escluso quello dell'impresa aggiudicataria (c.d. "metodo del secondo prezzo"). In caso di pareggio con più offerte identiche allo sconto maggiore, il vincitore è estratto a sorte tra queste offerte e lo sconto di aggiudicazione riconosciuto è pari allo sconto offerto dall'aggiudicataria.

Descrizione del metodo del "secondo prezzo": una volta pervenute le offerte, espresse come sconto rispetto alla base d'asta, la stazione appaltante procede al calcolo della soglia di anomalia come indicato al punto 1) ed esclude tutte le offerte che presentino sconti superiori a tale soglia. Dopodiché, per le offerte individuate come "non-anomale", la stazione appaltante ordina i relativi sconti dal maggiore al minore come $s_1 > s_2 > ... > s_N$*: vince l'impresa con sconto pari a* s_1 *e lo sconto di aggiudicazione del contratto è pari a* s_2*. Nel caso di un pareggio tra due (o più) sconti più alti (ovvero se* $s_1 = s_2$*), allora l'impresa vincitrice è sorteggiata tra tutte quelle che ab-*

biano offerto lo sconto più alto e lo sconto di aggiudicazione è pari allo sconto offerto da questa stessa impresa.

METODO C

1) L'applicazione di questo metodo richiede che, in via preliminare, la stazione appaltante abbia indicato nel bando di gara o nell'invito di partecipazione lo sconto di riferimento che rappresenta, indicativamente, la soglia di anomalia al netto di una componente randomica dipendente dagli sconti ricevuti. Tale sconto è espresso come percentuale della base d'asta rispetto a cui le imprese formulano i loro sconti e viene individuato o tra i valori riportati nella Tabella A oppure discostandosi da questi e motivando la scelta in base all'esigenza di selezionare un'offerta con caratteristiche di prezzo-qualità congrue con i bisogni della stazione appaltante stessa. In questo secondo caso, la stazione appaltante applica criteri verificabili per determinare lo sconto di riferimento, confrontando i benefici di sconti maggiori con i costi di selezionare un'offerta vincitrice con qualità potenzialmente inferiore.

2) La soglia di anomalia è determinata come segue:

a) calcolo della somma e della media aritmetica dei ribassi percentuali di tutte le offerte ammesse, con esclusione del 10 per cento, arrotondato all'unità superiore, rispettivamente delle offerte di maggior ribasso e quelle di minor ribasso; le offerte aventi un uguale valore di ribasso sono prese in considerazione distintamente nei loro singoli valori; qualora, nell'effettuare il calcolo del 10 per cento, siano presenti una o più offerte di eguale valore rispetto alle offerte da accantonare, dette offerte sono altresì da accantonare;

b) calcolo dello scarto medio aritmetico dei ribassi percentuali che superano la media calcolata ai sensi della lettera a), esclusi quelli accantonati di cui alla lettera a);

c) calcolo di un valore percentuale pari al prodotto delle prime due cifre dopo la virgola della somma dei ribassi di cui alla lettera a) applicato allo scarto medio aritmetico di cui alla lettera b);

d) calcolo della somma di tutte le cifre, sia prima che dopo la virgola fino al secondo decimale, della somma dei ribassi di cui alla lettera a);

e) la soglia di anomalia è uguale allo sconto di riferimento di cui al punto 1):

1. decrementata del valore di cui alla lettera c), nel caso in cui li valore di cui alla lettera d) sia pari;

2. incrementata del valore di cui alla lettera c), nel caso in cui li valore di cui alla lettera d) sia dispari.

3) Tutti gli sconti superiori alla soglia di cui alla lettera e) del punto 2) sono automaticamente esclusi. Tra le offerte non escluse, incluse quelle inizialmente accantonate per il calcolo di cui alla lettera a), la stazione appaltante individua come vincitrice quella con lo sconto maggiore. Lo sconto di aggiudicazione corrisposto all'impresa aggiudicataria è quello che questa stessa impresa ha presentato. In caso di pareggio tra le offerte di maggior ribasso, il vincitore è deciso con un sorteggio. Se tutte le offerte presentate sono anomale, la stazione appaltante valuta l'effettiva anomalia in contraddittorio.

Tabella A

Tipologia lavori (categoria e classe dimensionale)	**Distribuzione ribassi di aggiudicazione (in %)**						
	50° pct	**60° pct**	**70° pct**	**80° pct**	**90° pct**	**95° pct**	**99° pct**
OG1 Dimensione lavori							
<150k	23,791	26,690	29,055	32,000	36,380	40,020	50,130
150k-1mln	25,531	27,850	29,950	32,550	36,574	40,103	52,000
1mln-EU	22,320	25,353	27,531	29,056	32,853	40,000	55,216
OG2 Dimensione lavori							
<150k	23,946	26,176	28,560	31,183	36,010	40,000	50,525
150k-1mln	24,666	26,810	28,380	30,511	34,544	38,380	51,030
1mln-EU	23,348	25,371	28,120	32,292	36,070	40,334	47,999
OG3 Dimensione lavori							
<150k	19,775	23,000	26,120	29,991	34,484	38,200	45,580
150k-1mln	21,880	24,793	27,923	31,923	35,473	39,722	47,100
1mln-EU	25,956	28,377	30,420	33,664	40,000	42,425	56,990

▸▸

Tipologia lavori (categoria e classe dimensionale)	Distribuzione ribassi di aggiudicazione (in %)						
	50° pct	60° pct	70° pct	80° pct	90° pct	95° pct	99° pct
OG6 Dimensione lavori							
<150k	20,120	24,060	27,850	31,550	35,999	38,921	49,990
150k-1mln	21,365	24,302	26,929	31,100	34,222	37,590	41,779
1mln-EU (*)	21,365	24,302	26,929	31,100	34,222	37,590	41,779
OG7 Dimensione lavori							
<150k	16,172	20,116	23,554	28,160	33,824	37,410	52,250
150k-1mln	20,064	22,757	25,090	30,011	34,625	42,110	52,800
1mln-EU (*)	20,064	22,757	25,090	30,011	34,625	42,110	52,800
OG8 Dimensione lavori							
<150k	18,510	21,791	25,610	30,635	36,000	39,800	48,970
150k-1mln	19,135	22,064	25,555	29,560	35,000	39,435	50,570
1mln-EU (*)	19,135	22,064	25,555	29,560	35,000	39,435	50,570
OG9 Dimensione lavori							
<150k	24,673	27,379	31,000	36,448	49,160	50,000	75,260
150k-1mln	26,400	29,998	33,270	35,200	39,000	43,770	54,500
1mln-EU (*)	26,400	29,998	33,270	35,200	39,000	43,770	54,500
OG10 Dimensione lavori							
<150k	26,258	30,270	32,498	35,530	40,060	44,000	57,000
150k-1mln	27,278	29,860	32,232	34,555	38,000	41,500	51,880
1mln-EU (*)	27,278	29,860	32,232	34,555	38,000	41,500	51,880
OG11 Dimensione lavori							
<150k	23,695	26,570	29,880	33,185	37,253	41,000	54,000
150k-1mln	27,121	28,813	31,027	34,577	37,560	41,148	48,730
1mln-EU (*)	27,121	28,813	31,027	34,577	37,560	41,148	48,730

▸▸

Tipologia lavori (categoria e classe dimensionale)	Distribuzione ribassi di aggiudicazione (in %)						
	50° pct	60° pct	70° pct	80° pct	90° pct	95° pct	99° pct
OG12 Dimensione lavori							
<150k	27,351	30,630	34,060	38,000	43,889	52,360	62,000
150k-1mln	29,079	30,330	33,210	36,486	45,400	51,500	62,629
1mln-EU (*)	29,079	30,330	33,210	36,486	45,400	51,500	62,629
OG13 Dimensione lavori							
<150k	13,700	18,550	22,850	26,880	32,198	35,831	45,200
150k-1mln	20,265	24,440	27,422	31,890	36,120	40,150	57,827
1mln-EU (*)	20,265	24,440	27,422	31,890	36,120	40,150	57,827
OS3 Dimensione lavori							
<150k	26,346	28,810	32,033	34,900	40,000	48,100	99,990
150k-1mln	28,293	30,100	33,330	36,400	44,500	53,050	75,500
1mln-EU (*)	28,293	30,100	33,330	36,400	44,500	53,050	75,500
OS4 Dimensione lavori							
<150k	22,395	25,738	28,750	37,860	45,290	49,200	67,710
150k-1mln	30,165	33,070	37,770	39,920	45,000	48,796	51,500
1mln-EU (*)	30,165	33,070	37,770	39,920	45,000	48,796	51,500
OS6 Dimensione lavori							
<150k	21,150	24,760	27,300	31,000	35,377	39,920	46,000
150k-1mln	24,745	27,311	29,422	32,320	36,100	41,370	49,190
1mln-EU (*)	24,745	27,311	29,422	32,320	36,100	41,370	49,190
OS7 Dimensione lavori							
<150k	23,370	26,660	30,016	32,150	38,752	46,000	77,850
150k-1mln	27,365	29,650	31,637	35,000	45,000	52,160	60,000
1mln-EU (*)	27,365	29,650	31,637	35,000	45,000	52,160	60,000

▸▸

Tipologia lavori (categoria e classe dimensionale)	Distribuzione ribassi di aggiudicazione (in %)						
	50° pct	60° pct	70° pct	80° pct	90° pct	95° pct	99° pct
OS10 Dimensione lavori							
<150k	29,856	34,948	37,500	42,345	48,951	53,200	57,999
150k-1mln	33,817	37,816	40,169	43,375	51,987	65,129	73,730
1mln-EU (*)	33,817	37,816	40,169	43,375	51,987	65,129	73,730
OS12 Dimensione lavori							
<150k	25,635	28,750	32,120	34,561	38,826	42,807	50,617
150k-1mln	30,496	32,397	33,515	34,935	39,894	46,136	55,648
1mln-EU (*)	30,496	32,397	33,515	34,935	39,894	46,136	55,648
OS18 Dimensione lavori							
<150k	15,075	18,608	21,659	26,404	30,134	33,330	43,950
150k-1mln	16,680	19,500	23,230	26,490	28,950	31,372	43,000
1mln-EU (*)	16,680	19,500	23,230	26,490	28,950	31,372	43,000
OS21 Dimensione lavori							
<150k	21,180	25,090	28,347	33,120	39,000	44,585	54,220
150k-1mln	24,680	27,330	29,877	32,334	35,420	38,812	45,600
1mln-EU (*)	24,680	27,330	29,877	32,334	35,420	38,812	45,600
OS24 Dimensione lavori							
<150k	23,050	27,100	30,180	33,750	38,500	43,000	53,230
150k-1mln	24,892	27,205	29,710	32,494	35,520	39,751	50,000
1mln-EU (*)	24,892	27,205	29,710	32,494	35,520	39,751	50,000
OS28 Dimensione lavori							
<150k	23,275	26,010	28,880	32,500	36,000	42,150	53,500
150k-1mln	27,140	29,887	31,990	35,000	40,886	46,552	59,510
1mln-EU (*)	27,140	29,887	31,990	35,000	40,886	46,552	59,510

▸▸

Tipologia lavori (categoria e classe dimensionale)	Distribuzione ribassi di aggiudicazione (in %)						
	50° pct	60° pct	70° pct	80° pct	90° pct	95° pct	99° pct
OS30 Dimensione lavori							
<150k	26,310	28,371	30,373	33,330	37,800	41,610	54,600
150k-1mln	28,254	29,616	31,980	35,117	40,222	44,280	58,430
1mln-EU (*)	28,254	29,616	31,980	35,117	40,222	44,280	58,430
Altro Dimensione lavori							
<150k	21,374	25,688	29,970	33,382	38,990	44,880	61,000
150k-1mln	24,730	27,699	31,120	33,670	37,566	42,920	56,160
1mln-EU	20,500	25,120	27,150	31,870	37,260	43,294	49,170

Nota: la tabella contiene i valori di riferimento tra cui le stazioni appaltanti possono scegliere lo sconto di riferimento nell'applicazione del Metodo C. La Tabella A contiene alcuni percentili della distribuzione dei ribassi di aggiudicazione basati sullo storico di gare associate a esecuzione dei lavori non patologica, segnatamente, con aumenti dei costi di esecuzione non eccedenti il 25 per cento e dei tempi di esecuzione non eccedenti il 200 per cento. La scelta di percentili più alti è particolarmente adeguata per quei contratti in cui il prezzo sia elemento fondamentale; la scelta di percentili più bassi è indicata dove la stazione appaltante ritenga preponderante l'interesse di limitare rischi nella fase di esecuzione. Per i lavori la cui categoria OG o OS prevalente appaia tra quelle riportate in tabella, la stazione appaltante fa riferimento alla riga corrispondente alla classe di importo dove ricada la base d'asta: minore di 150.000,00 euro (<150k); tra 150.000,00 euro e 1 milione di euro (150k-1mln); maggiore o uguale a 1 milione di euro (1mln-EU). Per tutte le altre tipologie di appalto al di fuori dei lavori con categoria prevalente indicata in tabella, vale la voce "Altro" che appare alla fine della tabella.

Le righe della tabella che presentano il simbolo (*) sono state stimate ripetendo i valori relativi alla classe di importo immediatamente più piccola in quanto il numero di osservazioni disponibili per effettuare il calcolo dei percentili è inferiore a cento osservazioni.

ALLEGATO II.3
Soggetti con disabilità o svantaggiati cui può essere riservata la partecipazione ad appalti
(Articolo 61, commi 4 e 5)

Art. 1. 1. Gli operatori economici tenuti alla redazione del rapporto sulla situazione del personale, ai sensi dell'articolo 46 del codice delle pari opportunità tra uomo e donna di cui al decreto legislativo 11 aprile 2006, n. 198, producono, a pena di esclusione, al momento della presentazione della domanda di partecipazione o dell'offerta, copia dell'ultimo rapporto redatto, con attestazione della sua conformità a quello trasmesso alle rappresentanze sindacali aziendali e alla consigliera e al consigliere regionale di parità ai sensi del comma 2 del citato articolo 46, ovvero, in caso di inosservanza dei termini previsti dal comma 1 del medesimo articolo 46, con attestazione della sua contestuale trasmissione alle rappresentanze sindacali aziendali e alla consigliera e al consigliere regionale di parità.

2. Gli operatori economici, diversi da quelli indicati nel comma 1 e che occupano un numero pari o superiore a quindici dipendenti, entro sei mesi dalla conclusione del contratto, sono tenuti a consegnare alla stazione appaltante una relazione di genere sulla situazione del personale maschile e femminile in ognuna delle professioni e in relazione allo stato di assunzioni, della formazione, della promozione professionale, dei livelli, dei passaggi di categoria o di qualifica, di altri fenomeni di mobilità, dell'intervento della Cassa integrazione guadagni, dei licenziamenti, dei prepensionamenti e pensionamenti, della retribuzione effettivamente corrisposta. La relazione di cui al primo periodo è tramessa alle rappresentanze sindacali aziendali e alla consigliera e al consigliere regionale di parità.

3. Gli operatori economici di cui al comma 2 sono, altresì, tenuti a consegnare, nel termine previsto dal medesimo comma, alla stazione appaltante la certificazione di cui all'articolo 17 della legge 12 marzo 1999, n. 68, e una relazione relativa all'assolvimento degli obblighi di cui alla medesima legge e alle eventuali sanzioni e provvedimenti disposti a loro carico nel triennio antecedente la data di scadenza di presentazione delle offerte. La relazione di cui al presente comma è trasmessa alle rappresentanze sindacali aziendali.

4. Le stazioni appaltanti prevedono, nei bandi di gara, negli avvisi e negli inviti, specifiche clausole dirette all'inserimento, come requisiti necessari e come ulteriori requisiti premiali dell'offerta, di criteri orientati a promuovere l'imprenditoria giovanile, l'inclusione lavorativa delle persone disabili, la parità di genere e l'assunzione di giovani, con età inferiore a trentasei anni, e donne. Il contenuto delle clausole è determinato tenendo, tra l'altro, conto dei principi di libera concorrenza, proporzionalità e non discriminazione, nonché dell'oggetto del contratto, della tipologia e della natura del singolo progetto in relazione ai profili occupazionali richiesti, dei principi dell'Unione europea, degli indicatori degli obiettivi attesi in termini di occupazione femminile e giovanile e di tasso di occupazione delle persone disabili al 2026, anche in considerazione dei corrispondenti valori medi nonché dei corrispondenti indicatori medi settoriali europei in cui vengono svolti i progetti. Fermo restando quanto previsto dal comma 7, è requisito necessario dell'offerta l'aver assolto, al momento della presentazione dell'offerta stessa, agli obblighi di cui alla legge n. 68 del 1999, e l'assunzione dell'obbligo di assicurare, in caso di aggiudicazione del contratto, una quota pari almeno al 30 per cento, delle assunzioni necessarie per l'esecuzione del contratto o per la realizzazione di attività a esso connesse o strumentali, sia all'occupazione giovanile sia all'occupazione femminile.

5. Ulteriori misure premiali possono prevedere l'assegnazione di un punteggio aggiuntivo all'offerente o al candidato che:

a) nei tre anni antecedenti la data di scadenza del termine di presentazione delle offerte, non risulti destinatario di accertamenti relativi ad atti o comportamenti discriminatori ai sensi dell'articolo 44 del testo unico delle disposizioni concernenti la disciplina dell'immigrazione di cui al decreto legislativo 25 luglio 1998, n. 286, dell'articolo 4 del decreto legislativo 9 luglio 2003, n. 215, dell'articolo 4 del decreto legislativo 9 luglio 2003, n. 216, dell'articolo 3 della legge 1° marzo 2006, n. 67, degli articoli 35 e 55-*quinquies* del codice delle pari opportunità tra uomo e donna di cui al decreto legislativo n. 198 del 2006, ovvero dell'articolo 54 del testo unico delle disposizioni legislative in materia di tutela e sostegno della maternità e della paternità di cui al decreto legislativo 26 marzo 2001, n. 151;

b) utilizzi o si impegni a utilizzare specifici strumenti di conciliazione delle esigenze di cura, di vita e di lavoro per i propri dipendenti, nonché modalità innovative di organizzazione del lavoro;

c) si impegni ad assumere, oltre alla soglia minima percentuale prevista come requisito di partecipazione, persone disabili, giovani, con età inferiore a trentasei anni, e donne per l'esecuzione del contratto o per la realizzazione di attività a esso connesse o strumentali;

d) abbia, nell'ultimo triennio, rispettato i principi della parità di genere e adottato specifiche misure per promuovere le pari opportunità generazionali e di genere, anche tenendo conto del rapporto tra uomini e donne nelle assunzioni, nei livelli retributivi e nel conferimento di incarichi apicali;

e) abbia, nell'ultimo triennio, rispettato gli obblighi di cui alla legge n. 68 del 1999;

f) abbia presentato o si impegni a presentare per ciascuno degli esercizi finanziari, ricompresi nella durata del contratto di appalto, una dichiarazione volontaria di carattere non finanziario ai sensi dell'articolo 7 del decreto legislativo 30 dicembre 2016, n. 254.

6. I contratti di appalto prevedono l'applicazione di penali per l'inadempimento dell'appaltatore agli obblighi di cui al comma 2, al comma 3 ovvero al comma 4, commisurate alla gravità della violazione e proporzionali rispetto all'importo del contratto o alle prestazioni del contratto. La violazione dell'obbligo di cui al comma 2 determina, altresì, l'impossibilità per l'operatore economico di partecipare, in forma singola ovvero in raggruppamento temporaneo, per un periodo di dodici mesi a ulteriori procedure di affidamento.

7. Le stazioni appaltanti possono escludere l'inserimento nei bandi di gara, negli avvisi e negli inviti dei requisiti di partecipazione di cui al comma 4, o stabilire una quota inferiore a quella prevista nel medesimo comma 4, dandone adeguata e specifica motivazione, qualora l'oggetto del contratto, la tipologia o la natura del progetto o altri elementi puntualmente indicati ne rendano l'inserimento impossibile o contrastante con obiettivi di universalità e socialità, di efficienza, di economicità e di qualità del servizio nonché di ottimale impiego delle risorse pubbliche.

8. Con linee guida del Presidente del Consiglio dei Ministri ovvero dei Ministri o delle autorità delegati per le pari opportunità e della famiglia e per le politiche giovanili e il servizio civile universale, di concerto con il Ministro delle infrastrutture e dei trasporti, con

il Ministro del lavoro e delle politiche sociali e con il Ministro per le disabilità, da adottarsi entro sessanta giorni dall'entrata in vigore del codice, sono definiti le modalità e i criteri applicativi delle misure previste dal presente articolo, indicate misure premiali e predisposti modelli di clausole da inserire nei bandi di gara differenziati per settore, tipologia e natura del contratto o del progetto.

9. I rapporti e le relazioni previste dai commi 1, 2 e 3 sono pubblicati, ai sensi dell'articolo 28, comma 3, del codice e comunicati alla Presidenza del Consiglio dei Ministri ovvero ai Ministri o alle autorità delegate per le pari opportunità e la famiglia e per le politiche giovanili e il servizio civile universale.

ALLEGATO II.4
Qualificazione delle stazioni appaltanti e delle centrali di committenza
(Articolo 62)

Parte I
AMBITI E LIVELLI DI QUALIFICAZIONE

Art. 1. Finalità – 1. Il presente allegato individua i requisiti necessari per la qualificazione delle stazioni appaltanti e delle centrali di committenza, le informazioni necessarie per dimostrare il possesso degli stessi, le modalità di raccolta di tali informazioni per il funzionamento del sistema di qualificazione.

2. La qualificazione delle stazioni appaltanti e delle centrali di committenza attesta la loro capacità di gestire direttamente, secondo criteri di qualità, efficienza e professionalizzazione, e nel rispetto dei principi di economicità, efficacia, tempestività e correttezza, le attività che caratterizzano il processo di acquisizione di un bene, di un servizio o di un lavoro e riguarda almeno uno dei seguenti ambiti:

a) progettazione tecnico-amministrativa e affidamento delle procedure;

b) esecuzione dei contratti.

3. Le centrali di committenza sono qualificate almeno negli ambiti di cui alla lettera a) del comma 2.

Art. 2. Ambito di applicazione – 1. La qualificazione è necessaria per gli affidamenti di lavori di importo pari o superiore a 500 mila euro e per l'acquisizione di servizi e forniture d'importo pari o superiore alle soglie previste per gli affidamenti diretti. Non è necessaria la qualificazione per l'effettuazione di ordini a valere su strumenti di acquisto messi a disposizione dalle centrali di committenza e dai soggetti aggregatori.

2. Fermo restando quanto previsto dall'articolo 62, comma 17, del codice, il presente allegato non si applica agli enti aggiudicatori che non sono amministrazioni aggiudicatrici e ai soggetti privati tenuti all'osservanza delle disposizioni del codice.

3. In sede di prima applicazione, sono qualificate con riserva, ai

sensi dell'articolo 63, comma 4, secondo periodo, del codice, le stazioni appaltanti delle unioni di comuni costituite nelle forme previste dall'ordinamento, delle provincie e delle città metropolitane, dei comuni capoluogo di provincia e delle regioni.

Parte II
REQUISITI DI QUALIFICAZIONE

Art. 3. Livelli di qualificazione per la progettazione e l'affidamento di lavori per le stazioni appaltanti – 1. Per la progettazione e l'affidamento di lavori di importo a base di gara pari o superiore a 500 mila euro le stazioni appaltanti sono qualificate in uno dei seguenti livelli:

a) qualificazione di primo livello (L3) per importi fino a 1.000.000 di euro;

b) qualificazione di secondo livello (L2) per importi fino alle soglie di rilevanza europea;

c) qualificazione di terzo livello (L1) senza limiti di importo.

2. Per poter essere qualificati in uno dei livelli di cui al comma 1 le stazioni appaltanti devono essere in possesso dei requisiti di cui all'articolo 4, comma 1 e devono ottenere un punteggio complessivo per i requisiti di cui all'articolo 4, comma 2, pari o superiore a:

a) livello L3: trenta punti;

b) livello L2: quaranta punti;

c) livello L1: cinquanta punti.

3. Ogni stazione appaltante o centrale di committenza può effettuare le procedure corrispondenti al livello di qualificazione posseduto e a quelli inferiori. Fino al 30 giugno 2024, la qualificazione nei livelli di cui al comma 1 può essere ottenuta anche con un punteggio inferiore di dieci punti per il livello L3 e di cinque punti per i livelli L1 e L2.

4. Le stazioni appaltanti e le centrali di committenza, qualificate per i lavori, ma non qualificate per i servizi e le forniture, possono comunque procedere all'acquisizione di servizi attinenti all'architettura e all'ingegneria di valore pari o superiore alle soglie previste per gli affidamenti diretti, se in possesso della qualificazione corrispondente all'importo stimato dei lavori posti a base di gara per i quali sono richiesti i predetti servizi.

5. Ai fini dell'affidamento e dell'esecuzione dei contratti di concessione e di partenariato pubblico privato di qualsiasi importo le stazioni appaltanti devono possedere almeno una qualificazione di livello L2 e garantire la presenza di almeno un soggetto con esperienza di tre anni nella gestione di piani economici e finanziari e dei rischi.

6. Fino al 30 giugno 2024, gli Uffici giudiziari non in possesso dei requisiti di qualificazione di cui al presente articolo possono progettare e affidare i lavori di manutenzione straordinaria o finalizzati a garantire la sicurezza dei luoghi di lavoro avvalendosi di un RUP dotato di competenze tecniche in materia di ingegneria o architettura. In mancanza di tale figura professionale, i compiti del RUP, limitatamente agli interventi obbligatori di cui al primo periodo, possono essere attribuiti al responsabile del servizio al quale attiene il lavoro da realizzare.

Art. 4. Requisiti per la qualificazione relativa alla progettazione e all'affidamento di lavori per le stazioni appaltanti – 1. Per potere essere ammesse alla procedura di qualificazione per la progettazione e l'affidamento di lavori le stazioni appaltanti devono essere in possesso dei seguenti requisiti:

a) iscrizione all'Anagrafe unica delle stazioni appaltanti (AUSA) di cui all'articolo 33-*ter* del decreto-legge 18 ottobre 2012 n. 179, convertito, con modificazioni, dalla legge 17 dicembre 2012, n. 221;

b) presenza nel proprio organigramma di un ufficio o struttura stabilmente dedicati alla progettazione e agli affidamenti di lavori;

c) disponibilità di piattaforme di approvvigionamento digitale di cui agli articoli 25 e 26 del codice.

2. Oltre ai requisiti obbligatori di cui al comma 1, la stazione appaltante ottiene un punteggio secondo il grado di possesso dei requisiti previsti alla tabella A annessa al presente allegato.

3. Gli indicatori per l'attribuzione dei punteggi sono descritti nella tabella C annessa al presente allegato.

4. Ai fini della qualificazione, per la valutazione del requisito relativo al numero di gare svolte si considerano tutte le gare svolte fino al 30 giugno 2023. Dopo la predetta data, per le gare di importo superiore a quelle individuate dall'articolo 43 del codice, si considerano per la valutazione del requisito relativo al numero di gare svolte

solo quelle i cui bandi e gli avvisi rispettano le disposizioni sull'utilizzo dei metodi e degli strumenti elettronici di modellazione per l'edilizia e le infrastrutture, di cui all'allegato I.9 al codice.

5. Il requisito di cui al comma 1, lettera c), è richiesto a decorrere dal 1° gennaio 2024. Fino al 31 dicembre 2023, può essere riconosciuto alle stazioni appaltanti, in aggiunta ai requisiti di cui al comma 2, un punteggio di dieci punti in ragione dell'esperienza maturata nell'utilizzo di piattaforme telematiche nel triennio precedente la data di domanda di qualificazione. Dopo il termine di cui al primo periodo, il peso di tale requisito può essere attribuito anche ai requisiti premianti di cui all'articolo 11, comma 2.

Art. 5. Livelli di qualificazione relativi alla progettazione e all'affidamento di servizi e forniture per le stazioni appaltanti – 1. Per i servizi e le forniture di importo a base di gara pari o superiore alle soglie previste per gli affidamenti diretti le stazioni appaltanti sono qualificate in uno dei seguenti livelli:

a) qualificazione di primo livello (SF3) per importi fino a 750.000 euro;

b) qualificazione di secondo livello (SF2) per importi fino a 5.000.000 di euro;

c) qualificazione di terzo livello (SF1) senza limiti di importo.

2. Per poter essere qualificati in uno dei livelli di cui al comma 1 occorre essere in possesso dei requisiti di cui all'articolo 6, comma 1 e ottenere un punteggio complessivo per i requisiti di cui all'articolo 6, comma 2, pari o superiore a:

a) livello SF3: trenta punti;

b) livello SF2: quaranta punti;

c) livello SF1: cinquanta punti.

3. Ogni stazione appaltante o centrale di committenza può effettuare le procedure corrispondenti al livello di qualificazione posseduto e a quelli inferiori.

4. Fino al 30 giugno 2024, la qualificazione nei livelli di cui al comma 1, può essere ottenuta anche con un punteggio inferiore di dieci punti per il livello SF3 e di cinque punti per i livelli SF1 e SF2.

5. Ai fini dell'affidamento e dell'esecuzione dei contratti di concessione e di partenariato pubblico privato di qualsiasi importo, le stazioni appaltanti devono possedere almeno una qualificazione di

livello SF2 e garantire la presenza di un soggetto con esperienza di tre anni nella gestione di piani economici e finanziari e dei rischi.

Art. 6. Requisiti per la qualificazione relativa alla progettazione e all'affidamento di servizi e forniture per le stazioni appaltanti – 1. Per potere essere ammesse alla procedura di qualificazione per la progettazione e l'affidamento di servizi e forniture le stazioni appaltanti devono essere in possesso dei seguenti requisiti:

a) iscrizione all'AUSA;

b) presenza nel proprio organigramma di un ufficio o struttura stabilmente dedicati alla progettazione e agli affidamenti di servizi e forniture;

c) disponibilità di piattaforme di approvvigionamento digitale di cui agli articoli 25 e 26 del codice.

2. Oltre ai requisiti obbligatori di cui al comma 1, la stazione appaltante ottiene un punteggio secondo il grado di possesso dei requisiti di cui alla tabella B annessa al presente allegato.

3. Gli indicatori per l'attribuzione dei punteggi sono descritti nella tabella C annessa al presente allegato.

4. Il requisito di cui al comma 1, lettera c), è richiesto a decorrere dal 1° gennaio 2024. Fino al 31 dicembre 2023, può essere riconosciuto alle stazioni appaltanti, in aggiunta ai requisiti di cui al comma 2, un punteggio di dieci punti in ragione dell'esperienza maturata nell'utilizzo di piattaforme telematiche nel triennio precedente la data di domanda di qualificazione. Dopo il termine di cui al primo periodo, il peso di tale requisito può essere attribuito anche ai requisiti premianti di cui all'articolo 11, comma 2.

Art. 7. Requisiti per la qualificazione relativa all'affidamento per le centrali di committenza – 1. Le centrali di committenza si qualificano almeno per il livello L2 per i lavori e a SF2 per i servizi e le forniture.

2. Le centrali di committenza per essere qualificate per i lavori devono essere in possesso dei requisiti di cui all'articolo 4, comma 1 e per i servizi e forniture dei requisiti di cui all'articolo 6, comma 1.

3. Per le centrali di committenza, i punteggi di cui all'articolo 4 per i lavori e all'articolo 6 per servizi e forniture sono ridotti del 20 per cento. L'attribuzione della predetta percentuale di punteggio è

determinata sulla base del numero di stazioni appaltanti convenzionate. Inoltre, le centrali di committenza devono possedere un punteggio complessivo pari ad almeno dieci punti per i requisiti relativi alla presenza nella struttura organizzativa di dipendenti aventi specifiche competenze in materia di contratti pubblici e di sistemi digitali e al sistema di formazione e aggiornamento del personale.

Art. 8. Qualificazione delle stazioni appaltanti e delle centrali di committenza per l'esecuzione – 1. Le stazioni appaltanti e le centrali di committenza qualificate per la progettazione e per l'affidamento di lavori, di servizi e forniture o di entrambe le tipologie contrattuali sono qualificate fino al 31 dicembre 2024 anche per l'esecuzione rispettivamente di lavori, di servizi e forniture o di entrambe le tipologie contrattuali anche per i livelli superiori a quelli di qualifica.

2. Dopo il termine di cui al comma 1 la possibilità di eseguire il contratto per i livelli superiori a quelli di qualifica è valutata sulla base dei seguenti requisiti, relativi ai contratti eseguiti nel quinquennio precedente la domanda di qualificazione:

a) rispetto dei tempi previsti per i pagamenti di imprese e fornitori;

b) assolvimento degli obblighi di comunicazione dei dati sui contratti pubblici che alimentano le banche dati detenute o gestite dall'ANAC;

c) assolvimento degli obblighi di cui agli articoli 1 e 2 del decreto legislativo 29 dicembre 2011, n. 229.

3. Le stazioni appaltanti non qualificate per la progettazione e l'affidamento di lavori, di servizi e forniture o di entrambe le tipologie contrattuali possono, fino al 31 dicembre 2024, eseguire i contratti se sono iscritte all'AUSA e in possesso di una figura tecnica in grado di svolgere le funzioni di RUP.

4. Dopo il termine di cui al comma 3 la possibilità di eseguire il contratto è valutata sulla base dei seguenti requisiti:

a) presenza nella struttura organizzativa di dipendenti aventi specifiche competenze in materia di contratti pubblici e di sistemi digitali;

b) sistema di formazione e aggiornamento del personale;

c) contratti eseguiti nel quinquennio precedente la domanda di qualificazione;

d) rispetto dei tempi previsti per i pagamenti di imprese e fornitori;

e) assolvimento degli obblighi di comunicazione dei dati sui contratti pubblici che alimentano le banche dati detenute o gestite dall'ANAC;

f) assolvimento degli obblighi di cui agli articoli 1 e 2 del decreto legislativo 29 dicembre 2011, n. 229.

Art. 9. Qualificazione con riserva e termine del periodo transitorio – 1. Fermo restando quanto previsto dall'articolo 7, comma 1, la qualificazione con riserva delle stazioni appaltanti delle unioni di comuni costituite nelle forme previste dall'ordinamento, delle provincie e delle città metropolitane, dei comuni capoluogo di provincia e delle regioni di cui all'articolo 63, comma 4, secondo periodo, garantisce il conseguimento dei livelli L1 e SF1. La qualificazione con riserva ha una durata non superiore al 30 giugno 2024.

2. Le stazioni appaltanti di cui al comma 1 presentano domanda di iscrizione con riserva agli elenchi delle stazioni appaltanti e delle centrali di committenza qualificate a partire dal 1° luglio 2023. La presentazione della domanda di iscrizione consente l'esercizio di attività di committenza a favore di altre stazioni appaltanti.

3. A decorrere dal 1° gennaio 2024, le stazioni appaltanti di cui al comma 1 presentano domanda di iscrizione per l'iscrizione a regime negli elenchi delle stazioni appaltanti e delle centrali di committenza qualificate.

Parte III
ISCRIZIONE ALL'ELENCO DELLE STAZIONI APPALTANTI E DELLE CENTRALI DI COMMITTENZA QUALIFICATE E SANZIONI

Art. 10. Domanda di iscrizione – 1. Le stazioni appaltanti e le centrali di committenza presentano domanda di iscrizione agli elenchi delle stazioni appaltanti e delle centrali di committenza qualificate a partire dal 1° luglio 2023 tramite l'apposita sezione dell'AUSA e la trasmissione delle informazioni e dei dati richiesti dall'ANAC per la verifica dei requisiti di qualificazione. La presentazione della domanda è condizione necessaria ai fini della qualificazione.

2. L'ANAC, sulla base delle informazioni e dei dati presenti nella Banca dati nazionale dei contratti pubblici o comunque dalla stessa acquisiti, fermo restando quanto previsto dal comma 3, attribuisce il livello di qualificazione per la progettazione, l'affidamento e l'esecuzione.

3. L'ANAC effettua verifiche, anche a campione, sulle informazioni e i dati forniti dalle stazioni appaltanti e dalle centrali di committenza ai fini del controllo della veridicità dei medesimi e della conferma del livello di qualificazione.

4. L'iscrizione negli elenchi delle stazioni appaltanti e delle centrali di committenza qualificate ha durata di due anni. Alla revisione della qualificazione si procede ai sensi dell'articolo 11.

Art. 11. Revisione della qualificazione – 1. Il punteggio di qualificazione è aggiornato ogni due anni. Entro tre mesi dalla scadenza, le stazioni appaltanti qualificate accedono all'AUSA e aggiornano o forniscono le informazioni e i dati necessari per la revisione della qualificazione.

2. Per la revisione della qualificazione l'ANAC può valutare anche i seguenti requisiti premianti:

a) la disponibilità ad essere inseriti nell'elenco di cui all'articolo 62, comma 10, del codice ed effettuazione di affidamenti per conto di stazioni appaltanti non qualificate;

b) l'aggregazione di stazioni appaltanti per lo svolgimento in comune degli affidamenti e dell'esecuzione.

3. Le domande presentate ai sensi del presente articolo sono verificate dall'ANAC con le modalità di cui all'articolo 10, comma 3.

4. Se dagli accertamenti condotti risulta una diminuzione del punteggio ottenuto che porterebbe la stazione appaltante o la centrale di committenza ad un livello inferiore, la stessa mantiene il medesimo livello di qualificazione per un anno se il nuovo punteggio è superiore a quello necessario per la qualificazione di livello inferiore, incrementato di almeno del 5 per cento.

Art. 12. Sanzioni per informazioni fuorvianti o non veritiere – 1. Qualora le verifiche di cui agli articoli 10, comma 3 e 11, comma 3 accertino violazioni delle disposizioni del codice in materia di qualificazione delle centrali di committenza e delle stazioni appaltanti, l'ANAC può attivare, nei casi e nei termini previsti dall'articolo 63, comma 11, del codice, con le modalità previste nei propri regolamenti, il potere sanzionatorio nei confronti del rappresentante legale della stazione appaltante e della centrale di committenza.

Parte IV
COMPETENZA DELL'ANAC

Art. 13. Competenza dell'ANAC – 1. L'ANAC stabilisce i requisiti e le modalità attuative del sistema di qualificazione indicando, oltre alla rilevanza percentuale dei singoli requisiti, le modalità con cui:

a) le stazioni appaltanti dimostrano il possesso dei requisiti di qualificazione previsti dal codice;

b) è rilasciata la qualificazione;

c) la stazione appaltante può conseguire una qualificazione di livello superiore;

d) può essere attribuito alla stazione appaltante in via temporanea un livello di qualificazione inferiore rispetto al livello precedentemente ottenuto nell'ipotesi di applicazione di sanzioni pecuniarie ai sensi dell'articolo 222 del codice;

e) sono mantenuti i livelli di qualificazione.

Tabella A - Requisiti riferiti all'articolo 4, comma 2

Requisito	Punteggio massimo ottenibile
Presenza nella struttura organizzativa di dipendenti aventi specifiche competenze in materia di contratti pubblici e di sistemi digitali	20 punti
Sistema di formazione e aggiornamento del personale	20 punti
Numero di gare di importo superiore a 500.000 euro svolte nel quinquennio precedente al 31 dicembre 2022	40 punti
Assolvimento degli obblighi di comunicazione dei dati sui contratti pubblici che alimentano le banche dati detenute o gestite dall'ANAC	5 punti
Assolvimento degli obblighi di cui agli articoli 1 e 2 del decreto legislativo 29 dicembre 2011, n. 229	5 punti

Tabella B - Requisiti riferiti all'articolo 6, comma 2

Requisito	Punteggio massimo ottenibile
Presenza nella struttura organizzativa di dipendenti aventi specifiche competenze in materia di contratti pubblici e di sistemi digitali	20 punti
Sistema di formazione e aggiornamento del personale	20 punti
Numero di gare svolte di importo superiore alla soglia europea nel quinquennio precedente al 31 dicembre 2022	40 punti
Assolvimento degli obblighi di comunicazione dei dati sui contratti pubblici che alimentano le banche dati detenute o gestite dall'ANAC	10 punti

Tabella C - Requisiti di qualificazione, indicatori elementari e pesi

Descrizione	Indicatori elementari
Presenza di strutture organizzative stabili (SOS) di dipendenti aventi specifiche competenze (numero di dipendenti coinvolti nel processo di acquisto, qualifica, titolo di studio, eventuale iscrizione a ordini professionali, esperienza)	INDICATORI ELEMENTARI 5.3 TITOLI DI STUDIO SOS I53_1 - Numero dipendenti SOS / numero dipendenti SA (peso w1=15); I53_1b - Numero dirigenti SOS (peso w1b=15) I53_1c - Numero funzionari SOS (peso w1c =15) I53_1d - Numero impiegati SOS (peso w1d =15) I53_2 - Numero laureati SPECIALISTICA SOS / numero dipendenti SOS (peso w2=10); I53_3 - Numero laureati 1 LIVELLO SOS / numero dipendenti SOS (peso w3=8); I53_4 - Numero DIPLOMATI TECNICI OS / numero DIPLOMATI SOS (peso w4=5); I53_5 - Numero dipendenti ESPERTI (5+) SOS / numero dipendenti SOS (peso w5=13); I53_6 - Numero dipendenti MASTER I SOS/ numero dipendenti SOS (peso w6=11); I53_7 - Numero dipendenti MASTER II_dottorato SOS / numero dipendenti SOS (peso w7=13); I53_8 - Numero dipendenti ISCRITTI ALBO / numero dipendenti SOS (peso w8=11);

▸▸

Descrizione	Indicatori elementari
	I53_9 - Numero dipendenti adeguata competenza in PROJECTMANAGER SOS / numero dipendenti SOS (peso w9=11); I53_prod - Numero gare aggiudicate nel quinquennio ponderate sulla base della complessità della specifica procedura / Numero dipendenti SOS (peso w1prod =75)
Sistema di formazione e aggiornamento del personale	5.4 FORMAZIONE NEL TRIENNIO I54form_base = Numero dipendenti che hanno fruito di formazione BASE / numero dipendenti SOS (peso 20); I54form_spec = Numero dipendenti che hanno fruito di formazione SPECIALISTICA / numero dipendenti SOS (peso 60); I54form_avan = Numero dipendenti che hanno fruito di formazione AVANZATA / numero dipendenti SOS (peso 120);
Numero di gare svolte per i vari livelli di qualificazione nel quinquennio (numero di gare aggiudicate, incluse quelle per conto di altri enti/ amministrazioni, relativi importi, tempi di affidamento distinti per modalità di realizzazione della gara, numero di gare deserte o non aggiudicate)	5.5 ESPERIENZA NELLE GARE DEI DIVERSI LIVELLI DI QUALIFICAZIONE I55_1 - Numero gare aggiudicate (valutate secondo livello di complessità determinato con i pesi derivanti dall'analisi di regressione) (peso 85); 5.5 TEMPI AFFIDAMENTO I55_2 - Percentuale media di ritardo nei tempi amministrativi rispetto ai valori attesi ottenuti tramite l'analisi di regressione (peso 10); 5.5 GARE DESERTE O NON AGGIUDICATE I55_3 - Numero di gare con esito non positivo / Numero complessivo di gare bandite (peso 5);
Assolvimento degli obblighi di comunicazione dei dati all'Autorità	I57_1 - Numero dei CUP Trasmessi / Numero Totale dei CUP di titolarità dell'Ente (peso 50); I57_2 - Somma dei pesi delle schede trasmesse per i CUP trasmessi / Numero Totale dei CUP di titolarità dell'Ente (peso 50)

▸▸

Descrizione	Indicatori elementari
Disponibilità e utilizzo delle piattaforme telematiche (PT)	Disponibilità: Vincolante Utilizzo: I58_1 - Numero gare per le quali risulta l'uso della PT/numero gare (peso 30); I58_2 - numero di gare svolte mediante "piattaforme telematiche di negoziazione" di importo compreso tra 150.000 euro e 1.000.000 di euro (peso 30) I58_3 - numero di gare svolte mediante "piattaforme telematiche di negoziazione" aventi importo pari o superiore a 1.000.000 di euro (peso 40).

ALLEGATO II.5
Specifiche tecniche ed etichettature
(Articolo 70, comma 3)

Parte I
DEFINIZIONI

Ai fini del codice si intende per:

1) «specifiche tecniche»:

a) nel caso di appalti pubblici di lavori:, l'insieme delle prescrizioni tecniche contenute, in particolare, nei documenti di gara, che definiscono le caratteristiche richieste di un materiale, un prodotto o una fornitura in modo che rispondano all'uso a cui sono destinati dalla stazione appaltante; tra queste caratteristiche rientrano i livelli della prestazione ambientale e le ripercussioni sul clima, la progettazione che tenga conto di tutti i requisiti (compresa l'accessibilità per persone con disabilità), la valutazione della conformità, la proprietà d'uso, la sicurezza o le dimensioni, incluse le procedure riguardanti il sistema di garanzia della qualità, la terminologia, i simboli, il collaudo e metodi di prova, l'imballaggio, la marcatura e l'etichettatura, le istruzioni per l'uso, nonché i processi e i metodi di produzione in qualsiasi momento del ciclo di vita dei lavori. Esse comprendono altresì le norme riguardanti la progettazione e la determinazione dei costi, le condizioni di collaudo, d'ispezione e di accettazione dei lavori nonché i metodi e le tecniche di costruzione come pure ogni altra condizione tecnica che l'amministrazione aggiudicatrice o l'ente aggiudicatore può prescrivere, mediante regolamentazione generale o particolare, in relazione all'opera finita e ai materiali o alle parti che la compongono;

b) nel caso di appalti pubblici di servizi o di forniture, le specifiche contenute in un documento, che definiscono le caratteristiche richieste di un prodotto o di un servizio, tra cui i livelli di qualità, i livelli di prestazione ambientale e le ripercussioni sul clima, una progettazione che tenga conto di tutte le esigenze (compresa l'accessibilità per le persone con disabilità) e la valutazione della conformità, la proprietà d'uso, l'uso del prodotto, la sicurezza o le dimensioni, compresi i requisiti applicabili al prodotto quali la denominazione di vendita, la terminologia, i simboli, il collaudo e i metodi di prova, l'imballaggio, la marcatura e l'etichettatura, le istruzioni per l'uso, i processi e i metodi di produzione a ogni stadio del ciclo di vita della fornitura o dei servizi, nonché le procedure di valutazione della conformità;

2) «norma»: una specifica tecnica adottata da un organismo riconosciuto di normalizzazione, ai fini di un'applicazione ripetuta o continua, la cui osservanza non è obbligatoria e che rientra in una delle seguenti categorie:

a) «norma internazionale»: norma adottata da un organismo di normalizzazione internazionale e messa a disposizione del pubblico;

b) «norma europea»: una norma adottata da un organismo di normalizzazione europeo e messa a disposizione del pubblico;

c) «norma nazionale»: una norma adottata da un organismo di normalizzazione nazionale e messa a disposizione del pubblico;

3) «valutazione tecnica europea»: la valutazione documentata delle prestazioni di un prodotto da costruzione in relazione alle sue caratteristiche essenziali, conformemente al relativo documento per la valutazione europea quale definito all'articolo 2, punto 12, del regolamento (UE) n. 305/2011 del Parlamento europeo e del Consiglio, del 9 marzo 2011;

4) «specifica tecnica comune»: una specifica tecnica nel settore delle TIC elaborata conformemente agli articoli 13 e 14 del regolamento (UE) n. 1025/2012, del Parlamento europeo e del Consiglio, del 25 ottobre 2012;

5) «riferimento tecnico»: qualunque documento, diverso dalle norme europee, elaborato dagli organismi europei di normalizzazione secondo procedure adattate all'evoluzione delle necessità di mercato.

Parte II

A – SPECIFICHE TECNICHE

1. Le specifiche tecniche sono inserite nei documenti di gara e definiscono le caratteristiche previste per i lavori, i servizi o le forniture. Tali caratteristiche possono riferirsi al processo o metodo di produzione o prestazione dei lavori, delle forniture o dei servizi richiesti, o a uno specifico processo per un'altra fase del loro ciclo di vita anche se questi fattori non sono parte del loro contenuto sostan-

ziale, purché siano collegati all'oggetto dell'appalto e proporzionati al suo valore e ai suoi obiettivi.

2. Le specifiche tecniche possono indicare se è richiesto il trasferimento dei diritti di proprietà intellettuale.

3. Per tutti gli appalti destinati all'uso da parte di persone fisiche, le specifiche tecniche, salvo in casi debitamente giustificati, sono elaborate in modo da tenere conto dei criteri di accessibilità per le persone con disabilità o di progettazione adeguata per tutti gli utenti.

4. Le specifiche tecniche consentono pari accesso degli operatori economici e non devono comportare ostacoli ingiustificati all'apertura degli appalti pubblici alla concorrenza.

5. Fatte salve le regole tecniche nazionali obbligatorie, le specifiche tecniche sono formulate secondo una delle modalità seguenti:

a) in termini di prestazioni o di requisiti funzionali, comprese le caratteristiche ambientali, a condizione che i parametri siano sufficientemente precisi da consentire agli offerenti di determinare l'oggetto dell'appalto e alle stazioni appaltanti di aggiudicare l'appalto;

b) mediante riferimento a specifiche tecniche e, in ordine di preferenza, alle norme che recepiscono norme europee, alle valutazioni tecniche europee, alle specifiche tecniche comuni, alle norme internazionali, ad altri sistemi tecnici di riferimento adottati dagli organismi europei di normalizzazione o in mancanza, alle norme, omologazioni tecniche o specifiche tecniche, nazionali, in materia di progettazione, calcolo e realizzazione delle opere e uso delle forniture. Ciascun riferimento contiene l'espressione «o equivalente»;

c) in termini di prestazioni o di requisiti funzionali di cui alla lettera a), con riferimento alle specifiche citate nella lettera b) quale mezzo per presumere la conformità con tali prestazioni o requisiti funzionali;

d) mediante riferimento alle specifiche tecniche di cui alla lettera b) per talune caratteristiche e alle prestazioni o ai requisiti funzionali di cui alla lettera a) per le altre caratteristiche.

6. Salvo che siano giustificate dall'oggetto dell'appalto, le specifiche tecniche non possono menzionare una fabbricazione o provenienza determinata o un procedimento particolare caratteristico dei prodotti o dei servizi forniti da un operatore economico specifico, né far riferimento a un marchio, a un brevetto o a un tipo, a un'origine o a una produzione specifica che avrebbero come effetto di fa-

vorire o eliminare talune imprese o taluni prodotti. Tale menzione o riferimento sono tuttavia consentiti, in via eccezionale, nel caso in cui una descrizione sufficientemente precisa e intelligibile dell'oggetto dell'appalto non sia possibile applicando il punto 5. In tal caso la menzione o il riferimento sono accompagnati dall'espressione «o equivalente».

7. Quando si avvalgono della facoltà prevista dal punto 5, lettera a) o della possibilità di fare riferimento alle specifiche tecniche di cui al punto 5, lettera b), le stazioni appaltanti non possono escludere un'offerta per il motivo che i lavori, le forniture o i servizi offerti non sono conformi alle prestazioni o ai requisiti funzionali, se vi ottemperano in modo equivalente, né perché non conformi alle specifiche tecniche, se si tratta di prestazioni conformi a una norma europea, a una omologazione tecnica europea, a una specifica tecnica comune, a una norma internazionale o a un sistema tecnico di riferimento adottato da un organismo europeo di normalizzazione che contemplano le prestazioni o i requisiti funzionali prescritti.

8. L'offerente dimostra, nella propria offerta, con qualsiasi mezzo appropriato, compresi i mezzi di prova di cui all'articolo 105 del codice, che le soluzioni proposte ottemperano in maniera equivalente alle prestazioni, ai requisiti funzionali e alle specifiche tecniche prescritti.

B – ETICHETTATURE

1. Le stazioni appaltanti che intendono acquistare lavori, forniture o servizi con specifiche caratteristiche ambientali, sociali o di altro tipo, possono imporre nelle specifiche tecniche, nei criteri di aggiudicazione o nelle condizioni relative all'esecuzione dell'appalto, un'etichettatura specifica come mezzo di prova che i lavori, le forniture o i servizi corrispondono alle caratteristiche richieste, quando sono soddisfatte tutte le seguenti condizioni:

a) i requisiti per l'etichettatura sono idonei a definire le caratteristiche dei lavori, delle forniture e dei servizi oggetto dell'appalto e riguardano soltanto i criteri a esso connessi;

b) i requisiti per l'etichettatura sono basati su criteri oggettivi, verificabili e non discriminatori;

c) le etichettature sono stabilite nell'ambito di un apposito procedimento aperto e trasparente al quale possano partecipare tutte le parti interessate, compresi gli enti pubblici, i consumatori, le parti sociali, i produttori, i distributori e le organizzazioni non governative;

d) le etichettature sono accessibili a tutte le parti interessate;

e) i requisiti per l'etichettatura sono stabiliti da terzi sui quali l'operatore economico che richiede l'etichettatura non può esercitare un'influenza determinante.

2. Se le stazioni appaltanti non richiedono che i lavori, le forniture o i servizi soddisfino tutti i requisiti per l'etichettatura, indicano a quali requisiti per l'etichettatura fanno riferimento. Le stazioni appaltanti che esigono un'etichettatura specifica accettano tutte quelle che confermano che i lavori, le forniture o i servizi soddisfano i requisiti equivalenti.

3. Se un operatore economico dimostra di non avere la possibilità di ottenere l'etichettatura specifica indicata dalla stazione appaltante o un'etichettatura equivalente entro i termini richiesti, per motivi a esso non imputabili, la stazione appaltante accetta altri mezzi di prova, ivi compresa una documentazione tecnica del fabbricante, idonei a dimostrare che i lavori, le forniture o i servizi che l'operatore economico interessato deve prestare soddisfano i requisiti dell'etichettatura specifica o i requisiti specifici indicati dalla stazione appaltante.

4. Quando un'etichettatura soddisfa le condizioni indicate nel punto 1, lettere b), c), d) ed e), ma stabilisce requisiti non collegati all'oggetto dell'appalto, le stazioni appaltanti non possono esigere l'etichettatura in quanto tale, ma possono definire le specifiche tecniche con riferimento alle specifiche dettagliate di tale etichettatura, o, all'occorrenza, a parti di queste, connesse all'oggetto dell'appalto e idonee a definirne le caratteristiche.

ALLEGATO II.6
Informazioni in avvisi e bandi
(Articolo 71, comma 4)

Parte I
INFORMAZIONI CHE DEVONO FIGURARE NEGLI AVVISI E NEI BANDI NEI SETTORI ORDINARI

A – INFORMAZIONI CHE DEVONO FIGURARE NEGLI AVVISI CHE ANNUNCIANO LA PUBBLICAZIONE NEL SITO ISTITUZIONALE DELLA STAZIONE APPALTANTE DI UN AVVISO DI PRE-INFORMAZIONE (articolo 81, comma 1)

1. Nome, numero di identificazione, ove previsto, indirizzo comprensivo di codice NUTS, telefono, fax, posta elettronica e indirizzo Internet della stazione appaltante e, se diverso, del servizio al quale rivolgersi per informazioni complementari.

2. Tipo di amministrazione appaltante e principale attività esercitata.

3. Se del caso, l'indicazione che la stazione appaltante è una centrale di committenza o che si tratta o può trattarsi di una qualsiasi altra forma di appalto congiunto.

4. Codici CPV.

5. Indirizzo Internet del «sito istituzionale della stazione appaltante» (URL).

6. Data di spedizione dell'avviso di pubblicazione sul sito istituzionale della stazione appaltante dell'avviso di pre-informazione.

B – INFORMAZIONI CHE DEVONO FIGURARE NEGLI AVVISI DI PRE-INFORMAZIONE (articolo 81, comma 1)

SEZIONE B.1 – Informazioni che devono comparire in ogni caso

1. Nome, codice identificativo della gara, indirizzo comprensivo di codice NUTS, telefono, posta elettronica e indirizzo Internet della stazione appaltante e, se diverso, del servizio al quale rivolgersi per informazioni complementari.

2. Collegamento ipertestuale al quale i documenti di gara saranno disponibili per l'accesso gratuito, illimitato e diretto. Se l'accesso gratuito, illimitato e diretto non è disponibile per i motivi illustra-

ti all'articolo 88, comma 2, un'indicazione relativa alle modalità di accesso ai documenti di gara.

3. Tipo di stazione appaltante e principale attività esercitata.

4. Se del caso, l'indicazione che la stazione appaltante è una centrale di committenza o che si tratta o può trattarsi di una qualsiasi altra forma di appalto congiunto.

5. Codici CPV. Se l'appalto è suddiviso in lotti, tali informazioni sono fornite per ogni lotto.

6. Il codice NUTS del luogo principale per l'esecuzione dei lavori nel caso di appalti di lavori o il codice NUTS del luogo principale di consegna o di prestazione per gli appalti di forniture e di servizi. Se l'appalto è suddiviso in lotti, tali informazioni sono fornite per ogni lotto.

7. Breve descrizione dell'appalto: natura ed entità dei lavori, natura e quantità o valore delle forniture; natura ed entità dei servizi.

8. Se l'avviso non funge da mezzo di indizione di una gara, data/date prevista/e per la pubblicazione di un bando di gara o di bandi di gara per l'appalto/gli appalti di cui all'avviso di pre-informazione.

9. Data d'invio dell'avviso.

10. Altre eventuali informazioni.

11. Indicare se l'appalto rientra o meno nell'ambito di applicazione dell'AAP.

SEZIONE B.2 – Informazioni ulteriori che devono essere fornite se l'avviso funge da mezzo di indizione di gara (articolo 81, comma 2)

1. Indicazione del fatto che gli operatori economici interessati devono far conoscere alla amministrazione appaltante il loro interesse per l'appalto o gli appalti.

2. Tipo di procedura di aggiudicazione (procedure ristrette, che implichino o meno un sistema dinamico di acquisizione, o procedure competitive con negoziazione).

3. Eventualmente, indicare se:

a) si tratta di un accordo quadro;

b) si tratta di un sistema dinamico di acquisizione.

4. Se conosciuti, tempi di consegna o di fornitura di prodotti, lavori o servizi e durata del contratto.

5. Se note, le condizioni di partecipazione, compreso quanto segue:

a) l'indicazione, eventuale, se si tratta di un appalto pubblico riservato a laboratori protetti o la cui esecuzione è riservata all'ambito di programmi di lavoro protetti;

b) l'indicazione eventuale se, in forza di disposizioni legislative, regolamentari o amministrative, la prestazione del servizio sia riservata a una particolare professione;

c) una breve descrizione dei criteri di selezione.

6. Se conosciuti, una breve descrizione dei criteri che verranno utilizzati per l'aggiudicazione dell'appalto.

7. Se nota, la grandezza complessiva stimata dell'appalto o degli appalti. Se l'appalto è suddiviso in lotti, tali informazioni sono fornite per ogni lotto.

8. Termini ultimi per la ricezione delle manifestazioni d'interesse.

9. Piattaforma di approvvigionamento digitale ove è possibile compilare le manifestazioni di interesse.

10. Lingua o lingue autorizzate per la presentazione delle candidature o delle offerte.

11. Eventualmente, indicare se:

a) la presentazione per via elettronica delle offerte o delle domande di partecipazione è richiesta o accettata;

b) si farà ricorso all'ordinazione elettronica;

c) si farà ricorso alla fatturazione elettronica;

d) sarà accettato il pagamento elettronico.

12. Informazioni che indicano se l'appalto è connesso a un progetto o programma finanziato dai fondi dell'Unione europea.

13. Denominazione e indirizzo dell'organo responsabile delle procedure di ricorso e, se del caso, di mediazione. Precisazioni dei termini per la proposizione del ricorso o, se necessario, denominazione, indirizzo, numero di telefono, di fax e indirizzo elettronico del servizio presso il quale l'informazione in questione può essere richiesta.

C – INFORMAZIONI CHE DEVONO FIGURARE NEGLI AVVISI E BANDI DI GARA (di cui all'articolo 83)

1. Nome, numero di identificazione, ove previsto, indirizzo comprensivo di codice NUTS, telefono, fax, posta elettronica e indirizzo internet della amministrazione appaltante e, se diverso, del servizio al quale rivolgersi per informazioni complementari.

2. Collegamento ipertestuale al quale i documenti di gara saranno disponibili per l'accesso gratuito, illimitato e diretto. Se l'accesso gratuito, illimitato e diretto non è disponibile per i motivi illustrati all'articolo 88, comma 2, un'indicazione relativa alle modalità di accesso ai documenti di gara.

3. Tipo di amministrazione appaltante e principale attività esercitata.

4. Se del caso, l'indicazione che la stazione appaltante è una centrale di committenza o che è coinvolta una qualsiasi altra forma di appalto congiunto.

5. Codici CPV. Se l'appalto è suddiviso in lotti, tali informazioni sono fornite per ogni lotto.

6. Il codice NUTS del luogo principale per l'esecuzione dei lavori nel caso di appalti di lavori o il codice NUTS del luogo principale di consegna o di prestazione per gli appalti di forniture e di servizi. Se l'appalto è suddiviso in lotti, tali informazioni sono fornite per ogni lotto.

7. Descrizione dell'appalto: natura ed entità dei lavori, natura e quantità o valore delle forniture; natura ed entità dei servizi. Se l'appalto è suddiviso in lotti, tali informazioni sono fornite per ogni lotto. Eventualmente, una descrizione di qualsiasi opzione.

8. Ordine di grandezza totale stimato dell'appalto o degli appalti; se l'appalto è suddiviso in lotti, tali informazioni sono fornite per ogni lotto.

9. Ammissione o divieto di varianti.

10. Tempi di consegna o di fornitura di beni, lavori o servizi e, per quanto possibile, la durata del contratto.

a) Nel caso di accordi quadro, indicare la durata prevista dell'accordo quadro, precisando, se del caso, i motivi che giustificano una durata dell'accordo quadro superiore a quattro anni; per quanto possibile, indicazione del valore o dell'ordine di grandezza e della frequenza degli appalti da aggiudicare, numero e, ove necessario, numero massimo previsto di operatori economici che parteciperanno.

b) Nel caso di un sistema dinamico di acquisizione l'indicazione della durata prevista di tale sistema; per quanto possibile, l'indicazione di valore o dell'ordine di grandezza e della frequenza degli appalti da aggiudicare.

11. Condizioni di partecipazione, compreso quanto segue:

a) l'indicazione, eventuale, se si tratta di un appalto pubblico riservato a laboratori protetti o la cui esecuzione è riservata all'ambito di programmi di lavoro protetti;

b) indicare, in caso se, in forza di disposizioni legislative, regolamentari o amministrative, la prestazione del servizio sia riservata a una particolare professione; riferimenti alle disposizioni legislative, regolamentari o amministrative in questione;

c) un elenco e una breve descrizione dei criteri riguardanti la situazione personale degli operatori economici che possono comportarne l'esclusione e dei criteri di selezione; livello o livelli minimi specifici di capacità eventualmente richiesti. Indicazione delle informazioni richieste (autocertificazioni, documentazione).

12. Tipo di procedura di aggiudicazione; eventualmente, motivazione del ricorso alla procedura accelerata (in caso di procedure aperte e ristrette e di procedure competitive con negoziazione).

13. Eventualmente, indicare se:

a) si tratta di un accordo quadro;

b) si tratta di un sistema dinamico di acquisizione;

c) si tratta di un'asta elettronica (in caso di procedure aperte o ristrette o di procedure competitive con negoziazione).

14. Se l'appalto deve essere suddiviso in lotti, indicazione della possibilità per gli operatori economici di presentare offerte per uno, per più lotti o per l'insieme dei lotti. Indicazione di ogni possibile limitazione del numero di lotti che può essere aggiudicato a uno stesso offerente. Se l'appalto non è suddiviso in lotti, indicazione dei motivi, a meno che tale informazione non sia fornita nella relazione unica.

15. In caso di procedura ristretta, procedura competitiva con negoziazione, dialogo competitivo o partenariato per l'innovazione, quando ci si avvale della facoltà di ridurre il numero di candidati che saranno invitati a presentare offerte, a partecipare al dialogo o a negoziare: numero minimo e, eventualmente, numero massimo previsto di candidati e criteri oggettivi da applicare per la scelta dei candidati in questione.

16. In caso di procedura competitiva con negoziazione, dialogo competitivo o partenariato per l'innovazione, indicare, eventualmente, il ricorso a una procedura che si svolge in più fasi successive, al fine di ridurre gradualmente il numero di soluzioni da discutere o di offerte da negoziare.

17. Eventualmente, le condizioni particolari cui è sottoposta l'esecuzione dell'appalto.

18. Criteri di aggiudicazione dell'appalto o degli appalti. Salvo nel caso in cui l'offerta economicamente più vantaggiosa è individuata sulla base del solo prezzo, i criteri che determinano l'offerta economicamente più vantaggiosa e la loro ponderazione vanno indicati qualora non figurino nel capitolato d'oneri ovvero, nel caso del dialogo competitivo, nel documento descrittivo.

19. Termine ultimo per la compilazione delle offerte (procedure aperte) o delle domande di partecipazione (procedure ristrette e procedura competitiva con negoziazione, sistemi dinamici di acquisizione, dialogo competitivo, partenariati per l'innovazione).

20. Piattaforma digitale ove è possibile inserire le offerte o le domande di partecipazione.

21. In caso di procedure aperte:

a) periodo di tempo durante il quale l'offerente è vincolato alla propria offerta;

b) data, ora e luogo di apertura delle offerte;

c) persone autorizzate ad assistere alle operazioni di apertura.

22. Lingua/e utilizzabile/i nelle offerte o nelle domande di partecipazione.

23. Eventualmente, indicare se:

a) la presentazione per via elettronica delle offerte o delle domande di partecipazione è accettata;

b) si farà ricorso all'ordinazione elettronica;

c) sarà accettata la fatturazione elettronica;

d) sarà utilizzato il pagamento elettronico.

24. Informazioni che indicano se l'appalto è connesso a un progetto o programma finanziato dai fondi dell'Unione europea.

25. Denominazione e indirizzo dell'organo responsabile delle procedure di ricorso e, se del caso, di mediazione. Precisazioni dei termini per la proposizione del ricorso o, se del caso, nome, indirizzo, numero di telefono e di fax, nonché indirizzo di posta elettronica del servizio presso il quale si possono richiedere tali informazioni.

26. Date e riferimenti di precedenti pubblicazioni nella Gazzetta ufficiale dell'Unione europea e nella Banca Dati ANAC relative all'appalto/agli appalti di cui al presente avviso.

27. Nel caso di appalti rinnovabili, calendario previsto per la pubblicazione dei prossimi bandi e avvisi.

28. Data d'invio dell'avviso.
29. Indicare se l'appalto rientra o meno nell'ambito di applicazione dell'AAP.
30. Altre eventuali informazioni.

D – INFORMAZIONI CHE DEVONO FIGURARE NEGLI AVVISI RELATIVI AGLI APPALTI AGGIUDICATI (di cui all'articolo 111)

1. Nome, numero di identificazione, ove previsto, indirizzo comprensivo di codice NUTS, telefono, fax, posta elettronica e indirizzo Internet della stazione appaltante e, se diverso, del servizio al quale rivolgersi per informazioni complementari.
2. Tipo di stazione appaltante e principale attività esercitata.
3. Se del caso, l'indicazione che la stazione appaltante è una centrale di committenza o che si tratta di una qualsiasi altra forma di appalto congiunto.
4. Codici CPV.
5. Il codice NUTS del luogo principale per l'esecuzione dei lavori nel caso di appalti di lavori o il codice NUTS del luogo principale di consegna o di prestazione per gli appalti di forniture e di servizi.
6. Descrizione dell'appalto: natura ed entità dei lavori, natura e quantità o valore delle forniture; natura ed entità dei servizi. Se l'appalto è suddiviso in lotti, tali informazioni sono fornite per ogni lotto. Eventualmente, una descrizione di qualsiasi opzione.
7. Tipo di procedura di aggiudicazione; nel caso di procedura negoziata senza previa pubblicazione, motivazione del ricorso a tale procedura.
8. Eventualmente, indicare se:
a) si tratta di un accordo quadro;
b) si tratta di un sistema dinamico di acquisizione.
9. I criteri di cui all'articolo 108 che sono stati utilizzati per l'aggiudicazione dell'appalto o degli appalti. Se del caso, l'indicazione se è stato fatto ricorso a un'asta elettronica (in caso di procedure aperte o ristrette o di procedure competitive con negoziazione).
10. Data di conclusione dei contratti o degli accordi quadro a seguito della decisione di aggiudicazione o conclusione.
11. Numero di offerte ricevute con riferimento a ciascun appalto, compresi:

a) numero di offerte ricevute da operatori economici costituiti da piccole e medie imprese;

b) numero di offerte ricevute da un altro Stato membro o da un paese terzo;

c) numero di offerte ricevute per via elettronica.

12. Per ciascuna aggiudicazione: nome, indirizzo comprensivo di codice NUTS, telefono, fax, posta elettronica e indirizzo Internet dell'aggiudicatario o degli aggiudicatari, comprese:

a) informazioni che specificano se l'aggiudicatario è una piccola e media impresa;

b) informazioni che specificano se l'appalto è stato aggiudicato a un gruppo di operatori economici (joint-venture, consorzio o altro).

13. Valore dell'offerta (o delle offerte) vincente o dell'offerta massima e dell'offerta minima prese in considerazione ai fini dell'aggiudicazione o delle aggiudicazioni dell'appalto.

14. Se del caso, per ogni aggiudicazione, valore e parte dell'appalto che può essere subappaltato a terzi.

15. Informazioni che indicano se l'appalto è connesso a un progetto o programma finanziato dai fondi dell'Unione europea.

16. Denominazione e indirizzo dell'organo responsabile delle procedure di ricorso e, se del caso, di mediazione. Precisazioni dei termini per la proposizione del ricorso o, se del caso, nome, indirizzo, numero di telefono e di fax, nonché indirizzo di posta elettronica del servizio presso il quale si possono richiedere tali informazioni.

17. Date e riferimenti di precedenti pubblicazioni nella Gazzetta ufficiale dell'Unione europea o nella Gazzetta Ufficiale della Repubblica italiana relative al contratto/ai contratti di cui al presente avviso.

18. Data d'invio dell'avviso.

19. Altre eventuali informazioni.

E – INFORMAZIONI CHE DEVONO FIGURARE NEI BANDI DI GARA E NEGLI AVVISI DI AGGIUDICAZIONE PER GLI APPALTI DI SERVIZI SOCIALI E DI ALTRI SERVIZI SPECIFICI (di cui all'articolo 127, comma 1)

1. Nome, numero di identificazione, ove previsto, indirizzo comprensivo di codice NUTS, posta elettronica e indirizzo Internet della stazione appaltante.

2. Il codice NUTS del luogo principale per l'esecuzione dei lavori nel caso di appalti di lavori o il codice NUTS del luogo principale di consegna o di prestazione per le forniture e i servizi.

3. Una breve descrizione dell'appalto in questione, compresi i codici CPV.

4. Condizioni di partecipazione, compreso quanto segue:

a) l'indicazione, eventuale, se si tratta di un appalto riservato a laboratori protetti o la cui esecuzione è riservata nell'ambito di programmi di lavoro protetti;

b) l'indicazione, eventuale, se in forza di disposizioni legislative, regolamentari o amministrative, la prestazione del servizio sia riservata a una particolare professione;

5. Scadenze per contattare la stazione appaltante, in vista della partecipazione.

6. Breve descrizione delle caratteristiche principali della procedura di aggiudicazione.

F – INFORMAZIONI CHE DEVONO FIGURARE NEGLI AVVISI PER GLI APPALTI DI SERVIZI SOCIALI E DI ALTRI SERVIZI SPECIFICI (di cui all'articolo 127, comma 1)

1. Nome, numero di identificazione, ove previsto, dalla legislazione nazionale, indirizzo comprensivo di codice NUTS, posta elettronica e indirizzo Internet della stazione appaltante.

2. Una breve descrizione dell'appalto in questione, compreso il valore complessivo stimato del contratto e i codici CPV.

3. Se noti:

a) il codice NUTS del luogo principale per l'esecuzione dei lavori nel caso di appalti di lavori o il codice NUTS del luogo principale di consegna o di prestazione per le forniture e i servizi;

b) tempi di consegna o di fornitura di beni, lavori o servizi e durata del contratto;

c) condizioni di partecipazione, compreso quanto segue:

1) l'indicazione, eventuale, se si tratta di un appalto pubblico riservato a laboratori protetti o la cui esecuzione è riservata all'ambito di programmi di lavoro protetti,

2) l'indicazione eventuale se, in forza di disposizioni legislative, regolamentari o amministrative, la prestazione del servizio sia riservata a una particolare professione;

d) una breve descrizione delle caratteristiche principali della procedura di aggiudicazione.

4. Indicazione del fatto che gli operatori economici interessati devono far conoscere alla stazione appaltante il loro interesse per l'appalto o gli appalti, dei termini per la ricezione delle manifestazioni d'interesse e dell'indirizzo cui devono essere trasmesse le manifestazioni d'interesse.

G – INFORMAZIONI CHE DEVONO FIGURARE NEGLI AVVISI DI AGGIUDICAZIONE PER GLI APPALTI DI SERVIZI SOCIALI E DI ALTRI SERVIZI SPECIFICI (di cui all'articolo 127, comma 3)

1. Nome, numero di identificazione, ove previsto, indirizzo comprensivo di codice NUTS, posta elettronica e indirizzo Internet della stazione appaltante.

2. Breve descrizione del contratto in questione, compresi i codici CPV.

3. Il codice NUTS del luogo principale per l'esecuzione dei lavori nel caso di lavori o il codice NUTS del luogo principale di consegna o di prestazione per le forniture e i servizi.

4. Numero di offerte ricevute.

5. Prezzo o gamma di prezzi (minimo/massimo) pagati.

6. Per ciascuna aggiudicazione: nome, indirizzo comprensivo di codice NUTS, posta elettronica e indirizzo Internet dell'aggiudicatario o degli aggiudicatari.

7. Altre eventuali informazioni.

Parte II
INFORMAZIONI CHE DEVONO FIGURARE NEGLI AVVISI PERIODICI INDICATIVI, NEI BANDI E NEGLI AVVISI DI GARA NEI SETTORI SPECIALI
(articoli 153, comma 1, lettera a), 161, commi 1 e 2, 162, comma 1, 163, commi 1, 2 e 4 e 164, comma 1)

SEZIONE A – Informazioni che devono figurare in ogni caso

1. Nome, numero di identificazione (ove previsto dalla legislazione nazionale), indirizzo comprensivo di codice NUTS, telefono, fax, posta elettronica e indirizzo Internet della stazione appaltante o

dell'ente concedente e, se diverso, del servizio al quale rivolgersi per informazioni complementari.

2. Principale attività esercitata.

3. a) Per gli appalti di forniture: natura e quantità o valore delle prestazioni o dei prodotti da fornire (codici CPV);

b) per gli appalti di lavori: natura ed entità delle prestazioni, caratteristiche generali dell'opera o dei lotti relativi all'opera, numero (codici CPV);

c) per gli appalti di servizi: importo totale previsto in ciascuna delle categorie di servizi previsti (codici CPV).

4. Data di invio dell'avviso o di invio della comunicazione che annuncia la pubblicazione di tale avviso nel sito istituzionale della stazione appaltante o dell'ente concedente.

5. Altre eventuali informazioni.

SEZIONE B – Informazioni aggiuntive che devono essere fornite se l'avviso funge da mezzo di indizione di gara o consente una riduzione dei termini di ricezione delle candidature o delle offerte (articolo 161, comma 2, lettere b) e c))

6. Indicazione del fatto che gli operatori economici interessati devono far conoscere alla stazione appaltante o all'ente concedente il loro interesse per l'appalto o gli appalti.

7. Indirizzo di posta elettronica o indirizzo Internet al quale il capitolato d'oneri e i documenti di gara saranno disponibili per l'accesso gratuito, illimitato e diretto. Se l'accesso gratuito, illimitato e diretto non è disponibile per i motivi illustrati all'articolo 159, commi 3 e 4, un'indicazione relativa alle modalità di accesso ai documenti di gara.

8. Indicare eventualmente se l'appalto è riservato a laboratori protetti o se l'esecuzione è riservata nel contesto di programmi di lavoro protetti.

9. Termine ultimo per la ricezione delle domande per ottenere un invito a presentare un'offerta o a negoziare.

10. Natura e quantità dei prodotti da fornire o caratteristiche generali dell'opera o categoria del servizio e sua descrizione; indicare se si prevedono uno o più accordi quadro, precisando tra l'altro eventuali opzioni per acquisti complementari e il calendario provvisorio per esercitale tali opzioni nonché il numero di eventuali rinno-

vi. Nel caso di una serie di appalti rinnovabili, indicare anche il calendario provvisorio dei successivi bandi di gara. Indicare se si tratta di acquisto, locazione finanziaria, locazione, acquisto a riscatto, o di una combinazione tra tali possibilità.

11. Il codice NUTS del luogo principale per l'esecuzione dei lavori nel caso di appalti di lavori o il codice NUTS del luogo principale di consegna o di prestazione per gli appalti di forniture e di servizi. Se l'appalto è suddiviso in lotti, tali informazioni sono fornite per ogni lotto.

12. Termine di consegna o di esecuzione o durata dell'appalto e, se possibile, data di inizio.

13. Indirizzo cui le imprese interessate devono manifestare per iscritto il proprio interesse.

14. Termine ultimo per la ricezione delle manifestazioni d'interesse.

15. Lingua o lingue autorizzate per la presentazione delle candidature o delle offerte.

16. Requisiti di carattere economico e tecnico, garanzie finanziarie e tecniche che i fornitori devono soddisfare.

17. Indicare:

a) data provvisoria, se nota, di inizio delle procedure di aggiudicazione dell'appalto o degli appalti;

b) tipo di procedura d'appalto (procedure ristrette, che implichino o meno un sistema dinamico di acquisizione, o procedure negoziate).

18. Eventualmente, le condizioni particolari cui è sottoposta la realizzazione dell'appalto.

19. Eventualmente, indicare se:

a) la trasmissione in via elettronica delle offerte o delle domande di partecipazione è richiesta/accettata;

b) si farà ricorso all'ordinazione elettronica;

c) si farà ricorso alla fatturazione elettronica;

d) sarà accettato il pagamento elettronico.

20. Denominazione e indirizzo dell'organo competente per le procedure di ricorso e, se del caso, di mediazione. Precisazioni quanto al termine per l'introduzione di ricorsi o, se necessario, denominazione, indirizzo, numero di telefono, di fax e indirizzo elettronico del servizio presso il quale l'informazione in questione può essere richiesta.

21. Criteri, se noti, che saranno utilizzati per l'aggiudicazione dell'appalto. Salvo nel caso in cui l'offerta economicamente più vantaggiosa è individuata sulla base del solo prezzo, i criteri per determinare l'offerta economicamente più vantaggiosa nonché la ponderazione a essi attribuita o, se del caso, la gerarchia di applicazione degli stessi sono indicati qualora non figurino nel capitolato d'oneri o non ne sia previsto l'inserimento nell'invito a manifestare il proprio interesse di cui all'articolo 161, comma 2, lettera b), o nell'invito a presentare un'offerta o a negoziare.

SEZIONE C – Informazioni che devono figurare negli avvisi che annunciano la pubblicazione nel sito istituzionale della stazione appaltante o dell'ente concedente di un avviso periodico indicativo, che non funge da mezzo di indizione di una gara (di cui all'articolo 161, comma 1)

1. Nome, numero di identificazione (ove previsto dalla legislazione nazionale), indirizzo comprensivo di codice NUTS, telefono, fax, posta elettronica e indirizzo Internet della stazione appaltante o dell'ente concedente e, se diverso, del servizio al quale rivolgersi per informazioni complementari.
2. Principale attività esercitata.
3. Codici CPV.
4. Indirizzo Internet della stazione appaltante o dell'ente concedente (URL).
5. Data di spedizione dell'avviso di pubblicazione nel sito Internet della stazione appaltante o dell'ente concedente dell'avviso di pre-informazione.

SEZIONE D – Informazioni che devono figurare nei bandi e negli avvisi di gara per l'aggiudicazione degli appalti in caso di procedure aperte (di cui all'articolo 155, comma 1)

1. Nome, numero di identificazione, ove previsto, indirizzo comprensivo di codice NUTS, telefono, fax, posta elettronica e indirizzo Internet della stazione appaltante o dell'ente concedente e, se diverso, del servizio al quale rivolgersi per informazioni complementari.
2. Principale attività esercitata.
3. Indicare eventualmente se l'appalto è riservato a laboratori protetti o se l'esecuzione è riservata nel contesto di programmi di lavoro protetti.

4. Tipo di appalto (forniture, lavori o servizi; indicare eventualmente se si tratta di un accordo-quadro o di un sistema dinamico di acquisizione), descrizione (codici CPV). Indicare eventualmente se le offerte sollecitate lo sono a fini di acquisto, di locazione finanziaria, di locazione, di acquisto a riscatto o di una combinazione tra queste possibilità.

5. Il codice NUTS del luogo principale per l'esecuzione dei lavori nel caso di appalti di lavori o il codice NUTS del luogo principale di consegna o di prestazione per gli appalti di forniture e di servizi.

6. Per le forniture e i lavori:

a) natura e quantità dei prodotti da fornire (codici CPV). Indicare tra l'altro eventuali opzioni relative ad acquisti complementari e, se possibile, il termine previsto per esercitare tali opzioni nonché il numero di eventuali rinnovi. Nel caso di appalti rinnovabili, indicare anche, se possibile, un calendario provvisorio dei successivi bandi di gara per i prodotti richiesti o la natura e l'entità delle prestazioni, nonché le caratteristiche generali dell'opera (codici CPV);

b) indicazioni relative alla possibilità, per i fornitori, di presentare offerte per tutti i prodotti richiesti o per parte di essi. Per gli appalti di lavori, se l'opera o l'appalto è suddiviso in più lotti, l'ordine di grandezza dei vari lotti e la possibilità di presentare offerte per uno, per più o per tutti i lotti;

c) per gli appalti di lavori: informazioni sull'obiettivo dell'opera o dell'appalto, quando quest'ultimo comporti anche l'elaborazione di progetti.

7. Per i servizi:

a) natura e quantità dei servizi da fornire. Indicare tra l'altro eventuali opzioni relative ad acquisti complementari e, se possibile, il termine previsto per esercitare tali opzioni nonché il numero di eventuali rinnovi. Nel caso di una serie di appalti rinnovabili, indicare anche, se possibile, un calendario provvisorio dei successivi bandi di gara per i servizi richiesti;

b) indicare se, in forza di disposizioni legislative, regolamentari o amministrative, la prestazione del servizio sia riservata a una particolare professione;

c) riferimenti a disposizioni legislative, regolamentari o amministrative;

d) indicare se le persone giuridiche sono tenute a indicare il nome e le qualifiche professionali del personale incaricato della prestazione del servizio;

e) indicare se i prestatori possono presentare offerte per una parte dei servizi in questione.

8. Indicare, se noto, se la presentazione di varianti è autorizzata o meno.

9. Termine di consegna o di esecuzione o durata dell'appalto di servizi e, se possibile, data di inizio.

10. Indirizzo di posta elettronica o indirizzo Internet al quale i documenti di gara saranno disponibili per l'accesso gratuito, illimitato e diretto. Se l'accesso gratuito, illimitato e diretto non è disponibile per i motivi illustrati all'articolo 88, commi 2 e 3, un'indicazione relativa alle modalità di accesso ai documenti di gara.

11. Indicare:

a) termine ultimo per la ricezione delle offerte o delle offerte indicative quando si tratta di un sistema di acquisizione dinamico;

b) indirizzo al quale inviarle;

c) Lingua o lingue in cui devono essere redatte.

12. Indicare:

a) eventualmente, persone ammesse ad assistere all'apertura delle offerte;

b) data, ora e luogo di tale apertura.

13. Se del caso, cauzione e garanzie richieste.

14. Modalità essenziali di finanziamento e di pagamento e riferimenti alle disposizioni in materia.

15. Eventualmente, forma giuridica che dovrà assumere il raggruppamento di operatori economici, cui sia aggiudicato l'appalto.

16. Requisiti minimi di carattere economico e tecnico che l'operatore economico aggiudicatario dovrà soddisfare.

17. Periodo di tempo durante il quale l'offerente è vincolato dalla propria offerta.

18. Eventualmente, le condizioni particolari cui è sottoposta la realizzazione dell'appalto.

19. Criteri che saranno utilizzati per l'aggiudicazione dell'appalto. Salvo nel caso in cui l'offerta economicamente più vantaggiosa è individuata sulla base del solo prezzo, i criteri per determinare l'offerta economicamente più vantaggiosa nonché la ponderazione a

essi attribuita o, se del caso, la gerarchia di applicazione degli stessi sono indicati qualora non figurino nel capitolato d'oneri.

20. Eventualmente, la data o le date e il riferimento o i riferimenti alla pubblicazione nella Gazzetta ufficiale dell'Unione europea o nella Gazzetta Ufficiale della Repubblica italiana dell'avviso periodico, o dell'avviso che annuncia la pubblicazione del presente avviso nel «profilo di committente» cui si riferisce l'appalto.

21. Denominazione e indirizzo dell'organo competente per le procedure di ricorso e, se del caso, di mediazione. Precisazioni dei termini per la proposizione di ricorsi o, se necessario, denominazione, indirizzo, numero di telefono, di fax e indirizzo elettronico del servizio presso il quale l'informazione in questione può essere richiesta.

22. Data di spedizione dell'avviso o del bando di gara da parte dell'ente aggiudicatore.

23. Altre eventuali informazioni.

SEZIONE E – Informazioni che devono figurare nei bandi e negli avvisi di gara per l'aggiudicazione degli appalti in caso di procedure ristrette (di cui all'articolo 156, comma 1)

1. Nome, numero di identificazione (ove previsto dalla legislazione nazionale), indirizzo comprensivo di codice NUTS, telefono, fax, posta elettronica e indirizzo Internet della stazione appaltante o dell'ente concedente e, se diverso, del servizio al quale rivolgersi per informazioni complementari.

2. Principale attività esercitata.

3. Indicare eventualmente se l'appalto è riservato a laboratori protetti o se l'esecuzione è riservata nel contesto di programmi di lavoro protetti.

4. Natura dell'appalto (forniture, lavori o servizi; indicare, se del caso, se si tratta di un accordo quadro). Descrizione del progetto (codici CPV). Indicare eventualmente se le offerte sollecitate lo sono a fini di acquisto, di locazione finanziaria, di locazione, di acquisto a riscatto o di una combinazione tra queste possibilità.

5. Il codice NUTS del luogo principale per l'esecuzione dei lavori nel caso di appalti di lavori o il codice NUTS del luogo principale di consegna o di prestazione per gli appalti di forniture e di servizi.

6. Per le forniture e i lavori:

a) natura e quantità dei prodotti da fornire (codici CPV). Indicare tra l'altro eventuali opzioni relative ad acquisti complementari e, se possibile, il termine previsto per esercitare tali opzioni nonché il numero di eventuali rinnovi. Nel caso di appalti rinnovabili, indicare anche, se possibile, un calendario provvisorio dei successivi bandi di gara per i prodotti richiesti o la natura e l'entità delle prestazioni, nonché le caratteristiche generali dell'opera (codici CPV);

b) indicazioni relative alla possibilità, per i fornitori, di presentare offerte per tutti i prodotti richiesti o per parte di essi. Per gli appalti di lavori, se l'opera o l'appalto è suddiviso in più lotti, l'ordine di grandezza dei vari lotti e la possibilità di presentare offerte per uno, per più o per tutti i lotti;

c) per gli appalti di lavori: informazioni sull'obiettivo dell'opera o dell'appalto quando quest'ultimo comporti anche l'elaborazione di progetti.

7. Per i servizi:

a) natura e quantità dei servizi da fornire. Indicare tra l'altro eventuali opzioni relative ad acquisti complementari e, se possibile, il termine previsto per esercitare tali opzioni nonché il numero di eventuali rinnovi. Nel caso di una serie di appalti rinnovabili, indicare anche, se possibile, un calendario provvisorio dei successivi bandi di gara per i servizi richiesti;

b) indicare se, in forza di disposizioni legislative, regolamentari o amministrative, la prestazione del servizio sia riservata a una particolare professione;

c) riferimenti a disposizioni legislative, regolamentari o amministrative;

d) indicare se le persone giuridiche sono tenute a indicare il nome e le qualifiche professionali del personale incaricato della prestazione del servizio;

e) indicare se i prestatori possono presentare offerte per una parte dei servizi in questione.

8. Indicare, se noto, se la presentazione di varianti è autorizzata o meno.

9. Termine di consegna o di esecuzione o durata dell'appalto e, se possibile, data di inizio.

10. Eventualmente, forma giuridica che dovrà assumere il raggruppamento di operatori economici, cui sia aggiudicato l'appalto.

11. Indicare:

a) termine ultimo di ricevimento delle domande di partecipazione;
b) indirizzo al quale inviarle;
c) lingua o lingue in cui devono essere redatte.
12. Termine ultimo di spedizione degli inviti a presentare offerte.
13. Se del caso, cauzione e garanzie richieste.
14. Modalità essenziali di finanziamento e di pagamento o riferimenti alle disposizioni in materia.
15. Informazioni riguardanti la situazione propria dell'operatore economico e i requisiti minimi di carattere economico e tecnico che deve soddisfare.
16. Criteri che saranno utilizzati per l'aggiudicazione dell'appalto. Salvo nel caso in cui l'offerta economicamente più vantaggiosa è individuata sulla base del solo prezzo, i criteri per determinare l'offerta economicamente più vantaggiosa nonché la ponderazione a essi attribuita o, se del caso, la gerarchia di applicazione degli stessi sono indicati qualora non figurino nel capitolato d'oneri o non ne sia previsto l'inserimento nell'invito a presentare un'offerta.
17. Eventualmente, le condizioni particolari cui è sottoposta la realizzazione dell'appalto.
18. Eventualmente, la data o le date e il riferimento o i riferimenti alla pubblicazione nella Gazzetta ufficiale dell'Unione europea o nella Gazzetta Ufficiale della Repubblica italiana dell'avviso periodico, o dell'avviso che annuncia la pubblicazione del presente avviso nel «profilo di committente» cui si riferisce l'appalto.
19. Denominazione e indirizzo dell'organo competente per le procedure di ricorso e, se del caso, di mediazione. Precisazioni dei termini per la proposizione di ricorsi o, se necessario, denominazione, indirizzo, numero di telefono, di fax e indirizzo elettronico del servizio presso il quale l'informazione in questione può essere richiesta.
20. Data di invio dell'avviso da parte della stazione appaltante o dell'ente concedente.
21. Altre eventuali informazioni.

SEZIONE F – Informazioni che devono figurare nei bandi e negli avvisi di gara per l'aggiudicazione degli appalti in caso di procedure negoziate (di cui all'articolo 157, comma 1)

1. Nome, numero di identificazione, ove previsto, indirizzo comprensivo di codice NUTS, telefono, fax, posta elettronica e indirizzo Internet della stazione appaltante o dell'ente concedente e, se diverso, del servizio al quale rivolgersi per informazioni complementari.

2. Principale attività esercitata.

3. Indicare eventualmente se l'appalto è riservato a laboratori protetti o se l'esecuzione è riservata nel contesto di programmi di lavoro protetti.

4. Natura dell'appalto (forniture, lavori o servizi; indicare, se del caso, se si tratta di un accordo quadro). Descrizione del progetto (codici CPV). Indicare eventualmente se le offerte sollecitate lo sono a fini di acquisto, di locazione finanziaria, di locazione, di acquisto a riscatto o di una combinazione tra queste possibilità.

5. Il codice NUTS del luogo principale per l'esecuzione dei lavori nel caso di appalti di lavori o il codice NUTS del luogo principale di consegna o di prestazione per gli appalti di forniture e di servizi.

6. Per le forniture e i lavori:

a) natura e quantità dei prodotti da fornire (codici CPV). Indicare tra l'altro eventuali opzioni relative ad acquisti complementari e, se possibile, il termine previsto per esercitare tali opzioni nonché il numero di eventuali rinnovi. Nel caso di appalti rinnovabili, indicare anche, se possibile, un calendario provvisorio dei successivi bandi di gara per i prodotti richiesti o la natura e l'entità delle prestazioni, nonché le caratteristiche generali dell'opera (codici CPV);

b) indicazioni relative alla possibilità, per i fornitori, di presentare offerte per tutti i prodotti richiesti o per parte di essi. Per gli appalti di lavori, se l'opera o l'appalto è suddiviso in più lotti, l'ordine di grandezza dei vari lotti e la possibilità di presentare offerte per uno, per più o per tutti i lotti;

c) per gli appalti di lavori: informazioni sull'obiettivo dell'opera o dell'appalto, quando quest'ultimo comporti anche l'elaborazione di progetti.

7. Per i servizi:

a) natura e quantità dei servizi da fornire. Indicare tra l'altro eventuali opzioni relative ad acquisti complementari e, se possibile, il termine previsto per esercitare tali opzioni nonché il numero di eventuali rinnovi. Nel caso di una serie di appalti rinnovabili, indicare anche, se possibile, un calendario provvisorio dei successivi bandi di gara per i servizi richiesti;

b) indicare se, in forza di disposizioni legislative, regolamentari o amministrative, la prestazione del servizio sia riservata a una particolare professione;

c) riferimenti a disposizioni legislative, regolamentari o amministrative;

d) indicare se le persone giuridiche sono tenute a indicare il nome e le qualifiche professionali del personale incaricato della prestazione del servizio;

e) indicare se i prestatori possono presentare offerte per una parte dei servizi in questione.

8. Indicare, se noto, se la presentazione di varianti è autorizzata o meno.

9. Termine di consegna o di esecuzione o durata dell'appalto e, se possibile, data di inizio.

10. Eventualmente, forma giuridica che dovrà assumere il raggruppamento di operatori economici, cui sia aggiudicato l'appalto.

11. Indicare:

a) termine ultimo di ricevimento delle domande di partecipazione;

b) indirizzo al quale inviarle;

c) lingua o lingue in cui devono essere redatte.

12. Eventualmente, cauzioni e altre forme di garanzia richieste.

13. Modalità essenziali di finanziamento e di pagamento o riferimenti alle disposizioni in materia.

14. Informazioni riguardanti la situazione propria dell'operatore economico e i requisiti minimi di carattere economico e tecnico che deve soddisfare.

15. Criteri che saranno utilizzati per l'aggiudicazione dell'appalto. Salvo nel caso in cui l'offerta economicamente più vantaggiosa è individuata sulla base del solo prezzo, i criteri per determinare l'offerta economicamente più vantaggiosa nonché la ponderazione a essi attribuita o, se del caso, la gerarchia di applicazione degli stessi sono indicati qualora non figurino nel capitolato d'oneri o non ne sia previsto l'inserimento nell'invito a negoziare.

16. Eventualmente, nomi e indirizzi di operatori economici già selezionati dall'ente aggiudicatore.

17. Eventualmente, le condizioni particolari cui è sottoposta la realizzazione dell'appalto.

18. Eventualmente, la data o le date e il riferimento o i riferimenti alla pubblicazione nella Gazzetta ufficiale dell'Unione europea o nella Gazzetta Ufficiale della Repubblica italiana dell'avviso periodico o dell'avviso che annuncia la pubblicazione di tale avviso nel «profilo di committente» cui si riferisce l'appalto.

19. Denominazione e indirizzo dell'organo competente per le procedure di ricorso e, se del caso, di mediazione. Precisazioni dei termini per la proposizione di ricorsi o, se necessario, denominazione, indirizzo, numero di telefono, di fax e indirizzo elettronico del servizio presso il quale l'informazione in questione può essere richiesta.

20. Data di spedizione dell'avviso o del bando di gara da parte dell'ente aggiudicatore.

21. Altre eventuali informazioni.

SEZIONE G – Informazioni che devono figurare negli avvisi relativi agli appalti aggiudicati (di cui all'articolo 163, comma 2)

I. Informazioni per la pubblicazione nella Gazzetta ufficiale dell'Unione europea

1. Nome, numero di identificazione (ove previsto dalla legislazione nazionale), indirizzo comprensivo di codice NUTS, telefono, fax, posta elettronica e indirizzo Internet della stazione appaltante o dell'ente concedente e, se diverso, del servizio al quale rivolgersi per informazioni complementari.

2. Principale attività esercitata.

3. Tipo di appalto (forniture, lavori o servizi e codici CPV; indicare eventualmente se si tratta di un accordo quadro).

4. Indicazione succinta del tipo e della quantità di prodotti, lavori o servizi forniti.

5. Indicare:

a) forma di indizione della gara (avviso relativo al sistema di qualificazione, avviso periodico, avviso di gara);

b) date e riferimenti della pubblicazione dell'avviso nella Gazzetta ufficiale dell'Unione europea;

c) nel caso di appalti aggiudicati senza previa indizione di gara, indicare la disposizione pertinente dell'articolo 158.

6. Procedura di appalto (procedura aperta, ristretta o negoziata).

7. Numero di offerte ricevute, precisando quanto segue:

a) numero di offerte ricevute da operatori economici costituiti da PMI;

b) numero di offerte ricevute dall'estero;

c) numero di offerte ricevute per via elettronica.

Nel caso di più aggiudicazioni (lotti, contratti quadro multipli), tali informazioni sono fornite per ogni aggiudicazione.

8. Data di conclusione dei contratti o degli accordi quadro a seguito della decisione di aggiudicazione o conclusione.

9. Prezzo pagato per gli acquisti d'opportunità effettuati in virtù dell'articolo 158, lettera h).

10. Per ciascuna aggiudicazione: nome, indirizzo comprensivo di codice NUTS, telefono, fax, posta elettronica e indirizzo Internet dell'aggiudicatario o degli aggiudicatari, comprese:

a) informazioni che specificano se l'aggiudicatario è una PMI;

b) informazioni che specificano se l'appalto è stato aggiudicato a un consorzio.

11. Indicare, eventualmente, se l'appalto è stato o può essere subappaltato.

12. Prezzo pagato o prezzo dell'offerta più elevata e di quella più bassa di cui si è tenuto conto nell'aggiudicazione dell'appalto.

13. Denominazione e indirizzo dell'organo competente per le procedure di ricorso e, se del caso, di mediazione. Precisazioni quanto al termine per l'introduzione di ricorsi o, se necessario, denominazione, indirizzo, numero di telefono, di fax e indirizzo elettronico del servizio presso il quale l'informazione in questione può essere richiesta.

14. Informazioni facoltative:

a) valore e percentuale dell'appalto che è stata o può essere subappaltata a terzi;

b) criteri di aggiudicazione dell'appalto.

II. Informazioni non destinate a essere pubblicate

15. Numero di appalti aggiudicati (quando un appalto è stato suddiviso tra più fornitori).

16. Valore di ciascun appalto aggiudicato.

17. Paese d'origine del prodotto o del servizio (origine unionale o non unionale e, in quest'ultimo caso, ripartizione per paese terzo).

18. Criteri di attribuzione utilizzati.

19. Indicare se l'appalto è stato aggiudicato a un offerente che presentava una variante.

20. Indicare se vi sono state offerte non accettate in quanto anormalmente basse.

21. Data di invio dell'avviso da parte della stazione appaltante o dell'ente concedente.

SEZIONE H – Informazioni che devono figurare negli avvisi sull'esistenza di un sistema di qualificazione (di cui all'articolo 162, comma 1)

1. Nome, numero di identificazione (ove previsto dalla legislazione nazionale), indirizzo comprensivo di codice NUTS, telefono, fax, posta elettronica e indirizzo Internet della stazione appaltante o dell'ente concedente e, se diverso, del servizio al quale rivolgersi per informazioni complementari.

2. Principale attività esercitata.

3. Indicare eventualmente se l'appalto è riservato a laboratori protetti o se l'esecuzione è riservata nel contesto di programmi di lavoro protetti.

4. Oggetto del sistema di qualificazione (descrizione dei prodotti, servizi o lavori, o loro categorie, che vanno acquistati con tale sistema - codici CPV). Il codice NUTS del luogo principale per l'esecuzione dei lavori nel caso di appalti di lavori o il codice NUTS del luogo principale di consegna o di prestazione per gli appalti di forniture e di servizi.

5. Requisiti che gli operatori economici devono soddisfare per la qualificazione in base al sistema e metodi di verifica di ciascuna di tali condizioni. Se la descrizione dei requisiti e dei metodi di verifica è voluminosa e si basa su documenti cui gli operatori economici interessati hanno accesso, una sintesi dei requisiti e dei metodi principali e un riferimento a tali documenti sarà sufficiente.

6. Periodo di validità del sistema di qualificazione e formalità da espletare per il suo rinnovo.

7. Menzione del fatto che l'avviso è utilizzato come mezzo di indizione di gara.

8. Indirizzo presso il quale è possibile ottenere ulteriori informazioni e la documentazione relativa al sistema di qualificazione (se l'indirizzo è diverso da quello di cui al punto 1).

9. Denominazione e indirizzo dell'organo competente per le procedure di ricorso e, se del caso, di mediazione. Precisazioni quanto al termine per l'introduzione di ricorsi o, se necessario, denominazione, indirizzo, numero di telefono, di fax e indirizzo elettronico del servizio presso il quale l'informazione in questione può essere richiesta.

10. Criteri, se noti, che saranno utilizzati per l'aggiudicazione dell'appalto. Salvo nel caso in cui l'offerta economicamente più vantaggiosa è individuata sulla base del solo prezzo, i criteri per determinare l'offerta economicamente più vantaggiosa nonché la ponderazione a essi attribuita o, se del caso, la gerarchia di applicazione degli stessi sono indicati qualora non figurino nel capitolato d'oneri o non ne sia previsto l'inserimento nell'invito a presentare un'offerta o a negoziare.

11. Eventualmente, indicare se:

a) la trasmissione in via elettronica delle offerte o delle domande di partecipazione è richiesta/accettata;

b) si farà ricorso all'ordinazione elettronica;

c) si farà ricorso alla fatturazione elettronica;

d) sarà accettato il pagamento elettronico.

12. Altre eventuali informazioni.

Parte III
INFORMAZIONI CHE DEVONO FIGURARE NEI BANDI E NEGLI AVVISI DI GARA RELATIVI AGLI APPALTI DI SERVIZI SOCIALI E DI ALTRI SERVIZI SPECIFICI NEI SETTORI SPECIALI
(di cui all'articolo 127, comma 4)

I. Bando o avviso di gara

1. Nome, numero di identificazione (ove previsto dalla legislazione nazionale), indirizzo comprensivo di codice NUTS, telefono, fax, posta elettronica e indirizzo Internet della stazione appaltante e, se diverso, del servizio al quale rivolgersi per informazioni complementari.

2. Principale attività esercitata.

3. Descrizione dei servizi o loro categorie e, se del caso, forniture e lavori accessori oggetto dell'appalto, indicando quantità o valori coinvolti e codici CPV.

4. Codice NUTS del luogo principale di esecuzione dei servizi.

5. Indicare eventualmente se l'appalto è riservato a laboratori protetti o se l'esecuzione è riservata nel contesto di programmi di lavoro protetti.

6. Principali condizioni da soddisfare da parte degli operatori economici in vista della loro partecipazione, o, se del caso, l'indirizzo elettronico a cui si possono ottenere informazioni dettagliate.

7. Scadenze per contattare l'ente aggiudicatore, in vista della partecipazione.

8. Altre eventuali informazioni.

II. Avviso periodico indicativo

1. Nome, numero di identificazione (ove previsto dalla legislazione nazionale), indirizzo comprensivo di codice NUTS, posta elettronica e indirizzo Internet della stazione appaltante.

2. Una breve descrizione del contratto in questione, compresi i codici CPV.

3. Se noti:

a) il codice NUTS del luogo principale per l'esecuzione dei lavori nel caso di appalti di lavori o il codice NUTS del luogo principale di consegna o di prestazione per le forniture e i servizi;

b) tempi di consegna o di fornitura di prodotti, lavori o servizi e durata del contratto;

c) condizioni di partecipazione, compreso quanto segue:

1) l'indicazione, eventuale, se si tratta di un appalto riservato a laboratori protetti o la cui esecuzione è riservata nell'ambito di programmi di lavoro protetti;

2) l'indicazione eventuale se, in forza di disposizioni legislative, regolamentari o amministrative, la prestazione del servizio sia riservata a una particolare professione;

d) una breve descrizione delle caratteristiche principali della procedura di aggiudicazione.

4. Indicazione del fatto che gli operatori economici interessati devono far conoscere all'ente aggiudicatore il loro interesse per l'appalto o gli appalti, termini per la ricezione delle manifestazioni

d'interesse e l'indirizzo al quale devono essere trasmesse le manifestazioni d'interesse.

III. Avviso sull'esistenza di un sistema di qualificazione

1. Nome, numero di identificazione (ove previsto dalla legislazione nazionale), indirizzo comprensivo di codice NUTS, posta elettronica e indirizzo Internet della stazione appaltante.

2. Una breve descrizione del contratto in questione, compresi i codici CPV.

3. Se noti:

a) il codice NUTS del luogo principale per l'esecuzione dei lavori nel caso di appalti di lavori o il codice NUTS del luogo principale di consegna o di prestazione per le forniture e i servizi;

b) tempi di consegna o di fornitura di prodotti, lavori o servizi e durata del contratto;

c) condizioni di partecipazione, compreso quanto segue:

1) l'indicazione, eventuale, se si tratta di un appalto riservato a laboratori protetti o la cui esecuzione è riservata nell'ambito di programmi di lavoro protetti;

2) l'indicazione eventuale se, in forza di disposizioni legislative, regolamentari o amministrative, la prestazione del servizio sia riservata a una particolare professione;

d) una breve descrizione delle caratteristiche principali della procedura di aggiudicazione.

4. Indicazione del fatto che gli operatori economici interessati devono far conoscere all'ente aggiudicatore il loro interesse per lo/gli appalto/i, termini per la ricezione delle manifestazioni d'interesse e l'indirizzo al quale devono essere trasmesse le manifestazioni d'interesse.

5. Periodo di validità del sistema di qualificazione e formalità da espletare per il suo rinnovo.

IV. Avviso di aggiudicazione

1. Nome, numero di identificazione (ove previsto dalla legislazione nazionale), indirizzo comprensivo di codice NUTS, telefono, fax, posta elettronica e indirizzo Internet dell'ente aggiudicatore e, se diverso, del servizio al quale rivolgersi per informazioni complementari.

2. Principale attività esercitata.

3. Indicazione succinta del tipo e della quantità dei servizi e, se del caso, forniture e lavori accessori oggetto dell'appalto.

4. Riferimento della pubblicazione dell'avviso nella Gazzetta ufficiale dell'Unione europea.

5. Numero di offerte ricevute.

6. Nome e indirizzo del/degli operatore/i economico/i.

7. Altre eventuali informazioni.

ALLEGATO II.7
Caratteristiche relative alla pubblicazione
(Articolo 84, comma 1)

1. Pubblicazione degli avvisi e dei bandi:

I bandi e gli avvisi di cui agli articoli 46, 81, 82, 111, 128, 161, 162, 163 e 164 del codice devono essere trasmessi dalle stazioni e dagli enti concedenti all'Ufficio delle pubblicazioni dell'Unione europea, per il tramite della Banca dati nazionale dei contratti pubblici di cui all'articolo 23 del codice, e pubblicati conformemente alle seguenti regole:

a) i bandi e gli avvisi di cui agli articoli 46, 81, 82, 111, 128 e 161, 162, 163 e 164 del codice sono pubblicati dall'Ufficio delle pubblicazioni ufficiali dell'Unione europea o dalle stazioni appaltanti e dagli enti concedenti qualora si tratti di avvisi periodici indicativi pubblicati nel profilo di committente ai sensi degli articoli 81 e 161, comma 1, del codice. Inoltre, le stazioni appaltanti e gli enti concedenti possono divulgare tali informazioni tramite Internet, pubblicandole nel loro sito istituzionale come specificato al punto 2, lettera b);

b) l'Ufficio delle pubblicazioni ufficiali dell'Unione europea conferma alla stazione appaltante o all'ente concedente la pubblicazione di cui all'articolo 84 del codice.

2. Pubblicazione di informazioni complementari o aggiuntive:

a) salvo se altrimenti disposto dall'articolo 88 del codice, le stazioni appaltanti e gli enti concedenti pubblicano integralmente i documenti di gara sul proprio sito istituzionale;

b) il sito istituzionale può contenere: avvisi di pre-informazione di cui all'articolo 81 del codice, ovvero periodici, di cui all'articolo 161, comma 1, del codice, informazioni sugli inviti a presentare offerte in corso, sugli acquisti programmati, sui contratti conclusi, sulle procedure annullate, nonché ogni altra utile informazione come punti di contatto, numeri telefonici e di fax, indirizzi postali ed elettronici (posta elettronica). Il sito istituzionale può includere altresì avvisi di pre-informazione ovvero avvisi periodici indicativi utilizzati come mezzo di indizione di gara, pubblicati a livello nazionale a norma degli articoli 84 e 164 del codice.

3. Formato e modalità di trasmissione degli avvisi e dei bandi per via elettronica:

il formato e le modalità stabilite dalla Commissione per la trasmissione degli avvisi e dei bandi per via elettronica sono accessibili all'indirizzo Internet: http://simap.eu.int.

ALLEGATO II.8
Rapporti di prova, certificazioni delle qualità, mezzi di prova, registro *on line* dei certificati e costi del ciclo vita
(Articolo 87, comma 3)

I. Le stazioni appaltanti possono richiedere agli operatori economici una relazione di prova o un certificato rilasciato da un organismo di valutazione di conformità quale mezzo di prova di conformità dell'offerta ai requisiti o ai criteri stabiliti nelle specifiche tecniche, ai criteri di aggiudicazione o alle condizioni relative all'esecuzione dell'appalto.

Le stazioni appaltanti che richiedono la presentazione di certificati rilasciati da uno specifico organismo di valutazione della conformità accettano anche i certificati rilasciati da organismi di valutazione della conformità equivalenti. A tal fine, per «organismo di valutazione della conformità» si intende un organismo che effettua attività di valutazione della conformità, comprese taratura, prove, ispezione e certificazione, accreditato a norma del regolamento (CE) n. 765/2008 del Parlamento europeo e del Consiglio, del 9 luglio 2008 oppure autorizzato, per l'applicazione della normativa dell'Unione europea di armonizzazione, dagli Stati membri non basandosi sull'accreditamento, a norma dell'articolo 5, paragrafo 2, dello stesso regolamento (CE) n. 765/2008. Nei casi non coperti da normativa dell'Unione europea di armonizzazione, si impiegano i rapporti e certificati rilasciati dagli organismi eventualmente indicati nelle disposizioni nazionali di settore.

Le stazioni appaltanti accettano altri mezzi di prova appropriati, diversi da quelli precedentemente indicati, ivi compresa una documentazione tecnica del fabbricante, se l'operatore economico interessato non aveva accesso ai certificati o alle relazioni di prova, o non poteva ottenerli entro i termini richiesti, purché il mancato accesso non sia imputabile all'operatore economico interessato e purché questi dimostri che i lavori, le forniture o i servizi prestati soddisfano i requisiti o i criteri stabiliti nelle specifiche tecniche, i criteri di aggiudicazione o le condizioni relative all'esecuzione dell'appalto.

Le informazioni relative alle prove e ai documenti presentati sono messe a disposizione degli altri Stati membri, su richiesta, mediante la Cabina di regia di cui all'articolo 221 del codice. Lo scambio delle informazioni è finalizzato a un'efficace cooperazione reciproca, e avviene nel rispetto delle regole europee e nazionali in materia di protezione dei dati personali.

II. Al fine di facilitare la presentazione di offerte transfrontaliere le stazioni appaltanti richiedono in primo luogo la presentazione dei tipi di certificati o altre forme di prove documentali contemplate dal registro on line dei certificati (e-Certis).

La cabina di regia di cui all'articolo 221 del codice cura l'aggiornamento delle informazioni concernenti i certificati e le altre forme di prove documentali introdotte in e-Certis e stabilite dalla Commissione europea.

III. Quando valutano le offerte sulla base di un criterio quale il costo del ciclo vita di un prodotto, le stazioni appaltanti indicano nei documenti di gara i dati che gli operatori economici devono fornire e il metodo che sarà impiegato al fine di determinare i costi del ciclo vita sulla base di tali dati.

I dati che le stazioni appaltanti possono richiedere sono:

1) costi relativi all'acquisizione;

2) costi connessi all'utilizzo, quali consumo di energia e altre risorse;

3) costi di manutenzione;

4) costi relativi al fine vita, come i costi di raccolta, di smaltimento e di riciclaggio;

5) costi imputati a esternalità ambientali legate ai prodotti, servizi o lavori nel corso del ciclo di vita, purché il loro valore monetario possa essere determinato e verificato. Tali costi possono includere i costi delle emissioni di gas a effetto serra e di altre sostanze inquinanti, nonché altri costi legati all'attenuazione dei cambiamenti climatici.

Il metodo utilizzato dalle stazioni appaltanti per la valutazione dei costi imputati alle esternalità ambientali deve soddisfare tutte le seguenti condizioni:

a) essere basato su criteri oggettivi, verificabili e non discriminatori. Se il metodo non è stato previsto per un'applicazione ripetuta o continua, lo stesso non deve favorire né svantaggiare indebitamente taluni operatori economici;

b) essere accessibile a tutte le parti interessate;

c) i dati richiesti devono poter essere forniti con ragionevole sforzo da operatori economici normalmente diligenti, compresi gli operatori economici di altri Stati membri, di paesi terzi parti dell'AAP o di altri accordi internazionali che l'Unione europea è tenuta a rispettare o ratificati dall'Italia.

Ogniqualvolta un metodo comune per il calcolo dei costi del ciclo di vita è stato reso obbligatorio da un atto legislativo dell'Unione europea, tale metodo comune è applicato per la valutazione dei costi del ciclo di vita. Un metodo comune per il calcolo dei costi del ciclo vita è previsto dalla direttiva 2009/33/CE del Parlamento europeo e del Consiglio, del 23 aprile 2009, relativa alla promozione di veicoli puliti adibiti al trasporto su strada a sostegno di una mobilità a basse emissioni.

ALLEGATO II.9
Informazioni contenute negli inviti ai candidati
(Articoli 89, comma 2 e 165, comma 2)

PARTE I - Contenuto degli inviti a presentare offerte, a partecipare al dialogo competitivo o a confermare interesse, previsti per i settori ordinari di cui all'articolo 89 del codice

1. L'invito a presentare un'offerta o a partecipare al dialogo ai sensi dell'articolo 74 del codice deve contenere almeno:

a) un riferimento all'avviso di indizione di gara pubblicato;

b) il termine per la ricezione delle offerte, la piattaforma digitale ove è possibile compilare la domanda di partecipazione alla gara e la lingua o le lingue in cui devono essere redatte;

c) in caso di dialogo competitivo, la data stabilita e l'indirizzo o piattaforma per l'inizio della fase della consultazione, nonché la lingua o le lingue utilizzate;

d) l'indicazione dei documenti eventualmente da allegare a sostegno delle dichiarazioni verificabili o a integrazione delle informazioni fornite dal candidato conformemente agli articoli 91, 102 del codice e all'allegato II.8 al codice;

e) la ponderazione relativa dei criteri di aggiudicazione dell'appalto, oppure, all'occorrenza, l'ordine decrescente di importanza di tali criteri, se essi non figurano nel bando di gara, nell'invito a confermare interesse, nelle specifiche tecniche o nel documento descrittivo.

Tuttavia, per gli appalti aggiudicati mediante un dialogo competitivo o un partenariato per l'innovazione, le precisazioni di cui alla lettera b) non figurano nell'invito a partecipare al dialogo, o a negoziare bensì nell'invito a presentare un'offerta.

2. Quando viene indetta una gara per mezzo di un avviso di preinformazione, le stazioni appaltanti invitano poi tutti i candidati a confermare il loro interesse in base alle informazioni particolareggiate relative all'appalto in questione prima di iniziare la selezione degli offerenti o dei partecipanti a una trattativa.

Tale invito comprende almeno le seguenti informazioni:

a) natura e quantità, comprese tutte le opzioni riguardanti appalti complementari e, se possibile, il termine previsto per esercitarle; in caso di appalti rinnovabili, natura e quantità e, se possibile, termine previsto per la pubblicazione dei successivi bandi di gara per i lavori, le forniture o i servizi oggetto dell'appalto;

b) tipo di procedura: procedura ristretta o procedura competitiva con negoziazione;

c) eventualmente, la data in cui deve iniziare o terminare la consegna delle forniture o l'esecuzione dei lavori o dei servizi;

d) ove non si possa offrire un accesso elettronico, indirizzo e termine ultimo per il deposito delle domande di documenti di gara nonché la lingua o le lingue in cui esse devono essere redatte;

e) indirizzo della stazione appaltante che aggiudica l'appalto;

f) condizioni di carattere economico e tecnico, garanzie finanziarie e informazioni richieste agli operatori economici;

g) forma dell'appalto oggetto della gara: acquisto, locazione finanziaria, locazione o acquisto a riscatto o più d'una fra queste forme;

h) i criteri di aggiudicazione dell'appalto e la loro ponderazione o, se del caso, l'ordine d'importanza degli stessi, ove queste informazioni non compaiano nell'avviso di pre-informazione o nelle specifiche tecniche o nell'invito a presentare offerte o a partecipare a una negoziazione.

PARTE II - Contenuto degli inviti a presentare offerte, a partecipare al dialogo, a negoziare o a confermare interesse, previsti per i settori speciali di cui all'articolo 165 del codice

1. L'invito a presentare un'offerta, a partecipare al dialogo o a negoziare ai sensi dell'articolo 165 del codice deve contenere almeno:

a) il termine ultimo per la ricezione delle offerte, l'indirizzo al quale esse devono essere trasmesse e la lingua o le lingue in cui devono essere redatte.

Tuttavia, nel caso di contratti aggiudicati tramite un dialogo competitivo o un partenariato per l'innovazione, tali informazioni non figurano nell'invito a partecipare a una trattativa, bensì nell'invito a presentare un'offerta;

b) in caso di dialogo competitivo, la data stabilita e l'indirizzo per l'inizio della fase della consultazione, nonché la lingua o le lingue utilizzate;

c) un riferimento a qualsiasi avviso di indizione di gara pubblicato;

d) l'indicazione dei documenti eventualmente da allegare;

e) i criteri di aggiudicazione dell'appalto se non compaiono nell'avviso relativo all'esistenza di un sistema di qualificazione con cui si indice la gara;

f) la ponderazione relativa dei criteri di aggiudicazione dell'appalto oppure, all'occorrenza, l'ordine di importanza di tali criteri, se queste informazioni non figurano nel bando di gara, nell'avviso relativo all'esistenza di un sistema di qualificazione o nel capitolato d'oneri.

2. Quando viene indetta una gara per mezzo di un avviso periodico indicativo le stazioni appaltanti o gli enti concedenti invitano poi tutti i candidati a confermare il loro interesse in base alle informazioni particolareggiate relative all'appalto in questione prima di iniziare la selezione degli offerenti o dei partecipanti a un negoziato.

L'invito comprende almeno tutte le seguenti informazioni:

a) natura e quantità, comprese tutte le opzioni riguardanti appalti complementari e, se possibile, il termine previsto per esercitarle; in caso di appalti rinnovabili, natura e quantità e, se possibile, termine previsto per la pubblicazione dei successivi bandi di gara per i lavori, le forniture o i servizi oggetto dell'appalto;

b) tipo di procedura: ristretta o negoziata;

c) eventualmente, la data in cui deve iniziare o terminare la consegna delle forniture o l'esecuzione dei lavori o dei servizi;

d) ove non si possa offrire un accesso elettronico, indirizzo e termine ultimo per il deposito delle domande di documenti di gara nonché la lingua o le lingue in cui esse devono essere redatte;

e) l'indirizzo della stazione appaltante o dell'ente concedente;

f) condizioni di carattere economico e tecnico, garanzie finanziarie e informazioni richieste agli operatori economici;

g) forma dell'appalto oggetto dell'invito a presentare offerte: acquisto, locazione finanziaria, locazione o acquisto a riscatto o più d'una fra queste forme; e

h) i criteri di aggiudicazione dell'appalto e la loro ponderazione o, se del caso, l'ordine d'importanza degli stessi, ove queste informazioni non compaiano nell'avviso indicativo o nel capitolato d'oneri o nell'invito a presentare offerte oppure a partecipare a una trattativa.

ALLEGATO II.10
Violazioni gravi degli obblighi relativi al pagamento delle imposte e tasse o dei contributi previdenziali
(Articoli 94, comma 6 e 95, comma 2)

Art. 1. 1. Ai sensi e per gli effetti dell'articolo 94, comma 6, del codice costituiscono gravi violazioni quelle che comportano un omesso pagamento di imposte e tasse superiore all'importo di cui all'articolo 48-*bis*, commi 1 e 2-*bis*, del decreto del Presidente della Repubblica 29 settembre 1973, n. 602. Costituiscono violazioni definitivamente accertate quelle contenute in sentenze o atti amministrativi non più soggetti a impugnazione. Costituiscono gravi violazioni in materia contributiva e previdenziale quelle ostative al rilascio del documento unico di regolarità contributiva (DURC), di cui al decreto del Ministro del lavoro e delle politiche sociali 30 gennaio 2015, pubblicato nella Gazzetta Ufficiale della Repubblica italiana n. 125 del 1° giugno 2015, ovvero delle certificazioni rilasciate dagli enti previdenziali di riferimento non aderenti al sistema dello sportello unico previdenziale.

2. In relazione agli articoli 94, comma 6 e 95 comma 2, si considera mezzo di prova, con riferimento ai contributi previdenziali e assistenziali, il documento unico di regolarità contributiva acquisito d'ufficio dalle stazioni appaltanti presso gli istituti previdenziali ai sensi della normativa vigente.

Art. 2. 1. Ai sensi e per gli effetti dell'articolo 95, comma 2, del codice si considera violazione l'inottemperanza agli obblighi, relativi al pagamento di imposte e tasse derivanti dalla:

a) notifica di atti impositivi, conseguenti ad attività di controllo degli uffici;

b) notifica di atti impositivi, conseguenti ad attività di liquidazione degli uffici;

c) notifica di cartelle di pagamento concernenti pretese tributarie, oggetto di comunicazioni di irregolarità emesse a seguito di controllo automatizzato o formale della dichiarazione, ai sensi degli articoli 36-*bis* e 36-*ter* del decreto del Presidente della Repubblica 29 settembre 1973, n. 600 e dell'articolo 54-*bis* del decreto del Presidente della Repubblica 26 ottobre 1972, n. 633.

Art. 3. 1. Ai sensi e per gli effetti dell'articolo 95, comma 2, del codice la violazione si considera grave quando comporta l'inottemperanza a un obbligo di pagamento di imposte o tasse per un importo che, con esclusione di sanzioni e interessi, è pari o superiore al 10 per cento del valore dell'appalto. Per gli appalti suddivisi in lotti, la soglia di gravità è rapportata al valore del lotto o dei lotti per i quali l'operatore economico concorre. In caso di subappalto o di partecipazione in raggruppamenti temporanei o in consorzi, la soglia di gravità riferita al subappaltatore o al partecipante al raggruppamento o al consorzio è rapportata al valore della prestazione assunta dal singolo operatore economico. In ogni caso, l'importo della violazione non deve essere inferiore a 35.000 euro. Costituiscono gravi violazioni in materia contributiva e previdenziale quelle ostative al rilascio del DURC, di cui al decreto del Ministro del lavoro e delle politiche sociali 30 gennaio 2015, ovvero delle certificazioni rilasciate dagli enti previdenziali di riferimento non aderenti al sistema dello sportello unico previdenziale.

Art. 4. 1. Ai sensi e per gli effetti dell'articolo 95, comma 2, del codice, la violazione grave di cui all'articolo 3, comma 1, del presente allegato si considera non definitivamente accertata, e pertanto valutabile dalla stazione appaltante per l'esclusione dalla partecipazione alle procedure di affidamento di contratti pubblici, quando siano decorsi inutilmente i termini per adempiere all'obbligo di pagamento e l'atto impositivo o la cartella di pagamento siano stati tempestivamente impugnati.

2. Le violazioni di cui al comma 1 non rilevano ai fini dell'esclusione dell'operatore economico dalla partecipazione alla procedura d'appalto se in relazione alle stesse è intervenuta una pronuncia giurisdizionale favorevole all'operatore economico non passata in giudicato, sino all'eventuale riforma della stessa o sino a che la violazione risulti definitivamente accertata, ovvero se sono stati adottati provvedimenti di sospensione giurisdizionale o amministrativa.

ALLEGATO II.11
Registri professionali o commerciali per operatori economici di altri Stati membri (allegato XI direttiva 2014/24/UE)
(Articolo 100, comma 3)

I registri professionali e commerciali, le dichiarazioni e i certificati corrispondenti per ciascuno Stato membro sono:

- per il Belgio, «Registre du Commerce»/«Handelsregister» e, per gli appalti di servizi, «Ordres professionels/Beroepsorden»,
- per la Bulgaria, «Търговски регистър»,
- per la Repubblica ceca, «obchodní rejstřík»,
- per la Danimarca, «Erhvervsstyrelsen»,
- per la Germania, «Handelsregister», «Handwerksrolle», e, per gli appalti di servizi «Vereinsregister»; «Partnerschaftsregister» e «Mitgliedsverzeichnisse der Berufskammern der Länder»,
- per l'Estonia, «Registrite ja Infosüsteemide Keskus»,
- per l'Irlanda, un operatore economico può essere invitato a produrre un certificato del «Registrar of Companies» o del «Registrar of Friendly Societies» o, in mancanza, un'attestazione che precisi che l'interessato ha dichiarato sotto giuramento di esercitare la professione in questione nel paese in cui è stabilito, in un luogo specifico e sotto una denominazione commerciale determinata,
- per la Grecia, «Μητρώο Εργοληπτικών Επιχειρήσεων — ΜΕΕΠ» del ministero dell'ambiente, della pianificazione territoriale e dei lavori pubblici (Υ.ΠΕ.ΧΩ.Δ.Ε) per gli appalti di lavori; «Βιοτεχνικό ή Εμπορικό ή Βιομηχανικό Επιμελητήριο» e «Μητρώο Κατασκευαστών Αμυντικού Υλικού» per gli appalti di forniture; per gli appalti di servizi, il prestatore di servizi può essere invitato a produrre una dichiarazione giurata resa innanzi a un notaio, riguardante l'esercizio dell'attività professionale in questione; nei casi previsti dalla normativa nazionale in vigore, per la prestazione dei servizi di ricerca di cui all'allegato I, il registro professionale «Μητρώο Μελετητών» nonché «Μητρώο Γραφείων Μελετών»,
- per la Spagna, «Registro Oficial de Licitadores y Empresas Clasificadas del Estado» per appalti di lavori e di servizi e, per appalti di forniture, «Registro Mercantil» o, nel caso di persone non registrate, un certificato attestante che l'interessato ha dichiarato sotto giuramento di esercitare la professione in questione,

- per la Francia, «Registre du commerce e des societes» e «Repertoire des metiers»,
- per la Croatia, «Sudski registar» e «Obrtni registrar» o, per determinate attività, un certificato attestante che l'interessato è autorizzato a esercitare l'attività commerciale o la professione in questione,
- per l'Italia, «Registro della Camera di commercio, industria, agricoltura e artigianato»; per appalti di forniture e di servizi, anche il «Registro delle Commissioni provinciali per l'artigianato» o, oltre ai registri già menzionati, il «Consiglio nazionale degli ordini professionali» per appalti di servizi; per appalti di lavori o di servizi, l'«Albo nazionale dei gestori ambientali» oltre ai registri già menzionati,
- per Cipro, l'imprenditore può essere invitato a presentare un certificato del «Council for the Registration e Audit of Civil Engineering e Building Contractors (Συμβούλιο Εγγραφήςκαι Ελέγχου Εργοληπτών Οικοδομικών και Τεχνικών Έργων)», conformemente alla Registration e Audit of Civil Engineering e Building Contractors Law per appalti di lavori; per appalti di forniture e servizi, il fornitore o il prestatore di servizi può essere invitato a presentare un certificato del «Registrar of Companies e Official Receiver» (Έφορος Εταιρειών και Επίσημος Παραλήπτης) o, altrimenti, un certificato attestante che l'interessato ha dichiarato, sotto giuramento, di esercitare la professione nel paese in cui è stabilito, in un luogo specifico e con una denominazione commerciale particolare,
- per la Lettonia, «Uzņēmumu reģistrs» («Registro delle imprese»),
- per la Lituania, «Juridinių asmenų registras»,
- per il Lussemburgo, «Registre aux firmes» e «Rôle de la chambre des metiers»,
- per l'Ungheria, per l'Ungheria, «Cégnyilvántartás», «egyéni vállalkozók jegyzői nyilvántartása», e, per appalti di servizi, taluni «szakmai kamarák nyilvántartása» o, nel caso di alcune attività, un certificato attestante che l'interessato è autorizzato a esercitare l'attività commerciale o la professione in questione,
- per Malta, l'operatore economico ottiene il suo «numru tà registrazzjoni tat- Taxxa tal- Valur Miżjud (VAT) u n- numru tal-licenzja tà kummerc», e, in caso di partenariati o società, il relativo numero di registrazione rilasciato dall'autorità maltese dei servizi finanziari,
- per i Paesi Bassi, «Handelsregister»,

- per l'Austria, «Firmenbuch», «Gewerberegister», «Mitgliederverzeichnisse der Landeskammern»,
- per la Polonia, «Krajowy Rejestr Sądowy»,
- per il Portogallo, «Instituto da Construção e do Imobiliário» (INCI) per appalti di lavori; «Registro Nacional das Pessoas Colectivas», per appalti di forniture e di servizi,
- per la Romania, «Registrul Comerţului»,
- per la Slovenia, «Sodni register» e «obrtni register»,
- per la Slovacchia, «Obchodný register»,
- per la Finlandia, «Kaupparekisteri»/«Handelregistret»,
- per la Svezia, «aktiebolags-, handels — eller föreningsregistren».

ALLEGATO II.12
Sistema di qualificazione e requisiti per gli esecutori di lavori. Requisiti per la partecipazione alle procedure di affidamento dei servizi di ingegneria e architettura
(Articoli 66, comma 2 e 100, comma 4)

Parte I
DISPOSIZIONI GENERALI

Art. 1. Ambito di applicazione – 1. Il presente allegato disciplina il sistema di qualificazione per gli esecutori di lavori di importo pari o superiore a 150.000 euro di cui all'articolo 100, comma 4, del codice.

2. Fatto salvo quanto stabilito dagli articoli 2, comma 6, e 3, l'attestazione di qualificazione rilasciata a norma del presente allegato costituisce condizione necessaria e sufficiente per la dimostrazione dell'esistenza dei requisiti di capacità tecnica e finanziaria ai fini dell'affidamento di lavori pubblici.

3. Le stazioni appaltanti non possono richiedere ai concorrenti la dimostrazione della qualificazione con modalità, procedure e contenuti diversi da quelli previsti dalla presente Parte, nonché dalla Parte III del presente allegato.

Art. 2. Categorie e classifiche – 1. Gli operatori economici sono qualificati per categorie di opere generali, per categorie di opere specializzate, nonché per prestazioni di sola costruzione, e per prestazioni di progettazione e costruzione, e classificate, nell'ambito delle categorie loro attribuite, secondo gli importi di cui al comma 4.

2. La qualificazione in una categoria abilita l'operatore economico a partecipare alle gare e a eseguire i lavori nei limiti della propria classifica incrementata di un quinto; nel caso di imprese raggruppate o consorziate la medesima disposizione si applica con riferimento a ciascuna impresa raggruppata o consorziata, a condizione che essa sia qualificata per una classifica pari ad almeno un quinto dell'importo dei lavori a base di gara; nel caso di imprese raggruppate o consorziate la disposizione non si applica alla mandataria ai fini del conseguimento del requisito minimo di cui all'articolo 30, comma 2.

3. Le categorie sono specificate nella Tabella A.

4. Le classifiche sono stabilite secondo i seguenti livelli di importo:

a) I: fino a euro 258.000;
b) II: fino a euro 516.000;
c) III: fino a euro 1.033.000;
d) III-*bis*: fino a euro 1.500.000;
e) IV: fino a euro 2.582.000;
f) IV-*bis*: fino a euro 3.500.000;
g) V: fino a euro 5.165.000;
h) VI: fino a euro 10.329.000;
i) VII: fino a euro 15.494.000;
l) VIII: oltre euro 15.494.000.

5. L'importo della classifica VIII (illimitato) ai fini del rispetto dei requisiti di qualificazione è convenzionalmente stabilito pari a euro 20.658.000.

6. Per gli appalti di importo a base di gara superiore a euro 20.658.000, l'operatore economico, oltre alla qualificazione conseguita nella classifica VIII, deve aver realizzato, nel quinquennio antecedente la data di pubblicazione del bando, una cifra di affari, ottenuta con lavori svolti mediante attività diretta e indiretta, non inferiore a 2,5 volte l'importo a base di gara; il requisito è comprovato secondo quanto previsto all'articolo 18, commi 7 e 8, ed è soggetto a verifica da parte delle stazioni appaltanti.

Art. 3. Qualificazione di operatori economici stabiliti in Stati diversi dall'Italia – 1. Per gli operatori economici stabiliti negli altri Stati di cui all'articolo 69 del codice la qualificazione non è condizione obbligatoria per la partecipazione alla gara. Tali operatori si qualificano alla singola gara producendo documentazione conforme alle normative vigenti nei rispettivi Paesi, idonea a dimostrare il possesso di tutti i requisiti prescritti per la qualificazione e la partecipazione degli operatori economici italiani alle gare. È fatto salvo quanto previsto dall'articolo 91, comma 3, del codice.

Art. 4. Sistema di qualità aziendale – 1. Ai fini della qualificazione, le imprese devono possedere il sistema di qualità aziendale conforme alle norme europee della serie UNI EN ISO 9000, a esclusione delle classifiche I e II.

2. La certificazione del sistema di qualità aziendale è riferita agli aspetti gestionali dell'impresa nel suo complesso, con riferimento alla globalità delle categorie e classifiche.

3. Il possesso della certificazione di qualità aziendale, rilasciata da organismi di certificazione accreditati, ai sensi delle norme europee della serie UNI CEI EN ISO/IEC 17000, al rilascio della certificazione nel settore delle imprese di costruzione, è attestato dalle SOA.

4. Gli organismi di cui al comma 3 hanno l'obbligo di comunicare all'ANAC, entro cinque giorni, l'annullamento ovvero la decadenza della certificazione di qualità ai fini dell'inserimento nel casellario informatico di cui all'articolo 222, comma 10, del codice. Nel medesimo termine, la stessa comunicazione è inviata alle SOA, che avvia il procedimento di cui all'articolo 11, comma 7.

5. La regolarità dei certificati di qualità deve essere riscontrata dalle SOA mediante il collegamento informatico con gli elenchi ufficiali tenuti dagli enti partecipanti all'*European cooperation for Accreditation* (EA) o all'*International Accreditation Forum* (IAF).

Parte II
AUTORIZZAZIONE DEGLI ORGANISMI DI ATTESTAZIONE

Art. 5. Requisiti generali e di indipendenza delle SOA – 1. Le società organismi di attestazione sono costituite nella forma delle società per azioni, la cui denominazione sociale deve espressamente comprendere la locuzione «organismi di attestazione». Le SOA devono avere sede in uno Stato membro dell'Unione europea che attribuisca all'attestazione che essi adottano la capacità di provare il possesso dei requisiti di qualificazione in capo all'esecutore di lavori pubblici.

2. Il capitale sociale deve essere almeno pari a 1.000.000 di euro interamente versato. Il patrimonio netto, costituito dal totale della lettera A) del passivo dello stato patrimoniale di cui all'articolo 2424 del codice civile dell'ultimo bilancio depositato, deve essere almeno pari al capitale sociale. Il bilancio delle SOA deve essere certificato dalle società di revisione, iscritte nell'apposito albo, secondo i criteri stabiliti dal testo unico delle disposizioni in materia di intermediazione finanziaria, di cui al decreto legislativo 24 febbraio 1998, n. 58.

3. Lo statuto deve prevedere come oggetto esclusivo lo svolgimento dell'attività di attestazione secondo le norme del presente allegato e di effettuazione dei connessi controlli tecnici sull'organizzazione aziendale e sulla produzione delle imprese di costruzione, nonché sulla loro capacità operativa ed economico-finanziaria. È fatto divieto alle SOA, pena la decadenza dell'autorizzazione, di erogare servizi di qualsiasi natura a operatori economici, direttamente ovvero a mezzo di società collegate o di società in virtù di rapporti contrattuali.

4. La composizione e la struttura organizzativa delle SOA deve assicurare, anche in presenza di eventuali situazioni di controllo o di collegamento, individuate secondo quanto previsto dall'articolo 2359 del codice civile, il rispetto del principio di indipendenza di giudizio e l'assenza di qualunque interesse commerciale, finanziario che possa determinare comportamenti non imparziali o discriminatori.

5. Le SOA devono dichiarare e adeguatamente documentare, entro quindici giorni dal loro verificarsi, le eventuali circostanze che possano implicare la presenza di interessi idonei a influire sul requisito dell'indipendenza.

6. Non possono svolgere attività di attestazione le SOA:

a) che si trovano in stato di liquidazione giudiziale, liquidazione, concordato preventivo, o qualsiasi altra situazione equivalente secondo la legislazione vigente;

b) che sono soggette a procedimento per la dichiarazione di una di tali situazioni;

c) che non sono in regola con gli obblighi fiscali, contributivi e assistenziali previsti dalla vigente legislazione o abbiano commesso gravi violazioni debitamente accertate delle norme in materia di sicurezza e degli obblighi derivanti dai rapporti di lavoro;

d) qualora nei confronti dei propri amministratori, legali rappresentanti, soci diretti o indiretti, direttori tecnici e del personale di cui all'articolo 8, comma 2, sia pendente un procedimento per l'applicazione di una delle misure di prevenzione o sussista una delle cause ostative previste dal codice delle leggi antimafia e delle misure di prevenzione di cui al decreto legislativo 6 settembre 2011, n. 159, ovvero nei cui confronti sia stato emanato un provvedimento da cui derivi il divieto di contrarre con la pubblica amministrazione;

e) qualora nei confronti dei propri amministratori, legali rappresentanti, i soci diretti o indiretti, i direttori tecnici e del personale di cui all'articolo 8, comma 2, sia stata pronunciata sentenza di condanna passata in giudicato, ovvero di applicazione della pena su richiesta ai sensi dell'articolo 444 del codice di procedura penale per qualsiasi reato che incida sulla affidabilità morale o professionale, o per delitti finanziari;

f) qualora gli amministratori, i legali rappresentanti, i soci diretti o indiretti, i direttori tecnici e il personale di cui all'articolo 8, comma 2, si siano resi responsabili di errore professionale grave formalmente accertato;

g) qualora gli amministratori, i legali rappresentanti, i soci diretti o indiretti, i direttori tecnici e il personale di cui all'articolo 8, comma 2, abbiano reso false dichiarazioni o fornito falsa documentazione in merito alle informazioni loro richieste o all'assenza di situazioni idonee a pregiudicare il requisito dell'indipendenza o abbiano utilizzato con dolo o colpa grave documentazione dell'impresa, di cui all'articolo 18, non veritiera.

Art. 6. Controlli sulle SOA – 1. Ai fini del controllo e della vigilanza sulla composizione azionaria delle SOA, sulla persistenza del requisito dell'indipendenza e l'assenza delle condizioni di cui all'articolo 5, comma 6, l'ANAC può richiedere, indicando il termine per la risposta non superiore a dieci giorni, alle stesse SOA e alle società ed enti che partecipano al relativo capitale azionario, ogni informazione riguardante i nominativi dei rispettivi soci e le eventuali situazioni di controllo o di collegamento, secondo quanto risulta dal libro dei soci, dalle comunicazioni ricevute e da ogni altro dato a loro disposizione.

2. Le SOA comunicano all'ANAC, entro quindici giorni dal loro verificarsi, l'eventuale sopravvenienza di fatti o circostanze che incidono sulle situazioni di cui all'articolo 5, comma 6.

Art. 7. Partecipazioni azionarie – 1. Le stazioni appaltanti, gli enti concedenti, gli organismi di certificazione e i soggetti indicati all'articolo 65 del codice, limitatamente ai soggetti ammessi a partecipare alle procedure per l'affidamento dei contratti pubblici relativi a lavori, nonché le regioni e le province autonome non possono possedere, a qualsiasi titolo, direttamente o indirettamente, una partecipazione al capitale di una SOA.

2. Le associazioni nazionali di categoria che hanno sottoscritto contratti collettivi nazionali di lavoro per i dipendenti delle imprese edili e affini o di comparto e le associazioni nazionali rappresentative delle stazioni appaltanti possono possedere azioni di una SOA nel limite massimo complessivo del 20 per cento del capitale sociale, e ognuna delle associazioni nella misura massima del 10 per cento. Al fine di garantire il principio dell'uguale partecipazione delle parti interessate alla qualificazione, la partecipazione al capitale da parte delle predette associazioni di categoria è ammessa qualora nella medesima SOA vi sia partecipazione in uguale misura da parte di associazione di stazioni appaltanti e viceversa.

3. Chiunque, a qualsiasi titolo, intenda acquisire o cedere, direttamente o indirettamente, una partecipazione azionaria in una SOA, deve manifestare tale intenzione alla SOA stessa, allegando la documentazione richiesta al fine del rilascio del nulla osta da parte dell'ANAC. La SOA, valutata l'esistenza dei presupposti di legittimità dell'operazione di cessione azionaria, invia all'ANAC la richiesta di nulla osta al trasferimento azionario. La richiesta di nulla osta è necessaria anche per i trasferimenti azionari all'interno della compagine sociale esistente. Si intendono acquisite o cedute indirettamente le partecipazioni azionarie trasferite tramite società controllate ai sensi dell'articolo 2359 del codice civile, società fiduciarie, o comunque tramite interposta persona.

4. L'ANAC, entro sessanta giorni dalla comunicazione, può vietare il trasferimento della partecipazione quando essa può influire sulla correttezza della gestione della SOA o può compromettere il requisito dell'indipendenza a norma dell'articolo 5, comma 4; il decorso del termine senza che l'ANAC adotti alcun provvedimento equivale a nulla osta all'operazione. In caso di richieste istruttorie il termine rimane sospeso per una sola volta fino al relativo adempimento. Il nulla osta si considera decaduto se le SOA non trasmettono copia del libro soci aggiornato ovvero la richiesta avanzata dal socio acquirente o alienante dell'iscrizione nel libro soci dell'avvenuta cessione di azioni, entro il termine di novanta giorni decorrenti dalla data di comunicazione del nulla osta ovvero, in caso di mancanza di nulla osta espresso, decorrenti dalla data di formazione del silenzio-assenso.

5. Il trasferimento della partecipazione, una volta avvenuto, è comunicato all'ANAC e alla SOA entro quindici giorni.

6. L'ANAC può negare l'autorizzazione alla partecipazione azionaria della SOA, nei confronti dei soggetti diversi da quelli di cui al comma 1, allorché il soggetto titolare della partecipazione possa influire sulla corretta gestione delle SOA o compromettere il requisito di indipendenza.

Art. 8. Requisiti tecnici delle SOA – 1. L'organico minimo delle SOA è costituito:

a) da un direttore tecnico laureato in ingegneria, o in architettura, abilitato all'esercizio della professione da almeno dieci anni, iscritto, al momento dell'attribuzione dell'incarico, al relativo albo professionale, assunto a tempo indeterminato e a tempo pieno, dotato di adeguata esperienza almeno quinquennale nel settore dei lavori pubblici maturata in posizione di responsabilità direttiva, nell'attività di controllo tecnico dei cantieri (organizzazione, qualità, avanzamento lavori, costi) o di valutazione della capacità economico-finanziaria delle imprese in relazione al loro portafoglio ordini, ovvero nella attività di certificazione della qualità; il medesimo direttore tecnico deve dichiarare, nelle forme previste dalle vigenti leggi, di non svolgere analogo incarico presso altre SOA;

b) da tre laureati, di cui uno in ingegneria o architettura, uno in giurisprudenza e uno in economia e commercio, assunti a tempo indeterminato e a tempo pieno, in possesso di esperienza professionale almeno triennale attinente al settore dei lavori pubblici;

c) da sei dipendenti, in possesso almeno del diploma di scuola media superiore, assunti a tempo indeterminato e a tempo pieno.

2. Il personale delle SOA nonché i soggetti che svolgono funzioni di amministrazione, direzione e controllo nelle SOA, nonché i soggetti che svolgono attività in maniera diretta o indiretta in nome e per conto delle SOA, devono possedere i requisiti morali previsti dall'articolo 5, comma 6.

3. Il venire meno dei requisiti di cui all'articolo 5, comma 6, determina la decadenza dalla carica per i soggetti che svolgono funzioni di amministrazione, direzione e controllo nelle SOA; essa è dichiarata dagli organi sociali delle SOA entro quindici giorni dalla conoscenza del fatto; la SOA, nei successivi quindici giorni dalla dichiarazione di decadenza, informa l'ANAC.

4. Il venir meno dei requisiti di cui all'articolo 5, comma 6, per il personale di cui al comma 2, determina l'avvio delle procedure di

legge per la risoluzione del rapporto di lavoro subordinato. La SOA nei quindici giorni dall'avvio della procedura di risoluzione informa l'ANAC.

5. Le SOA devono disporre di attrezzatura informatica per la comunicazione delle informazioni all'ANAC.

Art. 9. Rilascio della autorizzazione – 1. Lo svolgimento da parte delle SOA dell'attività di attestazione della qualificazione ai sensi del presente titolo è subordinato alla autorizzazione dell'ANAC.

2. La SOA presenta istanza di autorizzazione, corredata dei seguenti documenti:

a) l'atto costitutivo e lo statuto sociale;

b) l'elencazione della compagine sociale e la dichiarazione circa eventuali situazioni di controllo o di collegamento;

c) l'organigramma della SOA, comprensivo del curriculum dei soggetti che ne fanno parte;

d) la dichiarazione del legale rappresentante, nei modi e con le forme previsti dalle vigenti leggi, circa l'inesistenza delle situazioni previste dall'articolo 5, comma 6, in capo alla SOA, ai suoi amministratori, legali rappresentanti o direttori tecnici e del personale di cui all'articolo 8, comma 2;

e) certificato del casellario giudiziale relativo agli amministratori, legali rappresentanti, direttori tecnici e del personale di cui all'articolo 8, comma 2;

f) un documento contenente la descrizione delle procedure che, conformemente a quanto stabilito dall'ANAC, saranno utilizzate per l'esercizio dell'attività di attestazione;

g) una polizza assicurativa stipulata con impresa di assicurazione autorizzata alla copertura del rischio cui si riferisce l'obbligo, per la copertura delle responsabilità conseguenti all'attività svolta, avente massimale non inferiore a sei volte il volume di affari prevedibile.

3. L'ANAC ai fini istruttori può chiedere ulteriori informazioni e integrazioni alla documentazione fornita dalla SOA istante, e conclude il procedimento entro il termine di sessanta giorni dal ricevimento dell'istanza. Il tempo necessario all'ANAC per acquisire le richieste integrazioni non si computa nel termine.

4. Il diniego di autorizzazione non impedisce la presentazione di una nuova istanza.

Art. 10. Elenco delle SOA ed elenchi degli operatori economici qualificati – 1. L'ANAC iscrive in apposito elenco le società autorizzate a svolgere l'attività di attestazione e ne assicura la pubblicità.

2. L'ANAC, sulla base delle attestazioni trasmesse dalle SOA ai sensi dell'articolo 11, comma 6, cura la formazione su base regionale, con riferimento alla sede legale dei soggetti qualificati, di elenchi degli operatori economici che hanno conseguito la qualificazione ai sensi dell'articolo 100, comma 4, del codice. Tali elenchi sono resi pubblici tramite l'ANAC.

Art. 11. Attività di qualificazione e organizzazione delle SOA – Tariffe – 1. Nello svolgimento della propria attività le SOA devono:

a) operare con diligenza, correttezza e trasparenza, nel rispetto dei principi generali del codice;

b) acquisire le informazioni necessarie dai soggetti da qualificare e operare in modo da assicurare adeguata informazione;

c) agire in modo da garantire imparzialità ed equo trattamento;

d) assicurare e mantenere l'indipendenza richiesta dalle disposizioni del codice e dal presente allegato;

e) disporre di risorse e procedure, anche di controllo interno, idonee ad assicurare efficienza e correttezza;

f) verificare la veridicità e la sostanza delle dichiarazioni, delle certificazioni e delle documentazioni, di cui all'articolo 18, presentate dai soggetti cui rilasciare l'attestato, nonché il permanere del possesso dei requisiti di cui all'articolo 18, comma 1;

g) rilasciare l'attestazione di qualificazione conformemente alla documentazione prodotta dall'operatore economico e verificata ai sensi della lettera f).

2. Nello svolgimento della propria attività di valutazione e verifica della qualificazione, le SOA acquisiscono i dati di carattere economico-finanziario, quali i bilanci nonché le informazioni sulle variazioni organizzative e sulle trasformazioni della natura giuridica degli operatori economici, anche dalla banca dati della camera di commercio, industria, artigianato e agricoltura.

3. Per l'espletamento delle loro attività istituzionali le SOA non possono ricorrere a prestazioni di soggetti esterni alla loro organizzazione aziendale. Le SOA sono comunque responsabili di ogni at-

tività espletata in maniera diretta e indiretta in nome e per conto delle stesse.

4. Ogni attestazione di qualificazione o di suo rinnovo nonché tutte le attività integrative di revisione o di variazione sono soggette al pagamento di un corrispettivo determinato, in rapporto all'importo complessivo e al numero delle categorie generali o specializzate cui si richiede di essere qualificati, secondo le formule di cui alla Tabella B - Parte I. Per i consorzi stabili, il corrispettivo spettante alle SOA per ciascuna attività è ridotto del 50 per cento; per le imprese qualificate fino alla II classifica di importo, il corrispettivo spettante alle SOA per ciascuna attività è ridotto del 20 per cento.

5. Gli importi determinati ai sensi del comma 4 sono considerati corrispettivo minimo della prestazione resa. Non può essere previsto il pagamento di un corrispettivo in misura maggiore del doppio di quello determinato con i criteri di cui al comma 4. Ogni patto contrario è nullo. Il corrispettivo deve essere interamente pagato prima del rilascio dell'attestazione, revisione o variazione; sono ammesse dilazioni non superiori a sei mesi, ove, al momento del rilascio della attestazione sia stata disposta e comunicata alla SOA l'autorizzazione di addebito in conto corrente bancario (RID) per l'intero corrispettivo.

6. Le SOA trasmettono all'ANAC, entro quindici giorni dal loro rilascio, le attestazioni secondo le modalità stabilite nei provvedimenti della stessa ANAC.

7. Le SOA comunicano all'ANAC, entro il termine di dieci giorni, l'avvio del procedimento di accertamento del possesso dei requisiti nei confronti delle imprese nonché il relativo esito.

Art. 12. Vigilanza dell'ANAC – 1. L'ANAC, ai sensi dell'articolo 222, comma 3, lettera f), del codice, vigila sul sistema di qualificazione, e a tale fine, anche effettuando ispezioni, anche senza preavviso, o richiedendo qualsiasi documento ritenesse necessario, controlla che le SOA:

a) operino secondo le procedure, anche di controllo interno, presentate in sede di richiesta di autorizzazione e approvate dall'ANAC stessa;

b) abbiano un comportamento che elimini qualsiasi possibilità di conflitti di interesse;

c) rilascino le attestazioni nel pieno rispetto dei requisiti stabiliti dall'articolo 4 e dalla Parte III;

d) applichino le tariffe di cui alla Tabella B - Parte I;

e) svolgano la propria attività conformemente a quanto previsto dall'articolo 11.

2. I poteri di vigilanza e di controllo dell'ANAC, ai fini di quanto previsto dal comma 1, sono esercitati anche su motivata e documentata istanza di un operatore economico ovvero di una SOA o di una stazione appaltante o ente concedente. Sull'istanza di verifica l'ANAC, disposti i necessari accertamenti anche a mezzo dei propri uffici e sentita l'impresa sottoposta a verifica, provvede entro sessanta giorni nei modi e con gli effetti previsti dal comma 3.

3. L'ANAC, sentiti la SOA e l'operatore economico della cui attestazione si tratta, nonché il soggetto richiedente di cui al comma 2, in caso di istanza di verifica, acquisite le informazioni necessarie, provvede entro sessanta giorni a indicare alla SOA le eventuali condizioni da osservarsi nell'esecuzione del contratto stipulato, ovvero a chiedere alla SOA di sospendere o annullare l'attestazione, assegnando alla SOA un termine congruo, non inferiore a quindici giorni. L'inadempienza da parte della SOA alle indicazioni dell'ANAC costituisce comportamento valutabile ai sensi dell'articolo 13, comma 5, lettera a). Ove la SOA non provveda alla sospensione o all'annullamento dell'attestazione nel termine assegnato, l'ANAC, previo avviso di avvio del procedimento alla SOA e all'impresa interessata ove non ostino ragioni di urgenza, provvede d'ufficio alla sospensione o all'annullamento, dandone tempestiva comunicazione alla SOA e all'impresa interessata.

4. L'ANAC provvede periodicamente alla verifica a campione di un numero di attestazioni rilasciate dalle SOA, di anno in anno fissato dalla stessa ANAC.

5. L'ANAC controlla le determinazioni assunte dalle SOA in merito ai contratti stipulati dalle imprese per ottenere l'attestazione qualora le imprese interessate ne facciano richiesta entro il termine di trenta giorni dalla data di effettiva conoscenza delle determinazioni stesse.

Art. 13. Sanzioni nei confronti delle SOA – 1. Alle SOA si applica la sanzione amministrativa pecuniaria prevista dall'articolo 222, comma 3, lettera a), del codice, fino a un massimo di euro 25.000, in caso di:

a) mancata risposta alle richieste dell'ANAC ai sensi degli articoli 6, comma 1, e 7, comma 4, nel termine indicato dall'ANAC stessa;

b) mancata comunicazione di cui agli articoli 5, comma 5, 6, comma 2, 8, commi 3 e 4, 11, comma 7, 14, comma 4, e 21, comma 6, nei termini ivi previsti;

c) violazione degli obblighi di comunicazione e trasmissione della documentazione di cui al comma 9;

d) violazione degli ulteriori obblighi imposti di comunicazione dai provvedimenti dell'ANAC.

2. Alle SOA si applica la sanzione amministrativa pecuniaria prevista dall'articolo 222, comma 3, lettera a), del codice, fino a un massimo di 50.000 euro in caso di:

a) trasmissione di informazioni, dati ovvero atti non veritieri, compresi i documenti forniti dall'impresa in sede di attestazione;

b) svolgimento dell'attività della SOA in modo non conforme alle disposizioni previste dall'articolo 11, commi 1 e 2, e alle procedure contenute nel documento di cui all'articolo 9, comma 2, lettera f);

c) mancato rispetto delle condizioni previste dall'articolo 12, comma 1;

d) invio di comunicazioni inesatte o non veritiere, ovvero trasmissione di documentazione inesatta o non veritiera, in relazione agli obblighi di cui al comma 9;

e) inadempimento a quanto previsto all'articolo 17, comma 3;

f) inadempimento a quanto previsto all'articolo 21, comma 7;

g) inadempimento degli obblighi di inserimento nel casellario informatico stabiliti dall'ANAC ai sensi dell'articolo 222, comma 10, del codice.

3. In aggiunta alla sanzione pecuniaria, in caso di violazioni commesse, secondo valutazione da parte dell'ANAC, con dolo o colpa grave, si applica la sanzione della sospensione:

a) per un periodo fino a centoventi giorni, in caso di più violazioni di cui al comma 1, o di nuova violazione di cui al comma 1 dopo una precedente sanzione;

b) per un periodo fino a duecentoquaranta giorni, in caso di più violazioni di cui ai commi 1 e 2, o di nuova violazione del comma

2 dopo una precedente sanzione per violazioni di cui al comma 1, o viceversa;

c) per un periodo fino a un anno, in caso di più violazioni di cui al comma 2, o di nuova violazione di cui al comma 2 dopo una precedente sanzione.

4. Si applica la sanzione della decadenza in caso di nuova violazione dopo una precedente sospensione, se il periodo di sospensione da irrogare per la nuova violazione, cumulato con quella precedente, sia pari o superiore a trecentosessanta giorni, nonché nel caso di nuova violazione dopo quattro sanzioni che abbiano comportato la sospensione per un periodo complessivamente superiore a centoventi giorni.

5. È disposta la decadenza dell'autorizzazione, oltre ai casi di cui al comma 4, in caso di:

a) venire meno dei requisiti e delle condizioni di cui agli articoli 5, 6, 7, 8 e 11, comma 3;

b) mancato inizio dell'attività sociale entro centottanta giorni dalla autorizzazione;

c) interruzione dell'attività per più di centottanta giorni;

d) inosservanza delle disposizioni di cui al comma 9, primo periodo;

e) inosservanza delle disposizioni impartite con il provvedimento di sospensione di cui al comma 3;

f) inosservanza delle disposizioni di cui all'articolo 23, commi 1 e 2.

6. Il procedimento per l'irrogazione delle sanzioni di cui ai commi 1, 2 e 3, e quello di decadenza di cui al comma 4, è iniziato d'ufficio dall'ANAC, quando viene a conoscenza dell'esistenza, anche a seguito di denuncia di terzi interessati, del verificarsi di una delle circostanze di cui ai commi da 1 a 4. A tal fine l'ANAC contesta alla SOA gli addebiti, invitandola a presentare le proprie controdeduzioni ed eventuale documentazione entro un termine perentorio non superiore a trenta giorni, e adotta il pertinente provvedimento entro i successivi novanta giorni.

7. L'ANAC può disporre tutte le audizioni e le acquisizioni documentali necessarie; le audizioni sono svolte in contraddittorio con la SOA interessata e le acquisizioni documentali sono alla stessa comunicate, con l'assegnazione di un termine non inferiore a trenta e non superiore a sessanta giorni per controdeduzioni e documenti; il

termine per la pronuncia da parte dell'ANAC rimane sospeso per il periodo necessario allo svolgimento dell'istruttoria.

8. Nelle ipotesi di sospensione o decadenza dell'autorizzazione, ovvero di liquidazione giudiziale o di cessazione dell'attività di una SOA, le attestazioni rilasciate a imprese restano valide a tutti gli effetti.

9. La SOA è tenuta a comunicare la sospensione e la decadenza dell'autorizzazione, la liquidazione giudiziale e la cessazione dell'attività, alle imprese qualificate e a quelle in attesa di qualificazione entro quindici giorni dal loro verificarsi. Nell'ipotesi di sospensione dell'autorizzazione, le imprese possono indicare un'altra SOA cui va trasferita la documentazione. Nel caso di decadenza dell'autorizzazione, liquidazione giudiziale, cessazione dell'attività, le imprese devono indicare, nei trenta giorni successivi alla comunicazione di cui al primo periodo del presente comma, la SOA cui trasferire la documentazione. Se l'impresa non provvede, l'ANAC nei successivi quarantacinque giorni designa la nuova SOA, secondo criteri oggettivi e predeterminati, dandone comunicazione alla SOA designata. Le SOA sono tenute a trasferire la documentazione alla SOA indicata dall'impresa o, in caso di inerzia, dall'ANAC entro sessanta giorni dalla data di indicazione. Il contratto per l'ottenimento dell'attestazione di qualificazione, sottoscritto dalla SOA e dall'impresa, prevede, in caso di sospensione dell'autorizzazione della SOA all'esercizio dell'attività di attestazione, la possibilità di risolvere detto contratto, su richiesta dell'impresa.

10. In caso di sospensione o decadenza dell'autorizzazione, l'ANAC non concede il nulla osta a operazioni che comportino il trasferimento aziendale tra SOA.

Art. 14. Sanzioni per violazione da parte degli operatori economici dell'obbligo d'informazione – 1. La mancata risposta da parte degli operatori economici alle richieste dell'ANAC, ai sensi dell'articolo 222, comma 13, del codice, nel termine di trenta giorni, implica l'applicazione delle sanzioni amministrative pecuniarie previste dall'articolo 222, comma 3, lettera a), del codice, fino a un massimo di euro 25.000.

2. Trascorsi ulteriori sessanta giorni dalla scadenza del termine di cui al comma 1, e perdurando l'inadempimento, l'ANAC provvede a sospendere l'attestazione per un periodo di un anno. Decor-

so il termine della sospensione, qualora l'operatore economico continui a essere inadempiente, l'ANAC dispone la decadenza dell'attestazione.

3. L'ANAC revoca la sospensione di cui al comma 2 qualora l'operatore economico abbia adempiuto a quanto richiesto; resta in ogni caso l'obbligo del pagamento della sanzione amministrativa pecuniaria di cui al comma 1.

4. Per le finalità previste dall'articolo 11, comma 1, lettera f), l'operatore economico adempie alle richieste della SOA attestante nel termine indicato dalla SOA stessa e comunque non superiore a trenta giorni. Qualora l'operatore economico sia inadempiente, la SOA informa l'ANAC entro quindici giorni dalla scadenza del predetto termine; l'ANAC avvia la procedura di cui ai commi 1 e 2.

5. Qualora l'operatore economico sia stato sottoposto alla sanzione amministrativa pecuniaria di cui all'articolo 222, comma 3, lettera a), del codice, fino a un massimo di 50.000 euro, per aver fornito informazioni o esibito documenti non veritieri, l'ANAC informa la SOA, che procede ad accertare che l'attestazione non sia stata rilasciata in carenza dei requisiti previsti dall'articolo 18.

6. La mancata comunicazione da parte degli operatori economici all'ANAC delle variazioni dei requisiti di cui all'articolo 18, comma 1, nel termine ivi indicato, nonché delle variazioni di cui all'articolo 25, comma 6, implica l'applicazione delle sanzioni amministrative pecuniarie previste dall'articolo 222, comma 3, lettera a), del codice, fino a un massimo di euro 25.000.

Art. 15. Attività delle SOA – 1. La SOA, relativamente agli operatori economici ai quali ha precedentemente rilasciato l'attestazione ovvero per i quali ha sottoscritto un contratto per la qualificazione, qualora ritenga che altre SOA abbiano rilasciato ai medesimi operatori attestazioni in modo non conforme alle disposizioni del presente allegato, richiede alle predette SOA, previo nulla osta dell'ANAC, la documentazione e gli atti utilizzati per comprovare il possesso dei requisiti di cui all'articolo 18.

2. Acquisiti la documentazione e gli atti richiesti, la SOA, effettuate le proprie valutazioni in ordine alla sussistenza dei requisiti utilizzati per conseguire l'attestazione, ne informa l'ANAC ove riscontri il mancato rispetto delle disposizioni del presente allegato.

3. L'ANAC, entro sessanta giorni, sentiti la SOA richiedente, nonché la SOA e l'operatore economico della cui attestazione si tratta, valutato quanto rappresentato dalla SOA richiedente, sanziona, ai sensi dell'articolo 13, la SOA che ha rilasciato l'attestazione in carenza dei requisiti prescritti e dispone l'annullamento dell'attestazione dell'operatore economico.

4. Qualora l'operatore economico non risponda alle richieste della SOA di cui al comma 1, la stessa informa l'ANAC che procede ai sensi dell'articolo 14, commi 1, 2 e 3.

Parte III
REQUISITI PER LA QUALIFICAZIONE

Art. 16. Domanda di qualificazione – 1. Per il conseguimento della qualificazione gli operatori economici devono possedere i requisiti stabiliti dalla presente Parte. A esclusione delle classifiche I e II, gli operatori economici devono altresì possedere la certificazione del sistema di qualità di cui all'articolo 100, comma 5, lettera c), del codice.

2. L'operatore economico che intende ottenere l'attestazione di qualificazione deve stipulare apposito contratto con una delle SOA autorizzate, con obbligo di produrre il certificato della camera di commercio, industria, artigianato e agricoltura, completo di attestazione antimafia, dal cui oggetto sociale risultino le attività riconducibili alle categorie di opere generali e specializzate richieste.

3. La SOA svolge l'istruttoria e gli accertamenti necessari alla verifica dei requisiti di qualificazione, anche mediante accesso diretto alle strutture aziendali dell'operatore istante, e compie la procedura di rilascio dell'attestazione entro novanta giorni dalla stipula del contratto. La procedura può essere sospesa per chiarimenti o integrazioni documentali per un periodo complessivamente non superiore a novanta giorni; trascorso tale periodo di sospensione e comunque trascorso un periodo complessivo non superiore a centottanta giorni dalla stipula del contratto, la SOA è tenuta a rilasciare l'attestazione o comunque il diniego di rilascio della stessa.

4. Della stipula del contratto, del rilascio o del diniego di rilascio dell'attestazione la SOA informa l'ANAC nei successivi trenta giorni.

5. L'efficacia dell'attestazione è pari a cinque anni con verifica triennale del mantenimento dei requisiti di ordine generale, nonché dei requisiti di capacità strutturale di cui all'articolo 17, comma 5. Almeno novanta giorni prima della scadenza del termine, l'operatore economico che intende conseguire il rinnovo dell'attestazione deve stipulare un nuovo contratto con la medesima SOA o con un'altra autorizzata all'esercizio dell'attività di attestazione.

6. Il rinnovo dell'attestazione può essere richiesto anche prima della scadenza sempre che siano decorsi novanta giorni dalla data del rilascio dell'attestazione originaria.

7. Il rinnovo dell'attestazione avviene alle stesse condizioni e con le stesse modalità previste per il rilascio dell'attestazione; dalla data della nuova attestazione decorre il termine di efficacia fissato dal comma 5.

8. Non costituiscono rinnovo di attestazione e non producono conseguenze sulla durata di efficacia dell'attestazione le variazioni che non producono effetti diretti sulle categorie e classifiche oggetto della relativa qualificazione; dette variazioni sono soggette a procedure accelerate e semplificate nonché a tariffa ridotta secondo i criteri fissati dall'ANAC.

9. In caso di fusione o di altra operazione che comporti il trasferimento di azienda o di un suo ramo, il nuovo soggetto può avvalersi per la qualificazione dei requisiti posseduti dagli operatori economici che a esso hanno dato origine. Nel caso di affitto di azienda l'affittuario può avvalersi dei requisiti posseduti dall'impresa locatrice se il contratto di affitto abbia durata non inferiore a tre anni.

10. Nel caso di cessione del complesso aziendale o del suo ramo, il soggetto richiedente l'attestazione presenta alla SOA perizia giurata redatta da un soggetto nominato dal tribunale competente per territorio.

11. Ai fini dell'attestazione di un nuovo soggetto, nell'ipotesi in cui lo stesso utilizzi l'istituto della cessione del complesso aziendale o di un suo ramo, le SOA accertano quali requisiti di cui all'articolo 18, comma 5, sono trasferiti al cessionario con l'atto di cessione. Nel caso in cui l'impresa cedente ricorra alla cessione del complesso aziendale o di un suo ramo, la stessa può richiedere alla SOA una nuova attestazione, riferita ai requisiti oggetto di trasferimento, esclusivamente sulla base dei requisiti acquisiti successivamente alla cessione del complesso aziendale o del suo ramo.

12. Gli atti di fusione o di altra operazione di cui al comma 9 sono depositati dalle imprese, entro trenta giorni, presso l'ANAC e la camera di commercio, industria, artigianato e agricoltura per l'iscrizione nel registro delle imprese ai sensi dell'articolo 2556 del codice civile.

Art. 17. Verifica triennale – 1. In data non antecedente a novanta giorni prima della scadenza del previsto termine triennale, l'operatore economico deve sottoporsi alla verifica di mantenimento dei requisiti presso la stessa SOA che ha rilasciato l'attestazione oggetto della revisione, stipulando apposito contratto. Qualora l'operatore economico si sottoponga a verifica dopo la scadenza del triennio di validità dell'attestazione, lo stesso non può partecipare alle gare nel periodo decorrente dalla data di scadenza del triennio sino alla data di effettuazione della verifica con esito positivo.

2. Nel caso in cui l'ANAC abbia disposto nei confronti di una SOA la sospensione ovvero la decadenza dell'autorizzazione all'esercizio dell'attività di attestazione, l'operatore economico può sottoporsi alla verifica triennale dei requisiti presso altra SOA. La SOA che ha rilasciato l'attestazione originaria ha l'obbligo di trasferire la documentazione relativa all'operatore economico alla nuova SOA entro quindici giorni.

3. La SOA nei quarantacinque giorni successivi alla stipula del contratto compie la procedura di verifica triennale. La procedura può essere sospesa per chiarimenti per un periodo non superiore a quarantacinque giorni; trascorso tale periodo di sospensione e comunque trascorso un periodo complessivo non superiore a novanta giorni dalla stipula del contratto, la SOA è tenuta a dichiarare l'esito della procedura secondo le modalità di cui al comma 7.

4. I requisiti di ordine generale necessari alla verifica triennale sono quelli previsti dall'articolo 18, comma 1.

5. I requisiti di capacità strutturale necessari alla verifica triennale sono quelli previsti dagli articoli 4 e 18, commi 5, lettera a) e 9, lettere a) e c), 11, 12, 13, 14, 15, 16 e 17.

6. La verifica di congruità tra cifra di affari in lavori, costo delle attrezzature tecniche e costo del personale dipendente, di cui all'articolo 18, comma 19, è effettuata con riferimento al rapporto tra costo medio del quinquennio fiscale precedente la scadenza del termi-

ne triennale e importo medio annuale della cifra di affari in lavori accertata in sede di attestazione originaria, come eventualmente rideterminata figurativamente ai sensi dell'articolo 18, comma 19, con una tolleranza del 25 per cento. La cifra di affari è ridotta in proporzione alla quota di scostamento superiore al 25 per cento, con conseguente eventuale revisione della attestazione. Le categorie in cui deve essere effettuata la suddetta revisione sono indicate dall'operatore economico in sede di contratto di verifica triennale.

7. Dell'esito della procedura di verifica la SOA informa l'operatore economico e l'ANAC, inviando, entro il termine di cui al comma 3, con le modalità telematiche stabilite nei provvedimenti dell'ANAC, l'attestato revisionato o comunicando all'operatore economico e all'ANAC l'eventuale esito negativo; in questo ultimo caso l'attestato decade dalla data indicata nella comunicazione, comunque non successiva alla data di scadenza del triennio dal rilascio dell'attestazione. L'efficacia della verifica decorre dalla data di scadenza del triennio dalla data di rilascio della attestazione; ove la verifica sia compiuta dopo la scadenza predetta, l'efficacia della stessa decorre dalla data di adozione della verifica.

Art. 18. Requisiti degli operatori economici – 1. I requisiti d'ordine generale occorrenti per la qualificazione sono quelli di cui al Capo II del Titolo IV della Parte V del Libro II del codice.

2. L'ANAC col provvedimento di cui all'articolo 24, comma 4, del codice stabilisce mediante quale documentazione i soggetti che intendono qualificarsi dimostrano l'esistenza dei requisiti richiesti per la qualificazione. Di ciò è fatto espresso riferimento nel contratto da sottoscriversi fra SOA e operatore economico.

3. Le SOA nell'espletamento della propria attività richiedono il certificato integrale del casellario giudiziale ai sensi dell'articolo 39 del testo unico delle disposizioni legislative e regolamentari in materia di casellario giudiziale, di casellario giudiziale europeo, di anagrafe delle sanzioni amministrative dipendenti da reato e dei relativi carichi pendenti di cui al decreto del Presidente della Repubblica 14 novembre 2002, n. 313, nonché il documento unico di regolarità contributiva.

4. Le SOA non rilasciano l'attestazione di qualificazione ai soggetti che, ai fini della qualificazione, hanno presentato documenta-

zione falsa in relazione ai requisiti di ordine generale di cui al comma 1; le SOA ne danno segnalazione all'ANAC che ordina l'iscrizione nel casellario informatico di cui all'articolo 222, comma 10, del codice ai fini dell'interdizione al conseguimento dell'attestazione di qualificazione, per un periodo di un anno, decorso il quale l'iscrizione è cancellata e perde comunque efficacia. Ove la falsità della documentazione sia rilevata in corso di validità dell'attestazione di qualificazione, essa comporta la pronuncia di decadenza dell'attestazione di qualificazione dell'impresa da parte della SOA che ne dà comunicazione all'ANAC, ovvero da parte dell'ANAC in caso di inerzia della SOA; l'ANAC ordina l'iscrizione nel casellario informatico, ai fini dell'interdizione al conseguimento di una nuova attestazione di qualificazione, per un periodo di un anno, decorso il quale l'iscrizione è cancellata e perde comunque efficacia.

5. I requisiti d'ordine speciale occorrenti per la qualificazione sono:

a) l'idoneità professionale attestata ai sensi dell'articolo 100 del codice;

b) l'adeguata capacità economica e finanziaria;

c) l'adeguata idoneità tecnica e organizzativa.

d) adeguata dotazione di attrezzature tecniche;

e) adeguato organico medio annuo.

6. La adeguata capacità economica e finanziaria è dimostrata:

a) da idonee referenze bancarie;

b) dalla cifra di affari, determinata secondo quanto previsto dall'articolo 21, realizzata con lavori svolti mediante attività diretta e indiretta non inferiore al 100 per cento degli importi delle qualificazioni richieste nelle varie categorie;

c) limitatamente ai soggetti tenuti alla redazione del bilancio, dal patrimonio netto, costituito dal totale della lettera A) del passivo di cui all'articolo 2424 del codice civile, riferito all'ultimo bilancio depositato, di valore positivo.

7. La cifra di affari in lavori relativa all'attività diretta è comprovata: da parte delle ditte individuali, delle società di persone, dei consorzi di cooperative, dei consorzi tra imprese artigiane e dei consorzi stabili con le dichiarazioni annuali IVA e con le relative ricevute di presentazione da parte delle società di capitale con i bilanci riclassificati in conformità delle direttive europee e con le relative note di deposito.

8. La cifra di affari in lavori relativa alla attività indiretta è attribuita in proporzione alle quote di partecipazione dell'impresa richiedente ai consorzi di cui all'articolo 65, comma 2, lettere f) e h), del codice, e alle società fra imprese riunite dei quali l'impresa stessa fa parte, nel caso in cui questi abbiano fatturato direttamente alla stazione appaltante e non abbiano ricevuto fatture per lavori eseguiti da parte di soggetti consorziati. La cifra di affari in lavori relativa alla attività indiretta è comprovata con i bilanci riclassificati in conformità delle direttive europee e le relative note di deposito o con le dichiarazioni annuali IVA e relative ricevute di presentazione qualora i soggetti partecipati non siano obbligati alla redazione e deposito dei bilanci.

9. La adeguata idoneità tecnica è dimostrata:

a) con la presenza di idonea direzione tecnica secondo quanto previsto dall'articolo 25;

b) dall'esecuzione di lavori, realizzati in ciascuna delle categorie oggetto della richiesta, di importo non inferiore al 90 per cento di quello della classifica richiesta; l'importo è determinato secondo quanto previsto dall'articolo 20;

c) dall'esecuzione di un singolo lavoro, in ogni singola categoria oggetto della richiesta, di importo non inferiore al 40 per cento dell'importo della qualificazione richiesta, ovvero, in alternativa, di due lavori, nella stessa singola categoria, di importo complessivo non inferiore al 55 per cento dell'importo della qualificazione richiesta, ovvero, in alternativa, di tre lavori, nella stessa singola categoria, di importo complessivo non inferiore al 65 per cento dell'importo della qualificazione richiesta; gli importi sono determinati secondo quanto previsto dall'articolo 21.

10. L'esecuzione dei lavori è documentata dai certificati di esecuzione dei lavori previsti dagli articoli 21, comma 4, e 22 indicati dall'operatore economico e acquisiti dalla SOA, nonché secondo quanto previsto dall'articolo 24.

11. Per realizzare lavori pubblici affidati con i contratti di cui all'articolo 44 del codice ovvero in concessione, è necessaria l'attestazione di qualificazione per progettazione e costruzione; fermi restando i requisiti previsti dal presente articolo e quanto disposto dall'articolo 30, comma 5, il requisito dell'idoneità tecnica è altresì dimostrato dalla presenza di uno staff tecnico di progettazione composto da soggetti in possesso di laurea magistrale o di laurea bre-

ve abilitati all'esercizio della professione di ingegnere e architetto, ovvero geologo per le categorie in cui è prevista la sua competenza, iscritti all'albo professionale, e da diplomati, tutti assunti a tempo indeterminato e a tempo pieno. Il numero minimo dei componenti lo staff, dei quali almeno la metà laureati, è stabilito in due per gli operatori economici qualificati fino alla classifica III-*bis*, in quattro per gli operatori economici appartenenti alla IV, alla IV-*bis* e alla V classifica, e in sei per gli operatori economici qualificati nelle classifiche successive.

12. L'adeguata attrezzatura tecnica consiste nella dotazione stabile di attrezzature, mezzi d'opera ed equipaggiamento tecnico riguardante esclusivamente il complesso di beni specificamente destinati alla esecuzione di lavori, in proprietà o in locazione finanziaria o in noleggio, dei quali sono fornite le essenziali indicazioni identificative. Detta dotazione contribuisce al valore della cifra di affari in lavori di cui al comma 6, lettera b), effettivamente realizzata, rapportata alla media annua degli ultimi quindici anni, sotto forma di ammortamenti e canoni di locazione finanziaria o canoni di noleggio, per un valore non inferiore al 2 per cento, della predetta cifra di affari, costituito per almeno il 40 per cento dagli ammortamenti e dai canoni di locazione finanziaria. L'attrezzatura tecnica per la quale è terminato il piano di ammortamento contribuisce al valore della cifra di affari sotto forma di ammortamenti figurativi, da evidenziarsi separatamente, calcolati proseguendo il piano di ammortamento precedentemente adottato per un periodo pari alla metà della sua durata. L'ammortamento figurativo è calcolato con applicazione del metodo a quote costanti con riferimento alla durata del piano di ammortamento concluso.

13. L'ammortamento è comprovato: da parte delle ditte individuali e delle società di persone, con la dichiarazione dei redditi e con le relative ricevute di presentazione, nonché con il libro dei cespiti, corredate di autocertificazione circa la quota riferita alla attrezzatura tecnica; da parte dei consorzi di cooperative, dei consorzi tra imprese artigiane, dei consorzi stabili e delle società di capitale con la presentazione dei bilanci, riclassificati in conformità delle direttive europee, e con le relative note di deposito nonché con il libro dei cespiti.

14. L'adeguato organico medio annuo è dimostrato dal costo complessivo sostenuto per il personale dipendente, composto da re-

tribuzione e stipendi, contributi sociali e accantonamenti ai fondi di quiescenza, non inferiore al 15 per cento della cifra di affari in lavori di cui al comma 6, lettera b), effettivamente realizzata, di cui almeno il 40 per cento per personale operaio. In alternativa l'adeguato organico medio annuo può essere dimostrato dal costo complessivo sostenuto per il personale dipendente assunto a tempo indeterminato non inferiore al 10 per cento della cifra di affari in lavori, di cui almeno l'80 per cento per personale tecnico, titolare di laurea, o di laurea breve, o di diploma universitario, o di diploma. Per le imprese artigiane la retribuzione del titolare si intende compresa nella percentuale minima necessaria. Per le imprese individuali e per le società di persone il valore della retribuzione del titolare e dei soci è pari a cinque volte il valore della retribuzione convenzionale determinata ai fini della contribuzione INAIL.

15. Il costo complessivo sostenuto per il personale dipendente, composto a norma del comma 14, è documentato con il bilancio corredato della relativa nota di deposito e riclassificato in conformità delle direttive europee dai soggetti tenuti alla sua redazione, e dagli altri soggetti con idonea documentazione, nonché da una dichiarazione sulla consistenza dell'organico, distinto nelle varie qualifiche, da cui desumere la corrispondenza con il costo indicato nei bilanci e dai modelli riepilogativi annuali attestanti i versamenti effettuati all'INPS e all'INAIL e alle casse edili in ordine alle retribuzioni corrisposte ai dipendenti e ai relativi contributi.

16. Alla determinazione delle percentuali di cui ai commi 12 e 14 concorrono, in proporzione alle quote di competenza dell'impresa, anche l'attrezzatura e il costo per il personale dipendente dei consorzi e delle società di cui al comma 8.

17. I consorzi di cooperative, i consorzi tra imprese artigiane e i consorzi stabili possono dimostrare il requisito relativo alle attrezzature tecniche mediante l'attrezzatura in dotazione stabile ai propri consorziati; gli stessi soggetti possono dimostrare il requisito relativo all'organico medio annuo attraverso il costo del personale dipendente proprio e dei soggetti consorziati.

18. Per ottenere la qualificazione fino alla III classifica di importo, i requisiti di cui al comma 9, lettere b) e c), possono essere dimostrati dall'operatore economico anche mediante i lavori affidati ad altre imprese della cui condotta è stato responsabile uno dei propri direttori tecnici negli ultimi venti anni. Tale facoltà può essere eser-

citata solo nel caso in cui i soggetti designati hanno svolto funzioni di direttore tecnico, per conto di imprese già iscritte all'Albo nazionale dei costruttori ovvero già qualificate ai sensi del regolamento di esecuzione ed attuazione del decreto legislativo 12 aprile 2006, n. 163, di cui al decreto del Presidente della Repubblica 5 ottobre 2010, n. 207 o qualificate ai sensi del presente allegato, per un periodo complessivo non inferiore a cinque anni, di cui almeno tre consecutivi nella stessa impresa. Lo svolgimento delle funzioni in questione è dimostrato con l'esibizione dei certificati di iscrizione all'Albo o dell'attestazione e dei certificati di esecuzione dei lavori della cui condotta uno dei direttori tecnici è stato responsabile. La valutazione dei lavori è effettuata abbattendo a un decimo l'importo complessivo di essi e fino a un massimo di 2.500.000 euro. Un direttore tecnico non può dimostrare i requisiti di cui al comma 9, lettere b) e c), qualora non siano trascorsi cinque anni da una eventuale precedente dimostrazione e a tal fine deve produrre una apposita dichiarazione.

19. Qualora la percentuale dell'attrezzatura tecnica di cui al comma 12 o i rapporti di cui al comma 14 fra il costo complessivo sostenuto per il personale dipendente e la cifra di affari di cui al comma 6, lettera b), siano inferiori alle percentuali indicate nei medesimi commi 12 e 14, la cifra di affari stessa è figurativamente e proporzionalmente ridotta in modo da ristabilire le percentuali richieste; la cifra di affari così figurativamente rideterminata vale per la dimostrazione del requisito di cui al comma 6, lettera b). Qualora la non congruità della cifra di affari dipenda da un costo eccessivamente modesto del personale dipendente rispetto alla cifra di affari in lavori, tenuto conto della natura di questi ultimi, la SOA informa dell'esito della procedura di verifica la direzione provinciale del lavoro - servizio ispezione del lavoro territorialmente competente.

20. Per la qualificazione nella categoria OG 11, l'impresa deve dimostrare di possedere, per ciascuna delle categorie di opere specializzate individuate con l'acronimo OS 3, OS 28 e OS 30 nella Tabella A, almeno la percentuale di seguito indicata dei requisiti di ordine speciale previsti dal presente articolo per l'importo corrispondente alla classifica richiesta:

a) categoria OS 3: 40 per cento;
b) categoria OS 28: 70 per cento;
c) categoria OS 30: 70 per cento.

21. L'impresa qualificata nella categoria OG 11 può eseguire i lavori in ciascuna delle categorie OS 3, OS 28 e OS 30 per la classifica corrispondente a quella posseduta. I certificati di esecuzione dei lavori relativi alla categoria OG 11 indicano, oltre all'importo complessivo dei lavori riferito alla categoria OG 11, anche gli importi dei lavori riferiti a ciascuna delle suddette categorie di opere specializzate e sono utilizzati unicamente per la qualificazione nella categoria OG 11. Ai fini dell'individuazione delle categorie nella fase di progetto e successivo bando o avviso di gara o lettera di invito, un insieme di lavorazioni è definito come appartenente alla categoria OG 11 qualora dette lavorazioni siano riferibili a ciascuna delle categorie specializzate OS 3, OS 28 e OS 30; l'importo di ciascuna di tali categorie di opere specializzate, così individuate, deve essere pari almeno alla percentuale di seguito indicata dell'importo globale delle lavorazioni attinenti alla categoria OG 11:

a) categoria OS 3: 10 per cento;
b) categoria OS 28: 25 per cento;
c) categoria OS 30: 25 per cento.

22. Per i lavori della categoria OS 12-A, ai fini del collaudo, l'esecutore presenta una certificazione del produttore dei beni oggetto della categoria attestante il corretto montaggio e la corretta installazione degli stessi.

23. Le SOA non rilasciano l'attestazione di qualificazione ai soggetti che, ai fini della qualificazione, hanno presentato documentazione falsa in relazione ai requisiti di ordine speciale previsti dal presente articolo anche nell'ipotesi di certificati lavori ininfluenti per la specifica categoria richiesta; le SOA ne danno segnalazione all'ANAC che ordina l'iscrizione nel casellario informatico di cui all'articolo 222, comma 10, del codice, ai fini dell'interdizione al conseguimento dell'attestazione di qualificazione, per un periodo di un anno, decorso il quale l'iscrizione è cancellata e perde comunque efficacia. Ove la falsità della documentazione sia rilevata in corso di validità dell'attestazione di qualificazione, essa, anche nell'ipotesi di certificati lavori ininfluenti per la specifica categoria richiesta, comporta la pronuncia di decadenza dell'attestazione di qualificazione dell'impresa da parte della SOA che ne dà comunicazione all'ANAC, ovvero da parte dell'ANAC in caso di inerzia della SOA; l'ANAC ordina l'iscrizione nel casellario informatico, ai fini dell'interdizione al conseguimento di una nuova attestazione di qualifica-

zione, per un periodo di un anno, decorso il quale l'iscrizione è cancellata e perde comunque efficacia.

24. Per la qualificazione nelle categorie specializzate, individuate nella Tabella A con l'acronimo OS, relativamente alla I classifica di importo di cui all'articolo 2, comma 4, l'operatore economico deve dimostrare, con l'estratto autentico del libro unico del lavoro, che nel proprio organico sia presente almeno un operaio qualificato, assunto con contratto di lavoro subordinato e munito di patentino certificato. Per ogni successiva classifica e fino alla V inclusa il numero degli operai è incrementato di una unità rispetto alla precedente; dalla VI classifica è incrementato di due unità rispetto alla precedente. La disposizione di cui al presente comma si applica qualora i contratti collettivi nazionali di lavoro prevedano la figura dell'operaio qualificato con patentino certificato.

25. Per ottenere la qualificazione nelle categorie OS 13, OS 18-A, OS 18-B e OS 32, l'operatore economico deve altresì dimostrare di disporre di un adeguato stabilimento industriale specificamente adibito alla produzione dei beni oggetto della categoria.

Art. 19. Incremento convenzionale premiante – 1. Qualora l'operatore economico, oltre al possesso del sistema di qualità di cui all'articolo 100, comma 5, lettera c), del codice, presenti almeno tre dei seguenti requisiti e indici economico-finanziari, ottiene l'incremento figurativo, in base alla percentuale determinata secondo quanto previsto dalla Tabella C, dei valori degli importi di cui all'articolo 18, commi 6, lettera b), e 9, lettere b) e c), e gli importi così figurativamente rideterminati valgono per la dimostrazione dei requisiti dei suddetti commi dell'articolo 18:

a) patrimonio netto, costituito dal totale della lettera A) del passivo dello stato patrimoniale di cui all'articolo 2424 del codice civile dell'ultimo bilancio approvato, pari o superiore al 5 per cento della cifra di affari media annuale richiesta ai fini di cui all'articolo 18, comma 6, lettera b);

b) indice di liquidità, costituito dal rapporto tra la somma delle liquidità e dei crediti correnti e la somma dei debiti correnti dell'ultimo bilancio approvato, pari o superiore a zero virgola cinque; le liquidità comprendono le rimanenze per lavori in corso alla fine dell'esercizio;

c) indice di economicità, costituito dalla differenza tra il valore e i costi della produzione di cui all'articolo 2425 del codice civile, di valore positivo in almeno due esercizi tra gli ultimi tre;

d) requisiti di cui all'articolo 18, comma 5, lettere d) ed e), di valore non inferiori ai minimi stabiliti al medesimo articolo, commi 12 e 14.

2. Per le ditte individuali e le società di persone, i requisiti di cui al comma 1 sono dimostrati mediante il libro degli inventari o il bilancio di verifica riclassificato e vidimato da un professionista abilitato.

3. Qualora l'operatore economico, oltre al possesso del sistema di qualità di cui all'articolo 100, comma 5, lettera c), del codice, presenti un patrimonio netto, costituito dal totale della lettera A) del passivo dello stato patrimoniale di cui all'articolo 2424 del codice civile dell'ultimo bilancio approvato, pari o superiore al 10 per cento della cifra di affari media annuale richiesta ai fini di cui all'articolo 18, comma 6, lettera b), nonché i requisiti e gli indici economico-finanziari di cui al comma 1, lettere b), c) e d), del presente articolo, ottiene, anziché l'incremento figurativo di cui al comma 1, un incremento figurativo dei valori degli importi di cui all'articolo 18, commi 6, lettera b), e 9, lettere b) e c), in base alla percentuale determinata secondo quanto previsto dalla Tabella C, sostituendo nelle formule C1 e C2 il valore trenta con il valore trentanove. Gli importi così figurativamente rideterminati valgono per la dimostrazione dei requisiti dei suddetti commi dell'articolo 18.

4. L'incremento convenzionale premiante si applica anche nel caso di cessione o conferimento dell'intera azienda nel rispetto di quanto previsto dall'articolo 16, comma 10.

Art. 20. Rivalutazione dell'importo dei lavori eseguiti – 1. Gli importi dei lavori, relativi a tutte le categorie individuate dalla Tabella A, sono rivalutati sulla base delle variazioni accertate dall'ISTAT relative al costo di costruzione di un edificio residenziale, intervenute fra la data di ultimazione dei lavori, ovvero la data di emissione della documentazione attestante l'esecuzione parziale dei lavori, e la data di sottoscrizione del contratto di qualificazione con la SOA.

2. Sono soggetti alla rivalutazione gli importi dei lavori eseguiti a seguito di contratti stipulati con le stazioni appaltanti e gli enti

concedenti, nonché gli importi dei lavori eseguiti di cui all'articolo 24, commi 2 e 3, previa presentazione del certificato di regolare esecuzione dei lavori, rilasciato dal direttore dei lavori, che deve riportare la data di ultimazione dei lavori.

Art. 21. Determinazione del periodo di attività documentabile e dei relativi importi e certificati – 1. La cifra di affari in lavori di cui all'articolo 18, comma 6, lettera b), e gli importi dei lavori previsti dall'articolo 18, comma 9, lettere b) e c), sono quelli realizzati nei quindici anni antecedenti la data di sottoscrizione del contratto con la SOA, come previsto dall'articolo 100, comma 7, del codice.

2. I lavori da valutare sono quelli eseguiti regolarmente e con buon esito iniziati e ultimati nel periodo di cui al comma 1, ovvero la parte di essi eseguita nei quindici anni antecedenti la data di sottoscrizione del contratto, per il caso di lavori iniziati in epoca precedente o per il caso di lavori in corso di esecuzione alla data della sottoscrizione del contratto con la SOA, calcolata presumendo un avanzamento lineare degli stessi.

3. L'importo dei lavori è costituito dall'importo contabilizzato al netto del ribasso d'asta, eventualmente aggiornato in forza degli atti di sottomissione e degli atti aggiuntivi, e incrementato dall'eventuale adeguamento dei prezzi e dalle risultanze definitive del contenzioso eventualmente insorto per riserve dell'esecutore diverse da quelle riconosciute a titolo risarcitorio, risultante nel certificato di esecuzione dei lavori.

4. I certificati di esecuzione dei lavori contengono la espressa dichiarazione dei committenti che i lavori eseguiti sono stati realizzati regolarmente e con buon esito; se hanno dato luogo a vertenze in sede arbitrale o giudiziaria, ne viene indicato l'esito. La certificazione per i lavori relativi alla categoria OG 13 deve contenere l'attestato rilasciato dalle autorità eventualmente preposte alla tutela dei beni cui si riferiscono i lavori eseguiti.

5. I certificati rilasciati all'esecutore dei lavori sono trasmessi, a cura delle stazioni appaltanti o degli enti concedenti, all'ANAC con le modalità stabilite nei provvedimenti della stessa Autorità.

6. Le SOA trasmettono all'ANAC, secondo le modalità stabilite dalla stessa Autorità, entro quindici giorni dal rilascio delle attestazioni, i certificati e la documentazione a corredo di cui all'artico-

lo 24, presentati dagli operatori economici per essere qualificati, relativi a lavori il cui committente non sia tenuto all'applicazione del codice e del presente allegato, o eseguiti in proprio. L'ANAC provvede ai necessari riscontri a campione.

7. Le SOA, qualora nella attività di attestazione rilevino l'esistenza di certificati di lavori non presenti nel casellario informatico di cui all'articolo 222, comma 10, del codice, provvedono a darne comunicazione alle stazioni appaltanti o enti concedenti interessati e all'ANAC per gli eventuali provvedimenti da emanarsi ai sensi dell'articolo 222, comma 3, lettera a), del codice. Tali certificati di lavori non sono utilizzabili fino al loro inserimento nel casellario informatico.

8. La documentazione contabile dei lavori prodotta dall'impresa esecutrice non è utilizzabile dalle SOA, in sede di attestazione, in sostituzione dei certificati di esecuzione dei lavori rilasciati dalle stazioni appaltanti. La documentazione contabile non è altresì utilizzabile in caso di disconoscimento del certificato di esecuzione dei lavori da parte della stazione appaltante o del soggetto che si presume lo abbia emesso.

Art. 22. Criteri di accertamento e di valutazione dei lavori eseguiti all'estero – 1. Per i lavori eseguiti all'estero da operatori economici stabiliti in Italia, il richiedente produce alla SOA la certificazione di esecuzione dei lavori, corredata dalla copia del contratto, da ogni documento comprovante i lavori eseguiti e, laddove emesso, del certificato di collaudo.

2. La certificazione è rilasciata, su richiesta dell'interessato, da un tecnico di fiducia dell'ufficio consolare di prima categoria o del Ministero degli affari esteri e della cooperazione internazionale, con spese a carico del medesimo interessato; da essa risultano i lavori eseguiti secondo le diverse categorie, il loro ammontare, i tempi di esecuzione, indicazioni utili relative all'incidenza dei subappalti per ciascuna categoria nonché la dichiarazione che i lavori sono stati eseguiti regolarmente e con buon esito. I relativi importi sono inseriti nel certificato con le indicazioni necessarie per la completa individuazione dell'impresa subappaltatrice, del periodo di esecuzione e della categoria dei lavori eseguiti. La certificazione è rilasciata secondo modelli semplificati, individuati dall'ANAC, sentito il Mi-

nistero degli affari esteri e della cooperazione internazionale per gli aspetti di competenza ed è soggetta, ove necessario, a legalizzazione da parte delle autorità consolari italiane all'estero.

3. Per i soli lavori subappaltati a imprese italiane, i subappaltatori, ai fini del conseguimento della qualificazione, possono utilizzare il certificato rilasciato all'esecutore italiano ai sensi del comma 2 e, qualora non sia stato richiesto dall'esecutore, il certificato può essere richiesto direttamente dal subappaltatore secondo quanto previsto dal predetto comma.

4. La certificazione è prodotta in lingua italiana ovvero, se in lingua diversa dall'italiano, è corredata di una traduzione certificata conforme in lingua italiana rilasciata dall'ufficio consolare ovvero una traduzione in lingua italiana eseguita da un traduttore ufficiale. L'ufficio consolare di prima categoria, una volta conseguita la certificazione, la trasmette alla competente struttura centrale del Ministero degli affari esteri e della cooperazione internazionale che provvede a inserirla nel casellario informatico di cui all'articolo 222, comma 10, del codice, con le modalità stabilite dall'ANAC secondo i modelli semplificati sopra citati.

5. Qualora l'interessato abbia ultimato i lavori e non disponga più di propria rappresentanza nel Paese di esecuzione o la rappresentanza non sia in grado di svolgere a pieno le proprie funzioni a causa di palesi difficoltà nel medesimo Paese, può fare riferimento alla struttura competente del Ministero degli affari esteri e della cooperazione internazionale.

Art. 23. Lavori eseguiti dall'impresa affidataria e dall'impresa subappaltatrice. Lavori affidati a terzi dal contraente generale – 1. Ai fini della qualificazione delle imprese che hanno affidato lavorazioni in subappalto e delle imprese subappaltatrici le SOA si attengono ai seguenti criteri:

a) le lavorazioni eseguite dalle imprese subappaltatrici sono classificabili ai sensi della Tabella A; l'impresa subappaltatrice può utilizzare per la qualificazione il quantitativo delle lavorazioni eseguite aventi le caratteristiche predette;

b) l'impresa affidataria può utilizzare:

1) i lavori della categoria prevalente, per l'intero importo;

2) i lavori di ciascuna delle categorie scorporabili previste nel bando o nell'avviso di gara o nella lettera di invito, appartenenti alle

categorie di cui alla Tabella A, per l'intero importo in ciascuna delle categorie scorporabili.

2. La SOA, nella attività di attestazione, è tenuta ad attribuire la qualificazione conformemente al contenuto del certificato di esecuzione lavori. Ai fini della qualificazione, la SOA verifica che nel certificato di esecuzione dei lavori non siano presenti lavorazioni relative a categorie di cui alla Tabella A non previste nel bando di gara o nell'avviso o nella lettera di invito nonché nel contratto e negli eventuali atti di sottomissione o aggiuntivi debitamente approvati. Detta documentazione è richiesta dalla SOA al soggetto che ha emesso il certificato di esecuzione dei lavori. La SOA è tenuta a segnalare all'ANAC eventuali incongruenze riscontrate nel certificato di esecuzione lavori, ai sensi dell'articolo 11, comma 1, lettera f).

3. In caso di lavori eseguiti in raggruppamento temporaneo, le disposizioni di cui ai commi 1 e 2 si applicano con riferimento a ciascuna impresa riunita.

4. Ai terzi, affidatari di lavori del contraente generale ai sensi dell'articolo 204 del codice, sono richiesti i requisiti di qualificazione prescritti dall'articolo 100, comma 4, del codice e dal presente allegato, per la corrispondente categoria e classifica di importo. I certificati di esecuzione di cui all'articolo 21, comma 4, per i lavori affidati a terzi, sono emessi dal soggetto aggiudicatore che ha proceduto all'affidamento al contraente generale e trasmessi, a cura del medesimo soggetto aggiudicatore, all'ANAC con le modalità stabilite nei provvedimenti della stessa Autorità.

Art. 24. Criteri di valutazione dei lavori eseguiti e dei relativi importi – 1. L'attribuzione, nel certificato lavori, da parte delle stazioni appaltanti o degli enti concedenti, delle categorie di qualificazione, individuate dalla Tabella A, relative ai lavori eseguiti, è effettuata con riferimento alle categorie richieste nel bando di gara o nell'avviso o nella lettera di invito, nonché con riferimento alle categorie delle lavorazioni affidate in subappalto, risultanti dal certificato di esecuzione dei lavori. Qualora il responsabile unico del progetto (RUP) riporti nel certificato di esecuzione dei lavori categorie di qualificazione diverse da quelle previste nel bando di gara o nell'avviso o nella lettera di invito, si applicano le sanzioni previste dall'articolo 222, comma 3, lettera a), del codice, fino a un massimo di euro 50.000.

2. Per i lavori il cui committente non sia tenuto all'applicazione del codice e del presente allegato, le categorie dei lavori e gli importi sono attribuiti dalle SOA secondo le corrispondenti categorie individuate dalla Tabella A e in base all'importo realizzato per ciascuna di esse, come desumibili dagli atti contabili, dal contratto d'appalto o documento di analoga natura.

3. Per i lavori eseguiti in proprio e non su committenza si fa riferimento a parametri fisici (metri quadrati, metri cubi) valutati sulla base di prescrizioni o indici ufficiali e il relativo importo è valutato nella misura del 100 per cento.

4. Nel caso di opere di edilizia abitativa, si fa riferimento al costo totale dell'intervento (CTN), costituito dal costo a metro quadro, così come determinato dai soggetti competenti secondo le norme vigenti, moltiplicato per la superficie complessiva (SC) e maggiorato del 25 per cento.

5. Nel caso indicato al comma 2 le relative dichiarazioni sono corredate della seguente documentazione:

a) permesso di costruire ovvero segnalazione certificata di inizio attività, relativi all'opera realizzata, ove richiesti, con allegata copia autentica del progetto approvato;

b) copia del contratto stipulato;

c) copia delle fatture corrispondenti al quantitativo di lavori eseguiti;

d) copia del certificato di regolare esecuzione rilasciato dal direttore dei lavori.

6. Nel caso indicato al comma 3, le relative dichiarazioni sono corredate della documentazione di cui al comma 5, lettere a) e d), nonché delle fatture o di diversa documentazione corrispondenti all'acquisto di materiali e di servizi e a eventuali subappalti.

7. Fermo restando quanto previsto dai commi 5 e 6, nel caso indicato al comma 2 l'operatore economico deve presentare la certificazione di esecuzione lavori rilasciata dal committente e sottoscritta dal direttore dei lavori; i firmatari sono responsabili anche dell'indicazione degli eventuali subappaltatori, i quali dovranno altresì presentare la documentazione prevista dal comma 5, lettera b). Nel caso indicato al comma 3, la certificazione è rilasciata direttamente dal direttore lavori.

8. Ai fini della qualificazione, l'importo dei lavori appaltati al consorzio di imprese artigiane, al consorzio di cooperative e al con-

sorzio stabile è attribuito, sulla base di una deliberazione del consorzio stesso, al consorzio ed eventualmente al consorziato esecutore secondo le modalità previste dall'articolo 23, comma 1, lettera b). Ai fini della qualificazione del consorzio o del consorziato esecutore, la SOA acquisisce il certificato di esecuzione dei lavori, corredato della deliberazione consortile in cui sia precisato se il relativo importo sia da attribuire completamente al consorzio ovvero al consorzio e al consorziato nelle misure di cui al primo periodo.

Art. 25. Direzione tecnica – 1. La direzione tecnica è l'organo cui competono gli adempimenti di carattere tecnico-organizzativo necessari per la realizzazione dei lavori. La direzione tecnica può essere assunta da un singolo soggetto, eventualmente coincidente con il legale rappresentante dell'operatore economico, o da più soggetti.

2. I soggetti ai quali viene affidato l'incarico di direttore tecnico sono dotati, per la qualificazione in categorie con classifica di importo pari o superiore alla IV, di laurea in ingegneria, in architettura, o altra equipollente, o di laurea breve o di diploma universitario in ingegneria o in architettura o equipollente, di diploma di perito industriale edile o di geometra; per le classifiche inferiori è ammesso anche il possesso di titolo di studio tecnico equivalente al diploma di geometra e di perito industriale edile, ovvero il possesso del requisito professionale identificato nella esperienza acquisita nel settore delle costruzioni quale direttore del cantiere per un periodo non inferiore a cinque anni da comprovare con idonei certificati di esecuzione dei lavori attestanti tale condizione.

3. I soggetti designati nell'incarico di direttore tecnico non possono rivestire analogo incarico per conto di altri operatori economici qualificati; tali soggetti producono una dichiarazione di unicità di incarico. Il direttore tecnico, qualora sia persona diversa dal titolare dell'impresa, dal legale rappresentante, dall'amministratore e dal socio, deve essere dipendente dell'impresa stessa o in possesso di contratto d'opera professionale regolarmente registrato.

4. La qualificazione conseguita ai sensi dell'articolo 18, comma 18, è collegata al direttore tecnico che l'ha consentita. La stessa qualificazione può essere confermata sulla base di autonoma e specifica valutazione se l'impresa provvede alla sostituzione del direttore tecnico o dei direttori tecnici uscenti con soggetti aventi analoga idoneità.

5. Se l'impresa non provvede alla sostituzione del direttore tecnico uscente o dei direttori tecnici uscenti, la SOA o, in caso di inerzia, l'ANAC dispone:

a) la decadenza dell'attestazione di qualificazione nelle categorie e importi corrispondenti, connessi alla presenza del direttore tecnico uscente o dei direttori tecnici uscenti;

b) la conferma o la riduzione della qualificazione nelle categorie e importi corrispondenti, nel caso in cui l'impresa dimostri di aver eseguito lavori rispettivamente di pari o di minore importo nelle categorie in precedenza connesse alla direzione tecnica.

6. In ogni caso di variazione della direzione tecnica, l'impresa provvede a darne comunicazione alla SOA che l'ha qualificata e all'ANAC entro trenta giorni dalla data della avvenuta variazione.

Art. 26. Contratto di avvalimento in gara e qualificazione mediante avvalimento – 1. Per la qualificazione in gara, il contratto di cui all'articolo 104 del codice deve riportare in modo compiuto, esplicito ed esauriente:

a) oggetto: le risorse e i mezzi prestati in modo determinato e specifico;

b) durata;

c) ogni altro utile elemento ai fini dell'avvalimento.

2. Per l'ottenimento dell'attestazione di qualificazione mediante avvalimento, l'impresa ausiliata presenta alla SOA la dichiarazione con la quale l'impresa ausiliaria assume l'obbligo di mettere a disposizione le risorse oggetto di avvalimento in favore dell'impresa ausiliata per tutto il periodo di validità della attestazione SOA rilasciata mediante avvalimento.

3. Per le finalità di cui al comma 2, l'impresa ausiliaria e l'impresa ausiliata hanno l'obbligo di documentare alla SOA il rapporto di controllo tra le imprese ai sensi dell'articolo 2359, commi primo e secondo, del codice civile, e di comunicare alla SOA e all'ANAC entro quindici giorni il venire meno di tale rapporto di controllo, ovvero le circostanze che fanno venire meno la messa a disposizione delle risorse di cui al comma 2.

4. Entro il successivo termine di quindici giorni la SOA provvede a comunicare all'ANAC le informazioni di cui al comma 3 e dispone la decadenza, entro lo stesso termine, dell'attestazione dell'impresa ausiliata.

5. L'impresa ausiliata, per conseguire la qualificazione mediante avvalimento, deve possedere:

a) i requisiti di cui all'articolo 18, comma 1, in proprio;

b) i requisiti di cui all'articolo 18, commi da 5 a 25, anche mediante i requisiti resi disponibili dall'impresa ausiliaria.

6. L'impresa ausiliata è sottoposta a tutti gli obblighi previsti, per le imprese attestate dalle SOA, secondo le disposizioni del presente allegato.

7. Le SOA attestano le imprese ausiliate utilizzando uno specifico modello di attestazione predisposto e approvato dall'ANAC che richiama espressamente l'avvalimento.

Art. 27. Contenuti delle attestazioni rilasciate dalle SOA – 1. L'ANAC provvede a individuare, conformemente a quanto stabilito dal presente allegato, le informazioni che debbono essere riportate nelle attestazioni rilasciate dalle SOA, con riferimento ai requisiti di cui all'articolo 18.

2. Le attestazioni devono indicare espressamente le referenze che hanno permesso il rilascio delle stesse.

Art. 28. Requisiti per lavori pubblici di importo pari o inferiore a 150.000 euro – 1. Fermo restando quanto previsto dal Capo II del Titolo IV della Parte V del Libro II del codice, in materia di esclusione dalle gare, gli operatori economici possono partecipare agli appalti di lavori pubblici di importo pari o inferiore a 150.000 euro qualora in possesso dei seguenti requisiti di ordine tecnico-organizzativo:

a) importo dei lavori analoghi eseguiti direttamente nel quinquennio antecedente la data di pubblicazione del bando non inferiore all'importo del contratto da stipulare;

b) costo complessivo sostenuto per il personale dipendente non inferiore al 15 per cento dell'importo dei lavori eseguiti nel quinquennio antecedente la data di pubblicazione del bando; nel caso in cui il rapporto tra il suddetto costo e l'importo dei lavori sia inferiore a quanto richiesto, l'importo dei lavori è figurativamente e proporzionalmente ridotto in modo da ristabilire la percentuale richiesta; l'importo dei lavori così figurativamente ridotto vale per la dimostrazione del possesso del requisito di cui alla lettera a);

c) adeguata attrezzatura tecnica.

2. Nel caso di operatori economici già in possesso dell'attestazione SOA relativa ai lavori da eseguire, non è richiesta ulteriore dimostrazione circa il possesso dei requisiti.

3. Gli operatori economici, per partecipare agli appalti di importo pari o inferiore a 150.000 euro concernenti i lavori relativi alla categoria OG 13, fermo restando quanto previsto dal comma 1, devono aver realizzato nel quinquennio antecedente la data di pubblicazione del bando, dell'avviso o della lettera di invito, lavori analoghi per importo pari a quello dei lavori che si intendono eseguire, e presentare l'attestato di buon esito degli stessi rilasciato dalle autorità eventualmente preposte alla tutela dei beni cui si riferiscono i lavori eseguiti.

4. I requisiti, previsti dal bando di gara, dall'avviso di gara o dalla lettera di invito, sono determinati e documentati secondo quanto previsto dal presente allegato, e dichiarati in sede di domanda di partecipazione o di offerta con le modalità di cui all'articolo 91, comma 3, del codice.

Art. 29. Decadenza dell'attestazione di qualificazione – 1. Qualora la SOA o l'ANAC disponga la decadenza dell'attestazione di qualificazione, rilasciata ai sensi dell'articolo 100, comma 4, del codice ovvero ai sensi dell'articolo 26 del presente allegato, l'ANAC, direttamente o previa segnalazione da parte della SOA, provvede a darne pubblicità nel casellario informatico di cui all'articolo 222, comma 10, del codice.

2. Durante l'esecuzione dei lavori, le stazioni appaltanti verificano, attraverso il casellario informatico, che non sia intervenuta, nei confronti dell'esecutore e del subappaltatore, la decadenza dell'attestazione di qualificazione per aver prodotto falsa documentazione o dichiarazioni mendaci. Ove sia intervenuta la decadenza dell'attestazione dell'esecutore, si procede ai sensi dell'articolo 122, comma 2, lettera a), del codice; ove sia intervenuta la decadenza dell'attestazione del subappaltatore, la stazione appaltante pronuncia la decadenza dell'autorizzazione di cui all'articolo 119, comma 4, del codice, dandone contestuale segnalazione all'ANAC per l'inserimento nel casellario informatico.

Parte IV
SOGGETTI ABILITATI AD ASSUMERE LAVORI

Art. 30. Requisiti del concorrente singolo e di quelli riuniti – 1. Il concorrente singolo può partecipare alla gara qualora sia in possesso dei requisiti economico-finanziari e tecnico-organizzativi relativi alla categoria prevalente per l'importo totale dei lavori ovvero sia in possesso dei requisiti relativi alla categoria prevalente e alle categorie scorporabili per i singoli importi. I requisiti relativi alle categorie scorporabili non posseduti dall'impresa devono da questa essere posseduti con riferimento alla categoria prevalente.

2. Per i raggruppamenti temporanei di cui all'articolo 65, comma 2, lettera e), del codice, i consorzi di cui all'articolo 65, comma 2, lettera f), del codice e i soggetti di cui all'articolo 65, comma 1, lettera h), del codice, le quote di partecipazione al raggruppamento o consorzio possono essere liberamente stabilite entro i limiti consentiti dai requisiti di qualificazione posseduti dall'associato o dal consorziato. I lavori sono eseguiti dai concorrenti riuniti secondo le quote indicate in sede di offerta, fatta salva la facoltà di modifica delle stesse, previa autorizzazione della stazione appaltante che ne verifica la compatibilità con i requisiti di qualificazione posseduti dalle imprese interessate.

3. Per gli operatori stabiliti in altri Stati membri di cui all'articolo 65, comma 1, del codice, si applicano i commi 1 e 2.

4. Se il singolo concorrente o i concorrenti che intendano riunirsi in raggruppamento temporaneo hanno i requisiti di cui al presente articolo, possono raggruppare altre imprese qualificate anche per categorie e importi diversi da quelli richiesti nel bando, a condizione che i lavori eseguiti da queste ultime non superino il 20 per cento dell'importo complessivo dei lavori e che l'ammontare complessivo delle qualificazioni possedute da ciascuna sia almeno pari all'importo dei lavori che saranno a essa affidati.

5. I requisiti per i progettisti, previsti dal bando ai sensi dell'articolo 44, comma 3, del codice, devono essere posseduti dalle imprese attestate per prestazioni di sola esecuzione, attraverso un progettista associato o indicato in sede di offerta in grado di dimostrarli, scelto tra i soggetti di cui all'articolo 66, comma 1, del co-

dice. Gli operatori economici attestati per prestazioni di progettazione e costruzione devono possedere i predetti requisiti attraverso l'associazione o l'indicazione in sede di offerta di un progettista scelto tra i soggetti di cui all'articolo 66, comma 1, del codice, laddove gli stessi requisiti non siano dimostrati attraverso il proprio staff di progettazione.

6. Gli operatori economici qualificati nella I e nella II classifica, non in possesso, ai sensi dell'articolo 4, comma 1, della certificazione del sistema di qualità aziendale conforme alle norme europee della serie UNI EN ISO 9000, possono partecipare in raggruppamento temporaneo o consorzio ordinario di concorrenti agli affidamenti di contratti per i quali sia richiesta al concorrente singolo un'attestazione per classifiche superiori.

Art. 31. Società tra concorrenti riuniti o consorziati – 1. I concorrenti riuniti o consorziati indicati dal consorzio come esecutori dei lavori, dopo l'aggiudicazione possono costituire tra loro una società anche consortile, ai sensi del libro V, titolo V, capi III e seguenti del codice civile, per l'esecuzione unitaria, totale o parziale, dei lavori.

2. La società subentra, senza che ciò costituisca ad alcun effetto subappalto o cessione di contratto e senza necessità di autorizzazione o di approvazione, nell'esecuzione totale o parziale del contratto, ferme restando le responsabilità dei concorrenti riuniti o consorziati ai sensi del codice.

3. Il subentro ha effetto dalla data di notificazione dell'atto costitutivo alla stazione appaltante, e subordinatamente, alla iscrizione della società nel registro delle imprese.

4. Tutti i concorrenti riuniti devono far parte della società nella medesima percentuale di appartenenza al raggruppamento.

5. La società costituita dai concorrenti riuniti o consorziati non può conseguire la qualificazione. Nel caso di esecuzione parziale dei lavori, la società può essere costituita anche dai soli concorrenti riuniti o consorziati interessati all'esecuzione parziale.

6. Ai fini della qualificazione dei concorrenti riuniti, i lavori eseguiti dalla società sono riferiti ai singoli concorrenti riuniti, secondo le rispettive quote di partecipazione alla società stessa.

7. Ai fini della qualificazione dei concorrenti consorziati, i lavori eseguiti dalla società sono attribuiti secondo le disposizioni dell'articolo 24, comma 8.

Art. 32. Consorzi stabili – 1. I consorzi stabili di cui agli articoli 65, comma 1, lettera d), e 67, comma 4, del codice, eseguono i lavori o con la propria struttura o tramite i consorziati indicati in sede di gara senza che ciò costituisca subappalto, ferma la responsabilità solidale degli stessi nei confronti della stazione appaltante.

2. I consorzi stabili conseguono la qualificazione a seguito di verifica dell'effettiva sussistenza in capo alle singole consorziate dei corrispondenti requisiti.

3. Il conseguimento della qualificazione da parte del consorzio stabile non pregiudica la contemporanea qualificazione dei singoli consorziati, ma il documento di qualificazione di questi ultimi deve riportare la segnalazione di partecipazione a un consorzio stabile.

4. In caso di scioglimento del consorzio stabile ai consorziati sono attribuiti pro-quota i requisiti economico-finanziari e tecnico-organizzativi maturati a favore del consorzio in quanto da questi non assegnati in esecuzione ai consorziati. Le quote di assegnazione sono proporzionali all'apporto reso dai singoli consorziati nell'esecuzione dei lavori nel quinquennio antecedente.

Art. 33. Requisiti del concessionario – 1. I soggetti che intendono partecipare alle gare per l'affidamento di concessioni di lavori pubblici, se eseguono lavori con la propria organizzazione di impresa, devono essere qualificati secondo quanto previsto dall'articolo 100, comma 4, del codice e dall'articolo 18, comma 11, del presente allegato, con riferimento ai lavori direttamente eseguiti ed essere in possesso dei seguenti ulteriori requisiti economico-finanziari e tecnico-organizzativi:

a) fatturato medio relativo alle attività svolte negli ultimi cinque anni antecedenti alla pubblicazione del bando non inferiore al 10 per cento dell'investimento previsto per l'intervento;

b) capitale sociale non inferiore a un ventesimo dell'investimento previsto per l'intervento;

c) svolgimento negli ultimi cinque anni di servizi affini a quello previsto dall'intervento per un importo medio non inferiore al 5 per cento dell'investimento previsto per l'intervento;

d) svolgimento negli ultimi cinque anni di almeno un servizio affine a quello previsto dall'intervento per un importo medio pari ad almeno il 2 per cento dell'investimento previsto dall'intervento.

2. In alternativa ai requisiti previsti dal comma 1, lettere c) e d), il concessionario può incrementare i requisiti previsti dal medesimo comma, lettere a) e b), nella misura fissata dal bando di gara, comunque compresa fra 1,5 volte e tre volte. Il requisito previsto dal comma 1, lettera b), può essere dimostrato anche attraverso il patrimonio netto.

3. Se il concessionario non esegue direttamente i lavori oggetto della concessione, deve essere in possesso esclusivamente degli ulteriori requisiti di cui al comma 1, lettere a), b), c) e d).

4. Qualora il candidato alla concessione sia costituito da un raggruppamento temporaneo di soggetti o da un consorzio, i requisiti previsti dal comma 1 devono essere posseduti complessivamente, fermo restando che ciascuno dei componenti del raggruppamento possegga una percentuale non inferiore al 10 per cento dei requisiti di cui al comma 1, lettere a) e b).

5. Qualora, ai sensi dell'articolo 193 del codice, sia necessario apportare modifiche al progetto presentato dal promotore ai fini dell'approvazione dello stesso, il promotore, ovvero i concorrenti successivi in graduatoria che accettano di apportare le modifiche, devono comunque possedere, anche associando o consorziando altri soggetti, gli eventuali ulteriori requisiti, rispetto a quelli previsti dal bando di gara, necessari per l'esecuzione del progetto.

Parte V
REQUISITI PER LA PARTECIPAZIONE ALLE PROCEDURE DI AFFIDAMENTO DEI SERVIZI DI INGEGNERIA E ARCHITETTURA

Art. 34. Requisiti dei professionisti singoli o associati – 1. Ai fini della partecipazione alle procedure di affidamento dei servizi attinenti all'architettura e all'ingegneria di cui all'articolo 66 del codice, i professionisti singoli o associati devono possedere i seguenti requisiti:

a) essere in possesso di laurea in ingegneria o architettura o in una disciplina tecnica attinente all'attività prevalente oggetto del bando di gara, oppure, nelle procedure di affidamento di servizi che non richiedono il possesso di laurea, essere in possesso di diploma di geometra o altro diploma tecnico attinente alla tipologia dei servizi da prestare, nel rispetto dei relativi ordinamenti professionali;

b) essere abilitati all'esercizio della professione nonché iscritti, al momento della partecipazione alla gara, al relativo albo professionale previsto dai vigenti ordinamenti, ovvero abilitati all'esercizio della professione secondo le norme dei Paesi dell'Unione europea cui appartiene il soggetto.

Art. 35. Requisiti delle società di professionisti – 1. Ai fini della partecipazione alle procedure di affidamento dei servizi attinenti all'architettura e all'ingegneria di cui all'articolo 66 del codice, i soggetti di cui al comma 1, lettera b), del predetto articolo devono possedere i seguenti requisiti:

a) organigramma aggiornato comprendente i soggetti direttamente impiegati nello svolgimento di funzioni professionali e tecniche, nonché di controllo della qualità e in particolare:

1) i soci;

2) gli amministratori;

3) i dipendenti;

4) i consulenti su base annua, muniti di partita IVA, che firmano i progetti, o i rapporti di verifica dei progetti, o fanno parte dell'ufficio di direzione lavori e che hanno fatturato nei confronti della società una quota superiore al 50 per cento del proprio fatturato annuo risultante dall'ultima dichiarazione IVA;

b) l'organigramma di cui alla lettera a) riporta, altresì, l'indicazione delle specifiche competenze e responsabilità.

2. Fermo restando quanto previsto in materia di documento unico di regolarità contributiva (DURC) dalla legislazione vigente, alle attività professionali prestate dalle società di cui al presente articolo si applica il contributo integrativo qualora previsto dalle norme legislative che regolano la Cassa di previdenza di categoria cui ciascun firmatario del progetto fa riferimento in forza della iscrizione obbligatoria al relativo albo professionale. Detto contributo dovrà essere versato *pro quota* alle rispettive Casse secondo gli ordinamenti statutari e i regolamenti vigenti.

Art. 36. Requisiti delle società di ingegneria – 1. Ai fini della partecipazione alle procedure di affidamento dei servizi attinenti all'architettura e all'ingegneria di cui all'articolo 66 del codice, i soggetti di cui al comma 1, lettera c), del predetto articolo 66 sono tenuti a disporre di almeno un direttore tecnico con funzioni di collaborazione alla definizione degli indirizzi strategici del soggetto cui fa capo, di collaborazione e controllo delle prestazioni svolte dai tecnici incaricati delle progettazioni.

2. Il direttore tecnico di cui al comma 1 deve essere in possesso dei seguenti requisiti:

a) laurea in ingegneria o architettura o in una disciplina tecnica attinente all'attività prevalente svolta dalla società;

b) abilitazione all'esercizio della professione da almeno dieci anni nonché iscrizione, al momento dell'assunzione dell'incarico, al relativo albo professionale previsto dai vigenti ordinamenti, ovvero abilitato all'esercizio della professione secondo le norme dei Paesi dell'Unione europea cui appartiene il soggetto.

3. La società delega il compito di approvare e controfirmare gli elaborati tecnici inerenti alle prestazioni oggetto dell'affidamento, al direttore tecnico o ad altro ingegnere o architetto dipendente dalla medesima società e avente i medesimi requisiti. L'approvazione e la firma degli elaborati comportano la solidale responsabilità civile del direttore tecnico o del delegato con la società di ingegneria nei confronti della stazione appaltante.

4. Il direttore tecnico è formalmente consultato dall'organo di amministrazione della società per la definizione degli indirizzi relativi all'attività di progettazione, per la decisione di partecipazioni a gare per affidamento di incarichi o a concorsi di idee o di progettazione, nonché in materia di svolgimento di studi di fattibilità, ricerche, consulenze, progettazioni, direzioni dei lavori, valutazioni di congruità tecnico-economica e studi di impatto ambientale.

5. Le società di ingegneria predispongono e aggiornano l'organigramma comprendente i soggetti direttamente impiegati nello svolgimento di funzioni professionali e tecniche, nonché di controllo della qualità e in particolare:

a) i soci;

b) gli amministratori;

c) i dipendenti;

d) i consulenti su base annua, muniti di partiva IVA, che firmano i progetti, o i rapporti di verifica dei progetti, o fanno parte dell'ufficio di direzione lavori e che hanno fatturato nei confronti della società una quota superiore al 50 per cento del proprio fatturato annuo risultante dall'ultima dichiarazione IVA.

6. L'organigramma riporta, altresì, l'indicazione delle specifiche competenze e responsabilità. Se la società svolge anche attività diverse dalle prestazioni di servizi di cui all'articolo 66 del codice, nell'organigramma sono indicate la struttura organizzativa e le capacità professionali espressamente dedicate alla suddetta prestazione di servizi. I relativi costi sono evidenziati in apposito allegato al conto economico.

7. Si applica il comma 2 dell'articolo 35.

Art. 37. Requisiti degli altri soggetti abilitati in forza del diritto nazionale a offrire sul mercato servizi di ingegneria e di architettura – 1. Ai fini della partecipazione alle procedure di affidamento dei servizi attinenti all'architettura e all'ingegneria di cui all'articolo 66 del codice, i soggetti di cui al comma 1, lettera e), del predetto articolo sono tenuti a ricomprendere nell'oggetto sociale le prestazioni di servizi attinenti all'architettura e all'ingegneria.

2. I soggetti di cui al comma 1 sono tenuti a:

a) predisporre e aggiornare il proprio organigramma comprendente le persone direttamente impiegate nello svolgimento di funzioni professionali e tecniche, nonché di controllo della qualità con l'indicazione delle specifiche competenze e responsabilità, includendo, tenuto conto della propria natura giuridica:

1) legale rappresentante;

2) amministratori;

3) soci, soci fondatori, associati;

4) dipendenti;

5) consulenti su base annua, muniti di partita IVA, che firmano i progetti, o i rapporti di verifica dei progetti, o fanno parte dell'ufficio di direzione lavori e che hanno fatturato nei confronti dei soggetti di cui al comma 1 una quota superiore al 50 per cento del proprio fatturato annuo, risultante dall'ultima dichiarazione IVA;

b) disporre di almeno un direttore tecnico, formalmente consultato dall'organo di amministrazione dei soggetti di cui al comma 1 per la definizione degli indirizzi strategici dei medesimi, e per la partecipazione a gare per l'affidamento di servizi di ingegneria e architettura, con funzioni di collaborazione e controllo delle prestazioni svolte dai tecnici incaricati delle progettazioni.

3. Il direttore tecnico di cui al comma 2, lettera b), deve essere in possesso dei seguenti requisiti:

a) laurea in ingegneria o architettura o in una disciplina tecnica attinente alla tipologia dei servizi tecnici da prestare;

b) abilitazione all'esercizio della professione da almeno dieci anni nonché iscrizione, al momento dell'assunzione dell'incarico, al relativo albo professionale previsto dai vigenti ordinamenti, ovvero abilitazione all'esercizio della professione secondo le norme dello Stato dell'Unione europea di appartenenza del soggetto di cui al comma 1;

c) essere in regola con gli obblighi contributivi, assicurativi e di aggiornamento professionale previsti dalle norme legislative vigenti.

4. I soggetti di cui al comma 1 delegano il compito di approvare e controfirmare gli elaborati tecnici inerenti alle prestazioni oggetto dell'affidamento al direttore tecnico o ad altro ingegnere o architetto dipendente dagli stessi e avente i medesimi requisiti. L'approvazione e la firma degli elaborati comportano la responsabilità solidale del direttore tecnico o del delegato con i suddetti soggetti nei confronti della stazione appaltante.

5. Fermo restando quanto previsto in materia di DURC dalla legislazione vigente, ovvero dalle certificazioni di regolarità rilasciate dagli enti previdenziali di riferimento non aderenti al sistema dello sportello unico previdenziale, alle attività professionali prestate dai soggetti di cui al comma 1 si applica il contributo integrativo qualora previsto dalle norme legislative che regolano la cassa di previdenza di categoria di pertinenza cui ciascun firmatario del progetto fa riferimento in forza della iscrizione obbligatoria al relativo albo professionale. Detto contributo è versato *pro quota* alle rispettive casse secondo gli ordinamenti statutari e i regolamenti vigenti.

Art. 38. Requisiti dei consorzi stabili di società di professionisti e di società di ingegneria e dei GEIE – 1. Per i consorzi stabili di società di professionisti e di società di ingegneria e per i GEIE, costituiti ai sensi dell'articolo 66, comma 1, lettere a) e g), del codice, i requisiti di cui agli articoli 35 e 36 del presente allegato devono essere posseduti dai consorziati o partecipanti ai GEIE.

2. I consorzi stabili di società di professionisti e di società di ingegneria, anche in forma mista, devono essere formati da non meno di tre consorziati che abbiano operato nei settori dei servizi di ingegneria e architettura.

Art. 39. Requisiti dei raggruppamenti temporanei – 1. Ferme restando le disposizioni di cui all'articolo 68 del codice, per i raggruppamenti temporanei costituiti dai soggetti di cui all'articolo 66, comma 1, lettera f), del codice, i requisiti di cui agli articoli 35 e 36 del presente allegato, devono essere posseduti dai partecipanti al raggruppamento. I raggruppamenti temporanei, inoltre, devono prevedere la presenza di almeno un giovane professionista, laureato abilitato da meno di cinque anni all'esercizio della professione secondo le norme dello Stato membro dell'Unione europea di residenza, quale progettista. Per le procedure di affidamento che non richiedono il possesso del diploma di laurea, il giovane deve essere in possesso di diploma di geometra o altro diploma tecnico attinente alla tipologia dei servizi da prestare abilitato da meno di cinque anni all'esercizio della professione secondo le norme dello Stato membro dell'Unione europea di residenza, nel rispetto dei relativi ordini professionali. I requisiti del giovane non concorrono alla formazione dei requisiti di partecipazione richiesti dai committenti.

2. Ferma restando l'iscrizione al relativo albo professionale, il progettista presente nel raggruppamento può essere:

a) un libero professionista singolo o associato;

b) con riferimento alle società di cui agli articoli 35 e 36, un amministratore, un socio, un dipendente o un consulente su base annua che abbia fatturato nei confronti della società una quota superiore al 50 per cento del proprio fatturato annuo risultante dall'ultima dichiarazione IVA;

c) con riferimento ai prestatori di servizi attinenti all'architettura e l'ingegneria di altri Stati membri, un soggetto avente caratteristiche equivalenti, conformemente alla legislazione vigente nello Stato membro dell'Unione europea in cui è stabilito, ai soggetti indicati alla lettera a), se libero professionista singolo o associato, ovvero alla lettera b), se costituito in forma societaria.

3. Per i raggruppamenti temporanei costituiti dai soggetti di cui all'articolo 66, comma 1, lettera e), del codice:

a) i requisiti minimi dei soggetti di cui all'articolo 37, comma 1, del presente allegato devono essere posseduti dai partecipanti al raggruppamento;

b) il giovane professionista presente nel raggruppamento può rivestire una delle qualifiche indicate all'articolo 37, comma 2, lettera a), ferma restando l'iscrizione al relativo albo professionale;

c) con riferimento ai prestatori di servizi di architettura e ingegneria di altri Stati membri, il giovane professionista presente nel raggruppamento può avere anche caratteristiche equivalenti ai progettisti individuati alla lettera b), ove contemplati nel proprio organigramma, conformemente alla legislazione vigente nello Stato membro dell'Unione europea in cui è stabilito.

Art. 40. Verifica dei requisiti e delle capacità – 1. Ai sensi dell'articolo 99 del codice, la verifica del possesso dei requisiti necessari ai fini della partecipazione dei soggetti di cui all'articolo 66 del codice alle procedure per l'affidamento di servizi di architettura e ingegneria avviene attraverso il fascicolo virtuale dell'operatore economico di cui all'articolo 24 del codice.

Parte VI
QUALIFICAZIONE DEI CONTRAENTI GENERALI

Art. 41. Domanda di qualificazione a contraente generale – 1. Per la partecipazione alle procedure di aggiudicazione da parte dei contraenti generali, ai fini degli affidamenti di cui all'articolo 204 del codice, oltre all'assenza dei motivi di esclusione di cui al Capo II del Titolo IV della Parte V del Libro II del codice, è istituito il Sistema di qualificazione dei contraenti generali, disciplinato dal presente allegato, che prevede specifici requisiti in ordine all'adeguata capacità economica e finanziaria, all'adeguata idoneità tecnica e organizzativa, nonché all'adeguato organico tecnico e dirigenziale.

2. Le attività del Sistema di qualificazione dei contraenti riferite al Ministero delle infrastrutture e dei trasporti sono svolte dalla competente struttura individuata nel regolamento di organizzazione del Ministero.

3. Gli operatori economici che intendono ottenere la qualificazione a contraente generale per le classifiche stabilite ai sensi del comma 1, presentano la relativa domanda, unitamente alla documentazione dei requisiti necessari per la classifica di qualificazione richiesta, e all'attestato del versamento degli oneri di cui al comma 7, a mezzo raccomandata con avviso di ricevimento del servizio postale, ovvero mediante agenzia di recapito autorizzata, ovvero recapitata a mano, ovvero mediante posta certificata, al Ministero delle infrastrutture e dei trasporti. La domanda, compilata su modello conforme a quello approvato dal Ministero delle infrastrutture e dei trasporti, deve essere datata e recare la sottoscrizione del legale rappresentante dell'impresa in ciascuna pagina. Parimenti, il legale rappresentante deve dichiarare sotto la propria responsabilità i documenti allegati, specificando per ciascuno di essi il numero delle pagine costituenti il documento, ciascuna delle quali deve recare, in calce, la sigla del legale rappresentante e l'indicazione della data in cui detta sigla è stata apposta. Alla domanda, pena il non rilascio dell'attestazione, l'impresa allega la copia su supporto informatico della documentazione presentata, autenticata con firma digitale, con formati di memorizzazione stabiliti dal Ministero delle infrastrutture e dei trasporti e resi noti sul sito informatico istituzionale del Ministero.

4. Il Ministero delle infrastrutture e dei trasporti effettua i controlli di cui all'articolo 71 del testo unico delle disposizioni legislative e regolamentari in materia di documentazione amministrativa di cui al decreto del Presidente della Repubblica del 28 dicembre 2000, n. 445. In caso di dichiarazioni mendaci si applicano gli articoli 75 e 76 del testo unico di cui al decreto del Presidente della Repubblica n. 445 del 2000. Ricevuta la domanda, è verificata la completezza della medesima e della documentazione allegata. Nel caso di verifica positiva dei contenuti della domanda e della allegata documentazione, all'operatore economico viene data comunicazione dell'apertura del procedimento amministrativo, con indicazione del nominativo del RUP e dei dati di riferimento dello stesso (dislocazione dell'ufficio, numero telefonico e indirizzo di posta elettronica). Nel caso di incompletezza della domanda o della documentazione ne viene data comunicazione all'operatore economico, ai fini dell'integrazione.

5. La attestazione è rilasciata ovvero motivatamente negata entro tre mesi dalla ricezione di tutta la documentazione necessaria.

6. I dati sensibili acquisiti nell'ambito del procedimento di qualificazione del contraente generale sono trattati esclusivamente nell'ambito dell'ufficio e conservati nel rispetto del diritto alla protezione dei dati, adottando idonee misure di sicurezza per prevenire eventi lesivi della riservatezza.

7. La Tabella B - Parte II definisce i criteri per la determinazione degli oneri per la procedura di attestazione della qualificazione a contraente generale.

Art. 42. Procedimento per il rilascio e la decadenza dell'attestazione – 1. Il Ministero delle infrastrutture e dei trasporti accerta il possesso, da parte dell'impresa richiedente, dei requisiti di cui all'articolo 41, comma 1. Ove si rilevi la necessità, ai fini istruttori, di chiarimenti, precisazioni o altra documentazione integrativa, il Ministero delle infrastrutture e dei trasporti ne fa motivata richiesta all'operatore economico. La richiesta interrompe, per una sola volta e sino alla ricezione dei chiarimenti, delle precisazioni o della documentazione integrativa, la decorrenza del termine di tre mesi di cui all'articolo 41, comma 5.

2. Conclusa la fase istruttoria, in un termine comunque non superiore a due mesi dall'avvio del procedimento ai sensi dell'articolo 41, comma 3, fatta salva l'eventuale interruzione del termine di cui al comma 1, il Ministero delle infrastrutture e dei trasporti trasmette gli atti assunti, corredati di relazione, ai fini di riscontro tecnico, al Consiglio superiore dei lavori pubblici, che provvede nel termine improrogabile di quindici giorni. Acquisito il detto riscontro, il Ministero delle infrastrutture e dei trasporti procede, nei quindici giorni successivi, all'adozione del provvedimento di attestazione, ovvero di motivato diniego, del possesso della qualifica di «contraente generale» da parte dell'impresa. Ove, a seguito del suddetto riscontro da parte del Consiglio superiore, sia necessario richiedere all'impresa ulteriore documentazione integrativa, il termine di quindici giorni, assegnato al Ministero delle infrastrutture e dei trasporti, decorre dall'acquisizione della documentazione richiesta.

3. Il provvedimento di attestazione, o di diniego della stessa, è comunicato all'impresa interessata e all'ANAC. Del rilascio dell'at-

testazione viene altresì dato avviso sul sito informatico del Ministero delle infrastrutture e dei trasporti.

4. Il Ministero delle infrastrutture e dei trasporti provvede successivamente, ai fini di monitoraggio, a verifiche, a campione, del mantenimento del possesso dei requisiti richiesti da parte degli operatori economici attestati, acquisendo le informazioni necessarie dagli operatori medesimi, o d'ufficio. In assenza di riscontro da parte degli operatori economici alle richieste di informazione nel termine di trenta giorni, procede a formale diffida per lettera raccomandata o a mezzo posta elettronica certificata, imponendo all'operatore economico attestato l'ulteriore termine perentorio di quindici giorni per fornire le informazioni richieste. Trascorso inutilmente anche il detto termine, l'attestazione rilasciata cessa di avere validità. L'attestazione, rilasciata dal Ministero delle infrastrutture e dei trasporti, cessa comunque di avere validità ove l'operatore economico cui è stata rilasciata perda anche uno soltanto dei requisiti richiesti e documentati per la qualificazione. Il Ministero delle infrastrutture e dei trasporti cura le conseguenti comunicazioni all'operatore economico interessato, all'ANAC, e assicura, altresì, che sia dato avviso sul sito informatico istituzionale del Ministero.

5. Nel caso l'operatore economico già qualificato intenda richiedere la variazione della classifica attestata, il medesimo può presentare la relativa domanda intesa ad attivare, ai sensi dell'articolo 41, un nuovo procedimento di rilascio dell'attestazione per la nuova classifica.

5. Nei casi di cessazione automatica della validità dell'attestazione, l'operatore economico interessato può attivare un nuovo procedimento di rilascio, anche per la diversa classificazione per la quale sia in possesso dei requisiti richiesti.

6. Gli operatori economici attestati sono tenuti a comunicare al Ministero delle infrastrutture e dei trasporti, entro trenta giorni dal suo verificarsi, ogni variazione relativa ai requisiti di ordine generale previsti al comma 1.

7. Il Ministero delle infrastrutture e dei trasporti, qualora disponga la decadenza dell'attestazione di qualificazione, provvede a darne pubblicità sul proprio sito informatico. Durante l'esecuzione dei lavori, i soggetti aggiudicatori verificano, attraverso il sito informatico del Ministero delle infrastrutture e dei trasporti, che non sia intervenuta, nei confronti dell'esecutore e del subappaltatore, la deca-

denza dell'attestazione di qualificazione per aver prodotto falsa documentazione o dichiarazioni mendaci. Ove sia intervenuta la decadenza dell'attestazione dell'esecutore, si procede ai sensi dell'articolo 122, comma 2, lettera a), del codice; ove sia intervenuta la decadenza dell'attestazione del subappaltatore, il soggetto aggiudicatore pronuncia la decadenza dell'autorizzazione di cui all'articolo 119, comma 4, del codice, dandone contestuale segnalazione all'ANAC per l'inserimento nel casellario informatico di cui all'articolo 222, comma 10, del codice.

Art. 43. Procedimento per il rinnovo dell'attestazione – 1. Almeno novanta giorni prima della scadenza della validità della attestazione di cui all'articolo 42, il contraente generale deve presentare l'istanza contenente la richiesta di rinnovo della attestazione, con le modalità di cui all'articolo 41.

2. Il procedimento di rinnovo della attestazione è svolto secondo le modalità di cui all'articolo 42. Ai fini dell'avvio del procedimento amministrativo di rinnovo, si applicano le disposizioni di cui all'articolo 41, comma 3.

Art. 44. Imprese stabilite in Stati diversi dall'Italia – 1. Le imprese, stabilite negli altri Stati di cui all'articolo 65, comma 1, del codice, che intendano richiedere la qualificazione di contraente generale secondo l'ordinamento italiano, attestata dal Ministero delle infrastrutture e dei trasporti, presentano la domanda nelle forme prescritte dall'articolo 41, e allegano la documentazione conforme alle normative vigenti nei rispettivi Paesi, unitamente ai documenti tradotti in lingua italiana da traduttore ufficiale, che ne attesta la conformità al testo originale in lingua madre.

2. Le imprese di cui al comma 1 che intendano qualificarsi alla singola gara producono il documento di cui all'articolo 91, comma 3, del codice, unitamente ai documenti tradotti in lingua italiana da traduttore ufficiale, che ne attesta la conformità al testo originale in lingua madre.

Art. 45. Contratto di avvalimento in gara e qualificazione mediante avvalimento – 1. Per la qualificazione in gara si applicano le disposizioni di cui all'articolo 26, comma 1.

2. Per la qualificazione mediante avvalimento, si applicano le disposizioni di cui all'articolo 26, commi da 2 a 4; il riferimento ivi contenuto alle SOA si intende riferito al Ministero delle infrastrutture e dei trasporti. L'impresa ausiliata, per conseguire l'attestazione, deve possedere in proprio i requisiti di ordine generale di cui al Capo II del Titolo IV della Parte V del Libro II del codice; il possesso dei requisiti richiesti a norma dell'articolo 42, comma 1, può essere soddisfatto anche avvalendosi dei requisiti resi disponibili dall'impresa ausiliaria. L'impresa ausiliata è sottoposta a tutti gli obblighi previsti, per le imprese attestate dal Ministero delle infrastrutture e dei trasporti secondo le disposizioni di cui alla presente Parte.

3. Il Ministero delle infrastrutture e dei trasporti attesta le imprese ausiliate utilizzando uno specifico modello di attestazione che richiama espressamente l'avvalimento, predisposto dal Ministero delle infrastrutture e dei trasporti e reso noto con apposito comunicato, inserito nel sito informatico istituzionale del Ministero.

Art. 46. Monitoraggio e sperimentazione – 1. Per le finalità di cui all'articolo 100, comma 10, del codice, con decreto del Presidente del Consiglio dei ministri, è avviata una attività di monitoraggio e sperimentazione finalizzata a chiarire gli ambiti applicativi del sistema di qualificazione differenziato per gli appalti di servizi e forniture e le tipologie di affidamenti per cui è possibile adottare un meccanismo di qualificazione differenziato, nonché a chiarire i criteri, le procedure e il regime sanzionatorio della relativa qualificazione.

Tabella A – Categorie di opere generali e specializzate

PREMESSE

Ai fini delle seguenti declaratorie per «opera» o per «intervento» si intende un insieme di lavorazioni capace di esplicare funzioni economiche e tecniche.

La qualificazione in ciascuna delle categorie di opere generali, individuate con l'acronimo «OG», è conseguita dimostrando capacità di svolgere in proprio o con qualsiasi altro mezzo l'attività di costruzione, ristrutturazione e manutenzione di opere o interventi per la cui realizzazione, finiti in ogni loro parte e pronti all'uso da parte dell'utilizzatore finale, siano necessarie una pluralità di specifiche lavorazioni. La qualificazione presuppone effettiva capacità operativa e organizzativa dei fattori produttivi, specifica competenza nel coordinamento tecnico delle attività lavorative, nella gestione economico-finanziaria e nella conoscenza di tutte le regole tecniche e amministrative che disciplinano l'esecuzione di lavori pubblici. Ciascuna categoria di opere generali individua attività non ricomprese nelle altre categorie generali.

La qualificazione in ciascuna delle categorie di opere specializzate, individuate con l'acronimo «OS», è conseguita dimostrando capacità di eseguire in proprio l'attività di esecuzione, ristrutturazione e manutenzione di specifiche lavorazioni che costituiscono di norma parte del processo realizzativo di un'opera o di un intervento e necessitano di una particolare specializzazione e professionalità. La qualificazione presuppone effettiva capacità operativa e organizzativa dei fattori produttivi necessari alla completa esecuzione della lavorazione e il possesso di tutte le specifiche abilitazioni tecniche e amministrative previste dalle vigenti norme legislative e regolamentari.

CATEGORIE DI OPERE GENERALI

OG 1: Edifici civili e industriali

Riguarda la costruzione, la manutenzione o la ristrutturazione di interventi puntuali di edilizia occorrenti per svolgere una qualsiasi attività umana, diretta o indiretta, completi delle necessarie strutture, impianti elettromeccanici, elettrici, telefonici ed elettronici e finiture di qualsiasi tipo nonché delle eventuali opere connesse, complementari e accessorie.

Comprende, in via esemplificativa, le residenze, le carceri, le scuole, le caserme, gli uffici, i teatri, gli stadi, gli edifici per le industrie, gli edifici per parcheggi, le stazioni ferroviarie e metropolitane, gli edifici aeroportuali nonché qualsiasi manufatto speciale in cemento armato, semplice o precompresso, gettato in opera quali volte sottili, cupole, serbatoi pensili, silos ed edifici di grande altezza con strutture di particolari caratteristiche e complessità.

OG 2: Restauro e manutenzione dei beni immobili sottoposti a tutela ai sensi delle disposizioni in materia di beni culturali e ambientali

Riguarda lo svolgimento di un insieme coordinato di lavorazioni specialistiche necessarie a recuperare, conservare, consolidare, trasformare, ripristinare, ristrutturare, sottoporre a manutenzione gli immobili di interesse storico soggetti a tutela a norma delle disposizioni in materia di beni culturali e ambientali. Riguarda altresì la realizzazione negli immobili di impianti elettromeccanici, elettrici, telefonici ed elettronici e finiture di qualsiasi tipo nonché di eventuali opere connesse, complementari e accessorie.

OG 3: Strade, autostrade, ponti, viadotti, ferrovie, linee tranviarie, metropolitane, funicolari, e piste aeroportuali, e relative opere complementari

Riguarda la costruzione, la manutenzione o la ristrutturazione di interventi a rete che siano necessari per consentire la mobilità su «gomma», «ferro» e «aerea», qualsiasi sia il loro grado di importanza, completi di ogni opera connessa, complementare o accessoria anche di tipo puntuale, del relativo armamento ferroviario, nonché di tutti gli impianti automatici, elettromeccanici, elettrici, telefonici, elettronici e per la trazione elettrica necessari a fornire un buon servizio all'utente in termini di uso, informazione, sicurezza e assistenza.

Comprende, in via esemplificativa, le strade, qualsiasi sia il loro grado di importanza, le autostrade, le superstrade, inclusi gli interventi puntuali quali le pavimentazioni speciali, le gallerie artificiali, gli svincoli a raso o in sopraelevata, i parcheggi a raso, le opere di sostegno dei pendii, i rilevati, le ferrovie di interesse nazionale e locale, le metropolitane, le funicolari e le linee tranviarie di qualsiasi caratteristica tecnica, le piste di decollo di aeromobili e i piazzali di servizio di eliporti, le stazioni, le pavimentazioni realizzate con materiali particolari, naturali e artificiali, nonché i ponti, anche di complesse caratteristiche tecniche, in ferro, cemento armato semplice o precompresso, prefabbricati o gettati in opera.

OG 4: Opere d'arte nel sottosuolo

Riguarda la costruzione, la manutenzione o la ristrutturazione, mediante l'impiego di specifici mezzi tecnici speciali, di interventi in sotterraneo che siano necessari per consentire la mobilità su «gomma» e su «ferro», qualsiasi sia il loro grado di importanza, completi di ogni opera connessa, complementare o accessoria, puntuale o a rete, quali strade di accesso di qualsiasi grado di importanza, svincoli a raso o in sopraelevata, parcheggi a raso, opere di sostegno dei pendii e di tutti gli impianti elettromeccanici, elettrici, telefonici ed elettronici nonché di armamento ferroviario occorrenti per fornire un buon servizio all'utente in termini di uso, informazione, sicurezza e assistenza.

Comprende, in via esemplificativa, gallerie naturali, trafori, passaggi sotterranei, tunnel.

OG 5: Dighe

Riguarda la costruzione, la manutenzione o la ristrutturazione di interventi puntuali che siano necessari per consentire la raccolta di acqua da effettuare per qualsiasi motivo, localizzati su corsi d'acqua e bacini interni, complete di tutti gli impianti elettromeccanici, meccanici, elettrici, telefonici ed elettronici necessari all'efficienza e all'efficacia degli interventi nonché delle opere o lavori a rete a servizio degli stessi.

Comprende le dighe realizzate con qualsiasi tipo di materiale.

OG 6: Acquedotti, gasdotti, oleodotti, opere di irrigazione e di evacuazione

Riguarda la costruzione, la manutenzione o la ristrutturazione di interventi a rete che siano necessari per attuare il «servizio idrico integrato» ovvero per trasportare ai punti di utilizzazione fluidi aeriformi o liquidi, completi di ogni opera connessa, complementare o accessoria anche di tipo puntuale e di tutti gli impianti elettromeccanici, meccanici, elettrici, telefonici ed elettronici, necessari a fornire un buon servizio all'utente in termini di uso, funzionamento, informazione, sicurezza e assistenza a un normale funzionamento.

Comprende, in via esemplificativa, le opere di captazione delle acque, gli impianti di potabilizzazione, gli acquedotti, le torri piezometriche, gli impianti di sollevamento, i serbatoi interrati o sopraelevati, la rete di distribuzione all'utente finale, i cunicoli attrezzati, la fornitura e la posa in opera delle tubazioni, le fognature con qualsiasi materiale, il trattamento delle acque reflue prima della loro immissione nel ciclo naturale delle stesse, i gasdotti, gli oleodotti.

OG 7: Opere marittime e lavori di dragaggio

Riguarda la costruzione, la manutenzione o la ristrutturazione di interventi puntuali comunque realizzati, in acque dolci e salate, che costituiscono terminali per la mobilità su «acqua» ovvero opere di difesa del territorio dalle stesse acque dolci o salate, completi di ogni opera connessa, complementare o accessoria anche di tipo puntuale e di tutti gli impianti elettromeccanici, elettrici, telefonici ed elettronici necessari a fornire un buon servizio all'utente in termini di uso, funzionamento, informazione, sicurezza e assistenza.

Comprende, in via esemplificativa, i porti, i moli, le banchine, i pennelli, le piattaforme, i pontili, le difese costiere, le scogliere, le condotte sottomarine, le bocche di scarico nonché i lavori di dragaggio in mare aperto o in bacino e quelli di protezione contro l'erosione delle acque dolci o salate.

OG 8: Opere fluviali, di difesa, di sistemazione idraulica e di bonifica

Riguarda la costruzione e la manutenzione o la ristrutturazione di interventi, puntuali e a rete, comunque realizzati, occorrenti per la sistemazione di corsi d'acqua naturali o artificiali nonché per la difesa del territorio dai suddetti corsi d'acqua, completi di ogni opera connessa, complementare o accessoria, nonché di tutti gli impianti elettromeccanici, elettrici, telefonici ed elettronici necessari.

Comprende, in via esemplificativa, i canali navigabili, i bacini di espansione, le sistemazioni di foci, il consolidamento delle strutture degli alvei dei fiumi e dei torrenti, gli argini di qualsiasi tipo, la sistemazione e la regimentazione idraulica delle acque superficiali, le opere di diaframmatura dei sistemi arginali, le traverse per derivazioni e le opere per la stabilizzazione dei pendii.

OG 9: Impianti per la produzione di energia elettrica

Riguarda la costruzione, la manutenzione o la ristrutturazione degli interventi puntuali che sono necessari per la produzione di energia elettrica, completi di ogni connessa opera muraria, complementare o accessoria, puntuale o a rete, nonché di tutti gli impianti elettromeccanici, elettrici, telefonici ed elettronici, necessari in termini di funzionamento, informazione, sicurezza e assistenza.

Comprende le centrali idroelettriche ovvero alimentate da qualsiasi tipo di combustibile.

OG 10: Impianti per la trasformazione alta/media tensione e per la distribuzione di energia elettrica in corrente alternata e continua e impianti di pubblica illuminazione

Riguarda la costruzione, la manutenzione o la ristrutturazione degli interventi a rete che sono necessari per la distribuzione ad alta e media tensione e per la trasformazione e distribuzione a bassa tensione all'utente finale di energia elettrica, completi di ogni connessa opera muraria, complementare o accessoria, puntuale o a rete e la costruzione, la manutenzione e la ristrutturazione degli impianti di pubblica illuminazione, da realizzare all'esterno degli edifici.

Comprende, in via esemplificativa, le centrali e le cabine di trasformazione, i tralicci necessari per il trasporto e la distribuzione di qualsiasi tensione, la fornitura e posa in opera di cavi elettrici per qualsiasi numero di fasi su tralicci o interrati, la fornitura e posa in opera di canali attrezzati e dei cavi di tensione e gli impianti di pubblica illuminazione su porti, viadotti, gallerie, strade, autostrade e aree di parcheggio.

OG 11: Impianti tecnologici

Riguarda, nei limiti specificati all'articolo 18, commi 20 e 21, la fornitura, l'installazione, la gestione e la manutenzione di un insieme di impianti tecnologici tra loro coordinati e interconnessi funzionalmente, non eseguibili separatamente, di cui alle categorie di opere specializzate individuate con l'acronimo OS 3, OS 28 e OS 30.

OG 12: Opere e impianti di bonifica e protezione ambientale

Riguarda la esecuzione di opere puntuali o a rete necessarie per la realizzazione della bonifica e della protezione ambientale.

Comprende, in via esemplificativa, le discariche, l'impermeabilizzazione con geomembrane dei terreni per la protezione delle falde acquifere, la bonifica di materiali pericolosi, gli impianti di rilevamento e telerilevamento per il monitoraggio ambientale per qualsiasi modifica dell'equilibrio stabilito dalla vigente legislazione, nonché gli impianti necessari per il normale funzionamento delle opere o dei lavori e per fornire un buon servizio all'utente sia in termini di informazione e di sicurezza.

OG 13: Opere di ingegneria naturalistica

Riguarda la costruzione, la manutenzione o la ristrutturazione di opere o lavori puntuali, e di opere o di lavori diffusi, necessari alla difesa del territorio e al ripristino della compatibilità fra «sviluppo sostenibile» ed ecosistema, comprese tutte le opere e i lavori necessari per attività botaniche e zoologiche.

Comprende, in via esemplificativa, i processi di recupero naturalistico, botanico e faunistico, la conservazione e il recupero del suolo utilizzato per cave e torbiere e dei bacini idrografici, l'eliminazione del dissesto idrogeologico per mezzo di piantumazione, le opere necessarie per la stabilità dei pendii, la riforestazione, i lavori di sistemazione agraria e le opere per la rivegetazione di scarpate stradali, ferroviarie, cave e discariche.

CATEGORIE DI OPERE SPECIALIZZATE

OS 1: Lavori in terra

Riguarda lo scavo, ripristino e modifica di volumi di terra, realizzati con qualsiasi mezzo e qualunque sia la natura del terreno da scavare o ripristinare: vegetale, argilla, sabbia, ghiaia, roccia.

OS 2-A: Superfici decorate di beni immobili del patrimonio culturale e beni culturali mobili di interesse storico, artistico, archeologico ed etnoantropologico

Riguarda l'intervento diretto di restauro, l'esecuzione della manutenzione ordinaria e straordinaria di: superfici decorate di beni immobili del patrimonio culturale, manufatti lapidei, dipinti murali, dipinti su tela, dipinti su tavola o su altri supporti materici, stucchi, mosaici, intonaci dipinti e non dipinti, manufatti polimaterici, manufatti in legno policromi e non policromi, manufatti in osso, in avorio, in cera, manufatti ceramici e vitrei, manufatti in metallo e leghe, materiali e manufatti in fibre naturali e artificiali, manufatti in pelle e cuoio, strumenti musicali, strumentazioni e strumenti scientifici e tecnici.

S 2-B: Beni culturali mobili di interesse archivistico e librario

Riguarda l'intervento diretto di restauro, l'esecuzione della manutenzione ordinaria e straordinaria di manufatti cartacei e pergamenacei, di materiale fotografico e di supporti digitali.

OS 3: Impianti idrico-sanitario, cucine, lavanderie

Riguarda la fornitura, il montaggio e la manutenzione o ristrutturazione di impianti idrosanitari, di cucine, di lavanderie, del gas e antincendio, qualsiasi sia il loro grado di importanza, completi di ogni connessa opera muraria, complementare o accessoria, da realizzarsi in opere generali che siano state già realizzate o siano in corso di costruzione.

OS 4: Impianti elettromeccanici trasportatori

Riguarda la fornitura, il montaggio e la manutenzione o ristrutturazione d'impianti trasportatori, ascensori, scale mobili, di sollevamento e di trasporto completi di ogni connessa opera muraria, complementare o accessoria, da realizzarsi in opere generali che siano state già realizzate o siano in corso di costruzione.

OS 5: Impianti pneumatici e antintrusione

Riguarda la fornitura, il montaggio e la manutenzione o ristrutturazione di impianti pneumatici e di impianti antintrusione, completi di ogni connessa opera muraria, complementare o accessoria, da realizzarsi in opere generali che siano state già realizzate o siano in corso di costruzione.

OS 6: Finiture di opere generali in materiali lignei, plastici, metallici e vetrosi

Riguarda la fornitura e la posa in opera, la manutenzione e ristrutturazione di carpenteria e falegnameria in legno, di infissi interni ed esterni, di rivestimenti interni ed esterni, di pavimentazioni di qualsiasi tipo e materiale e di altri manufatti in metallo, legno, materie plastiche e materiali vetrosi e simili.

OS 7: Finiture di opere generali di natura edile e tecnica

Riguarda la costruzione, la manutenzione o ristrutturazione di murature e tramezzature di qualsiasi tipo, comprensive di intonacatura, rasatura, tinteggiatura, verniciatura, e simili nonché la fornitura e la posa in opera, la manutenzione o la ristrutturazione delle opere delle finiture di opere generali quali isolamenti termici e acustici, controsoffittature e barriere al fuoco.

OS 8: Opere di impermeabilizzazione

Riguarda la fornitura, la posa in opera e la ristrutturazione delle opere di impermeabilizzazione con qualsiasi materiale e simili.

OS 9: Impianti per la segnaletica luminosa e la sicurezza del traffico

Riguarda la fornitura e posa in opera, la manutenzione sistematica o ristrutturazione di impianti automatici per la segnaletica luminosa e la sicurezza del traffico stradale, ferroviario, metropolitano o tranviario compreso il rilevamento delle informazioni e l'elaborazione delle medesime.

OS 10: Segnaletica stradale non luminosa

Riguarda la fornitura, la posa in opera, la manutenzione o ristrutturazione nonché la esecuzione della segnaletica stradale non luminosa, verticale, orizzontale e complementare.

OS 11: Apparecchiature strutturali speciali

Riguarda la fornitura, la posa in opera e la manutenzione o ristrutturazione di dispositivi strutturali, quali, in via esemplificativa, i giunti di dilatazione, gli apparecchi di appoggio, i dispositivi antisismici per ponti e viadotti stradali e ferroviari.

OS 12-A: Barriere stradali di sicurezza

Riguarda la fornitura, la posa in opera e la manutenzione o ristrutturazione dei dispositivi quali barriere, attenuatori d'urto, recinzioni e simili, finalizzati al contenimento e alla sicurezza del flusso veicolare stradale.

OS 12-B: Barriere paramassi, fermaneve e simili

Riguarda la fornitura, la posa in opera e la manutenzione o ristrutturazione delle barriere paramassi e simili, finalizzata al contenimento e alla protezione dalla caduta dei massi e valanghe, inclusi gli interventi con tecniche alpinistiche.

OS 13: Strutture prefabbricate in cemento armato

Riguarda la produzione in stabilimento industriale e il montaggio in opera di strutture prefabbricate in cemento armato normale o precompresso.

OS 14: Impianti di smaltimento e recupero dei rifiuti

Riguarda la costruzione e la manutenzione ordinaria e straordinaria di impianti di termodistruzione dei rifiuti e connessi sistemi di trattamento dei fumi e di recupero dei materiali, comprensivi dei macchinari di preselezione, compostaggio e produzione di combustibile derivato dai rifiuti, completi di ogni connessa opera muraria, complementare o accessoria, puntuale o a rete.

OS 15: Pulizia di acque marine, lacustri, fluviali

Riguarda la pulizia con particolari mezzi tecnici speciali di qualsiasi tipo di acqua e il trasporto del materiale di risulta nelle sedi prescritte dalle vigenti norme.

OS 16: Impianti per centrali di produzione energia elettrica

Riguarda la costruzione, la manutenzione o ristrutturazione di impianti e apparati elettrici a servizio di qualsiasi centrale di produzione di energia elettrica.

OS 17: Linee telefoniche e impianti di telefonia

Riguarda la fornitura, il montaggio e la manutenzione o ristrutturazione di linee telefoniche esterne e impianti di telecomunicazioni ad alta frequenza qualsiasi sia il loro grado di importanza, completi di ogni connessa opera muraria, complementare o accessoria, da realizzarsi, separatamente dalla esecuzione di altri impianti, in opere generali che siano state già realizzate o siano in corso di costruzione.

OS 18-A: Componenti strutturali in acciaio

Riguarda la produzione in stabilimento e il montaggio in opera di strutture in acciaio.

OS 18-B: Componenti per facciate continue

Riguarda la produzione in stabilimento e il montaggio in opera di facciate continue costituite da telai metallici ed elementi modulari in vetro o altro materiale.

OS 19: Impianti di reti di telecomunicazione e di trasmissione dati

Riguarda la fornitura, il montaggio e la manutenzione o ristrutturazione di impianti di commutazione per reti pubbliche o private, locali o interurbane, di telecomunicazione per telefonia, telex, dati e video su cavi in rame, su cavi in fibra ottica, su mezzi radioelettrici, su satelliti telefonici, radiotelefonici, televisivi e reti di trasmissione dati e simili, qualsiasi sia il loro grado di importanza, completi di ogni connessa opera muraria, complementare o accessoria, da realizzarsi, separatamente dalla esecuzione di altri impianti, in opere generali che siano state già realizzate o siano in corso di costruzione.

OS 20-A: Rilevamenti topografici

Riguarda l'esecuzione di rilevamenti topografici speciali richiedenti mezzi e specifica organizzazione imprenditoriale.

OS 20-B: Indagini geognostiche

Riguarda l'esecuzione di indagini geognostiche ed esplorazioni del sottosuolo con mezzi speciali, anche ai fini ambientali, compreso il prelievo di campioni di terreno o di roccia e l'esecuzione di prove *in situ*.

OS 21: Opere strutturali speciali

Riguarda la costruzione di opere destinate a trasferire i carichi di manufatti poggianti su terreni non idonei a reggere i carichi stessi, di opere destinate a conferire ai terreni caratteristiche di resistenza e di indeformabilità tali da rendere stabili l'imposta dei manufatti e da prevenire dissesti geologici, di opere per rendere antisismiche le strutture esistenti e funzionanti.

Comprende, in via esemplificativa, l'esecuzione di pali di qualsiasi tipo, di sottofondazioni, di palificate e muri di sostegno speciali, di ancoraggi, di opere per ripristinare la funzionalità statica delle strutture, di pozzi, di opere per garantire la stabilità dei pendii e di lavorazioni speciali per il prosciugamento, l'impermeabilizzazione e il consolidamento di terreni.

OS 22: Impianti di potabilizzazione e depurazione

Riguarda la costruzione, la manutenzione o ristrutturazione di impianti di potabilizzazione delle acque e di depurazione di quelle reflue, compreso il recupero del biogas e la produzione di energia elettrica, completi di ogni connessa opera muraria, complementare o accessoria, puntuale o a rete.

OS 23: Demolizione di opere

Riguarda lo smontaggio di impianti industriali e la demolizione completa di edifici con attrezzature speciali ovvero con uso di esplosivi, il taglio di strutture in cemento armato e le demolizioni in genere, compresa la raccolta dei materiali di risulta, la loro separazione e l'eventuale riciclaggio nell'industria dei componenti.

OS 24: Verde e arredo urbano

Riguarda la costruzione, il montaggio e la manutenzione di elementi non costituenti impianti tecnologici che sono necessari a consentire un miglior uso della città nonché la realizzazione e la manutenzione del verde urbano.

Comprende, in via esemplificativa, campi sportivi, terreni di gioco, sistemazioni paesaggistiche, verde attrezzato, recinzioni.

OS 25: Scavi archeologici

Riguarda gli scavi archeologici e le attività strettamente connesse.

OS 26: Pavimentazioni e sovrastrutture speciali

Riguarda la costruzione, la manutenzione o la ristrutturazione di pavimentazioni realizzate con materiali particolari, naturali o artificiali, in quanto sottoposti a carichi e sollecitazioni notevoli quali, in via esemplificativa, quelle delle piste aeroportuali.

OS 27: Impianti per la trazione elettrica

Riguarda la fornitura, la posa in opera e la manutenzione sistematica o ristrutturazione degli impianti per la trazione elettrica di qualsiasi ferrovia, metropolitana o linea tranviaria.

Comprende, in via esemplificativa, le centrali e le cabine di trasformazione, i tralicci necessari per il trasporto e la distribuzione della tensione, la fornitura e posa in opera dei cavi elettrici per qualsiasi numero di fasi su tralicci o interrati, la fornitura e posa in opera dei canali attrezzati e dei cavi di tensione nonché di tutti gli impianti elettromeccanici, elettrici, telefonici ed elettronici, necessari in termini di funzionamento, informazione, sicurezza e assistenza e simili.

OS 28: Impianti termici e di condizionamento

Riguarda la fornitura, il montaggio e la manutenzione o ristrutturazione di impianti termici e di impianti per il condizionamento del clima, qualsiasi sia il loro grado di importanza, completi di ogni connessa opera muraria, complementare o accessoria, da realizzarsi, separatamente dalla esecuzione di altri impianti, in opere generali che siano state già realizzate o siano in corso di costruzione.

OS 29: Armamento ferroviario

Riguarda la fornitura, la posa in opera e la manutenzione sistematica o ristrutturazione dei binari per qualsiasi ferrovia, metropolitana o linea tranviaria nonché degli impianti di frenatura e automazione per stazioni di smistamento merci.

OS 30: Impianti interni elettrici, telefonici, radiotelefonici, e televisivi

Riguarda la fornitura, il montaggio e la manutenzione o la ristrutturazione di impianti elettrici, telefonici, radiotelefonici, televisivi nonché di reti di trasmissione dati e simili, completi di ogni connessa opera muraria, complementare o accessoria, da realizzarsi in interventi appartenenti alle categorie generali che siano stati già realizzati o siano in corso di costruzione.

OS 31: Impianti per la mobilità sospesa

Riguarda la fornitura, il montaggio e la manutenzione o ristrutturazione di impianti e apparecchi di sollevamento e trasporto, completi di ogni connessa opera muraria, complementare o accessoria, puntuale o a rete, quali filovie, teleferiche, sciovie, gru e simili.

OS 32: Strutture in legno

Riguarda la produzione in stabilimenti industriali e il montaggio *in situ* di strutture costituite di elementi lignei pretrattati.

OS 33: Coperture speciali

Riguarda la costruzione e la manutenzione di coperture particolari comunque realizzate quali, per esempio, le tensostrutture, le coperture geodetiche, quelle copri-scopri, quelle pannellate e simili.

OS 34: Sistemi antirumore per infrastrutture di mobilità

Riguarda la costruzione, la posa in opera, la manutenzione e la verifica acustica delle opere di contenimento del rumore di origine stradale o ferroviaria quali barriere in metallo calcestruzzo, legno vetro, o materiale plastico trasparente, biomuri, muri cellulari o alveolari nonché rivestimenti fonoassorbenti di pareti di contenimento terreno o di pareti di gallerie.

OS 35: Interventi a basso impatto ambientale

Riguarda la costruzione e la manutenzione di qualsiasi opera interrata mediante l'utilizzo di tecnologie di scavo non invasive. Comprende, in via esemplificativa, le perforazioni orizzontali guidate e non, con l'eventuale riutilizzo e sfruttamento delle opere esistenti, nonché l'utilizzo di tecnologie di video-ispezione, risanamento, rinnovamento e sostituzione delle sottostrutture interrate ovvero di tecnologie per miniscavi superficiali.

Tabella B – Corrispettivi e oneri per le attività di qualificazione

Parte I – CORRISPETTIVI PER LE ATTIVITÀ DI QUALIFICAZIONE DELLE SOA

1. CB - Corrispettivo Base

Il corrispettivo spettante alle SOA per l'attività di attestazione è determinato in euro con la seguente formula:

$$P = [C/12500 + (2 * N + 8) * 413,16] * 1,0413 * R$$

dove:

C = Importo complessivo delle qualificazioni richieste nelle varie categorie

N = Numero delle categorie generali o specializzate per le quali si chiede la qualificazione.

R = Coefficiente ISTAT dei prezzi al consumo per le famiglie di operai e impiegati da applicare con cadenza annuale a partire dall'anno 2005 con base la media dell'anno 2001.

2. CR - Corrispettivo Revisione

Il corrispettivo spettante alle SOA per l'attività di revisione triennale è determinato con la seguente formula:

$$P = CB * 3/5$$

dove:

CB = Corrispettivo base applicato per l'attestazione in corso di validità comprensivo delle variazioni intervenute, aggiornato al Corrispettivo base definito con il presente allegato.

3. CNC - Corrispettivo Nuova Categoria

Il corrispettivo deve essere pari alla differenza tra la tariffa minima calcolata con riferimento alla nuova attestazione e quella calcolata con riferimento alla vecchia attestazione:

$$P = CBna-CBva$$

dove:

CBna = Corrispettivo base calcolato per la nuova attestazione
CBva = Corrispettivo base calcolato per la vecchia attestazione

4. CIC - Corrispettivo Incremento Classifica

Il corrispettivo da applicare, per ciascuna variazione di classifica, dovrà essere equivalente a un terzo del corrispettivo calcolato secondo il corrispettivo base:

$$P = CB*1/3$$

dove:

CB = Corrispettivo base applicato inserendo 1 alla voce N e la differenza tra la vecchia classifica e la nuova classifica alla voce C.

5. Nulla è dovuto alla SOA dai consorzi stabili di cui all'articolo 65, comma 2, lettera d), del codice, qualora la SOA debba provvedere unicamente a riportare i dati di variazione della data di scadenza intermedia della singola consorziata il cui attestato è stato sottoposto a rinnovo o a verifica triennale.

Parte II – ONERI PER LE ATTIVITÀ DI QUALIFICAZIONE A CONTRAENTE GENERALE

Gli oneri per la procedura di attestazione della qualificazione a contraente generale per l'attività di rilascio, di rinnovo o di cambio classifica di attestazione sono determinati in euro con la seguente formula:

$$P = [C/12500 + (2 * N + 8) * 413{,}16] * 1{,}0413 * R$$

dove:

C = Importo convenzionalmente stabilito pari a euro 20.658.000 moltiplicato il valore di N.

N = Numero convenzionale corrispondente a tre per le richieste di qualificazione alla classifica I, sei per la classifica II e nove per la classifica III.

R = Coefficiente ISTAT dei prezzi al consumo per le famiglie di operai e impiegati da applicare con cadenza annuale a partire dall'anno 2005 con base la media dell'anno 2001.

Gli oneri sono versati in conto entrate del bilancio dello Stato per essere riassegnati, nella misura stabilita con decreto non regolamentare del Ministero delle infrastrutture e dei trasporti di concerto con il Ministero dell'economia e delle finanze, allo stato di previsione della spesa del Ministero delle infrastrutture e dei trasporti, nei limiti del rimborso dei costi effettivamente sostenuti per le attività di qualificazione a contraente generale.

Il pagamento degli importi dovuti si effettua mediante versamento su conto corrente postale intestato alla tesoreria provinciale della Banca d'Italia di Roma il cui numero è reso noto sul sito informatico istituzionale del Ministero delle infrastrutture e dei trasporti.

Nella causale del versamento occorre specificare:

- il riferimento alla «qualificazione dei contraenti generali di cui all'articolo 204 del codice dei contratti pubblici», e la prestazione richiesta;
- Ministero delle infrastrutture e dei trasporti Sistema di qualificazione dei contraenti generali, che effettua la prestazione;
- il capitolo di entrata del Ministero delle infrastrutture e dei trasporti sul quale imputare il versamento; il capitolo è reso noto sul

sito informatico istituzionale del Ministero delle infrastrutture e dei trasporti

Tabella C – Incremento convenzionale premiante

L'incremento percentuale è dato da:

$$C1 = (30/3)*\{[(p-0,15)/0,075]+[(a-0,02)/0,01] + q\}$$

ovvero

$$C2 = (30/3)*\{[(r-0,10)/0,05]+[(a-0,02)/0,01] + q\}$$

dove:

p = il valore del rapporto tra il costo complessivo sostenuto per il personale dipendente, calcolato secondo l'articolo 18, comma 12, primo periodo, e la cifra di affari in lavori richiesta ai sensi dell'articolo 18, comma 6, lettera b);
per $p \geq 0,225$ si assume $p = 0,225$;

r = il valore del rapporto tra il costo complessivo sostenuto per il personale dipendente, calcolato secondo l'articolo 18, comma 12, secondo periodo, e la cifra di affari in lavori richiesta ai sensi dell'articolo 18, comma 6, lettera b);
per $r \geq 0,15$ si assume $r = 0,15$;

a = il valore del rapporto tra il costo dell'attrezzatura tecnica calcolato secondo l'articolo 18, comma 11, e la cifra di affari in lavori richiesta ai sensi dell'articolo 18, comma 6, lettera b);
per $a \geq 0,03$ si assume $a = 0,03$;

q = 1 in presenza di certificazione del sistema di qualità aziendale;
q = 0 in assenza di certificazione del sistema di qualità aziendale.

ALLEGATO II.13
Certificazioni e marchi rilevanti ai fini della riduzione della garanzia
(Articolo 106, comma 8)

NORMA	Certificazioni e marchi rilevanti ai fini della riduzione della garanzia Banca dati Accredia OGGETTO	Ultima versione	Tipologia	Azione
SA 8000	Certificazione *social accountability* 8000	2014	Processo	già presenti
UNI CEI EN ISO 50001	Sistemi di gestione dell'energia - Requisiti e linee guida per l'uso	2018	Processo	già presenti
ISO/IEC 27001:2013 UNI CEI EN ISO/IEC 27001:2017 ISO/IEC 27001:2022	Sistemi di gestione per la Sicurezza delle Informazioni N.B.: Le aziende certificate a fronte della ISO/IEC 27001:2013 hanno tempo tre anni dalla pubblicazione della ISO/IEC 27001:2022 (24/10/2022) per effettuare la transizione.	2022	Processo	già presenti
UNI EN ISO 14001	Sistemi di gestione ambientale	2015	Processo	già presenti
UNI EN ISO 9001	Sistemi di gestione per la qualità	2015	Processo	già presenti
UNI ISO 45001	Sistemi di gestione per la salute e sicurezza sul lavoro	2018	Processo	già presenti
UNI/PdR 125	Certificazione del sistema di gestione per la parità di genere all'interno delle organizzazioni	2022	Processo	già presenti
Ecolabel	Marchio di qualità ecologica dell'Unione europea regolamento (CE) n. 66/2010 del Parlamento europeo e del Consiglio, del 25 novembre 2009	2009	Prodotto	già presenti

▸▸

NORMA	Certificazioni e marchi rilevanti ai fini della riduzione della garanzia Banca dati Accredia OGGETTO	Ultima versione	Tipologia	Azione
EMAS	Registrazione al sistema comunitario di ecogestione e audit EMAS – Regolamento (CE) n. 1221/2009 del Parlamento europeo e del Consiglio, del 25 novembre 2009	2009	Prodotto	già presenti
UNI CEI 11352	Requisiti per Società che forniscono servizi energetici (ESCo)	2014	Prodotto	già presenti
UNI EN ISO 14064-1	Gas a effetto serra	2019	Prodotto	già presenti
UNI EN ISO/TS 14067	Gas a effetto serra - Impronta climatica dei prodotti (*Carbon footprint*)	2018	Prodotto	già presenti
	Ulteriori attestazioni rilasciate sulla base di norme nazionali già censite dalla normativa esistente			già presenti
	Rating di legalità			già presenti
	Rating di impresa			già presenti
	Attestazione modello organizzativo ai sensi del decreto legislativo 8 giugno 2001, n. 231			già presenti
ISO/IEC 27035-1	*Security techniques - Information security incident management*	2016	Processo	da introdurre
ISO/IEC 27701	*Security techniques - Extension to ISO/IEC 27001 and ISO/IEC 27002 for privacy information management*	2019	Processo	da introdurre
UNI ISO 37301	Sistemi di gestione per la compliance	2021	Processo	da introdurre

▸▸

NORMA	Certificazioni e marchi rilevanti ai fini della riduzione della garanzia Banca dati Accredia OGGETTO	Ultima versione	Tipologia	Azione
D.M. 2020/188	D.M. 2020/188 - Certificazione secondo il decreto del Ministro dell'ambiente e della tutela del territorio e del mare 22 settembre 2020, n. 188, recante "Regolamento recante disciplina della cessazione della qualifica di rifiuto da carta e cartone, ai sensi dell'articolo 184-*ter*, comma 2, del decreto legislativo 3 aprile 2006, n. 152"	2020	Processo	da introdurre
ISO 28000	Sistemi di gestione per la sicurezza nella catena di fornitura	2022	Processo	da introdurre
ISO 55001	*Asset management - Management systems - Requirements*	2015	Processo	da introdurre
UNI CEI ISO/ IEC20000-1	Sistemi di gestione servizi informatici	2020	Processo	da introdurre
ISO/IEC 27018	Tecnologia dell'informazione - Tecniche di sicurezza - Codice di condotta per la protezione delle informazioni di identificazione personale (PII) nei cloud pubblici che agiscono come processori PII	2020	Processo	da introdurre
ISO/IEC 27017	Tecnologia dell'informazione - Tecniche di sicurezza - Codice di condotta per i controlli di sicurezza delle informazioni basato su ISO / IEC 27002 per i servizi *cloud*	2021	Processo	da introdurre

▸▸

NORMA	Certificazioni e marchi rilevanti ai fini della riduzione della garanzia Banca dati Accredia OGGETTO	Ultima versione	Tipologia	Azione
UNI CEI EN ISO 13485:2016	Dispositivi medici - Sistemi di gestione per la qualità - Requisiti per scopi regolamentari	2022	Processo	da introdurre
UNI EN 9100	Sistemi di gestione per la qualità - Requisiti per le organizzazioni dell'aeronautica, dello spazio e della difesa	2018	Processo	da introdurre
UNI EN 9110	Sistemi di gestione per la qualità - Requisiti per le organizzazioni di manutenzione dell'aeronautica	2018	Processo	da introdurre
UNI EN 9120	Sistemi di gestione per la qualità - nell'aeronautica, nello spazio e nella difesa - Requisiti per i distributori	2018	Processo	da introdurre
UNI EN ISO 22000	Sistemi di gestione della Sicurezza alimentare	2018	Processo	da introdurre
UNI EN ISO 22301	Certificazione di sistemi di gestione della *business continuity*	2019	Processo	da introdurre
UNI ISO 20121	Certificazione di sistemi di gestione sostenibile degli eventi	2013	Processo	da introdurre
UNI ISO 37001	Sistemi di gestione per la prevenzione della corruzione	2016	Processo	da introdurre
UNI ISO 39001	UNI ISO 39001 - Sistemi di gestione per la sicurezza stradale	2016	Processo	da introdurre
UNI 11871	Studi professionali di Avvocati e Dottori Commercialisti - Principi organizzativi e gestione dei rischi connessi all'esercizio	2022	Processo	da introdurre

▸▸

NORMA	Certificazioni e marchi rilevanti ai fini della riduzione della garanzia Banca dati Accredia OGGETTO	Ultima versione	Tipologia	Azione
UNI/PdR 74	Sistema di Gestione BIM	2019	Processo	da introdurre
UNI ISO 21001	Sistemi di gestione per le organizzazioni di istruzione e formazione	2019	Processo	da introdurre
Contenuto di riciclato	Contenuto di riciclato - ReMade in Italy	2020	Processo	da introdurre
UNI EN ISO 18295-1 e UNI EN ISO 18295-2	Call Center - Requisiti per Centri di Contatto Clienti o utilizzatori servizi di CCC	2017	Prodotto	da introdurre
UNI/PdR 43-2	GDPR- Requisiti per la protezione dei dati personali in ambito ICT Linee guida per la gestione dei dati personali in ambito ICT secondo il regolamento UE 679/2016 del Parlamento europeo e del Consiglio, del 27 aprile 2016 (GDPR)	2018	Prodotto	da introdurre
UNI/PdR 88	Verifica del contenuto di riciclato o recuperato o sottoprodotto	2020	Prodotto	da introdurre

ALLEGATO II.14
Direzione dei lavori e direzione dell'esecuzione dei contratti. Modalità di svolgimento delle attività della fase esecutiva. Collaudo e verifica di conformità
(Articolo 114, comma 5)

CAPO I
DELL'ESECUZIONE DEI CONTRATTI DI LAVORI

Sezione I
Direzione dei lavori

Art. 1. Attività e compiti del direttore dei lavori – 1. Nell'esecuzione dei contratti il direttore dei lavori opera in piena autonomia e nel rispetto delle disposizioni di servizio impartite dal responsabile unico del progetto (RUP), valutando e curando i profili tecnici, contabili e amministrativi nell'esclusivo interesse all'efficiente e sollecita esecuzione dell'intervento. Nell'esercizio delle funzioni affidate il direttore dei lavori assume la responsabilità del coordinamento e della supervisione dell'attività di tutto l'ufficio di direzione dei lavori e interloquisce in via esclusiva con l'esecutore in merito agli aspetti tecnici ed economici del contratto.

2. Sono attribuiti al direttore dei lavori i seguenti compiti:

a) rilasciare, prima dell'avvio della procedura di scelta del contraente, un'attestazione al RUP, eventualmente aggiornata su richiesta di quest'ultimo, sullo stato dei luoghi con riferimento all'accessibilità delle aree e degli immobili interessati dai lavori secondo le indicazioni risultanti dagli elaborati progettuali;

b) rilasciare, prima dell'avvio della procedura di scelta del contraente, un'attestazione al RUP, eventualmente aggiornata su richiesta di quest'ultimo, sullo stato dei luoghi con riferimento all'assenza di impedimenti alla realizzabilità del progetto che risultino sopravvenuti agli accertamenti condotti preliminarmente all'approvazione del medesimo progetto;

c) provvedere alla consegna dei lavori ai sensi dell'articolo 3;

d) accettare i materiali e i componenti messi in opera e, se del caso, emettere motivato rifiuto ai sensi dell'articolo 4;

e) impartire all'esecutore le disposizioni e le istruzioni relative agli aspetti tecnici ed economici della gestione dell'appalto, emanando a tal fine ordini di servizio che devono essere comunicati al RUP e che devono recare una sintetica motivazione delle ragioni tecniche e delle finalità perseguite. Gli ordini di servizio sono, di norma, annotati nei documenti contabili tramite strumenti elettronici di contabilità o contabilità semplificata e devono comunque avere forma scritta nei soli casi in cui non siano ancora temporaneamente disponibili i mezzi necessari a conseguire una completa digitalizzazione finalizzata al controllo tecnico, amministrativo e contabile dei lavori;

f) accertare che si sia data applicazione alla normativa vigente in merito al deposito dei progetti strutturali delle costruzioni e che sia stata rilasciata la necessaria autorizzazione in caso di interventi ricadenti in zone soggette a rischio sismico;

g) accertare che i documenti tecnici, le prove di cantiere o di laboratorio e le certificazioni basate sull'analisi del ciclo di vita del prodotto (LCA) relative a materiali, lavorazioni e apparecchiature impiantistiche rispondano ai requisiti di cui al piano d'azione nazionale per la sostenibilità ambientale dei consumi della pubblica amministrazione;

h) verificare periodicamente il possesso e la regolarità, da parte dell'esecutore e del subappaltatore, della documentazione prevista dalle leggi vigenti in materia di obblighi nei confronti dei dipendenti;

i) controllare e verificare il rispetto dei tempi di esecuzione dei lavori indicati nel cronoprogramma allegato al progetto esecutivo e successivamente dettagliati nel programma di esecuzione dei lavori. Quando si utilizzano i metodi e gli strumenti di cui all'articolo 43 del codice e all'allegato I.9 al codice, la direzione dei lavori si avvale di modalità di gestione informativa digitale delle costruzioni;

l) disporre tutti i controlli e le prove previsti dalle vigenti norme nazionali ed europee, dal piano d'azione nazionale per la sostenibilità ambientale dei consumi della pubblica amministrazione e dal capitolato speciale d'appalto, redigendone, in caso di accertamento, apposito verbale da trasmettere al RUP. Quando si utilizzano i metodi e gli strumenti di cui all'articolo 43 del codice e all'Allegato I.9 al codice, il direttore dei lavori può avvalersi di modalità di gestione informativa digitale per la redazione del predetto verbale;

m) verificare, anche con l'ausilio dell'ufficio di direzione, la presenza in cantiere delle imprese subappaltatrici autorizzate, nonché dei subcontraenti, accertando l'effettivo svolgimento della parte di prestazioni a essi affidata nel rispetto della normativa vigente e del contratto stipulato, registrando le relative ed eventuali contestazioni dell'esecutore sulla regolarità dei lavori eseguiti in subappalto e rilevando l'eventuale inosservanza da parte di quest'ultimo delle relative disposizioni, provvedendo, in tal caso, a darne segnalazione al RUP;

n) coadiuvare il RUP nello svolgimento delle attività di verifica dei requisiti di capacità tecnica prevista in caso di ricorso all'istituto dell'avvalimento da parte dell'esecutore;

o) controllare lo sviluppo dei lavori e impartire tempestivamente le debite disposizioni per la relativa esecuzione entro i limiti dei tempi e delle somme autorizzate. Sono comprese in tale attività le visite periodiche al cantiere durante il periodo di sospensione dei lavori per accertare le condizioni delle opere e l'eventuale presenza di manodopera e di macchinari e per impartire le disposizioni necessarie a contenere macchinari e manodopera nella misura strettamente necessaria per evitare danni alle opere già eseguite e per facilitare la ripresa dei lavori;

p) compilare relazioni, da trasmettere al RUP, nel caso in cui nel corso dell'esecuzione dei lavori si verifichino sinistri alle persone o danni alle proprietà e redigere processo verbale alla presenza dell'esecutore in caso di danni causati da forza maggiore, al fine di determinare l'eventuale indennizzo al quale può avere diritto quest'ultimo;

q) fornire al RUP l'ausilio istruttorio e consultivo necessario per gli accertamenti finalizzati all'adozione di modifiche, variazioni e varianti contrattuali, ferma restando la possibilità di disporre modifiche di dettaglio non comportanti aumento o diminuzione dell'importo contrattuale, comunicandole preventivamente al RUP;

r) determinare in contraddittorio con l'esecutore i nuovi prezzi delle lavorazioni e dei materiali non previsti dal contratto;

s) rilasciare gli stati d'avanzamento dei lavori entro il termine fissato nella documentazione di gara e nel contratto, ai fini dell'emissione dei certificati per il pagamento degli acconti da parte del RUP;

t) procedere, in contraddittorio con l'esecutore, alla constatazione sullo stato di consistenza delle opere ed emettere il certificato di ultimazione dei lavori da trasmettere al RUP, che ne rilascia copia conforme all'esecutore. Tale certificato costituisce titolo sia per l'applicazione delle penali previste nel contratto per il caso di ritardata esecuzione sia per l'assegnazione di un termine perentorio per l'esecuzione di lavori di piccola entità non incidenti sull'uso e la funzionalità delle opere;

u) curare la costante verifica di validità del programma di manutenzione, dei manuali d'uso e dei manuali di manutenzione, modificandone e aggiornandone i contenuti a lavori ultimati. Quando si utilizzano i metodi e gli strumenti di cui all'articolo 43 del codice e all'allegato I.9 al codice, il direttore dei lavori assicura la correlazione con i modelli informativi prodotti o aggiornati nel corso dell'esecuzione dei lavori sino al collaudo;

v) gestire le contestazioni su aspetti tecnici e le riserve, attenendosi alla relativa disciplina prevista dalla stazione appaltante e riportata nel capitolato d'appalto;

z) fornire chiarimenti, spiegazioni e documenti all'organo di collaudo, assistendo quest'ultimo nell'espletamento delle operazioni e approvando, previo esame, il programma delle prove di collaudo e messa in servizio degli impianti;

aa) quando si utilizzano i metodi e gli strumenti di cui all'articolo 43 del codice e all'allegato I.9 al codice, il coordinatore dei flussi informativi, di cui al medesimo Allegato, assicura che essi siano utilizzati in modo interoperabile con gli strumenti relativi all'informatizzazione della gestione della contabilità dei lavori. Il direttore dei lavori può, altresì, utilizzare strumenti di raccolta e di registrazione dei dati di competenza in maniera strutturata e interoperabile con la gestione informativa digitale.

3. Spetta al direttore dei lavori il controllo della spesa legata all'esecuzione dell'opera o dei lavori, attraverso la compilazione con precisione e tempestività dei documenti contabili, che sono atti pubblici a tutti gli effetti di legge, con i quali si realizza l'accertamento e la registrazione dei fatti producenti spesa. A tal fine provvede a classificare e misurare le lavorazioni eseguite, nonché a trasferire i rilievi effettuati sul registro di contabilità e per le conseguenti operazioni di calcolo che consentono di individuare il progredire della spesa. Secondo il principio di costante progressione della contabilità, le predette attività di accertamento dei fatti producenti spesa devono essere eseguite contemporaneamente al loro accadere e, quindi, devono procedere di pari passo con l'esecuzione. Il direttore dei lavo-

ri provvede all'accertamento e alla registrazione di tutti i fatti producenti spesa contemporaneamente al loro accadere.

Art. 2. Ufficio di direzione dei lavori – 1. In relazione alla complessità dell'intervento e in ausilio al direttore dei lavori la stazione appaltante può istituire un ufficio di direzione dei lavori costituito da uno o più direttori operativi e da ispettori di cantiere, ed eventualmente da figure professionali competenti in materia informatica.

2. Gli assistenti con funzioni di direttori operativi collaborano con il direttore dei lavori nel verificare che le lavorazioni di singole parti dei lavori da realizzare siano eseguite regolarmente e nell'osservanza delle clausole contrattuali. Tali assistenti rispondono della loro attività direttamente al direttore dei lavori. Ai direttori operativi possono essere affidati dal direttore dei lavori, fra gli altri, i seguenti compiti:

a) verificare che l'esecutore svolga tutte le pratiche di legge relative alla denuncia dei calcoli delle strutture;

b) programmare e coordinare le attività dell'ispettore dei lavori;

c) curare l'aggiornamento del cronoprogramma generale e particolareggiato dei lavori e segnalare tempestivamente al direttore dei lavori le eventuali difformità rispetto alle previsioni contrattuali proponendo i necessari interventi correttivi;

d) assistere il direttore dei lavori nell'identificare gli interventi necessari a eliminare difetti progettuali o esecutivi;

e) individuare e analizzare le cause che influiscono negativamente sulla qualità dei lavori, proponendo al direttore dei lavori le adeguate azioni correttive;

f) assistere i collaudatori nell'espletamento delle operazioni di collaudo;

g) esaminare e approvare il programma delle prove di collaudo e messa in servizio degli impianti;

h) assumere la direzione di lavorazioni specialistiche.

3. Gli assistenti con funzioni di ispettori di cantiere collaborano con il direttore dei lavori nella sorveglianza dei lavori in conformità alle prescrizioni stabilite nel capitolato speciale di appalto. La posizione di ispettore è ricoperta da una sola persona che esercita la sua attività in un turno di lavoro. Tali assistenti sono presenti a

tempo pieno durante il periodo di svolgimento di lavori che richiedano un controllo quotidiano, nonché durante le fasi di collaudo e di eventuali manutenzioni. Tali assistenti rispondono della loro attività direttamente al direttore dei lavori. Agli assistenti con funzioni di ispettori di cantiere possono essere affidati, fra gli altri, i seguenti compiti:

a) la verifica dei documenti di accompagnamento delle forniture di materiali per assicurare che siano conformi alle prescrizioni e approvati dalle strutture di controllo di qualità del fornitore;

b) la verifica, prima della messa in opera, che i materiali, le apparecchiature e gli impianti abbiano superato le fasi di collaudo prescritte dal controllo di qualità o dalle normative vigenti o dalle prescrizioni contrattuali in base alle quali sono stati costruiti;

c) il controllo sulla attività dei subappaltatori;

d) il controllo sulla regolare esecuzione dei lavori con riguardo ai disegni e alle specifiche tecniche contrattuali;

e) l'assistenza alle prove di laboratorio;

f) l'assistenza ai collaudi dei lavori e alle prove di messa in esercizio e accettazione degli impianti;

g) la predisposizione degli atti contabili e l'esecuzione delle misurazioni quando siano stati incaricati dal direttore dei lavori;

h) l'assistenza al coordinatore per l'esecuzione.

4. Quando si utilizzano i metodi e gli strumenti di cui all'articolo 43 del codice e all'allegato I.9 al codice, all'interno dell'ufficio di direzione dei lavori è nominato un coordinatore dei flussi informativi. Tale ruolo può essere svolto dal direttore dei lavori ovvero da un direttore operativo già incaricato, se in possesso di adeguate competenze.

Sezione II
Esecuzione in senso stretto

Art. 3. Consegna dei lavori – 1. Il direttore dei lavori, previa disposizione del RUP, provvede alla consegna dei lavori, per le amministrazioni statali, non oltre quarantacinque giorni dalla data di registrazione alla Corte dei conti del decreto di approvazione del contratto, e non oltre quarantacinque giorni dalla data di approvazione del contratto quando la registrazione della Corte dei conti non è richiesta per legge; per le altre stazioni appaltanti il termine di quarantacinque giorni decorre dalla data di stipula del contratto.

2. Il direttore dei lavori comunica con un congruo preavviso all'esecutore il giorno e il luogo in cui deve presentarsi, munito del personale idoneo, nonché delle attrezzature e dei materiali necessari per eseguire, ove occorra, il tracciamento dei lavori secondo i piani, profili e disegni di progetto. All'esito delle operazioni di consegna dei lavori, il direttore dei lavori e l'esecutore sottoscrivono il relativo verbale e da tale data decorre utilmente il termine per il compimento dei lavori. Il direttore dei lavori trasmette il verbale di consegna sottoscritto dalle parti al RUP. Sono a carico dell'esecutore gli oneri per le spese relative alla consegna, alla verifica e al completamento del tracciamento che fosse stato già eseguito a cura della stazione appaltante.

3. Qualora l'esecutore non si presenti, senza giustificato motivo, nel giorno fissato dal direttore dei lavori per la consegna, la stazione appaltante ha facoltà di risolvere il contratto e di incamerare la cauzione, oppure, di fissare una nuova data per la consegna, ferma restando la decorrenza del termine contrattuale dalla data della prima convocazione.

4. Qualora la consegna avvenga in ritardo per causa imputabile alla stazione appaltante, l'esecutore può chiedere di recedere dal contratto. Nel caso di accoglimento dell'istanza di recesso l'esecutore ha diritto al rimborso delle spese contrattuali effettivamente sostenute e documentate, ma in misura non superiore ai limiti indicati ai commi 12 e 13. Ove l'istanza dell'esecutore non sia accolta e si proceda tardivamente alla consegna, lo stesso ha diritto a un indennizzo per i maggiori oneri dipendenti dal ritardo, le cui modalità di calcolo sono stabilite dal comma 14.

5. La stazione appaltante indica nel capitolato di appalto gli eventuali casi in cui è facoltà della stessa non accogliere l'istanza di recesso dell'esecutore.

6. Qualora, iniziata la consegna, questa sia sospesa dalla stazione appaltante per ragioni non di forza maggiore, la sospensione non può durare oltre sessanta giorni. Trascorso inutilmente tale termine, si applicano le disposizioni di cui ai commi 4 e 5.

7. Nelle ipotesi previste dai commi 4, 5 e 6 il RUP ha l'obbligo di informare l'ANAC.

8. Il direttore dei lavori è responsabile della corrispondenza del verbale di consegna dei lavori all'effettivo stato dei luoghi. Il processo verbale di consegna deve essere redatto in contraddittorio con l'esecutore e deve contenere:

a) le condizioni e circostanze speciali locali riconosciute e le operazioni eseguite, come i tracciamenti, gli accertamenti di misura, i collocamenti di sagome e capisaldi;

b) l'indicazione delle aree, dei locali, delle condizioni di disponibilità dei mezzi d'opera per l'esecuzione dei lavori dell'esecutore, nonché dell'ubicazione e della capacità delle cave e delle discariche concesse o comunque a disposizione dell'esecutore stesso;

c) la dichiarazione che l'area su cui devono eseguirsi i lavori è libera da persone e cose e, in ogni caso, che lo stato attuale è tale da non impedire l'avvio e la prosecuzione dei lavori.

9. Il direttore dei lavori provvede alla consegna parziale dei lavori nel caso in cui il capitolato speciale d'appalto lo preveda in relazione alla natura dei lavori da eseguire ovvero nei casi di temporanea indisponibilità delle aree e degli immobili. Nel caso di consegna parziale conseguente alla temporanea indisponibilità delle aree e degli immobili, l'esecutore è tenuto a presentare, a pena di decadenza dalla possibilità di iscrivere riserve per ritardi, un programma di esecuzione dei lavori che preveda la realizzazione prioritaria delle lavorazioni sulle aree e sugli immobili disponibili. Realizzati i lavori previsti dal programma, qualora permangano le cause di indisponibilità si applica la disciplina relativa alla sospensione dei lavori. Nei casi di consegna parziale, la data di consegna a tutti gli effetti di legge è quella dell'ultimo verbale di consegna parziale redatto dal direttore dei lavori. Quando il direttore dei lavori provvede alla consegna d'urgenza, il verbale di consegna indica, altresì, le lavorazioni che l'esecutore deve immediatamente eseguire, comprese le opere provvisionali.

10. Nel caso in cui siano riscontrate differenze fra le condizioni locali e il progetto esecutivo, non si procede alla consegna e il direttore dei lavori ne riferisce immediatamente al RUP, indicando le cause e l'importanza delle differenze riscontrate rispetto agli accertamenti effettuati in sede di redazione del progetto esecutivo e delle successive verifiche, proponendo i provvedimenti da adottare.

11. Fermi restando i profili di responsabilità amministrativo-contabile nei confronti della stazione appaltante del direttore dei la-

vori per il caso di ritardo nella consegna per causa imputabile al medesimo, tale ritardo è valutabile dalla stazione appaltante ai fini della performance, ove si tratti di personale interno alla stessa; in caso di affidamento dell'incarico a soggetto esterno, all'atto del conferimento sono disciplinate le conseguenze a carico dello stesso per la ritardata consegna.

12. Nel caso di accoglimento dell'istanza di recesso dell'esecutore dal contratto per ritardo nella consegna dei lavori attribuibile a causa imputabile alla stazione appaltante, l'esecutore ha diritto al rimborso delle spese contrattuali effettivamente sostenute e documentate, nei limiti di quanto stabilito dal capitolato d'appalto e, comunque, in misura non superiore alle seguenti percentuali, calcolate sull'importo netto dell'appalto:

a) 1,00 per cento per la parte dell'importo fino a 258.000 euro;
b) 0,50 per cento per l'eccedenza fino a 1.549.000 euro;
c) 0,20 per cento per la parte eccedente i 1.549.000 euro.

13. Nel caso di appalto di progettazione ed esecuzione, l'esecutore ha altresì diritto al rimborso delle spese, nell'importo quantificato nei documenti di gara e depurato del ribasso offerto, dei livelli di progettazione dallo stesso redatti e approvati dalla stazione appaltante; con il pagamento la proprietà del progetto è acquisita in capo alla stazione appaltante.

14. Nei casi previsti dai commi 12 e 13, ove l'istanza dell'esecutore non sia accolta e si proceda tardivamente alla consegna, l'esecutore ha diritto al risarcimento dei danni dipendenti dal ritardo, pari all'interesse legale calcolato sull'importo corrispondente alla produzione media giornaliera prevista dal cronoprogramma nel periodo di ritardo, calcolato dal giorno di notifica dell'istanza di recesso fino alla data di effettiva consegna dei lavori. Oltre alle somme espressamente previste dai commi 12 e 13, nessun altro compenso o indennizzo spetta all'esecutore. La richiesta di pagamento degli importi spettanti a norma dei commi 12 e 13, debitamente quantificata, è inoltrata a pena di decadenza entro sessanta giorni dalla data di ricevimento della comunicazione di accoglimento dell'istanza di recesso; la richiesta di pagamento degli importi spettanti a norma del primo periodo è formulata a pena di decadenza mediante riserva da iscrivere nel verbale di consegna dei lavori e da confermare, debitamente quantificata, nel registro di contabilità.

15. Nel caso di subentro di un esecutore a un altro nell'esecuzione dell'appalto, il direttore dei lavori redige apposito verbale in contraddittorio con entrambi gli esecutori per accertare la consistenza dei materiali, dei mezzi d'opera e di quant'altro il nuovo esecutore deve assumere dal precedente, e per indicare le indennità da corrispondersi. Qualora l'esecutore sostituito nell'esecuzione dell'appalto non intervenga alle operazioni di consegna, oppure rifiuti di firmare i processi verbali, gli accertamenti sono fatti in presenza di due testimoni e i relativi processi verbali sono dai medesimi firmati assieme al nuovo esecutore. Trascorso inutilmente e senza giustificato motivo il termine per la consegna dei lavori assegnato dal direttore dei lavori al nuovo esecutore, la stazione appaltante ha facoltà di risolvere il contratto e di incamerare la cauzione.

Art. 4. Accettazione dei materiali – 1. Il direttore dei lavori rifiuta in qualunque tempo i materiali e i componenti deperiti dopo l'introduzione in cantiere o che per qualsiasi causa non risultano conformi alla normativa tecnica, nazionale o dell'Unione europea, alle caratteristiche tecniche indicate nei documenti allegati al contratto, con obbligo per l'esecutore di rimuoverli dal cantiere e sostituirli con altri a sue spese; in tal caso il rifiuto è trascritto sul giornale dei lavori o, comunque, nel primo atto contabile utile. Ove l'esecutore non effettui la rimozione nel termine prescritto dal direttore dei lavori, la stazione appaltante può provvedervi direttamente a spese dell'esecutore, a carico del quale resta anche qualsiasi onere o danno che possa derivargli per effetto della rimozione eseguita d'ufficio. I materiali e i componenti sono messi in opera solo dopo l'accettazione del direttore dei lavori. L'accettazione definitiva dei materiali e dei componenti si ha solo dopo la loro posa in opera. Anche dopo l'accettazione e la posa in opera dei materiali e dei componenti da parte dell'esecutore, restano fermi i diritti e i poteri della stazione appaltante in sede di collaudo. Non rileva l'impiego da parte dell'esecutore e per sua iniziativa di materiali o componenti di caratteristiche superiori a quelle prescritte nei documenti contrattuali, o dell'esecuzione di una lavorazione più accurata. Quando si utilizzano i metodi e gli strumenti di cui all'articolo 43 del codice e all'allegato I.9 al codice, il direttore dei lavori può avvalersi di strumenti informatici di registrazione dei controlli effettuati che siano interoperabili con i modelli informativi.

2. I materiali e i manufatti portati in contabilità rimangono a rischio e pericolo dell'esecutore e sono rifiutati dal direttore dei lavori nel caso in cui quest'ultimo ne accerti l'esecuzione senza la necessaria diligenza o con materiali diversi da quelli prescritti contrattualmente o che, dopo la loro accettazione e messa in opera, abbiano rivelato difetti o inadeguatezze. Il rifiuto è trascritto sul giornale dei lavori o, comunque, nel primo atto contabile utile, entro quindici giorni dalla scoperta della non conformità alla normativa tecnica, nazionale o dell'Unione europea, al progetto o al contratto del materiale utilizzato o del manufatto eseguito.

3. Il direttore dei lavori o l'organo di collaudo dispongono prove o analisi ulteriori rispetto a quelle previste dalla legge o dal capitolato speciale d'appalto finalizzate a stabilire l'idoneità dei materiali o dei componenti e ritenute necessarie dalla stazione appaltante, con spese a carico dell'esecutore.

4. I materiali previsti dal progetto sono campionati e sottoposti all'approvazione del direttore dei lavori, completi delle schede tecniche di riferimento e di tutte le certificazioni in grado di giustificarne le prestazioni, con congruo anticipo rispetto alla messa in opera.

5. Il direttore dei lavori verifica altresì il rispetto delle norme in tema di sostenibilità ambientale, tra cui le modalità poste in atto dall'esecutore in merito al riuso di materiali di scavo e al riciclo entro lo stesso confine di cantiere.

Art. 5. Modifiche, variazioni e varianti contrattuali – 1. Il direttore dei lavori fornisce al RUP l'ausilio necessario per gli accertamenti in ordine alla sussistenza delle condizioni di cui all'articolo 120 del codice e propone al RUP le modifiche, nonché le varianti dei contratti in corso di esecuzione e relative perizie di variante, indicandone i motivi.

2. Con riferimento ai casi indicati dall'articolo 120, comma 1, lettera c), del codice, il direttore dei lavori descrive la situazione di fatto ai fini dell'accertamento da parte del RUP della sua non imputabilità alla stazione appaltante, della sua non prevedibilità al momento della redazione del progetto o della consegna dei lavori e delle ragioni per cui si rende necessaria la variazione.

3. In tutti i casi in cui siano necessarie modifiche del progetto, anche ai sensi dell'articolo 120, comma 7, del codice, il direttore dei

lavori, acquisito il parere del progettista, redige una relazione motivata contenente i presupposti per la modifica, sulla cui fondatezza si esprime il RUP per sottoporla all'approvazione della stazione appaltante. Gli eventuali costi per la progettazione delle modifiche devono trovare capienza nell'invarianza del quadro economico.

4. Il direttore dei lavori risponde delle conseguenze derivanti dall'aver ordinato o lasciato eseguire modifiche o addizioni al progetto, senza averne ottenuto regolare autorizzazione, sempre che non derivino da interventi volti a evitare danni gravi a persone o cose o a beni soggetti alla legislazione in materia di beni culturali e ambientali o comunque di proprietà delle stazioni appaltanti.

5. In caso di modifiche al progetto non disposte dal direttore dei lavori, quest'ultimo fornisce all'esecutore le disposizioni per la rimessa in pristino con spese a carico dell'esecutore stesso.

6. Nel caso di cui all'articolo 120, comma 9, del codice, l'esecutore non può far valere il diritto alla risoluzione del contratto e la perizia suppletiva è accompagnata da un atto di sottomissione che l'esecutore è tenuto a sottoscrivere in segno di accettazione o di motivato dissenso. Nel caso in cui la stazione appaltante disponga variazioni in diminuzione nel limite del quinto dell'importo del contratto, deve comunicarlo all'esecutore tempestivamente e comunque prima del raggiungimento del quarto quinto dell'importo contrattuale; in tal caso nulla spetta all'esecutore a titolo di indennizzo. Ai fini della determinazione del quinto, l'importo dell'appalto è formato dalla somma risultante dal contratto originario, aumentato dell'importo degli atti di sottomissione e degli atti aggiuntivi per varianti già intervenute, nonché dell'ammontare degli importi, diversi da quelli a titolo risarcitorio, eventualmente riconosciuti all'esecutore ai sensi degli articoli 212 e 213 del codice.

7. Le variazioni sono valutate in base ai prezzi di contratto, ma se comportano categorie di lavorazioni non previste o si debbano impiegare materiali per i quali non risulta fissato il prezzo contrattuale si provvede alla formazione di nuovi prezzi. I nuovi prezzi delle lavorazioni o materiali sono valutati:

a) desumendoli dai prezzari di cui all'articolo 41 del codice, ove esistenti;

b) ricavandoli totalmente o parzialmente da nuove analisi effettuate avendo a riferimento i prezzi elementari di mano d'opera, materiali, noli e trasporti alla data di formulazione dell'offerta, attraverso un contraddittorio tra il direttore dei lavori e l'esecutore, e approvati dal RUP.

8. Qualora dai calcoli effettuati ai sensi del comma 7 risultino maggiori spese rispetto alle somme previste nel quadro economico, i prezzi prima di essere ammessi nella contabilità dei lavori sono approvati dalla stazione appaltante, su proposta del RUP. Se l'esecutore non accetta i nuovi prezzi così determinati e approvati, la stazione appaltante può ingiungergli l'esecuzione delle lavorazioni o la somministrazione dei materiali sulla base di detti prezzi, comunque ammessi nella contabilità; ove l'esecutore non iscriva riserva negli atti contabili, i prezzi si intendono definitivamente accettati.

9. Il direttore dei lavori può disporre modifiche di dettaglio non comportanti aumento o diminuzione dell'importo contrattuale, comunicandole preventivamente al RUP.

10. Il direttore dei lavori, entro dieci giorni dalla proposta dell'esecutore, redatta in forma di perizia tecnica corredata anche degli elementi di valutazione economica, di variazioni migliorative di sua esclusiva ideazione e che comportino una diminuzione dell'importo originario dei lavori, trasmette la stessa al RUP unitamente al proprio parere. Possono formare oggetto di proposta le modifiche dirette a migliorare gli aspetti funzionali, nonché singoli elementi tecnologici o singole componenti del progetto, che non comportano riduzione delle prestazioni qualitative e quantitative stabilite nel progetto stesso e che mantengono inalterati il tempo di esecuzione dei lavori e le condizioni di sicurezza dei lavoratori. Le varianti migliorative, proposte nel rispetto di quanto previsto dall'articolo 120 del codice, non alterano in maniera sostanziale il progetto né le categorie di lavori.

11. La stazione appaltante comunica all'ANAC le modificazioni al contratto di cui all'articolo 120, commi 1, lettera b), e 3, del codice, entro trenta giorni dal loro perfezionamento. L'Autorità pubblica sulla sezione del sito Amministrazione trasparente l'elenco delle modificazioni contrattuali comunicate, indicando l'opera, l'amministrazione o l'ente aggiudicatore, l'aggiudicatario, il progettista, il valore della modifica.

12. Per i contratti pubblici di importo pari o superiore alla soglia di rilevanza europea, le varianti in corso d'opera di importo eccedente il 10 per cento dell'importo originario del contratto, incluse le varianti in corso d'opera riferite alle infrastrutture prioritarie,

sono trasmesse dal RUP all'ANAC, unitamente al progetto esecutivo, all'atto di validazione e a una apposita relazione del RUP, entro trenta giorni dall'approvazione da parte della stazione appaltante.

Art. 6. Cessioni di crediti – 1. Ai fini dell'opponibilità alle stazioni appaltanti, le cessioni di crediti devono essere stipulate mediante atto pubblico o scrittura privata autenticata e devono essere notificate alle amministrazioni debitrici.

2. Fatto salvo il rispetto degli obblighi di tracciabilità, le cessioni di crediti da corrispettivo di appalto, concessione e concorso di progettazione sono efficaci e opponibili alle stazioni appaltanti che sono amministrazioni pubbliche qualora queste non le rifiutino con comunicazione da notificarsi al cedente e al cessionario entro quarantacinque giorni dalla notifica della cessione.

3. Le amministrazioni pubbliche, nel contratto stipulato o in atto separato contestuale, possono preventivamente accettare la cessione da parte dell'esecutore di tutti o di parte dei crediti che devono venire a maturazione. In ogni caso l'amministrazione cui è stata notificata la cessione può opporre al cessionario tutte le eccezioni opponibili al cedente in base al contratto relativo a lavori, servizi, forniture, progettazione, con questo stipulato.

Art. 7. Riserve – 1. In linea di principio, l'iscrizione delle riserve è finalizzata ad assicurare alla stazione appaltante, durante l'intera fase di esecuzione del contratto, il continuo ed efficace controllo della spesa pubblica, la tempestiva conoscenza e valutazione, sulla base delle risultanze contenute nel registro di contabilità, delle eventuali pretese economiche avanzate dall'appaltatore e l'adozione di ogni misura e iniziativa volte a evitare che i fondi impegnati si rivelino insufficienti.

Non costituiscono riserve:

a) le contestazioni e le pretese economiche che siano estranee all'oggetto dell'appalto o al contenuto del registro di contabilità;

b) le richieste di rimborso delle imposte corrisposte in esecuzione del contratto di appalto;

c) il pagamento degli interessi moratori per ritardo nei pagamenti;

d) le contestazioni circa la validità del contratto;

e) le domande di risarcimento motivate da comportamenti della stazione appaltante o da circostanza a quest'ultima riferibili;

f) il ritardo nell'esecuzione del collaudo motivato da comportamento colposo della stazione appaltante.

2. Le riserve sono iscritte a pena di decadenza sul primo atto dell'appalto idoneo a riceverle, successivo all'insorgenza o alla cessazione del fatto che ha determinato il pregiudizio dell'esecutore. In ogni caso, sempre a pena di decadenza, le riserve sono iscritte anche nel registro di contabilità all'atto della firma immediatamente successiva al verificarsi o al cessare del fatto pregiudizievole, nonché all'atto della sottoscrizione del certificato di collaudo mediante precisa esplicitazione delle contestazioni circa le relative operazioni. Le riserve non espressamente confermate sul conto finale si intendono rinunciate. Le riserve devono essere formulate in modo specifico e indicare con precisione le ragioni sulle quali si fondano. In particolare, le riserve devono contenere a pena di inammissibilità:

a) la precisa quantificazione delle somme che l'esecutore ritiene gli siano dovute. La quantificazione della riserva è effettuata in via definitiva, senza possibilità di successive integrazioni o incrementi rispetto all'importo iscritto, salvo che la riserva stessa sia motivata con riferimento a fatti continuativi;

b) l'indicazione degli ordini di servizi, emanati dal direttore dei lavori o dal direttore dell'esecuzione, che abbiano inciso sulle modalità di esecuzione dell'appalto;

c) le contestazioni relative all'esattezza tecnica delle modalità costruttive previste dal capitolato speciale d'appalto o dal progetto esecutivo;

d) le contestazioni relative alla difformità rispetto al contratto delle disposizioni e delle istruzioni relative agli aspetti tecnici ed economici della gestione dell'appalto;

e) le contestazioni relative alle disposizioni e istruzioni del direttore dei lavori o del direttore dell'esecuzione che potrebbero comportare la responsabilità dell'appaltatore o che potrebbero determinare vizi o difformità esecutive dell'appalto.

3. L'esecutore, all'atto della firma del conto finale, da apporre entro il termine di trenta giorni dall'invito del RUP a prenderne cognizione, non può iscrivere domande diverse per oggetto o per importo da quelle formulate nel registro di contabilità durante lo svolgimento dei lavori, e ha l'onere, a pena di decadenza, di conferma-

re le riserve già iscritte sino a quel momento negli atti contabili per le quali non siano intervenute procedure di carattere conciliativo.

4. Se l'esecutore non firma il conto finale nel termine di cui al comma 3, o se lo sottoscrive senza confermare le domande già formulate nel registro di contabilità, il conto finale si intende come definitivamente accettato.

Art. 8. Sospensione dei lavori – 1. Nei casi di cui all'articolo 121 del codice, il direttore dei lavori dispone la sospensione dei lavori, redigendo, ove possibile con l'intervento dell'esecutore o di un suo legale rappresentante, il verbale di sospensione nel quale devono essere indicate:

a) le ragioni che abbiano determinato l'interruzione dei lavori;

b) lo stato di avanzamento dei lavori e delle opere la cui esecuzione rimanga interrotta, indicando le cautele adottate al fine della ripresa dell'intervento e della sua ultimazione senza eccessivi oneri;

c) la consistenza del personale impiegato e dei mezzi d'opera esistenti in cantiere al momento della sospensione.

2. Il risarcimento dovuto all'esecutore nel caso di sospensioni totali o parziali dei lavori disposte per cause diverse da quelle di cui ai commi 1, 2 e 6 dell'articolo 121 del codice è quantificato sulla base dei seguenti criteri:

a) i maggiori oneri per spese generali infruttifere si ottengono sottraendo all'importo contrattuale l'utile di impresa nella misura del 10 per cento e le spese generali nella misura del 15 per cento e calcolando sul risultato la percentuale del 6,5 per cento. Tale risultato va diviso per il tempo contrattuale e moltiplicato per i giorni di sospensione e costituisce il limite massimo previsto per il risarcimento quantificato sulla base del criterio di cui alla presente lettera;

b) la lesione dell'utile è riconosciuta coincidente con la ritardata percezione dell'utile di impresa, nella misura pari agli interessi legali di mora di cui all'articolo 2, comma 1, lettera e), del decreto legislativo 9 ottobre 2002, n. 231, computati sulla percentuale del 10 per cento, rapportata alla durata dell'illegittima sospensione;

c) il mancato ammortamento e le retribuzioni inutilmente corrisposte sono riferiti rispettivamente al valore reale, all'atto della sospensione, dei macchinari esistenti in cantiere e alla consistenza della mano d'opera accertati dal direttore dei lavori;

d) la determinazione dell'ammortamento avviene sulla base dei coefficienti annui fissati dalle vigenti norme fiscali.

3. Non appena siano venute a cessare le cause della sospensione il direttore dei lavori ne dà immediata comunicazione al RUP affinché quest'ultimo disponga la ripresa dei lavori e indichi il nuovo termine contrattuale. Entro cinque giorni dalla disposizione di ripresa dei lavori effettuata dal RUP, il direttore dei lavori procede alla redazione del verbale di ripresa dei lavori, che deve essere sottoscritto anche dall'esecutore e deve riportare il nuovo termine contrattuale indicato dal RUP. Nel caso in cui l'esecutore ritenga cessate le cause che hanno determinato la sospensione temporanea dei lavori e il RUP non abbia disposto la ripresa dei lavori stessi, l'esecutore può diffidare il RUP a dare le opportune disposizioni al direttore dei lavori perché provveda alla ripresa; la diffida proposta ai fini sopra indicati, è condizione necessaria per poter iscrivere riserva all'atto della ripresa dei lavori, qualora l'esecutore intenda far valere l'illegittima maggiore durata della sospensione.

4. Il direttore dei lavori è responsabile nei confronti della stazione appaltante di un'eventuale sospensione illegittima dal medesimo ordinata per circostanze non previste dall'articolo 121 del codice.

Art. 9. Gestione dei sinistri – 1. Nel caso in cui nel corso dell'esecuzione dei lavori si verifichino sinistri alle persone o danni alle proprietà, il direttore dei lavori compila una relazione nella quale descrive il fatto e le presumibili cause e adotta gli opportuni provvedimenti finalizzati a ridurre le conseguenze dannose. Tale relazione è trasmessa senza indugio al RUP. Restano a carico dell'esecutore:

a) tutte le misure, comprese le opere provvisionali, e tutti gli adempimenti per evitare il verificarsi di danni alle opere, all'ambiente, alle persone e alle cose nell'esecuzione dell'appalto;

b) l'onere per il ripristino di opere o il risarcimento di danni ai luoghi, a cose o a terzi determinati da mancata, tardiva o inadeguata assunzione dei necessari provvedimenti.

2. L'esecutore non può pretendere indennizzi per danni alle opere o provviste se non in caso fortuito o di forza maggiore e nei limiti consentiti dal contratto. Nel caso di danni causati da forza maggiore l'esecutore ne fa denuncia al direttore dei lavori nei termini stabiliti dal capitolato speciale o, in difetto, entro cinque giorni da quello

dell'evento, a pena di decadenza dal diritto all'indennizzo. Al fine di determinare l'eventuale indennizzo al quale può avere diritto l'esecutore spetta al direttore dei lavori redigere processo verbale alla presenza di quest'ultimo, accertando:

a) lo stato delle cose dopo il danno, rapportandole allo stato precedente;

b) le cause dei danni, precisando l'eventuale caso fortuito o di forza maggiore;

c) l'eventuale negligenza, indicandone il responsabile, ivi compresa l'ipotesi di erronea esecuzione del progetto da parte dell'appaltatore;

d) l'osservanza o meno delle regole dell'arte e delle prescrizioni del direttore dei lavori;

e) l'eventuale omissione delle cautele necessarie a prevenire i danni.

3. Nessun indennizzo è dovuto quando a determinare il danno abbia concorso la colpa dell'esecutore o delle persone delle quali esso è tenuto a rispondere.

Art. 10. Risoluzione – 1. Il direttore dei lavori, quando accerta un grave inadempimento alle obbligazioni contrattuali da parte dell'appaltatore, tale da comprometterne ai sensi dell'articolo 122, comma 3, del codice la buona riuscita delle prestazioni, invia al RUP una relazione particolareggiata, corredata dei documenti necessari, indicando la stima dei lavori eseguiti regolarmente, il cui importo può essere riconosciuto all'appaltatore.

2. Il direttore dei lavori formula, altresì, la contestazione degli addebiti all'appaltatore, assegnando a quest'ultimo un termine non inferiore a quindici giorni per la presentazione delle sue controdeduzioni al RUP.

3. Acquisite e valutate negativamente le predette controdeduzioni, ovvero scaduto il termine senza che l'appaltatore abbia risposto, la stazione appaltante su proposta del RUP dichiara risolto il contratto.

4. Il RUP, nel comunicare all'appaltatore la determinazione di risoluzione del contratto, dispone, con preavviso di venti giorni, che il direttore dei lavori curi la redazione dello stato di consistenza dei lavori già eseguiti, l'inventario di materiali, macchine e mezzi d'opera e la relativa presa in consegna.

5. Il direttore dei lavori fornisce altresì indicazione al RUP per l'irrogazione delle penali da ritardo previste nel contratto e per le valutazioni inerenti alla risoluzione contrattuale ai sensi dell'articolo 122, comma 4, del codice.

6. Qualora sia stato nominato, l'organo di collaudo procede a redigere, acquisito lo stato di consistenza, un verbale di accertamento tecnico e contabile in cui è accertata la corrispondenza tra quanto eseguito fino alla risoluzione del contratto e ammesso in contabilità e quanto previsto nel progetto approvato nonché nelle eventuali perizie di variante ed è altresì accertata la presenza di eventuali opere, riportate nello stato di consistenza, ma non previste nel progetto approvato nonché nelle eventuali perizie di variante.

Art. 11. Recesso – 1. Il decimo dell'importo delle opere non eseguite ai fini dell'applicazione dell'articolo 123, comma 1, del codice è calcolato sulla differenza tra l'importo dei quattro quinti del prezzo posto a base di gara, depurato del ribasso d'asta, e l'ammontare netto dei lavori eseguiti.

2. I materiali utili esistenti in cantiere, il cui valore è riconosciuto dalla stazione appaltante a norma del comma 1 dell'articolo 123 del codice, sono soltanto quelli già accettati dal direttore dei lavori o dal RUP in sua assenza, prima della comunicazione del preavviso di cui al comma 2 del medesimo articolo 123 del codice.

3. La stazione appaltante può trattenere le opere provvisionali e gli impianti che non siano in tutto o in parte asportabili ove li ritenga ancora utilizzabili. In tal caso essa corrisponde all'appaltatore, per il valore delle opere e degli impianti non ammortizzato nel corso dei lavori eseguiti, un compenso da determinare nella minor somma fra il costo di costruzione e il valore delle opere e degli impianti al momento dello scioglimento del contratto.

4. L'appaltatore deve rimuovere dai magazzini e dai cantieri i materiali non accettati dal direttore dei lavori e deve mettere i magazzini e i cantieri a disposizione della stazione appaltante nel termine stabilito; in caso contrario lo sgombero è effettuato d'ufficio e a sue spese.

Art. 12. Documenti contabili – 1. I diversi documenti contabili, predisposti e tenuti dal direttore dei lavori o dai direttori operativi o dagli ispettori di cantiere, se dal medesimo delegati, che devono essere firmati contestualmente alla compilazione rispettando la cronologia di inserimento dei dati, sono:

a) il giornale dei lavori in cui sono annotati per ciascun giorno almeno:

1) l'ordine, il modo e l'attività con cui progrediscono le lavorazioni;

2) la qualifica e il numero degli operai impiegati;

3) l'attrezzatura tecnica impiegata per l'esecuzione dei lavori;

4) l'elenco delle provviste fornite dall'esecutore, documentate dalle rispettive fatture quietanzate, nonché quant'altro interessi l'andamento tecnico ed economico dei lavori, ivi compresi gli eventuali eventi infortunistici;

5) l'indicazione delle circostanze e degli avvenimenti relativi ai lavori che possano influire sui medesimi, inserendovi le osservazioni meteorologiche e idrometriche, le indicazioni sulla natura dei terreni e quelle particolarità che possono essere utili;

6) le disposizioni di servizio e gli ordini di servizio del RUP e del direttore dei lavori;

7) le relazioni indirizzate al RUP;

8) i processi verbali di accertamento di fatti o di esperimento di prove;

9) le contestazioni, le sospensioni e le riprese dei lavori;

10) le varianti ritualmente disposte, le modifiche o aggiunte ai prezzi;

b) i libretti di misura delle lavorazioni e delle provviste che contengono la misurazione e classificazione delle lavorazioni effettuate dal direttore dei lavori. Il direttore dei lavori cura che i libretti siano aggiornati e immediatamente firmati dall'esecutore o dal tecnico dell'esecutore che ha assistito al rilevamento delle misure. Per le lavorazioni e le somministrazioni che per la loro natura si giustificano mediante fattura, il direttore dei lavori è tenuto ad accertare la loro corrispondenza ai preventivi precedentemente accettati e allo stato di fatto. In caso di lavori a corpo, le lavorazioni sono annotate su un apposito libretto delle misure, sul quale, in occasione di ogni stato d'avanzamento e per ogni categoria di lavorazione in cui risultano suddivisi, il direttore dei lavori registra la quota percentuale dell'aliquota relativa alla voce disaggregata della stessa categoria, rilevabile dal contratto, che è stata eseguita. Le progressive quote percentuali delle voci disaggregate eseguite delle varie categorie di lavorazioni sono desunte da valutazioni autonomamente effettuate dal direttore dei lavori, il quale può controllarne l'ordine di grandezza attraverso un riscontro nel computo metrico estimativo dal quale le aliquote sono state dedotte. I libretti delle misure possono altresì contenere le figure quotate delle lavorazioni eseguite, i profili e i piani quotati raffiguranti lo stato delle cose prima e dopo le lavorazioni, oltre alle memorie esplicative al fine di dimostrare chiaramente ed esattamente, nelle sue varie parti, la forma e il modo di esecuzione;

c) il registro di contabilità che contiene le trascrizioni delle annotazioni presenti nei libretti delle misure, nonché le domande che l'esecutore ritiene di fare e le motivate deduzioni del direttore dei lavori. L'iscrizione delle partite è effettuata in ordine cronologico. In apposita sezione del registro di contabilità è indicata, in occasione di ogni stato di avanzamento, la quantità di ogni lavorazione eseguita con i relativi importi, in modo da consentire una verifica della rispondenza all'ammontare complessivo dell'avanzamento dei lavori. Il registro di contabilità è il documento che riassume e accentra l'intera contabilizzazione dell'opera, in quanto a ciascuna quantità di lavorazioni eseguite e registrate nel libretto sono applicati i corrispondenti prezzi contrattuali, in modo tale da determinare l'avanzamento dei lavori non soltanto sotto il profilo delle quantità eseguite ma anche sotto quello del corrispettivo maturato dall'esecutore. Il direttore dei lavori propone al RUP, in casi speciali, che il registro sia diviso per articoli o per serie di lavorazioni, purché le iscrizioni rispettino in ciascun foglio l'ordine cronologico. Il registro è sottoposto all'esecutore per la sua sottoscrizione in occasione di ogni stato di avanzamento;

d) lo stato di avanzamento lavori (SAL) che riassume tutte le lavorazioni e tutte le somministrazioni eseguite dal principio dell'appalto sino ad allora. Tale documento, ricavato dal registro di contabilità, è rilasciato nei termini e modalità indicati nella documentazione di gara e nel contratto di appalto, ai fini del pagamento di una rata di acconto; a tal fine il documento deve precisare il corrispettivo maturato, gli acconti già corrisposti e, di conseguenza, l'ammontare dell'acconto da corrispondere, sulla base della differenza tra le prime due voci. Il direttore dei lavori trasmette immediatamente lo stato di avanzamento al RUP, che emette il certificato di pagamento; il RUP, previa verifica della regolarità contributiva dell'esecutore, invia il certificato di pagamento alla stazione appaltante per l'emissione del mandato di pagamento; ogni certificato di pagamento emesso dal RUP è annotato nel registro di contabilità;

e) il conto finale dei lavori, compilato dal direttore dei lavori a seguito della certificazione dell'ultimazione degli stessi e trasmesso al RUP unitamente a una relazione, in cui sono indicate le vicende alle quali l'esecuzione del lavoro è stata soggetta, allegando tutta la relativa documentazione. Il conto finale deve essere sottoscritto dall'esecutore. All'atto della firma, l'esecutore non può iscrivere domande per oggetto o per importo diverse da quelle formulate nel registro di contabilità durante lo svolgimento dei lavori e deve confermare le riserve già iscritte negli atti contabili, per le quali non siano intervenuti la transazione di cui all'articolo 212 del codice o l'accordo bonario di cui all'articolo 210 del codice. Se l'esecutore non firma il conto finale nel termine assegnato, non superiore a trenta giorni, o se lo sottoscrive senza confermare le domande già formulate nel registro di contabilità, il conto finale si ha come da lui definitivamente accettato. Firmato dall'esecutore il conto finale, o scaduto il termine sopra assegnato, il RUP, entro i successivi sessanta giorni, redige una propria relazione finale riservata nella quale esprime parere motivato sulla fondatezza delle domande dell'esecutore per le quali non siano intervenuti la transazione o l'accordo bonario.

2. Può essere anche previsto un sommario del registro di contabilità che, nel caso di lavori a misura, riporta ciascuna partita e la classifica secondo il rispettivo articolo di elenco e di perizia; nel caso di lavori a corpo, il sommario specifica ogni categoria di lavorazione secondo lo schema di contratto, con l'indicazione della rispettiva aliquota di incidenza rispetto all'importo contrattuale a corpo. Il sommario indica, in occasione di ogni stato d'avanzamento, la quantità di ogni lavorazione eseguita e i relativi importi, al fine di consentire una verifica della rispondenza con l'ammontare dell'avanzamento risultante dal registro di contabilità.

3. Le giornate di operai, di noli e di mezzi d'opera, nonché le provviste somministrate dall'esecutore possono essere annotate dall'assistente incaricato anche su un brogliaccio, per essere poi scritte in apposita lista settimanale. L'esecutore firma le liste settimanali, nelle quali sono specificati le lavorazioni eseguite, nominativo, qualifica e numero di ore degli operai impiegati per ogni giorno della settimana, nonché tipo e ore quotidiane di impiego dei mez-

zi d'opera forniti ed elenco delle provviste eventualmente fornite, documentate dalle rispettive fatture quietanzate. Ciascun assistente preposto alla sorveglianza dei lavori predispone una lista separata. Tali liste possono essere distinte secondo la speciale natura delle somministrazioni, quando queste abbiano una certa importanza.

4. Il direttore dei lavori, in caso di delega ai direttori operativi o agli ispettori di cantiere, verifica l'esattezza delle annotazioni sul giornale dei lavori e aggiunge le osservazioni, le prescrizioni e le avvertenze che ritiene opportune, apponendo con la data la sua firma, di seguito all'ultima annotazione dei predetti soggetti delegati.

5. Al conto finale di cui al comma 1, lettera e), il direttore dei lavori allega la seguente documentazione:

a) il verbale o i verbali di consegna dei lavori;

b) gli atti di consegna e riconsegna di mezzi d'opera, aree o cave di prestito concessi in uso all'esecutore;

c) le eventuali perizie di variante, con gli estremi della intervenuta approvazione;

d) gli eventuali nuovi prezzi e i relativi verbali di concordamento, atti di sottomissione e atti aggiuntivi, con gli estremi di approvazione e di registrazione;

e) gli ordini di servizio impartiti;

f) la sintesi dell'andamento e dello sviluppo dei lavori con l'indicazione delle eventuali riserve e la menzione delle eventuali transazioni e accordi bonari intervenuti, nonché una relazione riservata relativa alle riserve dell'esecutore non ancora definite;

g) i verbali di sospensione e ripresa dei lavori, il certificato di ultimazione dei lavori con l'indicazione dei ritardi e delle relative cause;

h) gli eventuali sinistri o danni a persone, animali o cose con indicazione delle presumibili cause e delle relative conseguenze;

i) i processi verbali di accertamento di fatti o di esperimento di prove;

l) le richieste di proroga e le relative determinazioni del RUP, ai sensi dell'articolo 121, comma 8, del codice;

m) gli atti contabili, ossia i libretti delle misure e il registro di contabilità;

n) tutto ciò che può interessare la storia cronologica dell'esecuzione, aggiungendo tutte le notizie tecniche ed economiche che possono agevolare il collaudo.

6. Il direttore dei lavori conferma o rettifica, previe le opportune verifiche, le dichiarazioni degli incaricati e sottoscrive ogni documento contabile.

7. Nel caso di appalto comprendente lavori da tenere distinti, come nel caso in cui i lavori facciano capo a fonti diverse di finanziamento, la contabilità comprende tutti i lavori ed è effettuata attraverso distinti documenti contabili, in modo da consentire una gestione separata dei relativi quadri economici. I certificati di pagamento devono essere analogamente distinti, anche se emessi alla stessa data in forza di uno stesso contratto.

8. I lavori annuali estesi a più esercizi con lo stesso contratto si liquidano alla fine dei lavori di ciascun esercizio, chiudendone la contabilità e collaudandoli, come appartenenti a tanti lavori fra loro distinti.

9. Quando si utilizzano i metodi e gli strumenti di cui all'articolo 43 del codice e all'allegato I.9 al codice, i documenti contabili devono essere gestiti in modo interoperabile con i modelli informativi aggiornati durante il corso dell'esecuzione dei lavori.

10. La contabilità dei lavori è effettuata mediante l'utilizzo di strumenti elettronici specifici, che usano piattaforme, anche telematiche, interoperabili a mezzo di formati aperti non proprietari, al fine di non limitare la concorrenza tra i fornitori di tecnologie. Tali strumenti elettronici devono essere in grado di garantire l'autenticità, la sicurezza dei dati inseriti e la provenienza degli stessi dai soggetti competenti. Se la direzione dei lavori è affidata a professionisti esterni, i programmi informatizzati devono essere preventivamente accettati dal RUP, che ne verifica l'idoneità e la conformità alle prescrizioni contenute nel presente Allegato. Il mancato utilizzo di programmi di contabilità computerizzata deve essere congruamente motivato dalla stazione appaltante e comunicato all'ANAC, e comunque deve essere limitato al tempo strettamente necessario per l'adeguamento della stazione appaltante. Nella predetta ipotesi, le annotazioni delle lavorazioni e delle somministrazioni sono trascritte dai libretti delle misure in apposito registro, le cui pagine devono essere preventivamente numerate e firmate dal RUP e dall'esecutore.

11. In caso di utilizzo di programmi di contabilità computerizzata, la compilazione dei libretti delle misure può essere effettuata anche attraverso la registrazione delle misure rilevate direttamen-

te in cantiere dal personale incaricato in apposito verbale e in contraddittorio con l'esecutore. Nei casi in cui è consentita l'utilizzazione di programmi per la contabilità computerizzata, preventivamente accettati dal responsabile del procedimento, la compilazione dei libretti delle misure può essere effettuata sulla base dei dati rilevati nel verbale, anche se non espressamente richiamato.

Sezione III
Collaudo

Art. 13. Collaudo tecnico-amministrativo – 1. Il collaudo ha lo scopo di verificare e certificare che l'opera o il lavoro siano stati eseguiti a regola d'arte, secondo il progetto approvato e le relative prescrizioni tecniche, nonché le eventuali perizie di variante, in conformità del contratto e degli eventuali atti di sottomissione o aggiuntivi debitamente approvati. Il collaudo ha altresì lo scopo di verificare che i dati risultanti dalla contabilità finale e dai documenti giustificativi corrispondano fra loro e con le risultanze di fatto, non solo per dimensioni, forma e quantità, ma anche per qualità dei materiali, dei componenti e delle provviste, e che le procedure espropriative poste a carico dell'esecutore siano state espletate tempestivamente e diligentemente. Il collaudo comprende altresì tutte le verifiche tecniche previste dalle normative di settore.

2. Il collaudo comprende anche l'esame delle riserve dell'esecutore, sulle quali non sia già intervenuta una risoluzione definitiva in via amministrativa, se iscritte nel registro di contabilità e nel conto finale nei termini e nei modi stabiliti dal presente allegato.

3. Il certificato di collaudo è sempre richiesto, salvi i casi in cui a norma del presente allegato il collaudo medesimo può essere sostituito dal certificato di regolare esecuzione.

Art. 14. Nomina del collaudatore – 1. Le stazioni appaltanti, entro trenta giorni dalla consegna dei lavori, attribuiscono l'incarico del collaudo ed eventualmente quello del collaudo statico, secondo quanto indicato nell'articolo 116, comma 4, del codice.

2. Nel caso di lavori che richiedono l'apporto di più professionalità diverse in ragione della particolare tipologia e categoria dell'intervento, il collaudo può essere affidato a una commissione compo-

sta da due o tre membri. La stazione appaltante designa il membro della commissione che assume la funzione di presidente.

3. Costituiscono requisito abilitante allo svolgimento dell'incarico di collaudo il possesso di laurea magistrale in ingegneria o architettura e l'abilitazione all'esercizio della professione nonché, a esclusione dei dipendenti delle amministrazioni aggiudicatrici, l'iscrizione da almeno cinque anni nel rispettivo albo professionale. Possono essere altresì designati soggetti muniti di altre lauree in discipline tecnico-scientifiche, in relazione alle specificità dell'opera o dei lavori. Inoltre, possono fare parte della commissione di collaudo, limitatamente a un solo componente e con esclusione dell'incarico di presidente, i funzionari amministrativi delle stazioni appaltanti, laureati in scienze giuridiche ed economiche o equipollenti, che abbiano prestato servizio per almeno cinque anni presso l'amministrazione committente o presso altre stazioni appaltanti come definite dall'articolo 1, comma 1, lettera a), dell'allegato I.1 al codice.

4. Il collaudo di lavori di manutenzione può essere affidato ai soggetti di cui al comma 3, terzo periodo, ovvero a un funzionario delle stazioni appaltanti munito di diploma tecnico che abbia prestato servizio per almeno cinque anni presso l'amministrazione committente o presso altre stazioni appaltanti come definite dall'articolo 1, comma 1, lettera a), dell'allegato I.1 al codice oppure, se esterno e nei limiti delle attività consentite agli iscritti a una professione regolamentata, a un tecnico diplomato iscritto a un ordine o collegio professionale.

5. Per i lavori per i quali è necessario il collaudo statico, al soggetto incaricato del collaudo tecnico-amministrativo o a uno dei componenti della commissione di collaudo può essere affidato anche il collaudo statico, purché in possesso dei requisiti specifici previsti dall'articolo 30, comma 5.

6. Ai fini dell'affidamento dell'incarico di collaudo a soggetti esterni nell'ipotesi di cui all'articolo 116, comma 4, quinto periodo, del codice, il collaudatore o i collaudatori da incaricare, devono essere in possesso dei seguenti requisiti specifici:

a) laurea magistrale in ingegneria o architettura, secondo i limiti di competenza stabiliti dai rispettivi ordinamenti professionali;

b) limitatamente a un solo componente, non presidente: laurea o diploma tecnico, nei limiti delle proprie competenze; laurea in scienze giuridiche ed economiche o equipollenti; altre lauree di carattere tecnico, in relazione alle specificità dell'opera o dei lavori;

c) abilitazione all'esercizio della professione nonché iscrizione nel rispettivo ordine o collegio professionale:

1) da almeno cinque anni per il collaudo di lavori di importo pari o superiore alla soglia di rilevanza europea di cui all'articolo 14, comma 1, lettera a), del codice;

2) da almeno tre anni per il collaudo di lavori di importo inferiore alla soglia di cui al numero 1).

Art. 15. Documenti da fornirsi al collaudatore – 1. Il RUP trasmette all'organo di collaudo, in formato cartaceo o digitale:

a) la copia conforme del contratto d'appalto e dei documenti allegati, nonché il provvedimento di approvazione del progetto;

b) eventuali perizie di variante e suppletive, con le relative approvazioni intervenute e copia dei relativi atti di sottomissione o aggiuntivi;

c) copia del programma di esecuzione dei lavori redatto dall'esecutore e relativi eventuali aggiornamenti approvati dal direttore dei lavori;

d) verbale di consegna dei lavori;

e) disposizioni del RUP e ordini di servizio e rapporti periodici emessi dal direttore dei lavori;

f) eventuali verbali di sospensione e ripresa lavori;

g) certificato di ultimazione lavori;

h) originali di tutti i documenti contabili o giustificativi prescritti dal presente allegato;

i) verbali di prova sui materiali, nonché le relative certificazioni di qualità;

l) conto finale dei lavori;

m) relazione del direttore dei lavori in accompagnamento al conto finale, relativa documentazione allegata nonché l'esito dell'avviso ai creditori di cui all'articolo 16;

n) relazione del RUP sul conto finale;

o) relazioni riservate sia del direttore dei lavori, che del RUP sulle eventuali riserve avanzate dall'esecutore dei lavori non definite in corso d'opera ai sensi dell'articolo 7;

p) certificati di cui all'articolo 18, comma 22, dell'allegato II.12 al codice, limitatamente ai lavori relativi alla categoria OS 12-A;

q) quando si utilizzano i metodi e gli strumenti di cui all'articolo 43 del codice e all'allegato I.9 al codice, il capitolato informativo, il piano di gestione informativa, una relazione specialistica sulla modellazione informativa che attesti il rispetto e l'adempimento di quanto prescritto nel capitolato informativo e nel piano di gestione informativa, i modelli informativi aggiornati durante l'esecuzione dell'opera e corrispondenti a quanto realizzato.

2. È facoltà dell'organo di collaudo chiedere al RUP o al direttore dei lavori altra documentazione ritenuta necessaria o utile per l'espletamento dell'incarico.

3. Ferma la responsabilità dell'organo di collaudo nel custodire la documentazione in originale ricevuta, il RUP provvede a duplicarla e a custodirne copia conforme.

Art. 16. Avviso ai creditori – 1. All'atto della redazione del certificato di ultimazione dei lavori il RUP dà avviso al Sindaco o ai Sindaci del comune nel cui territorio si eseguono i lavori, i quali curano la pubblicazione, nei comuni in cui l'intervento è stato eseguito, di un avviso contenente l'invito per coloro i quali vantino crediti verso l'esecutore per indebite occupazioni di aree o stabili e danni arrecati nell'esecuzione dei lavori, a presentare entro un termine non superiore a sessanta giorni le ragioni dei loro crediti e la relativa documentazione.

2. Trascorso il termine di cui al comma 1, il Sindaco trasmette al RUP i risultati dell'anzidetto avviso con le prove delle avvenute pubblicazioni e i reclami eventualmente presentati.

3. Il RUP invita l'esecutore a soddisfare i crediti da lui riconosciuti e quindi rimette al collaudatore i documenti ricevuti dal Sindaco o dai Sindaci interessati, aggiungendo il suo parere in merito a ciascun titolo di credito ed eventualmente le prove delle avvenute tacitazioni.

Art. 17. Termine di conclusione ed estensione delle verifiche di collaudo – 1. Le operazioni di collaudo sono completate, con l'emissione del relativo certificato, entro i termini di cui all'articolo 116, comma 2, del codice.

2. Nel caso di prolungamento del termine per particolare complessità delle operazioni di collaudo, l'organo di collaudo trasmette

formale comunicazione all'esecutore e al RUP del prolungarsi delle operazioni e delle relative cause con la indicazione della data prevista di conclusione delle operazioni di collaudo. Nel caso di ritardi attribuibili all'organo di collaudo, il RUP assegna un termine non superiore a trenta giorni per il completamento delle operazioni, trascorsi inutilmente i quali, propone alla stazione appaltante la decadenza dell'incarico, ferma restando la responsabilità dell'organo suddetto per i danni che dovessero derivare da tale inadempienza.

3. La verifica della buona esecuzione di un lavoro è effettuata attraverso accertamenti, saggi e riscontri che l'organo di collaudo giudica necessari. Qualora tra le prestazioni dell'esecutore rientri l'acquisizione di concessioni, autorizzazioni, permessi, comunque denominati, anche ai fini dell'espletamento delle procedure espropriative, il collaudatore accerta il tempestivo e diligente operato dell'esecutore ed evidenzia gli oneri eventualmente derivanti per la stazione appaltante da ogni ritardo nel loro svolgimento.

Art. 18. Commissione di collaudo – 1. Quando il collaudo è affidato a una commissione ai sensi dell'articolo 14, comma 2, le operazioni sono dirette dal presidente. I verbali, l'atto di collaudo e le eventuali relazioni sono firmati da tutti i componenti della commissione.

2. Se vi è dissenso tra i componenti della commissione di collaudo, le conclusioni del collaudo sono assunte a maggioranza e della circostanza si dà atto nel certificato. Nel caso di commissione composta da due componenti, prevalgono le conclusioni formulate dal presidente. Il componente dissenziente ha diritto di esporre le ragioni del dissenso negli atti del collaudo.

Art. 19. Procedimento di collaudo – 1. Esaminati i documenti acquisiti e accertatane la completezza, l'organo di collaudo fissa il giorno della visita di collaudo e ne informa il RUP e il direttore dei lavori; quest'ultimo ne dà tempestivo avviso all'esecutore, al personale incaricato della sorveglianza e della contabilità dei lavori e, ove necessario, agli eventuali incaricati dell'assistenza giornaliera dei lavori, affinché intervengano alla visita di collaudo. Eguale avviso è dato a quegli altri funzionari o rappresentanti di amministrazioni o enti pubblici che, per speciali disposizioni, anche contrattuali, devono intervenire al collaudo.

2. Se l'esecutore, pur tempestivamente invitato, non interviene alla visita di collaudo, questa viene esperita alla presenza di due testimoni estranei alla stazione appaltante e la relativa spesa è posta a carico dell'esecutore.

3. Se i funzionari di cui al comma 1, secondo periodo, malgrado l'invito ricevuto, non intervengono o non si fanno rappresentare, le operazioni di collaudo hanno luogo egualmente. Dell'assenza dei suddetti funzionari si dà atto nel processo verbale.

4. Il direttore dei lavori ha l'obbligo di presenziare alla visita di collaudo.

5. Della visita di collaudo è redatto processo verbale che, oltre a una sintetica descrizione dell'opera e della sua ubicazione e ai principali estremi dell'appalto, deve contenere le seguenti indicazioni:

a) gli estremi del provvedimento di nomina dell'organo di collaudo;

b) il giorno della visita di collaudo;

c) le generalità degli intervenuti alla visita e di coloro che, sebbene invitati, non sono intervenuti.

6. Nel processo verbale sono descritti i rilievi fatti dall'organo di collaudo, le singole operazioni e le verifiche compiute, il numero e la profondità dei saggi effettuati e i risultati ottenuti. I punti di esecuzione dei saggi sono riportati sui disegni di progetto o chiaramente individuati a verbale.

7. I processi verbali, oltre che dall'organo di collaudo e dall'esecutore, sono firmati dal direttore dei lavori nonché dal RUP, se intervenuto, e dagli altri obbligati a intervenire. È inoltre firmato da quegli assistenti la cui testimonianza è invocata nello stesso processo verbale per gli accertamenti di taluni lavori.

8. Quando per lavori di notevole importanza è fissato nel capitolato speciale un termine per la presentazione del conto finale maggiore di quello stabilito per il periodo di garanzia, la visita di collaudo ha luogo decorso il suddetto periodo, fatta salva la regolarizzazione degli atti di collaudo dopo la liquidazione dei lavori. Di tali circostanze è fatta espressa menzione nel verbale di visita.

Art. 20. Oneri dell'esecutore nelle operazioni di collaudo – 1. L'esecutore, a propria cura e spese, mette a disposizione dell'organo di collaudo gli operai e i mezzi d'opera necessari a eseguire le operazioni di riscontro, le esplorazioni, gli scandagli, gli esperimenti, compreso quanto necessario al collaudo statico.

2. Rimane a cura e carico dell'esecutore quanto occorre per ristabilire le parti del lavoro, che sono state alterate nell'eseguire tali verifiche.

3. Nel caso in cui l'esecutore non ottemperi a siffatti obblighi, l'organo di collaudo dispone che si provveda d'ufficio, in danno all'esecutore inadempiente, deducendo la spesa dal residuo credito vantato dall'esecutore nei confronti della stazione appaltante. In caso di esecuzione in danno si applicano, per l'affidamento dei lavori, le procedure di cui all'articolo 50, comma 1, del codice.

4. Sono a esclusivo carico dell'esecutore le spese di visita del personale della stazione appaltante per accertare la intervenuta eliminazione delle mancanze riscontrate dall'organo di collaudo ovvero per le ulteriori operazioni di collaudo rese necessarie dai difetti o dalle stesse mancanze. Tali spese sono dedotte dalle somme dovute, a titolo di saldo, all'esecutore.

Art. 21. Valutazioni dell'organo di collaudo – 1. L'organo di collaudo, ultimate le procedure di collaudo, provvede a confrontare i dati di fatto risultanti dal processo verbale di visita con i dati di progetto, delle varianti approvate e dei documenti contabili. All'esito del predetto confronto e sulla base di quanto rilevato, provvede a formulare le proprie considerazioni sull'esecuzione dei lavori in rapporto alle prescrizioni contrattuali e alle disposizioni impartite dal direttore dei lavori, nonché a determinare, anche sulla scorta dei pareri del RUP:

a) se il lavoro sia collaudabile;

b) a quali condizioni e restrizioni si possa collaudare;

c) i provvedimenti da prendere qualora non sia collaudabile;

d) le modificazioni da introdursi nel conto finale;

e) il credito o l'eventuale debito maturato dall'esecutore.

2. Ai fini di quanto prescritto dal codice e dall'allegato II.12 al codice in materia di qualificazione, l'organo di collaudo esprime le sue valutazioni sulle modalità di conduzione dei lavori da parte dell'esecutore e del subappaltatore.

3. Con apposita relazione riservata il collaudatore espone il proprio parere sulle riserve e domande dell'esecutore e sulle eventuali penali sulle quali non sia già intervenuta una risoluzione definitiva.

4. In caso di discordanza fra la contabilità e lo stato di fatto, le verifiche ne accertano le cause e apportano le opportune rettifiche al conto finale. In caso di gravi discordanze, l'organo di collaudo sospende le operazioni e ne riferisce al RUP presentandogli le sue proposte; il RUP trasmette alla stazione appaltante la relazione e le proposte dell'organo di collaudo.

5. Qualora riscontri nella visita di collaudo difetti o mancanze riguardo all'esecuzione dei lavori tali da rendere il lavoro assolutamente inaccettabile, l'organo di collaudo rifiuta l'emissione del certificato di collaudo e procede secondo le modalità di cui all'articolo 25.

6. Se i difetti e le mancanze sono di scarsa entità e riparabili in breve tempo, l'organo di collaudo prescrive le specifiche lavorazioni da eseguire, assegnando all'esecutore un congruo termine per la loro realizzazione. Il certificato di collaudo non è rilasciato sino a che da apposita dichiarazione del direttore dei lavori, confermata dal RUP, risulti che l'esecutore abbia completamente e regolarmente eseguito le lavorazioni prescrittegli, ferma restando la facoltà dell'organo di collaudo di procedere direttamente alla relativa verifica. Nel caso di inottemperanza da parte dell'esecutore si applicano le disposizioni di cui all'articolo 20, comma 3.

7. Fuori dai casi di cui al comma 6, se, infine, i difetti e le mancanze non pregiudicano la stabilità dell'opera e la regolarità del servizio cui l'intervento è strumentale, l'organo di collaudo determina, nell'emissione del certificato, la somma che, in conseguenza dei riscontrati difetti, deve detrarsi dal credito dell'esecutore.

8. Ove l'organo di collaudo riscontri lavorazioni meritevoli di collaudo, ma non preventivamente autorizzate, le ammette nella contabilità solo se le ritiene indispensabili per l'esecuzione dell'opera e se l'importo totale dell'opera, compresi i lavori non autorizzati, non ecceda i limiti delle spese approvate. A tal fine, trasmette senza ritardo le proprie valutazioni alla stazione appaltante, che autorizza l'iscrizione delle lavorazioni ritenute indispensabili. Fuori dai casi di cui al primo periodo, l'organo di collaudo sospende il rilascio del certificato di collaudo e ne riferisce al RUP proponendo i provvedimenti che ritiene opportuni. Il RUP trasmette la relazione corredata dalle proposte dell'organo di collaudo, con proprio parere, alla stazione appaltante che delibera al riguardo entro trenta giorni dalla data di ricevimento della relazione.

9. L'eventuale riconoscimento delle lavorazioni non autorizzate, ai sensi del comma 8, non esonera il direttore dei lavori e il personale incaricato dalla responsabilità che loro incombe per averle ordinate o lasciate eseguire.

Art. 22. Certificato di collaudo – 1. Effettuate le valutazioni di cui all'articolo 21, l'organo di collaudo emette il certificato di collaudo, il quale contiene almeno le seguenti parti:

a) INTESTAZIONE PRELIMINARE, nella quale sono riportati:

1) il committente e la stazione appaltante;

2) l'individuazione dell'opera attraverso la descrizione dell'oggetto e della tipologia dell'intervento;

3) la località e la provincia interessate;

4) la data e l'importo del progetto, delle eventuali successive varianti e delle relative approvazioni;

5) le prestazioni, gli obiettivi e le caratteristiche tecniche, economiche e qualitative previste nel progetto;

6) gli estremi del contratto e degli eventuali atti di sottomissione e atti aggiuntivi, nonché quelli dei rispettivi provvedimenti approvativi;

7) l'indicazione dell'esecutore;

8) il nominativo del RUP;

9) il nominativo del direttore dei lavori e degli eventuali altri componenti l'ufficio di direzione lavori;

10) il nominativo del coordinatore della sicurezza in fase di esecuzione;

11) l'importo contrattuale;

12) i nominativi dei componenti l'organo di collaudo e gli estremi del provvedimento di nomina;

b) RELAZIONE GENERALE, nella quale sono riportati in modo dettagliato:

1) descrizione generale delle caratteristiche dell'area di intervento;

2) descrizione dettagliata dei lavori eseguiti;

3) quadro economico progettuale;

4) estremi del provvedimento di aggiudicazione dei lavori;

5) estremi del contratto;

6) consegna e durata dei lavori;
7) penale prevista per ritardata esecuzione;
8) quadro economico riformulato dopo l'aggiudicazione dei lavori;
9) perizie di variante;
10) spesa autorizzata;
11) lavori complementari;
12) sospensioni e riprese dei lavori;
13) proroghe;
14) scadenza definitiva del tempo utile;
15) ultimazione dei lavori;
16) verbali nuovi prezzi;
17) subappalti;
18) penali applicate e relative motivazioni;
19) prestazioni in economia;
20) riserve dell'esecutore;
21) danni causati da forza maggiore;
22) infortuni in corso d'opera;
23) avviso ai creditori;
24) stati di avanzamento lavori emessi;
25) certificati di pagamento;
26) andamento dei lavori;
27) data e importi riportati nel conto finale;
28) posizione dell'esecutore e dei subappaltatori nei riguardi degli adempimenti assicurativi e previdenziali;
29) quando si utilizzano i metodi e gli strumenti di cui all'articolo 43 del codice e all'allegato I.9 al codice, il controllo della modellazione informativa e l'attestazione del recepimento degli adempimenti del capitolato informativo e del piano di gestione informativa;

c) VISITA DI COLLAUDO - CONTROLLI, contenente:
1) verbale della visita di collaudo, ovvero, se questo costituisce un documento a parte allegato al certificato, un accurato riepilogo di quanto riscontrato;
2) richiamo a tutti gli eventuali controlli effettuati e all'esito della stessa;

d) CERTIFICATO DI COLLAUDO, nel quale:
1) si prende atto dello svolgimento dei lavori come descritto alle lettere b) e c);

2) si dichiarano collaudabili i lavori eseguiti, se sussistono le relative condizioni, ovvero non collaudabili, laddove sussistano criticità tali da non consentire la piena funzionalità dell'opera per come progettata e non sia possibile porvi rimedio con idonei interventi;

3) si certifica l'esecuzione dei lavori, con le eventuali prescrizioni, salvo parere di non collaudabilità;

4) si liquida l'importo dovuto all'esecutore se in credito, ovvero, se in debito, si determina la somma da porsi a carico dell'esecutore e da riconoscere alla stazione appaltante per le spese dipendenti dalla esecuzione d'ufficio in danno o per altro titolo ivi comprese le somme da rimborsare alla stessa stazione appaltante per le spese sostenute per i propri addetti, qualora i lavori siano stati ultimati oltre il termine convenuto;

5) si certifica che in termini di prestazioni, obiettivi e caratteristiche tecniche, economiche e qualitative le opere realizzate rispettano le previsioni previste nel progetto e le pattuizioni contrattuali.

2. Qualora nel biennio di cui all'articolo 116, comma 2, terzo periodo, del codice, emergano vizi o difetti dell'opera, il RUP provvede a denunciare entro il medesimo periodo il vizio o il difetto e ad accertare, sentiti il direttore dei lavori e l'organo di collaudo e in contraddittorio con l'esecutore, se detti difetti derivino da carenze nella realizzazione dell'opera; in tal caso propone alla stazione appaltante di fare eseguire dall'esecutore, o in suo danno, i necessari interventi. Nell'arco di tale biennio l'esecutore è tenuto alla garanzia per le difformità e i vizi dell'opera, indipendentemente dalla intervenuta liquidazione del saldo.

3. Il collaudo può avere luogo anche nel caso in cui l'esecutore abbia assunto l'obbligazione di ottenere determinati risultati a esecuzione dei lavori ultimati. In tali casi il collaudatore, quando non è diversamente stabilito nel capitolato speciale d'appalto, nel rilasciare il certificato, vi iscrive le clausole alle quali l'esecutore rimane vincolato fino all'accertamento dei risultati medesimi, da comprovarsi con apposito certificato del RUP, e propone le somme da trattenersi o le garanzie da prestare nelle more dell'accertamento.

Art. 23. Richieste formulate dall'esecutore sul certificato di collaudo – 1. Il certificato di collaudo provvisorio è trasmesso dall'organo di collaudo, per tramite del RUP, per la sua accettazione all'esecutore, il quale lo sottoscrive nel termine di venti giorni. All'atto della firma l'esecutore può formulare e giustificare, con le modalità e gli effetti di cui all'articolo 7, le richieste che ritiene opportune, rispetto alle operazioni di collaudo.

2. Qualora l'esecutore non provveda alla sottoscrizione del certificato di collaudo nel termine di cui al comma 1 o lo sottoscriva senza formulare osservazioni o richieste secondo le modalità di cui al medesimo comma 1, il certificato di collaudo e le risultanze dello stesso si intendono come definitivamente accettate.

3. L'organo di collaudo riferisce al RUP sulle singole richieste fatte dall'esecutore al certificato di collaudo, formulando le proprie considerazioni e indica, qualora necessario, le eventuali nuove visite che ritenga opportuno eseguire.

Art. 24. Verbali di accertamento ai fini della presa in consegna anticipata – 1. La stazione appaltante, qualora abbia necessità di occupare o utilizzare l'opera o il lavoro realizzato, ovvero parte dell'opera o del lavoro, prima che intervenga l'emissione del certificato di collaudo provvisorio, può procedere alla presa in consegna anticipata a condizione che:

a) sia stato eseguito con esito favorevole il collaudo statico;

b) sia stato tempestivamente richiesto, a cura del RUP, il certificato di agibilità per i fabbricati e le certificazioni relative agli impianti e alle opere a rete;

c) siano stati eseguiti i necessari allacciamenti idrici, elettrici e fognari alle reti dei pubblici servizi;

d) siano state eseguite le prove previste dal capitolato speciale d'appalto;

e) sia stato redatto apposito stato di consistenza dettagliato, da allegare al verbale di consegna del lavoro.

2. A richiesta della stazione appaltante interessata, l'organo di collaudo procede a verificare l'esistenza delle condizioni di cui al comma 1 nonché a effettuare le necessarie constatazioni per accertare che l'occupazione e l'uso dell'opera o lavoro sia possibile nei limiti di sicurezza e senza inconvenienti nei riguardi della stazione appaltante e senza ledere i patti contrattuali; redige pertanto un verbale, sottoscritto anche dal direttore dei lavori e dal RUP, nel quale riferisce sulle constatazioni fatte e sulle conclusioni cui perviene.

3. La presa in consegna anticipata non incide sul giudizio definitivo sul lavoro, su tutte le questioni che possano sorgere al riguardo e sulle eventuali e conseguenti responsabilità dell'esecutore.

Art. 25. Lavori non collaudabili – 1. L'organo di collaudo, nel caso in cui ritenga i lavori non collaudabili, ne informa la stazione appaltante trasmettendo, tramite il RUP, per le ulteriori sue determinazioni, il processo verbale, nonché una relazione con le proposte dei provvedimenti di cui all'articolo 21, comma 1, lettera c).

Art. 26. Ulteriori provvedimenti amministrativi – 1. Terminate le operazioni connesse allo svolgimento del mandato ricevuto, l'organo di collaudo trasmette al RUP tutti i documenti amministrativi e contabili ricevuti, unendovi:

a) il certificato di collaudo con allegati i verbali di visita;

b) la dichiarazione del direttore dei lavori attestante l'esito delle prescrizioni ordinate dall'organo di collaudo;

c) le eventuali relazioni riservate relative alle riserve e alle richieste formulate dall'esecutore nel certificato di collaudo.

2. L'organo di collaudo invia anche all'esecutore la lettera di trasmissione dei documenti di cui al comma 1, priva degli allegati indicati nel medesimo comma 1.

3. La stazione appaltante, esaminati l'operato e le deduzioni dell'organo di collaudo e richiesto allo stesso, quando ne sia il caso in relazione all'ammontare o alla specificità dell'intervento, di effettuare la revisione contabile degli atti, delibera, entro sessanta giorni dalla data di ricevimento degli atti di collaudo, sull'ammissibilità del certificato di collaudo, sulle domande dell'esecutore e sui risultati degli avvisi ai creditori. In caso di iscrizione di riserve sul certificato di collaudo per le quali sia attivata la procedura di accordo bonario, la stazione appaltante o l'esecutore si pronunciano entro il termine di trenta giorni, dandone comunicazione al RUP. Le deliberazioni della stazione appaltante sono notificate all'esecutore.

4. Fino all'approvazione degli atti di collaudo, la stazione appaltante ha facoltà di procedere a un nuovo collaudo.

5. L'organo di collaudo, ove specificatamente incaricato, trasmette al RUP la relazione generale acclarante la totalità delle spese effettuate in relazione ai lavori oggetto del collaudo.

6. Ai sensi dell'articolo 35, comma 4, lettera b), n. 2), del codice, sono esclusi il diritto di accesso e ogni forma di divulgazione con riguardo alla relazione riservata del direttore dei lavori sul conto finale, alla relazione riservata del RUP sul conto finale, nonché alle relazioni di cui al comma 1, lettera c).

Art. 27. Pagamento della rata di saldo e svincolo della cauzione – 1. Alla data di emissione del certificato di collaudo provvisorio si procede, ai sensi dell'articolo 125, comma 7, del codice, al pagamento della rata di saldo nonché, sotto le riserve previste dall'articolo 1669 del codice civile, allo svincolo della cauzione definitiva di cui all'articolo 117 del codice, con le modalità e le condizioni indicate nel medesimo articolo.

Art. 28. Certificato di regolare esecuzione – 1. Ai sensi dell'articolo 116, comma 7, del codice, il certificato di regolare esecuzione può sostituire il certificato di collaudo tecnico-amministrativo qualora:

a) la stazione appaltante si avvalga di tale facoltà per lavori di importo pari o inferiore a 1 milione di euro;

b) per i lavori di importo superiore a 1 milione di euro e inferiore alla soglia di cui all'articolo 14, comma 1, lettera a) del codice, non si tratti di una delle seguenti tipologie di opere o interventi:

1) opere di nuova realizzazione o esistenti, classificabili in classe d'uso III e IV ai sensi delle vigenti norme tecniche per le costruzioni, a eccezione dei lavori di manutenzione;

2) opere e lavori di natura prevalentemente strutturale quando questi si discostino dalle usuali tipologie o per la loro particolare complessità strutturale richiedano più articolate calcolazioni e verifiche;

3) lavori di miglioramento o adeguamento sismico;

4) opere di cui al Libro IV, Parte II, Titolo IV, Parte III, Parte IV e Parte VI del codice;

5) opere e lavori nei quali il RUP svolge anche le funzioni di progettista o direttore dei lavori.

2. Il certificato di regolare esecuzione contiene almeno i seguenti elementi:

a) gli estremi del contratto e degli eventuali atti aggiuntivi;

b) l'indicazione dell'esecutore;

c) il nominativo del direttore dei lavori;

d) il tempo prescritto per l'esecuzione delle prestazioni e le date delle attività di effettiva esecuzione delle prestazioni;

e) l'importo totale ovvero l'importo a saldo da pagare all'esecutore;

f) la certificazione di regolare esecuzione.

3. Il certificato di regolare esecuzione è emesso dal direttore dei lavori entro tre mesi dalla data di ultimazione dei lavori ed è immediatamente trasmesso al RUP che ne prende atto e ne conferma la completezza.

4. A seguito dell'emissione del certificato di regolare esecuzione si procede ai sensi dell'articolo 27.

5. Il compenso spettante al direttore dei lavori per il rilascio del certificato di regolare esecuzione è determinato secondo quanto previsto dall'articolo 29.

Art. 29. Compenso spettante ai collaudatori – 1. Per i dipendenti delle pubbliche amministrazioni di cui all'articolo 1, comma 2, del decreto legislativo 30 marzo 2001, n. 165, il compenso spettante per l'attività di collaudo tecnico-amministrativo è determinato ai sensi dell'articolo 116, comma 4, del codice. Fuori dei casi di cui al primo periodo, il compenso è determinato con le modalità stabilite dal codice per i corrispettivi per la progettazione.

2. Ai fini della determinazione dei compensi spettanti per l'attività di collaudo tecnico-amministrativo, si considera l'importo risultante dallo stato finale dei lavori, al lordo di eventuali ribassi e maggiorato dell'importo delle eventuali riserve iscritte dall'esecutore.

3. Gli oneri necessari per la liquidazione dei compensi dei collaudatori sono a carico degli stanziamenti previsti per ogni singolo intervento e sono indicati nel quadro economico dell'intervento.

Art. 30. Collaudo statico – 1. Il collaudo statico è finalizzato alla valutazione e al giudizio sulle prestazioni, come definite dalle vigenti norme tecniche per le costruzioni, delle opere e delle componenti strutturali comprese nel progetto ed eventuali varianti e depositate presso gli organi di controllo competenti.

2. Il collaudo statico è effettuato per tutte le opere cui si applicano le vigenti norme tecniche per le costruzioni. Restano ferme le disposizioni relative al collaudo tecnico-funzionale delle dighe.

3. Il collaudo statico è, di regola, eseguito in corso d'opera, tranne casi particolari nei quali l'incarico sia affidato a struttura ultimata.

4. I contenuti, i termini e le modalità di esecuzione del collaudo statico sono indicati nelle vigenti norme tecniche sulle costruzioni.

5. L'affidamento dell'incarico di collaudo statico è disciplinato dall'articolo 116, comma 4, del codice. Ai fini dell'affidamento dell'incarico di collaudo statico, è richiesto il possesso dei seguenti requisiti specifici:

a) laurea magistrale in ingegneria o architettura, secondo i limiti di competenza stabiliti dai rispettivi ordinamenti professionali;

b) abilitazione all'esercizio della professione, nonché iscrizione nel rispettivo ordine professionale da almeno dieci anni.

6. Nel caso di lavori che richiedono l'apporto di più professionalità, in ragione della particolare tipologia e categoria dell'intervento, il collaudo può essere affidato a una commissione composta da due o tre componenti, nel rispetto di quanto previsto dall'articolo 116, comma 4, del codice.

7. Il compenso spettante per il collaudo statico, distinto dal compenso per il collaudo tecnico-amministrativo, è determinato secondo quanto previsto dall'articolo 29.

Capo II
DELL'ESECUZIONE DEI CONTRATTI DI SERVIZI E FORNITURE

Art. 31. Attività e compiti del direttore dell'esecuzione – 1. L'incarico di direttore dell'esecuzione del contratto è ricoperto dal RUP a eccezione dei contratti aventi a oggetto servizi e forniture di particolare importanza, come disciplinati dall'articolo 32. Fermo restando il rispetto delle disposizioni di servizio eventualmente impartite dal RUP, il direttore dell'esecuzione opera in autonomia in ordine al coordinamento, alla direzione e al controllo tecnico-contabile nell'esclusivo interesse all'efficiente e sollecita esecuzione del contratto.

2. Sono attribuiti al direttore dei lavori i seguenti compiti:

a) esercitare il coordinamento, la direzione e il controllo tecnico-contabile dell'esecuzione del contratto stipulato dalla stazione appaltante, in modo da assicurarne la regolare esecuzione nei tempi stabiliti e in conformità alle prescrizioni contenute nei documenti contrattuali e nelle condizioni offerte in sede di aggiudicazione o affidamento. Tali attività devono essere esercitate mediante l'utilizzo di criteri di misurabilità della qualità e devono risultare da apposito processo verbale;

b) coadiuvare le attività delle centrali di committenza nella realizzazione e messa a disposizione degli strumenti di acquisto e di negoziazione per le stazioni appaltanti;

c) dare avvio all'esecuzione delle prestazioni, dopo che il contratto è divenuto efficace, sulla base delle disposizioni del RUP e fornendo all'esecutore tutte le istruzioni e le direttive necessarie. Laddove sia indispensabile in relazione alla natura e al luogo di esecuzione delle prestazioni, il direttore dell'esecuzione redige apposito verbale, firmato anche dall'esecutore, nel quale sono contenute le indicazioni sugli ambienti ove si svolgono le prestazioni e la descrizione dei mezzi e degli strumenti eventualmente messi a disposizione dalla stazione appaltante, compresa la dichiarazione attestante che lo stato attuale degli ambienti è tale da non impedire l'avvio o la prosecuzione dell'attività. Nel verbale di avvio dell'esecuzione sono raccolte le contestazioni dell'esecutore finalizzate a far valere pretese derivanti dalla riscontrata difformità dello stato dei luoghi o dei mezzi o degli strumenti rispetto a quanto previsto dai documenti contrattuali. Nei casi consentiti dal codice il direttore dell'esecuzione ordina l'avvio dell'esecuzione anticipata o in via d'urgenza e, in tale secondo caso, indica nel verbale di avvio le prestazioni che l'esecutore deve immediatamente eseguire;

d) verificare la presenza negli ambienti di intervento delle imprese subappaltatrici autorizzate, nonché dei subcontraenti, accertando l'effettivo svolgimento della parte di prestazioni a essi affidata nel rispetto della normativa vigente e del contratto stipulato, registrando le relative ed eventuali contestazioni dell'esecutore sulla regolarità delle prestazioni eseguite in subappalto e rilevando l'eventuale inosservanza da parte di quest'ultimo delle relative disposizioni, provvedendo, in tal caso, a darne segnalazione al RUP;

e) valutare la qualità e l'adeguatezza della fornitura o del servizio sulla base degli standard qualitativi, con particolare riferimento a quelli in materia ambientale, previsti dal contratto o dal capitolato e soggetti alle eventuali migliorie autorizzate dalla stazione appaltante;

f) redigere periodiche e sistematiche relazioni sull'andamento delle principali attività di esecuzione del contratto;

g) garantire il rispetto dei tempi e delle modalità di consegna;

h) curare la disponibilità della reportistica sulle prestazioni e le attività svolte dall'esecutore;

i) segnalare tempestivamente al RUP eventuali ritardi, disfunzioni o inadempimenti rispetto alle prescrizioni contrattuali;

l) attestare lo svolgimento proficuo delle prestazioni in rapporto ai positivi risultati della gestione;

m) provvedere al controllo della spesa attraverso la tenuta della contabilità del contratto, compilando con precisione e tempestività i documenti contabili, con i quali si realizza l'accertamento e la registrazione dei fatti producenti spesa. Al fine di procedere con i pagamenti all'esecutore, il direttore dell'esecuzione accerta la prestazione effettuata e comunica l'accertamento al RUP, ferma restando la facoltà dell'esecutore di presentare contestazioni scritte in occasione dei pagamenti;

n) dopo la comunicazione dell'esecutore di intervenuta ultimazione delle prestazioni, effettuare entro cinque giorni i necessari accertamenti in contraddittorio e nei successivi cinque giorni elaborare il certificato di ultimazione delle prestazioni, da inviare al RUP, che ne rilascia copia conforme all'esecutore.

Art. 32. Servizi e forniture di particolare importanza – 1. Ai fini dell'individuazione dei contratti di servizi e forniture di particolare importanza, per qualità o importo delle prestazioni, nei quali è previsto, ai sensi dell'articolo 114, comma 8, del codice, che il direttore dell'esecuzione deve essere diverso dal RUP, si applica il vocabolario comune per gli appalti pubblici (CPV), adottato con regolamento (CE) n. 213/2008 della Commissione europea, del 28 novembre 2007.

2. Sono considerati servizi di particolare importanza, indipendentemente dall'importo, gli interventi particolarmente complessi sotto il profilo tecnologico, le prestazioni che richiedono l'apporto di una pluralità di competenze, gli interventi caratterizzati dall'utilizzo di componenti o di processi produttivi innovativi o dalla ne-

cessità di elevate prestazioni per quanto riguarda la loro funzionalità e i servizi che, per ragioni concernente l'organizzazione interna alla stazione appaltante, impongano il coinvolgimento di unità organizzativa diversa da quella cui afferiscono i soggetti che hanno curato l'affidamento. In via di prima applicazione sono individuati i seguenti servizi:

a) servizi di telecomunicazione;

b) servizi finanziari, distinti in servizi assicurativi e servizi bancari e finanziari;

c) servizi informatici e affini;

d) servizi di contabilità, revisione dei conti e tenuta dei libri contabili;

e) servizi di consulenza gestionale e affini;

f) servizi di pulizia degli edifici e di gestione delle proprietà immobiliari;

g) eliminazione di scarichi di fogna e di rifiuti; disinfestazione e servizi analoghi;

h) servizi alberghieri e di ristorazione;

i) servizi legali;

l) servizi di collocamento e reperimento di personale;

m) servizi sanitari e sociali;

n) servizi ricreativi, culturali e sportivi.

3. Ferma restando l'individuazione di cui al comma 2, sono considerate forniture di particolare importanza le prestazioni di importo superiore a 500.000 euro.

4. Per l'esecuzione dei contratti previsti dal presente articolo la stazione appaltante può nominare, su indicazione del direttore dell'esecuzione e sentito il RUP, uno o più assistenti con funzioni di direttore operativo per svolgere, su espressa disposizione del direttore dell'esecuzione, ogni utile e complementare compito rientrante nel novero delle funzioni attribuite a quest'ultimo.

Art. 33. Esclusione dall'anticipazione del prezzo – 1. Sono esclusi dall'applicazione delle disposizioni di cui all'articolo 125, comma 1, del codice i contratti per prestazioni di forniture e di servizi a esecuzione immediata o la cui esecuzione non possa essere, per loro natura, regolata da apposito cronoprogramma o il cui prezzo è calcolato sulla base del reale consumo, nonché i servizi che, per la loro natura, prevedono prestazioni intellettuali o che non necessitano della predisposizione di attrezzature o di materiali.

Art. 34. Contestazioni e riserve – 1. Fermo restando quanto previsto nel presente Capo e nei documenti contrattuali sulle contestazioni in corso di esecuzione, l'esecutore è tenuto, a pena di decadenza, a iscrivere riserva nei documenti contabili. Si applica la disciplina delle riserve contenuta nell'articolo 7.

Art. 35. Valutazione delle variazioni contrattuali – 1. Le variazioni sono valutate ai prezzi di contratto, ma se comportano prestazioni non previste dal contratto e per le quali non risulta fissato il prezzo contrattuale, si provvede alla formazione di nuovi prezzi. I nuovi prezzi sono valutati:

a) ragguagliandoli a quelli di prestazioni consimili compresi nel contratto;

b) quando sia impossibile l'assimilazione, ricavandoli totalmente o parzialmente da nuove analisi effettuate avendo a riferimento i prezzi alla data di formulazione dell'offerta, attraverso un contraddittorio tra il direttore dell'esecuzione e l'esecutore, e approvati dal RUP.

Art. 36. Verifica di conformità – 1. I contratti pubblici di forniture e di servizi sono soggetti a verifica di conformità al fine di accertarne la regolare esecuzione, rispetto alle condizioni e ai termini stabiliti nel contratto, alle eventuali leggi di settore e alle disposizioni del codice. Le attività di verifica hanno, altresì, lo scopo di accertare che i dati risultanti dalla contabilità e dai documenti giustificativi corrispondano fra loro e con le risultanze di fatto, fermi restando gli eventuali accertamenti tecnici previsti dalle leggi di settore.

2. Quando le particolari caratteristiche dell'oggetto contrattuale non consentono la verifica di conformità per la totalità delle prestazioni contrattuali, è consentito effettuare, in relazione alla natura dei beni e dei servizi e al loro valore, controlli a campione con modalità comunque idonee a garantire la verifica dell'esecuzione contrattuale.

3. Quando le particolari caratteristiche dell'oggetto contrattuale non consentono l'effettuazione delle attività di verifica di conformi-

tà secondo le norme del presente allegato, le stazioni appaltanti possono effettuare le dette attività in forma semplificata facendo ricorso alle certificazioni di qualità, ove esistenti, ovvero a documentazioni di contenuto analogo, attestanti la conformità delle prestazioni contrattuali eseguite alle prescrizioni contrattuali.

4. La verifica di conformità è avviata entro trenta giorni dall'ultimazione della prestazione, salvo un diverso termine esplicitamente previsto dal contratto.

5. Nel caso di contratti stipulati da centrali di committenza e aperti all'adesione delle stazioni appaltanti, fermo restando l'obbligo delle stazioni appaltanti aderenti di effettuare tutte le necessarie attività di verifica di conformità in relazione ai contratti dalle stesse stipulati, le centrali di committenza possono, anche mediante scambi tra i rispettivi responsabili del procedimento di dati e informazioni rilevanti relative all'esecuzione del contratto, nonché attraverso controlli a campione e verifiche ispettive in corso di esecuzione, procedere all'accertamento della piena e corretta esecuzione delle prestazioni contrattuali rese dall'affidatario in favore delle stazioni appaltanti. Qualora, in relazione al singolo acquisto, il direttore dell'esecuzione abbia contestato un grave inadempimento contrattuale, ovvero, nel corso delle attività di verifica di conformità spettanti alle stazioni appaltanti, le prestazioni eseguite siano tali da rendere la fornitura non conforme, le centrali di committenza possono disporre la risoluzione della convenzione, ovvero del contratto o dell'accordo stipulato con l'affidatario e procedere alla aggiudicazione al soggetto che segue in graduatoria, fermi restando, laddove siano stati richiesti campioni in sede di gara, l'approvazione dei campioni presentati da detto soggetto e il buon esito della relativa verifica tecnica.

6. La verifica di conformità è effettuata direttamente dal RUP o dal direttore dell'esecuzione del contratto. Nei casi di cui all'articolo 116, comma 5, secondo periodo, del codice la stazione appaltante attribuisce l'incarico della verifica di conformità a un soggetto ovvero a una commissione composta da due o tre soggetti, in possesso della competenza tecnica necessaria in relazione al tipo di fornitura o servizio da verificare. Qualora la verifica di conformità sia affidata a una commissione, si applicano le disposizioni di cui all'articolo 18 del presente allegato.

7. Salva restando la facoltà del soggetto incaricato della verifica di conformità di chiedere ulteriore documentazione necessaria,

il RUP trasmette, entro trenta giorni dalla data di ultimazione della prestazione, al predetto soggetto incaricato:

a) copia degli atti di gara;

b) copia del contratto;

c) documenti contabili;

d) risultanze degli accertamenti di cui all'articolo 116, comma 11, del codice;

e) certificati delle eventuali prove effettuate.

8. La verifica di conformità di un intervento è conclusa entro il termine stabilito dal contratto e comunque non oltre sessanta giorni dall'ultimazione della prestazione, ovvero entro il diverso termine previsto nell'ordinamento della singola stazione appaltante. Qualora non sia possibile rispettare il termine di cui al primo periodo, il soggetto incaricato della verifica provvede a darne comunicazione, indicandone le relative cause, all'esecutore e al RUP, con l'indicazione dei provvedimenti da assumere per la ripresa e il completamento delle operazioni di verifica di conformità. Nel caso di ritardi attribuibili al soggetto incaricato della verifica di conformità, il RUP assegna un termine non superiore a quindici giorni per il completamento delle operazioni, decorsi i quali, propone alla stazione appaltante la revoca dell'incarico, ferma restando la responsabilità di detto soggetto per gli eventuali danni derivanti dall'omessa ultimazione delle operazioni entro il termine assegnato.

9. La verifica della buona esecuzione delle prestazioni contrattuali è effettuata attraverso gli accertamenti e i riscontri ritenuti necessari dal soggetto incaricato della verifica di conformità.

10. Esaminati i documenti acquisiti e accertatane la completezza, il soggetto incaricato della verifica di conformità fissa il giorno del controllo definitivo e ne informa il RUP e il direttore dell'esecuzione, se la verifica di conformità è effettuata da soggetto diverso da quest'ultimo. Il direttore dell'esecuzione dà tempestivo avviso all'esecutore del giorno della verifica di conformità, affinché quest'ultimo possa intervenire. Il direttore dell'esecuzione ha l'obbligo di presenziare al controllo definitivo.

11. Della verifica di conformità è redatto processo verbale sottoscritto da tutti i soggetti intervenuti che, oltre a una sintetica descrizione dell'esecuzione delle prestazioni contrattuali e dei principali estremi dell'appalto, contiene le seguenti indicazioni: gli eventuali estremi del provvedimento di nomina del soggetto incaricato del-

la verifica di conformità; il giorno della verifica di conformità; le generalità degli intervenuti al controllo e di coloro che, sebbene invitati, non sono intervenuti. Nel processo verbale sono descritti i rilievi fatti dal soggetto incaricato della verifica di conformità, le singole operazioni e le verifiche compiute, il numero dei rilievi effettuati e i risultati ottenuti.

12. Le operazioni necessarie alla verifica di conformità sono effettuate a spese dell'esecutore, salva diversa previsione contrattuale. L'esecutore, a propria cura e spese, mette a disposizione del soggetto incaricato della verifica di conformità i mezzi necessari per eseguirla. Nel caso in cui l'esecutore non ottemperi ai predetti obblighi, il direttore dell'esecuzione o il soggetto incaricato al controllo dispongono che si provveda d'ufficio in danno dell'esecutore, deducendo la spesa dal corrispettivo dovuto a quest'ultimo.

13. Il soggetto che procede alla verifica di conformità provvede a raffrontare i dati di fatto risultanti dal processo verbale di controllo con gli eventuali dati relativi al contratto e con i documenti contabili e a formulare le proprie considerazioni sul modo con cui l'esecutore ha osservato le prescrizioni contrattuali e le eventuali indicazioni del direttore dell'esecuzione. Sulla base di quanto rilevato, il soggetto che procede alla verifica di conformità indica se le prestazioni sono o meno collaudabili, ovvero, riscontrandosi difetti o mancanze di lieve entità riguardo all'esecuzione, collaudabili previo adempimento delle prescrizioni impartite all'esecutore, con assegnazione di un termine per adempiere.

14. Con apposita relazione riservata il soggetto che procede al controllo espone il proprio parere sulle contestazioni dell'esecutore e sulle eventuali penali sulle quali non sia già intervenuta una risoluzione definitiva.

15. Per il compenso del soggetto incaricato della verifica si applica quanto previsto dall'articolo 29.

Art. 37. Certificato di verifica di conformità – 1. Il certificato di verifica di conformità, che viene rilasciato dal soggetto incaricato a conclusione del servizio o della fornitura da verificare, anche in formato digitale, contiene almeno:

a) gli estremi del contratto e degli eventuali atti aggiuntivi;

b) l'indicazione dell'esecutore;

c) il nominativo del direttore dell'esecuzione;

d) il tempo prescritto per l'esecuzione delle prestazioni;

e) il tempo impiegato per l'effettiva esecuzione delle prestazioni;

f) il richiamo agli eventuali verbali di controlli in corso di esecuzione;

g) il verbale del controllo definitivo;

h) l'importo totale ovvero l'importo a saldo da pagare all'esecutore, determinando eventuali somme da porsi a carico dell'esecutore per danni da rifondere alla stazione appaltante per maggiori spese dipendenti dalla esecuzione d'ufficio in danno o per altro titolo;

i) la certificazione di verifica di conformità.

2. Resta ferma la responsabilità dell'esecutore per eventuali vizi o difetti anche in relazione a parti, componenti o funzionalità non verificabili in sede di verifica di conformità.

3. Il certificato di verifica di conformità è sempre trasmesso dal soggetto che lo rilascia al RUP.

4. Il RUP, ricevuto il certificato di verifica di conformità definitivo, lo trasmette all'esecutore, il quale lo sottoscrive nel termine di quindici giorni dalla sua ricezione, ferma restando la possibilità, in sede di sottoscrizione, di formulare eventuali contestazioni in ordine alle operazioni di verifica di conformità. Il RUP comunica al soggetto incaricato della verifica le eventuali contestazioni fatte dall'esecutore al certificato di conformità. Il soggetto incaricato della verifica di conformità riferisce, con apposita relazione riservata, sulle contestazioni fatte dall'esecutore e propone le soluzioni ritenute più idonee, ovvero conferma le conclusioni del certificato di verifica di conformità emesso.

5. In caso di contratti stipulati da centrali di committenza e aperti all'adesione delle stazioni appaltanti, il certificato di ultimazione delle prestazioni e il certificato di verifica di conformità emessi dalla stazione appaltante aderente sono inviati, entro quindici giorni dalla loro emissione, anche alla centrale di committenza.

6. A seguito dell'emissione del certificato di verifica di conformità definitivo, e dopo la risoluzione delle eventuali contestazioni sollevate dall'esecutore, si procede a norma dell'articolo 27.

Art. 38. Certificato di regolare esecuzione – 1. Qualora la stazione appaltante, per le prestazioni contrattuali di importo inferiore alle soglie di cui all'articolo 50 del codice, non si avvalga della facoltà di conferire l'incarico di verifica di conformità, il certificato di verifica di conformità è sostituito dal certificato di regolare esecuzione emesso dal direttore dell'esecuzione e confermato dal RUP.

2. Il certificato di regolare esecuzione contiene i seguenti elementi:

a) gli estremi del contratto e degli eventuali atti aggiuntivi;

b) l'indicazione dell'esecutore;

c) il nominativo del direttore dell'esecuzione;

d) il tempo prescritto per l'esecuzione delle prestazioni e le date delle attività di effettiva esecuzione delle prestazioni;

e) l'importo totale ovvero l'importo a saldo da pagare all'esecutore;

f) la certificazione di regolare esecuzione.

3. A seguito dell'emissione del certificato di regolare esecuzione si procede a norma dell'articolo 27 nonché, ove ne ricorrano i presupposti alla trasmissione dei documenti di cui all'articolo 36, comma 7.

4. Il certificato di regolare esecuzione, emesso dal direttore dell'esecuzione, è trasmesso al RUP che ne prende atto e ne conferma la completezza.

5. Il compenso spettante al direttore dell'esecuzione per il rilascio del certificato di regolare esecuzione è determinato secondo i criteri e le modalità previsti dall'articolo 29.

Art. 39. Norme applicabili – 1. Per quanto non previsto nel presente Capo, all'esecuzione dei contratti di servizi e forniture si applicano le norme del Capo I dettate per l'esecuzione dei contratti di lavori, in quanto compatibili.

ALLEGATO II.15
Criteri per la determinazione dei costi per gli accertamenti di laboratorio e le verifiche tecniche
(Articolo 116, comma 11)

Art. 1. Definizioni – 1. Ai sensi e per gli effetti dell'articolo 116, comma 11, del codice e del presente allegato si intende per:

a) «prezzo», la sommatoria degli elementi primari che determinano il costo complessivo del servizio tecnico riguardante gli accertamenti di laboratorio e le verifiche tecniche obbligatorie inerenti alle attività di cui allo stesso articolo 116, comma 11, del codice ovvero specificamente previsti dal capitolato speciale d›appalto di lavori, non soggetto a ribasso che garantisce un livello qualitativo minimo della prestazione;

b) «elementi primari», elementi parziali che costituiscono i componenti del prezzo minimo;

c) «laboratori», laboratori ufficiali o autorizzati di cui all'articolo 59 del testo unico delle disposizioni legislative e regolamentari in materia di edilizia, di cui al decreto del Presidente della repubblica 6 giugno 2001, n. 380.

Art. 2. Criteri di determinazione dei costi degli accertamenti di laboratorio e delle verifiche tecniche – 1. Il presente allegato individua, ai sensi dell'articolo 116, comma 11, del codice, i criteri per la determinazione dei costi relativi agli accertamenti di laboratorio e alle verifiche tecniche obbligatorie inerenti alle attività di cui al citato articolo 116 del codice ovvero specificamente previsti dal capitolato speciale d'appalto di lavori che rappresentano il prezzo dei servizi resi non soggetti a ribasso.

2. Il prezzo di cui al comma 1 è formato dai seguenti raggruppamenti di elementi primari:

a) costo primo diretto alla cui formazione concorrono i costi dell'operatore tecnico, costo dell'ammortamento attribuito all'attrezzatura di prova, dei materiali e dei beni consumabili riferiti alla prova e costo attribuito alla prova relativo all'attività di direzione e coordinamento tecnico;

b) costo indiretto di produzione determinato in termini di coefficiente espressivo dei componenti di costo relativi alla manodopera indiretta, all'ammortamento immobili, ai costi generali di amministrazione e ad altri costi indiretti;

c) costo figurativo (utile lordo e imposte);

d) costi fissi.

3. Gli elementi primari adottati e i criteri per la determinazione del prezzo sono indicati nella tabella A annessa al presente allegato.

Art. 3. Tavolo tecnico – 1. È istituito, senza maggiori oneri a carico della finanza pubblica, presso il Consiglio superiore dei lavori pubblici-Servizio tecnico centrale, un tavolo tecnico di coordinamento e monitoraggio composto da due rappresentanti del Consiglio superiore dei lavori pubblici, di cui uno con funzioni di coordinatore, due rappresentanti designati dalla Conferenza delle regioni e delle province autonome, un rappresentante dei provveditorati interregionali per le opere pubbliche del Ministero delle infrastrutture e dei trasporti, due rappresentanti di laboratori designati dalle associazioni di categoria, un rappresentante delle autorità di sistema portuale, un rappresentante dell'Ente nazionale per l'aviazione civile (ENAC), un rappresentante dell'Istituto nazionale di statistica (ISTAT), un rappresentante dell'Associazione nazionale costruttori edili (ANCE), un rappresentante di Unioncamere, un rappresentante di Rete ferroviaria italiana Spa (RFI), un rappresentante di ANAS Spa, un rappresentante della rete delle professioni tecniche. Il tavolo tecnico, che si riunisce almeno tre volte l'anno, ha il compito di fornire supporto per l'applicazione dei criteri di cui all'articolo 2 in relazione alla determinazione dei prezzi per gli accertamenti di laboratorio e per le verifiche tecniche.

2. Al tavolo tecnico possono essere, altresì, invitati a partecipare, a titolo gratuito, esperti di comprovata competenza nel settore.

3. Il funzionamento del tavolo tecnico di cui al comma 1 è assicurato dal Consiglio superiore dei lavori pubblici con le risorse umane, strumentali e finanziarie disponibili a legislazione vigente. La partecipazione al tavolo tecnico è a titolo gratuito, ai componenti non spetta alcun compenso, gettone, indennità, emolumento o rimborso comunque denominato.

Tabella A

I componenti elementari di costo che concorrono alla determinazione del prezzo sono:

1) costo primo diretto (C_{DIR}) così ripartito:

(a) costo dell'operatore tecnico;

(b) costo dell'ammortamento attribuito all'attrezzatura di prova;

(c) costo dei materiali e dei beni consumabili riferiti alla prova;

(d) costo attribuito alla prova relativo all'attività di direzione e coordinamento tecnico;

2) costo indiretto di produzione (C_{IND}) determinato in termini di coefficiente espressivo dei componenti di costo relativi alla manodopera indiretta, all'ammortamento immobili, ai costi generali di amministrazione e altri costi indiretti;

3) costo figurativo (U);

4) costi fissi della prova (C_F).

Il costo viene determinato mediante le seguenti operazioni di analisi: applicando alle quantità di prodotti, attrezzature e risorse umane necessari per la realizzazione delle quantità unitarie di ogni voce, i rispettivi prezzi elementari; aggiungendo la percentuale per spese generali ossia dei costi indiretti di produzione; aggiungendo una percentuale del 10 per cento per l'utile dell'esecutore; aggiungendo i costi fissi della prova.

Il costo standard di produzione (C_{ST}) è determinato dalla somma dei costi di cui ai punti 1) e 2), ossia $CST = (C_{DIR} + C_{IND})$, tenendo conto che il costo indiretto di produzione è pari a $C_{IND} = \delta \times C_{DIR}$. Il coefficiente $\delta = 0{,}3286$ è stato determinato come media dei costi indiretti rispetto ai costi diretti su un campione di laboratori rappresentativo degli operatori del settore.

Per quanto riguarda, invece, il costo figurativo (U) è stato commisurato nel 10 per cento del costo standard come indicatore di settore $U = 0{,}10 \times CST$.

Infine, i costi fissi della prova $C_F = 2{,}50$ euro sono stati individuati come media dei costi fissi sostenuti dai laboratori, ricavati su un campione rappresentativo degli operatori del settore. Pertanto, il prezzo complessivo di una prova che costituisce il prezzo minimo (P) è, in generale, determinato dalla seguente espressione:

$$P = C_{DIR} + C_{IND} + U + C_F$$

dove:
$C_{DIR} = (a) + (b) + (c) + (d)$

$C_{IND} = \delta \times C_{DIR} = 0,3286 \times C_{DIR}$

$U = 0,10 \times (C_{DIR} + C_{IND})$
$C_F = 2,50$

I predetti valori sono tutti espressi in euro.

In definitiva il prezzo (P), espresso in euro, è dato dalla seguente formula: $P = (1,46146) \times C_{DIR} + 2,50$.

In relazione a quanto sopra si precisa quanto segue.

A. Costo operatore tecnico (manodopera)

La manodopera è calcolata per ora o frazione di ora impiegata per la prova (tempo standard calcolato sul campione significativo) moltiplicata per la tariffa oraria dello sperimentatore in base al relativo contratto collettivo nazionale. Il tempo impiegato comprende l'attrezzaggio e il tuning della macchina suddiviso per il numero giornaliero delle prove effettuate con la stessa macchina. Il tempo standard è il tempo medio impiegato per la prova calcolato su un numero sufficientemente rappresentativo di prove omogenee. Tale manodopera comprende tutto il personale indiretto impiegato nella produzione della prova rapportando la sua incidenza percentuale col metodo del fatturato per linea di prodotto o similare. A titolo di esempio, si raggruppa un numero di prove omogenee sulla base delle fatture emesse in un termine di durata significativa. Il costo del personale del termine esaminato è ripartito per il numero delle prove raggruppate omogeneamente.

B. Ammortamento immobili, macchinari e attrezzature

L'ammortamento degli immobili è calcolato col metodo dei fitti figurativi del laboratorio se di proprietà e con quello del canone di locazione del relativo contratto di fitto dell'immobile se non di proprietà. L'incidenza del fitto sulla prova è rapportato, come per la manodopera indiretta, col metodo del fatturato per linea di prodotto o similare.

L'ammortamento di impianti, macchinari e attrezzature è calcolato sul tempo di utilizzo standard e si basa sul tempo medio impiegato per la prova rispetto a un numero sufficientemente rappresentativo di prove omogenee, in base alla tabella dei coefficienti del

«Gruppo XVI - Industrie edilizie, specie 1a/a - Imprese di costruzioni edilizie, di lavori di terra e di opere stradali, portuali e specializzate», allegata al decreto del Ministro delle finanze 31 dicembre 1988, pubblicato nella Gazzetta Ufficiale della Repubblica italiana n. 27 del 2 febbraio 1989, che stabilisce i coefficienti di ammortamento del costo dei beni strumentali, per categorie di beni omogenei. Al costo macchina si aggiungono i costi di taratura e manutenzione ordinaria. Il prezzo lordo dell'energia assorbita dal laboratorio in un termine significativo incide sul prezzo della prova dividendo l'onere per le prove effettuate entro lo stesso termine significativo avendo cura di dividere l'onere per gruppi di prove omogenee.

C. Consumi e materiali necessari alla prova

Le materie prime sono tutti quei beni strumentali alla prova quali i beni consumabili e non riutilizzabili. I beni strumentali alla prova e riutilizzabili incidono sul prezzo proporzionalmente al numero dei riusi.

D. Costo attribuito alla prova relativo all'attività di direzione e coordinamento tecnico

La componente di costo destinata a commisurare l'attività di direzione o di coordinamento tecnico viene determinata nella percentuale del 15 per cento applicata alla somma dei precedenti componenti definiti alle voci A, B e C.

ALLEGATO II.16
Informazioni a livello europeo relative alla modifica di contratti in corso di esecuzione
(Articolo 120, comma 14)

1. Nome, numero di identificazione, ove previsto, indirizzo comprensivo di codice NUTS, telefono, fax, posta elettronica e indirizzo Internet dell'amministrazione aggiudicatrice e, se diverso, del servizio al quale rivolgersi per informazioni complementari.
2. Codici CPV.
3. Il codice NUTS del luogo principale per l'esecuzione dei lavori nel caso di appalti di lavori o il codice NUTS del luogo principale di consegna o di prestazione per gli appalti di forniture e di servizi.
4. Descrizione dell'appalto prima e dopo la modifica: natura ed entità dei lavori, natura e quantità o valore delle forniture, natura ed entità dei servizi.
5. Se del caso, aumento del prezzo in seguito alla modifica.
6. Descrizione delle circostanze che hanno reso necessaria la modifica.
7. Data della decisione di aggiudicazione dell'appalto.
8. Se del caso, nome, indirizzo comprensivo di codice NUTS, telefono, fax, posta elettronica e indirizzo Internet del nuovo o dei nuovi operatori economici.
9. Informazioni che indicano se l'appalto è connesso a un progetto e/o programma finanziato dai fondi dell'Unione europea.
10. Denominazione e indirizzo dell'organo nazionale di vigilanza e dell'organo responsabile delle procedure di ricorso e, se del caso, di mediazione. Precisazioni dei termini per la proposizione del ricorso o, se del caso, nome, indirizzo, numero di telefono e di fax, nonché indirizzo elettronico del servizio presso il quale si possono richiedere tali informazioni.
11. Date) e riferimenti di precedenti pubblicazioni nella Gazzetta ufficiale dell'Unione europea o nella Gazzetta Ufficiale della Repubblica italiana relative all'appalto o agli appalti di cui al presente avviso.
12. Data d'invio dell'avviso.
13. Altre eventuali informazioni.

ALLEGATO II.17
Servizi sostitutivi di mensa
(Articolo 131, comma 6)

Art. 1. Ambito di applicazione e finalità – 1. Con il presente allegato sono individuati gli esercizi presso i quali può essere erogato il servizio sostitutivo di mensa reso a mezzo dei buoni pasto, le caratteristiche dei buoni pasto e il contenuto degli accordi stipulati tra le società di emissione di buoni pasto e i titolari degli esercizi convenzionabili, al fine di garantire la libera ed effettiva concorrenza nel settore, l'equilibrato svolgimento dei rapporti tra i diversi operatori economici e un efficiente servizio ai consumatori.

Art. 2. Definizioni – 1. Ai fini del presente allegato si intende:

a) per attività di emissione di buoni pasto, l'attività finalizzata a rendere, per il tramite di esercizi convenzionati, il servizio sostitutivo di mensa aziendale;

b) per servizi sostitutivi di mensa resi a mezzo dei buoni pasto, le somministrazioni di alimenti e bevande e le cessioni di prodotti alimentari pronti per il consumo effettuate dagli esercenti le attività elencate all'articolo 3;

c) per buono pasto, il documento di legittimazione, anche in forma elettronica, avente le caratteristiche di cui all'articolo 4, che attribuisce, al titolare, ai sensi dell'articolo 2002 del codice civile, il diritto a ottenere il servizio sostitutivo di mensa per un importo pari al valore facciale del buono e, all'esercizio convenzionato, il mezzo per provare l'avvenuta prestazione nei confronti delle società di emissione;

d) per società di emissione, l'impresa che svolge l'attività di emissione di buoni pasto, legittimata all'esercizio, previa segnalazione certificata di inizio attività attestante il possesso dei requisiti richiesti di cui all'articolo 131, comma 2, del codice, trasmessa, ai sensi dell'articolo 19 della legge 7 agosto 1990, n. 241, al Ministero delle imprese e del made in Italy;

e) per esercizi convenzionati, gli esercizi presso i quali i soggetti esercenti le attività elencate all'articolo 3 in forza di apposita convenzione con la società di emissione, provvedono a erogare il servizio sostitutivo di mensa;

f) per cliente, il datore di lavoro che acquista dalla società di emissione i buoni pasto al fine di erogare il servizio sostitutivo di mensa ai soggetti di cui alla lettera g);

g) per titolare, il prestatore di lavoro subordinato, a tempo pieno o parziale, nonché il soggetto che abbia instaurato con il cliente un rapporto di collaborazione anche non subordinato, al quale, ai sensi delle norme vigenti e dei contratti collettivi di lavoro, vengono assegnati i buoni pasto e che, pertanto, è titolato a utilizzarli;

h) per valore facciale, il valore della prestazione indicato sul buono pasto, inclusivo dell'imposta sul valore aggiunto di cui all'articolo 6.

Art. 3. Esercizi presso i quali può essere erogato il servizio sostitutivo di mensa – 1. Il servizio sostitutivo di mensa reso a mezzo dei buoni pasto di cui all'articolo 2, comma 1, lettera b), è erogato dai soggetti legittimati a esercitare:

a) la somministrazione di alimenti e bevande ai sensi della legge 25 agosto 1991, n. 287;

b) l'attività di mensa aziendale e interaziendale;

c) la vendita al dettaglio, sia in sede fissa che su area pubblica, dei prodotti appartenenti al settore merceologico alimentare ai sensi del decreto legislativo 31 marzo 1998, n. 114;

d) la vendita al dettaglio nei locali di produzione e nei locali attigui dei prodotti alimentari previa iscrizione all'albo di cui all'articolo 5, primo comma, della legge 8 agosto 1985, n. 443;

e) la vendita al dettaglio e la vendita per il consumo sul posto dei prodotti provenienti dai propri fondi effettuata, ai sensi dell'articolo 4, commi 1 e 8-*bis*, del decreto legislativo 18 maggio 2001, n. 228, dagli imprenditori agricoli, dai coltivatori diretti e dalle società semplici esercenti l'attività agricola, iscritti nella sezione speciale del registro delle imprese di cui all'articolo 2188 e seguenti del codice civile;

f) nell'ambito dell'attività di agriturismo di cui alla legge 20 febbraio 2006, n. 96, la somministrazione di pasti e bevande, costituiti prevalentemente da prodotti propri e da prodotti di aziende agricole della zona, presso la propria azienda;

g) nell'ambito dell'attività di ittiturismo, la somministrazione di pasti costituiti prevalentemente da prodotti derivanti dall'attività di pesca, ai sensi dell'articolo 12, comma 1, della legge n. 96 del 2006, da parte di imprenditori ittici;

h) la vendita al dettaglio dei prodotti alimentari, anche trasformati, nei locali adiacenti a quelli di produzione nel caso di soggetti esercenti l'attività di produzione industriale.

2. Ai fini delle attività di cui al comma 1, resta ferma la necessità del rispetto dei requisiti igienico sanitari prescritti dalla normativa vigente.

Art. 4. Caratteristiche dei buoni pasto – 1. Ai sensi del presente allegato i buoni pasto:

a) consentono al titolare di ricevere un servizio sostitutivo di mensa di importo pari al valore facciale del buono pasto;

b) consentono all'esercizio convenzionato di provare documentalmente l'avvenuta prestazione nei confronti delle società di emissione;

c) sono utilizzati esclusivamente dai prestatori di lavoro subordinato, a tempo pieno o parziale, anche qualora l'orario di lavoro non preveda una pausa per il pasto, nonché dai soggetti che hanno instaurato con il cliente un rapporto di collaborazione anche non subordinato;

d) non sono cedibili, né cumulabili oltre il limite di otto buoni, né commercializzabili o convertibili in denaro e sono utilizzabili solo dal titolare;

e) sono utilizzabili esclusivamente per l'intero valore facciale.

2. I buoni pasto in forma cartacea devono riportare:

a) il codice fiscale o la ragione sociale del datore di lavoro;

b) la ragione sociale e il codice fiscale della società di emissione;

c) il valore facciale espresso in valuta corrente;

d) il termine temporale di utilizzo;

e) uno spazio riservato alla apposizione della data di utilizzo, della firma del titolare e del timbro dell'esercizio convenzionato presso il quale il buono pasto viene utilizzato;

f) la dicitura: «Il buono pasto non è cedibile, né cumulabile oltre il limite di otto buoni, né commercializzabile o convertibile in denaro; può essere utilizzato solo se datato e sottoscritto dal titolare».

3. Nei buoni pasto in forma elettronica:

a) le indicazioni di cui alle lettere a), b), c) e d) del comma 2 sono associate elettronicamente ai medesimi in fase di memorizzazione sul relativo *carnet* elettronico;

b) la data di utilizzo del buono pasto e i dati identificativi dell'esercizio convenzionato presso il quale il medesimo è utilizzato di cui alla lettera e) del comma 2, sono associati elettronicamente al buono pasto in fase di utilizzo;

c) l'obbligo di firma del titolare del buono pasto è assolto associando, nei dati del buono pasto memorizzati sul relativo supporto informatico, un numero o un codice identificativo riconducibile al titolare stesso;

d) la dicitura di cui alla lettera f) del comma 2 è riportata elettronicamente.

4. Le società di emissione sono tenute ad adottare idonee misure antifalsificazione e di tracciabilità del buono pasto.

Art. 5. Contenuto degli accordi – 1. Gli accordi stipulati tra le società di emissione di buoni pasto e i titolari degli esercizi convenzionabili contengono i seguenti elementi:

a) la durata del contratto, le condizioni anche economiche, e il termine del preavviso per l'eventuale rinegoziazione o la disdetta;

b) le clausole di utilizzabilità del buono pasto, relative alle condizioni di validità, ai limiti di utilizzo e ai termini di scadenza, specificati in modo espresso e uniforme;

c) l'indicazione dello sconto incondizionato riconosciuto alla società emittente dai titolari degli esercizi convenzionati per effetto dell'utilizzo dei buoni pasto presso i medesimi;

d) l'indicazione del termine di pagamento che la società emittente è tenuta a rispettare nei confronti degli esercizi convenzionati, comunque nell'osservanza di quanto disposto dal comma 6;

e) l'indicazione del termine, non inferiore a sei mesi dalla data di scadenza del buono pasto, entro il quale l'esercizio convenzionato potrà esigere il pagamento delle prestazioni effettuate;

f) l'indicazione di eventuali ulteriori corrispettivi riconosciuti alla società emittente, ivi compresi quelli per l'espletamento di servizi aggiuntivi offerti, nel rispetto e nei limiti di cui ai commi 7 e 8.

2. Gli accordi tra la società di emissione e i titolari degli esercizi convenzionabili contemplano comunque un'offerta di base, sen-

za servizi aggiuntivi, idonea ad assicurare al cliente un servizio completo, ferma restando la libertà della prima di proporre agli esercizi convenzionabili anche servizi aggiuntivi. I bandi di gara si uniformano a quanto previsto dal primo periodo prescrivendo la presentazione da parte dei concorrenti anche della suddetta offerta di base.

3. Gli accordi stipulati tra la società di emissione e i titolari degli esercizi convenzionabili non possono negare ai titolari di esercizi convenzionati il pagamento almeno parziale di fatture relative ai buoni pasto presentati a rimborso a fronte di contestazioni parziali, di quantità o valore, relative alla fatturazione dei medesimi.

4. Gli accordi di cui al presente articolo sono stipulati e possono essere modificati, con specifica accettazione delle parti, esclusivamente in forma scritta, a pena di nullità.

5. Ai fini dell'attuazione del comma 1, lettera c), è vietato pattuire con gli esercizi convenzionati uno sconto incondizionato più elevato di quello stabilito dalla società emittente in sede di offerta ai fini dell'aggiudicazione o in sede di conclusione del contratto con il cliente. Lo sconto incondizionato remunera tutte le attività necessarie e sufficienti al corretto processo di acquisizione, erogazione e fatturazione del buono pasto.

6. Ai termini di pagamento di cui al comma 1, lettera d), si applicano le disposizioni del decreto legislativo 9 ottobre 2002, n. 231.

7. Nell'ambito dei contratti di convenzionamento, ai fini della partecipazione alle gare, nonché della valutazione di congruità delle relative offerte economiche, possono essere considerati come servizi aggiuntivi solo quelli che consistono in prestazioni ulteriori rispetto all'oggetto principale della gara e abbiano un'oggettiva e diretta connessione intrinseca con l'oggetto della gara.

8. È vietato addebitare agli esercenti convenzionati costi diversi dallo sconto incondizionato e dai corrispettivi per prestazioni o servizi aggiuntivi eventualmente acquistati.

9. Resta ferma la facoltà dei titolari degli esercizi convenzionabili di non aderire alla proposta di prestazioni aggiuntive.

10. In caso di mancato convenzionamento a seguito della non adesione alla proposta di prestazioni aggiuntive resta ferma l'applicabilità, ove sussistano i presupposti, degli articoli 1341 e 2598, primo comma, numero 3), del codice civile. Nel caso di procedura a evidenza pubblica, accordi che prevedono un tale obbligo di adesione, o comunque di fatto lo determinino, costituiscono causa di riso-

luzione del contratto tra la stazione appaltante e la società di emissione.

Art. 6. Disposizioni finali – 1. Il valore facciale del buono pasto è comprensivo dell'imposta sul valore aggiunto prevista per le somministrazioni al pubblico di alimenti e bevande e le cessioni di prodotti alimentari pronti per il consumo. Le variazioni dell'imposta sul valore aggiunto lasciano inalterato il contenuto economico dei contratti già stipulati, ferma restando la libertà delle parti di addivenire alle opportune rinegoziazioni per ristabilire l'equilibrio del rapporto.

2. Il Ministero delle imprese e del made in Italy, in collaborazione con il Ministero delle infrastrutture e dei trasporti e con l'Autorità nazionale anticorruzione, previe apposite consultazioni, effettua il monitoraggio degli effetti del presente allegato al fine della verifica dell'efficacia del medesimo.

ALLEGATO II.18
Qualificazione dei soggetti, progettazione e collaudo nel settore dei beni culturali
(Articolo 133)

TITOLO I
Disposizioni generali

Art. 1. Ambito di applicazione – 1. Il presente allegato disciplina gli appalti pubblici di lavori riguardanti i beni culturali tutelati ai sensi del codice dei beni culturali e del paesaggio di cui al decreto legislativo 22 gennaio 2004, n. 42, di seguito «Codice dei beni culturali e del paesaggio».

2. I lavori di cui al presente allegato si articolano nelle seguenti tipologie:

a) scavo archeologico, comprese le indagini archeologiche subacquee;

b) monitoraggio, manutenzione e restauro di beni culturali immobili;

c) monitoraggio, manutenzione e restauro dei beni culturali mobili, superfici decorate di beni architettonici e materiali storicizzati di beni immobili di interesse storico, artistico o archeologico.

3. Per quanto non diversamente disposto nel presente allegato si applicano le pertinenti disposizioni del codice.

Art. 2. Scavo archeologico, restauro, manutenzione e monitoraggio – 1. Lo scavo archeologico consiste in tutte le operazioni che consentono la lettura storica delle azioni umane, nonché dei fenomeni geologici che hanno con esse interagito, succedutesi in un determinato territorio, delle quali con metodo stratigrafico si recuperano le documentazioni materiali, mobili e immobili, riferibili al patrimonio archeologico. Lo scavo archeologico recupera altresì la documentazione del paleoambiente anche delle epoche anteriori alla comparsa dell'uomo.

2. I contenuti qualificanti e le finalità della manutenzione e del restauro del patrimonio culturale sono definiti all'articolo 29, commi 3 e 4, del Codice dei beni culturali e del paesaggio.

Art. 3. Specificità degli interventi – 1. Ai sensi degli articoli 1, commi 3 e 4, e 29 del Codice dei beni culturali e del paesaggio, ferma restando la procedura di cui all'articolo 12 del medesimo Codice dei beni culturali e del paesaggio, gli interventi sui beni culturali sono inseriti nei documenti di programmazione dei lavori pubblici di cui all'articolo 37, commi 1 e 2, del codice e sono eseguiti secondo i tempi, le priorità e le altre indicazioni derivanti dal criterio della conservazione programmata. A tal fine le stazioni appaltanti, sulla base della ricognizione e dello studio dei beni affidati alla loro custodia, redigono un documento sullo stato di conservazione del singolo bene, tenendo conto della pericolosità territoriale e della vulnerabilità, delle risultanze, evidenziate nel piano di manutenzione e nel consuntivo scientifico, delle attività di prevenzione e degli eventuali interventi pregressi di manutenzione e restauro. Per i beni archeologici tale documento illustra anche i risultati delle indagini diagnostiche.

TITOLO II
Requisiti di qualificazione

Capo I
Requisiti di qualificazione degli esecutori di lavori riguardanti i beni culturali

Art. 4. Qualificazione – 1. Fermo restando quanto previsto dall'articolo 100 del codice, il presente Capo individua, ai sensi dell'articolo 133, comma 1, del codice, i requisiti di qualificazione dei soggetti esecutori dei lavori di importo pari o superiore a 150.000 euro relativi alle tipologie di lavori su beni culturali di cui all'articolo 1, comma 2.

2. Per i lavori di cui all'articolo 1, comma 2, di importo inferiore a 150.000 euro si applica quanto previsto dall'articolo 12.

3. Ai fini della qualificazione per lavori sui beni di cui al presente Titolo, relativi alle categorie OG 2, OS 2-A, OS 2-B, OS 24 e OS 25 di cui alla tabella A dell'allegato II.12 al codice, eseguiti per conto dei soggetti di cui all' articolo 1, comma 1, lettere a), b), c), d) ed e), dell'allegato I.1 al codice, nonché di committenti privati o in proprio, quando i lavori hanno avuto a oggetto beni di cui all'articolo 1, comma 1, del presente allegato, la certificazione rilasciata ai sog-

getti esecutori deve contenere anche l'attestato dell'autorità preposta alla tutela del bene oggetto dei lavori del buon esito degli interventi eseguiti.

4. Per i lavori concernenti beni culturali mobili, superfici decorate di beni architettonici e materiali storicizzati di beni immobili di interesse storico, artistico e archeologico, gli scavi archeologici, anche subacquei, nonché quelli relativi a ville, parchi e giardini di cui all'articolo 10, comma 4, lettera f), del Codice dei beni culturali e del paesaggio trova applicazione quanto previsto dal presente Titolo sul possesso dei requisiti di qualificazione.

Art. 5. Requisiti generali – 1. Fermo restando quanto previsto dagli articoli 99 e seguenti del codice e dall'allegato II.12 al codice, l'iscrizione dell'impresa al registro istituito presso la competente camera di commercio, industria, artigianato e agricoltura, prescritta dall'articolo 100, comma 3, del codice, deve essere relativa: a) per i lavori inerenti a scavi archeologici, a scavi archeologici; b) per i lavori inerenti alla manutenzione e al restauro dei beni culturali mobili e di superfici decorate di beni architettonici e materiali storicizzati di beni immobili culturali, a conservazione e restauro di opere d'arte; c) per i lavori inerenti al restauro e alla manutenzione di beni culturali immobili, a conservazione e restauro di opere d'arte; d) per i lavori inerenti al verde storico di cui all' articolo 10, comma 4, lettera f), del Codice dei beni culturali e del paesaggio, a parchi e giardini.

Art. 6. Requisiti speciali – 1. I requisiti di ordine speciale per la qualificazione necessaria all'esecuzione dei lavori previsti dall'articolo 1 del presente allegato sono, ai sensi dell'articolo 100 del codice:

a) l'idoneità professionale;
b) la capacità economica e finanziaria;
c) le capacità tecniche e professionali.

Art. 7. Idoneità professionale e capacità tecniche e professionali – 1. L'idoneità professionale è dimostrata dalla presenza di tutti i requisiti di seguito elencati:

a) idonea direzione tecnica, anche coincidente con la titolarità dell'impresa, secondo quanto previsto dall'articolo 11;

b) avvenuta esecuzione di lavori di cui all'articolo 1, per un importo complessivo non inferiore al 70 per cento dell'importo della classifica per cui è chiesta la qualificazione.

2. L'impiego temporalmente illimitato dei certificati di esecuzione dei lavori ai fini della qualificazione è consentito, a condizione che sia rispettato il principio di continuità nell'esecuzione dei lavori, a prova dell'attuale idoneità a eseguire interventi nella categoria per la quale è richiesta l'attestazione, oppure che sia rimasta invariata la direzione tecnica dell'impresa.

3. Nel caso di acquisizione di azienda o di un suo ramo, i requisiti di idoneità professionale e di capacità tecniche e professionali maturati dall'impresa cedente sono mutuabili a condizione che nella cessione vi sia anche il trasferimento del direttore tecnico che ha avuto la direzione dei lavori della cui certificazione ci si vuole valere ai fini della qualificazione, e questi permanga nell'organico del cessionario per un periodo di almeno tre anni.

4. Per le imprese che nell'ultimo decennio abbiano avuto un numero medio di lavoratori occupati costituito da dipendenti superiore a cinque unità l'idoneità professionale, dal punto di vista organizzativo, è dimostrata dalla presenza dei requisiti indicati ai commi 5, 6 e 7. I restauratori, i collaboratori restauratori di cui al comma 6 e gli archeologi di cui al comma 7 hanno un rapporto di lavoro a tempo determinato o indeterminato regolato dalla disciplina vigente in materia con l'impresa.

5. Con riferimento alla categoria OG 2, l'idoneità di cui al comma 4 è dimostrata dall'aver sostenuto per il personale dipendente un costo complessivo, composto da retribuzione e stipendi, contributi sociali e accantonamenti ai fondi di quiescenza, non inferiore al 15 per cento dell'importo dei lavori che rientrano nella categoria OG 2 e che siano stati realizzati nel decennio antecedente la data di sottoscrizione del contratto con la società organismo d'attestazione, di cui almeno il 40 per cento per personale operaio. In alternativa a quanto previsto dal primo periodo, l'idoneità organizzativa è dimostrata dall'aver sostenuto per il personale dipendente assunto a tempo indeterminato un costo complessivo non inferiore al 10 per cento dell'importo dei lavori che rientrano nella categoria OG 2 e che siano stati realizzati nel decennio antecedente la data di sottoscrizione del contratto con la società organismo d'attestazione, di cui almeno l'80 per cento per personale tecnico,

titolare di laurea, o di laurea breve, o di diploma universitario, o di diploma. Il costo complessivo sostenuto per il personale dipendente è documentato dal bilancio corredato della relativa nota di deposito e riclassificato in conformità delle direttive europee in materia di bilancio dai soggetti tenuti alla sua redazione, e dagli altri soggetti con idonea documentazione, nonché di una dichiarazione sulla consistenza dell'organico, distinto nelle varie qualifiche, da cui desumere la corrispondenza con il costo indicato nei bilanci e dei modelli riepilogativi annuali attestanti i versamenti effettuati all'INPS e all'INAIL e alle casse edili in ordine alle retribuzioni corrisposte ai dipendenti e ai relativi contributi.

6. Con riferimento alle categorie OS 2-A e OS 2-B, l'idoneità di cui al comma 4 è dimostrata dalla presenza di restauratori di beni culturali ai sensi della disciplina vigente, in numero non inferiore al 20 per cento dell'organico complessivo dell'impresa, e dalla presenza di collaboratori restauratori di beni culturali ai sensi della disciplina vigente, in numero non inferiore al 40 per cento del medesimo organico. La presenza di collaboratori restauratori può essere sopperita in tutto o in parte da restauratori di beni culturali. In alternativa a quanto previsto dal primo periodo, l'idoneità organizzativa dell'impresa è dimostrata dall'aver sostenuto per il personale dipendente con qualifica di restauratore e di collaboratore restauratore di beni culturali, un costo complessivo, composto da retribuzione e stipendi, contributi sociali e accantonamenti ai fondi di quiescenza, non inferiore al 40 per cento dell'importo dei lavori che rientrano nelle categorie OS 2-A e OS 2-B, e che siano stati realizzati nel decennio antecedente la data di sottoscrizione del contratto con la società organismo d'attestazione. Per i direttori tecnici non dipendenti i costi di cui al terzo periodo corrispondono alla retribuzione convenzionale stabilita annualmente dall'Istituto nazionale assicurazione infortuni sul lavoro. Il calcolo delle unità previste dal primo periodo è effettuato con l'arrotondamento all'unità superiore. Per le imprese che nell'ultimo decennio abbiano avuto un numero medio di lavoratori occupati costituito da dipendenti pari o inferiore a cinque unità l'idoneità organizzativa con riferimento alle categorie OS 2-A e OS 2-B è comprovata dalla presenza di almeno un restauratore di beni culturali.

7. Per i lavori relativi a scavi archeologici, di cui alla categoria OS 25, l'idoneità professionale, dal punto di vista organizzativo, è dimostrata dalla presenza di archeologi, in possesso dei titoli previ-

sti dal decreto ministeriale di cui all'articolo 1, comma 3, dell'allegato I.8 al codice, in numero non inferiore al 30 per cento dell'organico complessivo, con arrotondamento all'unità superiore. In alternativa a quanto previsto dal primo periodo, l'idoneità organizzativa dell'impresa è dimostrata dall'aver sostenuto per il personale dipendente con qualifica di archeologo, un costo complessivo, composto da retribuzione e stipendi, contributi sociali e accantonamenti ai fondi di quiescenza, non inferiore rispettivamente al 30 per cento dell'importo dei lavori che rientrano nelle categorie OS 25 e che siano stati realizzati nel decennio antecedente la data di sottoscrizione del contratto con la società organismo d'attestazione. Per le imprese che nell'ultimo decennio abbiano avuto un numero medio di lavoratori occupati costituito da dipendenti pari o inferiore a cinque unità l'idoneità organizzativa per i lavori relativi a scavi archeologici, di cui alla categoria OS 25, è comprovata dalla presenza di almeno un archeologo.

Art. 8. Capacità economica e finanziaria – 1. L'adeguata capacità economica e finanziaria dell'esecutore dei lavori è dimostrata dall'impresa esecutrice secondo quanto previsto dall'articolo 100, commi 4, 5 e 6, del codice.

2. In caso di imprese qualificate esclusivamente nelle categorie OS 2-A, OS 2-B e OS 25 l'adeguata capacità economica e finanziaria è dimostrata da idonee referenze bancarie rilasciate da un soggetto autorizzato all'esercizio dell'attività bancaria ai sensi del testo unico delle leggi in materia bancaria e creditizia di cui al decreto legislativo 1° settembre 1993, n. 385.

Art. 9. Lavori utili per la qualificazione – 1. La certificazione dei lavori utili ai fini di cui all'articolo 7 contiene la dichiarazione dei committenti che i lavori eseguiti sono stati realizzati regolarmente e con buon esito. Tale certificazione non coincide con il consuntivo scientifico predisposto dal direttore dei lavori di cui al comma 10, lettera a), dell'articolo 116 del codice.

2. Per i lavori eseguiti per conto del medesimo committente, anche se oggetto di diversi contratti di appalto, può essere rilasciato un unico certificato con la specificazione dei lavori approvati ed eseguiti nei singoli anni.

3. Sono fatti salvi i certificati rilasciati prima dell'entrata in vigore del presente allegato se accompagnati o integrati dalla dichiarazione di buon esito rilasciata dall'autorità preposta alla tutela dei beni su cui i lavori sono stati realizzati.

4. I lavori possono essere utilizzati ai fini di cui all'articolo 7 solo se effettivamente eseguiti dall'impresa, anche se eseguiti in qualità di impresa subappaltatrice. L'impresa appaltatrice non può utilizzare ai fini della qualificazione i lavori affidati in subappalto.

5. Al fine di garantire il corretto esercizio dell'attività di vigilanza da parte delle soprintendenze preposte alla tutela del bene, queste, entro sessanta giorni dal rilascio del certificato di regolare esecuzione dei lavori, di cui all' articolo 50, comma 7, del codice, accertata la regolarità delle prestazioni eseguite, attestano il buon esito dei lavori svolti.

Art. 10. Lavori di importo inferiore a 150.000 euro – 1. Per eseguire lavori di scavo archeologico, monitoraggio, manutenzione o restauro di beni culturali mobili e di superfici decorate di beni architettonici e di materiali storicizzati di beni immobili di interesse storico, artistico e archeologico e per i lavori su parchi e giardini storici sottoposti a tutela, di importo inferiore a 150.000 euro, le imprese devono possedere i seguenti requisiti:

a) avere eseguito lavori direttamente e in proprio antecedentemente alla pubblicazione del bando o alla data dell'invito alla procedura negoziata, della medesima categoria e, ove si tratti di categoria OS 2-A e OS 2-B, con riferimento allo specifico settore di competenza a cui si riferiscono le attività di restauro, richiesto dall'oggetto dei lavori in base alla disciplina vigente, per un importo complessivo non inferiore a quello del contratto da stipulare, fermo restando il principio della continuità nell'esecuzione dei lavori di cui all'articolo 7, comma 2 o, in alternativa, avere il direttore tecnico previsto dall'articolo 7, comma 1, lettera a);

b) avere un organico determinato secondo quanto previsto dall'articolo 8 sull'idoneità organizzativa;

c) essere iscritte alla competente camera di commercio, industria, artigianato e agricoltura.

2. I requisiti di cui al comma 1, autocertificati ai sensi del testo unico delle disposizioni legislative e regolamentari in materia di do-

cumentazione amministrativa, di cui al decreto del Presidente della Repubblica 28 dicembre 2000, n. 445, sono dichiarati in sede di domanda di partecipazione o in sede di offerta e sono accompagnati da una certificazione di buon esito dei lavori rilasciata dall'autorità preposta alla tutela dei beni su cui si è intervenuti. La loro effettiva sussistenza è accertata dalla stazione appaltante secondo le vigenti disposizioni in materia. Per i lavori e le attività di cui al comma 1, di importo complessivo non superiore a 40.000 euro, la certificazione di buon esito dei lavori può essere rilasciata anche da una amministrazione aggiudicatrice.

Capo II
Requisiti di qualificazione dei direttori tecnici

Art. 11. Direttore tecnico – 1. La direzione tecnica può essere assunta da un singolo soggetto, eventualmente coincidente con il legale rappresentante dell'impresa, o da più soggetti.

2. Il soggetto o i soggetti designati nell'incarico di direttore tecnico non possono rivestire, per la durata dell'appalto, analogo incarico per conto di altre imprese qualificate ai sensi del Capo I del Titolo II del presente allegato; tali soggetti pertanto producono, alla stazione appaltante, una dichiarazione di unicità di incarico. Qualora il direttore tecnico sia persona diversa dal titolare dell'impresa, dal legale rappresentante, dall'amministratore e dal socio, questi deve essere un dipendente dell'impresa stessa o a essa legato mediante contratto d'opera professionale regolarmente registrato.

3. La direzione tecnica per i lavori di cui al presente allegato è affidata:

a) relativamente alla categoria OG 2, a soggetti iscritti all'albo professionale - Sezione A degli architetti, pianificatori, paesaggisti e conservatori, o in possesso di laurea magistrale in conservazione dei beni culturali. I soggetti che alla data di entrata in vigore del regolamento recante l'istituzione del sistema di qualificazione per gli esecutori di lavori pubblici di cui al decreto del Presidente della Repubblica 25 gennaio 2000, n. 34 svolgevano la funzione di direttore tecnico, possono conservare l'incarico presso la stessa impresa;

b) relativamente alle categorie OS 2-A e OS 2-B, con riferimento allo specifico settore di competenza a cui si riferiscono le attività di restauro, richiesto dall'oggetto dei lavori in base alla disciplina vigente, a restauratori di beni culturali in possesso di un diploma rilasciato da scuole di alta formazione e di studio istituite ai sensi dell'articolo 9 del decreto legislativo 20 ottobre 1998, n. 368 o dagli altri soggetti di cui all' articolo 29, comma 9, del Codice dei beni culturali e del paesaggio, o in possesso di laurea magistrale in conservazione e restauro dei beni culturali, fatto salvo quanto previsto dal comma 5;

c) relativamente alla categoria OS 25, a soggetti in possesso dei titoli previsti di cui all'allegato I.8 al codice.

4. Oltre a quanto previsto dal comma 3, è richiesto altresì il requisito di almeno due anni di esperienza nel settore dei lavori su beni culturali, attestata secondo quanto previsto dall'allegato II.12 al codice.

5. Con riferimento alle categorie OS 2-A e OS 2-B la direzione tecnica può essere affidata anche a restauratori di beni culturali, che hanno acquisito la relativa qualifica ai sensi dell'articolo 182 del Codice dei beni culturali e del paesaggio, purché tali restauratori abbiano svolto, alla data di entrata in vigore del presente allegato, almeno tre distinti incarichi di direzione tecnica nell'ambito di lavori riferibili alle medesime categorie.

6. In caso di lavori di importo inferiore a 150.000 euro i requisiti sono autocertificati e sottoposti alle verifiche e controlli di cui al testo unico delle disposizioni legislative e regolamentari in materia di documentazione amministrativa, di cui al decreto del Presidente della Repubblica 28 dicembre 2000, n. 445.

TITOLO III
Progettazione e direzione di lavori riguardanti i beni culturali

Capo I
Livelli e contenuti della progettazione

Art. 12. Attività di progettazione – 1. I progetti sono costituiti dagli elaborati indicati negli articoli 13, 14, 15 e 16, i cui contenuti sono quelli previsti dall'allegato I.7 al codice. L'elenco degli elaborati che compongono i singoli livelli di progettazione è esaustivo e sostitutivo rispetto all'elenco dei documenti che fanno parte dei medesimi livelli di cui all'allegato I.7.

2. Le linee guida di cui all'articolo 29, comma 5, del Codice dei beni culturali e del paesaggio possono definire norme tecniche e criteri ulteriori preordinati alla progettazione e alla esecuzione dei lavori di cui all'articolo 1.

3. L'affidamento dei lavori riguardanti i beni culturali, indicati all'articolo 1, è disposto sulla base del progetto esecutivo. Fermo restando quanto previsto dall'articolo 13, comma 3, può essere tuttavia eccezionalmente disposto sulla base del progetto di fattibilità tecnico-economica.

4. Può essere disposta l'omissione o la riduzione dei contenuti della progettazione esecutiva nelle seguenti ipotesi:

a) per i lavori su beni culturali mobili, superfici decorate di beni architettonici e materiali storicizzati di beni immobili di interesse storico, artistico o archeologico, allorché non presentino complessità realizzative, quali ad esempio la ripulitura e altri interventi che presentano caratteristiche di semplicità e serialità;

b) negli altri casi, qualora il responsabile unico del progetto (RUP), accertato che la natura e le caratteristiche del bene, ovvero il suo stato di conservazione, sono tali da non consentire l'esecuzione di analisi e rilievi esaustivi o comunque presentino soluzioni determinabili solo in corso d'opera, disponga l'integrazione della progettazione in corso d'opera, il cui eventuale costo deve trovare corrispondente copertura nel quadro economico. L'impresa esecutrice dei lavori sottopone al RUP la documentazione riguardante la progettazione integrativa, che viene approvata previa valutazione della stazione appaltante.

Art. 13. Progetto di fattibilità tecnico-economica – 1. Fermo restando quanto previsto dall'articolo 41, comma 6, del codice, il progetto di fattibilità tecnico-economica consiste in una relazione programmatica del quadro delle conoscenze, sviluppato per settori di indagine, nonché dei metodi di intervento, con allegati i necessari elaborati grafici. Il quadro delle conoscenze è la risultante della lettura dello stato esistente e consiste nella indicazione delle tipologie di indagine che si ritengono necessarie per la conoscenza del bene culturale e del suo contesto storico e ambientale.

2. Sono documenti del progetto di fattibilità:

a) la relazione generale;

b) la relazione tecnica;

c) le indagini e ricerche preliminari;

d) la planimetria generale ed elaborati grafici;

e) le prime indicazioni e disposizioni per la stesura dei piani della sicurezza;

f) la scheda tecnica di cui all'articolo 14;

g) il calcolo sommario della spesa;

h) il quadro economico di progetto;

i) il cronoprogramma dell'intervento;

l) il documento di fattibilità delle alternative progettuali, a esclusione dei casi di lavori che non comportano nuove costruzioni;

m) lo studio preliminare ambientale, a esclusione dei casi di lavori che non comportano nuove costruzioni o installazioni o impiantistica.

3. L'affidamento dei lavori riguardanti i beni culturali, indicati all'articolo 1, è disposto, di regola, sulla base del progetto esecutivo. Il RUP, nella fase di progettazione di fattibilità, valuta motivatamente, esclusivamente sulla base della natura e delle caratteristiche del bene e dell'intervento conservativo, l'eventuale possibilità di porre a base di gara il progetto di fattibilità tecnico-economica, oppure di ridurre i contenuti della progettazione esecutiva, salvaguardandone la qualità.

4. Le indagini e ricerche di cui al comma 2 riguardano:

a) l'analisi storico-critica;

b) i materiali costitutivi e le tecniche di esecuzione;

c) il rilievo e la documentazione fotografica dei manufatti;

d) la diagnostica;

e) l'individuazione del comportamento strutturale e l'analisi dello stato di conservazione, del degrado e dei dissesti;

f) l'individuazione degli eventuali apporti di altre discipline afferenti.

5. In ragione della complessità dell'intervento in relazione allo stato di conservazione e ai caratteri storico-artistici del manufatto il progetto di fattibilità può limitarsi a comprendere quelle ricerche e quelle indagini che sono strettamente necessarie per una prima reale individuazione delle scelte di intervento e dei relativi costi.

Art. 14. Scheda tecnica – 1. La scheda tecnica descrive le caratteristiche, le tecniche di esecuzione e lo stato di conservazione dei beni culturali su cui si interviene, nonché eventuali modifiche dovute a precedenti interventi, in modo da dare un quadro, dettagliato ed esaustivo, delle caratteristiche del bene e fornisce altresì indicazioni di massima degli interventi previsti e delle metodologie da applicare.

2. Nella scheda tecnica sono individuate e classificate, anche sulla scorta del provvedimento di dichiarazione dell'interesse culturale che interessa il bene oggetto dell'intervento, le superfici decorate di beni architettonici e i materiali storicizzati di beni immobili di interesse storico artistico o archeologico oggetto dell'intervento.

3. Nel caso di lavori di monitoraggio, manutenzione o restauro di beni culturali mobili, superfici decorate di beni architettonici e materiali storicizzati di beni immobili di interesse storico, artistico o archeologico, la scheda tecnica è redatta da un restauratore di beni culturali, qualificato ai sensi della normativa vigente. Nel caso di lavori di scavo archeologico, la scheda tecnica è redatta da un archeologo.

4. Nell'ambito del procedimento di autorizzazione di cui agli articoli 21 e 22 del Codice dei beni culturali e del paesaggio, la scheda tecnica, prima della definizione del progetto di fattibilità tecnica ed economica, è sottoposta al soprintendente competente, che ne approva i contenuti entro quarantacinque giorni, aggiornando, ove necessario, il provvedimento di dichiarazione dell'interesse culturale che interessa il bene oggetto dell'intervento.

Art. 15. Progetto esecutivo – 1. Il progetto esecutivo indica, in modo compiuto, entrando nel dettaglio e sulla base delle indagini eseguite, le esatte metodologie operative, le tecniche, le tecnologie di intervento, i materiali da utilizzare riguardanti le singole parti del complesso; prescrive le modalità tecnico-esecutive degli interventi; è elaborato sulla base di indagini dirette e adeguate campionature di intervento, giustificate dall'unicità dell'intervento conservativo; indica i controlli da effettuare in cantiere nel corso dei lavori.

2. Sono documenti del progetto esecutivo:

a) la relazione generale;

b) le relazioni specialistiche;

c) gli elaborati grafici comprensivi anche di quelli delle strutture e degli impianti;

d) i calcoli esecutivi delle strutture e degli impianti;

e) il piano di monitoraggio e manutenzione dell'opera e delle sue parti;

f) il piano di sicurezza e di coordinamento;

g) il computo metrico-estimativo e quadro economico;

h) il cronoprogramma;

i) l'elenco dei prezzi unitari ed eventuali analisi;

l) il capitolato speciale di appalto e schema di contratto.

Art. 16. Progettazione dello scavo archeologico – 1. Il progetto di fattibilità tecnica ed economica dei lavori di scavo archeologico per finalità di ricerca archeologica disciplina l'impianto del cantiere di ricerca e individua i criteri per la definizione della progressione temporale dei lavori e delle priorità degli interventi nel corso dell'esecuzione dell'attività di scavo, nonché i tipi e i metodi di intervento. Il progetto di fattibilità è costituito da una relazione programmatica delle indagini necessarie e illustrativa del quadro delle conoscenze pregresse, sviluppato per settori di indagine, alla quale sono allegati i pertinenti elaborati grafici.

2. La relazione di cui al comma 1 illustra i tempi e i modi dell'intervento, relativi sia allo scavo sia alla conservazione dei reperti, sia al loro studio e pubblicazione, ed è redatta da archeologi in possesso di specifica esperienza e capacità professionale coerenti con l'intervento. Essa comprende altresì un calcolo sommario della spesa, il quadro economico di progetto, il cronoprogramma dell'intervento e le prime indicazioni e misure finalizzate alla tutela della salute e sicurezza dei luoghi di lavoro per la stesura dei piani di sicurezza.

3. Il quadro delle conoscenze pregresse consiste in una lettura critica dello stato esistente aggiornato alla luce degli elementi di conoscenza raccolti in eventuali scoperte.

4. Le indagini di cui al comma 1 consistono in:

a) rilievo generale;

b) ricognizioni territoriali e indagini diagnostiche;

c) indagini complementari necessarie.

5. Il progetto di fattibilità, qualora non sia stato predisposto dai competenti uffici del Ministero della cultura, è comunicato al Soprintendente competente.

6. Il progetto esecutivo dei lavori di scavo archeologico per finalità di ricerca, nel quale confluiscono i risultati delle indagini previste nel progetto di fattibilità, comprende dettagliate previsioni tecnico-scientifiche ed economiche relative alle diverse fasi e tipologie di intervento e indica la quantità e la durata di esse e comprende altresì il piano di sicurezza e coordinamento.

7. Le fasi di cui al comma 6 comprendono:

a) rilievi e indagini;

b) scavo;

c) documentazione di scavo, quali giornali di scavo, schede stratigrafiche, documentazione grafica e fotografica;

d) restauro dei reperti mobili e immobili;

e) schedatura preliminare dei reperti e loro immagazzinamento insieme con gli eventuali campioni da sottoporre ad analisi;

f) studio e pubblicazione;

g) forme di fruizione anche con riguardo alla sistemazione e musealizzazione del sito o del contesto recuperato;

h) manutenzione programmata.

8. Il progetto di fattibilità tecnico-economica dei lavori di scavo archeologico per finalità di ricerca contiene inoltre la definizione delle tipologie degli interventi, distinguendo quelli di prevalente merito scientifico, eventualmente da affidare a imprese in possesso di requisiti specifici ove non curate dalla stessa amministrazione aggiudicatrice. In questo caso, il progetto di fattibilità tecnico-economica è comunicato al Soprintendente competente.

9. Il progetto esecutivo, salvo diversa indicazione del RUP ai sensi dell'articolo 12, indica in modo compiuto, entrando nel dettaglio e sulla base delle indagini eseguite, le modalità tecniche ed esecutive delle varie fasi operative, indicando i controlli da effettuare in cantiere nel corso dei lavori.

Art. 17. Progettazione di lavori di impiantistica e per la sicurezza – 1. I progetti relativi ai lavori di impiantistica e per la sicurezza, redatti ai vari e successivi livelli di approfondimento, prevedono l'impiego delle tecnologie più idonee a garantire il corretto inserimento degli impianti e di quanto necessario per la sicurezza nella organizzazione tipologica e morfologica dei complessi di interesse storico-artistico e a offrire prestazioni, compatibilmente con le limitazioni imposte dal rispetto delle preesistenze storico-artistiche, analoghe a quelle richieste per gli edifici di nuova costruzione. Sono inoltre richiesti i piani di sicurezza in fase di esercizio e il programma di manutenzione programmata con le scorte di magazzino necessarie per garantire la continuità del servizio.

Art. 18. Verifica dei progetti – 1. Fermo restando quanto previsto dall'articolo 42 del codice, per i progetti di lavori relativi a beni culturali, la stazione appaltante provvede direttamente all'attività di verifica, avvalendosi altresì:

a) nei casi di interventi su beni mobili culturali, superfici decorate di beni architettonici e materiali storicizzati di beni immobili di interesse storico artistico o archeologico, del soggetto che ha predisposto la scheda tecnica di cui all'articolo 14, sempre che non abbia assunto il ruolo di progettista dell'intervento da attuare ovvero di un funzionario tecnico, appartenente ai ruoli della pubblica amministrazione, con profilo professionale di restauratore, in possesso di specifica esperienza e capacità professionale coerente con l'intervento, che non abbia partecipato alla redazione del progetto;

b) nei casi di interventi su beni culturali immobili, del soggetto che ha predisposto la scheda tecnica di cui all'articolo 14, sempre che non abbia assunto il ruolo di progettista dell'intervento da attuare ovvero di un funzionario tecnico, appartenente ai ruoli della pubblica amministrazione, con profilo professionale di architetto, in possesso di specifica esperienza e capacità professionale coerente con l'intervento, che non abbia partecipato alla redazione del progetto;

c) nei casi di lavori di scavo archeologico, comprese le indagini archeologiche subacquee, del soggetto che ha predisposto la scheda tecnica di cui all'articolo 14, sempre che non abbia assunto il ruolo di progettista dell'intervento da attuare ovvero di un funzionario tecnico, appartenente ai ruoli della pubblica amministrazione, con la qualifica di archeologo in possesso di specifica esperienza e capacità professionale coerente con l'intervento, che non abbia partecipato alla redazione del progetto.

2. Il RUP può disporre motivatamente che la verifica riguardi soltanto il livello di progettazione posto alla base dell'affidamento dei lavori.

Capo II
Soggetti incaricati dell'attività di progettazione e direzione lavori

Art. 19. Progettazione, direzione lavori e attività accessorie – 1. Secondo quanto disposto dall'articolo 133 del codice per i lavori concernenti i beni culturali di cui al presente allegato, nei casi in cui non sia prevista l'iscrizione a un ordine o collegio professionale, le prestazioni relative alla progettazione di fattibilità tecnico-economica ed esecutiva possono essere espletate anche da un soggetto con qualifica di restauratore di beni culturali ai sensi della vigente normativa, ovvero, secondo la tipologia dei lavori, da altri professionisti di cui all'articolo 9-*bis* del Codice dei beni culturali e del paesaggio, in entrambi i casi in possesso di specifica competenza coerente con l'intervento da attuare.

2. La direzione dei lavori, il supporto tecnico alle attività del RUP e del dirigente competente alla formazione del programma triennale comprendono un restauratore di beni culturali qualificato ai sensi della normativa vigente, ovvero, secondo la tipologia dei lavori, altro professionista di cui all'articolo 9-*bis* del Codice dei beni culturali e del paesaggio. In ambedue i casi sono richiesti un'esperienza almeno quinquennale e il possesso di specifiche competenze coerenti con l'intervento.

3. Per i lavori concernenti beni culturali mobili, superfici decorate di beni architettonici e materiali storicizzati di beni immobili di interesse storico artistico o archeologico, oppure scavi archeologici, il restauratore oppure altro professionista di cui al comma 2, all'interno dell'ufficio di direzione dei lavori, ricopre il ruolo di assistente con funzioni di direttore operativo.

4. Le attività di cui ai commi 1, 2 e 3 possono essere espletate da funzionari tecnici delle stazioni appaltanti, in possesso di adeguata professionalità in relazione all'intervento da attuare.

TITOLO IV
Somma urgenza

Art. 20. Tipi di intervento per i quali è consentita l'esecuzione di lavori con il regime di somma urgenza – 1. L'esecuzione dei lavori di cui al presente allegato è consentita nei casi di somma urgenza, nei quali ogni ritardo sia pregiudizievole alla pubblica incolumità o alla tutela del bene, per rimuovere lo stato di pregiudizio e pericolo e fino all'importo di 300.000 euro, secondo le modalità e le procedure di cui all'articolo 140 del codice.

TITOLO V
Esecuzione, varianti e collaudo dei lavori riguardanti i beni culturali

Art. 21. Varianti – 1. Non sono considerati varianti in corso d'opera gli interventi disposti dal direttore dei lavori per risolvere aspetti di dettaglio, finalizzati a prevenire e ridurre i pericoli di danneggiamento o deterioramento dei beni tutelati, che non modificano qualitativamente l'opera e che non comportino una variazione in aumento o in diminuzione superiore al 20 per cento del valore di ogni singola categoria di lavorazione, nel limite del 10 per cento dell'importo complessivo contrattuale, qualora vi sia disponibilità finanziaria nel quadro economico tra le somme a disposizione della stazione appaltante.

2. Sono ammesse, nel limite del 20 per cento in più dell'importo contrattuale, le varianti in corso d'opera rese necessarie, posta la natura e la specificità dei beni sui quali si interviene, per fatti verificatisi in corso d'opera, per rinvenimenti imprevisti o imprevedibili nella fase progettuale, per adeguare l'impostazione progettuale qualora ciò sia reso necessario per la salvaguardia del bene e per il perseguimento degli obiettivi dell'intervento, nonché le varianti giustificate dalla evoluzione dei criteri della disciplina del restauro.

Art. 22. Collaudo – 1. Per il collaudo dei beni relativi alle categorie OG 2 l'organo di collaudo comprende anche un restauratore con esperienza almeno quinquennale in possesso di specifiche competenze coerenti con l'intervento.

2. Per il collaudo dei beni relativi alle categorie OS 2-A e OS 2-B l'organo di collaudo comprende anche un restauratore con esperienza almeno quinquennale in possesso di specifiche competenze coerenti con l'intervento, nonché uno storico dell'arte o un archivista o un bibliotecario in possesso di specifica esperienza e capacità professionale coerente con l'intervento.

3. Per il collaudo dei beni relativi alla categoria OS 25 l'organo di collaudo comprende anche un archeologo in possesso di specifica esperienza e capacità professionale coerenti con l'intervento nonché un restauratore entrambi con esperienza almeno quinquennale in possesso di specifiche competenze coerenti con l'intervento.

4. Possono far parte dell'organo di collaudo, limitatamente a un solo componente, e fermo restando il numero complessivo dei membri previsto dalla vigente normativa, i funzionari delle stazioni appaltanti, laureati e inquadrati con qualifiche di storico dell'arte, archivista o bibliotecario, che abbiano prestato servizio per almeno cinque anni presso amministrazioni aggiudicatrici.

Art. 23. Lavori di manutenzione – 1. I lavori di manutenzione, in ragione della natura del bene e del tipo di intervento che si realizza, possono non richiedere l'elaborazione di tutta la documentazione nonché le indagini e ricerche previste dalle norme sui livelli di progettazione di fattibilità tecnico-economica ed esecutiva e sono eseguiti, coerentemente alle previsioni del piano di monitoraggio e manutenzione, anche sulla base di una perizia di spesa contenente:

a) la descrizione del bene corredata di sufficienti elaborati grafici e topografici redatti in opportuna scala;

b) il capitolato speciale con la descrizione delle operazioni da eseguire e i relativi tempi;

c) il computo metrico-estimativo;

d) l'elenco dei prezzi unitari delle varie lavorazioni;

e) il quadro economico;

f) il piano della sicurezza e coordinamento.

Art. 24. Consuntivo scientifico e vigilanza sull'esecuzione dei lavori – 1. Al termine del lavoro sono predisposti dal direttore dei lavori i documenti contenenti la documentazione grafica e fotografica dello stato del manufatto prima, durante e dopo l'intervento nonché l'esito di tutte le ricerche e analisi compiute e i problemi aperti per i futuri interventi.

2. I documenti di cui al comma 1 del presente articolo unitamente a quelli previsti dall'articolo 116, comma 10, del codice, sono conservati presso la stazione appaltante e trasmessi in copia alla soprintendenza competente, anche a fini di monitoraggio dell'applicazione del presente allegato.

3. Nel corso dell'esecuzione dei lavori la stazione appaltante e l'ufficio preposto alla tutela del bene culturale vigilano costantemente sul rispetto dell'articolo 29, comma 6, del Codice dei beni culturali e del paesaggio, e sul mantenimento da parte delle imprese esecutrici dei requisiti di ordine speciale di qualificazione nelle categorie OS 2-A, OS 2-B, OS 24, OS 25 e OG 2, adottando, in caso di inosservanza, i provvedimenti sanzionatori previsti dalla normativa vigente.

Art. 25. Disposizione transitoria – 1. Fino all'eventuale revisione dell'allegato II.12 al codice, le categorie OS 2-A e OS 24 del medesimo allegato ricomprendono anche i lavori relativi, rispettivamente, ai materiali storicizzati di beni culturali immobili e al verde storico di cui all'articolo 10, comma 4, lettera f), del Codice dei beni culturali e del paesaggio.

ALLEGATO II.19
Servizi di ricerca e sviluppo
(Articolo 135)

CODICE CPV	DESCRIZIONE
73000000-2	Servizi di ricerca e sviluppo nonché servizi di consulenza affini
73100000-3	Servizi di ricerca e sviluppo sperimentale
73110000-6	Servizi di ricerca
73111000-3	Servizi di laboratorio di ricerca
73112000-0	Servizi di ricerca marina
73120000-9	Servizi di sviluppo sperimentale
73300000-5	Progettazione e realizzazione di ricerca e sviluppo
73420000-2	Studi di prefattibilità e dimostrazione tecnologica
73430000-5	Collaudo e valutazione

ALLEGATO II.20
Appalti e procedure nel settore difesa e sicurezza
(Articolo 136, comma 4)

Art. 1. Contratti misti – 1. Nel caso di contratti misti, aventi a oggetto due o più tipi di prestazioni, che contengono elementi di appalti di lavori, servizi, o forniture, aggiudicati unitariamente in conformità a quanto previsto dagli articoli 14 e 137 del codice, si applicano le seguenti disposizioni.

2. Ai contratti misti che contengono elementi di appalti di forniture, servizi e lavori, si applica in via prevalente la disciplina del tipo di appalto che caratterizza l'oggetto principale del contratto e in via analogica la disciplina della diversa tipologia contrattuale, ove non contrastante con la prima.

3. Ai fini degli obblighi di programmazione si applicano le disposizioni del programma degli acquisti di beni e servizi, ove le forniture e il servizio costituiscano l'oggetto principale del contratto; in caso contrario si applicano le disposizioni della programmazione dei lavori.

4. Il responsabile unico del progetto (RUP) o i responsabili per ciascuna fase sono individuati nell'ambito della stazione appaltante istituzionalmente competente per l'affidamento del tipo di appalto che caratterizza l'oggetto principale del contratto.

5. Il RUP o i responsabili per la fase di progettazione e di esecuzione nominati sono responsabili dei lavori secondo quanto previsto dalle norme in materia della tutela della salute e della sicurezza nei luoghi di lavoro.

6. Nei contratti misti, ove per la natura, le caratteristiche tecniche o l'elevato contenuto tecnologico della fornitura, con particolare riguardo alla propedeuticità dello sviluppo della fornitura rispetto alla definizione della componente di lavori o alla presenza di soluzioni determinabili solo in corso di esecuzione, non risulti possibile sviluppare preventivamente la progettazione dei lavori nei livelli necessari, il successivo livello di progettazione è affidato all'aggiudicatario, in possesso dei requisiti necessari. L'affidamento di cui al presente comma deve essere motivato nella determina indicando i presupposti tecnici e oggettivi dell'affidamento congiunto e l'effetti-

va incidenza sui tempi e i costi della realizzazione delle opere in caso di affidamento separato di lavori e progettazione.

Art. 2. Programmazione – 1. Costituiscono motivo di modifica dei programmi del Ministero della difesa e dell'ordine di priorità di lavori e acquisti:

a) la sopravvenuta variazione delle risorse finanziarie disponibili;

b) la variazione dell'ordine di priorità di un intervento dovuto a imprescindibili esigenze di prontezza operativa dello strumento militare;

c) le sopravvenute esigenze connesse all'operatività delle Forze armate, gli stati di emergenza, la tutela dell'ordine e della sicurezza pubblica.

2. Un lavoro o un acquisto non inserito nell'elenco annuale può essere realizzato quando reso necessario dalle ragioni di cui alle lettere b) e c) del comma 1, utilizzando risorse rese disponibili dalla cancellazione di una o più lavori o acquisti già previsti in relazione alla rivisitazione delle priorità.

3. Sono in ogni caso esclusi dagli obblighi di programmazione gli acquisti di beni e servizi di natura non prevedibile o contingente aventi a oggetto o riguardanti:

a) beni e servizi concernenti interventi nell'ambito di teatri operativi, ivi comprese le spese finalizzate alla manutenzione, approntamento e impiego delle unità a sostegno degli interventi nei teatri operativi;

b) servizi di ricerca scientifico/tecnologica e sviluppo, svolti sia in ambito nazionale, nel quadro del Piano nazionale della ricerca militare, che in ambito internazionale nel quadro di accordi bilaterali e multilaterali;

c) beni e servizi di natura informatica funzionali all'immediato ripristino dell'efficienza o all'adozione di livelli di sicurezza adeguati di sistemi informativi impiegati per l'assolvimento dei compiti istituzionali finalizzati alla pronta operatività dei reparti, enti e loro unità organizzative;

d) interventi di soccorso a seguito di pubbliche calamità, nonché per la gestione delle emergenze relative alla sicurezza nazionale e all'ordine pubblico;

e) spese indilazionabili e urgenti connesse con armamenti e munizioni, ivi compresi l'esercizio e la manutenzione dell'armamento, nonché equipaggiamenti protettivi, equipaggiamenti per i servizi di ordine pubblico, dotazioni speciali, materiali e servizi di telecomunicazione;

f) spese per i servizi di vettovagliamento da assicurare in gestione diretta ovvero connessi ad attività operativa ove prolungata;

g) spese indilazionabili per esigenze di manutenzione e funzionamento di enti e reparti, per la manutenzione di immobili, impianti e attrezzature, per il funzionamento di addettanze e rappresentanze militari all'estero e ogni altra spesa, avente carattere indilazionabile, connessa a esigenze di funzionamento senza soluzione di continuità, strumentali ad assicurare l'operatività e reattività dello strumento militare;

h) mezzi di trasporto per la mobilità terrestre, aerea e navale non derivati dalla produzione commerciale;

i) qualunque altra esigenza riconducibile ai caratteri di cui al comma 1.

4. La programmazione triennale e l'elenco annuale dei lavori comprendono i servizi di ingegneria connessi ai lavori da realizzare.

5. Sono esclusi dagli obblighi di programmazione gli interventi relativi a lavori di natura non prevedibile o contingente aventi a oggetto o riguardanti:

a) gli interventi da eseguire in Italia e all'estero per effetto di accordi internazionali e i lavori eseguiti a mezzo delle truppe e dei reparti del Genio militare;

b) gli interventi di manutenzione;

c) gli interventi straordinari imposti da eventi imprevedibili, stato di emergenza e calamità naturali, ivi inclusi gli interventi infrastrutturali necessari a garantire la mobilità e la pronta operatività dei reparti, al fine di fronteggiare le esigenze citate;

d) i lavori riguardanti le infrastrutture militari strategiche;

e) i lavori su infrastrutture connessi con l'assolvimento dei compiti istituzionali delle Forze armate e finalizzati a esigenze di pronta operatività dei reparti o maggiore mobilità del personale;

f) gli interventi funzionali a necessità organizzative e operative connesse con esigenze istituzionali di tutela e mantenimento dell'ordine e della sicurezza pubblica.

Art. 3. Soggetti dell'attività di verifica della progettazione – 1. La verifica della progettazione, qualora svolta mediante strutture interne della stazione appaltante, è effettuata dagli organismi tecnici dell'ente in cui è individuato il RUP o il responsabile del procedimento per la fase di progettazione.

Art. 4. Casi di affidamento a un unico operatore economico tramite procedura negoziata senza previa pubblicazione di un bando di gara – 1. Costituiscono ragioni di natura tecnica ovvero ragioni di tutela di diritti esclusivi, inclusi i diritti di proprietà intellettuale per l'affidamento a un unico operatore economico mediante procedura negoziata senza pubblicazione di bando, tra le altre, le seguenti:

a) i requisiti tecnico militari necessari per il soddisfacimento delle esigenze operative individuati dai competenti organi programmatori di vertice interforze o di Forza armata;

b) i requisiti tecnici necessari per assicurare la manutenzione, modernizzazione e l'adeguamento dei prodotti e servizi al fine di garantire la continuità logistica e la sicurezza d'impiego;

c) la fornitura di parti di ricambio originali e la realizzazione di servizi di manutenzione da parte dell'originale fornitore strettamente necessari alla sicurezza d'impiego;

d) la certificazione e l'omologazione tecnico operativa di mezzi e materiali per l'impiego militare per i quali è individuata la ditta responsabile di sistema in qualità di Autorità di progetto;

e) le prestazioni di forniture e di servizi necessariamente espletate ad opera della ditta individuata quale Autorità di progetto (*Design Authority*).

Art. 5. Lavori di manutenzione – 1. I lavori di manutenzione ordinaria possono essere affidati, nel rispetto delle procedure di scelta del contraente previste dal codice, sulla base di un progetto costituito almeno:

1) dalla relazione generale;

2) dall'elenco dei prezzi unitari delle lavorazioni previste;

3) dal computo metrico estimativo;

4) dal piano di sicurezza e di coordinamento con l'individuazione analitica dei costi della sicurezza da non assoggettare a ribasso.

2. Fermi restando gli obblighi relativi al sistema accentrato dell'Agenzia del demanio delle manutenzioni degli immobili, i lavori di manutenzione che in relazione alla complessità tecnica, all'articolazione progettuale, o all'ubicazione peculiare del sito di intervento necessitino di apprestamenti o lavorazioni particolari e non possono eseguirsi tramite gli accordi quadro vigenti in ambito regionale, sono affidati secondo le procedure del codice. Il RUP motiva specificamente circa l'affidamento in deroga agli accordi quadro in relazione alla specialità, alla natura e alle caratteristiche dell'intervento. Detti interventi sono oggetto di comunicazione successiva all'Agenzia del demanio.

Art. 6. Enti esecutori del contratto – 1. In caso di contratti di servizi e di forniture di beni che soddisfino le esigenze di una o più Forze armate ovvero di uno o più enti, la stazione appaltante può individuare uno o più enti esecutori del contratto i quali:

a) curano l'esecuzione contrattuale con le modalità previste dai documenti contrattuali;

b) verificano il regolare svolgimento delle prestazioni;

c) effettuano la verifica di conformità con le modalità stabilite dai documenti contrattuali;

d) accertano, in termini di quantità e qualità, il rispetto delle prescrizioni previste nei documenti contrattuali;

e) rilasciano la dichiarazione di regolare esecuzione delle prestazioni ai fini del pagamento;

f) svolgono tutte le funzioni di competenza del direttore dell'esecuzione;

g) verificano il rispetto da parte dell'esecutore delle norme sulla sicurezza e sulla salute dei lavoratori sui luoghi di lavoro;

h) svolgono le attività relative all'eliminazione o alla riduzione dei rischi da interferenza;

i) svolgono tutte le altre funzioni previste dai documenti contrattuali;

l) trasmettono al soggetto incaricato dell'eventuale verifica di conformità:

1) i documenti contabili;

2) le risultanze degli accertamenti della prestazione effettuata;

3) i certificati delle eventuali prove effettuate.

Art. 7. Anticipazioni pagamenti – 1. Per i pagamenti relativi a forniture di materiali destinati alle Forze armate, compresa l'Arma dei carabinieri, e relativi ad attività anche addestrative, svolte in territorio nazionale o fuori dal territorio nazionale, possono essere corrisposti pagamenti in conto nella misura massima del 90 per cento del valore delle forniture accettate a seguito della verifica di conformità e consegnate.

2. Per gli acquisti eseguiti all'estero dall'amministrazione della difesa, relativi a macchinari, strumenti e oggetti di precisione, che possono essere forniti, con i requisiti tecnici e il grado di perfezione richiesti, soltanto da operatori economici stranieri, possono essere concesse anticipazioni di importo non superiore a un terzo dell'importo complessivo del prezzo contrattuale, previa costituzione di idonea garanzia.

Art. 8. Tipologie di acquisti sotto soglia funzionali al mantenimento delle strutture e alla continuità delle attività istituzionali e operative dell'amministrazione difesa – 1. Sono di norma affidati con le procedure di cui all'articolo 50 del codice e aggiudicati con il criterio del minor prezzo, fermo restando il rispetto degli articoli 48, 49, 51, 52, 53, 54, 55 e 56 del codice, i seguenti approvvigionamenti, aventi carattere di ripetitività, ovvero caratteristiche standardizzate o condizioni definite dal mercato:

a) acquisizione di beni e servizi per assicurare il funzionamento dei fari e dei segnalamenti marittimi, delle telecomunicazioni, di assistenza al volo e di difesa aerea;

b) acquisizione di beni e servizi per la rimozione di ostacoli di qualunque genere alla navigazione marittima e aerea, nonché necessari per l'agibilità dei campi di volo e degli specchi d'acqua destinati all'ammaraggio di velivoli;

c) acquisizione di beni e servizi per assicurare il funzionamento e la manutenzione ordinaria delle infrastrutture in caso di esecuzione in amministrazione diretta;

d) spese per il funzionamento delle sale mediche e delle strutture veterinarie, compreso l'acquisto dei medicinali, delle apparecchiature e dei materiali sanitari;

e) spese per il funzionamento del servizio sanitario e veterinario;

f) spese per l'acquisto del vettovagliamento, del vestiario, dell'equipaggiamento, dei combustibili, dei carbolubrificanti e dell'ossigeno;

g) spese per il funzionamento delle carceri militari;

h) spese finalizzate a garantire il servizio dei trasporti di personale e materiali; spese relative alle attrezzature speciali;

i) spese attinenti ai noli, all'imballaggio, allo sdoganamento, all'immagazzinamento, al facchinaggio, nonché al carico e allo scarico dei materiali;

l) spese per il funzionamento degli uffici militari all'estero;

m) spese per polizze di assicurazione;

n) spese per l'acquisto, il noleggio, la riparazione e la manutenzione di autoveicoli, comprese le parti di ricambio;

o) spese per l'acquisto e la manutenzione di terminali, personal computer, stampanti e materiale informatico di vario genere e spese per i servizi informatici; acquisto, manutenzione e riparazione di mobili, arredi, climatizzatori e attrezzature; spese inerenti agli acquisti di materiale vario non di primo impianto; attrezzi e materiali ginnico-sportivi;

p) spese per acquisto, noleggio, installazione, gestione e manutenzione degli impianti di riproduzione e degli impianti telefonici, telegrafici, radiotelefonici, elettronici, meccanografici, televisivi, di amplificazione e diffusione sonora;

q) spese per la stampa o la litografia di pubblicazioni e bollettini; acquisto, noleggio e manutenzione di attrezzature e materiali per la tipografia, la litografia, la riproduzione grafica di documenti, disegni ed elaborati tecnici, la legatoria, la cinematografia e la fotografia; acquisto, noleggio e manutenzione delle macchine per calcolo, dei servizi di microfilmatura, nonché acquisto e noleggio di attrezzature accessorie e di materiali speciali e di consumo e fornitura dei servizi per i centri elettronici, per i centri radiotelegrafonici, meccanografici e telematici;

r) spese per la pulizia e l'igiene, la derattizzazione, il disinquinamento, la disinfestazione di aree e locali, la raccolta e il trasporto dei rifiuti, l'illuminazione di emergenza, la conservazione dei materiali, l'acquisto di imballaggi, il trasporto di materiali e quadrupedi, nonché quelle per la manovalanza e per garantire la sicurezza, la guardiania, la sorveglianza e il controllo dei locali, delle caserme e delle installazioni militari;

s) spese per l'illuminazione, le utenze telefoniche, il riscaldamento dei locali, la fornitura di acqua, di gas e di energia elettrica, anche mediante l'impiego di macchine e relative spese di allacciamento;

t) spese per conferenze, mostre, cerimonie;

u) spese per acquisto e rilegatura di libri, stampe, gazzette ufficiali e collezioni; acquisto di materiali di cancelleria, materiali per il disegno e valori bollati; acquisto ovvero abbonamento a riviste, giornali, pubblicazioni, agenzie di stampa e servizi stampa; divulgazione di bandi di concorso o avvisi a mezzo stampa o di altri mezzi di informazione; spese per la traduzione di documenti ed elaborati tecnici; spese per la traduzione e l'elaborazione di pubblicazioni e riviste edite dall'Amministrazione, ivi compresa la corresponsione di compensi ai collaboratori per le prestazioni di lavoro autonomo dai medesimi rese;

v) spese di rappresentanza, di informazione, di pubblicità e propaganda attraverso agenzie di stampa, radio, televisione e cinematografia, per l'addobbo e l'arredamento dei locali adibiti ad attività culturali e ricreative;

z) spese per le onoranze funebri, per i musei storici, per l'acquisto di medaglie, nastrini, distintivi, croci di anzianità, diplomi, fasce tricolori, bandiere e oggetti per premiazioni;

aa) spese relative a solennità militari, a feste nazionali, manifestazioni e ricorrenze varie;

bb) spese per il benessere del personale;

cc) spese per l'addestramento, l'educazione fisica e l'attività sportiva, il mantenimento, il governo e la custodia di animali, per l'acquisto e la manutenzione di materiali di dotazione, delle bardature e delle ferrature.

2. Nei casi di cui al comma 1, il titolare del potere di spesa, nell'atto di avvio della procedura, giustifica il ricorso alle procedure di cui al medesimo comma 1, nonché la scelta del criterio del minor prezzo, motivando con la riconducibilità dell'acquisto alle tipologie di cui al predetto comma 1.

Art. 9. Contratti relativi ai concorsi emergenziali a supporto del Dipartimento della protezione civile – 1. Ai contratti stipulati dalle stazioni appaltanti del Ministero della difesa per conto delle Forze armate in qualità di strutture operative nazionali a supporto del servizio nazionale di protezione civile è esteso il regime derogatorio concesso al Capo del Dipartimento della protezione civile e agli eventuali soggetti attuatori in esecuzione delle ordinanze di protezione civile adottate.

ALLEGATO IV.1
Informazioni da inserire nei bandi di concessione di cui all'articolo 182
(Articolo 182, comma 2)

1. Nome, numero di identificazione, indirizzo comprensivo di codice NUTS, numero di telefono e di fax, indirizzo di posta elettronica e sito Internet dell'amministrazione aggiudicatrice o dell'ente aggiudicatore e, se diverso, del servizio che può fornire ulteriori informazioni.

2. Tipo di amministrazione aggiudicatrice o ente aggiudicatore e principale attività svolta.

3. Se le domande di partecipazione devono includere le offerte, indirizzo di posta elettronica o sito Internet ove si offra gratuitamente accesso gratuito, diretto e completo ai documenti di gara. Se l'accesso gratuito, diretto e completo non è disponibile, un'indicazione relativa alle modalità di accesso ai documenti di gara.

4. Descrizione della concessione: natura e quantità dei lavori, natura e quantità dei servizi, ordine di grandezza o valore indicativo, e, se possibile, durata del contratto. Se la concessione è suddivisa in lotti, è necessario fornire tali informazioni per ogni lotto. Se del caso, descrivere le eventuali opzioni.

5. Codici CPV. Se la concessione è suddivisa in lotti, è necessario fornire tali informazioni per ogni lotto.

6. Codice NUTS per il luogo principale di esecuzione dei lavori nel caso di concessioni di lavori o codice NUTS per il luogo principale di esecuzione delle concessioni di servizi; se la concessione è suddivisa in lotti, è necessario fornire tali informazioni per ogni lotto.

7. Le condizioni di partecipazione, tra cui:

a) se del caso, indicare se la concessione è limitata a laboratori protetti o se l'esecuzione è limitata a programmi di lavoro protetti;

b) se del caso, indicare se in forza di disposizioni legislative, regolamentari o amministrative, la prestazione del servizio sia riservata a una particolare professione; indicare altresì il riferimento alla disposizione legislativa, regolamentare o amministrativa rilevante;

c) eventualmente un elenco e una breve descrizione dei criteri di selezione; livello o livelli minimi specifici di capacità eventualmente richiesti; indicazione delle informazioni richieste (autocertificazioni, documentazione).

8. Termine per la presentazione delle domande di partecipazione o per la ricezione delle offerte.

9. Criteri di aggiudicazione della concessione se non figurano in altri documenti di gara.

10. Data di spedizione del bando.

11. Nome e indirizzo dell'organo competente per le procedure di ricorso e, ove del caso, di mediazione; informazioni precise sul termine per la presentazione dei ricorsi o, se necessario, nome, indirizzo, numero di telefono e di fax e indirizzo di posta elettronica del servizio competente a fornire tali informazioni.

12. Laddove opportuno, condizioni particolari a cui è soggetta l'esecuzione della concessione.

13. Indirizzo al quale inviare le domande di partecipazione o le offerte.

14. Se del caso, indicare i requisiti e i termini connessi all'impiego di mezzi di comunicazione elettronici.

15. Informazioni necessarie ad accertare se la concessione è associata a un progetto o programma finanziato con fondi dell'Unione europea.

16. Per le concessioni di lavori, indicare se la concessione rientra nell'ambito dell'AAP.

ALLEGATO V.1
Compensi degli arbitri
(Articoli 213, comma 15 e 214, comma 9)

Art. 1. Compensi degli arbitri – 1. La Camera arbitrale, su proposta del collegio arbitrale, determina con apposita delibera il compenso degli arbitri nei limiti stabiliti con decreto del Ministero delle infrastrutture e dei trasporti. Sono comunque vietati incrementi dei compensi massimi legati alla particolare complessità delle questioni trattate, alle specifiche competenze utilizzate e all'effettivo lavoro svolto. Il compenso per il collegio arbitrale, comprensivo dell'eventuale compenso per il segretario, non può comunque superare l'importo di 100.000 euro, da rivalutarsi ogni tre anni con i decreti e le delibere di cui al primo periodo. Per i dirigenti pubblici resta ferma l'applicazione dei limiti di cui all'articolo 23-ter del decreto-legge 6 dicembre 2011, n. 201, convertito dalla legge 22 dicembre 2011, n. 214. L'atto di liquidazione del compenso e delle spese arbitrali, nonché del compenso e delle spese per la consulenza tecnica, costituisce titolo per l'ingiunzione di cui all'articolo 633 del codice di procedura civile. Fino alla data di entrata in vigore del decreto di cui al primo periodo, si applica la disciplina vigente alla data di entrata in vigore del presente allegato.

2. Il corrispettivo a saldo per la decisione della controversia è versato dalle parti, nella misura liquidata dalla Camera arbitrale, nel termine di trenta giorni dalla comunicazione del lodo.

3. La Camera arbitrale provvede alla liquidazione degli onorari e delle spese di consulenza tecnica, ove disposta, ai sensi degli articoli da 49 a 58 del testo unico delle disposizioni legislative e regolamentari in materia di spese di giustizia, di cui al decreto del Presidente della Repubblica 30 maggio 2002, n. 115, nella misura derivante dall'applicazione delle tabelle ivi previste.

4. Gli importi dei corrispettivi dovuti per la decisione delle controversie sono direttamente versati all'ANAC.

5. Salvo quanto previsto dall'articolo 92, secondo comma, del codice di procedura civile, il collegio arbitrale, se accoglie parzialmente la domanda, compensa le spese del giudizio in proporzione al rapporto tra il valore della domanda e quello dell'accoglimento.

6. Le parti sono tenute solidalmente al pagamento del compenso dovuto agli arbitri e delle spese relative al collegio e al giudizio arbitrale, salvo rivalsa fra loro.

Art. 2. Albo degli arbitri, elenco dei periti ed elenco dei segretari – 1. La Camera arbitrale cura, altresì, in sezione separata, la tenuta dell'elenco dei periti per la nomina dei consulenti tecnici nei giudizi arbitrali. Sono iscritti all'elenco i soggetti in possesso del diploma di laurea e comprovata esperienza professionale di almeno cinque anni, con relativa iscrizione all'albo professionale, se richiesta.

2. I soggetti di cui al comma 7 dell'articolo 214 del codice, nonché al comma 1 del presente articolo, sono rispettivamente inseriti nell'albo degli arbitri e nell'elenco dei periti, su domanda corredata da curriculum e da adeguata documentazione comprovante i requisiti.

3. L'iscrizione all'albo degli arbitri e all'elenco dei periti ha validità quinquennale e può essere nuovamente conseguita decorso un anno dalla scadenza del quinquennio. Fermo restando quanto previsto dall'articolo 53 del decreto legislativo 30 marzo 2001, n. 165, come modificato dall'articolo 1, comma 42, lettera l), della legge 6 novembre 2012, n.190, durante il periodo di appartenenza, e nei successivi tre anni, i soggetti iscritti all'albo non possono espletare incarichi professionali in favore delle parti dei giudizi arbitrali da essi decisi, ivi compreso l'incarico di arbitro di parte.

4. Sono fatti salvi i casi di ricusazione di cui all'articolo 815 del codice di procedura civile.

5. Per le ipotesi di cui all'articolo 214, comma 9, del codice la Camera arbitrale cura anche la tenuta dell'elenco dei segretari dei collegi arbitrali. Possono essere iscritti all'elenco i funzionari in possesso di diploma di laurea in materia giuridica o economica o equipollenti e, ove necessario, in materie tecniche, inseriti nei ruoli delle pubbliche amministrazioni di cui al decreto legislativo 30 marzo 2001, n. 165, aventi un'anzianità di servizio in ruolo non inferiore a cinque anni. Gli eventuali oneri relativi alla tenuta dell'elenco sono posti a carico dei soggetti interessati all'iscrizione, prevedendo a tal fine tariffe idonee ad assicurare l'integrale copertura dei suddetti costi.

ALLEGATO V.2
Modalità di costituzione del Collegio consultivo tecnico
(Articolo 215, comma 1)

Art. 1. Formazione del Collegio e compensi – 1. Il Collegio consultivo tecnico (di seguito denominato anche «Collegio» o «CCT») è formato, a scelta della stazione appaltante, da tre componenti, o cinque in caso di motivata complessità dell'opera e di eterogeneità delle professionalità richieste, dotati di esperienza e qualificazione professionale adeguata alla tipologia dell'opera, tra ingegneri, architetti, giuristi ed economisti con comprovata esperienza nel settore degli appalti, delle concessioni e degli investimenti pubblici, anche in relazione allo specifico oggetto del contratto.

2. I componenti del Collegio possono essere scelti dalle parti di comune accordo, ovvero le parti possono concordare che ciascuna di esse nomini uno o due componenti, individuati anche tra il proprio personale dipendente ovvero tra persone a esse legate da rapporti di lavoro autonomo o di collaborazione anche continuativa in possesso dei requisiti previsti dal comma 1, e che il terzo o il quinto componente, con funzioni di presidente, sia scelto dai componenti di nomina di parte. Nel caso in cui le parti non trovino un accordo sulla nomina del presidente entro il termine indicato al comma 1 dell'articolo 2, questo è designato entro i successivi cinque giorni dal Ministero delle infrastrutture e dei trasporti per le opere di interesse nazionale, dalle regioni, dalle province autonome di Trento e di Bolzano o dalle città metropolitane per le opere di rispettivo interesse.

3. I requisiti professionali e i casi di incompatibilità dei membri e del Presidente del Collegio consultivo tecnico, i criteri preferenziali per la loro scelta sono definiti con apposite Linee guida adottate con decreto del Ministro delle infrastrutture e dei trasporti su conforme parere dal Consiglio superiore dei lavori pubblici. Con le medesime linee guida sono inoltre definiti i parametri per la determinazione dei compensi che devono essere rapportati al valore e alla complessità dell'opera, nonché all'entità e alla durata dell'impegno richiesto e al numero e alla qualità delle determinazioni assunte. Nelle more, continuano ad applicarsi le linee guida approvate con decreto del Ministro delle infrastrutture e della mobilità sostenibili 17 gennaio 2022, pubblicato nella Gazzetta Uffi-

ciale della Repubblica italiana n. 55 del 7 marzo 2022, anche successivamente modificate.

4. Ai componenti del Collegio consultivo tecnico si applica l'articolo 813, secondo comma, del codice di procedura civile.

5. Fermo restando il diritto dei componenti del Collegio consultivo tecnico a ricevere un compenso a carico delle parti proporzionato al valore dell'opera, al numero, alla qualità e alla tempestività delle determinazioni assunte, la parte fissa del compenso non può superare gli importi definiti dall'articolo 6, comma 7-*bis*, del decreto-legge 16 luglio 2020, n. 76, convertito, con modificazioni, dalla legge 11 settembre 2020, n. 120. Il compenso spettante ai componenti del Collegio non può superare il triplo della parte fissa.

Art. 2. Costituzione e insediamento del Collegio – 1. Il Collegio consultivo tecnico deve essere costituito a iniziativa della stazione appaltante prima dell'avvio dell'esecuzione o comunque non oltre dieci giorni da tale data. L'inottemperanza ovvero il ritardo nella costituzione del CCT, nel caso di affidamenti superiori alla soglia di rilevanza europea, è valutabile sia ai fini della responsabilità dirigenziale ed erariale, sia, nei rapporti tra la stazione appaltante e l'operatore economico, sotto il profilo della buona fede contrattuale. In caso di mancata designazione dei membri la parte non inadempiente può rivolgersi al presidente del tribunale ordinario ove ha sede la stazione appaltante, individuata quale sede del CCT.

2. Il CCT si intende istituito al momento dell'accettazione dell'incarico da parte del presidente. Entro i successivi quindici giorni dalla accettazione deve tenersi una seduta d'insediamento del Collegio alla presenza dei legali rappresentanti delle parti, tenuti a rendere a verbale dichiarazione in merito alla eventuale volontà di non attribuire alle pronunce del Collegio valore di lodo contrattuale ai sensi dell'articolo 808-*ter* del codice di procedura civile.

3. Nel verbale della seduta d'insediamento, tenuto conto dell'oggetto e della complessità dell'appalto, sono definite periodicità e modalità di svolgimento delle riunioni e degli eventuali sopralluoghi e, se le parti non si siano avvalse della facoltà di escludere che le determinazioni del Collegio assumano natura di lodo contrattuale, sono precisati termini e modalità di svolgimento del contraddittorio, specificando il *dies a quo* della decorrenza del termine di quindici giorni per la pronuncia del lodo.

Art. 3. Decisioni del Collegio consultivo tecnico – 1. Il procedimento per l'espressione dei pareri o delle determinazioni del CCT può essere attivato da ciascuna delle parti o da entrambe congiuntamente con la presentazione di un quesito scritto attraverso formale richiesta direttamente al CCT e all'altra parte. Resta fermo l'onere delle iscrizioni delle riserve secondo la disciplina vigente. Le richieste di parere o determinazioni del CCT devono essere corredate di tutta la documentazione necessaria a illustrare le ragioni della contestazione precisando quale sia la domanda proposta.

2. Nell'adozione delle proprie determinazioni, il Collegio consultivo può operare anche in videoconferenza o con qualsiasi altro collegamento da remoto.

3. Fermo quanto specificamente disposto nel verbale d'insediamento sulle modalità di svolgimento del contraddittorio, è comunque facoltà del Collegio procedere ad audizioni informali delle parti o convocare le parti per consentire l'esposizione in contraddittorio delle rispettive ragioni. Rimane comunque esclusa la possibilità di disporre consulenza tecnica d'ufficio.

4. Le determinazioni del Collegio consultivo tecnico sono adottate con atto sottoscritto dalla maggioranza dei componenti, entro il termine di quindici giorni decorrenti dalla data della comunicazione del quesito, se formulato congiuntamente dalle parti, ovvero dal momento in cui si è perfezionata la formulazione di più quesiti distintamente formulati dalle parti in ordine a una medesima questione. Le determinazioni possono essere rese con motivazione succinta che, se del caso, può essere integrata nei successivi quindici giorni, sottoscritta dalla maggioranza dei componenti. In caso di particolari esigenze istruttorie le determinazioni possono essere adottate entro venti giorni dalla comunicazione dei quesiti. Le decisioni sono assunte a maggioranza.

5. Quando il provvedimento che definisce il giudizio corrisponde interamente al contenuto della determinazione del Collegio consultivo, il giudice esclude la ripetizione delle spese sostenute dalla parte vincitrice che non ha osservato la determinazione, riferibili al periodo successivo alla formulazione della stessa, e la condanna al rimborso delle spese sostenute dalla parte soccombente relative allo stesso periodo, nonché al versamento all'entrata del bilancio dello Stato di un'ulteriore somma di importo corrispondente al contributo unificato dovuto. Resta ferma l'applicabilità degli articoli 92 e 96 del codice di procedura civile.

Art. 4. Decadenze – 1. Ogni componente del Collegio consultivo tecnico non può ricoprire più di cinque incarichi contemporaneamente e comunque non può svolgere più di 10 incarichi ogni due anni. In caso di ritardo nell'adozione di tre determinazioni o di ritardo superiore a sessanta giorni nell'assunzione anche di una sola determinazione, i componenti del Collegio non possono essere nuovamente nominati come componenti di altri collegi per la durata di tre anni decorrenti dalla data di maturazione del ritardo.

2. Costituisce causa di responsabilità nei confronti delle parti esclusivamente il ritardo ingiustificato nell'adozione delle determinazioni; in tal caso, la stazione appaltante può assumere le determinazioni di propria competenza prescindendo dal parere del Collegio.

Art. 5. Osservatorio – 1. I Presidenti dei collegi consultivi provvedono a trasmettere all'Osservatorio permanente per assicurare il monitoraggio dell'attività dei collegi consultivi tecnici istituito presso il Consiglio superiore dei lavori pubblici gli atti di costituzione e di scioglimento del Collegio e le principali pronunce assunte dal Collegio.

Art. 6. Costituzione facoltativa del Collegio consultivo tecnico – 1. Il Collegio consultivo tecnico di cui all'articolo 218 del codice è formato da tre componenti. Due componenti sono nominati dalla stazione appaltante e il terzo è nominato, per le opere di interesse nazionale, dal Ministero delle infrastrutture e dei trasporti e, per le opere di interesse locale, dalle regioni, dalle province autonome di Trento e di Bolzano o dalle città metropolitane. Ferma l'eventuale necessità di sostituzione di uno dei componenti designati dalla stazione appaltante con uno di nomina privata, le funzioni di componente del collegio consultivo tecnico nominato ai sensi del presente articolo non sono incompatibili con quelle di componente del collegio nominato ai sensi dell'articolo 1.

ALLEGATO V.3
Modalità di formazione della Cabina di regia
(Articolo 221, comma 1)

Art. 1. Composizione – 1. La Cabina di regia di cui all'articolo 221 del codice è composta da:

a) un rappresentante del Presidente del Consiglio dei ministri, con funzioni di Presidente;

b) un rappresentante del Ministro delle infrastrutture e dei trasporti;

c) un rappresentante del Commissario straordinario del Governo per la ricostruzione nei territori interessati dagli eventi sismici verificatasi a far data dal 24 agosto 2016;

d) un rappresentante della Struttura di missione per il coordinamento dei processi di ricostruzione e sviluppo dei territori colpiti dal sisma del 6 aprile 2009;

e) un rappresentante del Ministro delle imprese e del made in Italy;

f) un rappresentante del Ministro dell'ambiente e della sicurezza energetica;

g) un rappresentante del Sottosegretario alla Presidenza del Consiglio con delega all'innovazione;

h) un rappresentante del Ministro del turismo;

i) un rappresentante del Ministro della cultura;

l) un rappresentante dell'Autorità nazionale anticorruzione;

m) tre rappresentanti della Conferenza unificata ([1]);

n) un rappresentante del Ministro dell'istruzione e del merito.

2. In caso di assenza o impedimento, ciascun componente indica un suo delegato.

([1]) Lettera così modificata dall'art. 17, comma 6, d.l. 19 settembre 2023, n. 124, convertito, con modificazioni, dalla l. 13 novembre 2023, n. 162.

Art. 2. Modalità di funzionamento – 1. Le riunioni della Cabina di regia sono convocate dal Presidente, specificando l'elenco degli argomenti posti all'ordine del giorno.

2. All'esito delle riunioni della Cabina di regia viene redatto apposito verbale. Tale verbale è approvato nel corso della riunione successiva.

3. Su invito del Presidente, in relazione ai temi da trattare, possono partecipare alle riunioni della Cabina di regia i rappresentanti del sistema degli enti territoriali nonché i rappresentanti delle associazioni di categoria.

4. Sono invitati permanenti alle riunioni di cui al comma 1 fino a tre rappresentanti scelti, dal Presidente della Cabina di regia, anche tra membri della società civile provenienti dalle aree territoriali.

5. La Cabina di regia, all'atto del suo insediamento, definisce le ulteriori modalità del proprio funzionamento.

6. Ciascun componente della Cabina di regia si impegna a mantenere la massima riservatezza sui dati e le informazioni di cui viene a conoscenza, a qualsiasi titolo, nell'ambito delle riunioni della Cabina di regia.

Art. 3. Sede – 1. La Cabina di regia ha sede presso la Presidenza del Consiglio dei ministri. In relazione a specifici temi da trattare possono essere convocate riunioni di lavoro presso altre sedi.

Art. 4. Funzioni di segreteria e di supporto – 1. Una struttura della Presidenza del Consiglio dei ministri svolge funzioni di segreteria e assicura il necessario supporto tecnico.

2. Per la disponibilità di informazioni e dati utili alle proprie valutazioni la Cabina di regia può richiedere la collaborazione della Cabina di coordinamento della ricostruzione di cui all'articolo 1 del decreto-legge 17 ottobre 2016, n. 189, convertito, con modificazioni, dalla legge 15 dicembre 2016, n. 229.

Art. 5. Oneri – 1. Ai componenti della Cabina di regia, o ai rispettivi delegati, non è riconosciuto alcun compenso.

2. Eventuali oneri di missione restano a carico delle Amministrazioni di appartenenza dei componenti o loro delegati nell'ambito delle preesistenti autorizzazioni di spesa.

3. Dall'attuazione del presente allegato non devono derivare nuovi o maggiori oneri a carico della finanza pubblica.